AF395550

اللوفر أبوظبي

دليل المتحف

اللوفر أبوظبي

دليل المتحف

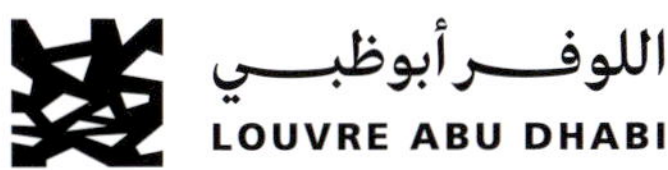

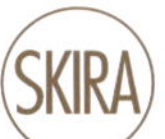

مقدمة

ليـس مـن قبيـل المبالغـة القـول بأننـا نشـهد لحظـة حاسـمة في تاريخ المتاحـف حـول العـالم. فافتتاح متحـف اللوفـر أبوظبـي لا يمثل الانتهـاء مـن تشـييد مبنـى عـلى درجـة عاليـة مـن التعقيـد المعـماري واقتنـاء مجموعـة فنيـة ذات قيمـة عالميـة فحسـب، بـل يمثل أيضًـا نشـأة مفهـوم المتحـف لأول مـرة في العـالم العـربي كـما ظهـر مـن قبـل في عصـر التنويـر في أوروبـا.

وقـد غُرسـت البـذرة الأولى لمتحـف اللوفـر أبوظبـي منـذ عـشر سـنوات، عندمـا قامـت دولـة الإمـارات العربيـة المتحـدة و فرنسـا في 6 مـارس 2007 بتوقيـع اتفـاق حكومـي دولي يقـضي بإنشـاء متحـف عالمـي جديـد في العاصمـة الإماراتيـة أبوظبـي. ويؤكـد هـذا الاتفـاق الرؤيـة البعيـدة المـدى لدولـة الإمـارات وإيمانهـا الراسـخ بأهميـة الثقافـة في تقـدم الأمـم وتعزيـز التقـارب بـين الشـعوب. أُطلـق عـلى هـذا المتحـف الجديـد اسـم "اللوفـر أبوظبـي"، وكانـت الغايـة منـه الاحتفـاء بعظمـة التاريـخ البشـري مـن خـلال تسـليط الضـوء عـلى مختلـف الحضـارات الإنسـانية العالميـة عـلى مـرّ التاريـخ.

يأتي إنشـاء المتحـف بنـاءً عـلى فكـرة المجتمـع الوطنـي المزدهـر الغنـي بثقافتـه والمتمسـك بأصولـه وتقاليـده والمنفتـح في نفـس الوقـت عـلى ثقافـات العـالم الأخـرى. فمنـذ نشـأتها، اتسـمت دولـة الإمـارات دومًـا بروحهـا المنفتحـة عـلى العـالم. ومـن ثـم، فـإن تواصـل سياسـة الانفتـاح في الدولـة يبرهـن للعـالم أنهـا واحـةً للضيافـة والسـلام وكذلـك منبـرٌ للحـوار بـين مختلـف الأفكـار والحضـارات. وفي هـذا السـياق، فـإن متحـف اللوفـر أبوظبـي يـأتي دعمًـا لرؤيـة المغفـور لـه الشـيخ زايـد بـن سـلطان آل نهيـان الـذي يعـود لـه الفضـل في إنشـاء دولـة الإمـارات العربيـة المتحـدة عـام 1971.

ويعـود الفضـل في إنشـاء متحـف اللوفـر أبوظبـي إلى العديـد مـن الأشـخاص الذيـن كان لهـم دور أسـاسي في إنجـاز هـذا المـشروع. ويجـب أن نشـيد هنـا إشـادة خاصـة برؤيـة وتوجيهـات كلّ مـن صاحـب السـمو الشـيخ خليفـة بـن زايـد آل نهيـان، رئيـس دولـة الإمـارات العربيـة المتحـدة، حفظـه اللـه، وصاحـب السـمو الشـيخ محمـد بـن زايـد آل نهيـان، ولي عهـد أبوظبـي ونائـب القائـد الأعـلى للقـوات المسـلحة، رعـاه اللـه. فقـد أراد سـموهما إنشـاء متحـف اللوفـر أبوظبـي لتعزيـز الحيـاة الثقافيـة في أبوظبـي حتـى تصبـح دولـة الإمـارات العربيـة المتحـدة في مصـاف الـدول الثقافيـة الكـبرى في العـالم. وتنبـع هـذه الرؤيـة البعيـدة المـدى مـن إدراك سـموّهما العميـق لقـدرة الثقافـة عـلى تحفيـز التنميـة ودفـع عجلـة التقـدم في جميـع مجـالات المجتمـع لاسـيما الاجتماعيـة والاقتصاديـة والتعليميـة والإبداعيـة.

وفي جمهوريـة فرنسـا، يجـب الإشـادة بجهـود الرجـال والنسـاء الذيـن تبنـوا هـذا المـشروع المتميـز بـدون تـردد وخاطـروا بالمشـاركة في مبـادرة لم يسـبق لهـا مثيـل، بمـن في ذلك وزراء الثقافـة الذيـن صنعـوا وأيـدوا هـذه الرؤيـة، وبالطبـع هـنري لويريـت، رئيـس ومديـر متحـف اللوفـر عنـد التوقيـع عـلى الاتفـاق الحكومـي الـدولي.

وقد أعربت فرنسا عن سعادتها البالغة بتبادل خبرتها الطويلة ومعرفتها الواسعة بمجال علم المتاحف والمحافظة وصون الأعمال الفنية والثقافية. فقد عملت الإمارات وفرنسا معًا على إنشاء متحف يقوم أساسًا على الإبداع والابتكار حتى يتحول لاحقًا إلى نموذج يحتذى في جميع أنحاء العالم ويمهد الطريق إلى مستقبل متميز للمتاحف العالمية. ولم يكن المقصود مطلقًا من إنشاء متحف اللوفر أبوظبي أن يكون مجرد إضافة بسيطة إلى المتحف الأصلي في باريس، أي بمثابة متحف لوفر مصغر في أبوظبي. ولكن بدلاً من ذلك، كان من الضروري إنشاء متحف لديه هويته المميزة: متحف كوني يروي القصص التي وحدت البشرية متجاوزةً حدود الزمان والمكان. فعلى سبيل المثال، دفعت رؤية إمارة أبوظبي، بوصفها ملتقًى لمختلف الثقافات والأديان، أمناء المتحف إلى إزالة الحواجز بين المجموعات الفنية وإقامة حوارات جديدة بين مختلف الفنون. وبهذه الطريقة، فإن متحف اللوفر أبوظبي يجسّد بالفعل الترابط بين الإنسانية الذي أصبح السمة المميزة لعالمنا المعاصر.

يتيح متحف اللوفر أبوظبي فرصةً لم يسبق لها مثيل لتقديم عرض متنوع عن المجموعات الفنية للمتاحف الوطنية الفرنسية، وذلك بهدف عرضها بطرق جديدة أمام جمهور جديد. ومن أجل ذلك، عمل متحف اللوفر في باريس مع بعض المؤسسات الثقافية والتراثية المرموقة في فرنسا مثل مركز بومبيدو ومتحف أورسيه والمكتبة الوطنية الفرنسية والمتحف الوطني للفنون الآسيوية -غيميه ومتحف رصيف برانلي-جاك شيراك وقصر ومتحف وعقار فرساي الوطني، ومتحف رودان. ثم توسعت دائرة المؤسسات المشاركة في إعارة الأعمال الفنية لتشمل المتحف الوطني للعصور الوسطى - كلوني ومتحف الخزف في سيفر ومتحف الفنون الزخرفية والمتحف الوطني للآثار في سان جرمان آون ليه، وقصر فونتانبلو. وستسهم الأعمال الفنية المعارة البالغ عددها 300 قطعة والمتفق عليها مع هذه المؤسسات في إثراء المجموعة الفنية لمتحف اللوفر أبوظبي والبالغ عددها 600 قطعة. وستعرض جميع هذه الأعمال في العرض الافتتاحي الباهر للمتحف.

وقبل أن ينهمك القراء في الاطلاع على مختلف القصص الإنسانية المتنوعة والمعقدة والملهمة، نود أن نتقدم بخالص الشكر والتقدير لفرق العمل في متحف اللوفر أبوظبي التي بذلت كل ما في وسعها ولم تدّخر جهدًا منذ عام 2007 في دعم إنجاز هذا المشروع الرائد وتحقيقه على أرض الوقع.

معالي محمد خليفة المبارك
رئيس دائرة الثقافة والسياحة

جون لوك مارتينيز
رئيس ومدير متحف اللوفر

يسـهم افتتـاح متحـف اللوفـر أبوظبـي في تأسيس واحـدة مـن كبرى المؤسسـات الثقافيـة العالميـة في دولـة الإمارات العربيـة المتحـدة ليمنحها بذلك منظـورًا جديـدًا. يتميـز المتحف بموقعـه الاسـتراتيجي في مفتـرق الطرق بيـن الشرق والغـرب. فقـد احتلـت المنطقة لعـدة قرون موقعًـا هامًـا علـى طريـق الحريـر الـذي كان يربـط الجزيـرة العربيـة بآسيا وأوروبـا ومنطقـة القرن الأفريقـي. ولكـن طريـق الحريـر لم يكـن مجـرد طريـق لتبـادل السـلع فحسـب، بـل أتـاح أيضًـا تبـادل المهـارات والأفكار الجديـدة. وفي السـوق العالميـة اليـوم، تجـد أبوظبـي نفسـها مرة أخـرى في قلب شبكة قويـة مـن العلاقات الاقتصاديـة والثقافيـة.

ويجسّـد متحـف اللوفـر أبوظبـي هـذه الروابـط التاريخيـة والمعاصـرة عـبر مختلـف الثقافـات العالميـة، مـما يجعـل منـه متحفاً عالميًـا فريـدًا في القـرن الحـادي والعشريـن، والمـكان المناسـب الـذي يمكننا فيـه جميعًـا للتعلـم مـن بعضنـا البعض. يضم المتحـف مجموعـة مـن الأعمـال الفنيـة والقطع الأثريـة التـي تعود لآلاف السـنين وتعكـس العديـد مـن الحضـارات والثقافـات مـن عصـور مـا قبـل التاريـخ إلى العصـر الحديـث. ولكـن علـى الرغم من تنـوع مصـادر هـذه الأعمـال عبر الزمان والمـكان، فإنهـا، مثلنـا، لم تكـن أبـدًا موجـودة بمعـزل عـن بعضها البعض. ويعكـس الفن هـذه الروابـط بيننا ويخلـق روابـط جديـدة، وذلـك بطـرق غـير واضحـة أحيانًـا. ولذلـك يركـز اللوفر أبوظبـي علـى الروابـط المشـتركة بيـن البشـر؛ تلـك النقـاط المشـتركة وغـير المرئيـة في بعـض الأحيان التـي سـاهمت دومًـا في ربـط الشـعوب الإنسانية بعضها ببعض.

يسـعى اللوفـر أبوظبـي إلى تعزيـز الروابـط الإنسانية في عالمنـا والارتقـاء بهـا نحـو الأفضـل، وذلـك انطلاقًـا مـن رؤيـة أبوظبـي وتوجهاتهـا الثقافيـة القائمـة علـى التقاليـد الفريـدة المتأصلـة في الثقافـة المحليـة وفي التاريـخ العريـق للمنطقـة، وكذلـك علـى ثقافـة الانفتـاح والترحيـب بجميـع القادميـن التـي تتميـز بهـا الدولـة. نأمـل أن يسـهم اللوفـر أبوظبـي في جـذب الـزوار مـن جميـع أنحـاء العالـم وفي إذكاء روح الفضول والإثارة لديهـم، وينعـش عقولهـم وأرواحهـم، ويسـاعد في تحقيـق المزيـد مـن التقـارب بيـن الشـعوب في عالمنا بكل طاقاتـه اللامتناهيـة.

سعادة سيف سعيد غباش
مدير عام دائرة الثقافة والسياحة

يعتبر متحف اللوفر أبوظبي متحفًا عالميًا ومكانًا للتعرف على ثقافات وشعوب دولة الإمارات العربية المتحدة، وهما إحدى التطلعات الأساسية للدولة. يقع المتحف عند مفترق الطرق بين الشرق والغرب، ما يجعله ملتقى للشعوب والثقافات العالمية. ويسعى المتحف إلى النظر في ما يجمعنا عوض التركيز على ما يفرقنا. كما يجسد اللوفر أبوظبي الأفكار والمبادئ المشتركة التي يمكننا جميعًا فهمها بغض النظر عن أصولنا أو معتقداتنا.

ويعتبر هذا المبدأ أساس المتحف ومجموعته الفنية، إذ حصل على أولى مقتنياته عام 2009 ووصل عدد مجموعته الفنية إلى أكثر من 600 عمل فني وقطعة أثرية. وتشمل هذه الأعمال جميع أنحاء العالم وتاريخ الإنسانية بدءًا من القطع الأثرية القديمة ووصولاً إلى أحدث الأعمال الفنية المعاصرة التي أُعدت خصيصاً لمتحف اللوفر أبوظبي. ويعود أصل هذه الأعمال إلى القارات النائية ودول الشرق الأوسط المجاورة وبالطبع دولة الإمارات العربية المتحدة. ويضم المتحف أعمالاً فنية لأشهر الأسماء في تاريخ الإبداع البشري، وأعمالاً أخرى بالغة القدم لدرجة ضياع هوية صانعيها مع مرور الزمن.

تروي هذه الأعمال مجتمعةً قصة حقيقية: قصة الإنسانية، إذ يسعى متحف اللوفر أبوظبي إلى إبراز قدرة الفن على تجاوز الحدود الوطنية أو الصراعات الأيديولوجية الضيقة. فالفن يتدفق بحرية في كل مكان، ويمكن أن يكون مصدر إلهام للناس الذين لم يلتقوا أبدًا من قبل والذين عاشوا بعيدًا عن بعضهم البعض لقرون عديدة. ما يهم هو قدرتنا على رؤية الجمال والحقيقة التي قد تمثلها مثل هذه الأعمال الفنية. ويعكس كل جانب من جوانب متحف اللوفر أبوظبي هذه الفلسفة العالمية بدءًا من تنظيم قاعات العرض وانتهاءً بالأعمال الفنية المعروضة داخلها.

إنّ متحف اللوفر أبوظبي هدية للعالم، هدية للفضول والمعرفة، إذ يعكس رغبة الإنسان الأبدية في البحث عن أجوبة وطرح المزيد من الأسئلة. مرحباً بكم في اللوفر أبوظبي!

مانويل راباتيه
مدير متحف اللوفر أبوظبي

تتخـذ الزيارة إلى المتحـف بعـدًا جديـدًا عندمـا نقبـل أن نضـل طريقنا ونستسـلم للتوجيهات. يعـد هـذا الدليـل بمثابـة البوصلـة التـي يسترشـد بهـا الـزوار أثنـاء جولتهـم في المتحـف، حيـث تلفـت انتباههـم إلى العلامـات والمعالم حتـى يسـتمتعوا إلى أقصـى حـد بمـا يقدمـه المتحـف لـزواره ويتعرفون علـى مفهـوم العالميـة عـبر مختلـف العصور والثقافـات والحضارات.

ويعتـبر اكتشـاف أو إعـادة اكتشـاف الأعمال المعروضـة في اللوفر أبوظبـي، سـواء تلـك الخاصـة بالمجموعـة الفنيـة للمتحـف أو الأعمـال المعـارة مـن المتاحـف الفرنسـية، تجربـة فريـدة مـن نوعهـا، وذلك لأنهـا مـن جهـة تُعـرض في ضـوء جديد مثـل أشـعة ضـوء إمارة أبوظبـي المتسـللة عـبر القبـة التـي صممهـا المهنـدس جون نوفيـل. ومـن جهـة ثانيـة لأن عرضهـا إلى جانـب أعمـال فنيـة أخـرى لا تُعـرض معهـا في العـادة يزيـد مـن تعـدد معانيها. يعـد هـذا الدليـل مفتاحًا لفهـم الروابـط التـي تجمعنا والعناصـر التـي تشـكل هويتنا المحـددة نتيجـة التأثيـرات الزمنيـة والثقافيـة والتاريخيـة. تتيـح الجولـة في المتحـف للـزوار فرصـة عيـش العولمـة مـن منظـور جديـد، ومـن ثم فهمهـا علـى أنها فرصـة حقيقيـة في هـذا العالـم المتغيـر باستمرار.

بالنسـبة للمؤسسـات الفرنسـية ممثلـةً في وكالـة متاحـف فرنسـا ليس هنـاك تحديًـا أكبـر مـن العمـل بالتعـاون مـع إدارتي متحـف اللوفر أبوظبـي ودائـرة الثقافـة والسـياحة في أبوظبـي لإنشـاء متحـف ليـس لـه مثيـل في العالـم. وتقديـرًا لجهـود هـذه المؤسسـات وحرصهـا علـى هـذا المشـروع، يجـب أن نذكرهـا هنا بالاسـم، وهـي متحـف اللوفـر، ومتحفـا أورسـيه والأورونجـري، ومركـز بومبيـدو، ومتحـف رصيـف برانـلي - جـاك شـيراك، والمتحـف الوطني للفنـون الآسـيوية -غيميـه، والمكتبـة الوطنيـة الفرنسـية، ورابطـة المتاحـف الوطنيـة - القصـر الكبـير، وقصـر فرسـاي، ومتحـف كلـوني، ومتحـف رودان، ومتحـف الفنون الزخرفيـة، والمتحـف الوطني للخـزف-سـيفر وليمـوج، والمتحـف الوطنـي للآثـار في سـان جرمـان آون لـه، وقصـر فونتانبلـو، ومدرسـة اللوفـر، والأمـلاك الوطنيـة لشـامبور، وإدارة التـراث والمشـروعات العقاريـة لـوزارة الثقافـة.

ويعـود الفضـل في نجـاح إنجـاز هـذا المشـروع إلى توفـر العنـاصر التاليـة: الرؤية الثاقبـة لأبوظبـي وثـراء مجموعـة الأعمـال الفنيـة الفرنسـية والخبـرات المهنيـة في مجـال المتاحـف التـي تزخـر بهـا وكالـة متاحـف فرنسـا مـن خـلال عملهـا بالتعـاون مـع فريـق عمـل متحـف اللوفر أبوظبـي. ويذكرنـا هـذا التعـاون بـين الإمـارات العربيـة المتحـدة وفرنسـا مـن خـلال متحـف اللوفر أبوظبـي بـأن الثقافـة والتعليـم سـيظلان مـن الركائـز القيّمـة التـي يجسـدها هـذا المتحـف بطـرق عديـدة بعـد فتـح أبوابـه الآن للجميـع.

مارك لادريت دو لاشرير
رئيس وكالة متاحف فرنسا

المتاحف والمؤسسات الشريكة
لمتحـف اللوفر أبوظبي

يـود متحـف اللوفر أبوظبي أن يتقدم بخالص الشـكر للمتاحـف والمؤسسـات الثقافيـة التالية بمن في ذلك جميع الموظفين في هذه المؤسسـات، وذلك تقديرًا لدعمهم ومساهمتهم في إنشـاء هذا المتحف.

شركاء وكالة متاحف فرنسا

متحف اللوفر

متحف أورسيه والأورونجري

مركز بومبيدو

المكتبة الوطنية الفرنسية

متحف رصيف برانلي -جاك شيراك

المتحف الوطني للفنون الآسيوية-غيميه

متحف رودان

قصر فرساي

المؤسسة العامة لرابطة المتاحف الوطنية و"القصر الكبير"

الأملاك الوطنية لشامبور

مدرسة اللوفر

متحف كلوني - المتحف الوطني للعصور الوسطى

متحف الفنون الزخرفية

مدينة الخزف - سيفر وليموج

المتحف الوطني للآثار - سان جرمان آون له

قصر فونتانبلو

إدارة التراث والمشروعات العقارية لوزارة الثقافة

جهات الإعارة الأخرى

دائرة الثقافة والسياحة في أبوظبي بما في ذلك متحف زايد الوطني ومتحف العين الوطني وغوغنهايم أبوظبي

دائرة الآثار العامة في الأردن

دائرة الآثار والمتاحف في رأس الخيمة (متحف رأس الخيمة الوطني)

المتحف الوطني، سلطنة عمان

الهيئة العامة للسياحة والتراث الوطني في المملكة العربية السعودية

مؤلفو دليل المتحف

رئيس التحرير:
جون فرانسوا شارنييه

شارك في التأليف

جون فرانسوا شارنييه، رئيس أمناء التراث والمدير العلمي لوكالة متاحف فرنسا

أوليفيا بورا، أمينة التراث ونائبة المدير العلمي والأمينة المسؤولة عن الفنون الحديثة المبكرة والفنون في أفريقيا وأمريكا وأوقيانوسيا.

ناومي داوسي، أمينة التراث والأمينة المسؤولة عن علوم الآثار

د. ثريا نجيم، الأمينة المسؤولة عن الفن الإسلامي وفنون العصور الوسطى

جوليت سينجر، أمينة التراث والأمينة المسؤولة عن الفنون الحديثة والمعاصرة

د. غيلهيم أندريه، الأمين المسؤول عن الفن الآسيوي

بالتعاون مع

خالد عبد الخالق عبد الله • أدريان بيرثلوت • محمد عبد الله المنصوري • أوغو بيرتوني أوليفيي بواسيار • إيما كانتويل • آن كورون • جيروم ديلابلانش • ستيفان غيغان • رنا محمد الحمادي • آن هوغيل • إلودي جانيست • أمين خرشاش • علية زعل سلطان لوتاه • فريدريك مورفان • فابيان باكيت • آني بيريز • محمد زقر • أماندا سميث • مائيو تينوز • سيموني فيردي • إيستال فيلنوف

تنسيق التحرير إليزابيث دو فارسي وجونيفياف دو لا بريتاش

اللوفر أبوظبي: متحف كوني في عصر العولمة

إن الثراء المجازي لقبّة جون نوفيل منبع لا ينضب بسهولة. فكما تنير النجوم درب البدوي في الصحراء، تدعونا القبة إلى رفع بصرنا وتأمّل العالم من حولنا. وتتبكر القبة على مفترق الطرق بين الرياضيات والحياة عالمًا قائمًا بذاته، كونًا مصغّرًا يتجلّى فيه تدريجيًا فضاء المتحف وزمنه. أما النور المتسلّل من القبّة فهو بمثابة إشادة بأهمية الظلال في الجزيرة العربية. يتلاعب النور بقلب القيم الدائم ليرسم بنوع من الخط الكوني أشكالاً خيالية يكون فيها الجمال وليد التكامل بين الأضداد. وقد أتاح الحوار مع الفريق العلمي في المتحف توسيع نطاق هذا التوتّر الخلّاق ليشمل قاعات المتحف الواقعة أسفل القبة الفولاذية التي تحميها من الشمس الحارقة، فتكون أشبه بكتل عملاقة تنتشر تحت القبة بطريقة تبدو عشوائية، تتتابع الواحدة تلو الأخرى وفق مسار متواصل وإيقاع يلهمان رسالة المتحف.

اللوفر أبوظبي متحف كوني

من المهم في البداية أن نوضح القصد من قولنا إن اللوفر أبوظبي هو متحف كوني، لا سيّما في عصر العولمة هذا الذي قد لا يكون فيه معنى هذه الكلمة مفهومًا دائمًا بوضوح. إن أصل كلمة (uni-versum) لاتيني، وهي مشتقة من كلمتين (-uni) "واحد"، و(versum) "يدور" ومعناها "يدور حول واحد". وعليه، هل يدور العالم حول مركز ما؟ فقد ساد الاعتقاد لفترة طويلة بأن الكواكب والشمس تدوران حول الأرض، ومن ثم فإن كلمة "كوني" التي ابتكرتها قارة أوروبية كانت تعتقد أن العالم يدور حولها، تحمل في طياتها تعصب أوروبا العرقي وتحيزها لثقافتها. فالكوني، كما يقول الشاعر إدوار غليسّان، لا يتعدى كونه إعلاءً لشأن الخاص. بيد أنه يمكن التفكير في أصل الكلمة بصورة معاكسة، وذلك بتحوّل التعددية إلى وحدة، إلى السعي نحو ترابط العالم وتماسكه، نحو كل ما هو مشترك بين بني البشر. وبالفعل، كان الهدف من وراء اتخاذ اللوفر أبوظبي الكونية منهجًا له إبراز مظاهر الوحدة التي تجمع بين العوالم المختلفة.

لقد نشأ المتحف الكوني بالمعنى الحديث في زمن الاكتشافات الكبرى، متخذًا في البداية شكل حجرات العجائب التي ضمت مجموعات من القطع الفنية القادمة من الطبيعة ومن الثقافات الغابرة أو الأصقاع البعيدة. تعكس هذه المجموعات الأولى التي أنشأتها نخبة من الهواة والفضوليين والمثقفين، الروح الإنسيّة السائدة والشغف بالبحث عن معنى العالم الذي بدأنا نكتشف آنذاك مدى ضخامته ونحاول قياس أبعاده.

وعلى مرّ العصور، خضعت المجموعات لتصنيف متسلسل وتنظيم دقيق، جعلها تكتسب دقة موسوعية وتستعيد ما فقدته من تماسك ومن حدس أصلي. وأفضى ابتكار الأساليب والتصنيفات العلمية تدريجيًا إلى إقامة الحواجز العلمية والمؤسسيّة التي سرعان ما أتاحت فهم الغاية الإنسيّة الأوّلية للمتاحف وهي تقبّل البشرية بأسرها وتقديم رؤية شاملة عن العالم. لكن يبدو أن هذا الحلم قد تبخّر تدريجيًا مع التقسيم العقلاني للمعرفة. تجدر الإشارة أيضًا إلى أن هذه الحواجز والتصنيفات الهرمية قد أُنشئت بالتوازي مع حركة استعمار العالم على أيدي الأوروبيين. بيد أنه في عصر العولمة ما بعد الفترة الاستعمارية المتّسمة بتعدد الثقافات التي نعيشها اليوم، باتت الحاجة إلى العودة إلى نهج الانسجام والوحدة بين بني البشر أكثر إلحاحًا من أي وقت مضى.

رواية قصّة والكشف عن نهج خاص

تنكشف الروح الكونية لمتحف اللوفر أبوظبي أمام الزائر على عدة مراحل، حيث تقدّم له قاعات المتحف صورة تاريخية شاملة لما بحث عنه الكاتب والشاعر الفرنسي شارل بيغي حين قال إنّه يريد أن يقرأ في المتحف الكوني "مسار تطوّر البشرية الطويل والجلّي". ويتجسّد هذا المسار هنا تحديدا عن طريق الأعمال الفنية الآتية من العالم أجمع ومن العصور والثقافات كافة. إذ يحظى اللوفر أبوظبي بمجموعة رائعة وثلّة من الأعمال النادرة المعارة من المتاحف

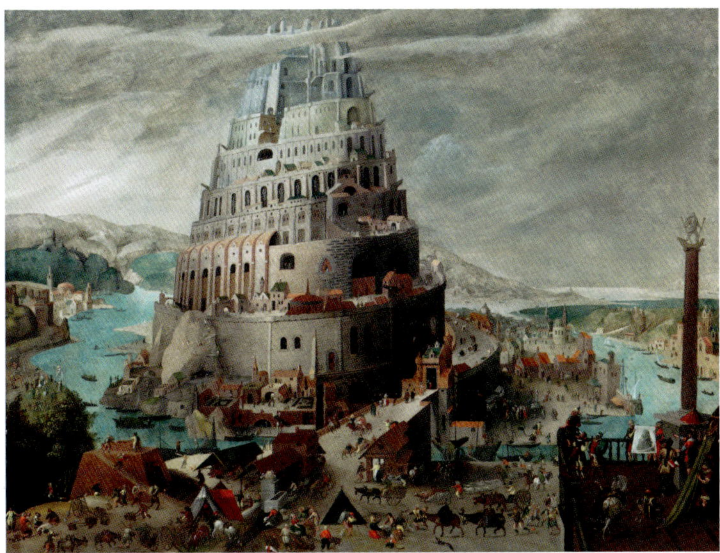

الفرنسيّة. وبفضل هـذا الحضور الـذي لم يسبـق لـه مثيـل للمجموعـات الوطنيـة الفرنسيّة في المتحف، يمكـن القـول إن الإبداع الفنـي العالمـي بأسـره يُعـرض هنا لأول مـرة.

إن الأعمال الفنيـة بمثابة إشارات مضيئة في مسار التاريخ، إذ تقدم لنا شهادات حيّـة عن تسلسل العصور الزمنية. وتبدو قاعـات العـرض المتعاقبـة في المتحف وكأنها كتـاب كبيـر مصوّر مكوّن مـن اثنـي عـشر فصـلا، يعـرض كل منهـا حقبة أساسيّـة مـن تاريـخ الإنسانية ابتـداءً مـن ميـلاد القـرى الأولى حتى ظهـور الديانـات الكونيـة، ومـن ظهـور الحضارة الصناعيـة حتى عـالم العولمـة، حيـث يدعـو المتحـف الزائر لاكتشـاف المراحل الكبرى التي طبعـت التاريخ الإنسـاني والتي تتجلّـى في الـتراث المـادي والثقـافي والتنـوع الأسلوبي للقارات المختلفة. ومـن ثـم، يتخـذ اللوفر أبوظبـي بعـدًا تعليميا في سعيه لإبراز تعاقب مراحـل التراث الإنسـاني وأوجـه التداخـل بينهـا، ليتيح للزائـر إلقاء نظرة شاملة عـلى العصور التي رسمـت ملامح العـالم الـذي يعيـش فيه.

وهكـذا، تصبح القاعـات المتعاقبـة عبـارة عـن روايـة تبـدأ أول فصولها في الردهـة الكبرى التي هي بمثابة قاعـة تمهيدية تضم أمهـات الأعمـال مـن كل العصـور، يطـرح فيهـا اللوفر أبوظبـي لغـزًا يحيّـر الزائـر ويدفعه إلى التسـاؤل عـن مغـزى الكونيـة، وإلى الانطـلاق في زيارتـه لبقيـة قاعـات المتحـف بحثًـا عـن الأجوبـة الشافيـة لأسـئلته. وبغيـة تنشيـط أحداث الروايـة المتحفيـة وإذكاء روح الفضـول لـدى الزائـر، فـإن التقنيـات المستخدمة في تصميـم وتنظيـم المتحـف والمدعومـة بوسـائط تفاعليـة طموحـة، تهـدف إلى توليـد المعرفـة. وبالفعـل، فـكل شيء قـد صُمم لـكي يثيـر الانفعـال والتسـاؤل عنـد التفاعـل مـع الأعمـال الفنيـة. فالوسـائط جلّهـا، ابتـداءً مـن البطاقـات التعريفيـة حتى الآليـات الرقميـة، مُصممـة لإثارة الرغبـة في الفهـم لا لتقديـم المعلومـات فحسـب.

إزالة الحواجز بين المجموعات الفنية لبناء جسور التواصل بين الحضارات

لـكي يعـود اللوفر أبوظبـي إلى الأهـداف الإنسيّـة لأصولـه، كان لا بـدّ لروايتـه المتحفيـة أن تبتعـد عـن تقسيـم المجموعـات الفنيـة مـن أجـل تقديـم عـرض للأعمـال الفنيـة العالميـة يخلـو مـن الحواجـز التي تفصـل بينهـا. وإذا كان هـذا النهـج يذكّرنـا بسمـة خاصـة طبعـت حجـرات العجائـب في المـاضي، فإنـه يتجسّـد هنا منسجمًـا مـع روح القـرن الحـادي والعشريـن التي تعتمـد عـلى الأبحـاث والمناهـج الخاصة بالتاريـخ العصـري. فلـم يشمـل توزيـع الأعمـال الفنيـة عرضهـا في أقسـام منفصلـة بل جمـع الثقافات والحضـارات المختلفـة في القاعـات ذاتهـا بغيـة استكشـاف الـروح السـائدة في كل عـصر. فكيـف يمكـن بخـلاف ذلـك، إبـراز أوجـه التشابـه الملحـوظ بيـن الملـوك الكهنـة السومريـين وفراعنـة مصـر؟ أو التأثيـرات المتبادلـة بيـن الصيـن والعـالم الإسـلامي؟ أو حتى تبعـات توسّع الحضـارة الصناعيّـة؟

تُـرى مـاذا يمكـن أن تـروي لنـا الأعمال الفنيّـة عنـد سقـوط الحواجـز والأقسـام التي تفصـل بينهـا في قاعـات المتحـف؟ يفتـح هـذا السـؤال آفاقًـا جديـدة للمتحـف الكونـي، إذ قـاد اللوفر أبوظبـي إلى التفكيـر مجـدّداً في الحوار القائـم بيـن الأعمـال الفنيـة

الآتيـة مـن أنحـاء العـالم أجمـع. قـد تتحـاور هـذه الأعـمال في فضـاء المتحـف وأحيانًـا في الخزانـة الزجاجيـة ذاتهـا، حيـث تتخـذ هـذه الحـوارات شـكل مقارنـات فيـما بينهـا أو شـكل تبـادل لوجهـات النظـر تحـث الزائـر عـلى النظـر والتأمّـل وتثـير لديـه الرغبة في الاكتشـاف. فالجمـع بـين أعـمال فنيـة غـير متوقعـة يسـهم في إذكاء روح الفضـول لـدى الزائـر ويدفعـه للتسـاؤل عـن المعـاني السـائدة واكتشـاف القصـص الجديـدة التـي ينفـرد المتحـف بأسـرارها. وكـما ذكـر المعـماري جـون نوفيـل، تسـتمد الروايـة المتحفيـة في اللوفـر أبوظبـي قوّتهـا مـن "الجاذبيـة" التـي تولّدهـا المقابلـة بـين أعـمال فنيـة تنتمـي إلى ثقافـات مختلفـة.

وما دام المتحـف قـد ارتـأى البحـث عـن كل ما يربـط ويصـل بـين الأعـمال بـدلاً مـن إبـراز ما يفصـل ويفرّق بينهـا، معتمـدا بذلك نهجًـا أكـثر تفرّدًا وتلاؤمـاً مـع العولمـة، فإنـه يسـعى مـن خـلال تنـوع أعـماله الفنيـة إلى كشـف الخيـوط التـي تربـط بـين الحضـارات والمجتمعـات الإنسـانية عـلى مـرّ التاريـخ. إن هـذه الروابـط كـما يتضـح لنـا مـن خـلال أوجـه التشـابه بـين الإبداعـات الفنيـة، سـواءً عـن وعـي أو خـلاف ذلـك، هـي نتيجـة حركـة التبـادل المسـتمرة بـين المجتمعـات، التـي هـي بدورهـا نتيجـة خفيـة للتأثـيرات المتبادلـة والسـلالات المشـتركة والـدورات المتلازمـة وحتـى بعـض الثوابـت الانثروبولوجيّـة. فالمتحـف الكـوني صُمّـم ليكـون المـكان المميّـز لتمهيـد السـبيل نحـو تاريـخ شـامل للفنـون في أعقـاب التاريـخ الشـامل. وعـلاوة عـلى ذلـك، سـيتيح التجديـد المسـتمر للروايـة المتحفيـة، مـن خـلال تعاقـب الأعـمال المعـارة، النظـر إلى هـذا النهـج بوصفـه حركـة دينـاميكية تجريبيّـة، منفتحـة عـلى التسـاؤلات الدائمـة، كي يصبـح اللوفـر أبوظبـي مركـزًا للتبـادل بـين الثقافـات.

وبنـاء عليـه، تتخـذ روايـة اللوفـر أبوظبـي بعـدًا فلسـفيًا. فـإذا كانـت الأعـمال الفنيـة تجسّـد الهويـات الثقافيـة، فـإن المتحـف يكشـف أيضًـا، مـن خـلال إبـراز القواسـم المشـتركة بـين الثقافـات، ما تديـن بـه لبعضهـا البعـض. والهويـة في تيـار التاريـخ المسـتمر، مصـدر دائـم لجهـود دينـاميكية تُبنـى مـن خـلال العلاقـات مـع الآخريـن. فتؤكّـد مـن ثـم عـلى إحـدى المهـام الأساسـية للمتحـف الكـوني وهـي تمكـين النـاس مـن إدراك ثـراء هويّتهـم الخاصـة عـن طريـق اكتشـاف العلاقـة التـي تربطهـا بهويّـة الآخريـن.

الفصول الاثنا عشر للرواية التي يقصّها اللوفر أبوظبي

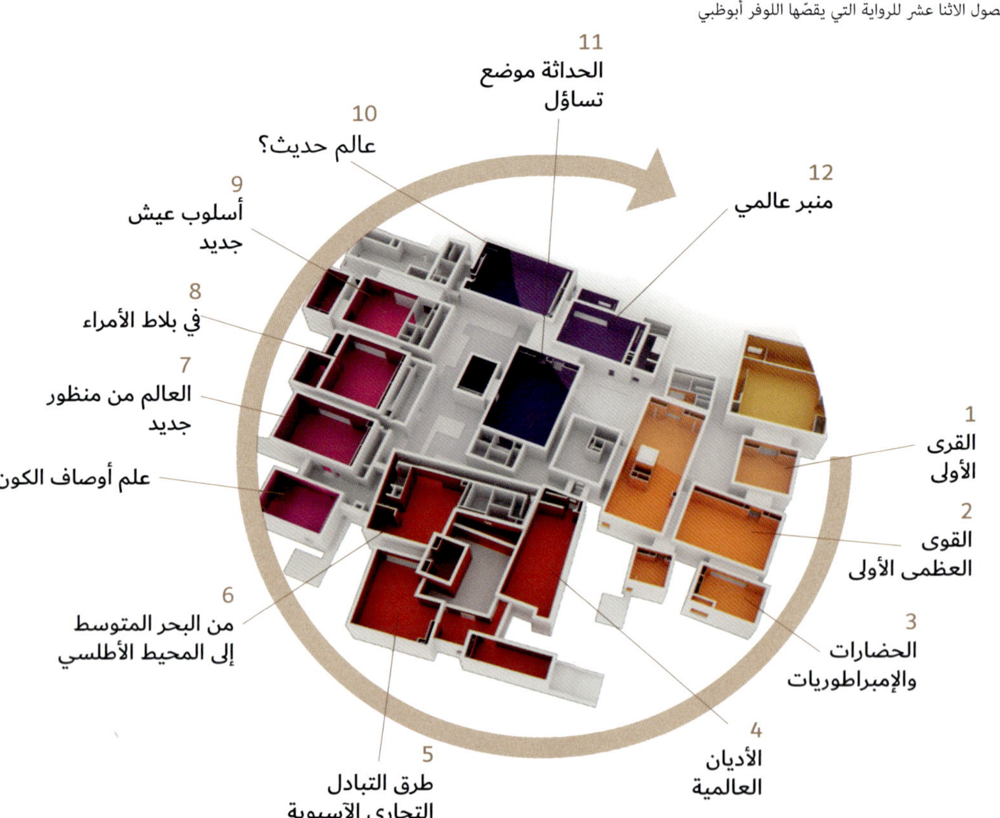

وفي الأخير، إن وجود متحف كهذا خارج الغرب لا يسعه إلا أن يسهم في تحقيق إعادة توجيه فكري مستحسن. فهذه الرحلة أو انتقال المتحف من باريس إلى أبوظبي سيؤدي لا محالة إلى تغير في نظرة الناس. ومن ثم، تصبح مفاهيم الحضارات القديمة والقرون الوسطى والنهضة والحداثة التي تضع جميعها الغرب في مركز التاريخ مفاهيم نسبية إزاء تطوّرات العالم الكوني. فقد تولّى اللوفر أبوظبي على سبيل المثال الكشف عن الطبيعة المختلطة أو الهجينة لما يسمى "الحداثة" الغربية. إذ لئن تأثرت حضارات أفريقيا وأمريكا وآسيا والحضارة الاسلاميّة تدريجيا بالفنون الغربية بعد العام 1500، فإن هذه الفنون قد نهلت بدورها وعلى نطاق واسع من بقية حضارات العالم. هنا يعاد النظر في "الحداثة" الغربية خاصة في ضوء "سرقة التاريخ"، كما سمّاها عالم الانثروبولوجيا البريطاني جاكي غودي، سرقة ارتكبها الغربيون في حقّ الحضارات الأخرى معتبرين أنفسهم "حداثيين" مقارنة بالآخرين الذين افترضوا أنهم ليسوا كذلك. هذه القراءة للأحداث مهمّة للغاية بالنسبة للوفر أبوظبي الذي صُمم في القرن الحادي والعشرين في قلب منطقة تسعى معه إلى تعزيز نفوذها من خلال احتلال مكانها في الذاكرة المجيدة لتراثها المتعدد الأوجه.

وبالفعل، إنه العالم العربي الاسلامي في القرن الحادي والعشرين الذي يستضيف اللوفر أبوظبي. فهذا التحوّل في التفكير الذي يعدّ ضروريًا لتحقيق هدف التملّك الثقافي، له أيضاً منطقه التاريخي. إذ إن العالم الذي يقع فيه المتحف الجديد يتمتع بتاريخ طويل راسخ من المركزية والعلاقات المتبادلة، فضلاً عن كونه وريثًا لكيان ثقافي ضخم يقع في قلب أوراسيا. كما تأتي ولادة اللوفر أبوظبي في فترة خاصة من التاريخ الثقافي للمنطقة، وذلك في وقت يعيد فيه العالم العربي ترسيخ ثقافته، وهو منعطف هام لعب فيه كتاب إدوارد سعيد "الاستشراق، المفاهيم الغربية للشرق" دورًا بارزًا. وقد اقتضت هذه الديناميكية الجديدة في المنطقة صياغة رواية مختلفة لتاريخ العالم. وفي نهاية عام 2017، أخذت الرواية المقدّمة للزوار في الاعتبار هذا السياق الجديد، بعد أن ساهم في بلورتها فريق متنوع من الخبراء حرصًا على تعدّد وجهات النظر. إن اللوفر أبوظبي وليد عالم العولمة ونتاج التيار الثقافي المعاصر المهيمن الذي تتناوب فيه باستمرار الرغبة في نزع الطابع الإقليمي والرغبة في إعادة التوطين. ومن ثم، فإن مصير اللوفر أبوظبي سيظل قائمًا لفترة طويلة على الجدلية المعقدة بين ترسيخ الهوية والانفتاح على الكون.

بقلم جون فرانسوا شارنييه

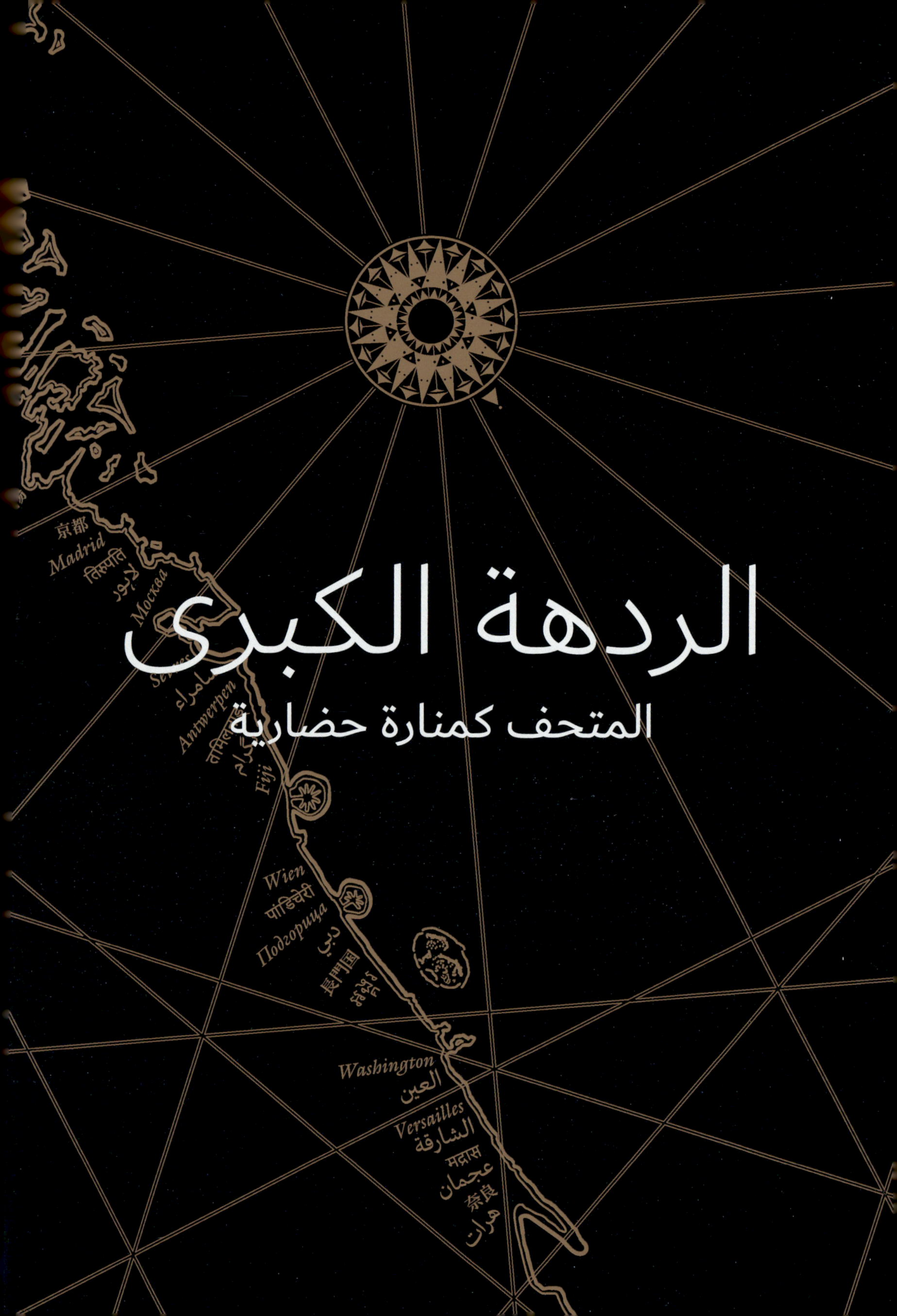

الردهة الكبرى

المتحف كمنارة حضارية

المتحف كمنارة حضارية يدخل الزائر إلى الردهة الكبرى كالمسافر الـذي يصل إلى جزيرة السعديات من جهـة البحر، فيجـد أمامـه خزائـن كبيرة ذات أشكال غريبة، في حين رُسمت عـلى الأرض، تحت قدميه، خطـوط سـاحلية كُتبت عليها أسـماء الأماكـن بلغـات مختلفـة. سيدرك الزائر بسرعـة أنَّ هـذه الأسـماء مقتبسـة مـن خريطـة ضخمـة هـي إحـدى خرائط الملاحـة البحريـة القديمـة التي كان البحّـارة يهتدون بها في أعـالي البحـار والمحيطـات. ويُظهر هـذا المتحف الطموح - على خـلاف غيره مـن المتاحـف - العلاقـة بـين روعـة المبنـى الهندسية ومحتوياتـه مـن الروائـع الفنية. وفي هـذا السـياق، تصبح خريطـة الملاحـة البحريـة تعبيرًا مجازيًـا عـن المتحف ذاتـه، إذ يرسـم الخـط المرسـوم بالريشـة سواحـل الإمارات العربية المتحدة، في حين تعبّـر أسـماء المواقـع على الخريطـة عـن أماكـن ولادة الأعمـال الفنية التابعـة لمجموعـة المتحف. وتُوحـي كـثرة هـذه الأسـماء وتنوّعهـا بـأنّ العـالم يلتقـي هنا في أبوظبي، أو بـأنّ أبوظبي هـي قلـب العـالم. أمّـا الخطـوط المستقيمة التي تمـرّ بـين السـواحل في تلك الخرائـط القديمـة فهي تذكّرنـا بهندسـة الفنـون الإسـلامية ورؤيتها الرياضية للعـالم. وتتشابك تلك الخطـوط عـلى أرض المتحف، ثـمّ تصعد عـلى الجـدران وعـلى السـقف لتلتقي مـن خـلال الفتحة الضوئية في الأعـلى مـع الهيـكل الهندسي لقبة المتحف. وتلتقط الخزائـن الزجاجية التي تُطـلّ مـن الخريطـة أشعة الضوء المتسـللة عـبر القبة، لتبهـر عيـون الزائـر وترشـده إلى أحـد أكـبر أسـرار المتحف: الطبيعـة العالميـة الكونيـة بالفطـرة في الإنسـان.

تشابه عبر القارات تثير الردهـة الكـبرى منـذ اللحظـة الأولى مسـألة الكونيـة. فالخزائـن الزجاجيـة تدعـو الزائـر إلى التسـاؤل عـن أوجـه التشـابه بـين الأعمـال الفنيـة القادمـة مـن مختلـف الحضـارات. فبعـض هـذه النقـاط المشـتركة معـروف في تاريخ الفـن، وورد ذكر بعضها الآخر أحيانًـا لـدى مؤرخي الفنـون وعلمـاء الآثـار، في حين أنّ الكثير منها لا يـزال مجهـولاً. وقد ارتأينـا عـن قصـد عـدم توضيـح أوجـه التشـابه بـين هـذه الأعمـال الفنيـة في الردهـة الكـبرى لكي تحتفـظ في هـذه المرحلـة بقوة أسـرارها وثراء معانيها. ومـن ناحيـة أخرى، يرتكـز تصميـم هـذا المتحـف في جوهـره عـلى التعدديـة الثقافيـة ممّـا يسـتدعي تـرك المجـال مفتوحًـا أمـام مختلف التفسـيرات حتى يمتـزج تعـدّد معانـي الأعمـال الفنيـة بتعـدّد ثقافـات الـزوار. كمـا تحثُّ هـذه الطريقـة في عـرض الأعمـال الفنيـة عـلى التفكير وطرح التسـاؤلات، فـلا يفهم الزائـر إلا مـا يكتشـفه بنفسـه. وبمـا أنّ المتحف هـو مكان يهـدف قبـل كـلّ شيء إلى إثـارة الفضول واليقظة والتسـاؤل، فـإنّ الغايـة هنا هـي جعل الزائـر يتسـاءل ويمعـن التفكير في معانـي ودلالات هـذه النقـاط المشـتركة وحـول الطبيعـة العالميـة في الإنسـان. فبإضفائها طابعًـا سـحريًا عـلى مشاهدة الأعمـال الفنيـة، تصبح الردهـة الكـبرى إلى حـد مـا بمثابـة القاعة التي يتم فيها إعـداد الزائـر لسـبر أغـوار المتحف. وبعـد انتهائه مـن هـذه المقدمـة الأوليّـة، يغـادر الزائـر الردهـة الكـبرى وفي ذهنه العديد مـن الأسـئلة ليبدأ جولتـه في المتحـف وكلّـه أمـل في أن يجـد لها الأجوبة المناسـبة.

فؤوس حجرية

مثلما تنتج الطبيعة أشكالاً مختلفة من أوراق الشجر والحصى الذي يتدحرج في الجداول المائية، يقوم الانسان بصنع أشكال هندسية مستغلاً قدراته الإبداعية. ومن ثم فإن براعته التقنية تمكنه من صنع أشكال في غاية التناسق لتصبح في النهاية أشكالاً رمزية في كمالها الذي لا جدوى منه. فهل تجسّد هذه الأشكال ميلاد الجمالية، أم فن التصميم، أم تراها مجرد رموز للهوية؟ بظهور الفؤوس الحجرية التي بدأ صنعها في كل الأمكنة التي استقر بها الإنسان العاقل، سلفنا المشترك، أضحى الإنسان إنسانًا في ولادته الرمزية.

فأس حجرية
الجزائر، وادي الأبيوض
300.000-800.000 ق.م.
اِ. 17، ع. 7.5 سم؛ حجر صوان
المتحف الوطني للآثار

فأس حجرية
فرنسا، أندر ولوار
نحو 500.000 ق.م.
اِ. 20.5 سم؛ حجر صوان
اللوفر أبوظبي

فأس حجرية
المملكة العربية السعودية، ينبع
نحو 350.000 ق.م.
اِ. 18، ع. 10 سم؛ أنديزيت
الهيئة العامة للسياحة والتراث الوطني السعودية

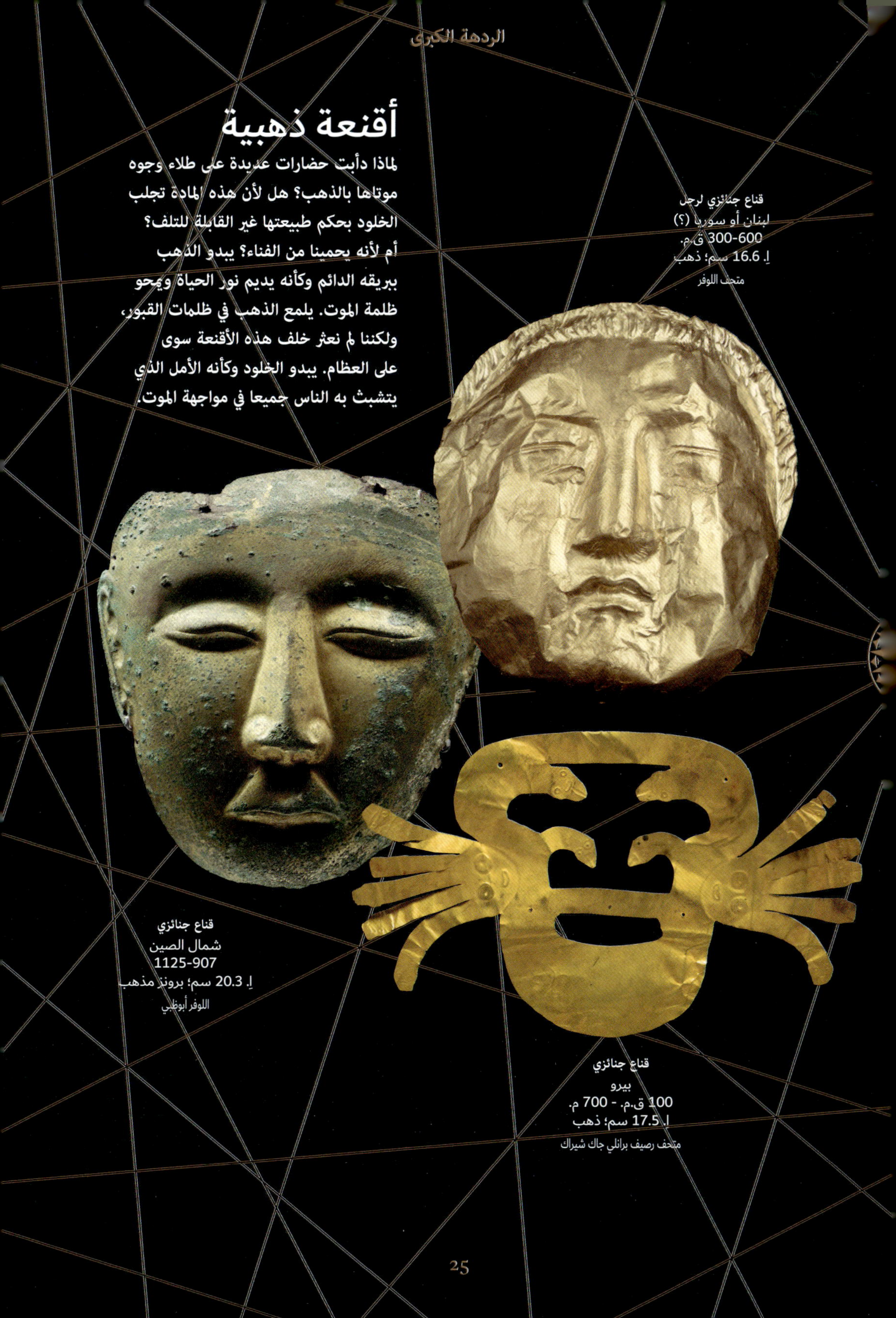

أقنعة ذهبية

لماذا دأبت حضارات عديدة على طلاء وجوه موتاها بالذهب؟ هل لأن هذه المادة تجلب الخلود بحكم طبيعتها غير القابلة للتلف؟ أم لأنه يحمينا من الفناء؟ يبدو الذهب ببريقه الدائم وكأنه يديم نور الحياة ويمحو ظلمة الموت. يلمع الذهب في ظلمات القبور، ولكننا لم نعثر خلف هذه الأقنعة سوى على العظام. يبدو الخلود وكأنه الأمل الذي يتشبث به الناس جميعا في مواجهة الموت.

قناع جنائزي لرجل
لبنان أو سوريا (؟)
600-300 ق.م.
إ. 16.6 سم؛ ذهب
متحف اللوفر

قناع جنائزي
شمال الصين
1125-907
إ. 20.3 سم؛ برونز مذهب
اللوفر أبوظبي

قناع جنائزي
بيرو
100 ق.م. - 700 م.
إ. 17.5 سم؛ ذهب
متحف رصيف برانلي جاك شيراك

مصلّون

تقف هذه التماثيل المتشابكة الأيدي في حالة تأمل متخذة الوضعية الطبيعية للإصغاء. فهل تقف مصغيةً أمام الإله، أم أنه الصمت للإحساس بالذات؟ أم أن هؤلاء المصلون هم وسطاء بين عالمي الموتى والأحياء؟ تساعد اليدان المتشابكتان الجسم والروح على الدخول في حالة تركيز لتسمح باستمرارية التجليات السماوية والأرضية. ينعكس هذا الشعور بالتوتر في شكل الجسم سواءٌ كان مقطوعًا من جذع إحدى الأشجار أو مصقولاً من إحدى الصخور.

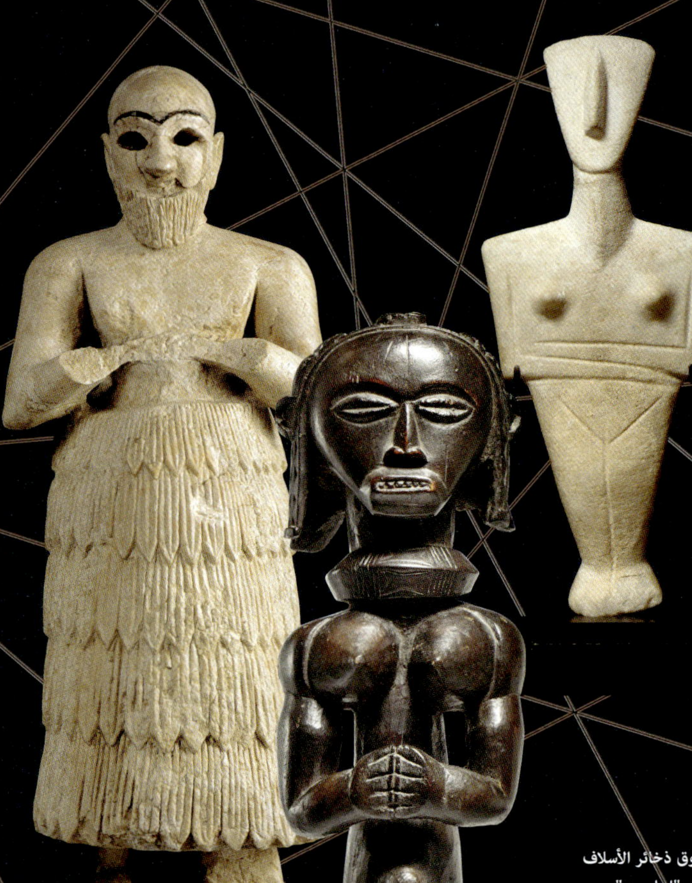

تمثال لامرأة
اليونان، سيروس،
مقبرة كالاندرياني
2700-2300 ق.م.
إ. 27.5 سم؛ رخام

متحف اللوفر

تمثال لحارس صندوق ذخائر الأسلاف
المعروف باسم "إيما بيري"
الغابون
1800-1900
إ. 37.7 سم؛ خشب

اللوفر أبوظبي

تمثال لشخص يصلى
سوريا، ماري، معبد عشتار
2500-2400 ق.م.
إ. 38.8 سم؛ مرمر، قطران

متحف اللوفر

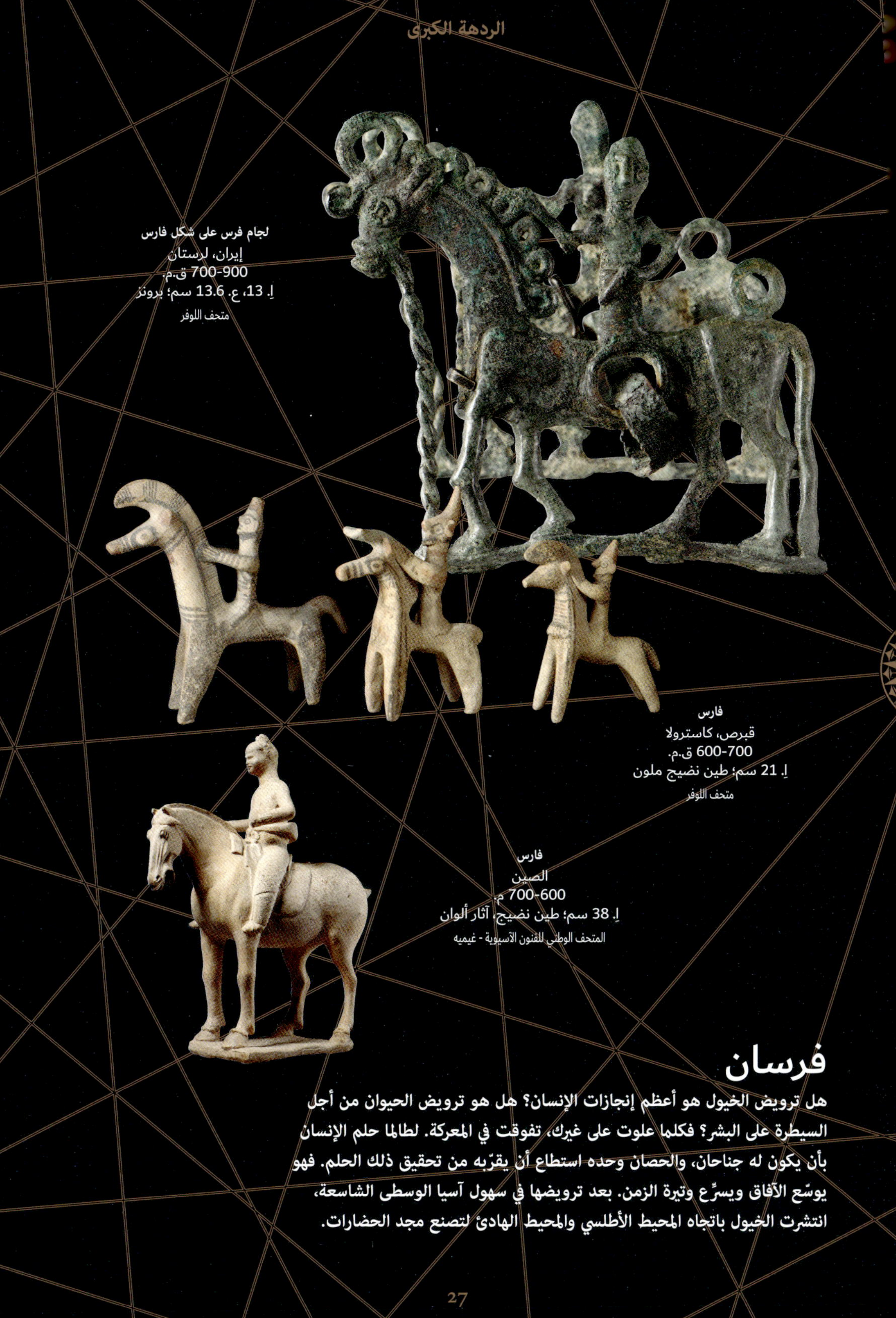

لجام فرس على شكل فارس
إيران، لرستان
900-700 ق.م.
اِ. 13، ع. 13.6 سم؛ برونز
متحف اللوفر

فارس
قبرص، كاسترولا
700-600 ق.م.
اِ. 21 سم؛ طين نضيج ملون
متحف اللوفر

فارس
الصين
600-700 م
اِ. 38 سم؛ طين نضيج؛ آثار ألوان
المتحف الوطني للفنون الآسيوية - غيميه

فرسان

هل ترويض الخيول هو أعظم إنجازات الإنسان؟ هل هو ترويض الحيوان من أجل السيطرة على البشر؟ فكلما علوت على غيرك، تفوقت في المعركة. لطالما حلم الإنسان بأن يكون له جناحان، والحصان وحده استطاع أن يقرّبه من تحقيق ذلك الحلم. فهو يوسّع الآفاق ويسرِّع وتيرة الزمن. بعد ترويضها في سهول آسيا الوسطى الشاسعة، انتشرت الخيول باتجاه المحيط الأطلسي والمحيط الهادئ لتصنع مجد الحضارات.

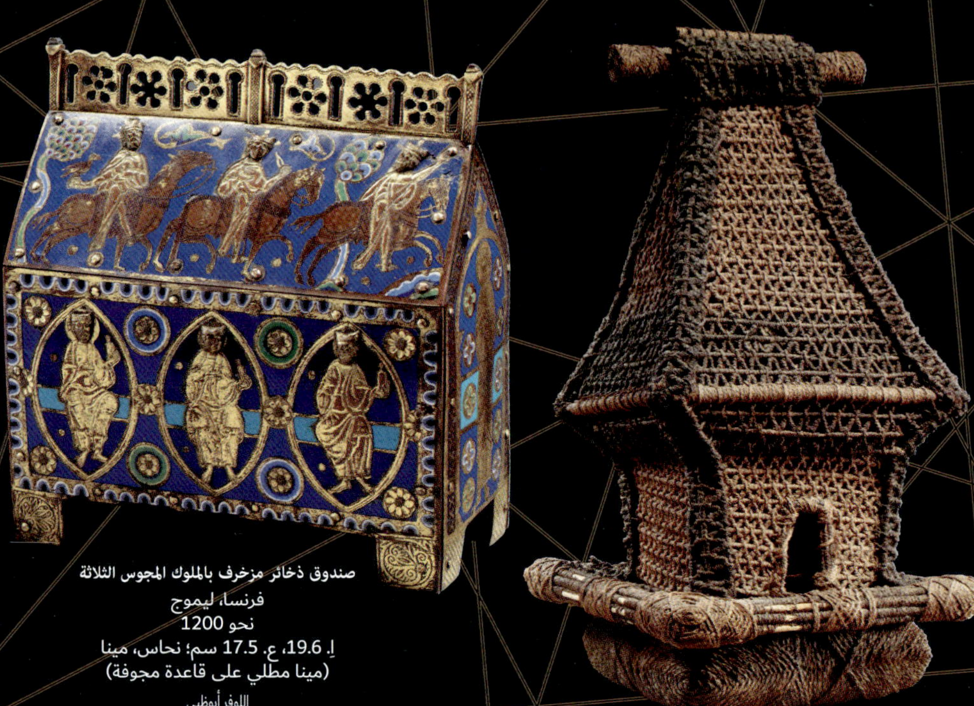

صندوق ذخائر مزخرف بالملوك المجوس الثلاثة
فرنسا، ليموج
نحو 1200
اِ. 19.6، ع. 17.5 سم؛ نحاس، مينا
(مينا مطلي على قاعدة مجوفة)
اللوفر أبوظبي

معبد محمول، يُسمى "بور كولا"
أوقيانوسيا، فيجي
قبل 1900
اِ. 70 سم؛ خشب، نسيج من ألياف جوز الهند
اللوفر أبوظبي

بيوت الموتى

يشبه بيت الموتى بيت الأحياء. لماذا نحتفظ بالموتى إلى جانبنا؟ يحتاج الأحياء إلى الأموات لتدوين حياتهم القصيرة في سجلات التاريخ الطويل لمجتمعاتهم. يصغي البشر إلى الأجداد وهم يسردون القصص ويحدثونهم عن بلدهم، ويعلمونهم كيف يعيشون وكيف يموتون. تمثّل صناديق الذخائر تراث المجتمع وروحه. فمثلها مثل المتاحف، تحفظ هذه الصناديق بعناية كل ما لا يمكننا الاستغناء عنه ولو على حساب أرواحنا.

وعاء على شكل منزل لحفظ رماد الموتى
إيطاليا، بازيليكاتا
نحو 600 ق.م.
اِ. 28.5، ع. 36 سم؛ خزف ملون
متحف اللوفر

أباريق

ما سر تشابهها؟ هل ذلك نتيجة تأثيرات الأسلوب؟ أم تأثيرات الموضة؟ أم هو سرّ عالمي تناقله الجميع؟ فالماء لا يمكن تقديمه بألف طريقة وطريقة. لكن هذه الأباريق تعطي توازنا وتناغما. ولكون الماء ينساب بحرية ولا يمكن الإمساك به، فهو يحتاج لوعاء ليتحكّم به ويحتويه. وتمجيدًا للماء، يوضع في أباريق تخبرنا عن البلدان التي يكون فيها شحيحًا وثمينًا. لذلك يُقدم الماء البسيط والضروري للحياة بصورة استعراضية متدفقا من الإبريق في حركة بطيئة شبيهة بالطقوس ترسم مسار تدفقه المتعرج.

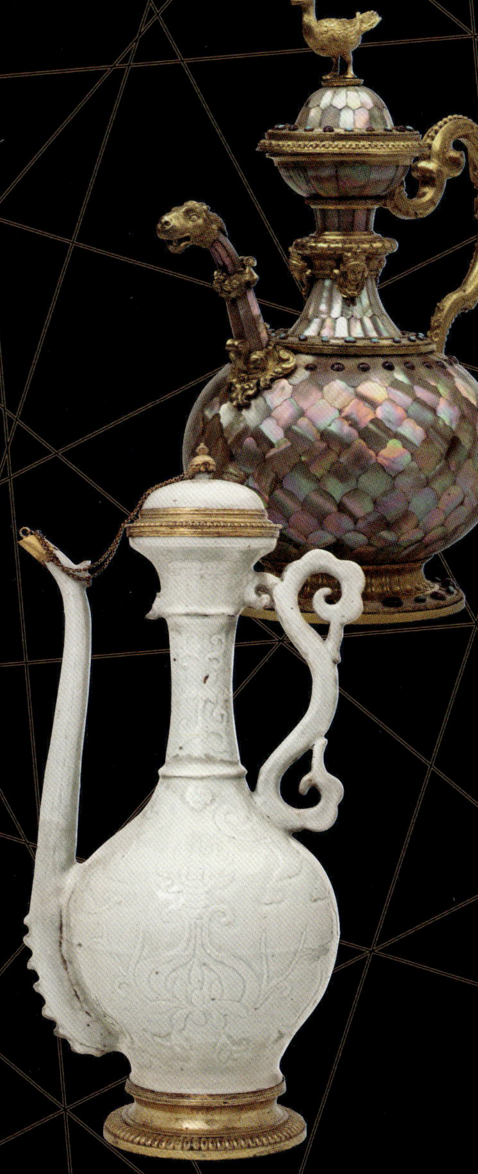

إبريق هندي مرصع في إيطاليا
إبريق عرق اللؤلؤ: الهند، غوجارات
قاعدة: إيطاليا، تنسب إلى أورازيو سكوبا
نحو 1640
إ. 42 سم؛ نحاس مذهب، عرق اللؤلؤ، فيروز، عقيق
اللوفر أبوظبي

إبريق على الطراز الفارسي
جنوب الصين
1520-1500
إ. 47؛ بورسلين أبيض، قاعدة أوروبية من البرونز المذهب
متحف الفنون الزخرفية

إبريق مخصص لمياه زمزم المباركة
تركيا
1800-1750
إ. 33 سم؛ سبيكة نحاس مذهبة
متحف اللوفر

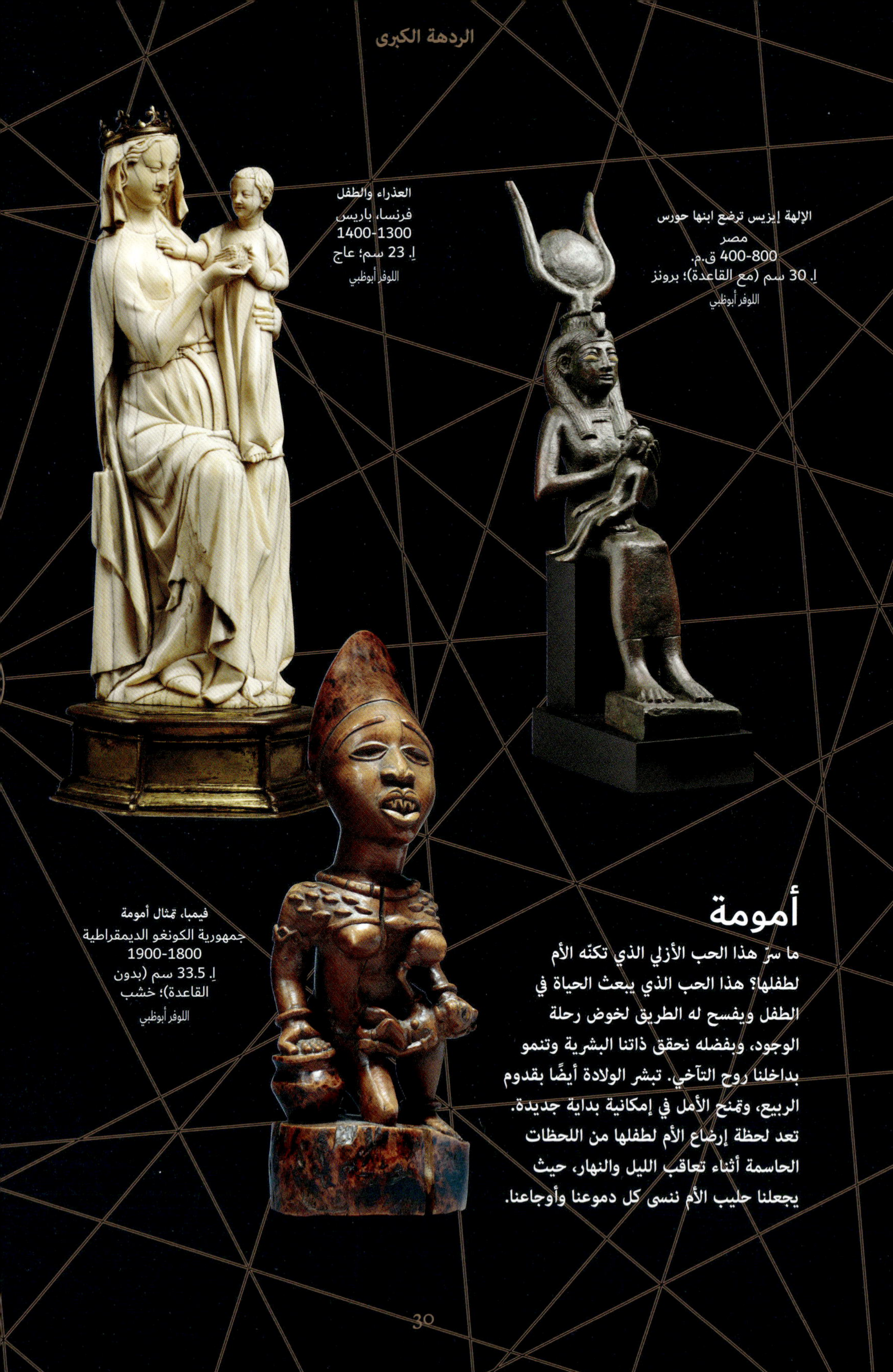

العذراء والطفل
فرنسا، باريس
1300-1400
اِ. 23 سم؛ عاج
اللوفر أبوظبي

الإلهة إيزيس ترضع ابنها حورس
مصر
800-400 ق.م.
اِ. 30 سم (مع القاعدة)؛ برونز
اللوفر أبوظبي

فيمبا، تمثال أمومة
جمهورية الكونغو الديمقراطية
1800-1900
اِ. 33.5 سم (بدون القاعدة)؛ خشب
اللوفر أبوظبي

أمومة

ما سِرّ هذا الحب الأزلي الذي تكنّه الأم لطفلها؟ هذا الحب الذي يبعث الحياة في الطفل ويفسح له الطريق لخوض رحلة الوجود، وبفضله نحقق ذاتنا البشرية وتنمو بداخلنا روح التآخي. تبشر الولادة أيضًا بقدوم الربيع، وتمنح الأمل في إمكانية بداية جديدة. تعد لحظة إرضاع الأم لطفلها من اللحظات الحاسمة أثناء تعاقب الليل والنهار، حيث يجعلنا حليب الأم ننسى كل دموعنا وأوجاعنا.

أطباق ذات زخرفة شمسية

حسب بعض الأساطير خُلق الإنسان فوق عجلة خزاف. فالزخارف اللولبية تدور حول المركز داخل مساحة مستديرة. هل تذكّرنا هذه الحركة بدوران الشمس والقمر في السماء؟ فعند انطلاقها من المركز تلتقي الزخارف بأشعة الزمن. لكن هل هو زمن الكون أم زمن البشر، أم هو بداية دورة الحياة والمخلوقات؟ ولكن بدورانها حول هذا المحور تظل الحكاية بلا بداية ولا نهاية، تماماً مثل دوران الأرض حول الشمس منذ الأزل.

حوض إبريق مزخرف برسوم "انتصار سيريس"
جان كور، يُسمى فيجيه (؟)
فرنسا، ليموج
1558
ق. 43.8 سم؛ مينا رمادية مطلية على النحاس
اللوفر أبوظبي

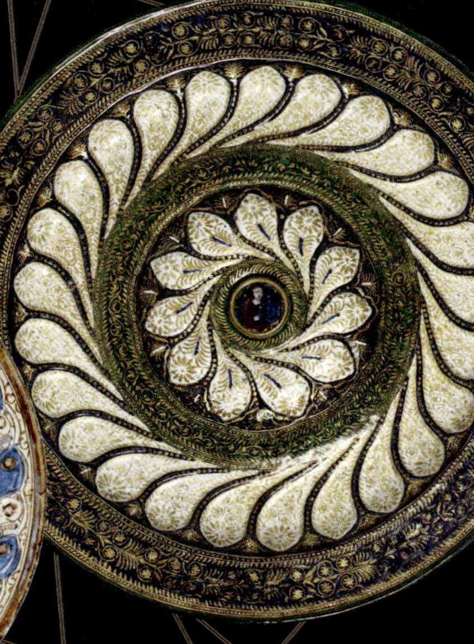

حوض إبريق بصورة القديسة بربارا في الميدالية الوسطى
إيطاليا، البندقية (حوض)
فرنسا، ليموج (ميدالية)
نحو 1500
ق. 49.5 سم؛ مينا مطلية على النحاس
اللوفر أبوظبي

طبق مزخرف بحلي مستديرة
إسبانيا
1525-1550
ق. 39.7 سم؛ خزف مصقول
المتحف الوطني للعصور الوسطى - كلوني

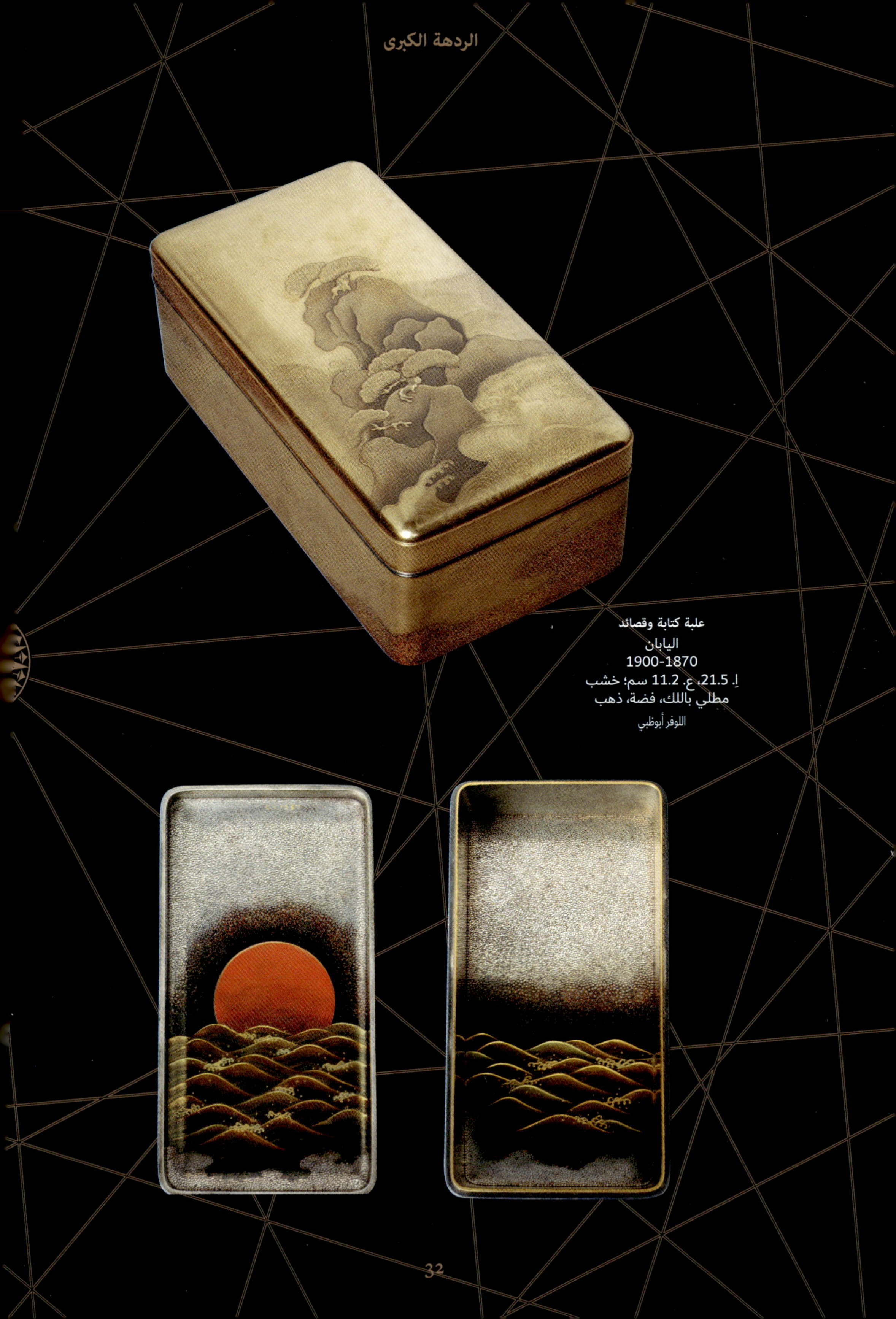

علبة كتابة وقصائد
اليابان
1870-1900
اِ. 21.5، ع. 11.2 سم؛ خشب
مطلي باللك، فضة، ذهب
اللوفر أبوظبي

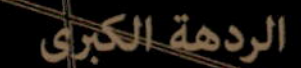

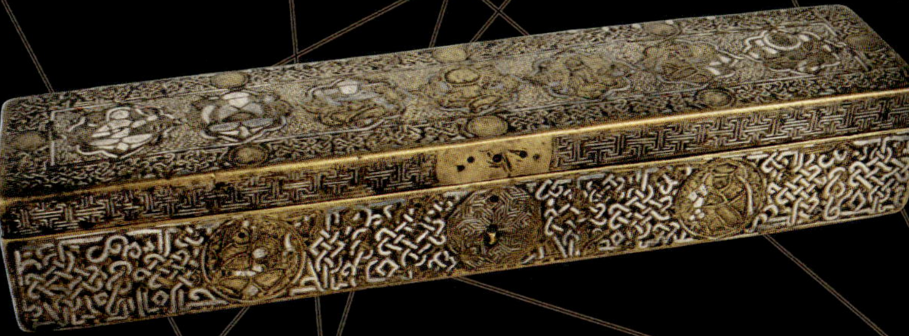

علبة كتابة مزخرفة بصور الكواكب
أبو القاسم بن سعد بن محمد الإصردي
سوريا
1245-1246
إ. 25.7، ع. 6.4 سم؛ نحاس مطعم بالذهب والفضة
متحف اللوفر

علب الكتابة

عند فتح هذه العلب، تتحرر الريشة وتحلق الأفكار. فما الحكاية التي يختفي سرها وراء هذه العلب؟ يعد القلم والريشة امتدادًا لليد ويمنحانها الحركة والقدرة على الرسم بدقة. وبامتلاكها لسلطان العلم والمعرفة، تصبح هذه الأدوات إحدى الامتيازات التي يحسد عليها العالم أو الكاتب أو المؤلف، إذ تقوم بتطويع القوى غير المادية لعالم الخيال والكلمات وتحولها إلى سطور صغيرة ذات رموز مطيعة. ويتجلى انتصارها في تحويل ذاكرة الحضارات إلى التاريخ.

لوحة كتابة الناسخ
مصر
1550-1050 ق.م.
إ. 34، ع. 6.1 سم؛ خشب
متحف اللوفر

الجناح 1

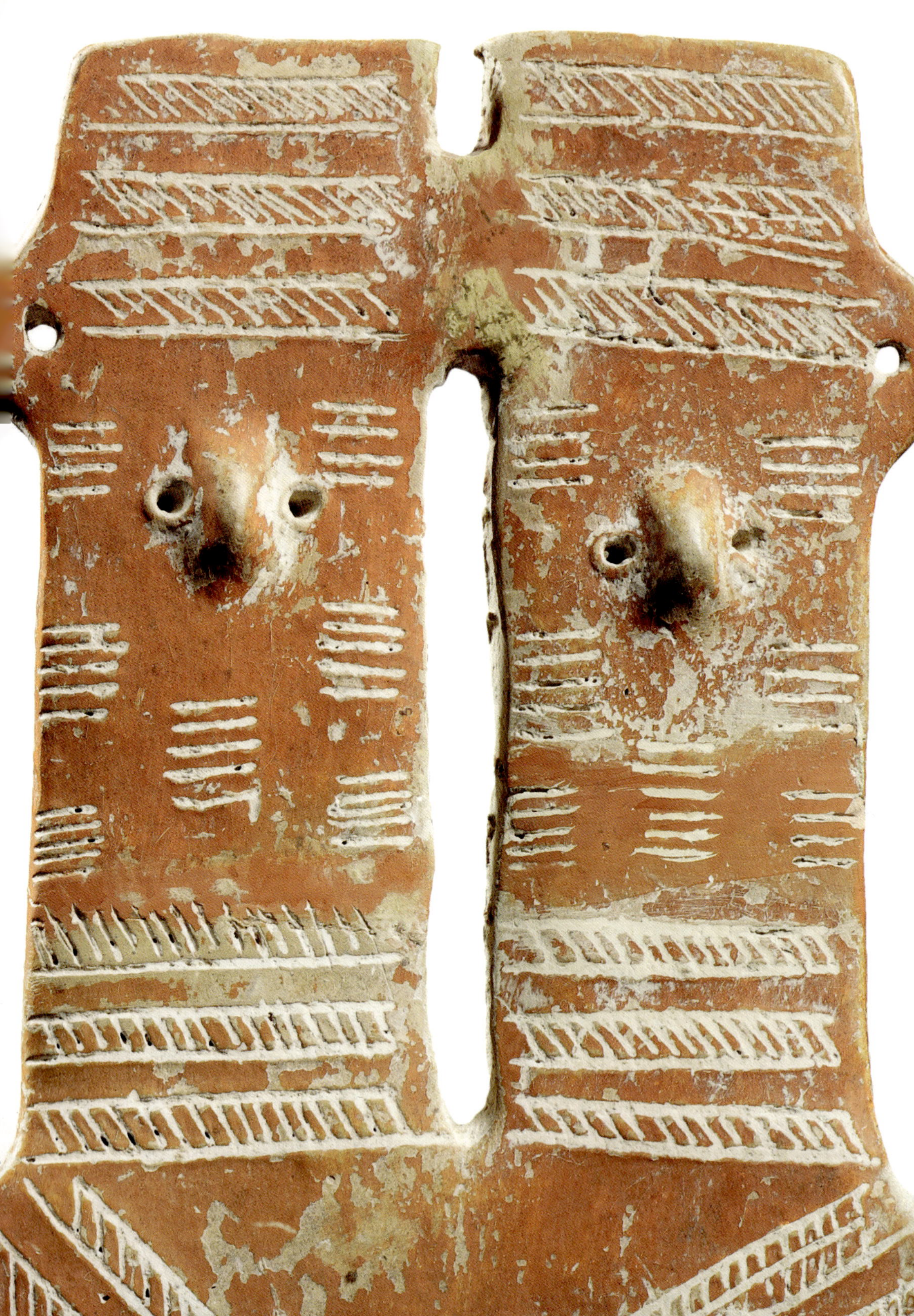

قاعة العرض 1

القرى الأولى

لقد استغرق الجنس البشري ملايين السنين كي ينتشر في مختلف أنحاء الأرض من مهده الأول في شرق إفريقيا. ونحن، "الإنسان العاقل"، قد حللنا تدريجيًا محل أنواع الإنسان الأخرى التي سبقتنا إلى الوجود، حتى نسيطر وحدنا على الأرض ونعطي عمقا جديدا لوحدة الإنسانية. وفي وقت لاحق، قبل عشرة آلاف سنة، شهدت أجزاء كبيرة من العالم تغيّرات مناخية وبيئية دفعت الجماعات البشرية التي كانت ضاربة في البداوة حتى تلك اللحظة إلى زراعة أنواع من النباتات وتدجين الحيوانات وإقامة القرى الأولى. لقد حدثت هذه الظاهرة التي تسمّى "ثورة العصر الحجري الحديث" - نظرًا لما تتمتّع به من أهمية في تاريخ البشرية - في ثلاث مناطق رئيسية هي الهلال الخصيب، الذي يمتدّ من وادي نهر الأردن إلى بلاد الرافدين مرورًا بسوريا وتركيا، ومنها انتشرت سريعًا في اتجاه مصر وأوروبا وآسيا الوسطى وشبه القارة الهندية، ثمّ الصين في حوض النهر الأصفر امتدادًا إلى جميع أنحاء الشرق الأقصى، وأخيرًا أمريكا الوسطى. إن تزامن هذه الأحداث وتطوّرها المتوازي يعكس انطلاق التاريخ الجماعي للعالم كما يجسده ويرويه متحف اللوفر أبوظبي. ومن أبرز مظاهر هذه المرحلة التطور الملحوظ في مجال تصوير الشكل الإنساني وتجسيده. وقد يدل ظهور التماثيل الضخمة في عين غزال بالأردن وغيرها من المواقع في سوريا وتركيا على طقس من طقوس الأسلاف يضفي الشرعية على الاستيلاء على الأراضي. أما التماثيل الصغيرة ذات السمات الأنثوية البارزة فقد تكون مرتبطة بمسألة الخصوبة التي كانت محور اهتمام المجتمعات الزراعية الأولى. وقد ظهر تدريجيًا نمطٌ اقتصاديٌّ متكاملٌ في تلك القرى التي أنشئت في ذلك الوقت. وأتاح اختراع الفخار، الذي أصبح منذ ذلك التاريخ رمزاً للاستقرار الحضري، صناعة أوانٍ فخارية لتخزين الطعام وطهيه، إلى جانب أوانٍ خزفية مزخرفة وفائقة الجودة في بعض الأحيان. ولم تكن لهذه الأواني الفائقة الجودة كغيرها من الأدوات الأخرى مثل الفؤوس المرصعة باليشم والخناجر الحجرية المنحوتة بإتقان قيمة عملية، بل كانت لها قيمة اجتماعية أو دينية، وهي دليل على تنامي نفوذ الزعماء الأوائل.

شهد النمط الجديد في حياة البدويين والمزارعين ومربي الحيوانات الأوائل تغيّراتٍ عميقةٍ. فقد تعددت الابتكارات التقنية والمبادلات التجارية عبر المسافات الطويلة، واتخذ المجتمع شكلا طبقيًا، وتغيّر نمط التفكير تغيّرًا جذريًا انعكس في ظهور ممارسات ثقافية جديدة. منذ أكثر من قرن، كشفت عمليات التنقيب في بلاد الشام (في سوريا والأردن وفلسطين) عن بعض العادات الجنائزية الفريدة مثل قولبة الجماجم التي تعكس بلا شك أولى أشكال عبادة الأسلاف. أسهمت مثل هذه الطقوس في تقوية الروابط بين أفراد المجموعة حول هوية مشتركة تتوارثها الأجيال المتعاقبة، كما أسهمت في استقرار المجتمعات الزراعية الأولى وتشبثها بأرضها. وأسهمت ممارسة أعمال الزراعة أيضا في تغيير علاقة الإنسان بالبيئة وبالأرض التي أصبحت خصوبتها تضمن المحاصيل الزراعية المنتظمة التي لا غنى عنها. وقد عُثر في جميع أنحاء العالم على العديد من التماثيل النسائية الصغيرة ذات الملامح الأنثوية البارزة التي غالبًا ما اعتُبرت تجسيدًا لآلهة الأمومة، وهي تعكس على الأرجح هذه الشواغل الجديدة. وتشهد كل هذه التماثيل على بداية انتشار نمط جديد من التصوير والتجسيد للذات الإنسانية آنذاك.

نشوء الصورة

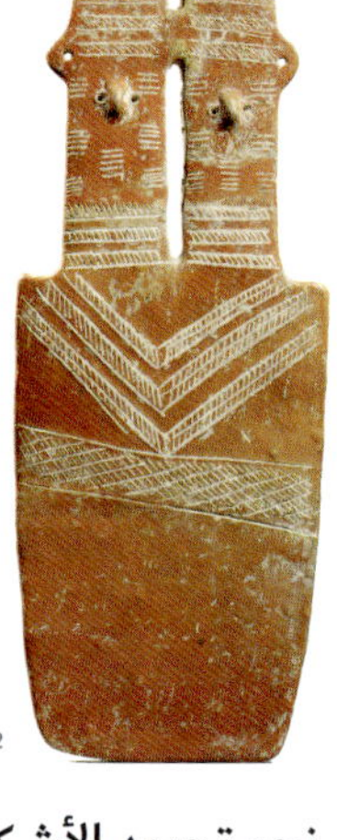

2

نحو تجريد الأشكال

يُعدّ هذا الصنم القبرصي نموذجًا رائعا للتجسيد الهندسيّ للأشكال البشرية، وقد ظهر هذا التوجه خلال الألفية الثالثة قبل الميلاد وانتشر في مناطق حوض البحر الأبيض المتوسط وفي الأناضول. يتميز هذا التمثال الصغير المقتطع من لوح من الصلصال برأسين ملتصقين في أعلاه، وهي سمة يتشارك فيها مع تمثال عين غزال النصفي. وقد زُخرف الوجه والجسد بخطوطٍ تبين العناصر الزخرفية والملابس وحتى الوشم وربما آثار جروح. وفي حين يظهر الرأسان من الأمام في جسد واحد، يُظهر الجزء الخلفي للتمثال شخصيتين منفصلتين.

التماثيل الضخمة الأولى

اكتُشف هذا التمثال النصفي في عين غزال بضواحي عمّان، وكان قد دُفن بعناية، بعد استخدامه، في حفرتين منفصلتين برفقة حوالي ثلاثين تمثالا آخر. وسواءٌ كانت جذع إنسان أم نصفه الأعلى فقط، فإن جميع هذه التماثيل قد صُنعت بنفس الطريقة وهي سكب الجصّ في قالب مصنوع من القصب. وما زال بعضها يحمل بقايا ألوان ومواد أخرى. وقد اعتُبرت هذه التماثيل في بعض الأحيان أنها تجسيد لشخصيات إلاهية، واعتُبرت في معظم الأحيان أنها تجسيد للأجداد، وهو ما يوحي به وجود الرأسين الملتصقين لزوجين أو لتوأمين أسطوريين. وفي كل الأحوال، فهي تكشف عن وجود أسلوب رمزي أو روحي في التفكير يربط بين المجتمعات البدوية الأولى في بلاد الشام. وتُعتبر هذه التماثيل من بين أقدم التماثيل البشرية الضخمة المعروفة حتى اليوم.

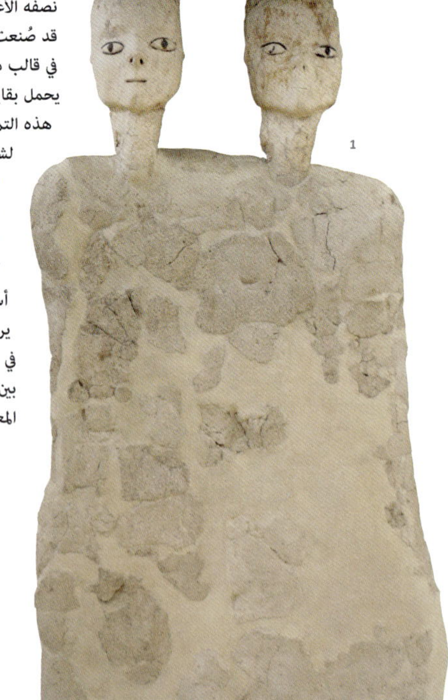

1

الأنوثة والذكورة

تعتبر التماثيل الصغيرة لفالديفيا إحدى أقدم نماذج الفن التشكيلي في القارة الأمريكية. وهي تتميّز بأشكالها النسائية المنمّقة والمضخّمة لبعض الأعضاء، كما أنها تحمل أحيانا سمات ذكورية. عُثر على هذه التماثيل في الغالب في شكل قطع غير كاملة، مما يوحي بأنها قد تكون حُطمت لأغراض شعائرية.

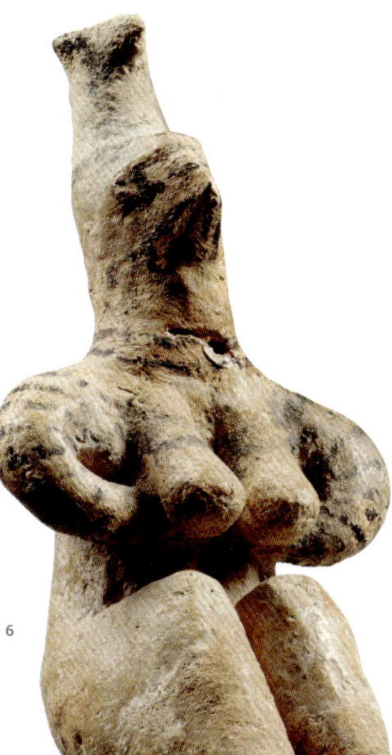

آثار العصر الحجري الحديث

تبدو المرأة في هذا التمثال الصغير المصنوع من الفخار والمزيّن بفصوص من الطين وكأنها تخفي وجهها وراء قناع في شكل رأس عصفور. ويندرج التمثال ضمن التراث الفني للعصر الحجري الحديث الذي يعود إلى الألفية السابعة قبل الميلاد في منطقة مهرغاره (باكستان حاليًا). شهدت نهاية عصر ما قبل التاريخ في مصر القديمة تكاثر التماثيل الصغيرة التي تجسد البشر والحيوانات والمصنوعة من العاج أو العظم أو الحجارة أو الفخار. وقد عُثر على أعداد كبيرة منها منذ نهاية القرن التاسع عشر، وكان بعضها قد وُضع في قبور بينما كان بعضها الآخر مُخبّأ في مخازن داخل الهياكل والمعابد الأولى في مصر القديمة. هذه الفتاة، التي تبدو عابسة الوجه إلى حدّ ما، قد وقفت عارية تمامًا وأرخت ذراعها الأيمن على طول جسدها، في حين تسند بذراعها الأيسر صدرا ثقيلا ضخمًا. وتعكس أبعادها المتوازنة وشعرها المستعار الكثيف ورقّة وجهها المعايير الجمالية السائدة في مصر الفرعونية.

انتشار التماثيل الفخارية الصغيرة

هذا التمثال الصغير - ذو الوجه المنمّق والملامح الأنثوية البارزة على مستوى الورك والصدر - هو خير تعبير عن حضارة تل حلف، التي امتدت من شمال سوريا إلى شواطئ البحر الأبيض المتوسط غربا وإلى سفوح جبال زاغروس شرقًا. وغالبًا ما اعتُبرت هذه التماثيل التي تنتمي إلى بلاد الرافدين تجسيدًا للخصوبة، وهي ترتبط أحيانًا بصور إنسانية هجينة ذات أجزاء حيوانية، وخاصة في شكل ثيران للدلالة على الذكورة.

.1
تمثال ضخم ذو رأسين
الأردن، عين غزال
نحو 6500 ق.م.
إ. 88 سم؛ جص،
قطران (الأعين)
دائرة الآثار العامة الأردن

.2
تمثال ذو رأسين على
شكل لوح فخاري
قبرص
2300-1900 ق.م.
إ. 27.9 سم؛ طين
نضيج مصقول
ومنقوش
اللوفر أبوظبي

.3
تمثال لامرأة
الإكوادور
3000-2000 ق.م.
إ. 8.5 سم؛ طين
نضيج مشكل وملون
متحف رصيف برانلي جاك شيراك

.4
تمثال لامرأة
ترتدي قلادة
باكستان، بلوشستان
2800-2700 ق.م.
إ. 10 سم؛ طين
نضيج مشكل
اللوفر أبوظبي

.5
تمثال لامرأة
مصر، نخن (؟)
3100-2800 ق.م.
إ. 9.5 سم؛ عظم
اللوفر أبوظبي

.6
تمثال لامرأة
سوريا، تل حلف
6000-5100 ق.م.
إ. 5.6 سم؛ طين
نضيج مشكل وملون
متحف اللوفر

تحفة فنية:
أميرة باختريا

ينتمـي هـذا التمثـال النسائـي الصغيـر، الـذي يرتـدي ثوبًـا فضفاضًـا ذا كُمّيـن منتفخيـن ولبـاسٍ يوحـي بالعظمـة، إلى حضارة نهر الأوكسـوس التي ازدهـرت في آسيـا الوسطـى في الفتـرة مـا بين نهايـة الألفيـة الثالثـة وبدايـة الألفيـة الثانيـة قبـل الميـلاد. وقد ظهـرت شبكـة مـن القـرى المحصّنـة في قلـب منطقـةٍ تمتـدّ حاليًـا مـا بيـن أوزبكسـتان وتركمانسـتان وجـزء مـن أفغانسـتان في مناطـق الدلتـا. وبفضـل وفـرة مواردهـا مـن المـواد الأوليـة مثـل المعـادن وصخـور اللـازورد، أقامـت هـذه القـرى علاقـات تجاريـة مـع مناطـق بعيـدة تمتـدّ إلى مـا وراء الجبـال والصحـاري مثـل بـلاد الرافديـن والشـواطئ الشرقيـة للجزيـرة العربيـة والهضبـة الإيرانيـة ووادي السـند.

ورغـم أنّ هـذا التمثـال الصغيـر قـد فقـد ذراعيـه المصنوعتيـن مـن الكالسـيت، فإنـه يُعـدّ مـن روائـع التحـف الفنيـة مـن هـذا النـوع. وكغيـره مـن النمـاذج الأربعيـن التـي عُثـر عليهـا إلى حـد اليـوم، يتكـوّن التمثـال مـن عـدة أجـزاء قابلـة للفـك والتركيـب مثـل الشـعر والـرأس والثـوب، ويجمـع بيـن المـواد ذات الألـوان المتناقضـة عـن قصـد مثـل الكلوريـد الأخضـر للجسـد وتسـريحة الشـعر، والكالسـيت الأبيـض للبشـرة. وقـد نُحـت واقفًـا رغـم أنّ أغلبيـة التماثيـل الأخـرى في وضـع الجلـوس، ويتفـوق عـلى عـددٍ كبيـرٍ مـن نظرائـه سـواء مـن حيـث قامتـه - 25 سـم

- أو نعومـة ملامحـه. ويظل مـن المسـتحيل تحديـد هويـة هـذه المـرأة الشـابة بدقـة في غيـاب السـمات الخاصة بالتمثـال وندرة الأدلـة الآثاريـة. وقـد عُثـر عـلى هـذه التماثيـل المركّبـة، عـلى اختـلاف أنواعهـا - المهيبـة أو البسـيطة - في قبـور الرجـال والنسـاء عـلى حـد سـواء، وكان يعتقـد أنهـا توفّـر الحمايـة للأمـوات في العالـم الآخـر.

وفي عالـم لا يعـرف الكتابـة، تظهـر هـذه المـرأة الجذابـة عـلى بعـض الأغـراض الخاصـة بالاحتفـالات مثـل الأقـداح والأختـام والدبابيـس المزخرفـة وهـي في صـراع مـع كائنـات خياليـة مثـل التنيـن وجنيـات بـرأس نسـر حسـب بعـض الروايـات الأسـطورية المعقـدة. ونظـرا لطبيعتهـا الإلهيـة، فإنهـا تبـدو وكأنهـا تسـيطر عـلى جميـع الآلهـة في منطقـة وسـط آسـيا، وتتحكـم في القـوى السـفلية وتسـاعد عـلى تجـدد نمـو النبـات والحفـاظ عـلى دورة الطبيعـة والـدورة المائيـة.

كمـا يـدل اكتشـاف أجـزاء مـن تماثيـل أخـرى صغيـرة في باكسـتان في مواقـع كويتـه وهارابـا وكذلـك في جنـوب غـرب إيـران في شوشـان عـلى وجـود شـبكة تجاريـة واسـعة النطـاق ازدهـرت في نهايـة الألفيـة الثالثـة قبـل الميـلاد كانـت تربـط البحـر الأبيـض المتوسـط بشـواطئ الخليـج ووادي السـند وسـفوح جبـال بامير.

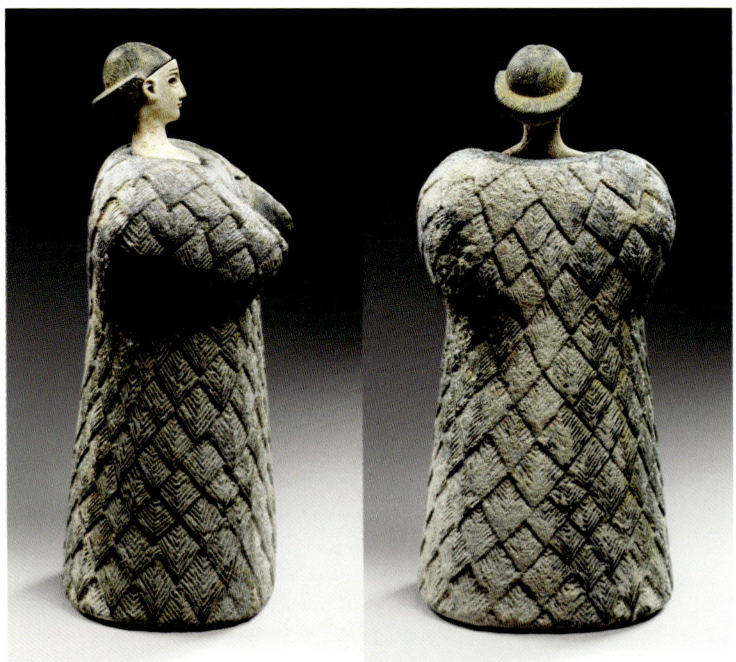

يرتدي هذا التمثال الصغير المهيب ثوبًا فضفاضًا طُرّز بأشكال هندسية منقوشة. وتذكّرنا هذه الزخارف بالخيوط الصوفية في ثوب "الكوناكس"، التنورة التقليدية التي كان يرتديها السومريون المقيمون في جنوب بلاد الرافدين في النصف الأول من الألفية الثالثة قبل الميلاد.

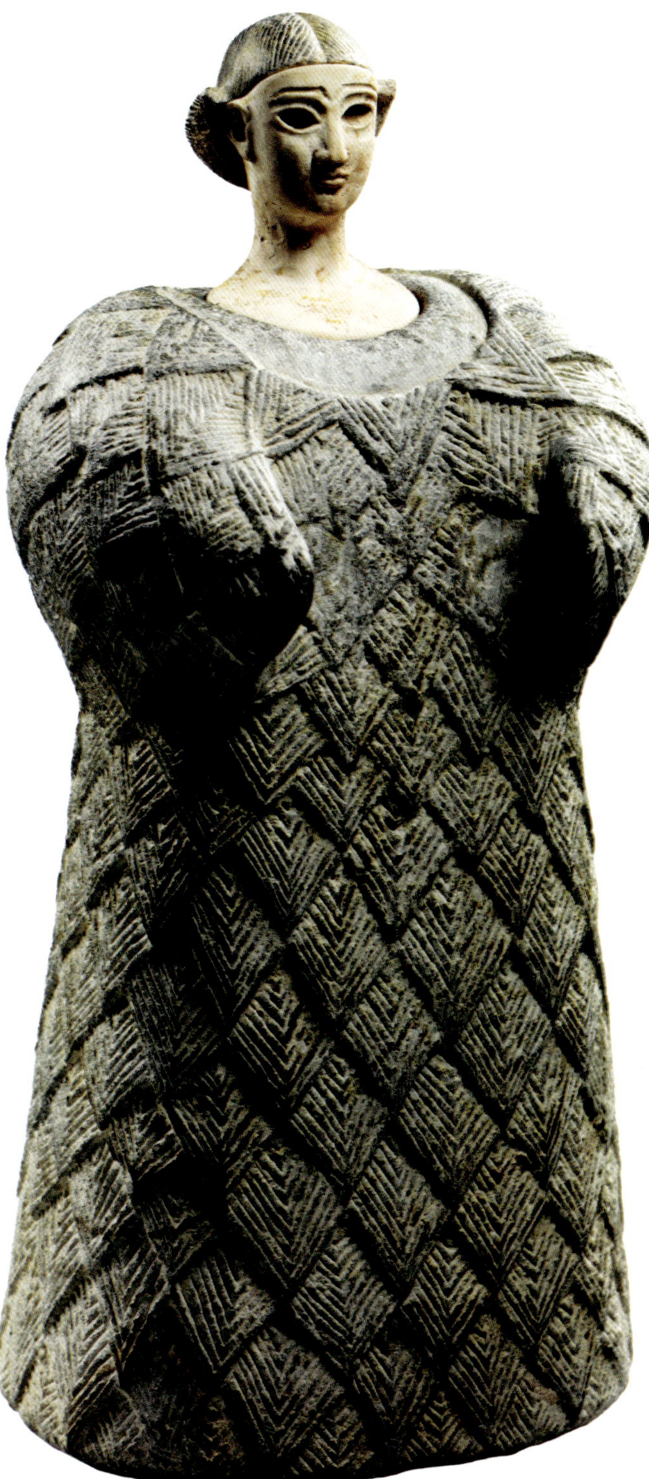

نادرة هي تماثيل آلهة باختريا التي نُحت وجهها بمثل هذا الإتقان، ما يجعل من هذا النموذج الذي بحوزة متحف اللوفر أبوظبي من بين روائع التماثيل القادمة من آسيا الوسطى. ويبدو أن عيني التمثال كانتا في الماضي مرصعتين بفصوص من اللازورد، لكن تلك الفصوص قد اختفت.

ما زالت فتحة عنق الثوب الواسعة قليلا تحمل آثار أدوات النحت. يبدو أن عقدًا كبيرًا أو واقية صدر من المعدن أو من الحجارة كانت تخفي تلك الفتحة لكنها اختفت. وهناك تماثيل أخرى صغيرة تبدو عليها بقايا الألوان المستعملة. علينا بلا شك أن نتخيل هذه التماثيل مرصَّعةً بالأحجار ومزينة بمختلف الألوان.

امرأة بلباس
من الصوف
آسيا الوسطى، باختريا
2300-1700 ق.م.
إ. 25.3 سم؛
ملح حمض
كلوريت، كالسيت
اللوفر أبوظبي

41

أدّى نشوء اقتصاد العصر الحجري الحديث القائم على الزراعة وتربية الحيوانات إلى تحوّلاتٍ عميقة في المجتمعات القروية الأولى التي شهدت زيادة سكانية لم يسبق لها مثيل. كما شهدت هذه المجتمعات التي كانت تزداد تعقيدًا ظهور أولى أشكال الطبقات الحاكمة والتفاوت الاجتماعي التي اختلفت مظاهرها وحدّتها من إقليم لآخر. وتجلت مظاهر نفوذ هذه الطبقات الاجتماعية في بناء الصروح الضخمة للاستخدام الجماعي أو الجنائزي، وكذلك في التباهي بامتلاك قطع فاخرة ذات قيمة رمزية تتخطى بوضوح قيمتها العملية.

من التقنيات إلى الرموز

بالإضافة إلى التجارة القائمة على توفير الاحتياجات اليومية، تطوّرت شبكات تجارية معقّدة في الشرق الأدنى والصين وأوروبا على السواء. وكان هناك طلب كبير على بعض المواد بالتحديد، حيث انتشر حجر الصوان الأصفر المستخرج من منطقة غراند برسيني في غرب فرنسا واليشم المستخرج من جبال الألب والسبج من الشرق الأدنى واليشم الصيني الذي كان يُتداول على بعد مئات الكيلومترات أحيانًا.

ويُعزى ازدهار هذه المبادلات ليس فقط إلى الاختراعات التقنية التي شهدتها تلك الفترة في مجال استخراج المواد الأولية ونقلها من جهة إلى أخرى وتحويلها، بل وأيضا إلى الطلب المتزايد عليها لدى النخب الجديدة الشغوفة بامتلاك الأشياء النادرة والثمينة والتفاخر بها.

وكانت بعض الأدوات الحجرية مصنوعةً بإتقان كبير حيث يمكن تمييزها عن باقي المصنوعات العادية من خلال نحتها بمهارة وصقل شفرتها بمنتهى الدقة وإتمام صنعها بجودة عالية. وبكل تأكيد فإن الغاية من صنع مثل هذه الأدوات التقنية بمثل

تلك الدقة تتجاوز وظائفها العملية. بالإضافة إلى ذلك، فإن هشاشة بعض الشفرات وعدم وجود آثار الاستخدام على بعض الفؤوس يدلّ بوضوح على أنها لم تُستخدم أبدًا.

أما في العصر الحجري الحديث فقد تصدّر اليشم قائمة المواد النفيسة في الصين، وأقبل الناس على هذه الحجارة شبه الكريمة نظرا للونها الشفاف وبراعة صقلها وبريقها وشدة صلابتها. ونظرا لكونها ضمانًا للخلود، فقد حظيت ببعد رمزيّ قريب من ذلك الذي حظي به الذهب في حضارات أخرى.

ونظرًا لوضع بعض هذه الأدوات في القبور، كما في مدافن ليانغزو بالصين، أو طمرها في مخابئ مثل مجموعة فؤوس أرزون في فرنسا، فإنها قد أزيلت عن قصد من عالم الأحياء ومن الشبكات التجارية. وبالإضافة إلى السلطة والمكانة الاجتماعية التي كان يحظى بها من يمتلك هذه الأشياء، فإنها كانت ترمز أيضًا إلى المعتقدات وربما العبادات والطقوس الدينية التي لا يزال الكثير منها مجهولاً بالنسبة لنا.

1

شفرات حادة جدّا

منذ العصر الحجري القديم، كانت البراعة التقنية التي تصنع بها بعض الأدوات تجعلها تتعدى وظيفتها الأساسية البسيطة. فهذه الشفرات الرقيقة والطويلة على سبيل المثل توحي بأنه لا يمكن استخدام هذه الأدوات السولترية (نسبة إلى موقع في شرق فرنسا) دون تعرضها للكسر. ويرجح أن هذه الأدوات كانت تمنح صانعها أو مالكها مكانةً خاصة. كما أن شكلها المتوازي قد يكون مستوحى من أشكال نباتية.

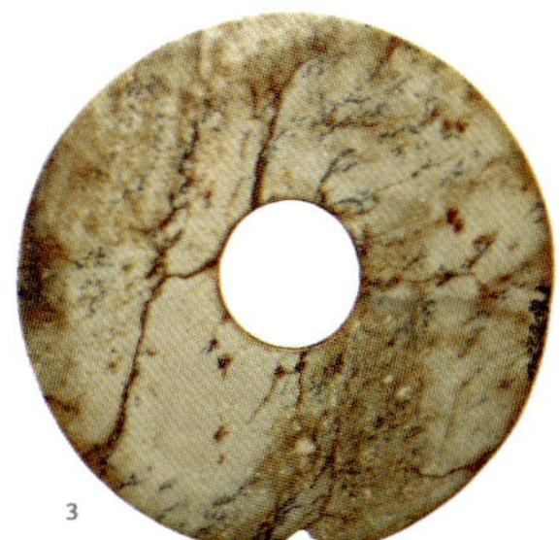

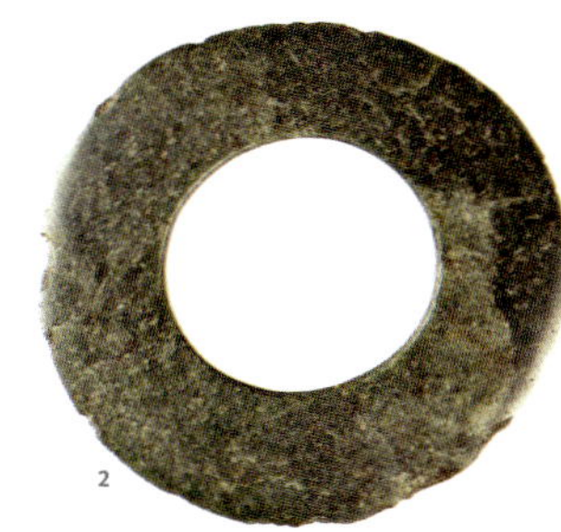

.1

نصل على شكل ورقة الغار

فرنسا، دوردونيي (؟)

18.000-22.000 ق.م

إ. 18.5 سم؛ حجر صوان

اللوفر أبوظبي

.2

قرص دائري

فرنسا، فولناي

نحو 4000 ق.م.

ق. 10.6 سم؛ يشمك

المتحف الوطني للآثار

.3

قرص "بي"

الصين

2300-1500 ق.م.

ق. 28 سم؛ حجر اليشم

المتحف الوطني للفنون الآسيوية - غيميه

.4

فؤوس مصقولة

فرنسا

4000-3000 ق.م.

إ. 15 سم؛ يشمك

المتحف الوطني للآثار

.5

نصل سكين مصقول ومسنون

مصر

3200-3000 ق.م.

إ. 23.2 سم؛ حجر صوان

اللوفر أبوظبي

.6

لوحة على شكل سمكة لمزج مستحضرات التجميل

مصر

3600-3200 ق.م.

إ. 21 سم؛ حجر رملي

متحف اللوفر

هل اليشم هو أوّل ذهب عرفته البشرية؟

بالتوازي مع انتشار الفؤوس المصقولة في أوروبا الغربية، عُثر في أوروبا على عددٍ من "الحلقات الأسطوانية" المصنوعة من الأحجار شبه الكريمة التي نجهل وظيفتها الحقيقية. ربما كانت تستخدم للزينة أو كعقد ذهبي أو كواقية صدر أو كحزام. فنُدرة هذا النوع من الحلقات وغلاء المادة المصنوعة منها جعلا منها رمزاً للسلطة على غرار مثيلاتها في الصين.

قد يكون هذا القرص الدائري المعروف باسم "بي" الذي يتوسّطه ثقب دائري رمزًا للسماء التي كان الصينيون يتصورونها أيضًا دائرية الشكل. وقد وُضعت هذه الأقراص التي لم تُعرف وظيفتها الحقيقية مع أدوات أخرى كثيرة في قبور فخمة يعود تاريخها إلى العصر الحجري الحديث، حيث يُعتقد أنها استُخدمت لأغراض شعائرية. ووفقا للطقوس الجنائزية، كان يُعتقد بأنّ اليشم، تلك المادة النادرة الكريمة التي تمنح الخلود، يحمي رفات الميت في رحلته نحو عالم الأجداد. ويبدو أن استخدام هذه المادة في الصين كما في أوروبا كان في كل الأحوال حكراً على أصحاب النفوذ.

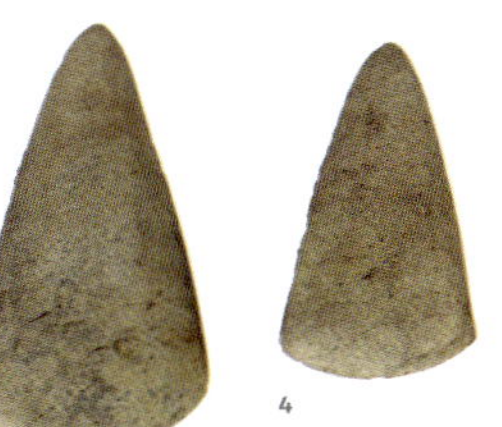

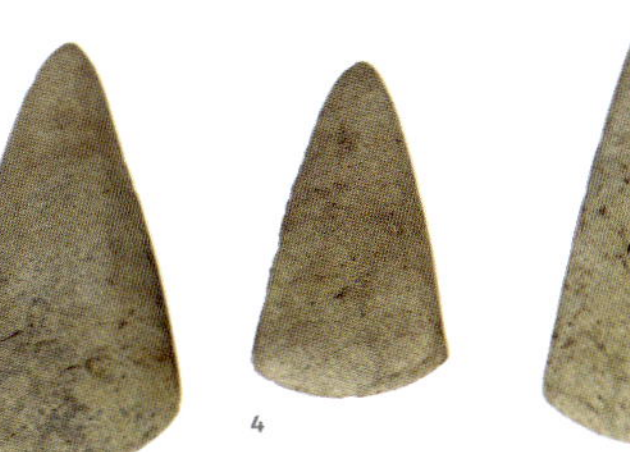

عُثر في القرن التاسع عشر على الآلاف من الفؤوس المصقولة التي يعود تاريخها إلى العصر الحجري الحديث في أوروبا الغربية، حيث كانت مطمورة في قبور وأحيانا في مخابئ. وقد دُفنت سبعة عشر منها عن قصد في مخزن في أرزون (شمال غرب فرنسا). وبما أن بعض الحجارة قد استُخرجت من منجم يقع في جبال الألب على بُعد أكثر من ألف كيلومتر، فإن هذه الفؤوس دليل على وجود مبادلات تجارية عبر مسافات طويلة ميزت هذه الحقبة. ورغم أن جميعها قد صُنعت بمنتهى الدقة بعد أن خضعت للصقل على مدى أيام عديدة، فإنه من المؤكد أن أيًّا منها لم تُستخدم قط في قطع الأشجار. فطولها البالغ ورِقة مقطعها ودقة نصلها الذي يبدو أضعف من أن يتحمّل أيّ صدمات، يوحي بأنّ وظيفتها كانت بالأحرى رمزية.

مهارة الحرفيين المصريين

تجسّد هذه الشفرة، التي كان لها مقبض من العاج أو العظم، ذروة المهارة في نحت حجر الصوان في جو من المنافسة التقنية وفي الوقت الذي ظهر فيه البرونز في مصر. ونظرًا لدورها في الحفاظ على القيم القديمة التي تقوم عليها السلطة الرمزية للقائد الذي يحمل مثل هذه الشفرات ويحرص على نقل التقاليد الموروثة عن الأجداد، فقد صُنعت بعناية خاصة. وللحصول على شفرات مثل هذه الجودة الجمالية العالية، أزيلت منها بانتظام قطع الصوان بعد صقلها لتبدو بشكلها الطويل المحدّب مثل تلك التي صُممت فيما بعد على شكل أسماك استخدمت لوضع أو خلط مستحضرات التجميل.

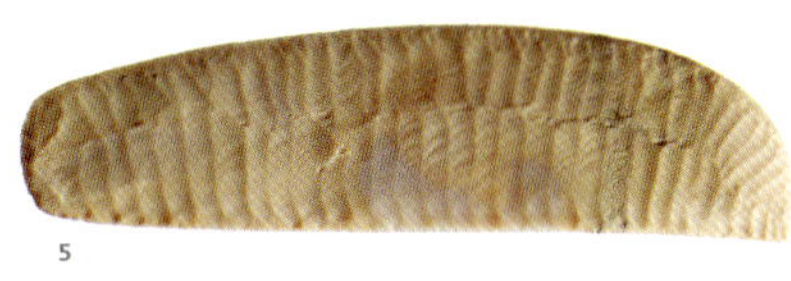

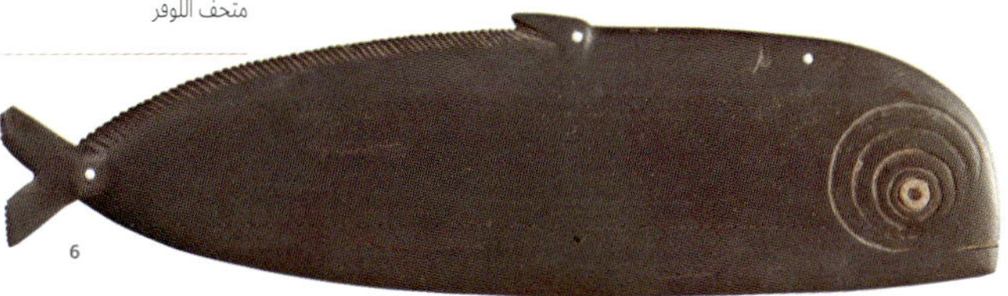

ظل فن الخزف لفترات طويلة إلى جانب الزراعة وتربية الحيوانات أحد أهم الابتكارات التي ميَّزت العصر الحجري الحديث، ولكن ظهوره ارتبط قبل كل شيء بانتقال المجتمعات البشرية القديمة من حياة البداوة والترحال إلى حياة الاستقرار. وقد استُخدمت الأواني المصنوعة من الفخار يوميًّا في إعداد الطعام وتناوله وحفظه، وسرعان ما أصبحت تُزين بالرسوم أو النقوش التي تعكس الثقافات والمجتمعات التي صنعتها. وكانت لبعض الأشكال المزخرفة بدقة أغراض خاصة مرتبطة بعالم المعتقدات الدينية أو للتعبير عن مكانة مالكيها.

نشأة فن الخزف

يُعدّ الخزف أحد أهم الابتكارات، وهو مادة صناعية لها مميزات عديدة. وتسمح العجينة اللدنة واللينة، التي يمكن الحصول عليها بعد خلط التراب الصلصالي مع الماء، بتشكيل مختلف الأحجام بسهولة، وذلك عن طريق التَّشكيل باليد أو التشكيل بالقوالب أو التشكيل بالحبال الطينية قبل ابتكار الدولاب. وبذلك أصبح سطح الأشكال المصنوعة بهذه الطريقة مساحة مثالية للزخارف التي تُعدّ عند رسمها، قبل الحرق أو بعده، علامات تدلّ على هوية الثقافات والحضارات التي أنتجتها. وسواء كانت الخزفيات مطمورة في القبور أو مكسورة ومهملة فإن لها قدرة فائقة على الحفاظ على مكوناتها، وتفتح لنا عند استخراجها مجالًا لا مثيل له للدراسة والتمعن. ويمدنا تحليل ظروف الاكتشاف والأشكال والمواد والزخارف المستخرجة بمعلومات كثيرة حول هوية المجتمعات التي أنتجتها. كما يمكن أن تمدنا بعض هذه القطع الخزفية بمعلومات تساعد على تحديد التاريخ والسمات المميزة لبعض الجماعات الثقافية، أو التعرَف على الطرق التي مرَّت منها القوافل التجارية عبر مسافات بعيدة أو قريبة. ويمكن اعتبار الجِرار المصنوعة من الفخار التي تعود إلى حضارة الجومون (12500-500 قبل الميلاد) في اليابان من بين أقدم الآثار الخزفية المعروفة حتى الآن. وقد ظهرت أولى هذه الجِرار في الألفية العاشرة قبل الميلاد عندما أسَّست الشعوب المحلية التي تعتمد في عيشها على الصيد البري والبحري والجَنْي قراها الأولى. وحلَّت الأواني الفخارية

شيئا فشيئا محلَّ وسائل التخزين القديمة المصنوعة من مواد عضوية، مثل السلال المصنوعة من القصب وما شاكلها، والتي تُستخدم لحفظ الأغذية من القوارض وغيرها من الهوام الضارة. وقد أدى استخدامها إلى تغيرات جذرية في النظام الغذائي، إذ أصبح من الممكن طبخ الأغذية فيها نظرًا لمقاومتها للحرارة مع إمكانية الحفاظ على تلك الأغذية من التلف.

ورغم قِدَم إنتاج الخزف في حضارة الجومون اليابانية، فإنه لم ينتشر في المناطق المجاورة. وبدلا من ذلك، ظهر هذا الابتكار الهام بصورة منفصلة في أماكن مختلفة من الكرة الأرضية. ولم ينتشر استخدام الخزف في القارة الإفريقية إلا خلال الألفيتين السابعة والثامنة قبل الميلاد في المنطقة الصحراوية. كما سُجل في حوض الأمازون السفلى في الفترة نفسها أول ظهور للفخار الأمريكي.

ومن المفارقات أنّ ظهور الخزف في مهد العصر الحجري الحديث بالشرق الأدنى قد جاء متأخرًا جدًا. ويرجع تاريخ أولى الأواني الفخارية بشمال بلاد الرافدين إلى بداية الألفية السابعة قبل الميلاد، وبعد ذلك انتشر استخدامها بسرعة، وزُيِّنت بزخارف مرسومة بعناية سمحت بتحديد هوية الثقافات التي مرت بالمنطقة على مدى ما يقارب ثلاثة آلاف سنة. وبعد ذلك انتشر الخزف في أوروبا الوسطى ثم في أوروبا الغربية تبعًا لتقدّم الجماعات البشرية في العصر الحجري الحديث واستقرارها على طول سواحل البحر الأبيض المتوسط من جهة وحوض نهر الدانوب من جهة أخرى.

1

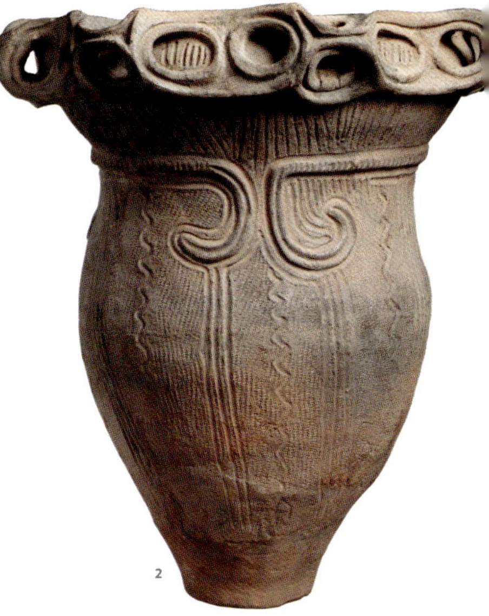

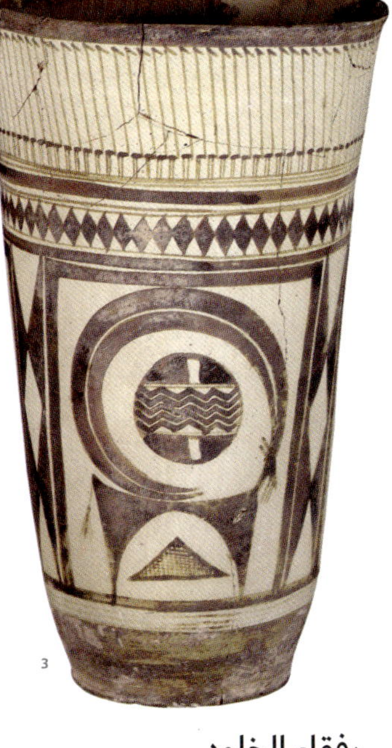

عالم الأشكال

تمثل حضارة الجومون التي دامت آلاف السنين استمرارية لم يسبق لها مثيل في الأرخبيل الياباني. وقد تميزت الجرار الفخارية في الغالب بأشكالها العميقة التي توحي باستخدامها لأغراض الطهي.
وقبل ظهور دولاب الخزاف كانت الأواني الفخارية تُشكَّل بالحبال الطينية. وكان الخزاف يستخدم الملاسات والحجارة والصدف لصقل سطحها، وكانت الزخرفة تتم بطبع حبال رفيعة وأدوات مصنوعة من الخيزران أو الصدف. وبعد ذلك كانت هذه الأواني الفخارية تُحرق على نار من الحطب المشتعل في الهواء الطلق. تظهر على هذه الجرة أشكال منمّقة ترمز إلى السحاب والماء والنار وهي تمثل جزءًا بسيطًا من إرث ثقافي واسع استغله خزافو الجومون، وربما كُتبت عليها أساطير لا نعرف مصادرها.

رفقاء الخلود

ينقسم الخزف إلى نوعين: الخزف العادي المصنوع من عجينة خشنة والمخصص أساسا للأغراض المنزلية مثل تخزين وطهي الطعام، والخزف المصنوع من العجينة الناعمة ذو القيمة العالية الذي يُصنع بعناية فائقة وبذلك يصبح المادة المفضلة المستخدمة في إعداد الزخارف المتميِّزة سواءٌ المطبوعة أو المرسومة أو المنقوشة. وينطبق ذلك على هذا القدح الكبير ذي السطح الرفيع للغاية المصنوع باليد والمزيَّن بزخرفة منمقة تذكّر بالبيئة التي عاشت فيها المجتمعات الزراعية الأولى جنوب غرب إيران.

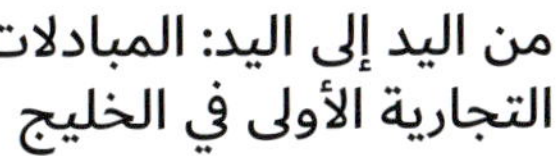

.1
جرة جنائزية
بزخارف هندسية
الصين
3000-2000 ق.م.
إ. 58 سم؛ طين
نضيج ملون
المتحف الوطني للفنون
الآسيوية - غيميه

.2
جرة طهي مزخرفة
باستخدام آثار الحبال
اليابان، شمال كانتو
3500-2500 ق.م.
إ. 54.5 سم؛
طين نضيج
اللوفر أبوظبي

.3
إناء بزخارف
هندسية وحيوانية
إيران، شوشان
4200-3800 ق.م.
إ. 26.6 سم؛ طين
نضيج ملون
متحف اللوفر

.4
إناء بزخارف هندسية
من بلاد الرافدين
الإمارات العربية
المتحدة، أبوظبي،
جزيرة مروح
نحو 5500 ق.م.
إ. 20 سم؛ طين
نضيج ملون
دائرة الثقافة والسياحة، أبوظبي

من اليد إلى اليد: المبادلات التجارية الأولى في الخليج

هذه المزهرية - التي اكتشفت في مستوطنة من العصر الحجري الحديث في جزيرة مروح - هي اليوم أقدم عمل خزفي اكتُشف في الإمارات العربية المتحدة. والمثير للدهشة أنّها ليست أحد المنتجات المحليّة. فزخرفتها بخطوط منحنية هي في الواقع سمة من سمات حضارة العبيد التي ازدهرت في نفس الفترة في جنوب بلاد الرافدين. ويعتبر وجود هذه المزهرية في جزيرة مروح - التي تبعد حوالي ألف كيلومتر عن مصدرها - شاهداً على المحاولات الأولى للملاحة البحرية في مياه الخليج والمبادلات التجارية الأولى التي نتجت عنها.

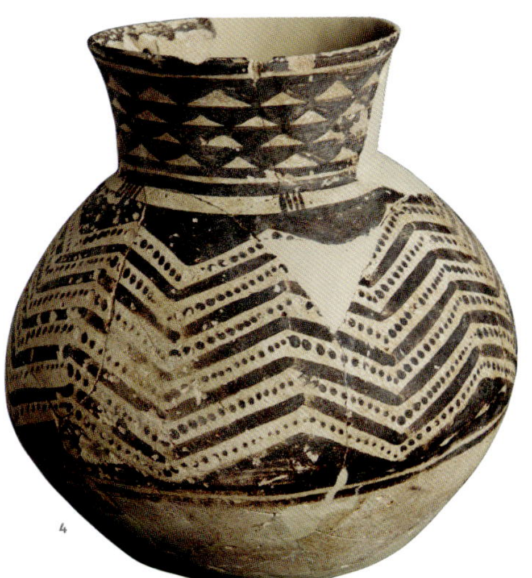

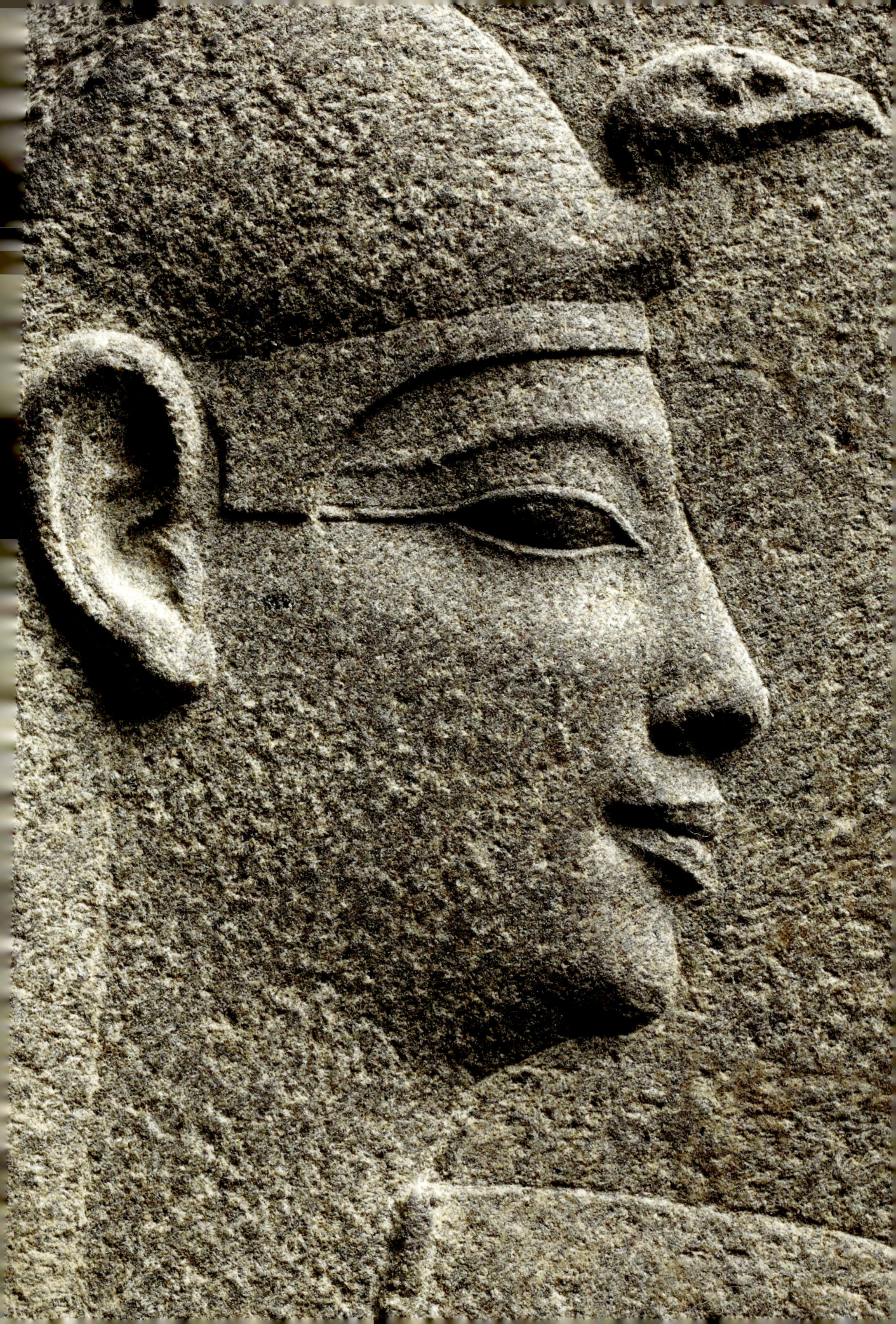

القوى العظمى الأولى

اجتازت المجتمعات الزراعية الأولى منذ أكثر من خمسة آلاف عام مرحلة مهمة مع ظهور الممالك والمدن في أنحاء كثيرة من العالم. وتدلّ هذه الظاهرة على "التعقيد" الاجتماعي والثقافي المتزايد الذي تجلّى في بروز شخصيات مهيمنة مثل "الملوك الكهنة" في بلاد الرافدين والفراعنة في مصر. وقد عرفنا هؤلاء الحكام الذين أضفوا الشرعية على سلطتهم بناءً على دورهم كوسطاء بين البشر والآلهة من خلال تماثيلهم الكثيرة والضخمة أحيانا. وبالتوازي مع ذلك، أدى التقدّم التقني الهائل والإنتاج الاقتصادي المتخصص وازدياد عدد السكان والمباني الضخمة في المدن الأولى التي نشأت في بلاد الرافدين ثم في مصر وبلاد الشام والصين إلى ظهور خليط اجتماعي وثقافي لم يسبق له مثيل، مما شجع على التبادل والابتكار. كما ظهرت في هذه المدن الكتابة التي كانت في البداية مجرّد أداة بسيطة في المحاسبة والإدارة، ولكنّها سُرعان ما أتاحت تسجيل تاريخ المجتمعات وحفظ ذاكرتها التراثية. وتزامن ظهور القوى العظمى الأولى مع بروز الممالك الحقيقية التي أدى التنافس فيما بينها إلى انتشار الصراعات والحروب. وقد سُميت هذه الفترة بالعصر البرونزي، نظرًا لانتشار الأسلحة المصنوعة من هذا الخليط من النحاس والقصدير في مختلف القارات. كما عُثر على فؤوس وسيوف من جميع الأنواع وغيرها من الدروع المتقنة الصنع في مخابئ ومقابر تلك النُخب الأولى. وعُثر أيضا على أواني برونزية رائعة المظهر كانت تُستخدم في طقوس مآدبهم الجماعية. ثم سرعان ما اكتسبت هذه الطبقة الأرستقراطية الناشئة وسيلة مهمة سيكون لها تأثير تاريخي كبير، ألا وهي الحصان الذي أسهم في تسريع نسق التبادل التجاري عبر المسافات البعيدة وفي زيادة مساحة الممالك وفتح آفاقٍ جديدة للمجتمعات.

ارتبط ظهور الكتابة منذ بدايتها بالأشكال الجديدة للسلطة، وتُعدّ نشأتها حدثًا خارقًا للعادة إلى درجة أنها وُصفت في الأساطير القديمة على أنها سمة من سمات العبقرية الإنسانية أو هبة غالية من لدن الآلهة. وفي الحقيقة - أيًا كان مهدها الأصلي - فالكتابة ثمرة جهد فكري متواصل ودؤوب وواع نتج عن محاولات عديدة من أجل التوصّل إلى إعادة نسخ الكلام المنطوق بدقة بالغة. ومجرد انتشارها على نطاق واسع، فقد سهّلت هذه الوسيلة الجديدة إدارة الأعمال اليومية، وأصبحت أداةً ضرورية في المعاملات التجارية وفي عمليات التواصل بين الناس. وسرعان ما أسهمت في توسيع آفاق العالم، إذ سمحت بنقل المعارف ورسم الطرق الجديدة للمعرفة.

الكتابة والحساب والسرد

ظهرت الكتابة في البداية وبطريقة شبه متزامنة في بلاد الرافدين ومصر بين عامي 3300 و3200 قبل الميلاد. وفي هاتين المنطقتين، تميّزت هذه الحقبة بالازدهار والابتكار اللذين أسفرا عن ولادة المدن الأولى وظهور الملوك الأوائل وتطوّر الحرف المتخصصة ونموّ التبادل التجاري بين مختلف المناطق.

ففي أوروك جنوب بلاد الرافدين أدى التزايد المتصاعد للمعاملات التجارية إلى ظهور الرموز المكتوبة الأولى. كانت الكتابة في المقام الأول أداةً تساعد على تذكر الأشياء وتسهّل تنظيم قطعان الماشية والسلع وإدارة شؤون الأراضي الزراعية والعُمّال. وفي مصر، ارتبطت أولى الرموز الهيروغليفية ارتباطًا وثيقًا بظهور السلطة الملكية، فظهرت هذه الكتابة على القبور الخاصة بملوك وادي النيل الأوائل، وأتاحت معرفة أسمائهم. وفي الصين، اعتُمدت أولى الرموز اللغوية التصويرية في حقبة لاحقة، نحو عام 1500 قبل الميلاد، وظهرت هذه الرموز أيضا في البلاط الملكي في عهد أسرة شانغ الحاكمة التي كانت تسيطر على سهول بلاد

الصين الوسطى بين عامي 1600 و1200 قبل الميلاد، إلا أنها لم تكن تُستخدم لنفس أغراض مثيلاتها في بلاد الرافدين أو في مصر. ولكنها كانت ترتكز على الجانب الديني، فهي عبارة عن نصوص كهنوتية تسمى "جياغوفين" نُقشت على ظهور السلاحف أو قرون الأيائل أو عظام البقر. وكانت هذه النصوص تشمل كل جوانب الحياة الخاصة بالملوك مثل الخطط العسكرية وعبادة الأجداد ومشاريع البناء. ومثلها مثل أي وسيلة أو تقنية، فإن الكتابة ليس أداةً جامدة بل تخضع للتعديل والتحسين من وقت إلى آخر. وعلى مرّ القرون، شهدت نظم الكتابة في كل من بلاد الرافدين ومصر والصين تحولات وتطورات عميقة، حتى باتت قادرة على صياغة اللغة المحكية بمعانيها المختلفة. وهكذا ظهرت أولى كتب تاريخ الحروب، وأولى الوثائق القانونية، وأولى النصوص الأدبية والدينية. وبخلاف المخطوطات القديمة في بلاد الرافدين ومصر التي اندثرت أثناء القرون الأولى بعد الميلاد، فإن البعض من أقدم رموز الكتابة الصينية ما زالت تُستخدم إلى يومنا هذا.

نشأة الكتابة في بلاد الرافدين

كانت الألواح الأولى في بلاد الرافدين تستخدم لأغراض ضبط الحسابات، حيث تسجّل حركة البضائع من حبوب وأقمشة وقطعان ماشية إلى جانب حركة العُمّال في المدن القديمة الأولى. ولهذا الغرض كانت تُنقش على ألواح صغيرة من الفخار الطري رموز لغوية أو مجرّدة، تعرف باسم الرموز التصويرية. كانت هذه الرموز تتضمن خطوطًا صغيرةً لها قيم عددية، ولم تكن تُستعمل بعد في كتابة اللغة المحكية بل كانت تستخدم في تسجيل قوائم الممتلكات والأشخاص والبضائع. وبين عامي 3000 و2500 قبل الميلاد، غيّر استخدام القلم وهو عبارة عن قلم حاد من القصب شكل الرموز المنقوشة على الفخار لتتخذ شكل المسامير الصغيرة، ومن ثم أطلق عليها اسم الكتابة المسمارية. وقد انتشر هذا النوع من الكتابة في كامل منطقة الشرق الأدنى على مدى ثلاثة آلاف سنة تقريبًا.

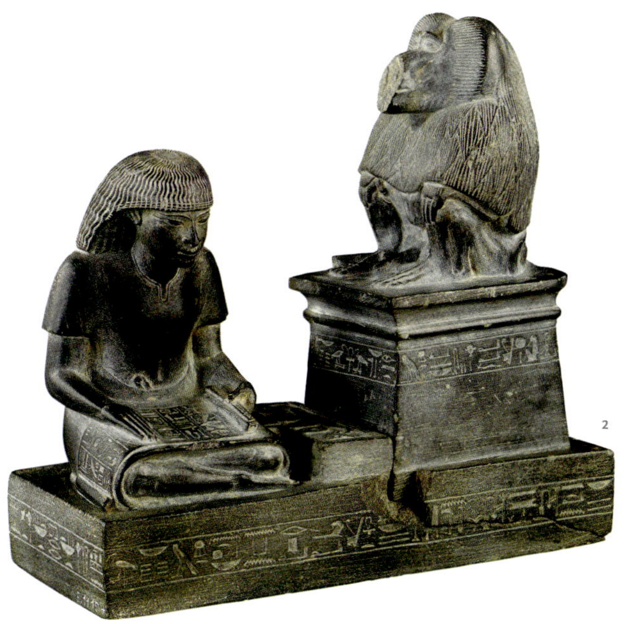

1.
لوح منقوش
برسوم تصويرية
العراق، بلاد الرافدين
نحو 3000 ق.م.
إ. 4.5، ع. 4.3 سم؛
حجر كلسي
متحف اللوفر

2.
نيبميروتيف،
كاتب ملكي
مصر
1069-1550 ق.م.
إ. 19.5، ع. 20.5 سم؛
صخر رملي داكن
(شيست)
متحف اللوفر

3.
شاهدُ قبرٍ للصائغ "ما"
مصر
1425-1550 ق.م.
إ. 38.5 سم؛ حجر
كلسي ملون
متحف اللوفر

4.
عظم للتكهن بالغيب
منقوش بحروف صينية
الصين
1264-1324 ق.م.
إ. 14.5 سم؛ عظم
المتحف الوطني للفنون
الآسيوية - غيميه

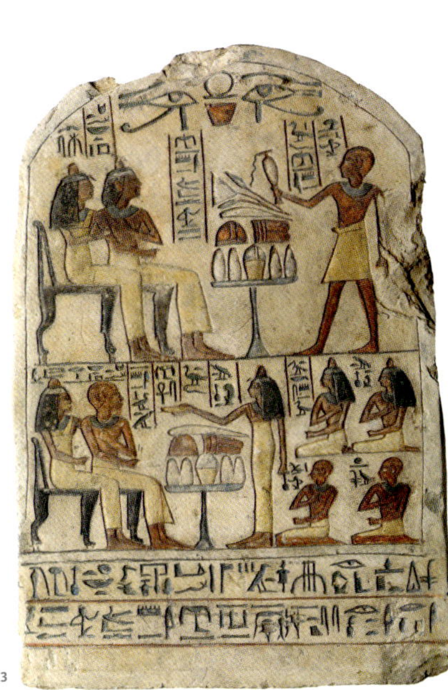

أمام نظر الآلهة

أسفر ظهور الكتابة عن نشأة مهن جديدة مثل الكتبة والمدرسين والأدباء. وفي مصر كانت وظيفة الكاتب ذات أهمية كبيرة، فإجادة الكتابة كانت تعتبر مظهرًا من مظاهر السلطة والحظوة في آن واحد. يبدو هنا الكاتب نيبميروتف في حماية الإله توت، ربّ هذه المهنة، وقد صُوّر هنا على هيئة قرد البابون. وطبقا للأسطورة المصرية، فإن الإله توت قد نقل الكتابة الهيروغليفية ("ميدو نيتجير" أو الكلمة المقدسة) إلى الإنسان ليمهّد له الطريق لبلوغ الحكمة.

سحر الرموز

يبدو الصائغ "ما" في هذه اللوحة الجنائزية جالسًا بجوار زوجته يتلقى ماء الطقوس من يدي ولده. تسمح الكتابة الهيروغليفية المنقوشة على معظم أجزاء اللوحة بالتعرف على الأشخاص المرسومين، كما أنها تكتسب شيئًا من السحر والقدسية. وتُوصف الكتابة الهيروغليفية "بالأدائية"، إذ كلَّ ما يُكتب بها يتحقق. فطالما أنَ اسم "ما" منقوش على الحجر، فإن ذلك يعني أنه حيّ في العالم الآخر.

كتابة المستقبل

يوضح هذا العظم المستخدم في التكهّن بالغيب بالمشاغل المرتبطة بتنظيم عالم البشر في الصين القديمة. وترجع الشخصيات التي يذكرها إلى فترة حكم وودينغ الملك الخامس من أسرة شانغ الحاكمة (1264-1324 قبل الميلاد) الذي يسعى آنذاك إلى تحديد القبيلة التي سيتحالف معها في إحدى غزواته العسكرية.

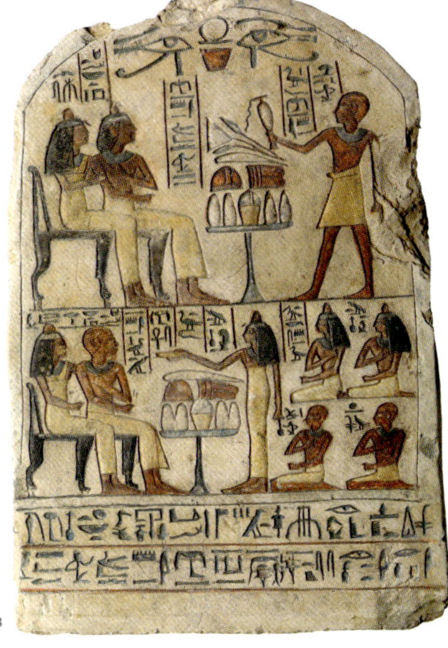

49

تكوّنت الدول الأولى في بلاد الرافدين ومصر في نهاية الألفية الرابعة بالتزامن مع ظهور المدن والكتابة. وعلى رأس هذه الدول برز وجه جديد للسلطة تجسّد آنذاك في شخص واحد هو الملك أو الأمير الذي استمدّ شرعيته في ممارسة سلطته على المجتمع من العلاقات المميزة التي كان يقيمها مع الآلهة. وفي هاتين المنطقتين أتاحت كثرة الآثار والرسوم الرمزية والمدوّنات التاريخية التعرف على مصير ونسب بعض الملوك الذين أصبحوا يمارسون سلطاتهم بطريقة متوارثة. ونظرًا لعدم توفر أي مصادر مكتوبة، بات من الصعب تحديد طبيعة نظم الحكم الأولى التي سادت في وادي السند أو في الصين في وقت لاحق.

الملوك كوسطاء بين الآلهة والبشر

اعتبر سكان بلاد الرافدين الحكم الملكي من أهم السمات المميّزة للحضارة، فهي هبة من الآلهة كما ورد في قائمة الملوك السومريين التي تحدّد تعاقب الأسر الحاكمة الأولى في بلاد سومر في نهاية الألفية الثالثة قبل الميلاد. وبين عامي 2900 و2340 قبل الميلاد كانت كل المدن الصغيرة المتنافسة المنتشرة في سهول بلاد الرافدين تسيطر عليها في الحقيقة شخصية ذات نفوذ، يُطلق عليها لقب "إن" أو "إنسي" أو "لوغال" في اللغة السومرية. وأيا تكن الحقيقة التي تمثلها هذه الألقاب المختلفة، فإن كل هؤلاء الملوك أو الأمراء السومريين يجمعهم مفهوم واحد للسلطة. وكان الملك بصفته وسيطا بين الآلهة والبشر مسؤولا عن تشييد المعابد وتأدية العبادات على أكمل وجه. وكان يميل على وجه الخصوص إلى الإله الوصيّ على المدينة التي يحكمها. فكان راعيًا صالحًا لشعبه بجانب حرصه على ازدهار الأرض التي يحكمها. كما كان أيضًا مسؤولاً عن إقامة العدل وتنفيذ المشاريع الكبرى وإذا لزم الأمر شن الحروب.

وقد وُجد هذا الجمع بين كل هذه السلطات في مصر ولكن على نطاق أوسع من الأرض. وطبقا لنظرية أصل الكون التي كانت سائدة في مصر القديمة، يُعدّ توحيد أراضي وادي النيل والدلتا تحت حكم الأسر الحاكمة الأولى في نهاية الألفية الرابعة قبل الميلاد، انتصارًا على القوى الفوضوية الأولى وأحد العوامل المؤسِّسة للحضارة الفرعونية.

ومنذ ذلك الحين ساد مفهوم الملكية المرتبط بالعالم الإلهي لأكثر من ثلاثة آلاف سنة. ولذا اكتسب الملك بوصفه ابن رع ثم آمون طبيعة إلهية واعتُبر حكمهم امتدادًا لحكم حورس الإله الصقر ابن أوزيريس وإيزيس وأول ملك لمصر الموحَّدة. واعتبر تبعا لذلك كأنه حورس حيّ أو بمثابة تجسيد لهذا الملك الأسطوري.

وبصفته ابنًا للآلهة وسيّدًا للأرضين، يُعدّ الفرعون قبل كل شيء مسؤولاً عن حسن سير نظام العالم واستقرار الكون. فمن دونه كان العالم سيتخبط في فوضى عارمة تهدّد وجود الكون بأسره. ومن أجل ضمان الحفاظ على انسجام النظام الكوني، كمسار دوران الكواكب والشمس وعودة فيضان النيل كل عام والحفاظ على النظام الاجتماعي، كان الفرعون مسؤولاً عن العبادة اليومية للآلهة باعتباره ممثلها الوحيد على الأرض.

وباعتباره إلهًا وإنسانًا في الوقت نفسه، فإن الفرعون هو حاكم مطلق يجمع بين المهام الشرعية والإدارية والقضائية والعسكرية. ونظرًا لثقل المهمة الملقاة على عاتقه كان يفوّض بعض مهامه إلى أعلى موظفيه الذي يعرف باسم "الوزير". ولم يكن هذا الممثل الأعلى للسلطة بمنأى عن النقد، فقد كان المصريون القدماء يميزون بين وظيفة الحاكم الملكية ذات الطبيعة شبه الإلهية من جهة، وممثله على الأرض كإنسان غير معصوم من الخطأ من جهة أخرى.

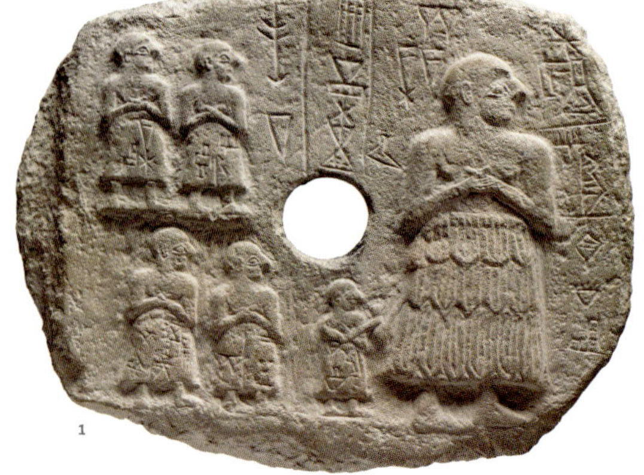

1

الملك السومري في خدمة الآلهة

انتشرت الصفائح الحجرية المثقوبة في الحضارة السومرية التي ازدهرت في بلاد الرافدين في النصف الأول من الألفية الثالثة قبل الميلاد، وهي عبارة عن نذور من ألواح حجرية تحمل نقوشًا غائرة كانت تُعرَض في المعابد. وفي هذه اللوحة يظهر "أور نانشي" ملك لكش (شرق أوروك بجنوب شرق العراق حاليًا) مع عائلته، بصحبة خادم وأولاده الأربعة. ومن بين أبنائه، "أكورغال"، وليّ عهده. وحسب تقاليد ذلك العصر، كان الملك يُصوَّر بقامته الطويلة. وكغيره من الأشخاص الآخرين، يظهر هنا في وضع الصلاة ويداه متشابكتان على صدره. تعكس النقوش السومرية وظيفته كملك مُشيّد للمعابد حيث يبدو في هذه اللوحة وهو يحيي ذكرى تشييد معبدٍ مخصصٍ لإله المدينة "نينغيرسو".

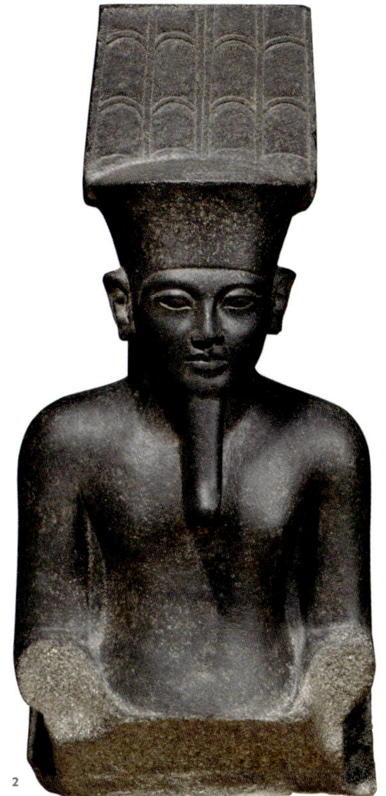

ملكة أم إلهة؟

يظهر في هذا النحت الغائر وجه امرأة ذات ملامح رقيقة وعلى رأسها قبعة على شكل نسر. وفي غياب أي سمات إضافية تميّزها، من الصعب التعرّف إلى شخصية صاحبتها. هل هي إلهة الأمومة "موت"، حامية الأسرة المالكة، أم هي ملكة تجمع بين صفات الأمومة والحماية؟

آمون ملك الآلهة

لا يختلف عالَمُ الآلهة عن عالَمِ البشر. فقد هيمن آمون ملك الآلهة على جميع الآلهة المصرية منذ المملكة الوسطى وأصبح الإله الأوحد الذي يرمز إلى مصر منذ بداية عهد الأسرة الثامنة عشرة في مصر القديمة. عادةً ما يقترن هذا الإله بصور حيوانات مثل الكبش أو الإوز، حيث يظهر هذا الإله العظيم القادم من مدينة طيبة ويعني اسمه "الخفي" أو "المجهول"، على هيئة ملك يترّبع على العرش بكلِّ جلالٍ وعظمة.

الفرعون، إله على الأرض

تغطي جزءًا من هذا النصب المقوّس نقوش هيروغليفية طويلة تعلن عن إصدار مرسوم ملكيّ باسم توت عنخ آمون (1327-1336 قبل الميلاد) يضمن الحماية لشخص يدعى "رايا"، هو رئيس كهنة معبد أوزيريس في أبيدوس. وفي أعلى النصب توجد نقوش بارزة لمشهدين متباينين يظهر فيهما توت عنخ آمون مرتين: في المشهد الأول كوسيط وحيد بين الأرض والآلهة، وهو يقدّم القرابين ويؤدي الصلوات إلى الإله الأكبر أوزيريس إله البعث والحساب. وفي المشهد الثاني يحُلّ توت عنخ آمون محلّ أوزيريس ليتلقّى بدوره القرابين من كبير الموظفين "با إن نيسيت".

.1
نقوش نذرية تظهر "أور نانشي" ملك لكش
العراق، جيرسو (تلول الهبا حالياً)
2550-2500 ق.م.
إ. 23، ع. 29 سم؛ حجر كلسي
متحف اللوفر

.2
آمون، ملك الآلهة المصرية
مصر
1336-1327 ق.م.
إ. 67.8 سم؛ صخر بركاني بلوري
متحف اللوفر

.3
صورة لملكة أو إلهة
مصر
360-282 ق.م.
إ. 19 سم؛ حجر أسود
اللوفر أبوظبي

.4
نصب تذكاري باسم توت عنخ آمون
مصر، أبيدوس
نحو 1327 ق.م.
إ. 166، ع. 82 سم؛ غرانيت وردي
اللوفر أبوظبي

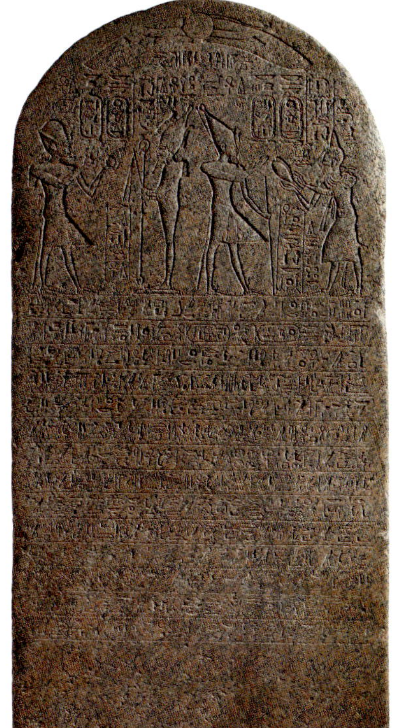

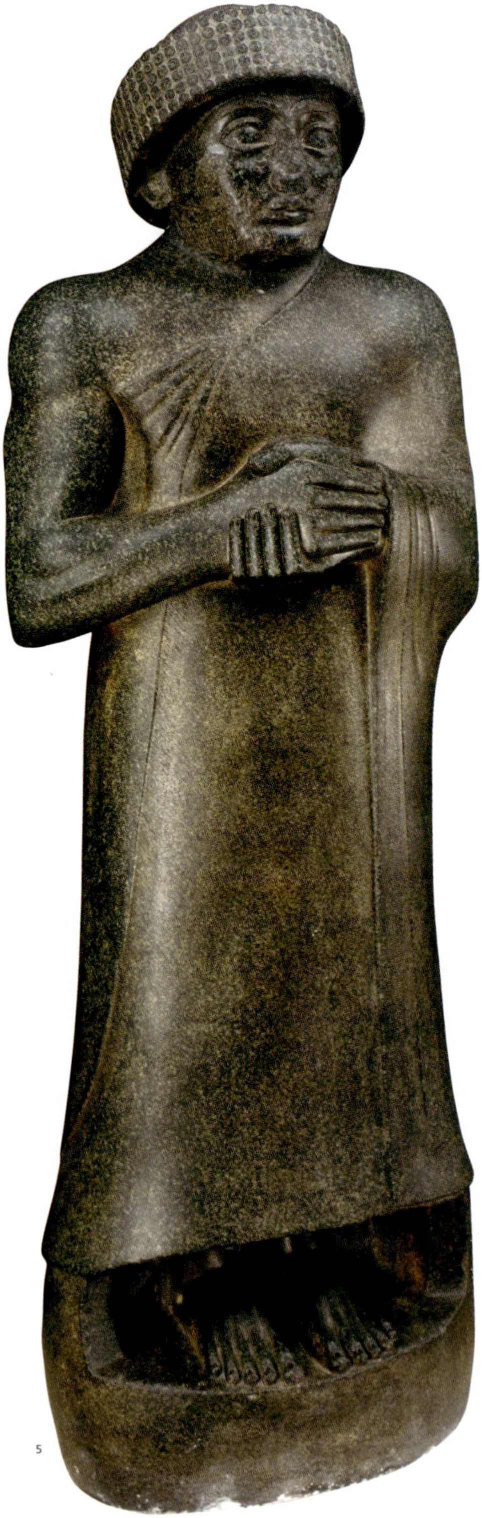

.5

كوديا، أمير لكش

العراق، جيرسو

نحو 2120 ق.م.

إ. 107 سم؛ حجر أسود

متحف اللوفر

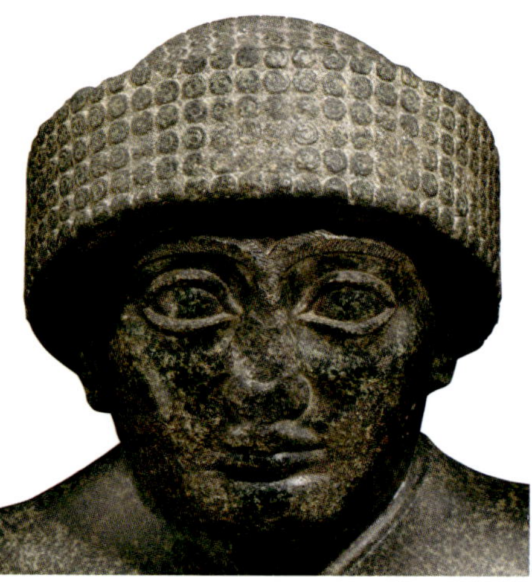

الملك كوديا، نموذج التقوى المثالية

بعد ضمّ مدينة طيلو (جيرسو سابقًا) بجنوب بلاد الرافدين إلى الإمبراطورية الأكادية التي أسسها الملك سرجون (2340-2200 قبل الميلاد)، استطاعت المدينة أن تستعيد استقلالها في نهاية الألفية الثالثة قبل الميلاد. كان ملك المدينة كوديا يفضّل قيم التقوى السومرية على القيم العسكرية الأكادية، لذا يظهر هنا في منتهى التواضع، حافي القدمين دون لحية ودون مجوهرات، وهو في وضع الصلاة، يداه متشابكتان في مستوى الصدر على هيئة سلفه "أور نانشي" يوجد اليوم حوالي عشرين تمثالاً للملك كوديا. وقد وُضعت هذه التماثيل في أهمّ معابد المدينة التي أشرف الملك بنفسه على ترميمها، وذلك حتى تخلّد صلاة الملك أمام الإله إلى الأبد.

5

6.
رمسيس الثاني،
فرعون مصر
مصر، تانيس
1213-1279 ق.م.
اِ. 259 سم؛ صخر
بركاني بلوري
متحف اللوفر

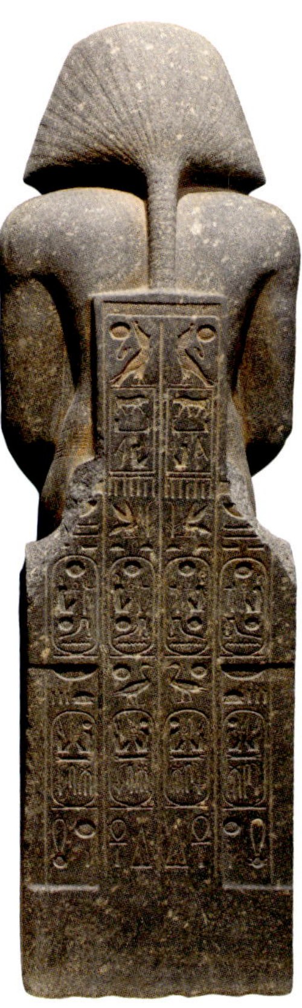

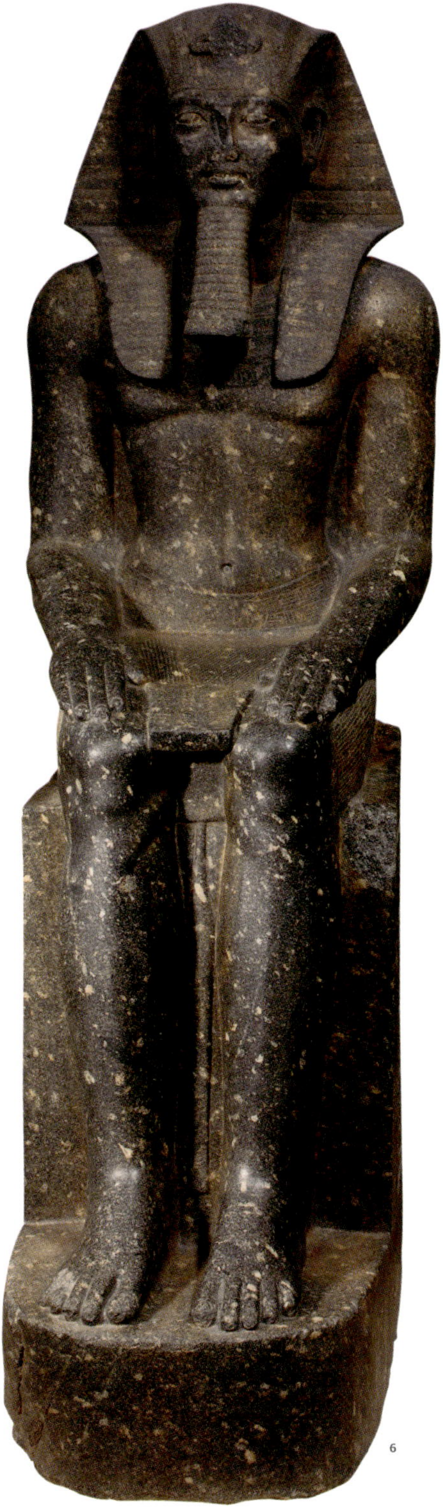

6

رمسيس العظيم، الملكية في أوج مجدها

مثّل حكم رمسيس الثاني (نحو 1213-1279 قبل الميلاد) أوج الإمبراطورية المصرية في عصر الدولة الحديثة. وإذا كان هذا الفرعون يفخر بغزواته وانتصاراته العديدة، فإن مدة حكمه قد سادتها قبل كل شيئ فترات طويلة من السلام والازدهار. وكان مشهورًا بأعمال البناء، إذ كان يشرف بنفسه على تشييد وترميم العديد من المعابد، وخاصة منها معبد أبو سمبل. إلا أن سماته الإلهية وعظمته هي التي كانت تطغى على التماثيل التي كان يأمر بصنعها. وفي هذا التمثال الضخم يظهر رمسيس مستعرضًا الصفات المشتركة بين الآلهة والملوك، وهي قبعة الرأس في شكل الحيّة واللحية الطويلة المستعارة. ويعود تاريخ هذا التمثال إلى بداية حكم رمسيس الثاني، ويُعتقد أنّه قد رُمِّم بمناسبة احتفاله باليوبيل تأكيدًا لطبيعة الفرعون الإلهية بعد ثلاثين سنة من اعتلائه العرش.

"أتمنى أن (تجلب لك) بلاد مالوخا

على قوارب كبيرة

العقيق الثمين المنشود (...)

أتمنى أن (تجلب لك) بلاد مجان

النحاس الصلب والمقاوم، وأحجار الديوريت..."

أسطورة بلاد الرافدين حول إنكي وننهورساغ

كما سبق وأظهر الإناء الذي أُكتُشِف في جزيرة مروح، هناك دلائل على وجود الملاحة والتجارة في الخليج منذ الألفية السادسة قبل الميلاد. لكن عمليات التواصل والمبادلات التجارية تضاعفت منذ 2500 قبل الميلاد بفضل النموّ الحضري في المدن في بلاد الرافدين أولاً ثم في وادي السِند.

التجارة في الخليج في الألفية الثالثة قبل الميلاد

كان ملوك بـلاد الـرافدين يستعرضون قوتهم مـن خـلال إحاطة أنفسهم بالقطع والمـواد الثمينة القـادمة مـن المناطـق البعيـدة. ووفقـا للنصوص المسـمارية لتلـك الحقبة، كانـوا يجلبون المـؤن مـن بـلاد مالوخـا ودلمـون وماغـان (هارابـا بـوادي السِـند) والمركـز التجـاري بجزيـرة البحريـن، إلى جانب أراضـي الإمـارات العربيـة المتحـدة وسـلطنة عـمان حاليًـا. فقـد ظلـت المـواد الخـام والمصنعـة تنتقـل عـبر سـواحل الخليـج على مـدى ثمانمائة سـنة.

وقـد أكـدت الحفريـات الأثريـة هذا النشـاط التجـاري الحثيـث، إذ كانـت شـبه جزيـرة عُـمان تنتـج النحـاس والأحجـار شـبه الكريمة مثـل الديوريت والجابـرو اللذيـن كان عليهـما طلـب كبـير من شـعوب بـلاد الـرافدين. وفي الإمـارات اكتُشـفت ورش لمعالجـة النحـاس الخـام وورش للحـدادة في تـل أبـرق. كما تـدل المقابـر الجماعيـة التـي كانـت منتـشرة في نفس الحقبـة في تـل أبـرق وأم النـار وهيلـي على سـبيل المثـال، على امتـزاج الثقافـات في منطقـة الخليـج. فقـد كانـت تُدفـن مـع الجثامـين أوانٍ مطليـة مـن إيـران وزجاجـات كرويـة صغـيرة وأمشـاط مـن العـاج وقلائـد العقيـق القادمـة مـن السِـند وأحيانـا مـن آسـيا الوسـطى.

كانـت الثقافـات والحضـارات المنتـشرة عـلى سـواحل الخليـج تتميـز بتنوّعهـا، ولكـن كان لديهـا جميعـا شـغف مشـترك بـالأواني الرخاميـة الناعمـة، سـواء المصنوعـة مـن الكلوريـت أو الصابـون الصخـري، التي كان الكثـير منهـا يُصنّـع في جنوب شرق إيـران لأغراض التصديـر. وكانت هذه الأواني تزخـر بزخـارف مسـتوحاة مـن الطبيعـة كالنباتات والحيوانـات أو الآلهـة. وفي وقـت لاحـق، شرعـت شـبه جزيـرة عُـمان بدورهـا في إنتـاج أطبـاقٍ وأوانٍ مزينـة بإفريـزٍ ذي دوائـر مزدوجـة مُنقَّطـة.

أمّـا السـلع القابلـة للتلـف والأغذيـة وشُحنـات التمـر والتوابـل والأسـماك المجففـة والحبـوب والنسـيج، فقـد كانـت تنتقـل بـلا شـك عـبر هـذه الطـرق نفسـها، لكـن لم تكشـف المصـادر الأثريـة المكتوبـة سـوى عـن جزءٍ ضئيـل منهـا.

أسلوب "مشترك بين الثقافات"؟

صُنع هذا الإناء الصغير من الكلوريت، وهو نوع من الصخور اللينة التي يسهل تشكيلها، وزُيِّن بإفريز على هيئة نخيل تتدلى منه عراجين التمر، وهو من الأواني التي تتميَّز بها منطقة جنوب غرب إيران. وكانت مثل هذه الأواني تُصدَّر على نطاق واسع خلال الألفية الثالثة قبل الميلاد، حيث تدفقت بكميات كبيرة على السواحل الجنوبية للخليج والمدن السومرية في بلاد الرافدين وفي سوريا. ونظرًا لشدة الإقبال عليها فقد كانت تُصنع أحيانا حسب ذوق مشتريها، وأحيانًا كانت تُصنع من مواد أوليّة محليّة.

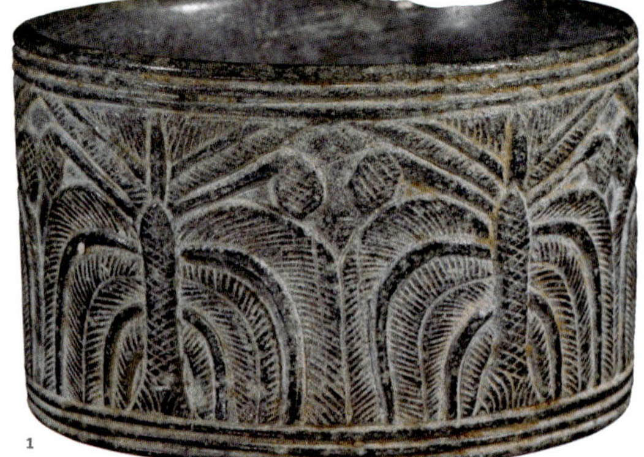

1

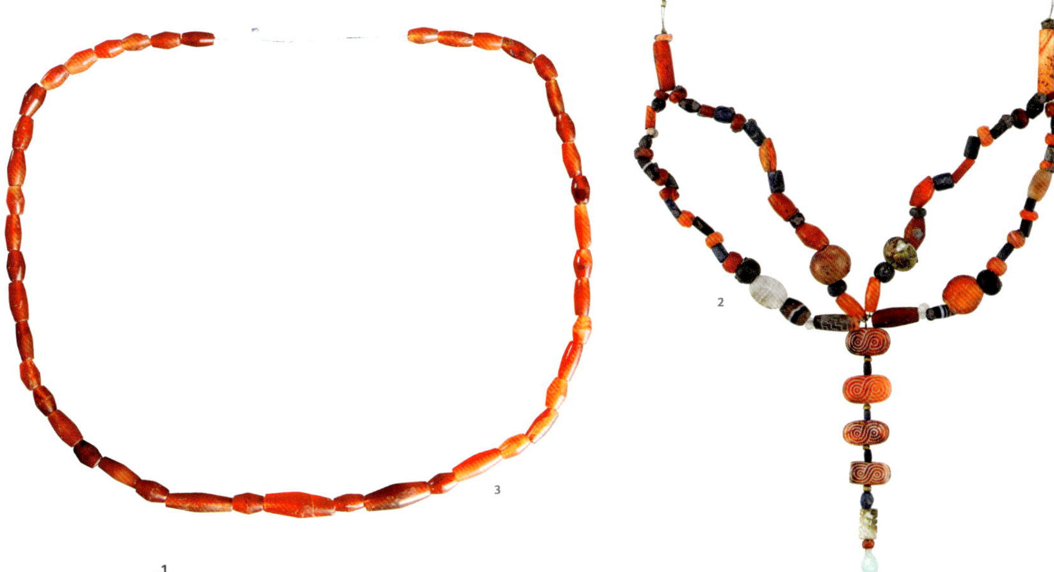

أحجار ذات ألوان رمزية

عُثِر على هذا العقد في منطقة شوشان بجنوب غرب إيران، ويتميَّز بتعدّد مكوّناته من المواد الثمينة مثل العقيق الأحمر واللازورد وعقيق النبات والبلور الصخري والكلوريت والخزف والذهب والفضة. وهو بذلك يُعبّر عن ذوق أهل بلاد الرافدين وإقبالهم على المواد المستوردة. وبالإضافة إلى قيمتها الجمالية، كان هناك إقبال كبير على الأحجار الكريمة نظرًا لخصائصها السحرية والرمزية. فالبعض منها يتماشى مع البعض الآخر، حيث يُطعَّم اللازورد (ذو الخصائص الذكورية) بالعقيق (ذي الخصائص الأنثوية) عند صناعة المجوهرات في الألفية الثالثة قبل الميلاد.

من ساحل إلى آخر

عُثِر على العديد من لآلئ العقيق الأحمر في مواقع أثرية بشبه الجزيرة العمانية، أغلبها مصدره وادي السند، حيث اكتُشفت ورش في مواقع موهنجو دارو، هارابا أو شانهو دارو الأثرية. وكانت صناعة هذه اللآلئ عمليّة شديدة التعقيد، حيث كانت مادّة العقيق الأبيض تُصهر أوّلاً قبل تبريدها لتأخذ شكلها النهائي. وبعد ذلك، تُثقب اللآلئ بمثقاب خاص في مرحلة هي الأدق في العملية برُمّتها. وبعد تلميعها وصقلها، كانت تخضع لعملية صهر أخيرة للحصول على اللون الأحمر الجميل المائل إلى البرتقالي.

.1

إناء بزخارف نخيل التمر

جنوب شرق إيران
2300-2200 ق.م.
ق. 10 سم؛ ملح حمض الكلوريت

متحف اللوفر

.2

قلادة

إيران، شوشان
2340-2100 ق.م.
ط. 20 سم؛ ذهب، أحجار شبه كريمة

متحف اللوفر

.3

قلادة مستوردة من وادي السند

الإمارات العربية المتحدة
2500-2000 ق.م.
ط. 36.5 سم؛ عقيق أحمر

متحف العين الوطني

.4

وعاء بزخارف دائرية منقطة

الإمارات العربية المتحدة، أبوظبي، الهيلي
2500-2000 ق.م.
إ. 7 سم؛ حجر أملس

متحف العين الوطني

حِرَف تقليدية محلية

في حضارة أم النار التي ازدهرت في منطقة تقع بين الإمارات العربية المتحدة وشمال عمان بين عامي 2500-2000 قبل الميلاد، كانت الأواني الحجرية تُصدّر إلى بلاد الرافدين وإيران وحتى إلى آسيا الوسطى. وكانت هذه الأواني تتميز ببساطة أشكالها ورصانة زينتها، وهي تُعدّ إحدى السمات الثقافية المميّزة لشبه الجزيرة العمانية.

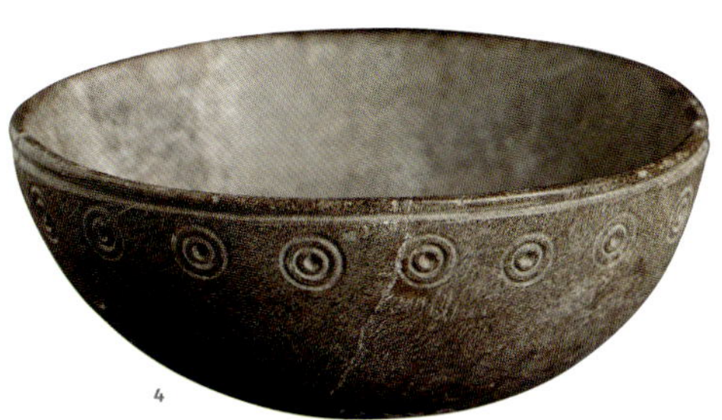

"عند فيضان نهر النيل، كانت المدن الشيء الوحيد الذي يظل ظاهرًا للعيان فوق سطح الماء، مثلها مثل الجزر المنتشرة في بحر إيجه لأن مصر بأكملها تصبح كالبحر"
هيرودوتس، التحقيق، الكتاب الثاني، ص. 97

على غرار نهري دجلة والفرات في بلاد الرافدين والنهر الأصفر في شمال الصين، يعدّ نهر النيل بيئة ملائمة لاستقرار المجتمعات الإنسانية. فطوال مدة فيضانه السنوية، يحوّل النيل إحدى الصحاري الأكثر جدبًا في العالم إلى أرض شديدة الخصوبة ليسهم في قيام حضارة فريدة ذات موارد زراعية وفيرة.

مصر، هبة النيل

يقطع نهر النيل آلاف الكيلومترات قبل إنهاء رحلته في مصر، حيث يفضي إلى تشكّل واحة خضراء طويلة وضيقة تمتد في قلب الصحراء، قبل أن تتفرّع في مستنقعات الدلتا وتصبّ بعد ذلك في البحر الأبيض المتوسط في الشمال.

وإلى غاية إنشاء السدود في العصر الحديث، كانت مصر تعيش منذ آلاف السنين على وقع فيضان النيل كل عام، حيث ينقل الرواسب الخصبة إلى السهول المحيطة بنهر النيل وقت الجفاف. ومجرد انتهاء الفيضان، يبدأ العمل على زراعة الأراضي المغمورة بالمياه، حيث كانت تربتها الغنية بالرواسب المعدنية مناسبة تحديدًا لزراعة الحبوب مثل القمح أو الشعير، وكذلك العدس والبازلاء، والخضراوات والفواكه، وهي المحاصيل التي كان المصريون القدامى يعتمدون عليها في غذائهم. كان من الضروري الاعتناء بضفتي النهر وقنوات الري لضمان ازدهار مصر، وهذه المهمة كانت تقع على عاتق الفرعون نفسه بصفته المسؤول عن انسجام النظام الكوني. وكانت نباتات البردي والقصب وأشجار الجميز والتين والأكاسيا تغطي ضفتي النهر بظلالها، وتوفر مأوى للحيوانات التي تكمّل منظومة الموارد الزراعية.

وبالإضافة إلى كونه مصدرًا للغذاء، كان النيل أيضًا أحد المسالك المهمة لنقل البضائع. وقد تطوّرت الملاحة منذ العصور التي سبقت مجيء الأسر المالكة في نهاية الألفية الرابعة قبل الميلاد، مما شجع حركة انتقال الناس والبضائع في البلاد. وفي العصور التاريخية تطوّرت المدن الكبرى مثل طيبة وممفيس وتانيس في الدلتا وأصبحت موانئ تعجّ بالحركة التجارية. وكانت شحنات القمح التي كانت السلطات الفرعونية تفرضها على الأقاليم المصرية تمرّ عن طريق النهر قبل أن تصل إلى مخازن الدولة. وبالرغم من أن المصريين القدامى كانوا يعيشون تحت رحمة تقلبات نهر النيل وفيضاناته، فإنهم كانوا منشغلين كثيرًا بالنظام الكوني للعالم وأدرجوا هذا العامل الحيوي في مفاهيمهم الدينية والجنائزية. ففي حين يُعدّ الإله هابي رمزًا للوفرة والسخاء الذي يمثله النيل، فإن أوزيريس هو الذي يتحكّم في الفيضان الموسمي المجدد للحياة انطلاقًا من مملكته في العالم السفلي. وبنفس الطريقة، يذكرنا قارب الشمس الذي ينقل الإله رع كل يوم عبر السماء بالقوارب القديمة التي كانت تجوب النيل كل يوم. كما كانت القوارب المقدّسة توضع في المعابد لتنقل الآلهة والتماثيل التي تجسّدها أثناء الأعياد والمواكب الدينية.

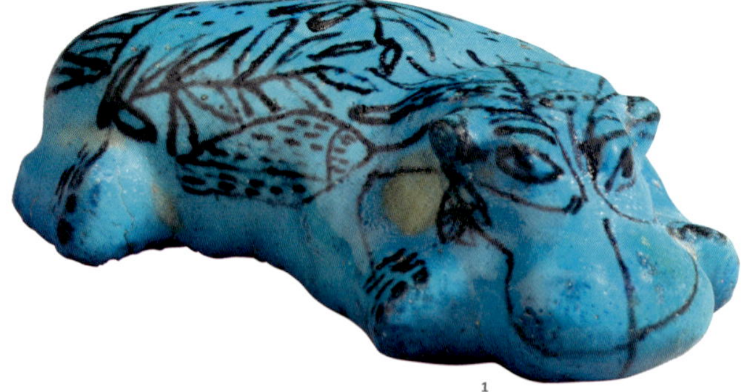

فرس النهر، سيد النيل

يظهر فرس النهر الصغير المصنوع من الخزف الأزرق الصافي نائمًا وسط النباتات المائية المنتشرة على ضفتي نهر النيل أو في مستنقعات الدلتا التي تغطي أجزاء من جسمه. ونظرًا لما كان ينسب لفرس النهر من القدرات الخارقة بتجديد الحياة، وُضعت تماثيله في مقابر نُبلاء المملكة المصرية الوسطى لكي تضمن بعث الموتى من جديد في العالم الآخر.

.1

فرس النهر

مصر

نحو 1850 ق.م.

اِ. 14.5 سم؛

خزف "فاينس"،

زخارف ملونة

اللوفر أبوظبي

.2

**نموذج لقارب
جنائزي وطاقمه**

مصر

1991-1785 ق.م.

اِ. 107.3 سم؛ خشب
مطعم بجص وملون

اللوفر أبوظبي

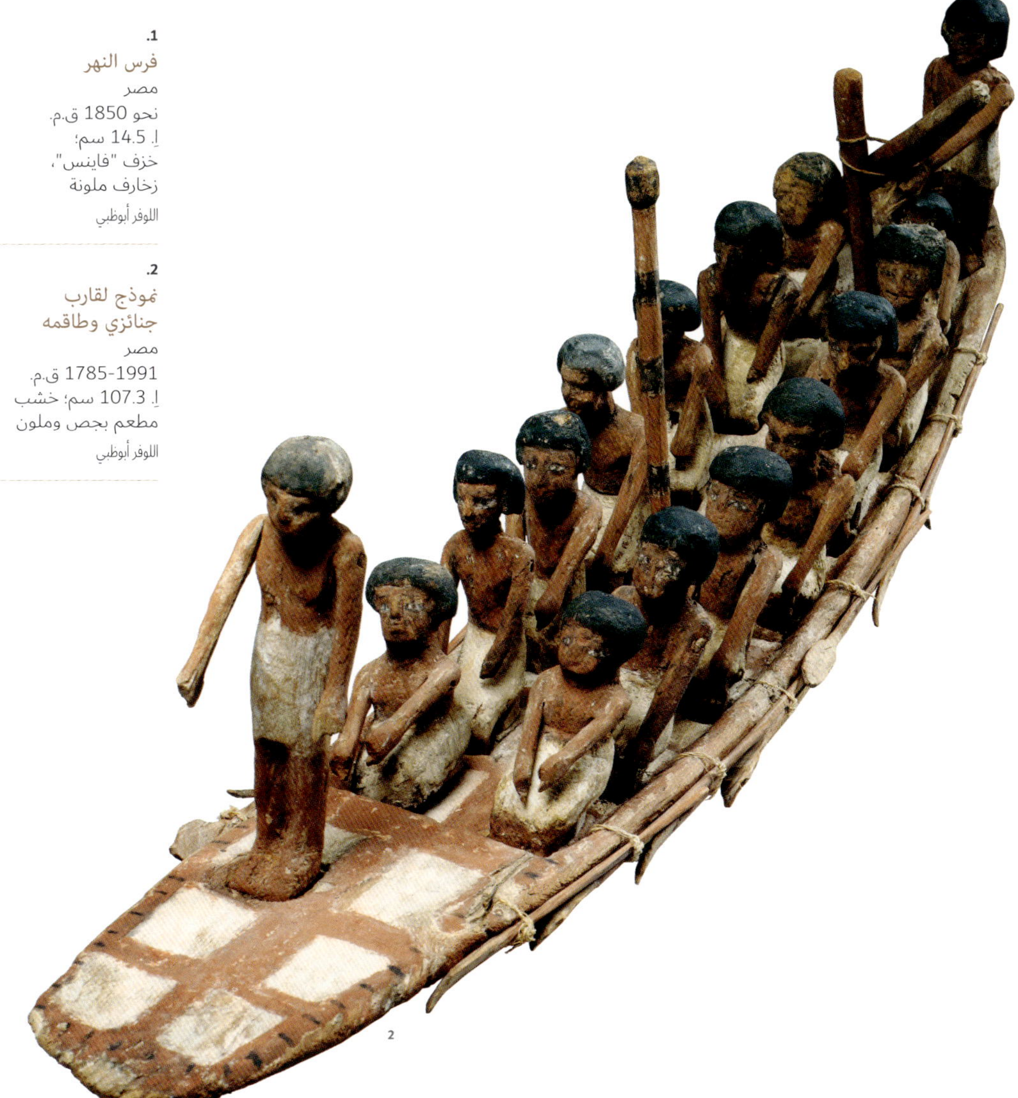

بين البحر والنهر

دأب النبلاء المصريون من ذوي المقام الرفيع في المملكة المصرية الوسطى (قرابة 2033-1710 قبل الميلاد)، على وضع نماذج خشبية من قوارب الشمس في قبورهم، حتى يتمكنوا من أداء أعمالهم اليومية في العالم الآخر. ومن بين هذه النماذج من القوارب، غالبًا ما كان يوضع نموذجان من تلك التي كانت تجوب نهر النيل. أحد هذين النموذجين مزوّد بشراع ويتجه إلى الجنوب والنوبة مستفيدًا من قوة دفع الرياح القادمة من البحر الأبيض المتوسط. والآخر يُدفع بالمجاديف إلى جهة الشمال مستفيدًا من التيار الطبيعي لنهر النيل. ويتسع هذا القارب المصنوع من الجصّ لفريق مكوّن من أربعة عشر مجدّفًا وماسك للدفّة ومراقب لعمق المياه، وينتمي إلى النوع الثاني من قوارب الشمس. وبما أنّ النيل هو الطريق الرئيسي للتنقل في الحياة الدنيا وكذلك في الآخرة، فإن هذه القوارب تساعد الموق على تأدية واجباتهم الدينية، وذلك من خلال أدائهم فريضة الحج إلى مدينة أبيدوس المقدسة في صعيد مصر، مركز عبادة أوزيريس، إله عالم الموق المخيف.

يمثل النيل الحد الفاصل بين عالمي الأحياء والأموات. فباستثناء بعض الحالات النادرة، كانت الأهرام والقبور والمدافن القديمة تُقام على الضفّة الغربية للنهر. وحسب المعتقدات المصرية، فإن جهة الغرب هي في الحقيقة الجهة التي تنتهي عندها كل يوم مسيرة الشمس، وحيث يصل الموتى إلى عالمهم المسمّى "دوات". ومنذ الوصف الذي قدمه هيرودوتس، ما زالت المراسم الجنائزية في مصر القديمة تحظى بالإعجاب، فهي شاهد على معتقدات وشعائر لا مثيل لها في تاريخ البشرية من حيث تشعّبها واستمراريتها.

الحياة في العالم الآخر
المراسم الجنائزية في مصر القديمة

يعتقد المصريون القدامى أنّ الموت بالرغم من أنّه مُؤلم فإنه يمثّل مرحلة انتقالية استمرارًا لحياة من نوع آخر وليس انقطاعًا لها. وقبل بلوغ الحياة الأبدية، لا بدّ من تخطي الخوف من العودة إلى الهاوية المائية السحيقة -النون- حيث يسود النسيان واللامبالاة. لذا، من الضروري أن يقوم كل شخص ببعض التحضيرات المهمة لحفظ جسده، واسمه، وهويته، وأداء شعائره الجنائزية ومراسم دفنه على الوجه الصحيح.

استمرت عمليات التحنيط التي عُرفت منذ نهاية الألفية الرابعة قبل الميلاد وتطوّرت على مدار القرون التالية عمليةُ حفظ الجسد بعد الموت. فبعد الانتهاء من عملية الغسل والتطهير، ينزع المحنّطون الأعضاء القابلة للتحلل، باستثناء القلب، ثم يقومون بتجفيفها بواسطة أملاح النطرون. ثم بعد طلاء الجثة بمواد صمغية تجعلها أكثر صلابة، تلفّ في النهاية بأربطة من القطن بعد أن توضع بين طيّاتها التمائم الواقية.

وبعد وضع الجثمان في تابوت حجري وإعادته إلى أسرته، يساق إلى مثواه الأخير بالقبو الجنائزي الذي يوجد فيه القبر. وعند عتبة القبر، يقوم الكاهن بمراسم "فتح الفم" وذلك بوضع فأسه الصغيرة على العينين والأنف والفم المرسومة فوق التابوت، وذلك حتى يسترجع الميّت قواه الجسمانية، ويستفيد من القرابين الموضوعة في قبره.

وقبل أن يلتحق بمثواه الأبدي ويستعيد أنشطته اليومية المعتادة هناك، يتعيّن على المتوفى أن يواجه اختبارًا أخيرًا، ألا وهو المثول أمام المحكمة الإلهية التي يترأسها أوزيريس إله الموتى. كما أن عليه أن يخضع لعملية وزن القلب. وإذا كان وزن قلب المتوفى لا يتعدى وزن ريشة ماعت، إلهة العدل والقسطاس والحق، فإنه يدخل أخيرًا إلى عالم الخلد، ما دامت مراسم دفنه قد أقيمت وذكراه قد خُلّدت.

1

الدخول إلى القبر والخروج منه

غالبا ما يعلو القبو الذي ينتقل فيه المَيّت إلى مثواه الأخير ضريحٌ يكون الغرض منه ضمان الخلود في العالم الآخر لاسيما عن طريق القرابين التي توضع فيه. يلعب الأثاث وخاصة "الأبواب الوهمية" دورًا جوهريًا، حيث تساعد عناصر المَيّت الروحية على الانتقال بين عالم الموتى وعالم الأحياء. يظهر جثمان "رخمير" في وسط هذا الباب أمام مائدة محمّلة بالقرابين وبجواره زوجته "ماريت" وتحيط بهما صلوات موجّهة إلى الآلهة الرئيسية المرتبطة بعالم الموتى.

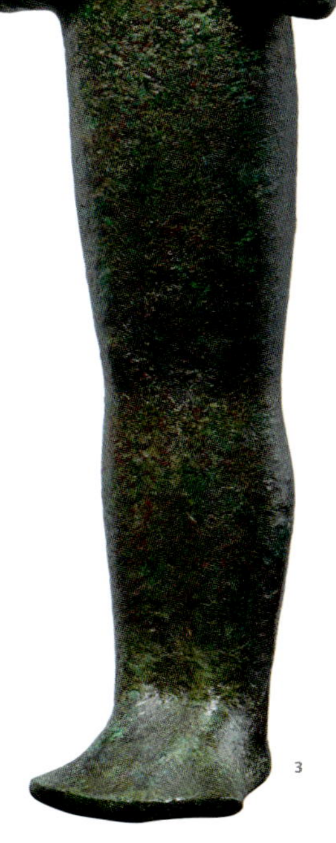

2

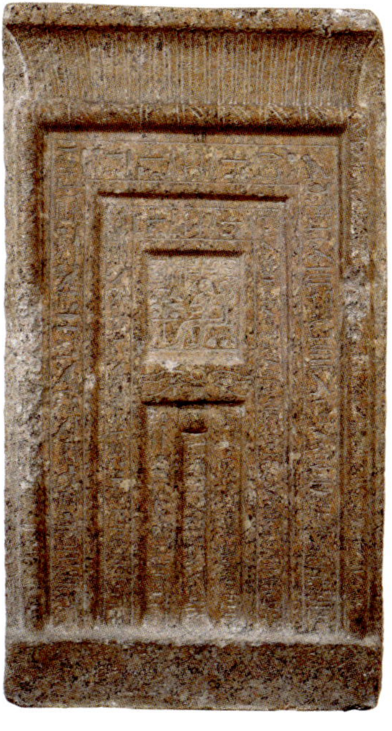

3

.1

هرم صغير منقوش باسم حوي

مصر، دير المدينة
1335-1295 ق.م.
إ. 33 سم؛ حجر رملي

اللوفر أبوظبي

.2

باب وهمي من مقبرة الوزير رخميرع

مصر، طيبة
1479-1425 ق.م.
إ. 99، ع. 54 سم؛ غرانيت

متحف اللوفر

.3

أوزيريس، إله البعث والحساب

مصر
1085-730 ق.م.
إ. 44 سم؛ برونز، آثار تذهيب، ترصيع زجاجي

اللوفر أبوظبي

في قمة المثوى الأخير

تميّزت المملكة المصرية الحديثة (1075-1539 قبل الميلاد) بالأهرام الصغيرة التي كانت تعلو بعض الأقبية الجنائزية الهرمية الشكل والمشيدة بالآجر. فهذا الهرم الصغير (في الصفحة المقابلة) مصدره دير المدينة، وهي قرية تأوي عمّال المقابر الملكية بوادي الملوك. ويظهر على جهات الهرم الأربع نقش لجثمان "خوي" جاثيًا على ركبتيه ويداه مرفوعتان في وضع العبادة. ومن خلال الكتابة يمكننا تحديد وظيفته ألا وهي "خادم في بيت الحق" أي القبر الملكي.

أوزيريس، إله الموت

حكم أوزيريس عالم الموتى، فكان الإله الأعظم الذي لا مفر منه. وتروي الأساطير المصرية أنّه أول فرعون على وجه الأرض. وبينما كان أوزيريس يحكم مصر في عهود سحيقة، قتله أخوه "ست" من شدة الغيرة ثم قطّع جسده إلى أشلاء. ومن حسن حظه، استطاعت زوجته إيزيس بمساعدة أختها نيفتيس والإله أنوبيس تجميع أشلائه وبثّ الحياة فيها من جديد لينجبا ولدهما حورس. وكما يبدو في هذا التمثال، غالبا ما يظهر أوزيريس في كفنه وذراعاه متشابكتان وعيناه مفتوحتان، تجسيدًا للوعد بالبعث الذي يرمز إليه.

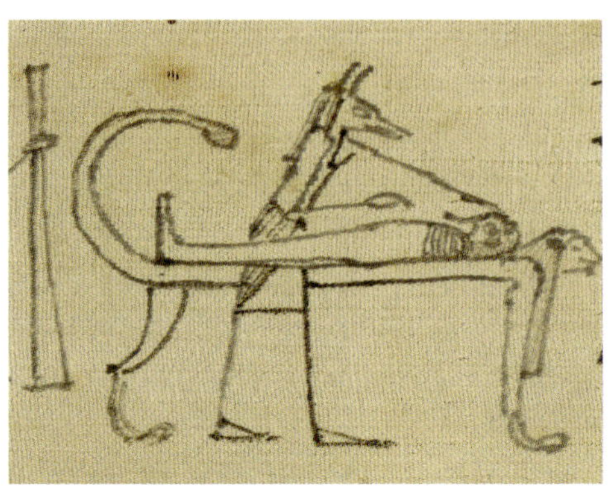

كتاب الموتى، مجلّد في متناول الجميع

منذ عصر المملكة المصرية الحديثة، بدأت عادة وضع لفيفة من ورق البردي تحمل عبارات وصلوات من كتاب الموتى في القبر لتأمين الحياة الأبدية للميّت، واستمرّت هذه العادة إلى غاية الغزو الروماني. لكن سرعان ما اعتمدت هذه الممارسة على موادّ أقلّ تكلفة مثل الكتان كما يظهر في هذه الصورة. وتكشف هذه اللفافة الجنائزية التي يبلغ طولها أكثر من ثلاثة أمتار- والخاصة "بسامَتيك ميري نيث" - عن فنّ أكثر شيوعًا، وعن جودة الخامات الجنائزية التي تتنوّع حسب مكانة الميّت الاجتماعية. كما أنّ هذه اللفافات لا تحمل أيّة كتابات بل تحتوي فقط على رسوم تصوّر مقاطع من كتاب الموتى. وفي هذه اللقطة يظهر أنوبيس - إله برأس ابن آوى - وهو يحنّط جثمانًا كما فعل بجثمان أوزيريس.

4

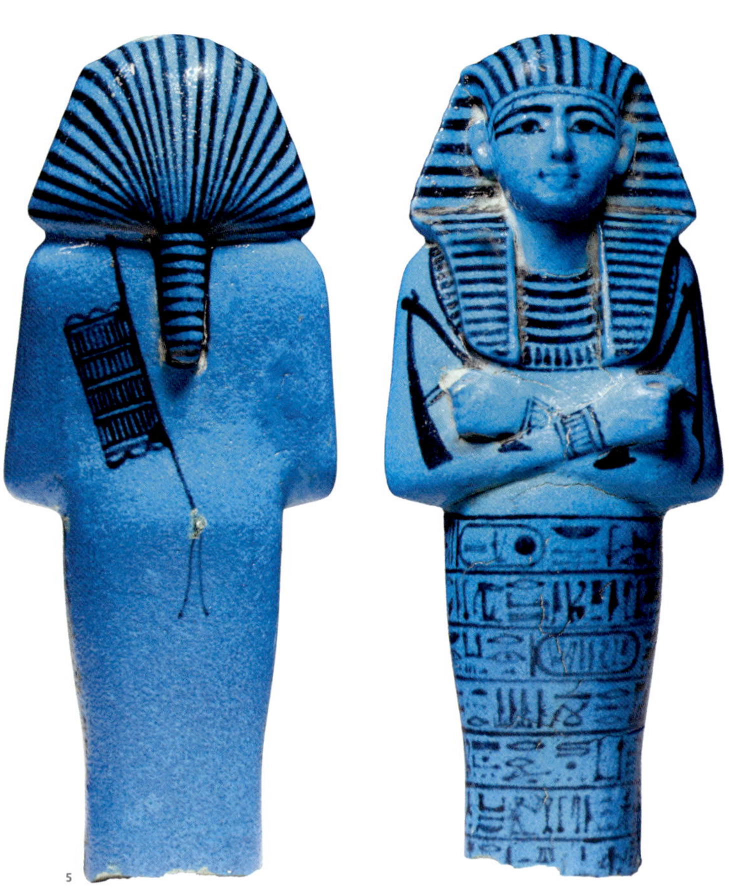

5

خادم من الطبقة العليا

يبدو هذا الخادم الجنائزي غير عاديّ نظرًا لشدة طوله والعناية الفائقة التي بُذلت في تشكيل ملامحه وجودة طلائه الأزرق الصافي. وكما توضح الخرطوشة الملكية التي تتوسّط النص، كان هذا الخادم تابعًا للفرعون ساتي الأول (1290-1279 قبل الميلاد)، والد رمسيس الثاني. وهو يظهر مرتديًا غطاء الرأس الملكي "النيميس" وقلادة ثمينة، إلاّ أن الأدوات الزراعية المنمّقة التي يمسك بها لا تدع مجالاً للشك فيما يتعلق بمهنته. وبهذه المعدات التي يملكها، سيساعد الفرعون المتوفى في إدارة الأراضي الخصبة التي مُنحت له إلى الأبد.

60

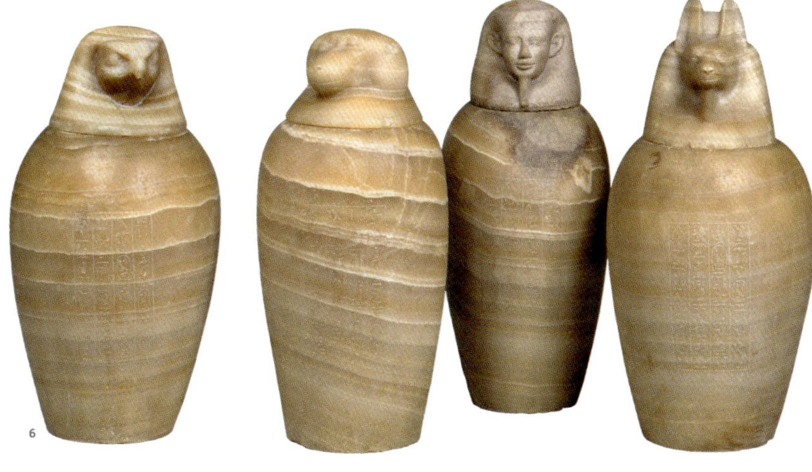

.4

لفافة مومياء مع مقتطفات من كتاب الموتى

مصر
نحو 300 ق.م.
ط. 310 سم؛ كتان
اللوفر أبوظبي

.5

خادم جنائزي للفرعون سيتي الأول

مصر، وادي الملوك
نحو 1290 ق.م.
إ. 22.9 سم؛ خزف
"فاينس"
اللوفر أبوظبي

.6

أوعية جنائزية لحمل أحشاء الجنرال بسماتيك سانيث

مصر
664-525 ق.م.
إ. 56.2 سم؛ مرمر
متحف اللوفر

.7

أوشبتي: تماثيل لخدم جنائزيين

مصر
570-332 ق.م.
إ. من 10 إلى 20 سم؛
خزف "فاينس"
متحف اللوفر

في حماية الآلهة

كان المحنّطون ينزعون أحشاء الموتى - الرئتين والكبد والمعدة والأحشاء - للحد من مخاطر التعفّن وتسهيل عملية حفظ الجثمان، ويلفّونها على حدة ويضعونها في إناء خاص من الرخام، ثمّ يضعونها داخل القبر بجانب التابوت. ومنذ عصر المملكة المصرية الحديثة كانت أغطية هذه الجِرار "الكانوبية" المفرّغة من الهواء مزيّنة برأس من رؤوس أبناء حورس الأربعة الذين يتمثّل دورهم في حماية الأعضاء الموجودة في تلك الجِرار.

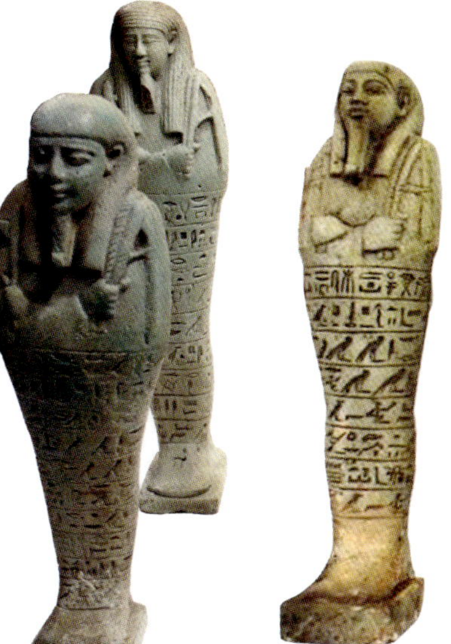
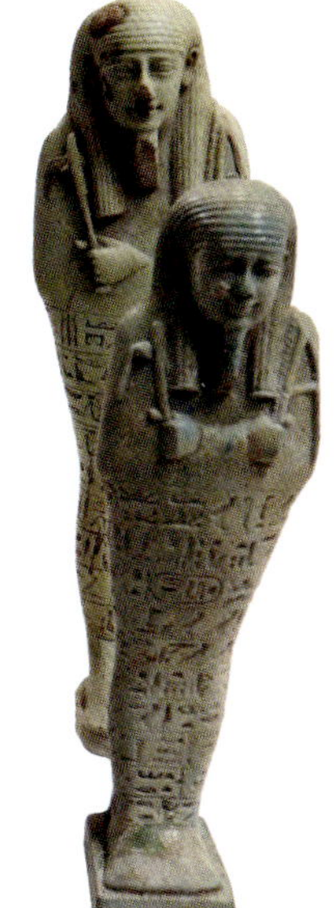
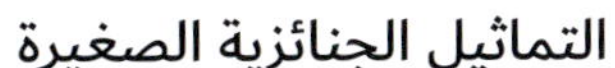

التماثيل الجنائزية الصغيرة

ظهرت تماثيل "الأوشبتي" الصغيرة أو الخدم الجنائزيون لأول مرة في مقابر المملكة المصرية الوسطى (2025-1680 قبل الميلاد) قبل انتشارها وتكاثرها في نهاية المملكة المصرية الحديثة. هذه التماثيل الصغيرة المصنوعة من الرخام أو الخشب أو من الخزف كما هو الحال في هذه الصورة هي للخدم الذين يحلّون محلّ الموتى ويتولون القيام بأعمالهم في العالم الآخر بالنيابة عنهم. أمّا تلك التماثيل التي تحمل كتابات فتحمل عادة اسم المَيِّت والتمائم التي تحميه. وفي بعض الحالات يحتوي قبر واحد على جيش كامل من خدم "الأوشبتي" مرتبين حسب مناصبهم.

تحفة فنية:
المجموعة الجنائزية للأميرة حنوت تاوي

بالرغـم مـن أنّ المـمارسـات والمعتقدات الجنائزية المصرية تبدو ثابتة وغـير متغيّـرة، فإنّها في الحقيقـة مـا فتئـت تتطـوّر منـذ عـصر الأسـر الحاكـمـة الأولى. ففـي بدايـة الألفيـة الأولى قبل المـيلاد، وبينـما كانـت مـصر تمـرّ باضطرابـات سياسية خطيرة، أثارت عمليـات نهب المقابر الملكية في مدينة طيبة شعورًا عاما بالقلق وأدّت إلى تغيير العادات الموروثة. فتضاعفت أعداد المغلفات الواقية واستُعين بالآلهة لضمان نجاة المـوتى وانتقالهم إلى العالم الآخر.

ولهذا السبب، دُفنت الأميرة حنوت تاوي - ابنة الفرعون - في قبوٍ جنائزيّ خـاص مكـوّن مـن ثلاثة توابيت الواحد داخل الآخر، ومـن حاوية سميكة تلفّ التوابيت ليُصبح الجثمان كأنه في شرنقة حقيقية. ولضمان بقائها في العالم الآخر، تكرّر ذكر اسمها ولقبها على التوابيت وعلى الصندوق الخارجي الـذي يحميها. فقد كانـت حنـوت تـاوي "ربة المنـزل المبجّلة وابنة الملك شيشـنق سـيّد الأرضين والملكة شيبت

أزيت". وبالرغـم مـن أنه مـن الصعب تحديد هوية الفرعون المذكور نظرا لتعـدد الملـوك الحاملـين لاسم شيشـنق الذين حكمـوا مـصر في بدايـة الألفية، فإن اسم هـذا الملك قد أقام علاقة مباشرة بـين هذه الأميرة والأسرة الثانية والعشريـن مـن الأسر الحاكمـة (945-715 قبل الميلاد).

وُضع جثمان الأميرة في التابوت الموجود داخل هـذا الصندوق المزوّق بدقـة وعنايـة فائقـة على نمط كفن أوزوريس. كما كان القناع الجنائزي المصنوع مـن الخشب المطلي بالذهب يحاكي جلد الآلهة الـذي لا يفنى. وتشير دقـة الملامح والعينين الكبيرتين أيضًا إلى إحدى العادات الخاصة بالحاشية الملكية. فقد استُحضر العديد مـن الآلهة لحماية هذا الجثمان أثناء وضعه في هـذا الصندوق الخاص. كـما عملت الآلهة ماعت وأوزوريس وإيزيس ونفتيس وأبناء الإله حورس الأربعة والإلهة حاتور على تعزيز الحماية الجسدية والرمزية للأميرة.

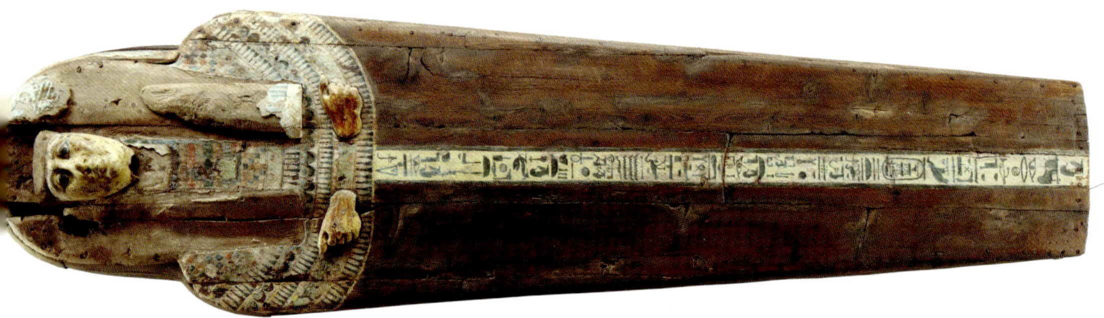

تحمي ثلاثة توابيت خشبية بسيطة جثمان الأميرة مبيّنة الملامح العامة للجسم، ودون إعطاء أي إشارة قد تدلّ على ثراء صاحبة التابوت في الداخل.

انتشر استخدام خليط من ورق البردي والكتان خلال الفترة الانتقالية الثالثة. كان هذا الورق المقوّى يُصنع على قالب من طين ممزوج بالتبن وطبقات من الكتان على شكل مشابه للجثمان الذي سيُوضع فيه. وبعد ذلك يغطى بطبقة من الجص ثمّ يُطلى عند استكماله. وأخيرًا يُسحب المجسّم الطيني من الفتحة التي تُركت في أسفل الصندوق والتي يتم من خلالها إدخال الجثمان فيه.

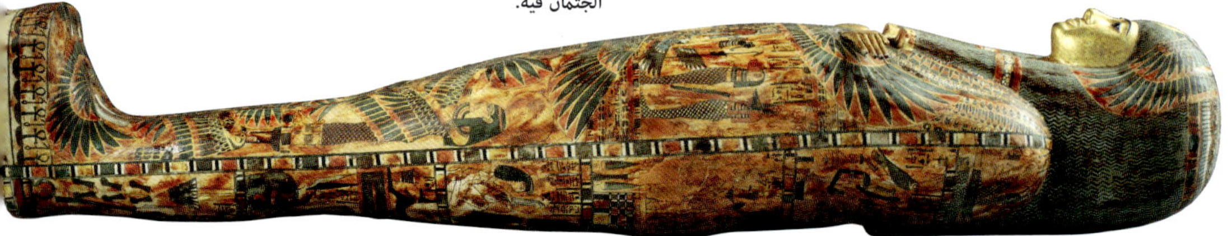

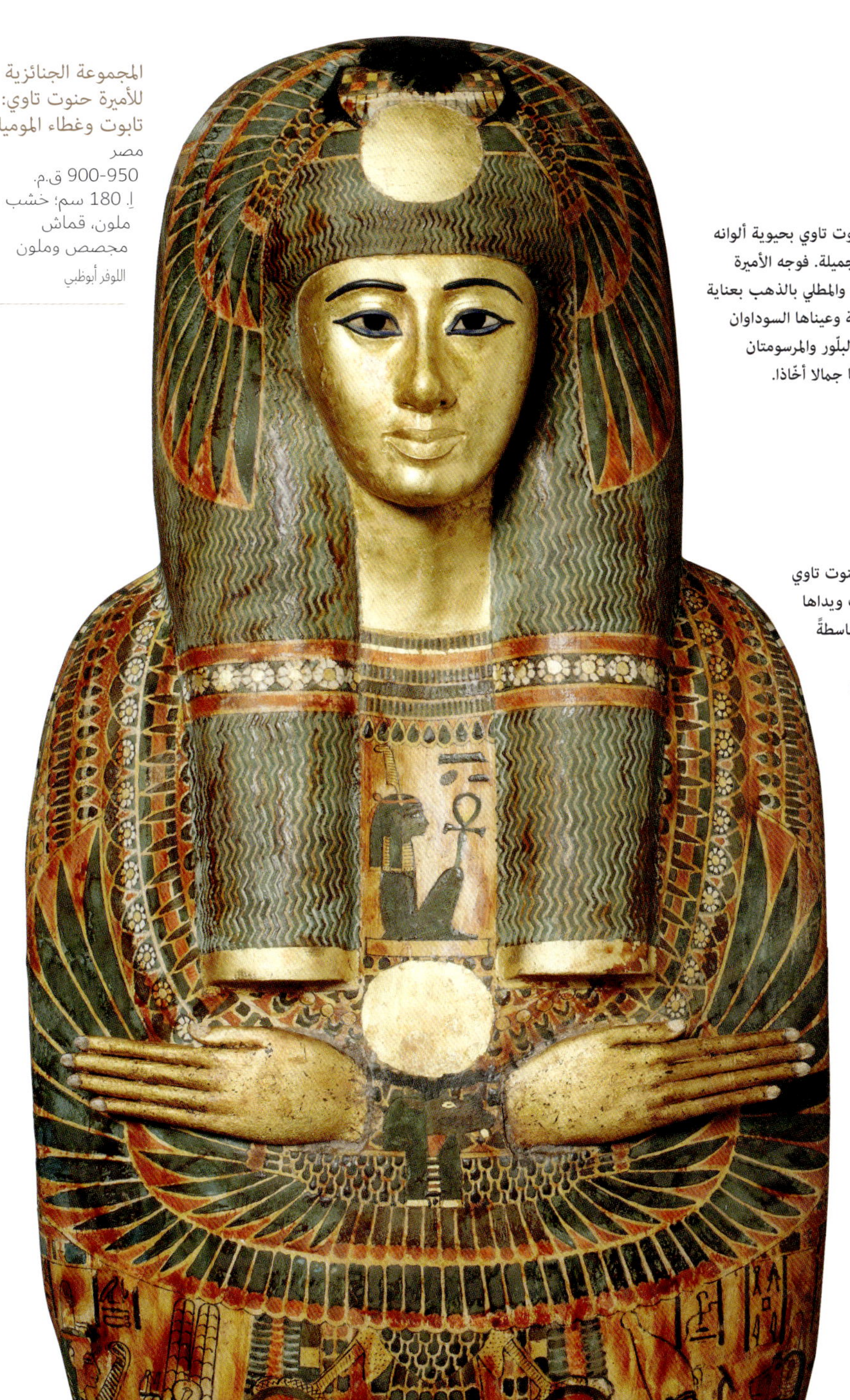

يتميّز تابوت الأميرة حنوت تاوي بحيوية ألوانه الفاقعة ورقَّة زخارفه الجميلة. فوجه الأميرة المنحوت في قناع خشبي والمطلي بالذهب بعناية فائقة، وملامحها الجميلة وعيناها السوداوان المصنوعتان من عجينة البلّور والمرسومتان بالكحل، قد أضفى عليها جمالا أخّاذا.

بالرغم من أن الأميرة حنوت تاوي قد رُسمت على التوابيت ويداها مقبوضتان، فإنها تظهر باسطةً أصابعها الطويلة على الصندوق الخارجي لهذا التابوت. وتشير نعومة أصابعها وكذلك الدقة في رسم تفاصيل الأظافر وأطراف الأصابع إلى براعة الحرفيين القائمِين على خدمة الأسرة الملكية.

تظهر الإلهة ماعت، المعروفة بريشة النعام فوق قبعتها، تحت الطوق الكبير "الأوسيخ" للأميرة حنوت تاوي. تلعب إلهة العدل دورًا رئيسيًا في محكمة أوزوريس عند قيامها بوزن قلب المتوفى مقابل ريشتها قبل أن يُسمح له بالانتقال إلى الحياة الأبدية في العالم الآخر.

في الفترة ما بين الألفية الثالثة والألفية الأولى قبل الميلاد وفي عالم ضارب في البداوة ظهرت طبقة جديدة من النبلاء في المنطقة الممتدة من القوقاز إلى المحيط الأطلسي ومن البلطيق إلى بحر أيجه. ارتكزت سلطة هذه الطبقة على مجموعة من القيم المشتركة ذات الطابع العسكري على وجه الخصوص. وعلى الرغم من أن هذه الحقبة شهدت إزدهاراً كبيراً كما تشهد على ذلك شبكات التبادل التجاري التي ساهمت في توزيع الثروات الثمينة والمواد الأجنبية المستوردة، مثل المواد الخام والمعادن والملح والعنبر والزجاج، فإن تلك الحقبة لم تخل من الحروب التي ارتبطت بمصادر الثروة وطرق التجارة. وفي تلك المناطق التي لم تكن قد عرفت الكتابة بعد، يمكن ربط تزايد العنف بتطور التسلح بالتزامن مع تطور صناعة البرونز الحديثة العهد.

أمراء ومحاربون
عصر الأبطال

بدءًا من الألفية الثالثة قبل الميلاد، لعب النحاس وبعده البرونز دورًا مهمًا في الاقتصاد. وفي الألفية الثانية، سرعان ما أصبح البرونز بفضل صلابته وقوة تحمله المستمدة من خلط النحاس بالقصدير أو الرصاص، المعدن المفضّل في صناعة الأدوات والأسلحة وأدوات الزينة. كما ساهم استخراج المعادن المستخدمة في صناعة البرونز وانتشارها في ظهور طرق جديدة للتبادل التجاري. كانت مناجم النحاس في عُمان والقوقاز تـزوّد منطقـة بـلاد الرافديـن بتلـك المعـادن، بينـما كانت المعادن المستخرجة من مناجم قبرص وسردينيا تذهب إلى منطقة البحر الأبيض المتوسط. وفي أوروبا، تعدّ مناجم جبال الألب المصدر الرئيسي للنحاس، في حين كانت الجزر البريطانية مصدراً لكمية كبيرة من القصدير. وقد تجاوزت انعكاسات هذا التبادل التجاري المجال الاقتصادي، لتسهم أيضا في نشر التقنيات وتبادل الأفكار، وتحدث تحولاً عميقًا في المجتمعات وفي قيمها الأخلاقية.

وفي بداية الألفية الثانية قبل الميلاد، وفي الوقت الذي لم تكن فيه المدن قد انتشرت إلاّ في بـلاد اليونـان، كانـت تسـود أوروبـا شبكة

من العشائر متباينـة القـوة والنفـوذ المنتشـرة عـلى طـول الطـرق التجاريـة الجديدة. ومـن أجـل توطيـد سـلطتهم السياسـية، كان الرؤسـاء والأمـراء أو الملـوك المحليـون يحيطـون أنفسـهم بطبقـة من المحاربيـن لاسـتعراض سـلطتهم ونفوذهـم مـن خـلال حمـل السـلاح وحيازة الجياد. وقد أدى ظهـور هـذه الطبقـة الجديـدة المتنقلـة مـن المحاربين، إلى ظهـور طبقـات جديـدة مـن الحرفيـين المتخصصـين في صناعـة عجـلات العربـات، وتربيـة الخيـول وترويضها، وكذلـك صناعـة الأسـلحة المتطـورة. وقـد أسـهم تنقلهـم مـن مـكان لآخـر في نـشر أيديولوجيـة مشـتركة تقـوم عـلى القيـم العسـكرية.

ويشـترك هـؤلاء المحاربـون الأقويـاء الذيـن يذكروننـا بالأبطـال الحامليـن للأسـلحة البرونزيـة الذيـن تغنى ببسـالتهم شـاعر الإليـاذة هوميـروس في مجموعة من الممارسات والمهـارات ذات الطقـوس الخاصـة مثـل فنـون الحـرب والصيـد وتنظيـم الولائـم الاحتفاليـة.

النخبة العسكرية

عُثر على هذه الدرع في شرق فرنسا، وقد وُضعت مع ثمانية دروع أخرى في مخبأ مخصص للنذور بالقرب من منبع ماء. وتتألف هذه الدرع من طبقتين من الصفائح البرونزية المطروقة على البارد والتي يتم فصلهما لتجويف الدرع من الداخل. وتُطرق هذه الدروع من الداخل بطريقة زخرفية تعظّم أجساد المحاربين وتجعلها تبدو أكبر من حجمها الحقيقي. كما أنها تعبّر عن مكانة هذه النخبة العسكرية وسلطتها. وقد ظهر هذا الأسلوب في الزخرفة نفسه في بعض الخوذ المصنوعة في الدنمارك والمجر وإيطاليا في الفترة ذاتها. وكانت الخوذة وواقية الساق قطعتين مكمّلتين لهذا الزي الحربي.

1

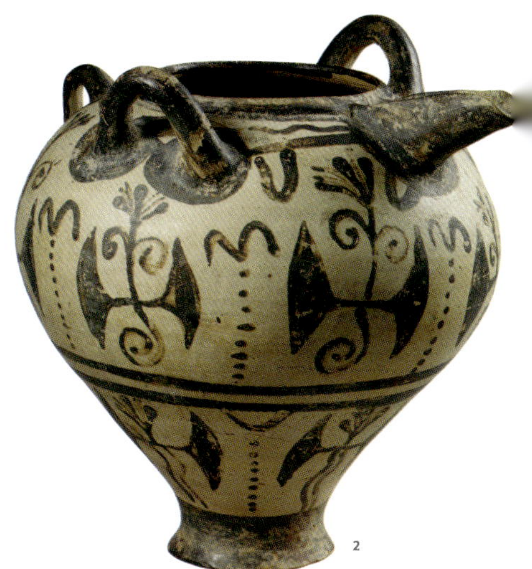

وداعًا للأسلحة

ينتمي هذا الإناء المزين بالرسوم إلى صنف من أصناف أواني الطعام الثمينة المنسوبة إلى جزيرة كريت. وكانت رسوم الفؤوس المزدوجة على جسم هذا الإناء من أهم السمات الزخرفية التي طبعت رسوم فترة الحضارة المينوسية. كانت هذه الفؤوس ترتبط أحياناً بآلهة الحرب في اليونان، كما كانت رمزاً للحياة والبعث خاصة عند مزجها بالزخارف النباتية كما هو الحال في هذا الإناء. ومن الواضح جداً أن استخدام هذا العنصر الزخرفي في الأواني الثمينة كان لأسباب فنية أكثر منها دينية.

2

احتكاك النصال

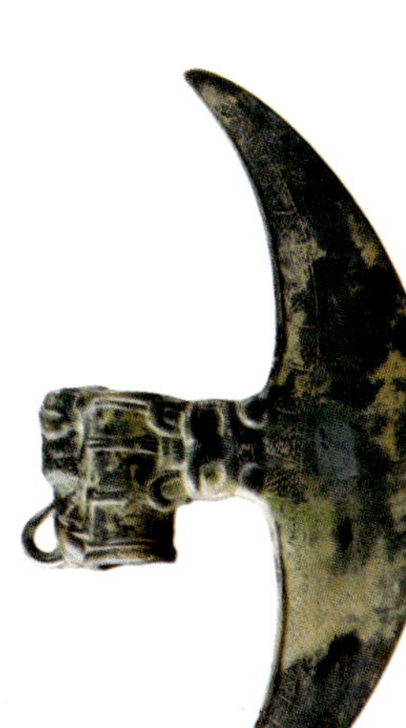

استطاع بعض البدو شبه الرُّحل في جبال لورستان بإيران، ما بين عامي 1300 و650 قبل الميلاد، بلوغ براعة فائقة في الصناعات البرونزية كما يتضح لنا من خلال هذه الفأس التي يخرج نصلها من فم أسد منمّق، في حين يتكوّر ذيل أسد آخر يرقد في جهة المقبض ليكوّن عقلة الفأس. كانت مثل هذه الأسلحة تعبّر عن بعض الصفات الإلهية أو ترمز للسلطة في الحضارة العيلامية في بداية الألفية الثانية، غير أنها بعد مرور أكثر من ألف عام أصبحت مجرّد قطعة فاخرة للزينة.

3

محاربون من القوقاز

كشفت أعمال التنقيب في القوقاز في نهاية القرن التاسع عشر عن وجود مقابر شاسعة مثل مقبرة كوبان في جورجيا التي حملت لنا آثار حضارة ازدهرت في الألفية الأولى قبل الميلاد. فقد عُثر في مقابر الرجال على أسلحة عديدة مثل الخناجر ومجموعة من الأسلحة والفؤوس، غالبًا ما كانت مصحوبة ببعض عناصر أطقم الجياد مثل اللجام وواقية الوجه والسرج. وكانت جثث الموتى مغطاة بملابس فاخرة مصحوبة بكميات كبيرة من أواني الطعام المستخدمة في المآدب والمصنوعة من الفخار أو البرونز.

خبراء في صناعة البرونز

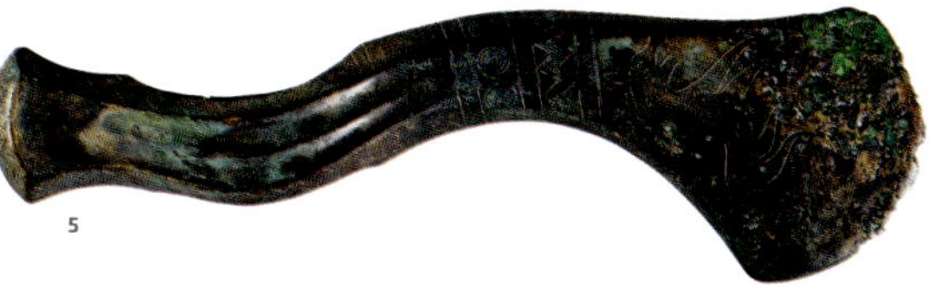

عُثر على هذا السيف في قاع نهر السين بفرنسا، ويتميّز بواقيته التي تتّخذ شكل هلال مما يدلُّ على وجود صناع أسلحة بارعين في قلب التجمعات البدوية في العصر البرونزي الأوروبي. لقد كان هذا النوع من الأسلحة حِكرًا على الأمراء أو المحاربين الذين يحرسون الأراضي الزراعية ويحمون قوافل النحاس والقصدير وأحيانا المواد الثمينة مثل الذهب والفضة والعنبر والملح التي كانت تجوب القارة.

5

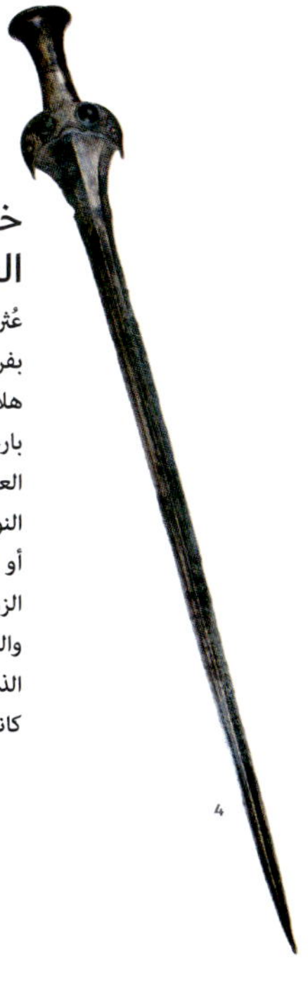

4

.1

درع

فرنسا، مارميس
1000-800 ق.م.
إ. 49 سم؛ برونز
المتحف الوطني للآثار

.2

إناء بنقوش لفأس ذات رأسين

اليونان، كريت (؟)
1500-1450 ق.م.
ق. 21 سم؛
خزف ملون
اللوفر أبوظبي

.3

نصل فأس

إيران، لورستان
1000-700 ق.م.
إ. 20.5 سم؛ برونز
اللوفر أبوظبي

.4

سيف ذو مقبض مزخرف

فرنسا، فينيو سور سين
1600-1400 ق.م.
إ. 77.4 سم؛ برونز
المتحف الوطني للآثار

.5

نصل فأس بنقوش حيوانية

أوسيتيا الشمالية، كوبان
1000-700 ق.م.
إ. 17.5 سم؛ برونز
المتحف الوطني للآثار

سرعان ما اكتسب الحصان مكانة خاصة وارتبط بفنون الرياضة والقيم العسكرية التي يجسدها. فقد أسهم هذا الحيوان في تسهيل حركة الناس عبر الفيافي والمسافات الطويلة، وسرعان ما انتشر استخدامه في الحضارات الأوروبية والآسيوية الكبرى وتبنته المجتمعات البدوية والحضرية على حد سواء، حيث وجد مكانه في عالم المعتقدات الدينية لاسيّما في الأساطير والطقوس الشامانية بفضل قوّته وجماله.

جياد وفرسان
لغزو الإمبراطوريات

وفي الـشرق الأدنى كـما هـو الحـال في مـصر، كان الحصـان حِكراً عـلى الملـوك وكبـار شخصيات البـلاط. وفي بداية الأمـر اسـتُغلت قـوة الحصـان وسرعتـه في جـرِّ العربات، واسـتُخدم أيضا في الاستعراضات والاحتفالات لإبـراز مظاهـر السـلطة والقـوة. وفي النصـف الثاني مـن الألفيـة الثانيـة، انتشـر استخدامه بسرعـة في رحـلات القنـص وفي المعـارك. ثم في عـام 1274 قبـل الميـلاد، ذاع صيت الحصان في معركة قـادش بـين الحيثيـين والمصريـين التي اشـتهرت بالعـدد الهائـل مـن العربـات الحربية التي تجرّهـا الخيول حيـث خـاض ملك الحيثيين مُوَتَّلي هـذه المعـركة عـلى رأس جيـش يضم أكثرمـن 3500 عربة حربية في مواجهة قـوات رمسـيس الثاني.

وبعـد عـدة عقـود، ومـع التوسـع الـذي شـهدته الإمبراطورية

الآشورية أصبح سـلاح الخيالـة جـزءًا مـن التركيبـة العسـكرية. وفي ممالـك بـلاد الرافديـن ومصر التـي تميـزت بدقـة تنظيمهـا، كان انتقـاء الخيـول وترويضها مهمـةً تضطلع بها كتائـب مـن الحرفيـن المتخصصين في المجال. وفي المقابل، نشأت علاقة وثيقـة بـين الفـارس وحصانه عند العشائـر البدوية، وأحيانا يُدفـن الحصان مـع الفـارس عنـد موتـه ليرشـد روحـه في العـالم الآخـر. وكانـت هـذه الطقـوس سائـدة في معظـم أرجـاء القارتـين الأوروبيـة والآسـيوية، بدايـة مـن شبه الجزيـرة الإيبيريـة حتى الصين خلال فتـرة حكم شانغ (أنيانغ) مـرورًا بجبـال ألتـاي. وفي أوروبـا، حيـث كان ركـوب الخيـول حكـرًا عـلى نخبٍ معينـة، اكتسـب الحصـان بعـدًا رمزيًـا وروحيًـا وارتبـط أحيانـا بـدورة الشمس.

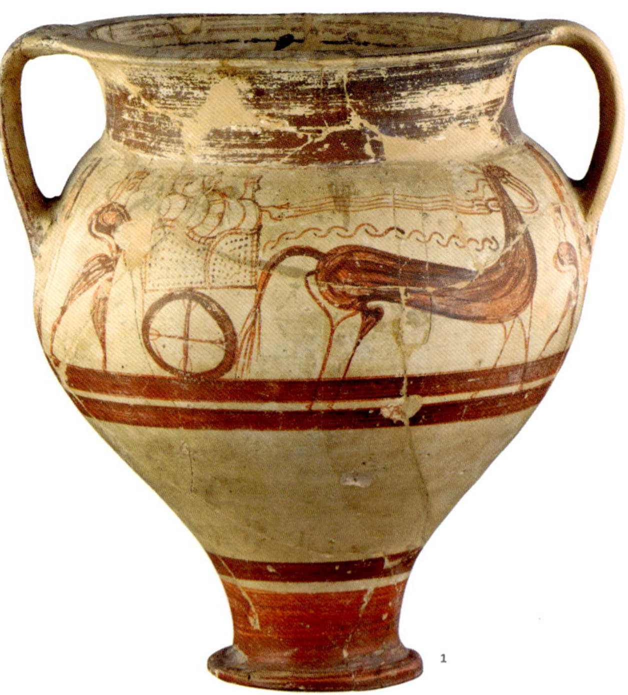

عربات حربية ومحاربون وولائم

زُيّن هذا الإناء الضخم الفخم الذي كان يُستخدم في الولائم والمناسبات الخاصة بمشهد محاربين يلبسون دروعًا دائرية الشكل ويقفون على عربة خفيفة بعجلتين تجرّها الجياد. كانت هذه العربة الفخمة وسيلة النقل المخصصة لنخبة اجتماعية معترف بها في اليونان وفي ممالك بلاد الشام. ويمكن مقارنتها بمثيلاتها التي عُثر عليها في مستودعات الأسلحة الخاصة بالأسر المالكة المصرية أو في مقبرة توت عنخ آمون. وقد وصف هوميروس عرباتٍ شبيهةٍ بهذا الطراز في أشعاره التي تحكي قصص معارك حرب طروادة.

الحصان، رمز التميّز لدى الطبقة الأرستقراطية اليونانية

يندرج هذا الإناء الكبير المعد للتصدير ضمن الأواني الفاخرة المستخدمة في الولائم أو الندوات العامة. وقد زيّن بأشكال رسمت باللون الأسود ووُزعت على قسمين. يظهر في القسم العلوي ثلاثة فرسان يسيرون بطريقة استعراضية على ظهور دوابٍ ضخمة السيقان ويحملون رماحًا ويحتمون بدروع دائرية الشكل ويعتمرون خوذًا مرصعة تعلوها خصلة من الريش. وفي اليونان خلال النصف الأول من الألفية الأولى استغنى الناس عن العربة تدريجيًّا لتصبح ذكرى من ذكريات الماضي. وفي المقابل، تطوّرت الفروسية بفضل بعض الابتكارات الفنية كإتقان صناعة لجام الخيول التي تُعزى إلى الكورنثيين. وظلت الفروسية هي الأخرى حكراً على النخبة، فقد جرت العادة منذ بداية القرن السادس قبل الميلاد في الأوساط الآرستقراطية، على تصوير الخيالة وهم يمتطون جيادهم.

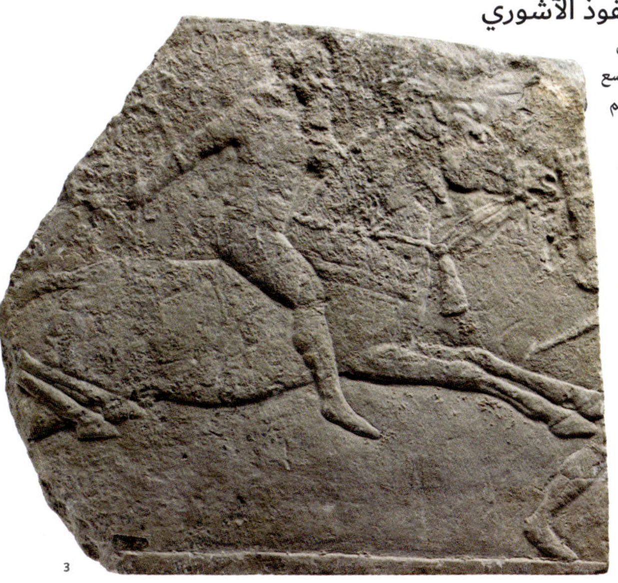

.1

إناء: مشهد عربات
قبرص، منطقة لارنكا
1300-1100 ق.م.
ق. 32 سم؛ طين نضيج ملون
متحف اللوفر

.2

إناء: حيوانات وفرسان مسلحون
اليونان، كورنث (؟)
590-580 ق.م.
ق. 40.5 سم؛ طين نضيج ملون
اللوفر أبوظبي

.3

جزء من نقش ضئيل البروز: فارس يعدو بسرعة
العراق
645-640 ق.م.
إ. 37، ع. 40 سم؛ حجر كلسي
متحف اللوفر

الخيالة في خدمة النفوذ الآشوري

بسط الآشوريون نفوذهم على كامل بلاد الشرق الأدنى ما بين القرنين التاسع والثامن قبل الميلاد، بل امتدَّ نفوذهم إلى مصر التي احتلوها لفترة من الزمن. ويعود الفضل في انتصاراتهم العسكرية إلى جيشهم المتطور جدًّا الذي قلب قواعد الحرب رأسًا على عقب. وقبل ذلك ببضعة قرون ظهرت فرقة من الخيالة مكوّنة من رماة النبال والرماح، دأبت منذ ذلك الحين على مرافقة فرق المشاة وعربات الحرب وآلات الحصار. وقد كان الخيالة يحتمون بخوذ وأحيانا بدروع الزرد ويمتطون جيادهم دون سروج ورِكاب. وفي بداية القرن الثامن، حرر اختراع اللَّبَب الذي يكبح عنان الجواد حركة الفرسان ويمنحهم المزيد من الهيبة.

شهدت صناعة التعدين في الصين ازدهارًا مدهشًا خلال الفترة الممتدة بين نهاية الألفية الثالثة وبداية الألفية الأولى قبل الميلاد. وتعتبر الأعمال البرونزية المسبوكة مثالاً شاهداً على جودة الصنعة الفنية والبراعة التقنية اللتين بلغتا ذروتهما في عهد أسرة شانغ الملكية (1600-1050 قبل الميلاد) ثم أسرة تشو الغربية (1050-771 قبل الميلاد). وفي الفترة التي ظهرت فيها المدن الأولى، استُخدم هذا المعدن الثمين في صناعة الأدوات والرموز التي ارتبطت بممارسة السلطة لدى الأسرة المالكة. وبعد ذلك بقليل، بدأ صهر المعادن بكميات كبيرة واستخدمت في صناعة الأسلحة والعربات والأواني وأدوات الموسيقى الاحتفالية. وقد لعبت الأطباق المعدنية دورًا رئيسيًا في طقوس الاحتفالات الدينية الخاصة بصلاحيات الأسرة المالكة. واقتصر استخدام هذه الأواني على أصحابها ورافقتهم إلى القبر بعد موتهم مع قطع أخرى قيِّمة.

البرونز والسلطة الملكية في الصين القديمة

في بداية الألفية الثانية خلال فترة حكم شانغ ثم في فترة حكم أسرة تشو، حظيت المعادن بمكانةٍ عظيمة في النظام الديني الصيني. فقد كانت الأطباق البرونزية التي استخدمتها النخبة عند تقديم القرابين والولائم أو الجنائز، تستخدم أيضًا في طقوس سكب الخمر لتقديمه إلى الأجداد في عالم الأموات، وهي إحدى الشعائر الأساسية في الديانة الصينية القديمة. ولم يكن الصينيون يقدسون إلهًا معيّنا يسكن عالمًا منفصلاً عن عالم الأحياء، بل كانوا في الحقيقة يقدمون القرابين لأرواح الأجداد التي كانت مرتبطة ارتباطا مباشرًا بالعائلات والأبناء في عالم الأحياء.

وفي شمال الصين، في حوض النهر الأصفر الأوسط، كان عمال صناعة التعدين في منطقة أرليتو أوّل من قاموا بصهر البرونز بين عامي 1900-1500 قبل الميلاد، في نفس الفترة التي ظهرت فيها المدن الكبرى ذات القصور الفخمة. أما الفترة التالية، التي يطلق عليها أرليغانغ (1500-1300) قبل الميلاد فقد شهدت نموًا حضريًا متزايدًا وتطوّرًا في صناعة التعدين. وبعدها شهدت الفترة المسماة بأنيانغ (1300-1045 قبل الميلاد) تطوّرًا للعاصمة الأخيرة تحت حكم أسرة شانغ. وفي هذه الفترة ظهرت الكتابة لأول مرة على شكل رسوم تنجيمية. كانت الطبقة الحاكمة تتحكّم في عملية التزويد بالمواد الأولية من المعادن وفي تقنيات التعدين، في حين أن ممارسة الشعائر كانت حكرًا على الأسرة الحاكمة التي حرصت على الحد من انتشار الأواني المخصصة لهذه الطقوس. وكان يُعتقد أن العديد من الآلهة والأرواح لديها قوى خارقة قادرة على التأثير في عناصر الطبيعة وجلب الخيرات مثل المطر أو وفرة المحاصيل أو الانتصارات العسكرية.

وكان ملوك وأمراء ونبلاء شانغ يمتلكون مجموعات فريدة من الأواني البرونزية المثيرة للإعجاب رسمت عليها حيوانات مدهشة ذات طبيعة سحرية مثل القناع ذي العيون الجاحظة المسمى بـ "التاوتيه". وقد أصبحت بعض الأواني رمزًا للطبقات الاجتماعية في فترة حكم أسرة تشو الغربية. وكانت المدافن المخصصة لكبار الشخصيات تحتوي على عدد كبير منها ويفوق وزن أكبر هذه الأواني 800 كيلوغرام. وبعد انتقال الحكم إلى أسرة تشو، بات حجم الأواني وانتظام أشكالها أهم من أصالتها وزخارفها الساحرة.

من صناعة الفخّار إلى صهر البرونز

يعتبر هذا الإناء ذو الثلاثة أرجل على شكل أثداء - المسمّى "لي" - أحد أقدم الأواني في الصين، ويُعدّ أحد الأصناف الثلاثة لقدور الطهي المستخدمة في طقوس عبادة الأجداد. ويسمح شكل الإناء بتحمُّله درجة عالية من الحرارة، سواءٌ كان مصنوعًا من الفخار خلال العصر الحجري الحديث أو من البرونز في بداية عهد أسرة شانغ. وقد زُين بنقش على شكل خيوط بارزة مع خطوطٍ حلزونية منحنية وممدودة بين شريطين دائريين، وتعكس هذه القطعة الأثرية بساطة الأسلوب الذي كان طاغيا في حقبة أيرليغانغ.

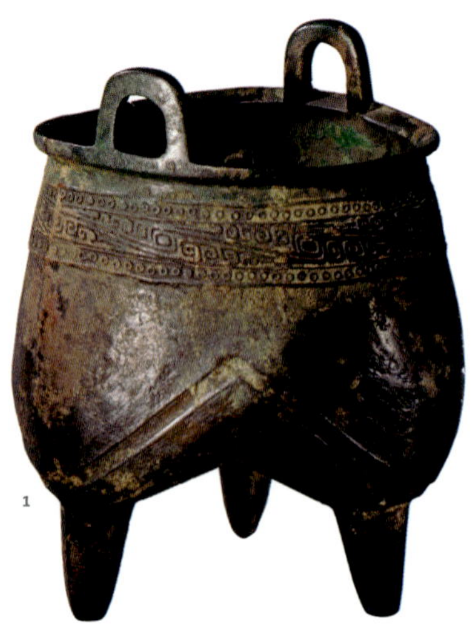

إناء ذو نمط كلاسيكي

تجسّد هذه القطعة الشكل القديم للوعاء المسمى بـ"جوي" والمخصص لتسخين المشروبات أثناء حقبة أنيانغ. وتبدو الزخرفة الرئيسية بوضوح على هيئة قناع حيواني بارز بين مستويين، ويمكن تحديد ملامحه بوضوح بسبب بروز عينيه. ويُمثّل شكل هذا الإناء نوعًا من التوازن الجمالي القديم، قبل أن تقوم أسرة تشو بالتخلي عن العادات والطقوس المرتبطة باستهلاك المشروبات المعتّقة. وبزوال تلك العادات والطقوس اختفت جميع الأواني التي كانت مخصصةً لهذا الغرض في تلك الفترة.

.1
إناء بثلاثة قوائم للاستخدام في الطقوس يُطلق عليه اسم "لي"
الصين
1450-1200 ق.م.
إ. 20 سم؛ برونز
المتحف الوطني للفنون الآسيوية - غيميه

.2
إناء للاستخدام في الطقوس يُطلق عليه اسم "جوي"
الصين
1200-1050 ق.م.
إ. 21.5 سم؛ برونز
المتحف الوطني للفنون الآسيوية - غيميه

.3
إناء للاستخدام في الطقوس يُطلق عليه اسم "غو"
الصين
1200-1050 ق.م.
إ. 31.2 سم؛ برونز
المتحف الوطني للفنون الآسيوية - غيميه

.4
إناءان للاستخدام في الطقوس يُطلق عليهما اسم "لينغ غوي"
الصين
1100-1000 ق.م.
إ. 25 و28.3 سم؛ برونز
المتحف الوطني للفنون الآسيوية - غيميه

أناقة الأشكال

أصبح هذا الإناء المسمى بـ "غو" أحد أهم الأواني الجنائزية في فترة أيرليغانغ من حكم أسرة شانغ في القرن السادس عشر قبل الميلاد. وكان إناء "غو" المخصص لتناول المشروبات مرتبطاً دائمًا بقدح "جوي" وتوجد منه عدة أقداح ضمن مجموعة مختلفة من الطقم. وتبدو زخارف هذا النموذج بارزة أمام خلفية كلاسيكية على شكل شرائط، في حين تنفتح أوراق موز طويلة ورقيقة على حافة القدح. وقد كان هذا الإناء يتميّز بأناقته ودقة صنعه قبل اختفائه في فترة حكم أسرة تشو الغربية.

البرونز جوهر التاريخ

تطوّر استخدام الأواني المسماة بـ "غوي" المخصصة لطهي الحبوب في بداية فترة حكم أسرة تشو الغربية. وحلَّت عناصر زخرفية جديدة محلَّ الزخارف الحيوانية للعصر السابق تميّزت بسماتها الهندسية التي تظهر هنا بشكل بارز. ويحمل كل إناء في داخله وصفاً من مائة وأحد عشر حرفا يوضح الظروف التي صُنع فيها، بما في ذلك تاريخ صنعه بطلب من أسرة لينغ. فقد صُنع هذان الإناءان بفضل هدية من الملك نحو عام 1000 قبل الميلاد للاحتفاظ بحدث مهم سُجلت ذكراه على جنباتهما المعدنية.

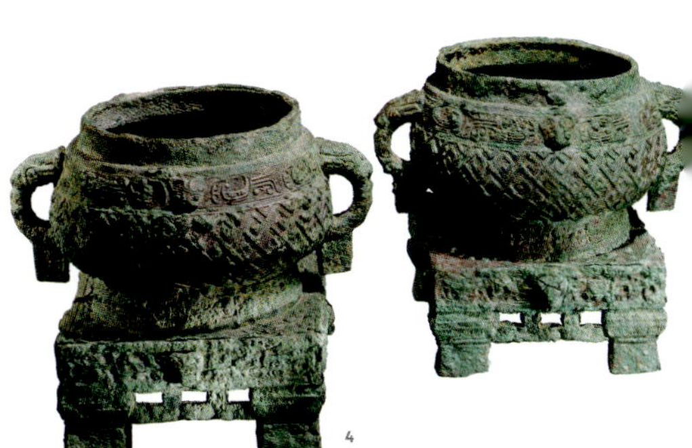

منذ ظهوره لأول مرة خلال الألفية الخامسة قبل الميلاد، استطاع الذهب بسرعة أن يحتل لنفسه مكانا مع باقي المعادن الثمينة والراقية الأخرى بفضل ندرته وصلابته ومرونته ولمعانه الدائم. وإلى جانب كونها رمزاً للثراء والخلود، كانت الحلي والمجوهرات تجسّد النفوذ حيث كانت تهدى للملوك القدماء أو تقدم للآلهة تعبيراً عن الولاء.

الذهب حلية للتزين

يُعدّ الذهب أرقى المعادن وأثمنها بسبب ندرته ولمعانه الأصفر الجذاب. ويوجد في الطبيعة سواء في حالته الطبيعية النقية أو على شكل سبائك معدنية. كما يوجد على شكل حبيبات أو ذرات تنقلها التيارات في قيعان بعض الأنهار، مثل نهر الباكتول (قرب بحر إيجه بتركيا) أو داخل الصخور أو على شكل عروق في باطن الأرض.

وبفضل خصائصه الفريدة المتمثلة في ليونته وقابليته للتمدّد، يسهل تشكيل الذهب بطرقه باردةً. وقد ساهم ذلك في ظهور الحلي الأولى المصنوعة من الذهب في الألفية الخامسة قبل الميلاد، مثل الصولجان والتاج والقلادة والسوار والعِقد، وقد عُثر على الكثير من المصوغات الذهبية في مدافن منطقة فارنا - في بلغاريا حاليًا - المطلَّة على ضفاف البحر الأسود، في الوقت الذي كان فيه النحاس هو الآخر في بداية ظهوره. وخلال الألفيتين الثالثة والثانية قبل الميلاد احتل الذهب مكانه بين المواد النفيسة في قوافل التجارة التي كانت تنقله على شكل حبيبات أو تبر أو سبائك. وكانت النخبة في بلاد الرافدين التي تفتقر إلى المواد الأولية، تتزوّد بالمعادن من ضفاف نهر السند أو ضفاف الخليج العربي أو إيران أو مصر، في حين كانت جزر بحر إيجة تزوّد منطقة شرق البحر الأبيض المتوسط. وفي أوروبا، عُثر على هذا المعدن النفيس بكثرة على طول المنطقة الممتدة من شبه جزيرة أيبيريا إلى ترانسلفانيا، مرورًا بجنوب فرنسا.

وفي الحقبة نفسها ساهم نمو صناعة النحاس وبعده البرونز في تحقيق تقدُّم تقنيّ كبير. فقد تمكَّن الحرفيون من ابتكار فنيات متطورة سواء في التشكيل الفني (الطرق والصب بطريقة الشمع المتبدد والتشكيل) أو في الوسائل الزخرفية (التثقيب والتحبيب والنقش والتقطيع). وقد أدت مهاراتهم في فن صياغة الحلي إلى صنع تحف فنية حقيقية.

يعتبر الذهب معدناً نفيساً يأسر القلوب بفضل لونه اللمّاع الذي لا يتغيّر وأيضا نتيجةً للاعتقاد السائد بأن الذهب ليس سوى أشعة الشمس التي استحالت إلى جسمٍ أصفرَ بَرّاقٍ. وبغض النظر عن نُدرته أو وفرته كما هو الحال في مصر والنوبة، ظل على مرّ العصور حكراً على الآلهة والنخبة. وفي مصر أضفى عليه بريقه وعدم تأكسده بُعدًا سحريًا، فهذا المعدن النفيس - الذي شُبّه بجسد الآلهة - كان بمثابة سرٍّ يمنح الخلود.

وعلى الواجهة الأطلسية، تميَّزت معظم الحلي بأحجامها الكبيرة، حيث كان وزنها يصل إلى مئاتِ الغرامات. وهناك بعض الأساور غير المنقوشة التي ظلت شبيهة بأشكال سبائك الذهب. وقبل ابتكار العملة كان تراكم الحلي ضرباً من ضروب كنز الثروة.

وكان الذهب ينتقل بأشكاله المختلفة من أرضٍ إلى أخرى، ومن مجتمع إلى آخر كغنائم أو هدايا دبلوماسية. وانتشرت تقنيات وأشكال ونماذج مختلفة تقبّلت الحضارات بعضها ورفضت البعض الآخر. ولهذا نجد على سبيل المثال أن المجتمعات السلتية التي كانت منتشرةً من البلقان إلى المحيط الأطلسي في بداية القرن الخامس قبل الميلاد متأثرةً بالنماذج والتقنيات التي كانت معروفة في حوض البحر الأبيض المتوسط. إلا أن صناعة الذهب السلتية تخلّت عن النمط الفني المستمدِّ من الطبيعة الذي تميزت به حضارة اليونان، واهتمت بالحِلى والنماذج كثيفة الزخرفة والمستلهمة في معظمها من عالم النبات أو الحيوان.

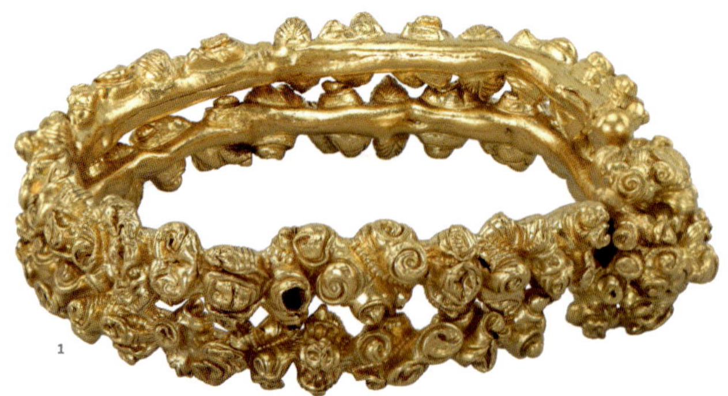

ذهب السلتيون

يجسّد هذا السوار ذروة تطور صياغة الذهب السلتية، وهو مكوّنٌ من حلقتين مكسوتين بزخارف كثيفة مستوحاة من عالم النبات. ولا شكَّ أن هذه القطعة الثمينة والفريدة التي تعكس الطابع المتوسطي قد صُممت حسب رغبة طالبها الذي يعتقد أن يكون أحد أوائل ملوك أرفريا (جنوب فرنسا).

1

بريق النجوم

خلال الألفية الثالثة والثانية قبل الميلاد، انتشرت القلائد الذهبية هلالية الشكل التي ظهرت في البداية في إرلندا ثم انتقلت إلى أوروبا عبر البحر الأبيض المتوسط. ويعود شكلها الهلالي على الأرجح إلى عبادة الأجرام السماوية وتقديس النور وبزوغ نور النهار وتجدد الفصول. أما الأشكال الهندسية المنقوشة على سطحها فربما تتعلّق بالتقويم الزمني. ويمكننا الاستنتاج من طبيعة هذه القلائد وشكلها أنها كانت ملكًا لبعض الكهنة أو في كل الأحول لفئة اجتماعية مختلفة عن فئة المحاربين.

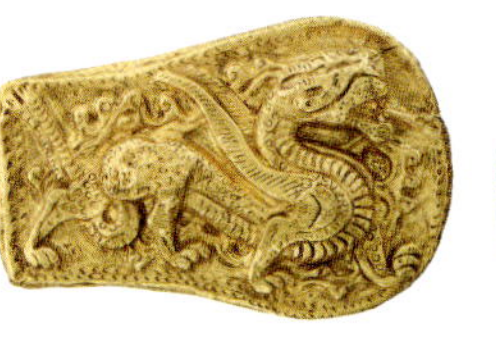

2

حلية متميّزة

اعتاد سكان القرى الساحلية وكذلك المناطق الداخلية في الإمارات العربية المتحدة خلال الألفية الثانية قبل الميلاد على دفن موتاهم في مقابر جماعية، لكن بعض الأشخاص كانوا يحظون بمعاملة خاصة عند وفاتهم، إذ كانوا يُدفنون مع مجوهراتهم وحليِّهم الثمينة، مثل هذه الحلية التي تمثل حيوانين متقابلين بقوائم أربعة. قُطعت هذه الحلية وطرِّقت من صفيحة ذهبية، وكانت على الأرجح معلّقة بعقدٍ من اللؤلؤ يُوضع على الصدر للزينة.

3

الحزام، أحد مظاهر الزينة لدى الرجال

كان الحزام أحد مظاهر الزينة المفضلة لدى الفرسان في العديد من مجتمعات البدو الرُحّل. وكذلك كان الحال بالنسبة لهذا الطقم الفاخر الذي صُنع ليثبّت بحلقات على شريطٍ جلديٍّ. وقد صُممت القطعتان الكبيرتان أفقياً بينما صمِّمت القطعتان الصغيرتان بشكلٍ يسمح بتعليق الأغراض على المساحة الجانبية من الحزام. ونُقشت الزخارف التي تزيِّن القطعتين الكبيرتين فوق خلفيةٍ من السَّحب المنمَّقة التي يظهر أمامها مخلوقٌ أسطوريٌّ مجنّحٌ يعد إحدى السمات المميزة لفن الحيوان لدى شعوب الصين والسهول الآسيوية.

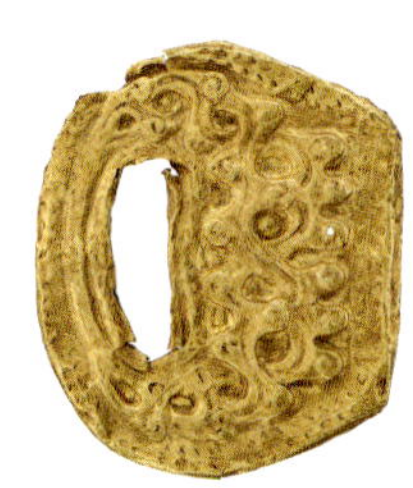

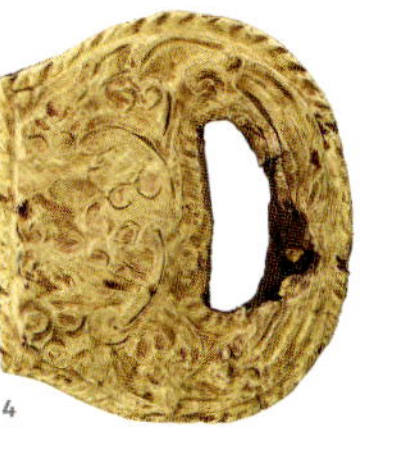

4

تحفة فنية:
سوار زيويه

تقدّم لنا هذه التحفة الذهبية بعظمتها وأشكالها الرمزية وأسلوبها لمحة عامة عن الطابع الفني الذي بدأ ينتشر في شمال غرب إيران في القرن الثامن قبل الميلاد. كان الحرفيون الذين يعملون لدى الأمراء أو الأعيان المحليين يستوحون أشكال أعمالهم من ثقافات متعددة مثل الحضارة الآشورية في الغرب ومملكة أورارتو أو مملكة سكيثيا في الشمال.

عثِر بعض القرويين على هذا السوار صدفةً عام 1947 في قبر معزول يقع على مشارف قرية زيويه فوق هضاب كردستان. فقد دُفن أحد الأثرياء في بداية القرن السابع قبل الميلاد بعد وضعه في تابوت من البرونز ودفنت معه حلي من الذهب والفضة وأواني طعام ثمينة وقطع أثاث فاخر.

وكان بين هذا الكنز سواران مشهوران هما هذا السوار وسوار آخر يشبهه تماما معروضٌ في متحف طهران. ويعدُ السواران جزءاً من

التقاليد الإيرانية العريقة لفن صياغة الأشكال الحيوانية، وهما يشهدان على براعة التطور الفني والجماليّ على السواء.

يتخذ هذان السواران هيئة غصن سميك ملتوٍ تعكس نتوءاته لمعان الذهب وبريقه. وتبدو حواف هذا القالب عريضة في منتصف نتوءاته لتتخذ شكل معيّن يتَّكئ في زاويتيه المركزيتين شبلان مشرئبان ممدّدان. بينما يتخذ طرفا السوار شكل رأسي أسدين متوعّدين يتواجهان بأنياب مُكشّرة في تناقضٍ تامّ مع جمود الشبلين.

مثل هذه الحِلي لا يمكن أن يمتلكها إلا حاكمٌ ذو نفوذٍ قويٍّ. فهل كان صاحب هذا السوار ملكٌ من الملوك المانيين أم أمير من الأمراء الميديين كما يفترض بعض المتخصصين؟ من المستحيل معرفة ذلك في ظل غياب أي سياق أثري. ينبئ هذا السوار بشكله وأسلوبه المنمّق بوجود المزيد من الأعمال الفنية التي ميّزت صياغة الذهب في الدولة الأخمينية في الفترات اللاحقة.

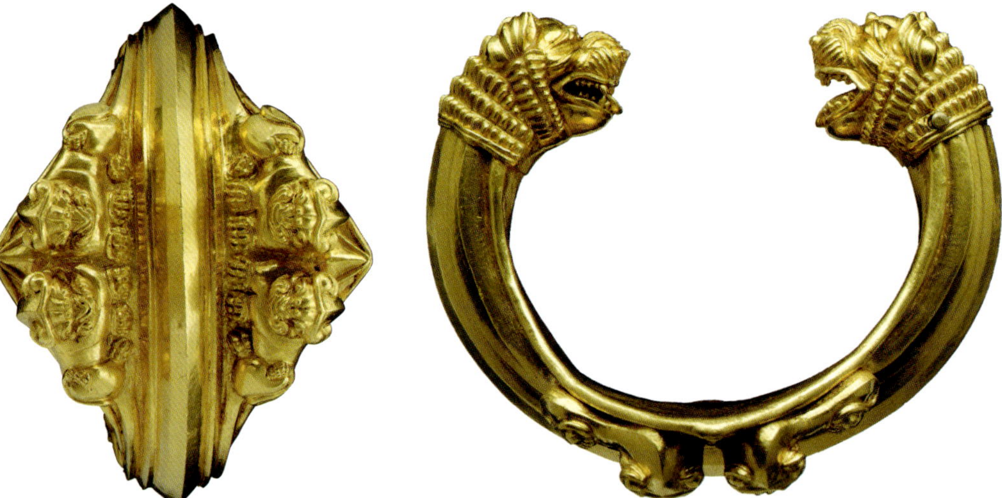

ظهرت أولى الأساور المزخرفة بأشكال حيوانية في كلا الطرفين في شمال غرب إيران في نهاية الألفية الثانية قبل الميلاد. ورغم أن هذه الأساور قد اشتهرت في وقت سريع، فإنه لا يمكن اعتبار سوى القليل منها تحفًا أثرية أصلية مثل هذه القطعة.

تعتبر نقوش أشبال الأسود عنصرًا نادرًا في الأعمال الفنية التي انتشرت في الشرق الأدنى القديم وفي إيران على وجه الخصوص. فسماتها الكهنوتية التي يعززها تماثلها يوحي بأنها كائناتٍ حارسة شبيهة برؤوس الأسود التي كانت تحرس المدن والمعابد والقصور من الأخطار الداهمة أو من هجمات الأعداء.

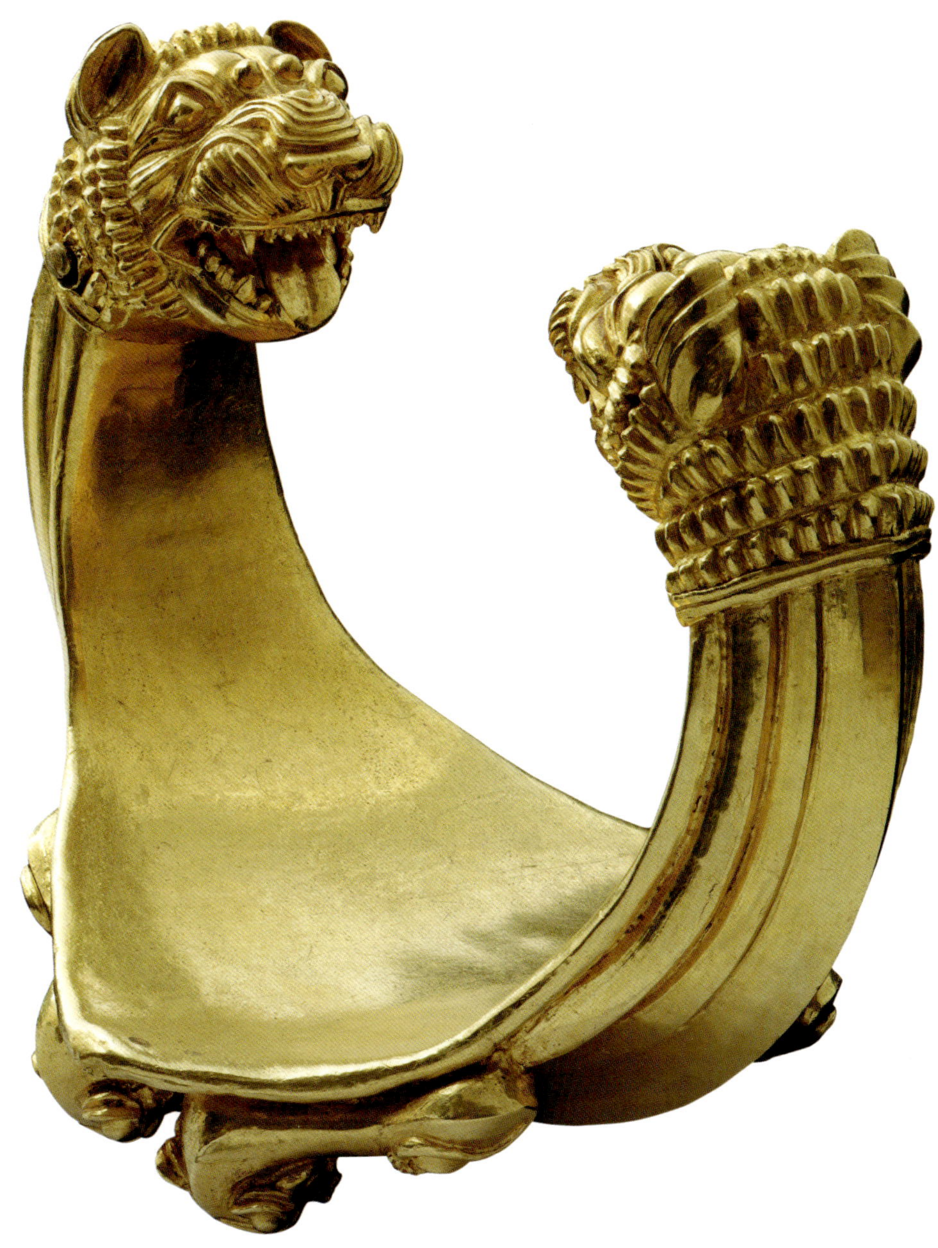

سوار مزين
برأسي أسدين
إيران، زيويه
800-600 ق.م.
ق. 9.5 سم؛ ذهب
اللوفر أبوظبي

هذه القطعة المعبّرة عن القوة هي رأس أسدٍ في حالة زئير وتأهب للانقضاض وهي قابلة للفصل عن السوار. وقد ثُبتت في مكانها بواسطة مسمار صغير بحيث يمكن لصاحبه أن يفكه ليخلع السوار من يده. ومع أنه يتميز بتعقيد زخارفه وكذلك حجمه الكبير، إلا أنه يتخذ طابعا شبه نحتي يجعله يبدو قبل كل شيء كقطعة حلي فاخرة لم تُلبس على الأرجح إلاّ نادرًا.

ويُعتبر الأسد من الحيوانات الضارية التي احتلت مكانةً خاصة في مخيلة شعوب الشرق الأدنى القديم. كما اعتُبر هذا الحيوان المفترس والمخيف رمزًا إلى بعض الآلهة، مثل عشتار إلهة الحب والحرب في بلاد الرافدين، إلى جانب كونه رمزًا للنفوذ الملكي. فتصوير هذا الحيوان النبيل على الحلي وأدوات الزينة والملابس كان يسهم في تعزيز قوة مالكها.

ظهرت العملات على شكل قطع معدنية في القرن السابع قبل الميلاد في ممالك آسيا الصغرى المعروفة بتركيا حاليا. وكان هذا الابتكار الحيوي وسيلة جديدة سهَّلت التبادل التجاري وشجعت على تراكم الثروة وتخزينها، كما أتاحت إسناد قيمة للأشياء. ومع ذلك فإن دور العملة لم يقتصر على الجانب الاقتصادي فحسب، بل اتخذت بُعدًا سياسيًا في المقام الأول، حيث مكَّنت الدول التي تصدرها من التحكم في المعاملات التجارية وجباية الضرائب وتمويل بناء المعالم بل حتى دفع رواتب الجنود والمرتزقة.

فمن خلال قيامها بسكِّ عملاتها الخاصة كانت كل مدينة أو مملكة أو إمبراطورية تعلن سيادتها أمام الآخرين. وقد باتت القطع النقدية بفضل خفتها وسهولة نقلها الوسيلة المثلى لنقل الصورة السياسية والمعتقدات الدينية للدول التي تقوم بإصدارها. كما ساهم تداول هذه القطع عبر مسافات بعيدة في بعض الأحيان، في تعزيز انتشار النقوش الرمزية التي تظهر عليها وإعادة تأويلها.

العملات المعدنية
صور لاقتصاد جديد

خلال الألفيات التي سبقت اختراع العملة على شكل قطع معدنية، استُخدمت وسائل عديدة لتسهيل المبادلات الاقتصادية. وتُشير الوثائق التاريخية لبلاد الرافدين في الألفية الثالثة وكذلك الرسوم المصرية في المملكة القديمة إلى تنوّع طرق الدفع المتعارف عليها في تلك الحقب القديمة مثل قطعان الماشية والحبوب والمنتجات المصنّعة التي كانت في ذلك الحين تقوم مقام العملة. وبتطور التعدين، دخل الذهب والفضة والبرونز في نظم التبادل التجاري. وفي نهاية الألفية الثالثة دأبت سلطات مدينة موهينجو دارو في وادي السند على ضرب السبائك المعدنية بختم لتحديد وزنها. وتفسَّر هذه الممارسة - التي انتشرت في الشرق الأدنى خلال الألفيتين الثانية والأولى قبل الميلاد - تأخر وصول العملة إلى هذه المناطق عقب غزوها على يد الإسكندر الأكبر (356-323 قبل الميلاد). من صاحب فكرة سكِّ العملة في القرن السابع قبل الميلاد يا ترى؟ أهو ملك ليديا أم ملك أرغوس؟ يظل هذا السؤال مُحيِّراً، إلا أن الخبراء يتفقون على أن هذا الابتكار قد رأى النور لأول مرة في أقصى غرب آسيا الصغرى. كانت القطعة المعدنية الأولى مجرد كتل معايرة من مزيج من الذهب والفضة. وبعد ذلك بوقت قليل حلّت

العملات الذهبية والفضية مكان هذه السبائك الطبيعية التي كان من الصعب التحكم بأحجامها. ومن أجل تنظيم إصدارها وحمايتها من التزييف، كانت هذه الأقراص المعدنية تُختم بشعار موحَّد: سلحفاة في أَجانيطَس، ورأس أسد في ساردس في عهد كرويسوس (561-546 قبل الميلاد).

وسرعان ما انتشر هذا الابتكار في اليونان. فمنذ نهاية القرن السادس قامت جميع المدن المستقلة، باستثناء سبارتا، باعتماد العملة التي تختم عليها شعارها الخاص أو صور معبوداتها - البومة في عملة أثينا والنحلة في أفسس ووجه الحورية أريثوسا المحاط بالدلافين في سرقوسة. وفي الإمبراطورية الفارسية ظهرت العملة في عهد داريوس الأول (521-486 قبل الميلاد)، وكانت تُسكُّ من الذهب والفضة باسم "داريك" و"سيكل"، وتصدر في آسيا الصغرى. وفي روما ظهر سك العملة الفضية في النصف الثاني من القرن الثالث، تكملةً للعملات البرونزية الثقيلة التي كانت قد ظهرت خلال العقود السابقة.

وقد كان الشكل المستدير للقطع المعدنية يتماشى مع تطور صور رمزية خاصة، وازدهر فن رسم الصور الشخصية منذ القرنين الخامس

تقليد مستقل بذاته

ظهرت في الصين ممارسة نقدية مستقلة بذاتها تقوم على سك العملة من معدن البرونز المصهور الذي عُرف في القرن السادس قبل الميلاد. واتخذت تلك العملات أشكال سكاكين أو معاول أو أشكالاً تسمى "أنف النملة"، وهي تعكس تعدد الممالك التي كانت تتعايش مع بعضها. ومنذ عام 221 قبل الميلاد أضفى الإمبراطور كين شين هوانغدي، ومن بعده أسرة هان، على هذه الصنعة نوعًا من التنظيم، إذ قام بسكِّ عملةٍ واحدة معتمدة عليها نقشٌ يُحدد قيمةً ووزنها. وتتخذ هذه القطعة شكلا دائريا ويتوسّطها مربعٌ مثقوب، مما سمح بتنظيم العديد من العملات وربطها ببعضها، وظلَّت هذه الممارسة النقدية مستمرة على مر التاريخ الصيني.

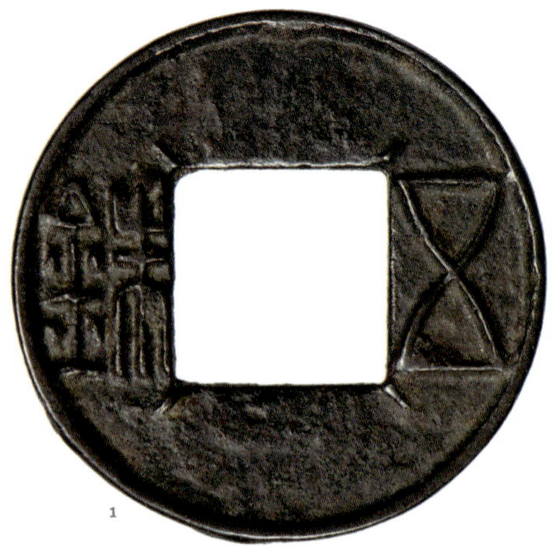

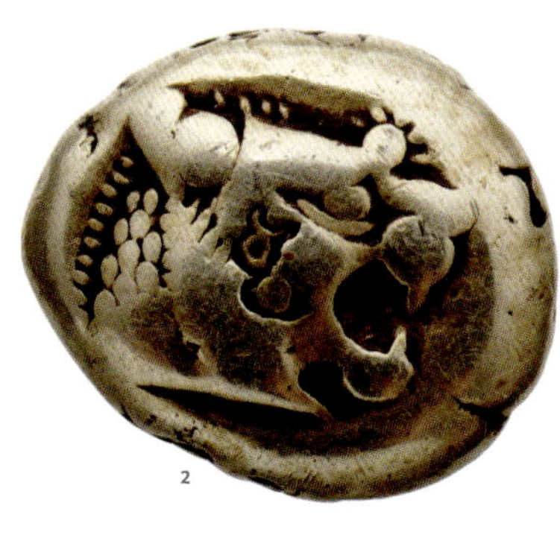
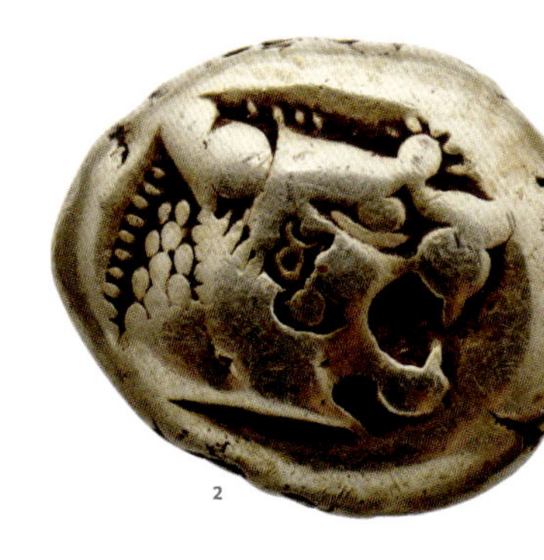

ميلاد العملة

يُعتبر هذا القرص المعدني - من مملكة ليديا في آسيا الصغرى - أحد أقدم نماذج العملة المسكوكة. وهو يجمع كل سمات سكّ العملة كما ابتدعها اليونانيون وكان بمثابة قطعة مالية معتمدة يجب عدُّها بدلاً من وزنها.

إنّ الجهة المسؤولة عن إصدار العملة هي التي تحدّد قيمتها. وخارج حدود المنطقة المعنية، تُحدد قيمة العملات حسب المعدن الثمين الذي صُنعت منه من جهة، وحسب سمعة البلد الذي تصدر منه من جهة أخرى. وكانت القطع النقدية الأصغر قيمة المصنوعة من النحاس أو البرونز بلا قيمة خارج حدود المدينة أو الدولة التي تصدرها. وفي المقابل، كانت بعض العملات الأخرى، مثل عملة داريك الفارسية وعملة الدراخما الأثينية والستاتير المقدونية، من العملات المتداولة والمعترف بها بالإجماع خارج حدودها. وغالباً ما كانت أثينا تسكّ عملاتها من الفضة بسبب قُربها من مناجم منطقة لوريون. وقد انتشرت الدراخما الأثينية الرباعية أثناء القرن الخامس قبل الميلاد في جميع أرجاء الجزء الشرقي من مناطق البحر الأبيض المتوسط، حيث أصبحت العملة المعتمدة في المبادلات التجارية بين الدول.

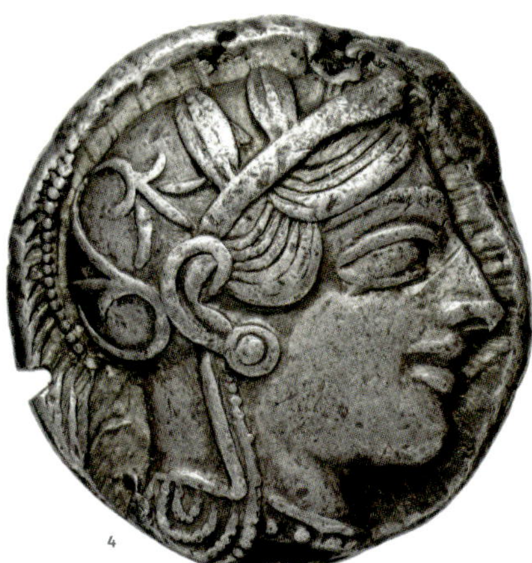

العملات الهندية في مفترق العوالم

سُكّت أول عملةٍ محلية في الهند في عهد الإمبراطورية الماورية التي وحِّدت للمرة الأولى شبه القارة الهندية ما بين نهاية القرن الرابع وبداية القرن الثاني قبل الميلاد. واتخذت تلك العملة شكل قضبان مخرومة يبدو أنها استوحيت من أشكال عملات أجنبية. فقد اتُبعت التقاليد اليونانية في عهد إمبراطورية كوشان - من القرن الأول إلى القرن الثالث وانتشرت من ثم صور الملوك والمعبودات المحلية، البوذية منها أو الهندوسية.

.1
وزهو: قطعة نقدية من مملكة الإمبراطور وودي الصين
113-115 ق.م.
برونز
المكتبة الوطنية الفرنسية

.2
قطعة نقدية من مملكة ليديا
تركيا، ساردس
نحو 600 ق.م.
إلكتروم (سبيكة ذهب وفضة)
المكتبة الوطنية الفرنسية

.3
قطعة نقدية فارسية من ساردس,
تركيا، ليديا
485-500 ق.م.
ذهب
المكتبة الوطنية الفرنسية

.4
قطعة نقدية تحمل صورة الإلهة أثينا
اليونان، أثينا
500-600 ق.م.
فضة
المكتبة الوطنية الفرنسية

.5
قطعة نقدية ذات علامات تثقيب متعددة
شمال غرب الهند
303-600 ق.م.
فضة
المكتبة الوطنية الفرنسية

والرابع قبل الميلاد. وفي صقلية صُمِّمت بعض القطع المعدنية بمهارةٍ عالية جعلتها بمثابة تحفٍ فنية. وفي سرقوسة كان النحاتان إيواينتوس وكيمون يضعان توقيعيهما على القطع التي يصممانها. وكان الملكان المقدونيان فيليبوس الثاني والإسكندر الأكبر ينقشان على وجه جميع العملات التي يقومان بسكها صورًا لرؤوس الآلهة زيوس أو أبولون أو هرقل، وهو تقليد اتبعته ورش سك العملة في بلاد السلتين. وفي روما بدأ يوليوس قيصر فن الصور الشخصية الرسمي الذي تبنّاه

بعده بقليل أباطرة الرومان بنشرهم صورهم في أرجاء كلِّ البلدان التي تقع تحت حكمهم.

وبفضل خفة وزنها وسهولة نقلها والتعامل بها، انتشرت العملات اليونانية ثم الرومانية في جميع أرجاء حوض البحر الأبيض المتوسط، كما انتشرت في الشرق الأدنى والشرق الأوسط. وقد خضعت الصور التي تحملها هذه العملات في الغالب إلى إعادة التأويل في أقصى أطراف العالمين اليوناني والروماني وفي البلقان والهند وفرنسا والجزيرة العربية.

ديكادراخمة مدينة سرقوسة، تحفة فنية في مجال سك القطع النقدية

قامت سرقوسة التي أسَّسها مستوطنون كورنثيون عام 734 أو 733 قبل الميلاد بسكّ عُملاتٍ كثيرةٍ من الذهب والفضة ثم البرونز منذ عام 520 قبل الميلاد. وتعتبر قطعة الديكادراخمة المعروضة في اللوفر أبوظبي واحدةً من روائع فن سك العملات التي عُثر عليها. وقد نُقشت على هذه القطعة "الكوادريغا" أو العربة التي تجرها أربعة خيول ورأس الحورية أريثوسا التي كانت ترمز إلى يُنبوع الماء العذب الذي بُنيت بجواره المدينة. فتباين خصلات شعرها المبعثرة مع قسمات وجهها الكلاسيكية المثالية يضفي على هذه الصورة قوةً تعبيرية نادرة.

ويظهر توقيع النحات إواينيتوس أسفل رقبة الحورية، وهو ما يجعل منه فنانا مبدعا حقيقياً، إذ ذاع صيته منذ القدم خارج حدود المدينة.

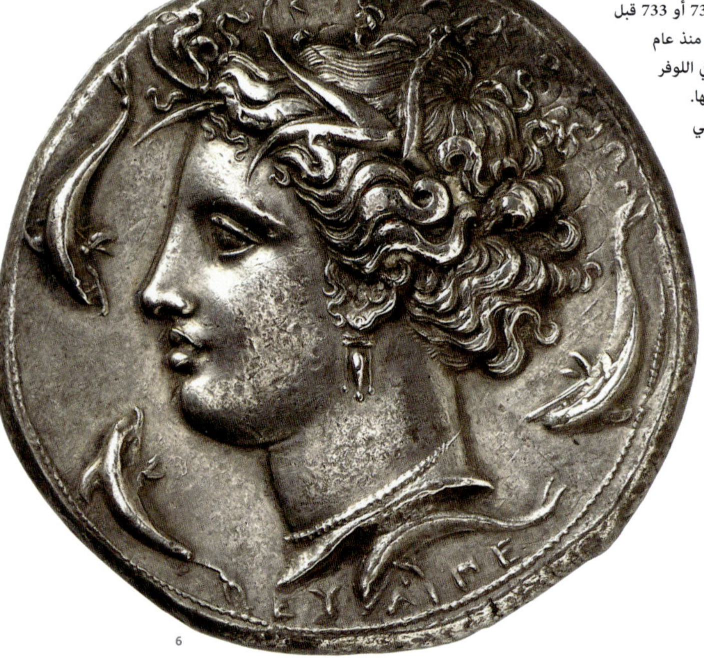

6

.6
قطعة نقدية
تحمل صورة
الحورية أريثوسا
ورشة إوينيتوس
إيطاليا، صقلية،
سرقوسة
412-393 ق.م
فضة
اللوفر أبوظبي

فن سك العملة

كان سكّ العملة في نهاية القرن السابع قبل الميلاد خياراً سياسيًا ذا انعكاسات اقتصادية متعددة. فإصدار العملة يحتاج إلى كميات هائلة من المعادن التي تُستخرج من المناجم أو عن طريق إعادة صهر القطع المعدنية القديمة. كما كان الأمر يتطلب استدعاء الحرفيين المتخصصين المنتظمين في ورش رسمية دائمة أو متنقلة.

لم تتطور تقنيات سك العملة كثيراً في التاريخ القديم، وظلَّ ضرب العملة الطريقة المفضلة التي تسهم في توزيعها على نطاق واسع وتسمح بالحصول على قطع معدنية صلبة وأكثر متانة. كانت هذه القطع المعدنية تُصنع من خلال طرقها فوق أسطوانات معدنية (سبيكة معدنية مستديرة) تُثبت بين إسفينين مجوفين أحدهما ثابت والآخر متحرك، وفيما بعد تُضرب هذه القطع الصلبة بأختام تحمل نقشاً معكوساً للصور المراد طبعها على وجه وظهر كل قطعة.

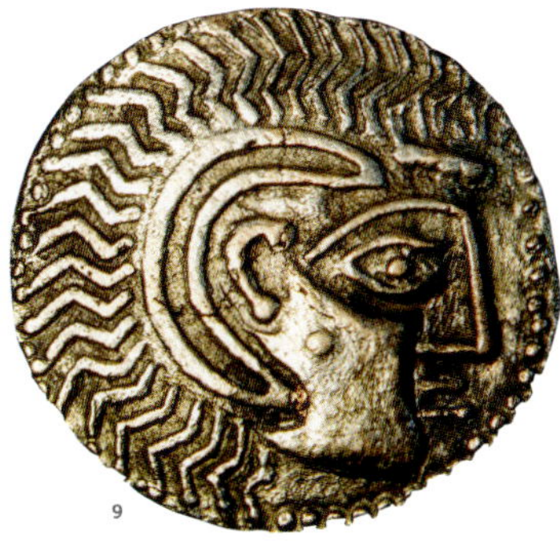

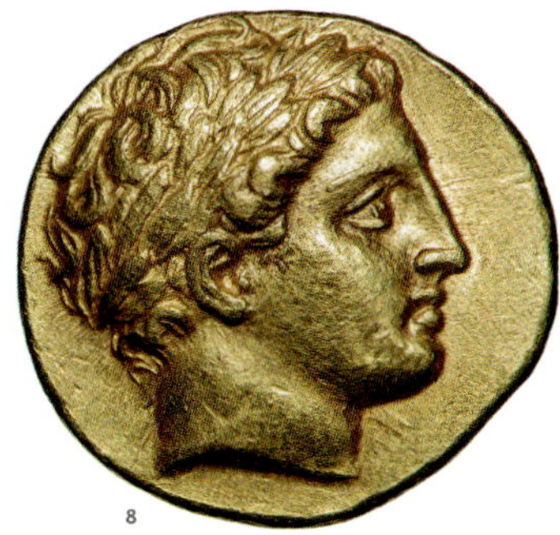

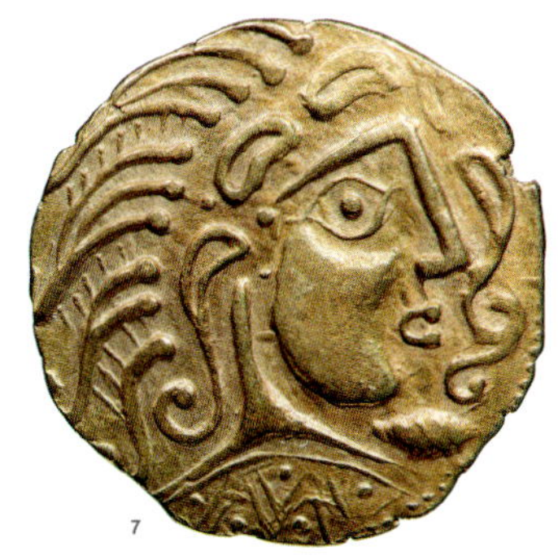

9   8   7

تنوّع الموضوع الواحد

بعدما استولى الملك فيليب الثاني المقدوني (359-336 قبل الميلاد) على منطقة جبل بانجيه ومصادر الذهب والفضة فيه شرع في عملية سك كبيرة من الذهب والفضة، وانتشرت عملة الستاتير انتشارًا واسعًا وبلغت حدود العالم الهلنستي غربًا، حيث أُعيد سكُّها وتداولها فيما بين السكان المحليين. وتُعتبر عملة الستاتير المتداوَلة لدى قبائل السينومانيين خير شاهدٍ على ذلك. على الرغم من أن أقاليم باريسي في غول بفرنسا تبعد حوالي 7000 كيلومتر عن مملكة "أبيئيل" في الإمارات العربية المتحدة، فقد كانت عملتا هاتين القوتين تتشابهان بصورة لافتة للنظر من خلال تبنيهما وتصويرهما المنمق لرأس هرقل- الإسكندر.

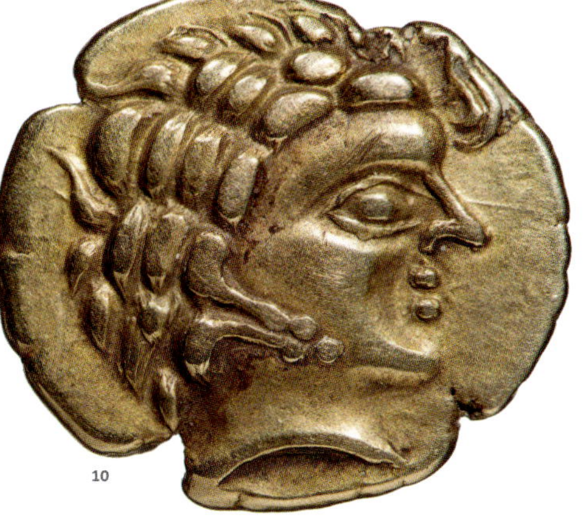

.7
قطعة نقدية
للقبائل البريسية
فرنسا، منطقة باريس
300-200 ق.م
ذهب
المكتبة الوطنية الفرنسية

.8
قطعة نقدية لفيليب
الثاني المقدوني
ضُرِبَت بعد وفاته
فرنسا، منطقة باريس
323-315 ق.م
ذهب
المكتبة الوطنية الفرنسية

.9
قطعة نقدية تحمل
اسم "أبيئيل"
الإمارات العربية
المتحدة
250-100 ق.م
فضة
متحف العين الوطني

.10
قطعة نقدية لقبائل
الأولركين القينومانيين
ورشة في وسط
غرب بلاد الغال
300-200 ق.م
ذهب
المكتبة الوطنية الفرنسية

.11
قطعة نقدية
للإمبراطور الروماني
ألكسندر سيفيروس
إيطاليا، روما
231-235 م
فضة، آثار تذهيب
اللوفر أبوظبي

في خدمة الأباطرة

يرجع سك العملة الرومانية إلى نهاية القرن الثالث قبل الميلاد، حينما بدأت روما في سك عملة ذهبية تحت تهديد شبح الحرب مع قرطاج وما قد تخلفه من تداعيات اقتصادية. وفي ظل الإمبراطورية الرومانية - منذ اعتلاء أغسطس قيصر عام 23 قبل الميلاد حتى سقوط روما في عام 476 - كانت العملات متداولة في البلدان الخاضعة للحكم الروماني. وإلى جانب دورها الاقتصادي، أصبحت هذه العملات وسيلةً لدعم سلطة أباطرة الرومان ونفوذهم.

تظهر على هذه القطعة النقدية صورتان نصفيّتان. الأولى على اليسار في مكان التكريم، وهي صورة ألكسندر سيفيروس الذي أصبح إمبراطوراً لروما في سن الثالثة عشرة. وتعكس الصورة النصفية لأمه جوليا ماميا في الجهة المقابلة، والكتابة المنقوشة تحتها "ماتير أوغ" (أمّ القيصر) واقع دواليب السلطة في روما. فخلال سنوات حكمه الثلاث عشرة لم يستطع ألكسندر سيفيروس التحرّر من سيطرة أمّه وتأثيرها عليه.

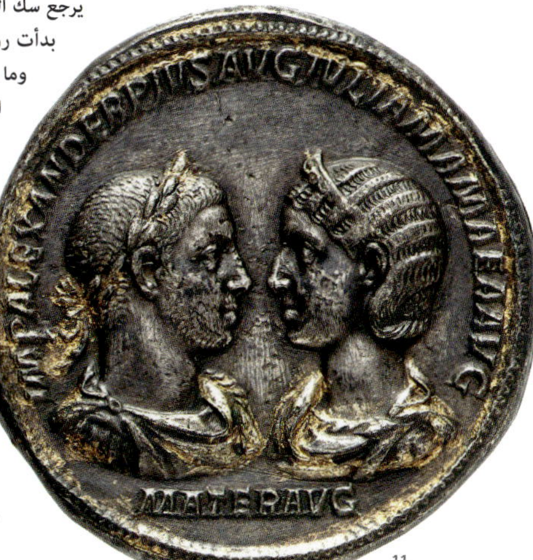

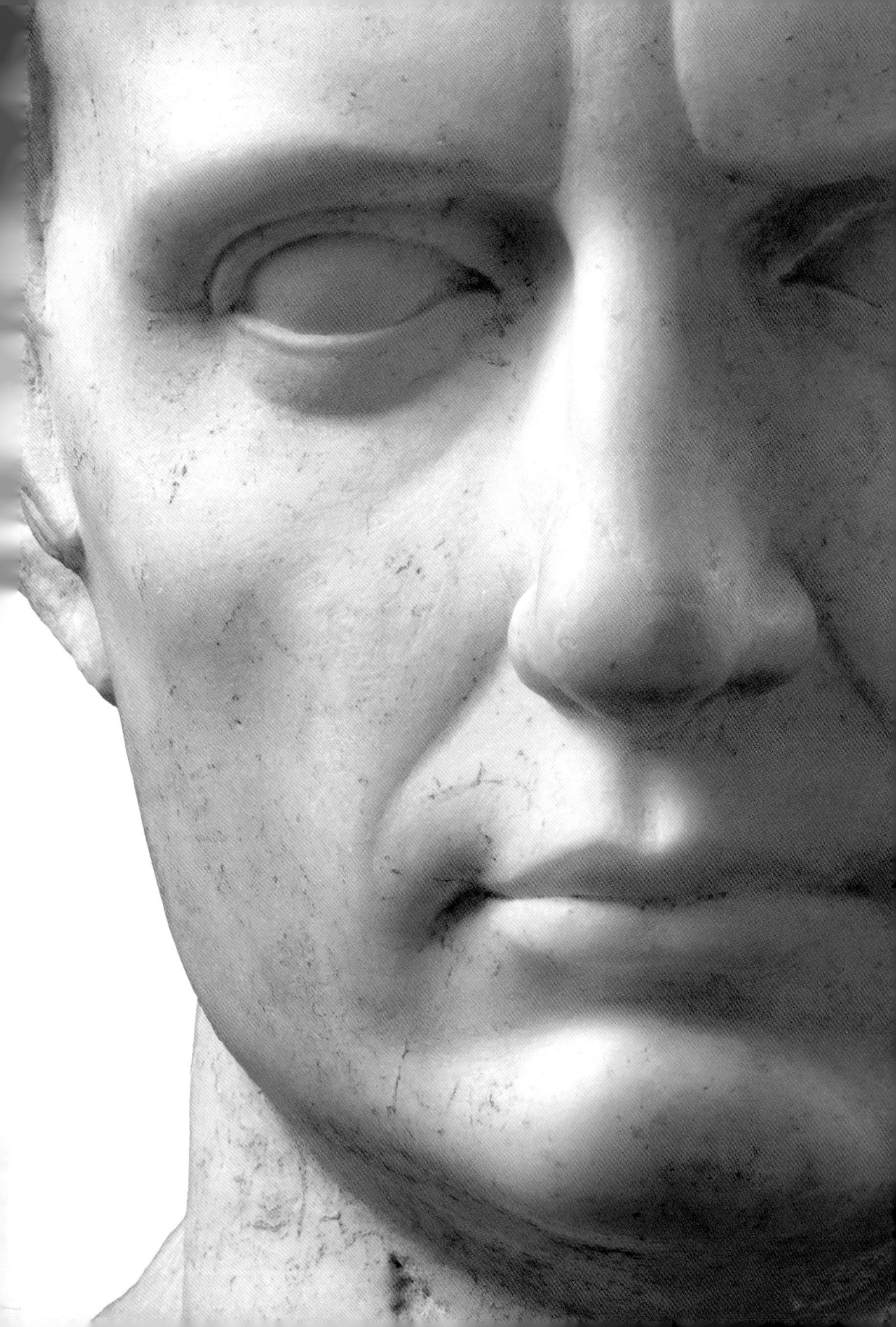

قاعة العرض 3

الحضارات والإمبراطوريات

قبـل نحـو ثلاثـة آلاف عـام، نشـأت مجتمعـات ثقافيـة ولغويـة ضخمـة في أغلـب القـارات. وقـد سـاعد الأثـر العميـق الـذي تركتـه هـذه المجتمعـات علـى أراضيهـا علـى ظهـور التنـوع الثقـافي الـذي لا يـزال إلى يومنـا هـذا يرسـم الملامـح التاريخيـة الكبـرى للحضارة الإنسـانية. ومـن ثَـمّ فإنـه يمكننـا التحـدّث عـن نشـوء الحضـارة الإغريقيـة القديمـة وانتشـارها في اليونـان وحـوض البحـر الأبيـض المتوسـط، أو نشـوء الحضـارة الهنديـة وانتشـارها في شـبه القـارة الهنديـة. كمـا يمكننـا التحـدّث عـن الحضـارة الصينيـة وانتشـارها في كافـة أراضي الصيـن، حيـث أدّى التنافـس بيـن سـبع دويـلات قويّـة إلى ظهـور حركـة فكريـة وفنيّـة نشـطة. وقـد حـدث الشـيء نفسـه في جميـع القـارات في هـذه الحقبـة: فقـد ظهـرت في إفريقيـا حضارة النـوق (بشـمال نيجيريـا) وشـهدت أوقيانوسـيا توسّـع حضـارة لابيتـا، وشـهدت أمريكـا الوسـطى ولادة حضـارة الأولمـك التـي مهّـدت الطريـق لظهـور فـن مـا قبـل كولومبـوس.

وبالرغـم مـن تنـوّع واختـلاف هـذه الثقافـات، فـإن تطوّرهـا الداخلـي وتواصلهـا وتصارعهـا قـد أسـهم في تجـدّد الأشـكال الفنيّـة، كمـا يتضـح مـن خـلال وضـع قوانيـن خاصـة بتصويـر الشـكل البـشري وبالفكـر الفلسـفي. في القـرن الخامـس قبـل الميـلاد، يبـدو أن الإنجـازات الضخمـة للإمبراطوريـة الفارسـية الأخمينيـة وفتوحـات الإسـكندر الأكـبر - أهـم إمبراطوريتيـن عالميتيـن ربطتـا آسـيا بأوروبـا - قـد سـاهمت في إحـداث نـوع مـن الوحـدة السياسـية في تلـك المجتمعـات الثقافيـة. وقـد كان التزامـن بيـن هـذه المشروعـات الإمبرياليـة ملفتًـا بدرجـة كبـيرة. وهكـذا أسّـس تشـاندراغبت موريـا إمبراطوريـة في الهنـد عـام 321 قبـل الميـلاد، بينمـا أسّـس الفرثيـون الأرشـكيون إمبراطوريـة أخـرى في الـشرق وآسـيا عـام 250 قبـل الميـلاد. وأصبحـت رومـا سـيّدة البحـر الأبيـض المتوسـط في نهايـة الحـروب البونيقيـة والحـروب اليونانيـة. أمّـا الصيـن، فقـد توحّـدت علـى يـد أول إمبراطـور لهـا وهـو كويـن تـشي هوانـغ عـام 221 قبـل الميـلاد. وفي أمريكا الوسـطى، هيمنـت تيوتيهـواكان علـى المكسـيك وبسـطت نفوذهـا علـى جميـع أنحـاء أمريكـا الوسـطى إلى حيـن قـدوم الغـزو الإسـباني. وقـد أدّى انهيـار هـذه الإمبراطوريـات إلى ظهـور أشـكال فنيّـة جديـدة اعتمـدت عليهـا الديانـات العالميّـة لاحقًـا لنشر رسـالتها.

شهدت المناطق التي تطلّ على الحوض الشرقي للبحر المتوسط تحولاتٍ كبيرةٍ في نهاية الألفية الثانية قبل الميلاد بعد أن عرفت قرابة أربعة قرون من الرخاء والمبادلات التجارية والدبلوماسية والفكرية المكثّفة. وفي الفترة نفسها شهد العالم انهيار حضارات القُصور في البلدان المطلة على بحر إيجة وفي منطقة الشرق الأدنى والتفكك التدريجي للسلطة في مصر. ومع ذلك استُؤنفت العلاقات بين العالم اليوناني وشعوب الشرق الأدنى منذ بداية الألفية الأولى قبل الميلاد، ممّا أدّى إلى نهضة فنيّة لم يسبق لها مثيل في كامل منطقة حوض البحر الأبيض المتوسط.

بين الشرق والغرب

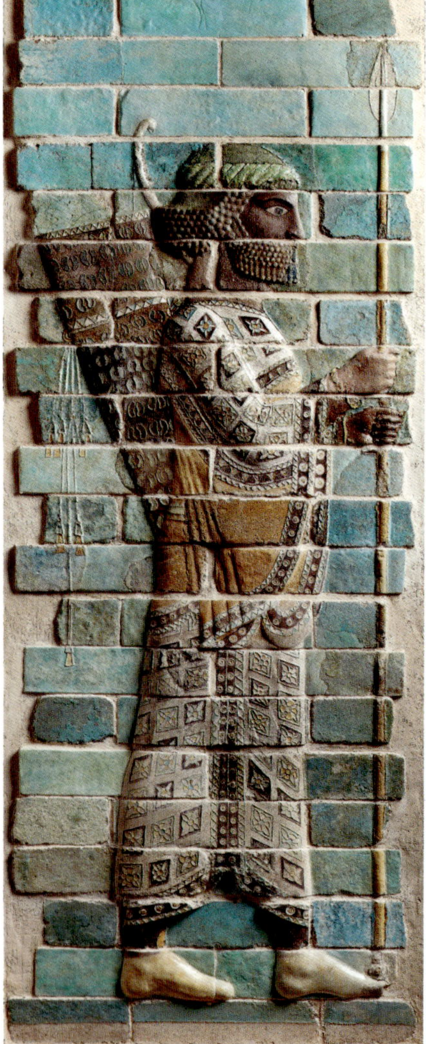

رُماة الملك العظيم

بعد وصوله للحكم بفترة زمنية وجيزة، أمر الملك الأخميني داريوس الأول (521-486 قبل الميلاد) بتشييد قصر في شوشان في جنوب غرب إيران. وبفعل تأثير تراث بلاد الرافدين والتراث المحلي، زُيّنت جدران قصره بأفاريز من الآجر الملوّن التي تصوّر استعراضًا لأعداد لا تُحصى من الرُماة الذين يرتدون ملابس مطرزة بعناية فائقة، ربّما لإظهار عظمة الجيش الفارسي المعروف بالجيش الذي لا يُقهر. وتُشير النصوص والتعاويذ الخاصة بالملك العظيم التي اكتُشفت تحت أسس القصر الملكي إلى أن العديد من الحرفين القادمين من مختلف أقاليم الإمبراطورية قد شاركوا في بناء القصر، فمنهم اليونانيون (من أتيكا بالتحديد) الذين كانوا يقطعون الحجارة، ومنهم الفرس (من مدينة ميديا بالتحديد بشمال غرب بلاد فارس) الذين كانوا يشتغلون بالذهب، ومنهم البابليون الذين كانوا يشتغلون بالآجر.

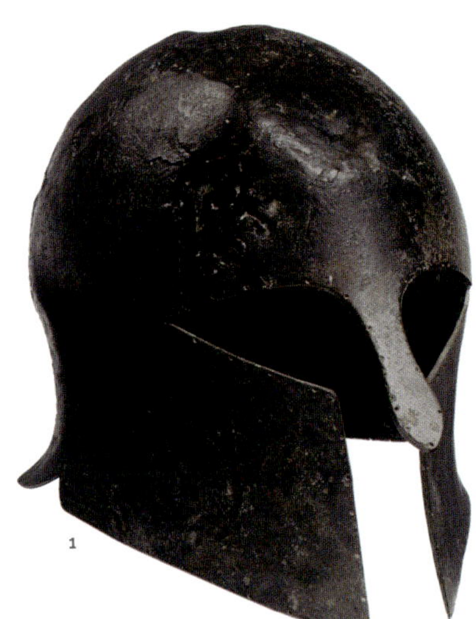

1

في الجبهة الأمامية

تعبّر هذه الخوذة بشكلها الكرويّ وفتحتي العينين اللوزيتين وحامية الأنف المستقيمة عن الجمالية المعتمدة في المجال العسكري في العصر اليوناني القديم. وهي جزء من المعدّات العسكرية الخاصة بمشاة الجيش اليوناني الذين حلّوا تدريجيًا محل الخيّالة اعتبارًا من عام 700 قبل الميلاد. فهي تغطّي الوجه بكامله، وتوفّر الحماية اللازمة للمحارب الذي يرتدي أيضًا الترس والدرع لحماية الصدر والظهر والساقين.

عـاد البحـارة اليونانيـون إلى عبـور البحـر الأبيـض المتوسـط منـذ القرن العـاشر قبـل الميـلاد بعـد مرحلـة مـن الركـود. واستقـر بعـض التجّـار على سـواحل الشـام مثل مينـاء المينـا في مصب نهـر العاصي، وفي أماكن أخـرى فيـما بعـد، مثل ناوكراتيـس في دلتـا النيـل. وعلى النقيـض مـن ذلـك، هـرب صنـاع البرونـز السـوريون بسـبب المـد الآشـوري واستقروا في جزيـرة كريـت حيـث سـاهموا في تجديـد الفنـون المعدنيـة. وبين القرنين السـادس والرابـع قبـل الميـلاد - حيـن كان نفـوذ الإمبراطوريـة الفارسـية الأخمينيـة يمتـد مـن البحـر الأبيـض المتوسـط حتى نهـر السـند - استقـرّ أيضًـا حرفيـون مصريـون وعلـماء وأطبـاء يونانيـون طوعًـا أو قسـرًا في بـلاط الملـك العظيـم.

وشجّـع هـذا التبـادل عمليـة نقـل وتجديـد الأشـكال الفنيـة في المجاليـن التقنـي والتصويـري. فبيـن القرنيـن السـابع والسـادس قبـل الميـلاد كانـت اليونـان المسـرح الـذي شـهد أكبـر التحـوّلات وأعمقهـا. إذ بفضـل التواصـل مـع بـلاد الشـرق، بـدأ الفـنّ اليونـاني، الـذي كان يقتصـر حينئـذ على

أسـلوب هندسـي بحـت، يـولي أهميـة أكبـر لتصويـر الإنسـان، الـذي تبنـاه وأعـاد ابتكـاره بسـرعة كبيـرة. وفي مصـر، اكتشـف اليونانيـون العـمارة ونحـت التماثيـل الضخمـة، وسـرعان مـا تخلّـوا عـن المـواد القابلـة للتلـف وتوجّهـوا نحـو اسـتخدام الحجـر، حيـث اسـتخدموا في البدايـة الكلـس ثم الرخـام. وقـد سـاهم اسـتيعاب كل هـذه التأثيـرات في وضـع الركائـز الأساسـية للفـنّ اليونـاني القـادم.

وفي الوقـت ذاتـه، حقـق الفـنّ الأخمينـي - الـذي كان مخصّصًـا لتمجيـد الملـك العظيـم - اندماجًـا بيـن التـراث الإيـراني وتراث بـلاد الرافديـن وتـراث الإيونييـن وتـراث المصرييـن في المناطـق التي بسـط فيهـا سـيطرته. وتميَّـز هـذا الفـنّ الـذي جسّـد اسـتقرار الإمبراطوريـة التـي تهيمـن على الشـرق الأدنى والأوسـط خـلال قرنيـن بجودتـه الراسـخة. واستقـرّ الفينيقيون في العديـد مـن المـدن المسـتقلّة على طـول السـهل السـاحلي الضيّـق - السـاحل اللبنـاني حاليًـا- ونهلـوا مـن مصـادر الفـنّ المصري قبل أن يجـددوا أسـاليبهم بفضـل اتصالهـم بالفـنّ اليونـاني.

نحّاتون تحت التأثير

اعتبارًا من القرن السادس قبل الميلاد، ضُمّت المدن الفينيقية للإمبراطورية الأخمينية. ونظرًا لتفوّق أسطولهم، أُلحق الفينيقيون بالقوات الفارسية عندما شرعت قوات الملك العظيم قمبيز الثاني (530-522 ق.م.) في غزو مصر عام 525 قبل الميلاد. وهناك اكتشفوا العادات الجنائزية التي سرعان ما اعتمدوها في حياتهم الخاصّة. وفي البداية كانت التوابيت الرخامية الفينيقية التي تحاكي شكل الميّت الذي بداخلها مخصّصة لحاشية الملك لكنّها انتشرت تدريجيًا وانسجمت مع الثقافة اليونانية متأثّرة بالفنّ اليوناني. فهذان الغطاءان يجسّدان معًا الفن المصري الكهنوتي التجريدي والفن اليوناني الطبيعي جنبًا إلى جنبٍ.

.1
خوذة عسكرية
اليونان
نحو 550 ق.م.
إ. 26 سم؛ برونز
اللوفر أبوظبي

.2
رامي نبال من
بلاد فارس
إيران، شوشان
نحو 510 ق.م.
إ. 195، ع. 78 سم؛
قرميد مزجج
متحف اللوفر

.3
غطاء تابوت
حجري فينيقي على
الطراز المصري
لبنان
نحو 450 ق.م.
إ. 220 سم؛ رخام
اللوفر أبوظبي

.4
غطاء تابوت
حجري فينيقي على
الطراز اليوناني
لبنان
450-400 ق.م.
إ. 232 سم؛ رخام
اللوفر أبوظبي

تحفة فنية:
التمثال القديم لأبو الهول

يعد هـذا التمثال لأبـو الهـول نموذجًـا مدهشًـا مـن نمـاذج النحت القديمـة التي انتشـرت في اليونان بيـن القرنين السابع والسـادس قبـل الميلاد، وهـو يحمـل في طياتـه نواة الثورة الجماليـة التي سـتأتي بعـد قـرن مـن الزمـان. فبينـما كان النحّاتـون اليونانيـون لا يزالـون ينهلـون من المبـادئ السـورية-الفينيقية لفـنّ النحـت، إلا أنّهـم تخطـوا قيـود التجريد لبلـوغ المزيـد مـن الحريّـة في نحـت الأشـكال.

إن أبـو الهـول - هـذا الكائـن الخيالـي والمُخيف الـذي يجمـع بيـن جسـم الأسـد وأجنحـة الطيـور الجارحـة ورأس امرأة شـابة - قـد نشـأ عـن التراث الشرقـي المتعلّـق برمزية الحيـوان الـذي جُلـب إلى اليونان في القـرن التاسـع قبـل الميلاد. ففي حيـن انتشـر هذا التمثال المركّب خاصة في صورتـه الذكوريـة في منطقـة الـشرق الأدنـى، فضّـل الفنانـون اليونانيـون الذيـن تبنـوه، شـكله الأنثـوي والمجنّح. وعـلى الرغـم مـن فقدانـه بعـض

الأجـزاء، يُجسّـد هـذا التمثـال القديـم لأبـو الهـول مُجمل التيّـارات المتنافسـة التي عاشـها فنّ النحـت اليونـاني في بداية القرن السـادس قبـل الميـلاد. ونظـرًا لشـكله وللـمادة المصنـوع منهـا (جير مُطَعَّم بالصـدف)، فهـو ينتمـي إلى الـتراث الفنّـي للقـرن السـابق. وفي بداية القرن السـادس، وبسـبب التأثـر بالأسـلوب المـصري في نحـت التماثيـل الضخمـة، قـام النحّاتـون اليونانيـون باسـتبدال الكلـس بالرخـام الأكـثر صلابة.

ومـع ذلـك، فـإن العديـد مـن التفاصيـل الدقيقـة الأخـرى تعكـس الثورة الجماليـة التي سـتُميّز القرن التالـي. فبالرغم مـن اسـتمرار الشـكل الهندسي للأجنحـة، يبـدو أنّ عضـلات الصـدر والقدمـين والجسـم بدأت تأخذ شـكلها الحقيقـي رغـم هيئتهـا المجـزأة. كما ينطبـق هذا أيضًـا على تصوير الشَـعر، فرغـم تصويـره بالطريقـة التقليديـة نفسـها، فـإن رقّـة ملامـح الوجـه ونظـرة العينـين اليقظـة والبسـمة الخفيفة تبثّ الحياة في الوجه.

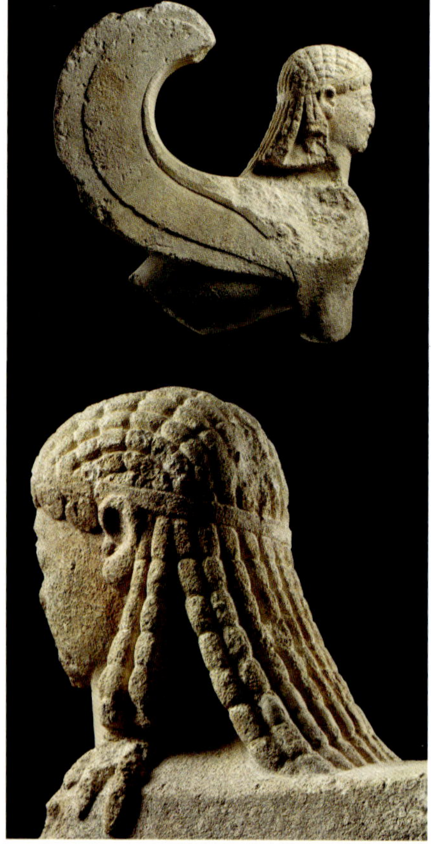

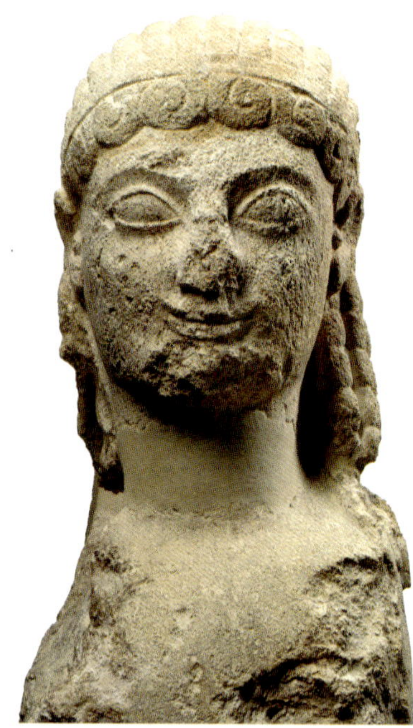

على غِرار تماثيل الكوروي (الذكورية) والكوراي (الأنثوية) الضخمة القديمة، تعلو وجه أبو الهول ابتسامة غامضة أسالت الكثير من الحبر. هل يعبّر هذا الوجه عن مرَح ولطف تماثيل النذور؟ يمكن اعتبار ذلك أسلوبًا مختصرًا في النحت يسمح بتجنّب التعقيد في تفاصيل الوجه الحرجة الواقعة بين الفم والخدّين. لقد اختفت تلك الابتسامة القديمة في نهاية القرن السادس قبل الميلاد عندما تخطى النحّاتون هذه القيود الفنيّة وظهر "الأسلوب الصارم" في فنّ النحت اليوناني.

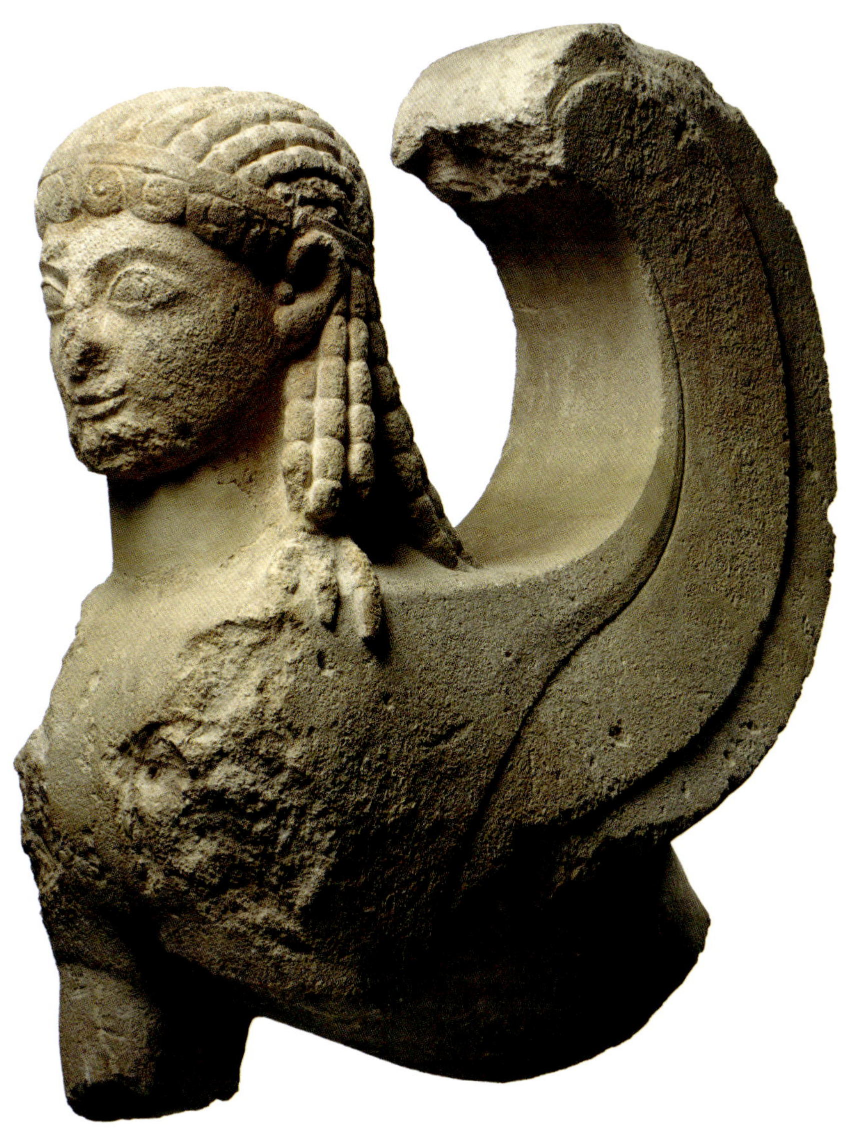

وبسبب زخارفه المميّزة، دخل أبو الهول في نسيج القصص الأسطورية منذ بداية القرن السادس قبل الميلاد باعتباره وحشًا يبثّ الرعب في ريف طيبة. كان الملك أوديب وحده هو الذي استطاع فكّ لغزه وتخليص البلاد منه وبذلك خطا الخطوة الأولى نحو تحقيق نبوءات معبد دلفي. كان لتماثيل أبو الهول وظيفة احتفالية في العالم اليوناني، وربما كان هذا التمثال معلّقًا على قبرٍ لحماية الميّت بقواه الواقية، ولكن ملامح وجهه توحي بأنّ له دورًا متعلّقًا بالنذور. وإذا كانت هذه المخلوقات الهجينة - سواء أكانت جنائزية أم نذرية- منتشرة إلى حدّ ما خلال العصر القديم، فإنها اختفت من الاسلوب الكلاسيكي في بداية القرن الخامس قبل الميلاد وفسحت المجال أمام تصوير الجسم البشري.

أبو الهول، كائن
أسطوري
اليونان أو إيطاليا
600-500 ق.م
إِ. 57 سم؛ حجر كلسي
اللوفر أبوظبي

بالرغم مما شهده العالم من عدم استقرار ومن اضطرابات عميقة سببتها الحروب الفارسية (490-479 ق.م.) وهشاشة الأنظمة السياسية القائمة آنذاك، فقد وجد النحّاتون اليونانيون في النهضة الفكرية التي شهدتها أثينا البيئة الملائمة لتطوير فنّهم. ولأول مرّة انصبّ اهتمام الفنّانين على تصوير الإنسان، وسعيًا وراء الواقعية والجمال المثالي، تنافسوا فيما بينهم في بثّ الحياة وتجسيد الآلهة في أعمالهم. فقد جسّد النحت الكلاسيكي في القرن الخامس قبل الميلاد باعتباره راية الفنّ اليوناني نقطة تحوّل جذري في تاريخ الفنّ الغربي.

الإنسان مقياس العالم

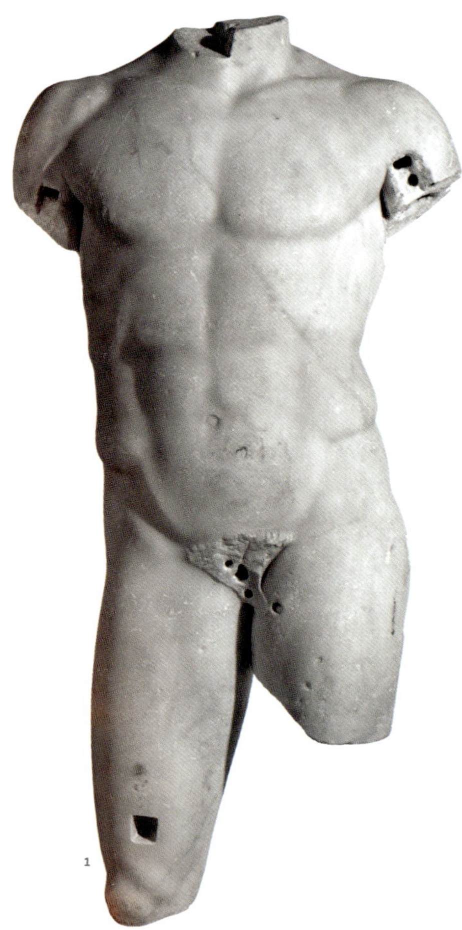

الإنسان المثالي

يمثّل هذا التمثال المبتور على الأرجح نسخة من التمثال الأصلي اليوناني من البرونز الذي يرجع إلى القرن الخامس قبل الميلاد، ويُنسب إلى النحات الأثيني ألكامينس. واعتبارًا من عام 450 قبل الميلاد وتحت تأثير بوليكليتوس، نُحتت تماثيل لرجالٍ عُراةٍ في وضع حرّيّ يسمّى "كونترابوستو"، حيث يرتكز وزن الجسم على إحدى الساقين، بينما تكون الساق الأخرى طليقة في وضع يوحي بجهد رياضي.

84

يبدو أنّ النحّاتين اليونانيـين عنـد اكتشـافهم التماثيـل الضخمـة في مصـر بـدأوا يهتمـون بتجسـيد الإنسان في أعمـال ضخمـة في النصـف الثاني مـن القرن الثامـن قبل الميـلاد، وسرعـان مـا اسـتغنوا عـن المـواد الليّنـة مثل الكلـس والحجـر الرملي واستبدلوها بالرخـام الـذي كانت مقالعـه منتشـرة في أرض اليونان وفي جزر سـيكلادس. وقـد أتاح لهـم اسـتخدام الأدوات الحديديـة مثل السـكاكين والمقصـات والمثاقب أن يتحكمـوا بسرعـة في هـذا الحجـر الصلـب وأن يحقّـقوا تقدّمًـا ملحوظا في مجال النحـت.

وبـين عامـي 650 و480 قبل الميـلاد، وخـلال الفتـرة المعروفة "بالعصر القديـم"، انقسـمت التماثيـل الضخمـة إلى نوعـين رئيسـيين يتميـزان ببسـاطة الملامح وتناسـق الأبعـاد هـما تماثيل الكـوروي التي تصـوّر رجال أقويـاء في مقتبـل العمر عُـراة الجسـم، وتماثيـل الكـوراي التـي تصوّر نسـاء في مقتبـل العمر يتميّـزن بشـعور جميلة وملابـس فخمـة. ومهـما كانت وظيفتهـا، جنائزيـة أو نذريـة، فقـد دلّـت كل هـذه التماثيـل عـلى ثـراء أولئك الأرسـتقراطيين الذين أمـروا بنحتهـا. ولكـن المُصلح الأثينـي

آلهة في صورة بشر

صُوّرت أثينا، إلهة الحرب بامتياز، هنا في مظهر سلميّ كما يبيّن ذلك وضع جسمها الذي يوحي بالكرم، ولطف تقاسيم وجهها، ودرعها المعلّق على كتِفها. هذا التمثال هو نسخة رومانية أُنجزت بحرّية تامة انطلاقًا من تمثال برونزيّ يرجع إلى القرن الرابع قبل الميلاد. واعتبارًا من القرن الثاني قبل الميلاد، ازداد شغف النُخب الرومانيّة بفنّ النحت اليونانيّ ممّا أسفر عن سيل عارم من النسخ التي غالبًا ما تعد اليوم الدليل الوحيد على التماثيل اليونانيّة الأصلية المفقودة.

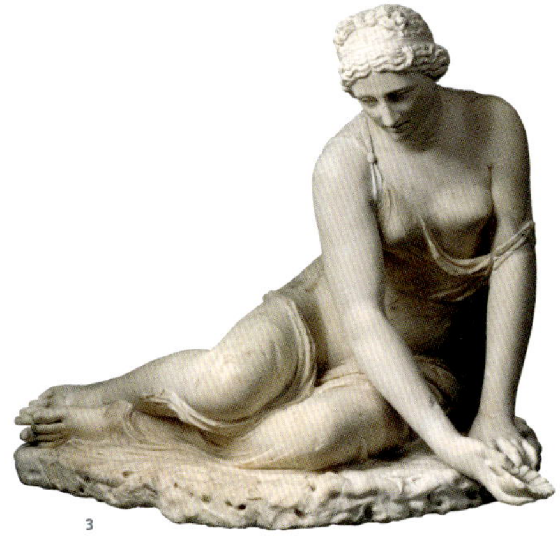

كلييسثنيس وضع حدًا لهذه الممارسات الرامية إلى التفاخر، عند قيامه بتقييـد نفـوذ الأُسَـر الكبـرى في نهايـة القرن السـادس قبـل الميـلاد. وشـهد القرن الخامـس قبـل الميـلاد بلـوغ النحـت الكلاسـيكي ذروة ازدهـاره. وأصبحـت أثينـا المسـرح الرئيـسيّ لهـذه التقلّبـات، إذ شجّـع نظامهـا الديمقراطـي عـلى ازدهـار الأدب والفلسـفة والفنـون بينـما بسـطت هيمنتهـا عـلى مجمل العالـم اليوناني. وقـد عمل النحّاتـون عـلى التحـرّر مـن صرامـة التقاليـد العتيقـة واعتمادهـا عـلى التصويـر الأمامـي فحسـب، فقامـوا تدريجيًـا بتحريـر الجسـد مـن هـذه القيـود وسـعوا نحـو التصويـر الواقعـي لأوّل مـرّة. وبحثًـا عـن الأبعـاد المتناغمـة، وضـع بعضهـم، مثـل بوليكليتـوس، نظريـة تصويـر تخضـع لنظـام حسـابيّ مُحْكـم. كـما سـاعد التقـدّم التقنـي في مجـال صَهْـرِ المـادة المفضلـة لـدى النحاتـين اليونانيـن في القـرن السـادس ألا وهـي البرونـز عـلى اكتشـاف الجمـال الكلاسـيكي، وهـو التجسـيد المثاليّ للجسـد والـروح.

من نسخة لأخرى

هذه النسخة الرومانية لتمثال يونانيّ هي في حقيقة الأمر تجميعٌ مركّبٌ يرجع إلى العصر الحديث. فرأس الحوريّة يرجع لعصر قديم، إلا أنّه يبدو صغيرًا مقارنة بالجسم الذي وُضع عليه. وكذلك فإنّ الذراع اليمنى واليد اليسرى والصدفة هي إضافات جديدة نسبيًا. وتوحي هيئة هذه الامرأة الشابة نصف العارية بأنها كانت تلعب لعبة رمي الحصى. فقد كان هذا الموضوع شائعًا في العصور اليونانية القديمة، وهو يصور ممارسة شائعة مرتبطة بعبادة أفروديت التي تضع مصير زواج الشابّات تحت رحمة لعبة رمى الحصى. كانت تلك قبل كل شيء ذريعة لتصوير أحد الأنشطة اليومية المفضلة لدى النحاتين اليونانين.

.1

جذع تمثال رجل
(نسخة رومانية
من التمثال
الأصلي اليوناني)
الإمبراطورية الرومانية
200-1 م.
إ. 141 سم؛ رخام
متحف اللوفر

.2

أثينا، الإلهة الحامية
لمدينة أثينا (نسخة
رومانية من تمثال
يوناني برونزي)
إيطاليا (؟)
نحو 100 ق.م. أو
200-100 م.
إ. 235 سم؛ رخام
متحف اللوفر

.3

حورية ذات صَدَفَة
(نسخة رومانية
من التمثال
الأصلي اليوناني)
روما (؟)
200-100 م.
إ. 62 سم؛ رخام
متحف اللوفر

في القرن الخامس قبل الميلاد وبينما ساد تصوير الجسم البشري والبحث عن الواقعية في العالم اليوناني، هيمنت الحيوانات والأشكال المنمّقة على مناطق أخرى من العالم. فقد اهتمت بعض المناطق في تركيا والقوقاز وإيران بهذا الأسلوب في التصوير الرمزي منذ آلاف السنين، لكنه انتشر في معظم أنحاء أوروبا وآسيا في الألفية الأولى قبل الميلاد.

جمال الحيوان

كانت الأراضي الشاسعة الممتدة من المحيط الأطلسي إلى صحراء تاكلمكان بآسيا الوسطى، وخاصة في السهوب الواقعة شمال البحر الأسود وبحر قزوين، موطنًا للقبائل الرحّل التي اكتشفناها من خلال المصادر القديمة والاكتشافات الأثرية الحديثة.

ضمت هذه القبائل السريعة التنقّل شعوبًا آسيوية وأوروبية من الكلت والجرمان والتراقيين والسكيثيين والساكا، وقد أظهرت الكثير من أوجه التشابه بالرغم من المسافات الكبيرة التي كانت تفصل بينها. ففي ما يخص المراسم الجنائزية على سبيل المثال، كان زعماؤهم الأقوياء يُدفنون تحت تِلال ضخمة مع عرباتهم الاستعراضية وأحيانًا حتّى مع خيولهم الخاصّة. وتشهد أدوات المائدة الفاخرة، التي كانت تُجلب خاصة من العالم اليوناني وأحيانًا من العالم الأخميني في آسيا الوسطى، على الولائم المصاحبة لمراسم الدفن. علاوة على ذلك، كانت تُوضع مع الميّت بعض السيوف والرماح البرونزية أو الحديدية وكذلك بعض القلائد والأساور والحلي الذهبية التي تبرز المكانة الاجتماعية المتميّزة للمتوفى.

تشهد هذه القطع الجنائزية على العلاقة الوطيدة التي تربط تلك المجتمعات بعالم الحيوان. فالموادّ المختلفة مثل الخشب والقُمَاش والمعادن النفيسة وكذلك الجلد تزخر بالصور المتعددة الأشكال. فقد صُوّرت الغزلان والقطط والطيور الجارحة في أشكال منمّقة توحي بالحركة وتُبرز نشاطها وطاقتها وقوّتها. كما تضم الحيوانات في السهوب مخلوقات خيالية صُوّرت أحيانًا لفترة تفاعلها مع البشر. وقد ظلت حضارات القبائل الرُحّل مهمشة لفترة طويلة بسبب بعدها عن العالمين اليوناني والأخميني (غرب آسيا) اللذين حظيا بتوثيق أفضل. لكنّ هذين العالمين لم يكونا منغلقين على الإطلاق، بل كانت هناك العديد من العلاقات بين حوض البحر الأبيض المتوسط وأوروبا الشرقية من جهة، وبين الشرق الأوسط وآسيا الوسطى من جهة أخرى، وذلك من خلال الطرق التجارية ومختلف المقاطعات الفارسية. فقد ساعدت حركة السلع وتنقّل الحرفيين على نقل الأساليب والصور الرمزية من منطقة إلى أخرى حتى صار من الصعب في بعض الأحيان تعقّب مصادر مختلف التيّارات والتأثيرات.

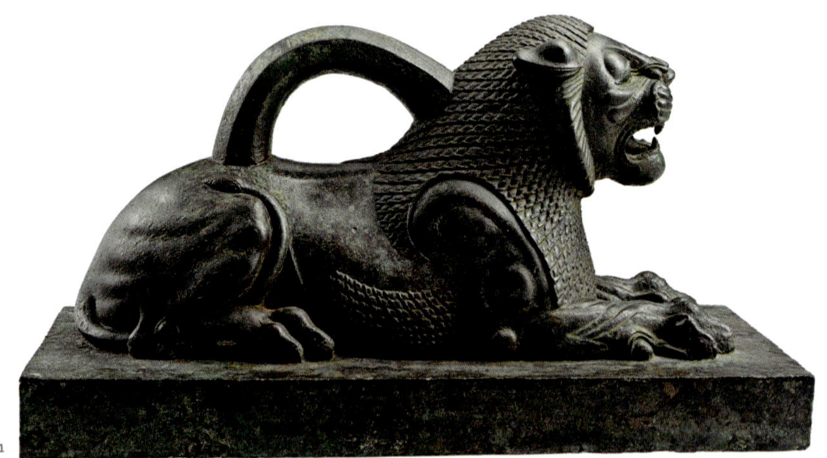

حيوان متعدد العناصر

يُعدّ هذا الأسد المصنوع من البرونز الصلب إحدى وحدات قياس الوزن الأخمينية التي تزن 121 كيلوغرامًا أو أربع تالونات وفقا لنظام القياس المستخدم في تلك الفترة. وبينما استُوحي شكل هذا الأسد من التراث الأشوري القديم. فإن بعض التفاصيل مثل الفكّين المفتوحين والخطم والأصداغ المنمقة تذكرنا بسوار زيوييه. يعد الفن الإخميني خلاصة العديد من التقاليد الفنيّة المختلفة، كما استفاد من مصادر فنون السهوب التي استفادت منه بدورها.

إله بين السماء والأرض

يعكس هذا التمثال الذي يرجع إلى عصر الممالك المتحاربة الأمل الجديد الذي يحظى به الموق من خلال منحهم مصيرًا في العالم الآخر. ففي حين كان الكلب يُدفن مع الميّت بشمال الصين لطرد الأرواح الشريرة، كانت تماثيل الكائنات الخارقة في مملكة تشو تقوم بالدور نفسه. كانت هذه الكائنات تدين بقوّتها لقرون الأيل التي تُوضع عليها والتي يبدو أنها توطّد علاقتها بالسماء. كما كانت أجسامها التي تأخذ شكل الثعبان ورؤوسها الوحشية التي تتدلّى منها الألسنة تدلّ على ارتباطها الوثيق بالتقاليد الشامانية القديمة. وتُعتبر هذه التماثيل تصويرًا نادرًا للآلهة التي يمكن أيضا إحياء ذكراها في الحفلات والولائم.

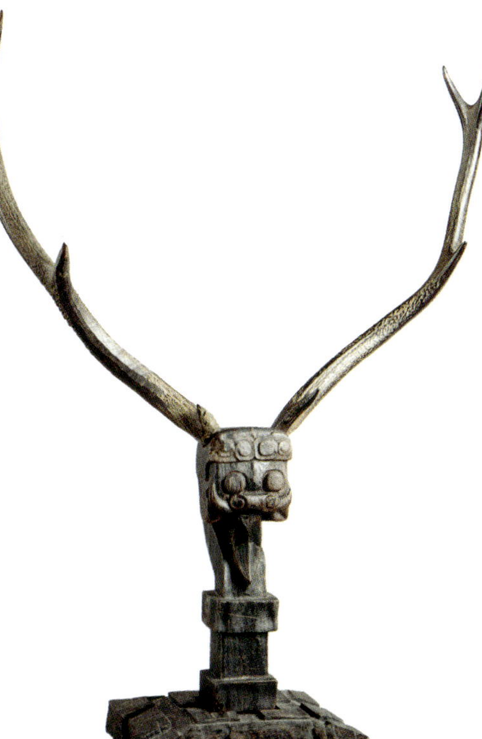

.1
ثقل على شكل أسد
إيران، شوشان
550-330 ق.م.
اِ. 29.5 سم؛ برونز
متحف اللوفر

.2
كائن هجين،
حامي القبر
الصين
400-300 ق.م.
اِ. 83.7 سم؛ خشب،
قرن وعل، طلاء اللك
المتحف الوطني للفنون
الآسيوية - غيميه

.3
جرة تحمل صورة هرقل يصارع أسد نيميا، تُنسَب إلى أنتيمينيس (رسام خزف في أثينا)
اليونان
نحو 520 ق.م.
اِ. 38.2 سم؛ طين نضيج ملون
اللوفر أبوظبي

صراع الإنسان مع الحيوان

تُجسّد الرسوم السوداء على هذا الإناء الصراع بين هرقل والأسد نيمي، وهو أول عمل من بين الاثني عشر عملا المنسوبة إلى البطل اليوناني. وتوضح الصور المنسوبة إلى "رسام الأنتيمينيس"، شدة العداء بين البطل وهذا الحيوان المعروف بأنه لا يُقهر. لكن بعد أن انتصر عليه هرقل، استولى على جِلْدِه وورث قوّته وشراسته. انتشرت هذه الفكرة في الفنّ اليوناني وباتت ترمز أحيانًا إلى انتصار الحضارة على العالم المتوحّش الذي يجسّده الأسد.

تحفة فنية:
التنّين المجنّح

بقصر الملك داريوس الأول الكبير (521-486 قبل الميلاد) في شوشان، والذي أُنجز قبل أكثر من قرن من الزمان، كما أنه ينتمي إلى العالم الجمالي للشعوب الرُحّل.

يُعدّ التنّين في الصين حيوانًا أسطوريًا يجلب الحظَّ السعيد ويرتبط بجهة الشرق بمفهوم الخصوبة، وقد ظل يحتلّ مكانة مرموقة على مدى قرون في الصين وفي العالم الرمزي الصيني. أما هذا التنّين المجنّح الذي تطغى عليه الصور الرمزية الصينية بالكامل، فهو كائن هجين يحمل صفات العديد من الحيوانات مثل الأسد في الجزء الخلفي والتمساح في الجزء الأمامي، كما أنه مزوّد بقرون الأيّل وأجنحة الطيور. يبدو حجمه الضخم غير عادي بالنسبة لقطعة أثرية من هذه الحقبة، وإضافة إلى ذلك فهو أضخم تمثال لتنّين معروف في هذه الفترة في الفنّ الصيني.

قلّما نجد أعمالا أخرى مشابهة له في ضخامته وهيئته الديناميكية وجماليته، حيث تضفي عليه هذه الخصائص الفريدة مكانة وأهمية بارزة في تاريخ الفنّ. وترجع شهرته منذ القِدم إلى جمالية صنعه من ناحية وإلى شهرة أول مالكه أدولف ستوكليت (1871-1949) من ناحية أخرى، الذي اعتبره من أغلى القطع الفنية في مجموعته. وقد ظلّ لما يقرب من قرن يحتل مكانة مميزة في مكتب ستوكليت في قصره ببروكسل.

يُصوَّر هذا التمثال، الذي يعدّ أحد الأعمال الإبداعية الرائعة، تنّينًا مجنّحًا في غاية القوّة، وهو يتأهّب للقفز إلى الأمام بقوائمه القويّة ذات المخالب الحادّة. إنّه أحد الأعمال الفنيّة الفريدة من نوعها التي تجسّد تماثيل الحيوانات الضخمة التي تعود للفترة السابقة للإمبراطورية الصينية.

يرجح أن هذا العمل يأتي من منطقة يان زيادو وهي إحدى العواصم في بلاد اليان في حقبة الممالك المتحاربة (475-221 قبل الميلاد). ولا تُعرف له وظيفة محدّدة، فربّما كان يزيّن أحد القصور أو المقابر. وبفضل موقعها الجغرافي، ارتبطت دولة اليان خلال وقت طويل ارتباطا وثيقا بالشعوب التي تقطن السهوب والتي تُعرف بنشاطها على طول الحدود الشمالية. وقد تأثر تطور تصوير الأشكال الحيوانية في الصين كثيرًا بفنون هذه الشعوب. ويرجع تطوّر فن التصوير الواقعي للأشكال الحيوانية في الصين إلى التأثيرات التي تركتها هذه الشعوب. فلقد كانت لشعوب آسيا الوسطى شبه الرُحّل معارف وعلاقات وطيدة مع عالم الحيوان ممّا يُفسّر براعتها وموهبتها في تصوير الحيوانات جامعةً بين الخيال الجامح والدقة في تصوير التفاصيل. وعلى الرغم من أن تنّين ستوكليت هو عمل من أعمال عصر المملكة الوسطى، فإنّ جماليّة هذا الحيوان تعكس بعض الشيء الجماليّة السائدة في منطقة الشرق الأدنى مثل إفريز العنقاء

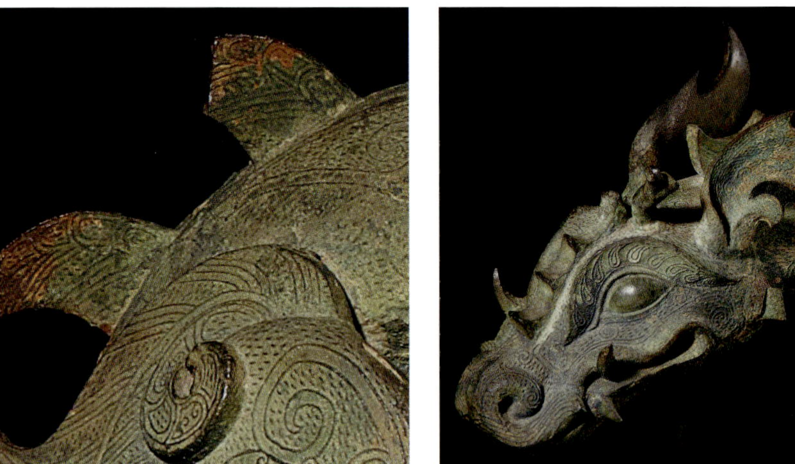

ترتفع الأجنحة المكسوّة بالريش من الكتفين إلى الفخذين وتتوسّط ظهره جنيحات معقوفة حتى ذيله. أما جلده فتغطيه زخارف لولبيّة مزدوجة على خلفية مُحبّبة. وأمّا مخالبه فهي أقرب إلى مخالب الطيور الجارحة منها إلى مخالب الأسود.

رأس ذو قُرون بأذنين مائلتين إلى الخلف وأنف ملتفّ مع أنياب بارزة من الجانبين تمنحه مظهرًا شبيهًا بالتمساح، أحد الحيوانات المنتشرة في الصين القديمة.

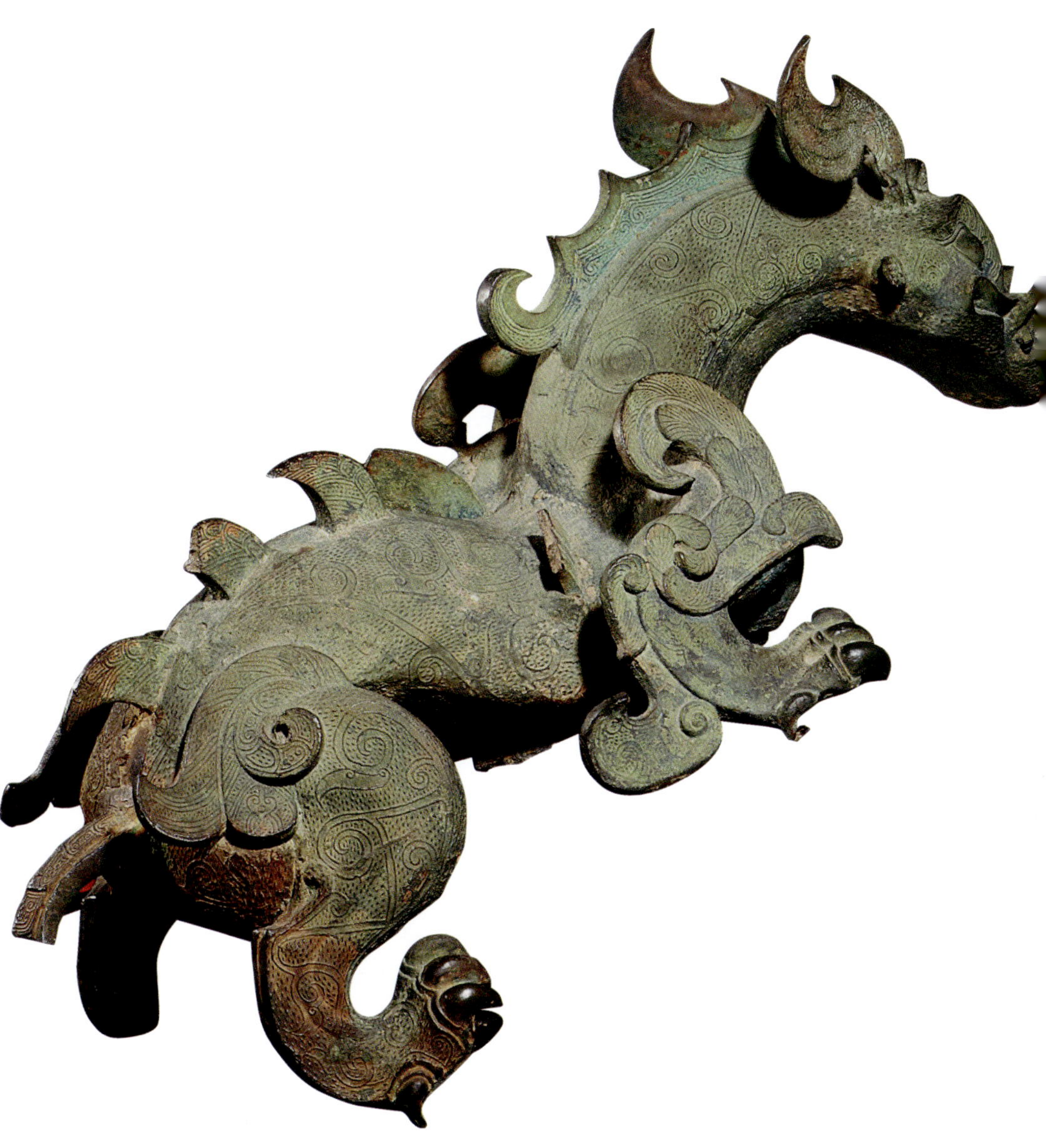

يتميّز جسم هذا الحيوان برقبة قويّة يعلوها عُرف شوكي، وتوحي خلفية الرأس المحبّبة والجسد الثعباني الشكل بجلد من
الفرو في حين أن جوانب الأذن المتموّجة تظهر غضروفا تحت طبقة جلدية رقيقة. إن هذا النوع من التصوير الطبيعي كان نادرًا
جدًّا في ذلك العصر القديم.

تنين مجنح
شمال الصين
450-250 ق.م.
إ. 48.5، ع. 67 سم؛
برونز
اللوفر أبوظبي

تُعدّ الولائم جزءا لا يتجزأ من المارسات الاجتماعية التي تربط بين المجتمعات القدیمة، حيث كانت مناسبة للتبادل وتقوية العلاقات الاجتماعية وأيضا لإبراز مظاهر النفوذ، وسواء أكانت هذه الولائم الاجتماعية تُعقد في إطار رسمي أو خاص، مقدس أو دنيوي، مع الآلهة والأحياء أم مع الأموات، فإنها كانت من المناسبات المتكررة في أوروبا وآسيا خلال الألفية الأولى قبل الميلاد. ورغم الاختلافات بينها، فإن الولائم اليونانية والرومانية والصينية قد ساهمت في تطوير أواني المائدة الخاصة بها التي كانت تُوضع أيضًا في الأقبية الجنائزية.

ولائم الآلهة وولائم البشر

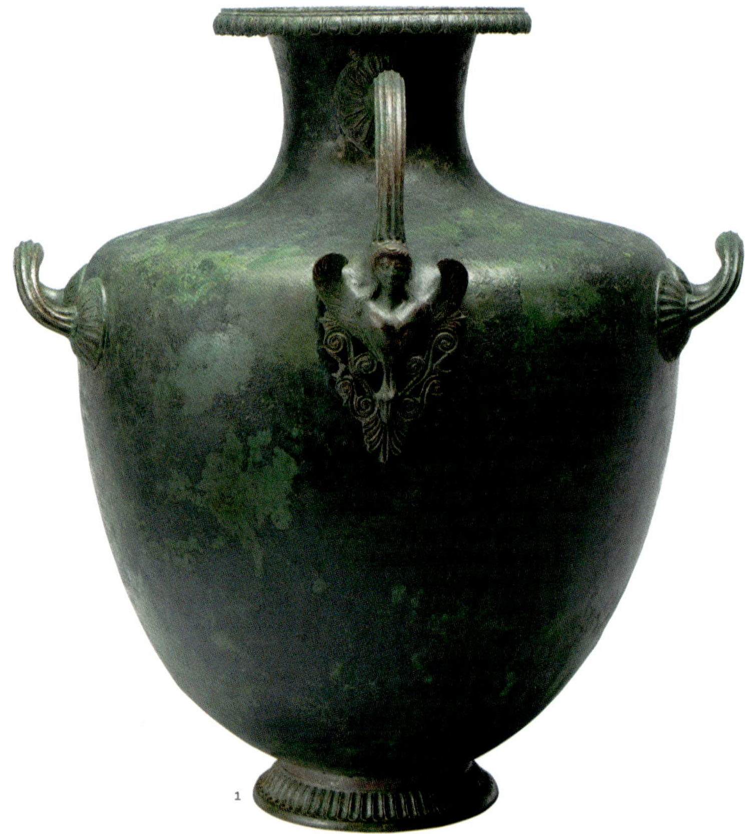

1

مياه للموتى؟

يبدو هذا الوعاء المصنوع من البرونز وكأنه من الأواني التي كانت تستخدم في الولائم في العالم اليوناني نظرًا لاتساعه وضيق عنقه ومقابضه الثلاثة. فهذا الوعاء يُوضع فيه الماء الذي يُخلط به الخمر بعد تناول الطعام أثناء الوليمة لمّا ينغمس المدعوون في المرح وتناول الشراب. لكنّ الزخارف المصاحبة له والتي تتّخذ شكل جِنيّة البحر تجعلنا ننظر إلى هذا الوعاء من منظور مختلف تمامًا. فهذا الكائن الخيالي - الذي له رأس امرأة وجسد طائر والمستوحى من الصور الرمزية المقتبسة من الشرق الأدنى - هو مخلوق وظيفته إرشاد الأرواح بعد انتقالها إلى العالم الآخر. وفي ملحمة الأوديسة، يسحر غناء جِنيّات البحر رفقاء يوليسيس ليقودهم إلى حتفهم. ومن خلال هذه الزخارف يمكننا الاستنتاج أن هذا الوعاء كان على الأرجح كوعاء جنائزي لحفظ رماد الموتى.

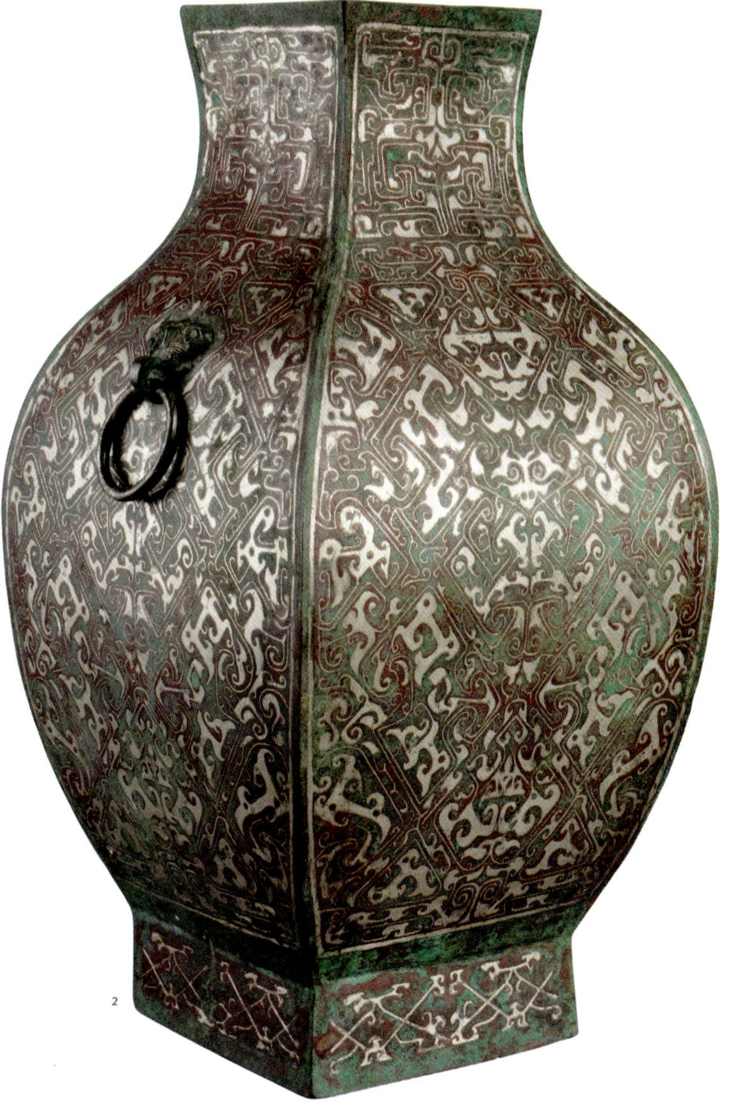

1.
هيدريا، وعاء جنائزي
اليونان، بيوتيا
450-400 ق.م.
إ. 50 سم؛ برونز
متحف اللوفر

2.
إناء مراسم مزين
بنقوش متداخلة
الصين
475-221 ق.م.
إ. 48.5 سم؛ برونز
مطعم بالفضة
اللوفر أبوظبي

إناء أميري ذو خصائص حضارية

يعد هذا الإناء الرباعي الزوايا من بين الأواني الشعائرية المستخدمة في الشراب خلال الاحتفالات والمآدب المقامة في القصور أو في المعابد. وتوجد حلقتان معلّقتان بقناعين خياليين على الوجهين المتقابلين بينما تغطي زخرفة دقيقة مُطعّمة بمعدن مذهّب سطح الإناء. وتتكون هذه الزخرفة من خطوط متشابكة مكوّنة أشكالاً هندسية تحتوي على مجموعة من الحيوانات الخيالية ذات الأشكال المبسّطة المستوحاة من الوحوش السحرية للعصور السابقة. رُسمت صور هذه الحيوانات باسخدام خليط معدنيّ مطعّم في سماكة جوانب الإناء، وهي تقنية مستوحاة من الإرث الفني لقبائل السهوب الآسيوية تمكّن من تزيين هذه الأواني الفاخرة بمعادن مختلفة الألوان. وفي الصين تُعدّ المآدب من الشعائر السياسية والعسكرية والدينية والاجتماعية، التي تُقيمها في مناسبات عديدة الشخصيات النافذة. وبقدر ما كانت المآدب مناسبات اجتماعية وفرصة للترفيه والاستعراضات، كانت في بعض الأحيان تسبقها الحفلات التي تُعقد احتفالاً بالانتصارات العسكرية والتي تشمل عروض الرقص والغناء والذبائح ومسابقات الرماية بالقوس وغيرها من العروض الأخرى. وكما في العصور السابقة، كانت هذه الولائم إحدى العادات الموجهة إلى الأجداد.

بالتزامن مع ظهور منهجٍ جديدٍ في التفكير سيستمرّ تأثيره لفترة لا يُستهان بها من الزمن، ظهرت حِقبة هامّة في تاريخ الإنسانية بين القرنين الثامن والثاني قبل الميلاد. فقد عاشت في هذا العصر الذي أطلق عليه الفيلسوف كارل ياسبرس (1863- 1969) اسم "العصر المحوري" شخصيات عظيمة مثل كونفيوشس في الصين (551-479 قبل الميلاد)، وبوذا في الهند (نحو 563- 480 قبل الميلاد) وفلاسفة اليونان مثل سقراط (نحو 469-399 قبل الميلاد) وأفلاطون (نحو 428-347 قبل الميلاد). وفي حين بحث أفلاطون بعد سقراط في اليونان أسباب سقوط واندثار المؤسسة القديمة للدولة المدينة اليونانية، انصبّ جلّ فكر كونفيوشس في الصين على سقوط النظام السياسي وبعض التصورات حول العالم. وفي شمال الهند تسبّب هذا التساؤل نفسه في عزوف بوذا المستقبل عن الحياة المادية المبالغ فيها، ليكرّس حياته للبحث عن الحكمة الجديدة.

تأمّل مصير الإنسان

تنطبق نظريّة "العصر المحوري" بالدرجة الأولى على تاريخ الفلسفة والأديان. إذ شهِدت الألفية الأولى قبل الميلاد "قفزة نوعية" في طريقة تفكير الإنسان حول ذاته كما حصل ذلك في عدة أماكن أخرى حول العالم. وبالرغم من أنّ هذا العصر المحوري قد شمِل الحضارات الثلاثة المذكورة آنفًا، فإنّه لم يأخذ في الاعتبار مساهمات الحضارات الأخرى، متجاهلًا على سبيل المثال ما حصل من تطورات حاسمة في العالم اليهودي. فقد تجسّدت نظريّة العصر المحوري بدرجة كبيرة من خلال ظهور التماثيل التي ركّزت على تصوير الشكل الإنساني. وفي اليونان، كان تزامن تطوّر التصوير الفني والفكر الفلسفي المتعلّق بالإنسان ظاهرة مهمّة خلال النصف الثاني من القرن السادس قبل الميلاد. فقد تزامن ظهور التصوير الفنّي الرافض للرمزية في تصوير المعتقدات الدينية مع النظرة الفلسفية الجديدة الداعية إلى التركيز على طبيعة الإنسان كفردٍ وككائنٍ اجتماعيّ. ويظهر هذا التطوّر الفنّي وثراؤه وجماليته من خلال النسخ العديدة للتماثيل الرومانية. وفي الصين شهدت حقبة الممالك المتحاربة (475-221 قبل الميلاد) انتشار فكر كونفيوشس. وفي حين كانت التماثيل المجسّدة للشكل

الإنساني لا تزال نادرة الوجود، يبدو أن النظام الاجتماعي والديني المستوحى من هذا التيّار الفكري قد ارتبط بظهور التصوير الإنسانيّ ثلاثيّ الأبعاد. ويأتي أسلوب النحت ثلاثيّ الأبعاد ليزيد من رونق القطع العاديّة اليوميّة. وما ساعد أيضًا على مضاعفة الاهتمام بمثل هذه القطع هو انتشار البلاطات المحلية وتنافس أصحابها في تشييد وتأثيث قصورهم بمثل تلك التُحف الفنية.

لم تظهر تماثيل بوذا في فترة حياته في الهند، بل ظهرت في القرن الأول قبل الميلاد. فقد كان البوذا يُصوّر في تناغم تامّ جسديًا وروحيًا، متحرّرًا من جميع الشهوات، ومركّزا على جانبٍ واحدٍ فقط من جوانب الحياة، وهو في قمّة التأمّل، ممّا يجعله يبدو أحيانًا في شكل متجرّدٍ ومنمّق. لذا صُوّر على هيئة الواعظ والمدرّس وكأنّه آتٍ من العالم الآخر ممّا جعله يبدو متجرّدًا من جسديّته الماديّة الملموسة. وبالرغم من وجود بعض السمات الفنيّة المستوحاة من النحت اليوناني والروماني، يُصوّر هذا النموذج كائنًا روحانيًا متجرّدًا ويظل إبداعًا هنديًا محضًا.

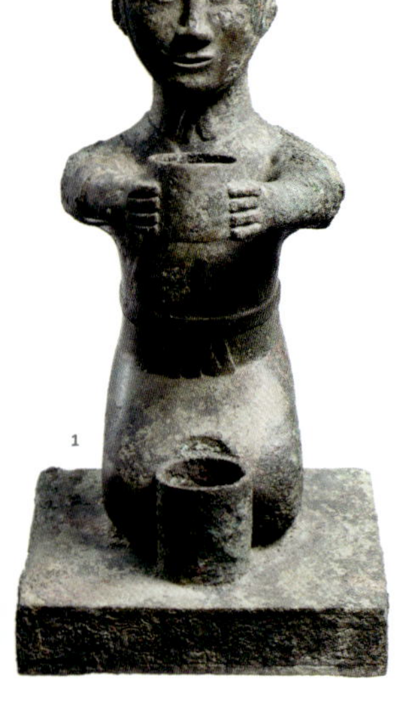

رجل نبيل كونفوشيوسي

يبدو الرجل جاث فوق وسادة وذراعاه الممدودتان تُمسكان بعمود يعلوه قدحٌ يُستخدم كمصباح. ويبدو الوجه ذا ملامح صينية وشعره مرتّب على نحو متناسق تعلوه قبّعة صغيرة مربعة مثبّتة بأربطة من الجوانب وأسفل الذقن. يرتدي الرجل سترة بأكمام طويلة مشدودة بحزامٍ عريضٍ، مما يجعله يبدو لنا كأحد النُّبلاء الذين يحرصون على تطبيق تعاليم كونفوشس. فالتزام أتباع كونفوشيوس بالتعاليم التي وضعها تضمن استمرارية التناغم والانسجام الذي يسير عليه الكون، مثلما يسهم ترتيب وتنسيق أحجار اليَشْم في ضمان تناسق وتناغم هذه المادّة ذات الخصائص السحريّة.

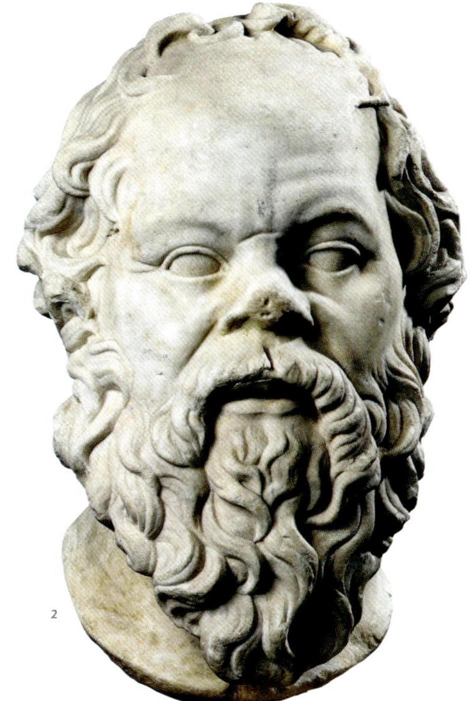

2

صورة مُعَبِّرة لوجه سُقراط

اهتمَ الفن اليوناني بنحت الوجوه ذات الملامح المُعَبِّرة التي تصوَر السمات الواقعية للشخصية وخاصة سماتها النفسية. يمكننا هنا التعرف على الفيلسوف اليوناني سُقراط بناءً على صوره الأخرى في التماثيل أو في اللوحات الفنية. قد يكون هذا الوجه منسوخًا عن تمثال سقراط الذي نحته له النحّات ليسيبوس بين عامي 318-317 قبل الميلاد بعد وفاته وهو في وضع الجلوس. ووفقًا للمصادر القديمة، فإن التمثال الأصلي البرونزي المفقود حاليًا قد صُنع بناءً على طلب الأثينيين لوضعه في الساحة العامة تعبيراً عن ندمهم على إعدام سُقراط.

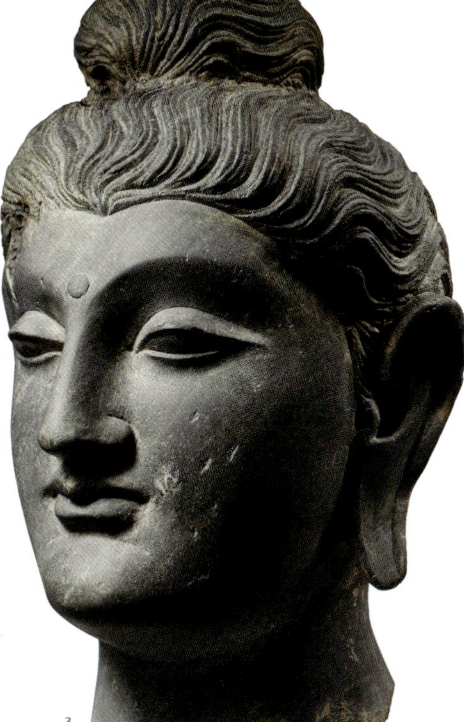

3

تمثال مثالي لوجه بوذا

في حين لم يُصنع أيّ تمثال لوجه بوذا خلال حياته، فإن الفنّ في غندارا (شمال غرب باكستان حاليًا) كان يزخر بمثل هذه التماثيل بعد عدّة قرون من وفاته. فقد نشأت هذه المملكة الواقعة في باكستان حاليًا في الألفية الأولى قبل الميلاد، وازدهرت بعد خلفاء الإسكندر الأكبر من القرن الأول إلى الثالث الميلادي في عهد إمبراطورية كوشان. اشتهر فنّ هذه المنطقة، الذي كان من أكثر الفنون المعروفة في أوساط الفنانين اليونانيين والبوذيين، بمزجه الفنّ الآسيوي بالفنّ الأوروبي. ويُرجَح أن يعود هذا الرأس الكبير إلى أحد التماثيل التي كانت تُصنع في الأديرة، حيث يبدو بوذا واقفًا وهو مُجرّد من جميع السمات الأميرية ومرتديًا ثوب الرهبان البسيط.

كان مصير الإنسان من بين الموضوعات التي تناولها ثلاثة من المفكرين في اليونان والهند والصين هم سقراط وبوذا وكونفيوشس في نفس الفترة من القرن الخامس قبل الميلاد. وقد تجلى هذا التزامن أيضًا من خلال اعتماد أشكالٍ التعبير الفني ذاتها في حضارات مختلفة ومن خلال وضع قواعد مشتركة في تصوير الجسم البشري. لذا، شَهِدت كل من إفريقيا جنوب الصحراء الكبرى موطن حضارة النوق، والمكسيك موطن حضارة الأولمك، وأوقيانوسيا موطن حضارة لابيتا، ظهور قواعد فنية كان لها تأثير كبير في الأشكال الفنيّة في هذه القارّات حتّى يومنا هذا. ولوصف هذه الظاهرة، سنستخدم مصطلح "الحضارات التأسيسية" المقتبس من علم الآثار في العصر قبل الكولومبي.

الحضارات التأسيسية

أنتجت حضارة النوق التي ظهرت في الفترة بين 800 و600 قبل الميلاد في منطقة نيجيريا الحاليّة بعض التماثيل الشبيهة بالإنسان المصنوعة من الفخار، كانت أولى المنحوتات الضخمة في إفريقيا. ويبدو أن هذه الحضارة التي لا نعرف عنها الكثير حتى الآن، قد تزامنت مع انتشار الصناعات الحديدية. عُثِر على هذه الوجوه ذات العيون المثلّثة الشكل التي تعود لحضارة النوق بين تماثيل يوروبا بنيجيريا في القرن العشرين. وسيكون لهذا الأسلوب الجمالي تأثير متواصل في فنّ النحت والفنون التشكيلية ليس في نيجيريا فحسب، بل في إفريقيا جنوب الصحراء الكبرى كلّها. ويذكّرنا ذلك بتأثير النحت اليوناني في الغرب، وذلك حتى ظهور الفنّ التكعيبي الذي ابتكره بابلو بيكاسو بعد اطّلاعه على التماثيل الإفريقية.

أما في أوقيانوسيا، فقد انتشرت في بداية الألفية الأولى قبل الميلاد أنماط لابيتا الخزفية في المحيط الهادئ، وذلك مع توسّع الجزر وهجرة السكان من غينيا الجديدة. ونظرا لانسجام مظاهرها المادية في كاليدونيا الجديدة، يبدو أن حضارة لابيتا كانت مصدر الصور الرمزية الأوقيانوسية، وخاصة في فنّ "تابا" الذي يقوم على قطع قشور جذوع الأشجار وتزيينها بمختلف الأشكال المتناسقة. وقد اكتُشفت في الآونة

الأخيرة أولى التماثيل التي تصوّر الشكل الإنساني في تلك الربوع. كما ظهرت في مطلع الألفية الأولى قبل الميلاد حضارة الأولمك في سهول المكسيك حاليًا. وباعتبارها مرحلة تأسيسية سبقت المرحلة الكلاسيكية في فنّ أمريكا الوسطى، تتجلّى هذه الحضارة في فنّ تشكيل أحجار اليَشْم التي يتطلب صنعها منتهى الدقّة والمهارة، وكذلك من خلال فنّ صناعة الفؤوس والتماثيل البشرية، وخاصة من خلال منحوتات فريدة من نوعها تتميز برؤوس بشرية ضخمة يُرجّح أنها تعود للأجداد. ثمّ استمرّ انتشار هذا الفنّ وأثّر في حضارات الزابوتيك والمايا وتيوتيواكان المتعاقبة.

لقد ازدهرت هذه الحضارات التأسيسية بفضل استيعاب وتبنّي الحضارات التي التقت بها، لتحفز من ثم التعبير عن تلك الحضارات الأصلية. وعلى الرغم من احتواء المراجع التاريخية على نسب متساوية من الحقيقة والخيال، فقد أمكننا معرفة المزيد عن الدوافع التي تقف وراء هذا التوسّع. فقد كانت هذه الحضارات التأسيسية هي التي أفضت إلى الحضارات العظمى التي تشترك في تراثها الدول اليوم.

1

الحضور الأتروسكاني

هذا الرأس هو على الأرجح جزءٌ من تماثيل استخدمت في الزخرفة المعمارية. فقد هيمن الشكل الإنساني الذي يمثّل أبطالا أو آلهة أو بشرًا عاديين على الصور الرمزية في العالم الأتروسكاني الذي تأثر كثيرًا بالفنّ اليوناني. ومن دلائل هذا الحضور المستمر للصور البشرية، وجود الأواني الفخّارية المزينة بالوجوه البشرية، والتوابيت التي تحمل أغطيتها صور الموتى. ويرتبط هذا التركيز على الشكل البشري والأسلوب الواقعي في تصويره بتطوّر فنّ النحت في العالم اليوناني القديم والكلاسيكي، وكذلك بالسياقين الاجتماعي والفلسفي لتلك الحقبة من الزمن.

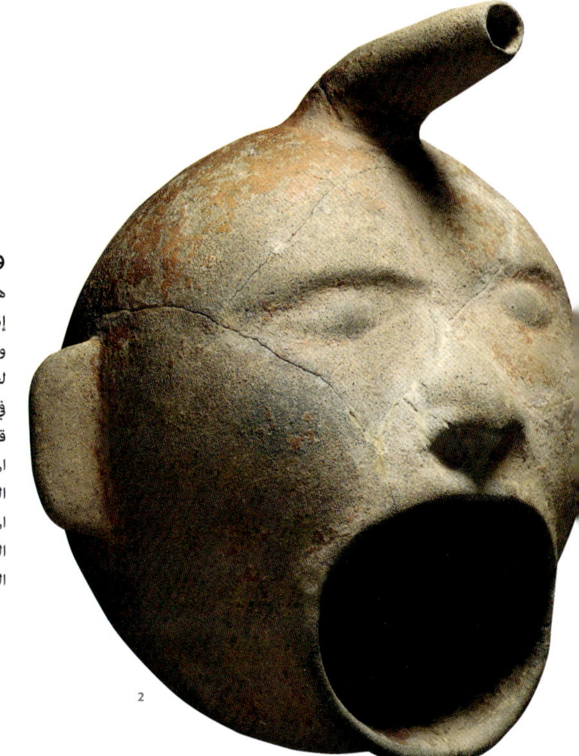

2

وجه من حضارة المايا

هذا الوجه ذو الفم الفاغر هو في الحقيقة إناء يُمكن ملؤه من فتحة الفم بالسوائل وسكبها من الفتحة الأسطوانية المجوفة لخصلة الشعر. ويرجح أنه كان يُستخدم في سكب السوائل لاسترضاء الآلهة. وتذكّرنا قسمات الوجه المنمّقة، كالعينين نصف المغمضتين والفم المفتوح، بأقنعة الموق التي تجسّد ثنائيّة الحياة والموت، وهو أحد الموضوعات الغريبة الخاصة بفنّ أمريكا الوسطى. ينتمي هذا الإناء إلى حضارة المايا التي تأثرت بدورها بحضارة الأولمك.

.1
رأس شاب
إيطاليا، إتروريا
300-200 ق.م.
اِ. 18 سم؛ طين نضيج
متحف اللوفر

.2
إناء على شكل وجه إنسان
غواتيمالا
300 ق.م.-100 م.
اِ. 25 سم؛ طين نضيج
متحف رصيف برانلي جاك شيراك

.3
رأس رجل
نيجيريا
500-100 ق.م.
اِ. 22.5 سم؛
طين نضيج
متحف رصيف برانلي جاك شيراك

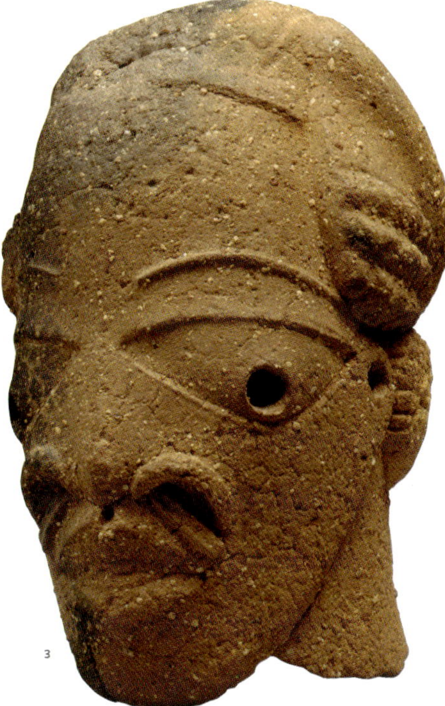

3

التماثيل الإفريقية الأولى

كأن هذا الرأس في الأصل جزءًا من تمثال كبيرٍ لرجلٍ واقف أو جالس لا نعلم وظيفته الأصلية. فشعره وعيناه المثلثتان والحدقتان المثقوبتان والأنف الأفطس والشفتان العريضتان هي من السمات المميزة لحضارة النوق التي ازدهرت في شمال نيجيريا الحالية خلال الألفية الأولى قبل الميلاد، والتي لا نعرف عنها الكثير إلى يومنا هذا. وتمنح هذه الملامح لهذا الرأس حضورا قويًا. ويبدو أن هذه الأعمال التي استُوحيت من إبداعات على مواد أخرى كالخشب هي أحد التماثيل الأولى في التاريخ الطويل لفن النحت الإفريقي.

يُعتبَر الإسكندر الأكبر من أروع الشخصيّات في العصور القديمة بلا منازع، ولا يزال حتى اليوم يعدّ من أعظم القادة الفاتحين على مرّ التاريخ. وتعود شهرته إلى عُنفوانه وشجاعته وحماسته بقدر ما تعود أيضا إلى ضخامة غزواته البطولية وطبيعتها الخاطفة. كما ساهمت وسامته وجمال شعره في ترسيخ شخصيّته البطولية، حيث بات مثالًا يُحتذَى به لدى الكثير من القادة والأباطرة الرومان وحتّى حُكّام العصر الحديث.

الإسكندر الأكبر

محور التاريخ العالمي

الإسكندر الأكبر هو ابن الملك فيليب الثاني المقدوني وأميرة إيبيروس أولومبياس. وُلد عام 356 قبل الميلاد في مملكة ثريّة وموحّدة تمتدّ حدودها إلى شمال اليونان. تتلمذ على يد الفيلسوف اليوناني أرسطو الذي غرس فيه مبادئ الحضارة اليونانيّة القديمة. وعندما بلغ السادسة عشرة من عمره، التحق بوالده ليتمرّن على كيفيّة إدارة دواليب الحُكْم، وكان والده يُكلّفه بمهام إداريّة وعسكريّة. وفي عام 336 قبل الميلاد تعرض فيليب الثاني للاغتيال عندما كان يستعدُّ لتحرير المدن التابعة لليونان في آسيا الصغرى التي كانت ترزح تحت نير الاستعمار الفارسي. اعتلى الإسكندر عرش مقدونيا بعد مقتل والده في العشرين من عمره، وورث جيشًا عرمرمًا وأسطولًا بحريًا قويًا. تمكّن الإسكندر من نزع فتيل الثورات التي اندلعت احتجاجًا على توليه الحُكْم وبدأ يستعدُّ لغزو الشرق. ونظرًا لموهبته السياسيّة والعسكريّة الفذّة، استطاع في أقلّ من أربع سنوات -من 334 إلى 330 قبل الميلاد- أن يُطيح بالإمبراطورية الأخمينية التي حكمت جميع ربوع الشرق الأدنى والأوسط على مدى قرنَيْن من الزمن.

كانت شهيّة الإسكندر مفتوحة لغزو الكثير من المناطق البعيدة ممّا جعله يواصل فتوحاته التي بلغت حدود آسيا الوسطى وقلب وادي السند. ومع ذلك، وبعد مسيرة حافلة بالانتصارات لم يتمكّن من توحيد هذه الأقاليم أو حتّى تحقيق قَدَر من الاستقرار فيها، حيث توفي بصورة مفاجئة في بابل عام 323 قبل الميلاد دون أن يترك إبنًا

يخلفه. وبعد وفاته مباشرة تقاسم قادة جيوشه الـ "دايودوخوي" بالتراضي مجمل الأراضي التي فتحها الملك المقدوني الشاب، ممّا أدى إلى ظهور عدّة ممالك متناحرة.

أمّا الإرث الحقيقي للإسكندر، فيختلف تمامًا عمّا سبق. باستيلائه على المملكة الأخمينية اعتبر الإسكندر نفسه وريثًا للعرش الأخميني واستبشر بغزو الشرق الأدنى. فقد ترك بصماته إلى الأبد في مناطق بعيدة كلّ البعد عن مقدونيا مثل أفغانستان وغندارا، وذلك باستقطاب نُخب المناطق التي خضعت لسيطرته من خلال الزواج المختلط، وتأسيس مُدُنٍ كثيرةٍ تحمل اسمه استقرّ فيها سكّان مستعمراته، ونشر اللغة اليونانية والعملة المقدونية.

وسرعان ما استحال الملك المقدوني إلى شخصيّة أسطوريّة بعد وفاته، فمنذ القرن الثالث قبل الميلاد قام بعض الكُتّاب القدماء -مثل كاليستنيس في مصر- بتناول هذه الشخصية البطوليّة وأثروا قصص فتوحاته البطوليّة بحكايات أسطورية من نسج خيالهم. وظلّت ذكرياته خالدةً على مرّ القرون وتداولتها الألسن في الكثير من الأقاليم. ويعتبر كتاب "أساطير الإسكندر" في القرن الرابع الميلادي أحد أكثر القصص شعبيّة في أوروبا في القرون الوسطى. وفي الإمبراطورية الإيرانية، دُوّنت مغامرات الإسكندر الأسطورية ضمن أشهر قصص "شاهنامه" أو "كتاب الملوك"، تلك الملحمة الإيرانية العظيمة التي نَظَمَها الشاعر أبو قاسم الفردوسي نحو عام ألف ميلادي.

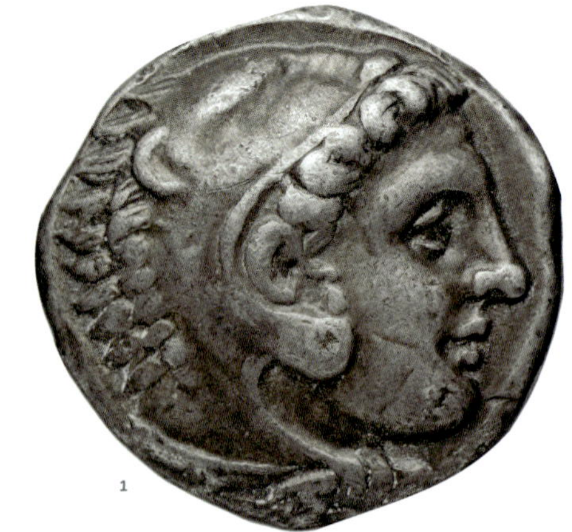

العملة التي روّجت صورة الإسكندر الأكبر

أمر الإسكندر الأكبر بسكّ أوّل عملة فضيّة له عام 333 قبل الميلاد إبّان حملته على الإمبراطورية الفارسية الأخمينية. ومن بين العملات المميّزة عُمْلَةٌ حملت صورة هرقل وهو يرتدي فرو أسد نيميا فوق رأسه نُسبت فيما بعد إلى القائد المقدوني. وقد كانت هذه القطع النقديّة التي وُزعت بكثرة على المرتزقة اليونانيين والرومانيين أثناء تجنيدهم، العملة المعتمدة في شرق البحر الأبيض المتوسط والشرق الأدنى على مدى حوالي مائة وخمسين عامًا.

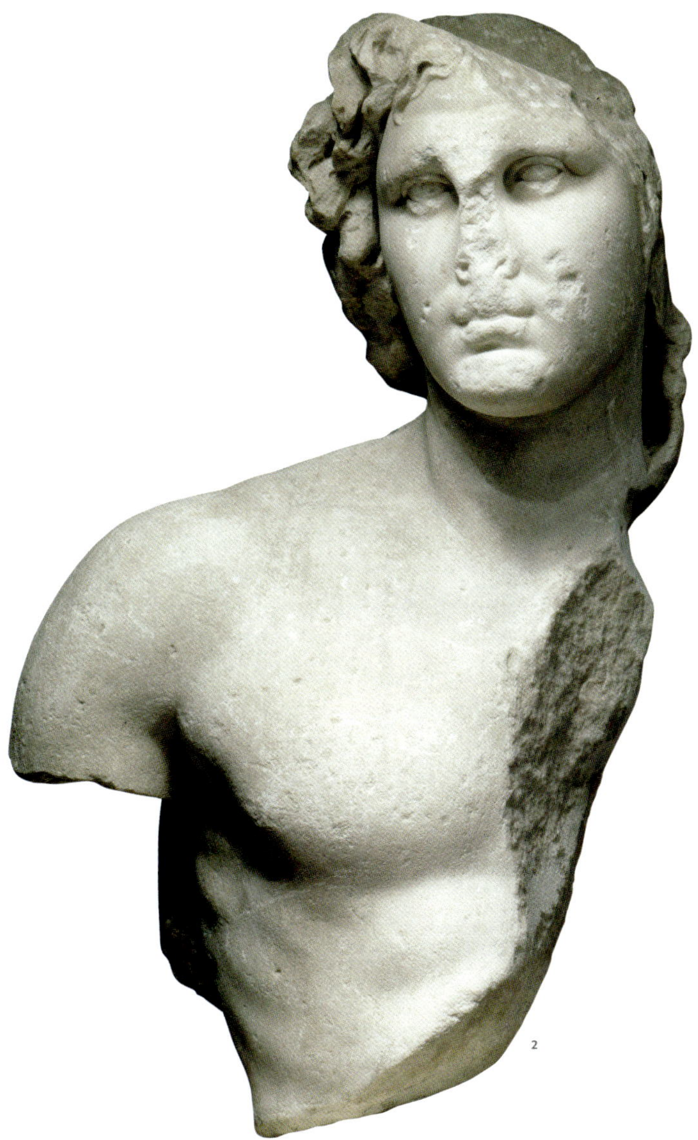

.1
قطعة نقدية تحمل
صورة الإسكندر الأكبر
مقدونيا، أمفيبوليس
323-320 ق.م.
فضة
المكتبة الوطنية الفرنسية

.2
تمثال نصفي للإسكندر
الأكبر، ملك مقدونيا
اليونان، ديلوس
نحو 100 ق.م.
إ. 95 سم؛ رخام
متحف اللوفر

صورة القائد الفاتح

يروي المؤرِّخ الروماني بلينوس الأكبر أنّ الإسكندر منح شرف تصويره لثلاثة فنّانين فقط هم الرسّام أبيليس ونقّاش الأحجار الثمينة بيروجوتيل والنحات ليسيبوس. فبعد تخليه عن تقاليد القرن السابق، كان هذا الأخير (ليسيبوس) أول من استخدم الأساليب الجديدة في نحت التماثيل النصفية للملوك اليونانيّين. وكان الإسكندر يبدو دَوْمًا في عنفوان الشباب، حليق الذقن سواءٌ في تماثيله النصفية أو في تماثيله التي تُظهر كامل جسمه، أو تماثيله وهو يمتطي صهوة حصانه. كما كان يُصوَّر دومًا بشعره الكثيف المُتَلَبِّد الذي يتّخذ شكل الإكليل والمعروف منذ القِدَم بالـ "أناستوليه"، ورأسه مائل بعض الشيء إلى اليمين، ونظره متجه بالضرورة صوب السماء العليا. يجمع هذا التمثال النصفي المعروض في متحف اللوفر كلّ هذه الصفات التي تُصوّر القائد الفاتح في عنفوان الشباب. غير أنّ بعض المتخصّصين ينسبون هذا التمثال إلى ميثراداتيس السادس، الملك الذي حكم البنطس (على سواحل البحر الأسود) من 120 إلى 63 قبل الميلاد. وكثيرون هم الملوك الذين استعاروا صورة الإسكندر بعد وفاته لكي يضفوا على حُكْمِهم الشرعيّة أو يفرضوا سيادتهم في شرق البحر الأبيض المتوسط وفي الشرق الأدنى وعلى سواحل البحر الأسود.

في نهاية القرن الثالث قبل الميلاد، بعد أن تقاسمت الممالك الإغريقية إرث غزوات الإسكندر الأكبر، ظهرت قوة جديدة في شبه الجزيرة الإيطالية. فقد انطلقت روما في حملاتها التوسعيّة بعد انتصارها في الحرب البونيقية الثانية (218-202 قبل الميلاد) على قرطاج بقيادة حنّبعل، وتمكَّنت في أقل من قرنين من توحيد السواحل الغربية والشرقية للبحر الأبيض المتوسط للمرة الأولى في التاريخ. بعد قرنٍ من الحروب الأهلية الرومانية وفي عام 27 قبل الميلاد بالتحديد، بايع مجلس الشيوخ أوكتافيوس الذي صار اسمه أغسطس عند توليه مقاليد السلطة العليا، فقام بوضع أسس إمبراطورية حكمت أراضٍ شاسعة امتدت من المحيط الأطلسي إلى الشرق الأدنى خلال القرون الأربعة الميلادية الأولى.

عبادة الإمبراطور في روما وفي الإمبراطورية الرومانية

استحوذ أغسطس مع خلفائه على جميع الصلاحيات، وأصبح أباطرة روما المنتخبون من الشعب ومجلس الشيوخ يفرضون هيمنتهم على قيادات الجيش وإدارات المقاطعات. ونظرًا لاحتكارهم للسلطات التنفيذية والتشريعية والقضائية، فقد كانوا أصحاب القرار الأول والأخير وكانت قراراتهم بمثابة القوانين النافذة المفعول. كما اتخذت السلطة الإمبراطورية بُعْدًا دينيًا عزز شرعيّتها وحوّل الإمبراطور أو الأمير إلى شخصية استثنائية تحظى بمكانة بارزة ومحفوفة بالعناية الإلهيّة.

ساهمت ظاهرة عبادة الإمبراطور التي ظهرت بوادرها في أوائل فترة حُكْمِ أغسطس في توحيد معظم أقاليم الإمبراطوريّة الرومانيّة التي كانت آنذاك تدين بمختلف المعتقدات وتمارس مختلف الطقوس. وتجلَّت مظاهر هذه العبادة في كلّ أرجاء الإمبراطورية من خلال بناء المعابد والمذابح وإنشاء كهنوت خاصّ. وكانت المراسم والمواكب والمآدب والاستعراضات التي تقام على شرف الإمبراطور فرصة للتعبير عن الولاء للحاكم.

كما تعدّدت الأعمال الفنيّة التي كانت تدخل في هذه الظاهرة مثل عرض تماثيل الإمبراطور الرسمية في معظم الساحات العامة. فعلى غِرار العملات المعدنيّة، ساهمت هذه التماثيل النصفية في الترويج لصورة الإمبراطور وتأكيد عظمة شأنه لدى عامّة الشعب.

وفي الوقت الذي كان الحُكَّام اليونانيون الذين خلفوا الإسكندر الأكبر يطلبون تصويرهم في تماثيل مثالية، كانت التماثيل النصفية للأباطرة الرومانيين تتميز بواقعيّة ملامح الوجوه. فباعتبار هذه التماثيل تأكيدًا للسلطة العليا التي يجسّدها الإمبراطور، كانت تعكس طبيعة وجمالية كل عهد وتترجمها إلى صور تعبّر عن الطمأنينة والحيوية والتسلّط والصرامة.

هادريان، الإمبراطور الفيلسوف

اشتهر هادريان بثقافته الموسوعيّة وبحبّه لليونان وكثرة الإصلاحات التي قادها خلال فترة حكمه. كما كان شخصيّة باهرة يعود لها الفضل في بثّ روح جديدة في فنّ تصوير الملوك. وكان هادريان أيضا إمبراطوراً واسع المعرفة، وكانت له لحية شبيهة بلحى الفلاسفة اليونانيين، لكنّه مزج هذه الصورة التي تنم عن الحكمة مع صورة القائد الحربي الفذ بارتدائه درعًا مزخرفة برأس وحش الغورغون.

2

أغسطس أو العودة إلى النظام

تعكس تماثيل أغسطس، مؤسس الإمبراطورية الرومانيّة، سلطته وجاذبية شخصيته الخارقة. فخلال فترة حكمه، أولى عناية خاصة لصورته التي تمزج بين الشخصية الخيالية التي ورثها عن الإسكندر الأكبر والشخصية الواقعية التي ميّزت صور أباطرة روما خلال القرن الأول قبل الميلاد. ويتميّز أغسطس بملامحه الكلاسيكيّة المقصودة من خلال خصلات شعره المنسقة بعناية كبيرة وجبينه العريض وخديه البارزين وذقنه الحادة. وتوحي تقاسيم وجهه الصارمة بالعودة إلى النظام الذي تزعّم استعادته، وبعظمة المنصب الإمبراطوري الذي يجسّده.

1

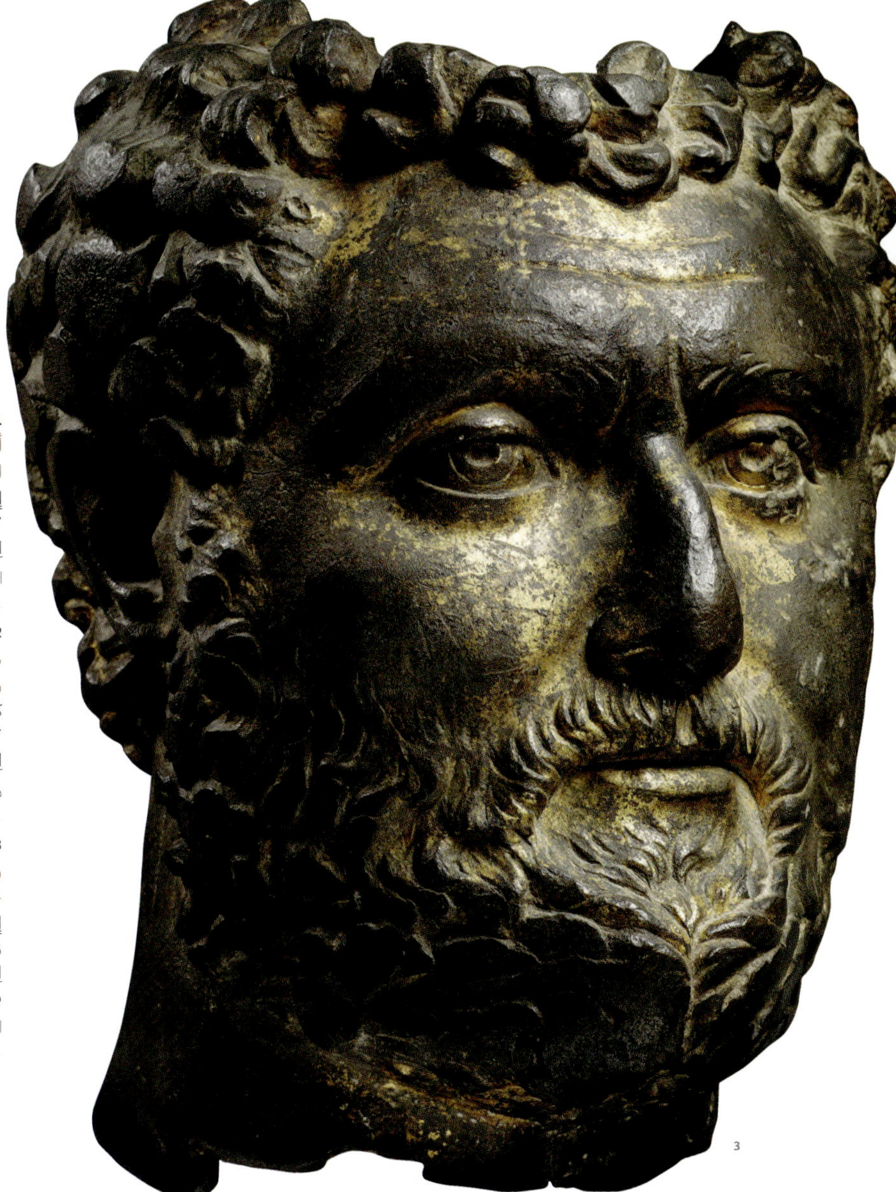

.1
أغسطس، الإمبراطور الروماني الأول
إيطاليا، روما (؟)
27 ق.م. - 100 م.
اِ. 52 سم؛ رخام
اللوفر أبوظبي

.2
هادريان، إمبراطور روماني
كريت، كاندية
128-127 م.
اِ. 64 سم؛ رخام
متحف اللوفر

.3
رأس إمبراطور روماني، جزء من تمثال ضخم
إيطاليا، روما
نحو 200 م.
اِ. 44، ع. 34 سم؛ برونز مذهب
اللوفر أبوظبي

تمثال لحاكم لم يعمّر طويلا

كانت هذه الرأس الضخمة، التي عُثر عليها في نهر التيبر في نهاية القرن الثامن عشر، تعلو تمثالًا يبلغ ارتفاعه قرابة أربعة أمتارٍ. وتوحي ضخامة هذا التمثال واستخدام معدن البرونز في صنعه إلى أنّه يعود لأحد الأباطرة الرومان. كما يوحي الشعر المُلبَّد الكثيف وطريقة العناية باللحية بأن تاريخ هذه الرأس يعود إلى نهاية القرن الثاني، ويمكن أن تكون لتمثال يجسّد أحد الأباطرة الذين حكموا لفترة قصيرة وحاولوا أن يصلوا إلى السلطة عند وفاة كومودوس الظالم (161-192).

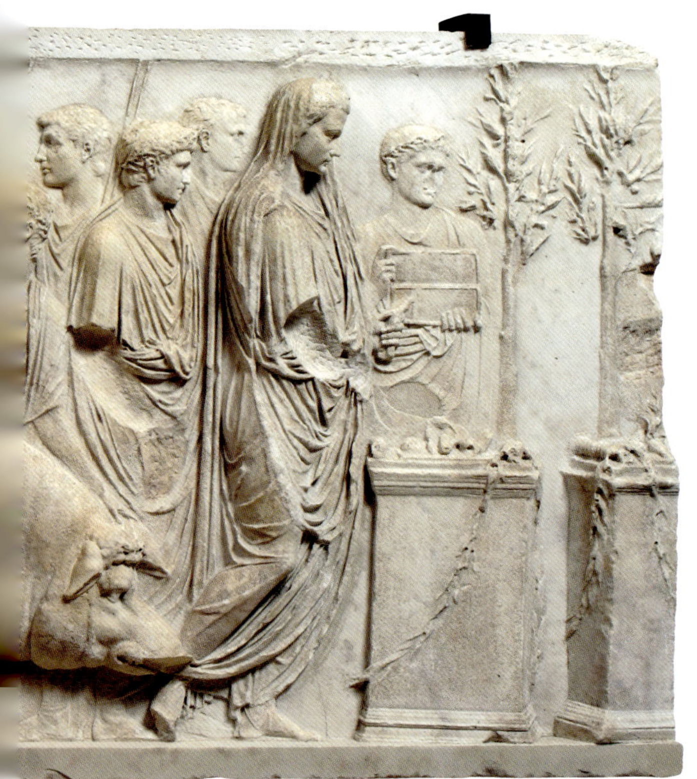

أداء الطقوس الرومانية

كان الإمبراطور الروماني يتحكَّم في الحياة الدينيّة للإمبراطورية ويشارك فيها من خلال ممارسة الطقوس بصفته القائد الديني في الإمبراطورية.

يظهر تيبيريوس -خليفة أغسطس- في مقدّمة الموكب المنحوت بطريقة النحت البارز على هذه اللوحة. فقد نُحت وهو يغطّي رأسه ليؤدي الشعائر الدينية التي تسبق عملية تقديم الحيوانات الثلاثة (خنزير وخروف وثور) كقرابين ويقوم بوضع البخور على المذبح. هذه القرابين التي تُقدم عادة للإله "مارس" هي إحدى طقوس الطهارة التي تقام عند نهاية عملية الإحصاء أو بداية حملة عسكريّة.

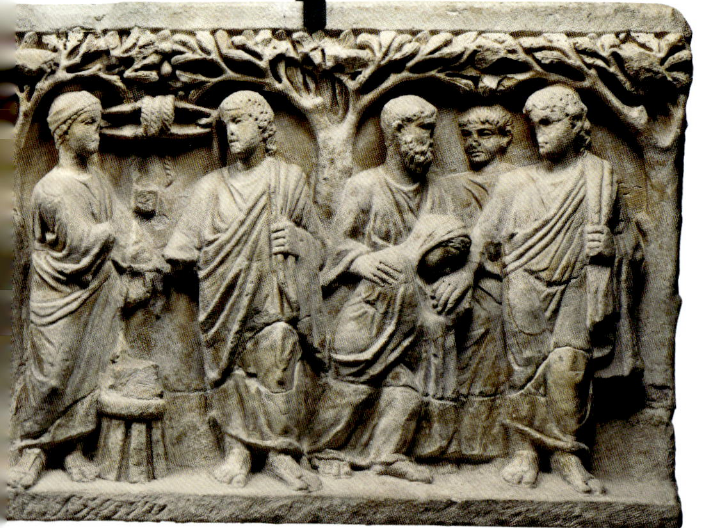

انتشار المسيحيّة

في نهاية القرن الثاني، مرّت الإمبراطورية الرومانيّة بأزمة فكرية وأخلاقية وروحيّة كبيرة. فانتشار الأديان الشرقية (إيزيس وسيبيل وأتيس وميترا) ونموّ المسيحية، التي تعد أتباعها بالخلاص في العالم الآخر، يشهدان على حالة القلق الوجودي التي يعاني منها جزء من الشعب. أمّا في المجال الجنائزي، فقد عوّضت ممارسة الدفن تدريجيّا عملية حرق الجثث، وأصبحت جدران التوابيت مساحة للصور الرمزية المسيحية الجديدة. نرى هنا خمسة مشاهد مستوحاة من التوراة ومن العهد الجديد.

فقد أدى رفض المسيحيين الأوائل الاعتراف بعبادة الإمبراطور وعدم تقديمهم الولاء لروما، إلى تعرّضهم للاضطهاد إلى أن أقرّ قسطنطين عام 313 حريّة العبادة في الإمبراطورية الرومانيّة بموجب مرسوم ميلانو.

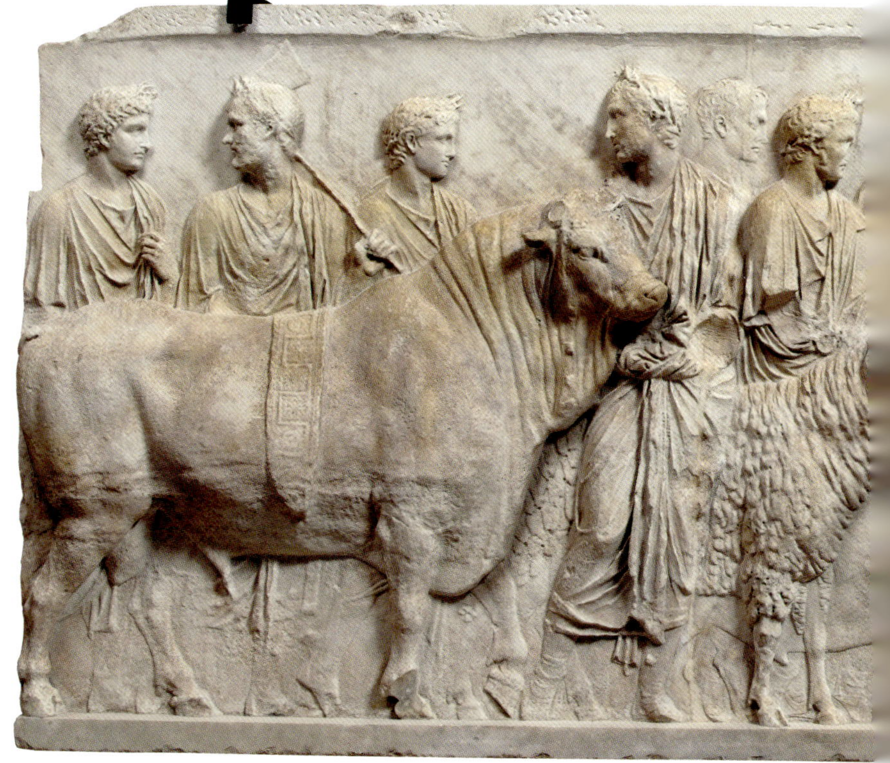

.4

جزء من نقوش
معمارية تظهر
طقوس القرابين
إيطاليا، روما
15-16 م.
إ. 90، ع. 230 سم؛
رخام
متحف اللوفر

4

.5

أحد جوانب تابوت
مسيحي مزخرف
بمشاهد من
الكتاب المقدس
إيطاليا، روما (؟)
300-350 م.
إ. 70، ع. 217 سم؛
رخام
متحف اللوفر

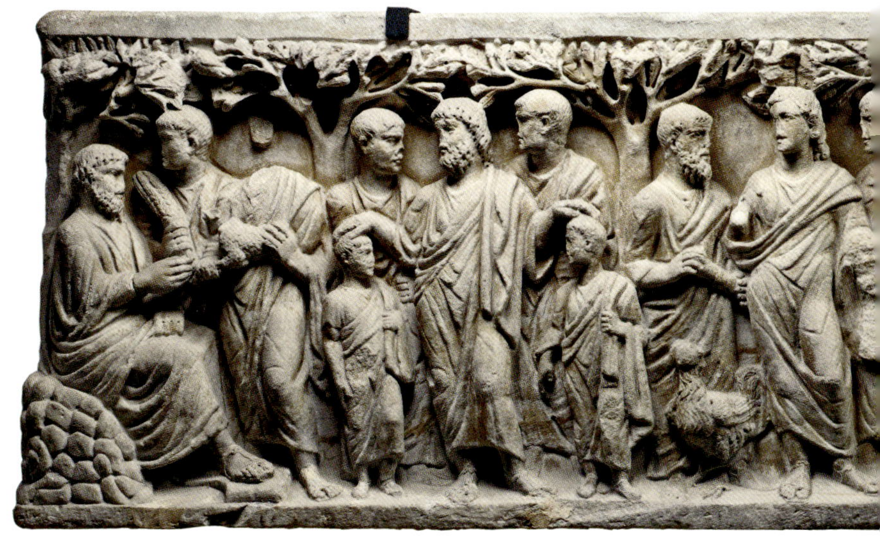

5

تحفة فنيّة:
الرَّجُل صاحب القدح

أدى انتصـار أوكتافيـوس عـلى جيـوش ماركـوس أنطونيـوس وكليوباتـرا السـابعة في معركـة أكتيـوم عـام 31 قبـل الميـلاد إلى دقِّ الإسـفين الأخـير في نعـش مصر الفرعونيّـة، ومـن ثـم إلى إلحاقهـا بالإمبراطوريّـة الرومانيّـة حديثـة العهـد. وبعـد عقـود قليلـة، شـهد عهـد تيبيريـوس (14-37 ميـلادي) تمازجًـا فنّيًـا لم يسـبق لـه مثيـل بـين التراثـين المصري والرومـاني لا سـيّما في مجـال الصـورة الشـخصية الجنائزية. ودون شـكّ، يمثـل هـذا الرَّجُـل الممسـك بالقدح نموذجًـا رائعًـا يشـهد عـلى تلـك الفـترة.

يطـلّ علينـا مـن العصـور القديمـة رَجُـلٌ في عنفـوان الشـباب مرتديًـا لباسـه الرومـاني وممسـكًا قدحًـا مملـوءة بالنبيـذ وغصنًـا مـن شـجرة الآس. ومـن المرجّـح أنـه رُسِـم أثنـاء حياتـه، وأكـثر مـا يثـير الانتبـاه تقاسـيم وجهـه الحـادّة وخدّيـه الغائـرين المرسـومة بـكل اتقـان. وتأتي هـذه التدرّجـات في الألـوان نتيجـة التحكُّـم في المـوادّ المسـتخدمة

واللمسـات المنفعلـة لهـذا الرسّـام الـذي تـدرب في مدرسة الفـنّ الرومـاني الواقعـيّ. وفي حـين أن أنفـه الطويـل والدقيـق وشـفتيه السـميكتين وشـاربه ولحيتـه تمنحـه ملامـح خاصّـة، تبـدو نظراتـه الثاقبة والجـذابة وعينـاه الواسـعتان مسـتوحاة مـن تقاليـد الفـنّ المصري في تصويـر الأشـخاص.

عـلى الرغـم مـن أن حـرق جثـث المـوتى كان مـن الممارسـات المفضلة في الإمبراطوريـة الرومانيـة، كان الرومـان المقيمـون في مـصر ومـن قبلهـم الإغريـق يمارسـون طقـوس الدفـن المصريّـة ويحنّطـون جثـث موتاهـم. يُرجـح أن هـذه الصـورة قـد قُطِعَـت بعـد وفـاة صاحبها لإلصاقهـا عـلى الجثّـة المحنّطـة بدلًـا مـن الأقنعـة الجنائزيـة التي كانـت تُسـتخدم منـذ عـصر الفراعنـة، وبذلـك يتحقّـق هدفـان إضافيـان هـما تخليـد وجـه المتـوفّى للأبـد، وإحيـاء ذكـراه وفقًـا للممارسـات اليونانيّـة والرومانيّـة.

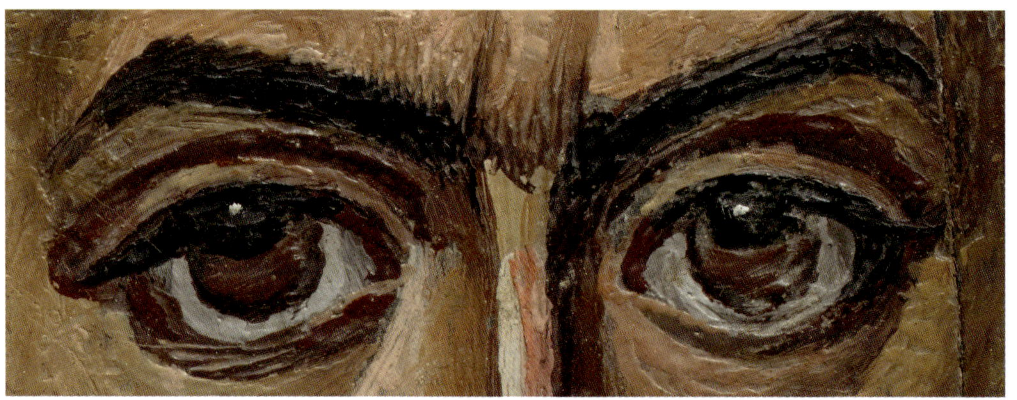

ترجع هذه اللوحة الفنية -المرسومة على لوحة خشبية باستخدام الشمع المُسال -إلى الفنّ اليونانيّ الذي ابتكره أبيلي الرسام المشهور برسم صور الإسكندر. وفي نهاية القرن الرابع انتقلت هذه التقنية إلى مصر التي يسمح مناخها الجاف بحفظ الألوان، وأصبحت الوسيلة المفضّلة لدى الرومان في رسم الصور الشخصية.

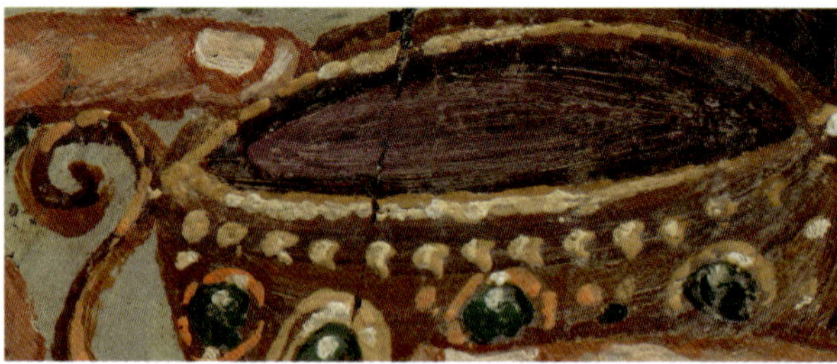

تعكس هذه القدح الفاخرة والمرصعة بالأحجار الكريمة المصقولة توافق المعتقدات الجنائزية اليونانيّة الرومانيّة والمصريّة في مجتمع مدينة أنطينوبوليس المختلط، حيث توحي لنا بالولائم الجنائزية التي يشارك فيها أقارب المتوفّى وبعبادة أوزيريس "إله النبيذ".

تعود هذه اللوحة المقطوعة في مستوى الكتفين إلى مدينة أنطينوبوليس التي أسّسها الإمبراطور هادريان عام 132 ميلادي تكريمًا لأنطونيوس الغلام المفضّل لديه.
جاءت غالبيّة الصور الشخصية الرومانيّة المعروفة حتى الآن من مناطق تأثرت بالحضارة الإغريقية خاصةً الفيوم وأنطونيوبوليس.

يرتدي هذا الرجل الذي يحمل في يده قدحًا سترة بيضاء ينحدر منها في مستوى الكتفين شريطان بنفسجيان تدلّ على مكانته الاجتماعية المرموقة في روما. وأيًا كان أصله -مصري أو يوناني أو روماني-فهو يبقى مجهول الهويّة حاليًا، لكنّه كان على الأرجح أحد الشخصيات البارزة.

إن شعره القصير المصفف إلى الأمام والمتدلّي على الجبهة على غرار تسريحة شعر الأباطرة غورديان وماكسيمينوس ثراكس وترايانوس ديكيوس يتيح لنا إرجاع تاريخ هذه الصورة إلى النصف الأول من القرن الثالث الميلادي، حيث ساد آنذلك تقليد تسريحات شعر الأباطرة كطريقة للتعبير عن الولاء للإمبراطوريّة الرومانيّة.

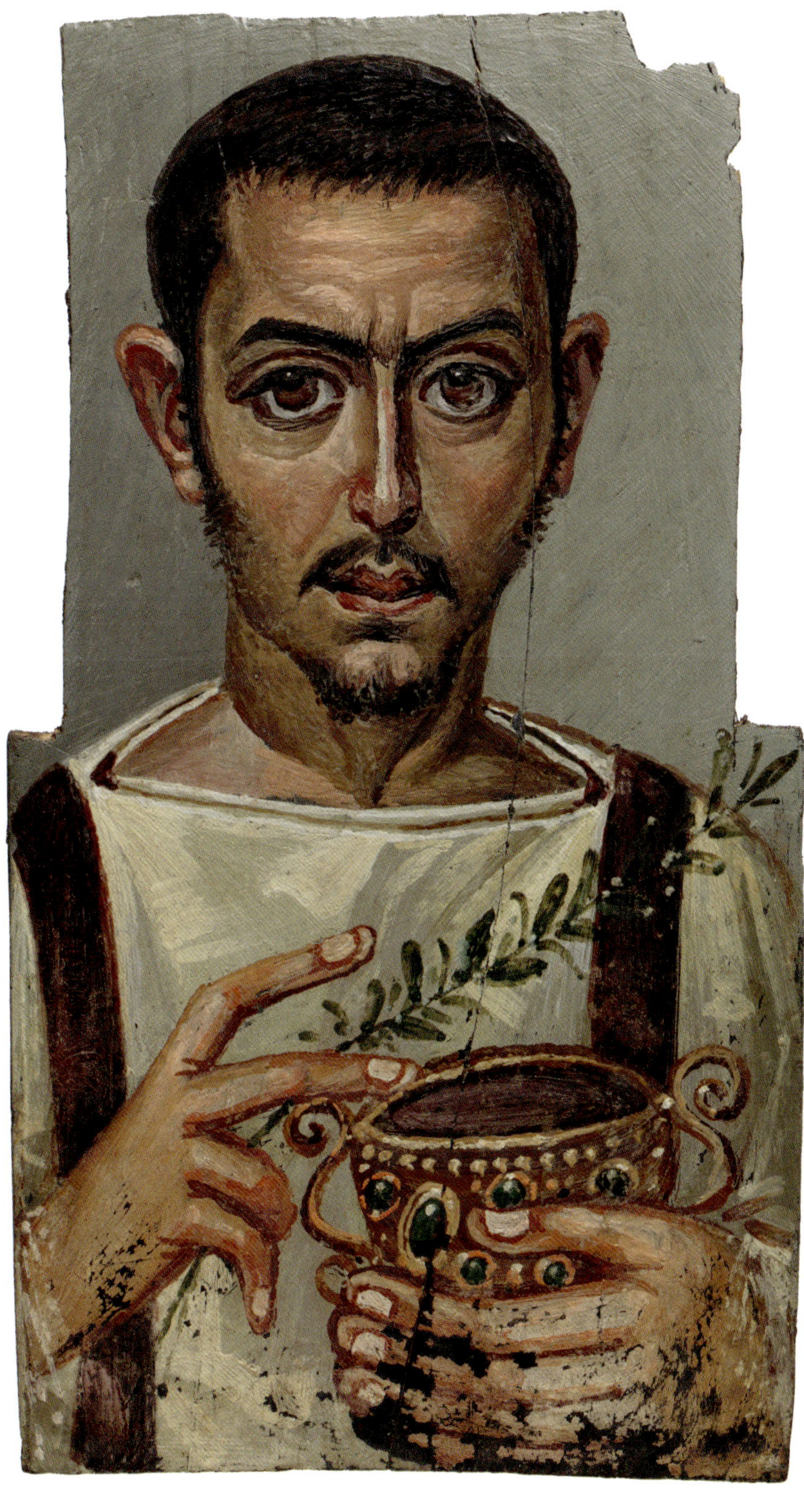

لوحة جنائزية لرجل يحمل قدحًا
مصر،
أنطينوبوليس (؟)
225-250 م.
إ. 23، ع. 12.7 سم؛
ألوان شمع
على خشب
اللوفر أبوظبي

مهّد حكم الإمبراطور أغسطس الطريق لفترة من السلام والازدهار استمرت زُهاء قرنين من الزمن رغم ما تخلّلها من حينٍ إلى آخر من اضطرابات سياسيّة. فقد فرضت روما سيادتها ولغتها وثقافتها على أقاليم شاسعة بلغت ذروة اتساعها في عهد الإمبراطور هادريان (117-138 ميلادي). إذ امتدت الإمبراطوريّة الرومانيّة من سواحل المحيط الأطلسي إلى ضفة نهر الفرات، ومن إنجلترا إلى السودان، وكانت هذه المساحات الشاسعة للغاية مسرحًا لانتقال الناس والأفكار والبضائع. وهكذا تعايشت الشعوب ذات اللغات والمعتقدات والعادات المختلفة، وتبنّت نخبها، التي استوعبت الحضارة الرومانية بسرعة، نمط عيش وقيمًا مشتركة.

فنّ الحياة في العالم الروماني

تجلّت مظاهر الهيمنة الرومانيّة أول الأمر في إنشاء شبكة طرق تربط بين الأراضي الخاضعة لسيطرة الإمبراطورية. كما زُيّنت المدن التابعة لها بنفس المنشآت الرومانية العامة المنتشرة في كامل أنحاء الإمبراطورية مثل البوّابات الضخمة وأقواس النصر والمنتديات والمسارح والمدرّجات والحمّامات. ولم تقتصر الهيمنة الرومانيّة على الأماكن العامّة فحسب، بل تغلغلت داخل الحياة المنزلية من قرطاج إلى أنطاكية ومن الإسكندريّة إلى كولونيا، خاصة في أسلوب بناء المنازل الرومانيّة الفاخرة التي آثر أصحابها الأثرياء الذوق الروماني الرفيع. في القرن الثاني قبل الميلاد وقبل قدوم الإمبراطور أغسطس بفترة طويلة، عمِلَ أثرياء الرومان على إدخال جوانب من فنّ العمارة الإغريقية على تقاليدهم الأتروسكانية الإيطالية، حيث كان المنزل الروماني والمسمى "فيلا" أو "دوموس" ينقسم إلى قسمين أحدهما عامّ والآخر خاصّ. وتعتبر الردهة فضاءً يستقبل فيه صاحب البيت الضيوف والزوّار،

بينما يتّخذ قسمه الخاصّ، المُشيد بأعمدة يرجع تصميمها إلى العصر اليوناني، مكانه في الواجهة الخلفيّة للمنزل ويتألّف من قاعات الاحتفال والاستقبال وغرف النوم التي تفتح أبوابها على حديقة المنزل. استمرّ هذا الطراز المعماري على مدى عدّة قرون بالرغم من بعض التغييرات التي لحقت به، وانتشر في جميع أرجاء العالم الروماني. وتعتبر الزخارف المعماريّة التي كانت تزيّن الفضاء المنزلي مثل التماثيل والفسيفساء وقطع الأثاث والأواني الغالية شاهدًا على انتشار هذا النمط من الحياة الذي يمكننا من خلاله التعرّف على مدى تأثره بالنماذج الإمبراطورية الأخرى التي كانت سائدة في روما آنذاك. وعلى أيّة حال، لم يؤثّر توحيد الأسلوب سلبًا في تنوع الأذواق الفنيّة التي كانت تختلف من منطقة إلى أخرى في الإمبراطورية، حيث كانت أعمال الفسيفساء التي تُصنع في كل من إيطاليا وشمال إفريقيا وسوريا تختلف اختلافًا ملحوظًا في صورها الرمزية وأنماطها.

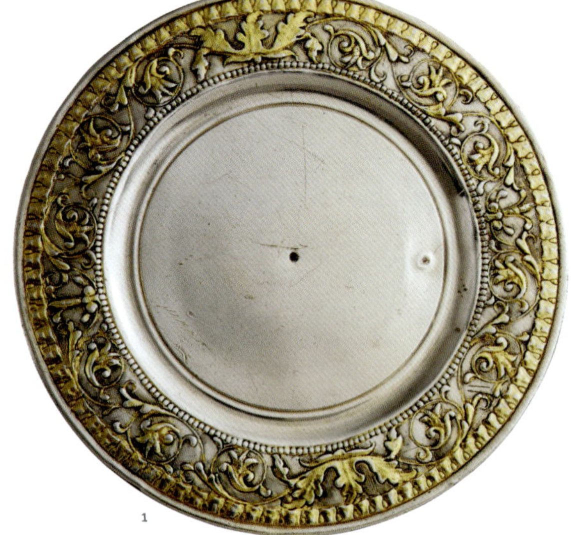

القطع الفضيّة الرومانيّة

يُعتبر هذا الطبق الفضي الذي كان حكرًا على العملاء المميزين شاهدًا على انتشار الذوق وأسلوب الحياة الروماني في كامل أرجاء الإمبراطوريّة. وبالرغم من أنّ مثل هذه الأطباق الفخمة كانت تُستعمل في المطبخ أو للأغراض الجنائزية، فإنها كانت مخصّصة في الأساس للولائم والحفلات، وخير دليل على ذلك هو الوصف المُمتع الذي أورده بترونيوس في كتابه "ستريكن". وقد عرفت هذه الأطباق رواجًا كبيرًا في فرنسا خلال القرنين الثاني والثالث، حيث عُثر على هذا الطبق مع تسعة أطباق أخرى (يعرض متحف اللوفر أبوظبي ثلاثة منها) ضمن "كنوز جرينكور" التي يُرجّح أن أصحابها قاموا بدفنها أثناء الغزو الجرماني في القرن الثالث. وتُعدُّ وفرة هذا النوع من الأطباق شاهدًا على انتشار الذوق الروماني الراقي بين أثرياء الأقاليم الرومانيّة.

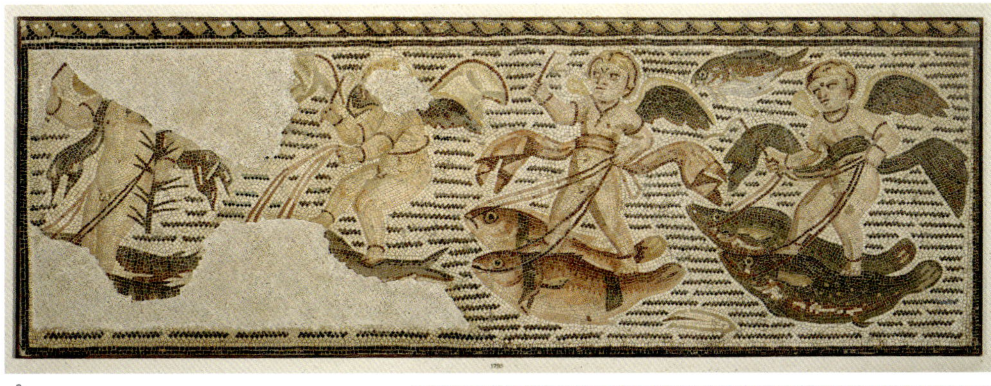

2

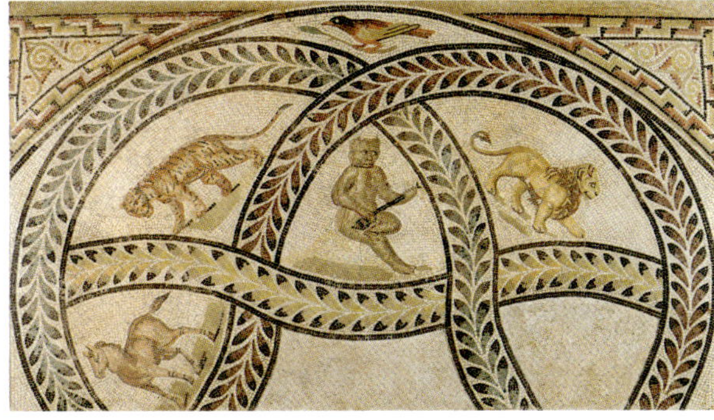

3

مساكن الأثرياء في مقاطعة أفريقيا

لقد رأى فنّ الفسيفساء النور في العالم اليونانيّ قبل قيام الإمبراطوريّة الرومانيّة بوقت طويل، ثم انتشر في جميع أنحاء حوض البحر الأبيض المتوسط في بداية القرن الرابع قبل الميلاد. ولكنه لم يعرف ازدهارًا حقيقيًّا إلّا في ظلّ الإمبراطوريّة الرومانيّة ليصبح الغطاء المفضل بامتياز للأرضيات سواءٌ في روما أو في الأقاليم الخاضعة لها. ثمّ ظهرت تدريجيًّا ورش الفسيفساء واختلفت أساليبها من إقليم لآخر. ففي الوقت الذي كانت فيه روما والمناطق المجاورة لها تتبنّى الزخارف الهندسيّة السوداء والبيضاء، أنتجت ورش الفسيفساء في بلاد الشام لوحات ساحرة مستوحاة مباشرة من فنّ الرّسم الإغريقيّ. أمّا في إفريقيا، فقد انتشر الرّسم على الأرضيات كما تُبَيّن ذلك هاتان القطعتان اللتان كانتا تزيّنان بلا شكّ قاعة الأكل (تريكلينيوم) وتُظهر هاتان القطعتان الذوق السائد الذي كان يميل إلى المشاهد الزخرفيّة والساخرة، حيث تُظهر الأولى موكبًا من آلهة الحب يمتطون أسماكًا في مشهد يوحي بعروض السرك، والثانية قِرْدًا يعزف على آلة موسيقيّة في ما قد يكون محاكاة ساخرة لأورفيوس الملقب بـ "سيد الحيوانات".

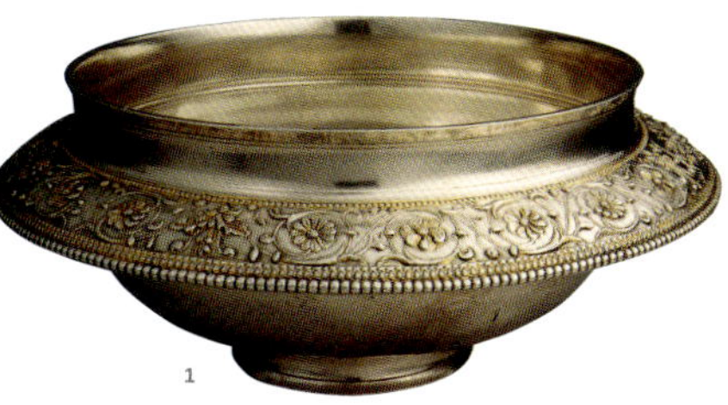

1

1

.1
طقم من الأواني الفاخرة
شمال فرنسا،
جرينكورت ليه
هافرينكورت
150-250 م.
فضة مذهبة جزئيا
متحف اللوفر

.2
فسيفساء: موكب من آلهة الحب يمتطون أسماكًا
تونس، سوسة
300-325 م.
إ. 80، ع. 228 سم؛
رخام، حجر كلسي، معجون زجاجي
متحف اللوفر

.3
فسيفساء: أشكال متشابكة مع زخارف حيوانية
تونس، سوسة
300-325 م.
إ. 135، ع. 251.6 سم؛
رخام، حجر كلسي، معجون زجاجي
متحف اللوفر

يعود أحدُ هذين التمثالين لأحد النُبلاء الذي يعرف باسم "الخطيب" والثاني لبوذاسَف من منطقة غندارا وهو شفيع خيّر لدى البوذيين. وعلى الرغم من المسافة الكبيرة التي تفصل بين المكان الأصلي للتمثالين فإنّهما يتشابهان إلى درجة تدعو للدهشة. ففي حين كانت روما الوريث التاريخيّ والثقافيّ لليونان، كانت غندارا المنطقة التاريخية في شمال غرب شبه القارة الهندية، باكستان حاليًا، التي تأسست فيها ممالك هنديّة يونانيّة في أعقاب حملة الإسكندر الأكبر.

حوار الحضارات بين الهند وروما

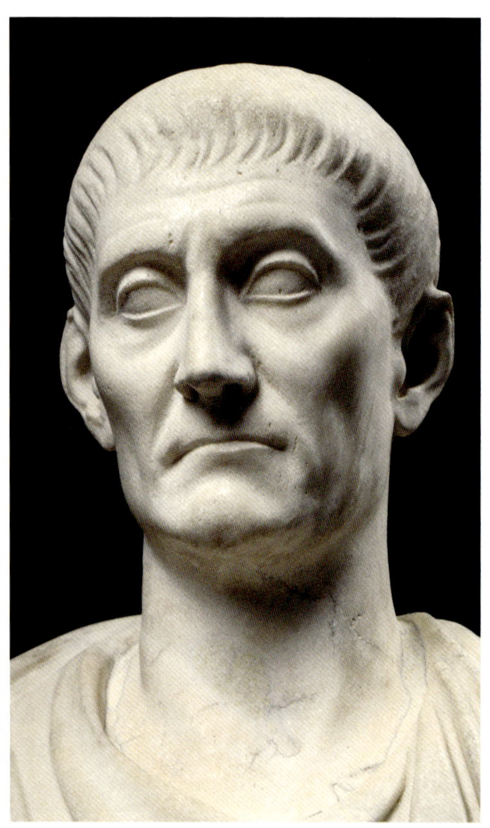
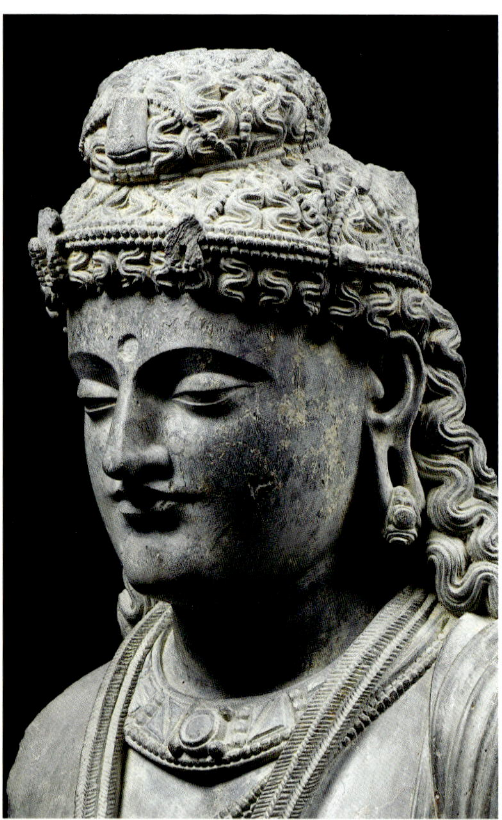

الواقعيّة والمثاليّة

رغم أن التأثير اليوناني يظهر بصورة ملموسة في طيّات الملابس والبنية الجسديّة الواقعية لكلا التمثالين، فإن واقعية تصوير الوجهين تكشف هذا التأثير بدرجة أكبر وأكثر وضوحًا. تبدو على "الخطيب" ملامح رجلٍ خمسينيّ في أوج العطاء يتميّز بالحزم والصرامة. ويهدف هذا التمثال إلى إبراز صفاته الأخلاقية لا سيّما صفة الهيبة أو الرصانة المهيبة التي كانت تعد أسمى الخصال الأخلاقية في العصور الأولى للإمبراطوريّة الرومانيّة. أمّا وجه البوذاسَف فهو يتميز بالواقعية التي ترافقها مَسْحَة من المثاليّة. يبدو الوجه بعينيه شبه المغمضتين كما لو أنه في حالة تأمّل عميق لسبر أغوار الذات، وهي من التعابير التي تتماشى مع المشاعر الدينيّة السائدة في شبه الجزيرة الهنديّة.

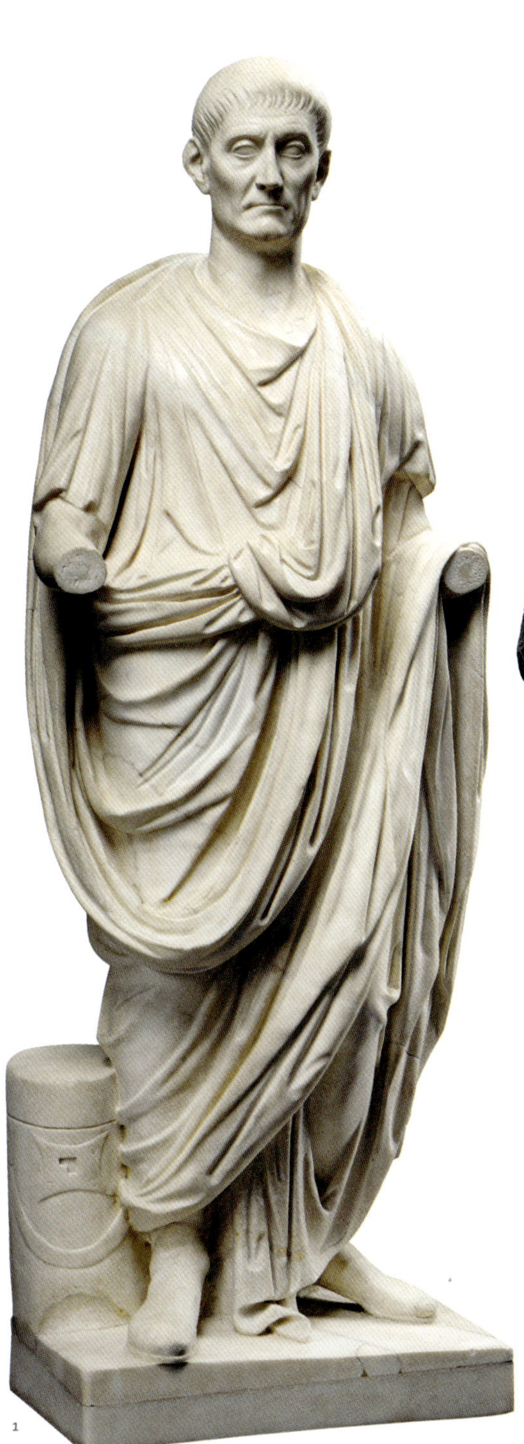

.1
رجل يدعى
"الخطيب" يرتدي
ثوب "التوغا" الروماني
إيطاليا
100-150 م.
إ. 169 سم؛ رخام
اللوفر أبوظبي

.2
بوذاسف
باكستان، منطقة
غاندهارا
100-300 م.
إ. 136 سم؛ صخر
الشيست
اللوفر أبوظبي

من رداء إلى آخر

يكمن أحد أوجه التشابه الرئيسيّة بين هذين التمثالين
في أنّهما ينهلان من معين واحد ألا وهو الفنّ اليونانيّ.
فرداؤهما، على سبيل المثال، يُظهر قواسم مشتركة مع
اللباس اليوناني (الهيماتيون) تتجلّى في الطيّات الواسعة
المُتدلّية أمام الجسم، لكن كل تمثالٍ منهما جسّدها
على طريقته الخاصّة. ففي حين يتّخذ الثوب في تمثال
"الخطيب"، شكل زي "التوغا" الذي يعكس شكلًا من
أشكال البساطة التي تميّز روح الفنّ الرومانيّ السائدة في
ذلك العصر، يبرز تمثال البوذاسف بمظهره الرّاقيّ وزينته
الطابع الأميري لهذا البوذا المرتقب.

كانت تيوتيواكان، التي يرتبط اسمها اليوم بالحضارة والمدينة الحضرية على حدٍّ سواء، أقوى مدينة في وسط المكسيك بين القرنين الثاني والرابع للميلاد. وبالرغم من عدم وجود ما يُشير إلى أن المدينة كانت المركز الرئيسيّ لإمبراطوريّة حقيقيّة، فإن هذه المدينة الدولة قد سيطرت فعلًا على مناطق شاسعة وسط المكسيك، ويبدو أنّه كانت تربطها علاقات اقتصاديّة مهمّة مع جيرانها، الأمر الذي أدى إلى توسّعها بسرعة وجذب إليها العديد من التجّار والحرفيين من مختلف المجتمعات لتصبح المدينة الأكثر اكتظاظًا والأكثر تنوعًا في السكان في تلك الفترة. ومع ذلك، ظلّ الغموض يكتنف تركيبتها المجتمعيّة والسياسيّة. ونظرا لكون تسميتها الأصلية لا تزال غير معروفة، فقد احتفظت المدينة باسمها الذي أطلقه عليها الأزتيك في القرون اللاحقة والذين منحوها أهمية دينيّة خاصّة باعتبارها مسقط رأس الآلهة بالنسبة لهم. ولكن الحفريات الأثرية في الآونة الأخيرة بدأت تقدّم لنا تدريجيًّا بعض الأجوبة.

مدينة تيوتيواكان المكسيكيّة العظيمة

إذا كان فنّ العمارة أهمّ الفنون التي ميّزت المدينة وخاصّة الأهرام الشهيرة المنتشرة فيها، فإن التماثيل تُعَدّ أيضًا مظهرًا آخر من مظاهر ثقافتها. وتعتبر أشكال هذه التماثيل الموحّدة دليلًا على صُنعها في ورَش طبقًا لأساليب محدّدة وصل تأثيرها إلى المناطق البعيدة والثقافات اللاحقة بعد قرون عديدة من اختفاء المدينة. فبينما كانت معظم القطع التي عُثر عليها في المدينة تماثيل لحيوانات حقيقية أوخيالية، فإنّ التماثيل الشبيهة بالإنسان كانت السمة المميزة لحضارة تيوتيواكان. وكانت هذه التماثيل تصوّر دائمًا الشكل الإنساني العام دون أيّ تفاصيل أو تعبيرات ودون أي محاولة للتشخيص على عكس الفنّ المعاصر الذي عرفته مدن المايا. ومن المؤكد أن هذا المنهج الفنّي يُعرّفنا على طبيعة هذا المجتمع الذي كان يفضّل التعبير الرمزي على الوظيفة التذكارية للأعمال الفنيّة، ممّا يدلّ على تطوّر ملحوظٍ في طقوسهم.

كانت الأقنعة إحدى السمات المميّزة للإنتاج الفني في مدينة تيوتيواكان. فقد كانت معظمها على شكل مثلّث وظلّ البعض منها يحمل آثار الطلاء أو مكان الحجارة والصدف والمعادن التي كانت تُرَصَّع بها لإبراز تقاسيم الوجه على مستوى العينين والفم. وكان جميعها مخروم الأذنين للتزيُّن بالحُليّ على ما يبدو. لكن هذا القناع لم يحتو على أيّ ثقوب على مستوى العينين والأنف والفم كما أنّ وزنه الثقيل جدًّا يدلّ على أنه لم يكن مصمَّمًا ليُلبس في الحفلات. ولم يُعثر على أيّ من هذه الأقنعة في القبور، بل يرى البعض أنها وُجدت فوق وجوه تماثيل مصنوعة من موادّ قابلة للتحلّل أو على التوابيت لتصوير الأجداد كما كان الأزتيك يفعلون في طقوسهم الجنائزية لتمجيد أبطالهم من المحاربين.

وكما كان الحال في باقي أنحاء أمريكا الوسطى في مختلف العصور، يبدو أن الحجارة الخضراء كانت ذات دلالة رمزية مهمّة في مدينة تيوتيواكان، حيث يُرجح أنّها كانت ترمز إلى مفهوم الخصوبة والحياة. ولأنها كانت حاضرةً بقوة في الطقوس الدينيّة يمكننا الاستنتاج أنها كانت مرتبطة بالقرابين البشرية، كما توحي بذلك القطع التي عُثر عليها مؤخرا تحت هرم القمر. فقد وُصفت الشخصيات على الجدران مرتديةً ملابس فخمة، لكن أجسادها كانت في الحقيقة عارية بصورة عامة، مما قد يشير إلى أنّها تصوير للأسرى المقدّمين كقرابين للآلهة.

1

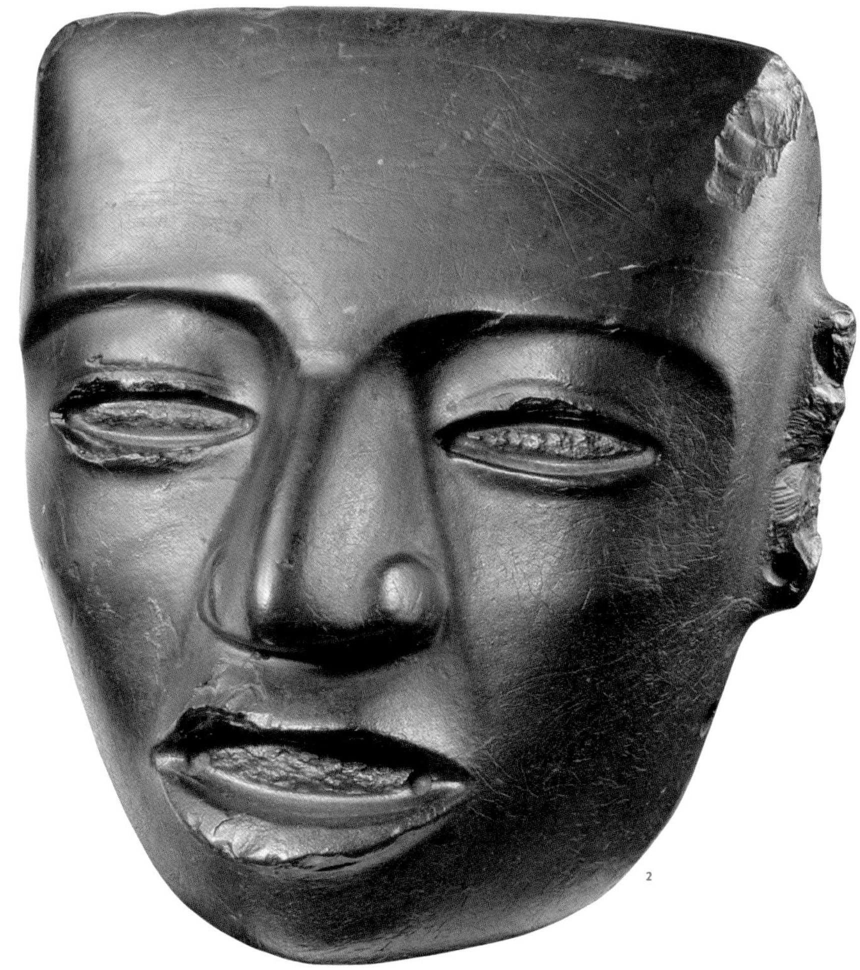

.1
تمثال لشخص واقف
المكسيك
550-150 م.
إ. 70 سم؛ صخور
السربنتين
متحف رصيف برانلي جاك شيراك

.2
قناع على شكل
وجه إنسان
المكسيك
550-150 م.
إ. 18 سم؛ حجر أسود
متحف رصيف برانلي جاك شيراك

وجه الخلود

يحتل هذا القناع، الذي يعد من السمات المميِّزة لمدينة تيوتيواكان، مكانةً خاصّة في تاريخ الفنّ قبل الكولومبي، إذ ينتمي إلى مجموعة أعمال الفنّان ديغو ريفيرا الفنّان المكسيكيّ الشهير في مجال الرسم على الجدران. وقد ظهر هذا القناع أيضًا في إحدى لوحات زوجته الرسّامة فريدا كاهلو التي رسمتها عام 1937 والمُسماة "أنا ومرضعتي" للدلالة على إرثها الثقافي الذي يعود إلى فترة ما قبل كولومبس. قامت رفيرا بإهداء هذا القناع فيما بعد إلى أندريه بروتون أثناء زيارة هذا الأخير للمكسيك عام 1938. وقد كان للأعمال الفنية المكسيكيّة أثر عظيم في تطوّر فن الجماليّة السيرياليّة.

تقديم الأسرى كقرابين

لا تحتفظ المتاحف سوى باثنتي عشرة منحوتة بشرية. ويبدو أن الاكتشافات الأثرية التي يعود تاريخها إلى عام 2000 تؤكّد الفرضيات التي طُرحت حول هذا النوع من التماثيل التي يشير العُري فيها إلى حالة أسير على وشك تقديمه كقربانٍ للآلهة. وعلى نقيض منطقة المايا المتاخمة لها، لم يُعثر في تيوتيهواكان على أيّ تمثال لزعيم أو حاكم حتى الآن. فأثناء الحروب الدينيّة التي تميزت بها هذه المنطقة، لم يكن المقاتلون يرغبون في قتل أعدائهم بقدر ما كانوا يحرصون على أسرهم لتقديمهم كقرابين للآلهة خلال احتفالاتهم الدينيّة.

اتّحدت الإمبراطورية في الصين لأول مرة في القرن الثالث قبل الميلاد بعد غزوات تشين شي هوانج ثم تنصيبه أول إمبراطور على الصين (221-210 قبل الميلاد). وكان لهذا السياسيّ ذي الرؤية البعيدة المدى تأثير طويل وعميق على مسار التاريخ في آسيا. وبعد انهيار مملكة تشين حلّت محلها مملكة هان (من 206 قبل الميلاد إلى 220 ميلادي) التي أسّسها المحارب الذي عُرف فيما بعد بالإمبراطور غاوتزو الذي ساعده نظامه الإداري الضخم على بسط نفوذه على مساحات شاسعة امتدّت من آسيا الوسطى إلى كوريا ومن السهوب الآسيوية إلى فيتنام، كما أنشأ أوّل الطرق التجاريّة نحو الغرب.

الإمبراطوريّة العالميّة لمملكة هان

على غِرار الإمبراطوريّة الرومانيّة في حوض البحر الأبيض المتوسط، تُعَدُّ مملكة هان محطّة تاريخيّة حاسمة في الصين، حيث وُضعت خلالها الركائـز السياسيّة والاقتصاديّة والاجتماعيّة والثقافيّة للدولة. وبدعم من ملوكها ونخبتها المثقّفة، طغت على المملكة فكريًا وعقائديًا تعاليم الفيلسوف كونفيوشس، في حين حرصت طبقة أرستقراطية قوية على إحكام سيطرتها على كامل مناطق المملكة. وقد توسّعت المملكة من خلال الفتوحات العسكريّة والمبادلات التجارية التي انتعشت كثيرًا بعد الإعلان الرسميّ عن فتح طريق الحرير.

قامت مملكة هان بتوسيع سور الصين العظيم ليصبح سدًّا دفاعيًّا منيعًا امتدَّ من غرب الصين إلى شرقها وصولًا إلى مَصَبِّ النهر الأصفر راسمًا بذلك الحدود الشمالية للإمبراطوريّة الصينيّة. ولعب توسيع المبادلات التجاريّة مع الدول الأجنبية دورًا حاسمًا في ازدهار تجارة الحرير والفرو والخزف الصينيّ والصمغ والسجّاد الذي كان يُصدَّر نحو مناطق بعيدة. كما بُنيت شبكة واسعة من الطرق أهمها الطريق البريّة العابرة لآسيا وأوروبا التي تربط الصين بالإمبراطوريّة الفرثيّة ثمّ الساسانيّة في الشرق الأدنى. كما لعبت الطريق البحريّة التي تعبر جنوب الصين في اتّجاه الهند دورًا في تزويد الإمبراطورية الرومانية بالبضائع الثمينة. وشهدت الفترة الأخيرة من حكم سلالة هان حركات تمرّد وعصيان خاصةً تلك التي اندلعت بقيادة الطائفة الدينيّة لأصحاب العمامات الصفراء والتي عجّلت بسقوط إمبراطوريّة هان. أدى العثور على القصور الجنائزية الفخمة إلى إماطة اللثام عن مجتمع في غاية الثقافة والتمدّن. فالتحف والقطع التي عُثر عليها في مدافن النبلاء كانت كافية للكشف عن عالم الترف الذي عرفته منازل الأثرياء في مملكة هان. صُنعت هذه الأواني ذات الأشكال البسيطة والعملية وذات الاستخدام اليومي أو لأغراض السحر، من موادٍ نادرة مثل اللك واليشم. وقد لعبت المنحوتات مثل قطع الأثاث وتماثيل الخدم والفرسان دورًا رمزيًا صرفًا للدلالة على المهام الاجتماعيّة أو الإداريّة أو العسكريّة للمتوفّى في عالم الأحياء.

رونق الولائم في مملكة هان

تعتبر الأقداح ذات المقبضين "إربي" إحدى الأواني التي يقدم فيها النبيذ للضيوف خاصّة أثناء الولائم، إذ يساعد مقبضاها على الإمساك بها بسهولة. وقد عُثر على معظم هذه الأقداح ضمن أطقم كاملة في قبور الأثرياء في ذلك الزمان. وفي حين أن معظمها صُنع من الخزف، فإن بعض الأنواع النادرة منها قد طُليت بطبقة من اللك لحمايتها من الرطوبة ومن درجات الحرارة العالية ومن الصدأ ولإعطائها لمعانًا لا مثيل له.

من المرجح أن هذا القدح الفخاريّ المزجج قد صنع لمحاكاة بعض المواد الأخرى مثل البرونز أو اليَشم الذي كان ذا قيمة كبيرة في تلك الفترة.

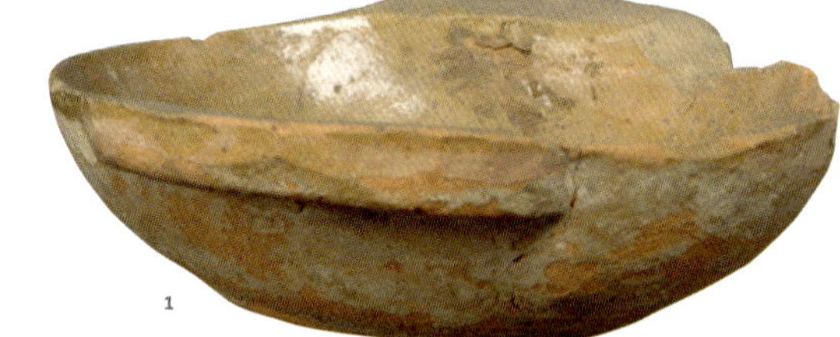

1

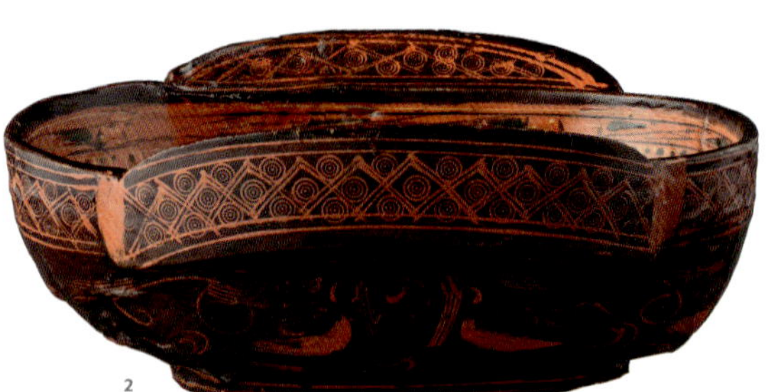

2

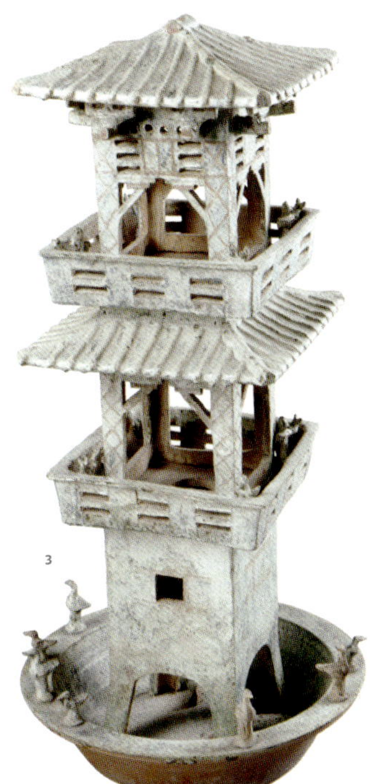

نظرة بعيدة في عالم جديد

تغطي هذا النموذج المعماري المصنوع من الفخّار الأحمر باستعمال عناصر مقولبة ومجمّعة، طبقة من الطلاء الزجاجي الرمادي القزحي. وترتكز قاعدة المبنى على حوض دائريّ الشكل يحمل في وسطه ركائز برج. ويتألّف المبنى من طابقين علويين بهما شرفتان يغطيهما سقف ذو إفريز بارز، وفي الأسفل يظهر أربعة حرّاس مسلّحين منتصبين في زوايا المبنى الأربع. وكانت هذه الأبراج تستخدم للدفاع وللمراقبة في الأماكن الإستراتيجيّة للإمبراطوريّة التي سرعان ما توسّعت تحت حكم مملكة هان. وقد تكون مثل هذه الأبراج أيضا أحد مصادر الإلهام لعمارة المعابد البوذيّة التي ظهرت فيما بعد.

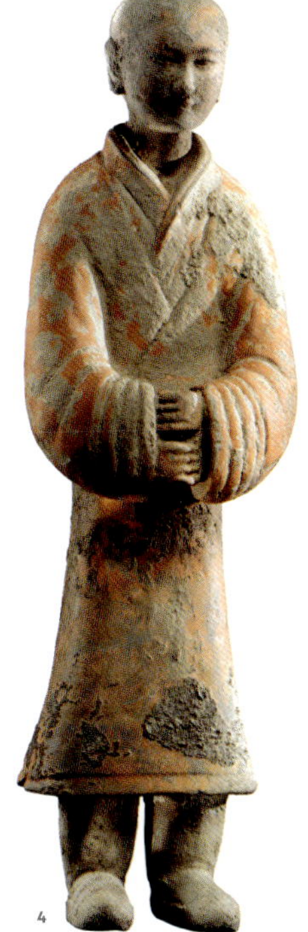

نحو شكل من أشكال الإنسانيّة الصينيّة

يجسّد تمثال هذا الخادم بكل دقة الفن التشكيليّ لمملكة هان. إذ تبدو على الوجه ملامح دقيقة تَنُمّ عن الهدوء وكأنّ صاحبه في حالة من الحلم. تبدو ملابسه التي تتألف من ثلاثة قمصان كيمونو فوق بعضها، أنها مشدودة على جانبه الأيمن وملتصقة بجسمه مع فتحة للرقبة على شكل "V". ويبدو القماش سميكًا أمّا السروال فيغطي الساقين إلى مستوى الكاحلين. وتوحي مرونة التمثال وتفاصيله الدقيقة بأنه يعود إلى القرن الثاني قبل الميلاد. ويتيح لنا هذا التجسيد الواقعيّ للشكل البشريّ الذي تميّز به فنّ النحت في تلك الفترة، أن نستنتج انتشار شكلٍ من أشكال الواقعيّة المرتبطة بتعاليم كونفيوشس خلال فترة حكم سلالة هان.

استمراريّة الرموز

زُيّن هذا القُرص المُرصّع بفصوص اليشم المعروف باسم "قرص بي" الذي يعود أصله إلى الأواني القديمة المنحدرة من العصر الحجري، باستخدام تقنيات معقدة في النقش والقطع. أما سطح القُرص فقُسّم إلى ثلاثة أفاريز تلتقي في مركز واحد. ويمثل الإفريز الأخير أربع مجموعات زُيّنت كل واحدة منها من الجانبين برسوم أفاعي يمكن رؤيتها من الجانب وهي مستوحاة من الحيوانات القديمة التي تعود لفترة الممالك المتحاربة. كانت هذه الأقراص ترمز عادة إلى السماء، وتواصل استخدامها في الطقوس الدينية في مملكة هان الغربية (من 206 قبل الميلاد إلى 9 ميلادي) وبعدها في مملكة هان الشرقية (من 25 إلى 220 ميلادي).

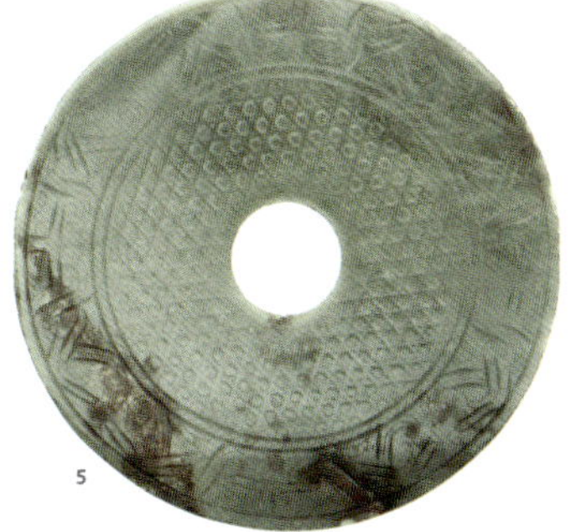

في عام 224، أطاح الملك الفارسي أردشير الأوّل بالمملكة الفرثيّة وأصبح أوّل ملوك المملكة الساسانيّة التي حكمت جزءًا كبيرًا من الشرق الأوسط حتى بداية الفتوحات الإسلامية عام 642 ميلادي. كانت الإمبراطوريّة الساسانيّة حلقة وصل بين مناطق من العالم تعيش تحولات على قدم وساق، وازدهرت هذه الإمبراطوريّة بفضل تجارة السلع الفاخرة بين روما والقسطنطينية وتشانغآن. وخلال هذه القرون الأربعة، واجهت الصين وروما أزمات سياسيّة واقتصاديّة واجتماعيّة شديدة أدت إلى زعزعة الأنظمة القائمة.

نهاية الإمبراطوريات العظمى القديمة

منـذ انهيـار إمبراطوريـة هـان وحتـى إعـادة توحيـد المناطـق علـى يـد أسرة سـوي الحاكمـة في أواخـر القـرن السـادس، عاشـت الصيـن فتـرة مـن الاضطرابـات بسـبب انقسـامها إلى ممالـك محليـة عديـدة وتزايـد الغارات الأجنبيّـة عليهـا. وفي ظـلّ انعـدام الاستقـرار السياسـيّ، تحـرّرت الحياة الفكريّة والفنيّـة مـن سيطـرة مبادئ كونفيوشس وبـدأت تنهـل ابتـداءً مـن القـرن الرابـع مـن معيـن البوذيّـة التي مهّـدت لتسـرّب مبادئ الحضـارات الهنديّـة والإيرانيّـة والإغريقيّـة إلى الفـنّ والأدب والعلـوم.

في الفتـرة بيـن القرنيـن الرابـع والسـابع، شهـدت أوروبـا هـي الأخـرى نـزوح أعـداد كبيـرة مـن السـكّان، حيـث هربـت الشعـوب الجرمانيـة مـن بطـش شعـب الهـون، وهـم قبائـل مـن الفرسـان البـدو الذيـن يعـود أصلهـم إلى سـهوب آسيـا الوسطـى، واستقـرت في الإمبراطوريّـة الرومانيـة التـي أنهكتهـا الأزمـات السياسـيّة الداخليّـة وعجـزت عـن التصـدّي لهـذا الزحـف البشـري. سقطت الإمبراطوريّـة الرومانيّـة الغربيـة عـام 476 ليَعُـمَّ منـاخ سياسـيّ جديـد أدى إلى انقسـام

أوروبـا الغربيـة إلى مجموعـة مـن الممالـك الصغيـرة في حيـن أصبحت القسطنطينية، عاصمـة الإمبراطوريّـة الرومانيّـة الشرقيّـة، وريثـة الحضارة الإغريقيـة القديمـة.

وفي قلـب إيـران، عـارض الحكـام الساسانيّـون الثقافـة الإغريقيّـة علـى خـلاف أسلافهـم الفرثييـن الذيـن عاشـوا متشبعين بمبادئهـا. وبفضـل جيشهـم القـويّ وإدارتهـم المركزيّـة وقصـور أمرائهـم الفخمـة، حرصـوا علـى تأكيـد ارتباطهـم بأسلافهـم الأخمينيين. وقبـل حلـول الإسـلام انقسمت الإمبراطوريّـة الساسانيّـة في بدايـة القـرن السـابع بعـد أن أنهكتهـا الحـروب الأهليّـة والضغوطـات المتواصلـة التـي مارستهـا عليهـا قـوات الإمبراطوريّـة البيزنطيّـة مـن جهـة الغـرب.

ومـن المفارقـات العجيبـة أن هـذه الفتـرة علـى الرغـم ممـا سـادها مـن اضطرابـات قـد شهـدت ثـراءً روحيًّـا وفلسفيًّـا عظيمًـا. فقـد شجَّـع نـزوح الشعـوب علـى التواصـل بينهـا وتجديـد التقاليـد الفنيّـة، كمـا يتضـح ذلـك مـن خـلال فنـون المشغولات المعدنيّـة علـى وجـه الخصـوص.

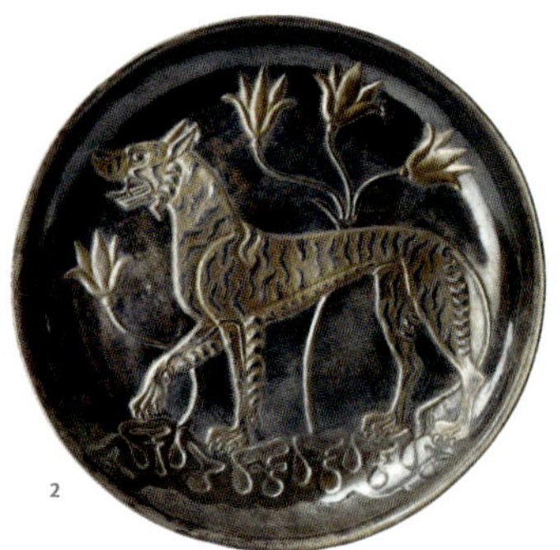

إعادة إحياء التراث

اشتهر بلاط الإمبراطوريّة الساسانيّة بفخامته وميوله للفنون الفاخرة سواء الحرير أو صياغة الحُليّ. ويشهد هذا الإناء الساساني بشكله وزخارفه المميزة على بقاء التراث الفنّي اليونانيّ الرومانيّ في قلب العالم الإيرانيّ. وتشير الراقصات الأربع التي تزيّن سطح الإناء إلى العالم الديونيسي (عالم المرح والغناء)، أو إلى تعاقب الشهور والفصول كما توحي صفاتهن. ويبدو أن هذه القوارير النفيسة والمزيّنة بعناية فائقة كانت تستخدم في تقديم النبيذ أثناء الولائم التي تقام احتفالًا بتجدّد الفصول. ويعتبر "النوروز" أو عيد رأس السنة الفارسية أهم هذه الاحتفالات في العالم الساسانيّ.

الفخامة الساسانيّة

عرفت الأواني الساسانيّة الفاخرة منذ القرن الخامس أشكالاً جديدةً من خلال تواصلها مع دول غرب إيران وبلاد الرافدين. تبشر معظم الصور الرمزية والمجازية التي استُخدمت في زخرفة هذه الأواني بالسعادة والنجاح لمالكيها، حيث ترمز الوحوش البريّة دائمًا إلى عظمة وشجاعة المحاربين.

مطلع فجر عصر حديث

يعدّ هذا المشبك الذي يعود أصله إلى منطقة دومانيانو رمزا لفترة الغزوات البربريّة، وهو من التُحف الفريدة من نوعها ضمن مجموعات اللوفر أبوظبي الفنية. تجمع هذه القطعة الفاخرة بين لمعان الذهب وأناقة العقيق القادم من ولاية كوجرات الهنديّة، كما تجمع بين رمز السلطة القديم "النسر" وبين رمز المسيحيّة في العصور الحديثة "الصليب". يعود تاريخ هذا المشبك إلى أواخر القرن الخامس، ويُرجَّح أنّه عاصر الإطاحة بآخر أباطرة روما الغربيّة. كما أنه يجسّد ثراء الفترة التي شهدت التقاء التقاليد الفنية القديمة مع التقاليد البربريّة والمسيحيّة.

1.
مزهرية مزينة براقصات
إيران
400-600 م.
إ. 18 سم؛ فضة مطلية بالذهب
متحف اللوفر

2.
طبق مزخرف بصورة نمر
إيران (؟)
600-800 م.
ق. 25 سم؛ فضة مطلية بالذهب
المكتبة الوطنية الفرنسية

3.
مشبك على شكل نسر
شبه الجزيرة الإيطالية، سان مارينو، دومانيانو
450-500 م.
إ. 12.1، ع. 6.4 سم؛ ذهب، عقيق
اللوفر أبوظبي

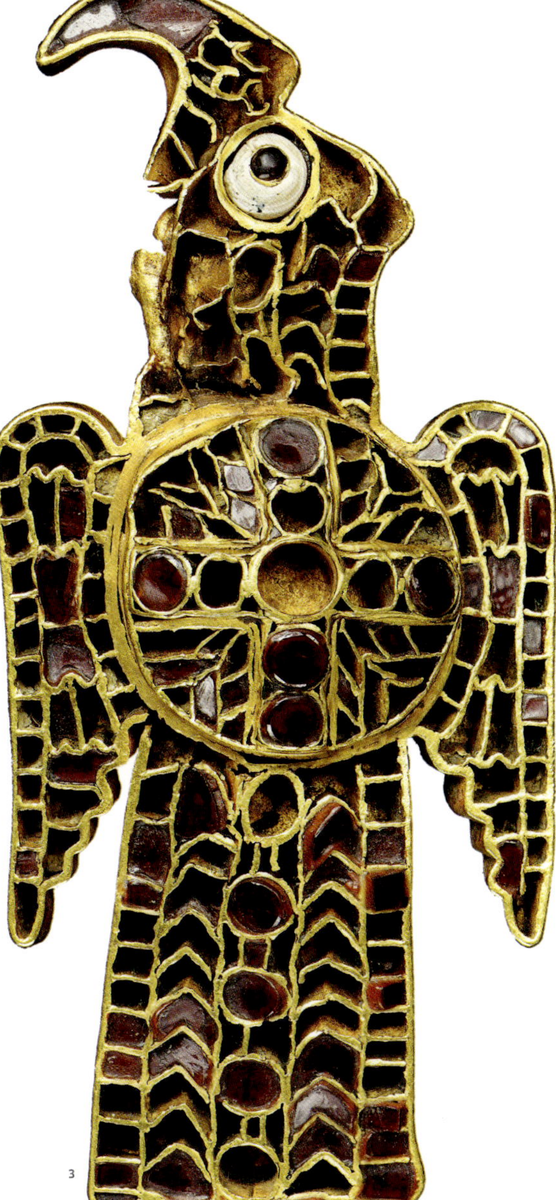

يتّخذ هذا المشبك الفاخر مع نُسخةٍ أخرى مماثلة له على كتفي لباسٍ نسائي شكل طائرٍ كاسرٍ يُعتقد أنّه صقرٌ مُحلّقٌ في السماء أو واقفٌ على ساعد صاحبه. وفي وسطه تظهر ميداليّة دائريّة الشكل نُقش عليها صليب. وتبرز هذه القطعة اعتماد الأساليب التقنية الجديدة في صياغة الحُليّ المجزّأة التي جلبها الجرمانيّون الشرقيّون وربّما الهان من مناطق شمال البحر الأسود. رُصّع هذا المشبك بالمعادن والحجارة شبه الكرمة داخل قوالب رُسمت معالمها بأسلاك ذهبية (أكثر من 220) لُحمت وألصقت ببعضها فوق صفيحة من الذهب.

قاعة العرض 4

الأديان العالمية

قاعة العرض 5

طرق التبادل التجاري الآسيوية

قاعة العرض 6

من البحر المتوسط إلى المحيط الأطلسي

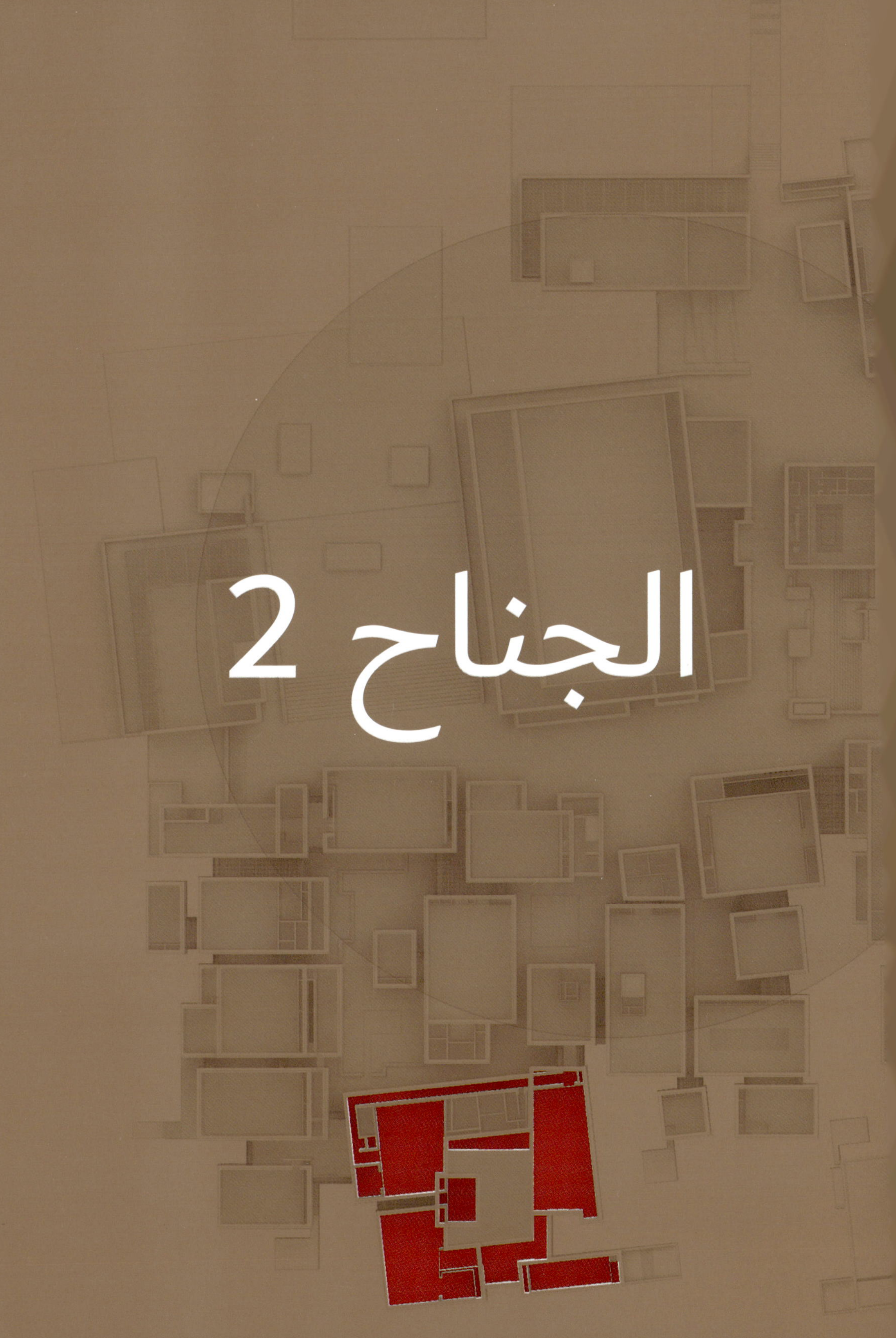

الجناح 2

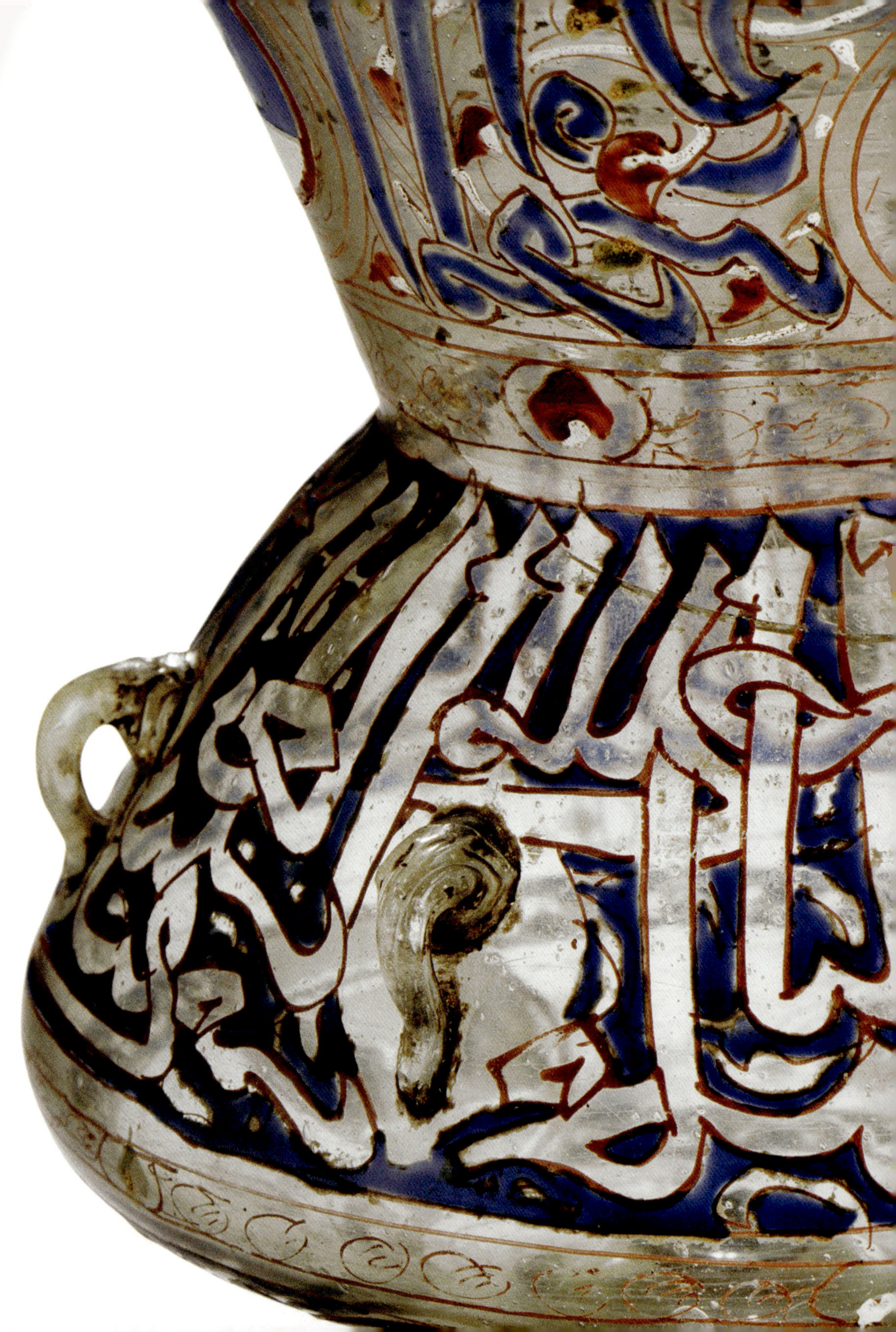

قاعة العرض 4

الأديان العالمية

أسهم انتشار الديانات الكبرى ذات الرسالة الكونية - التي بدأت منذ ألفي عام - في إحداث تحوّل عميق في النظام الموروث عن العالم القديم. فقد طرحت كل من البوذية والمسيحية والإسلام تصوّرا جديدا للسموّ والخلاص لجميع البشر باعتبارها ديانات تبشيرية فرضت نفسها خلال بضعة قرون على معظم الحضارات في أوروبا وآسيا وإفريقيا. وانطلاقا من قيام هذه الديانات على قاعدة مشتركة مع الديانات السابقة مثل الهندوسية أو اليهودية، فقد واجهت أثناء انتشارها معتقدات أخرى مثل الكونفشيوسية والطاوية في الصين أو الأرواحية في إفريقيا. ويعدّ الإيمان بفكرة التوحيد إحدى أهم خصائصها الأساسية: أي الإيمان برسالة إله واحد تهبط إلى الأرض عن طريق نبي أو وسيط يصل بين الله والمؤمنين.

نشأت البوذية في شمال الهند مع التعاليم التي جاء بها سيدهارتا غوتاما (Siddhartha Gautama) نحو عام 600 قبل الميلاد، وامتدت في القرون التالية إلى شبه القارة الهندية ثم انتشرت خلال القرون الأولى بعد الميلاد في كل من الصين وجنوب شرق آسيا. أمّا المسيحية، النابعة من التعاليم التي جاء بها المسيح، فقد ظلت مضطهَدة لفترة طويلة داخل الإمبراطورية الرومانية قبل أن يُسمَح بها عام 313 في عهد الإمبراطور قسطنطين، لتصبح الدين الرسمي للدولة عام 380. وظلت قائمة بعد انهيار الإمبراطورية الرومانية الغربية لتصبح بعد ذلك دين الأغلبية في أوروبا القرون الوسطى. أما الإسلام، فقد ظهر مع نزول الوحي القرآني على النبيّ محمد (صلى الله عليه وسلم) نحو عام 610 للميلاد، ثمّ انتشر بسرعة كبيرة في منطقة جغرافية واسعة تمتد من المحيط الأطلسي إلى شبه القارة الهندية.

تشترك الديانات العالمية في عدد من القيم المشتركة. فقد تميز فنّها خلال هذه الفترة بضعف الاهتمام بالتصوير "الواقعي" للأشكال، وذلك لأنّ وظيفته آنذاك كانت تتمثل في التعبير عن المفاهيم اللاهوتية أكثر منها تصوير العالم الواقعي. كما أخذت الكتابة ورمزية الضوء مكانتهما في الديانات الثلاث. فوفقا للتعبير القرآني "أهل الكتاب"، يصدر الإسلام والمسيحية عن نفس الأصل في العهد القديم، وهما يتفقان في ذلك مع ممارسة السوترا البوذية التي دوّنت بالحروف كلام بوذا. ومثّل النور الذي يتسلل عبر نوافذ الزجاج الملوّن في الكاتدرائيات أو الذي ترسله المصابيح في المساجد أو الذي يتلألأ على التماثيل البوذية الذهبية، إحدى الصور المجازية القوية للديانات الكونية الثلاث.

يمثّل النور في ارتباطه بالنبوة وبالروحانية منذ القدم تجسيدًا مرئيا لقوى غير مرئية. وتشترك الفلسفات والأديان الكبرى في هذه الاستعارة التي تضعه في مركز الفضاء المقدس، إذ ينظر إليه بما هو ظاهرة فيزيائية تعكس خيالا غير محدود لصور مجازية ذات طابع ديني. وعلى هذا النحو، يرتبط النور في الثقافة المصرية القديمة بالفجر الكوني الأصلي، فالنهار هو الحياة الذي يتعارض مع الليل الذي يرمز إلى الموت. وتستحضر بدايات الديانة الهندوسية في نص "ريغفيدا" (Rigveda) المقدّس ظهور النور بوصفه إحدى مراحل خلق الكون، في حين يحمل مؤسّس البوذية لقب بوذا المقدس الذي يعني "المستنير".

النور الإلهي

وعلى عكس الحضارات الحلولية التي تماثل النور بالإله ذاته، ترى الديانات الكتابية في النور رمزا لوحي الإله وتعاليه. ففي سفر التكوين، كانت أولى أعمال الخلق هي "الفصل بين النور والظلمة" (سفر التكوين، 1، 3). وقد ساد هذا البُعد الميتافيزيقي للنور بأشكال مختلفة في اختيار المواد والتقنيات والتصورات المعمارية الجديدة. ولكونه تعبيرا مباشرا وغير محسوس عن الإله في الإسلام، فقد أُضفيت صفة القدسية على النور في سورة النور (الآية 35). أما في الغرب، فقد أسفر السعي وراء الفضاءات الواسعة إلى جانب استخدام معادن مختلفة، عن ظهور فن تلوين الزجاج المزخرف.

ويتخذ النور في العالم الإسلامي أهمية خاصة، فهو أحد أسماء الله الحسنى التسعة والتسعين، كما خصّصت له السورة الرابعة والعشرون من القرآن. وقد كان من عادة النبي محمد (صلى الله عليه وسلم)، قبل اصطفائه بالرسالة، أن يختلي على جبل النور بالقرب من مكة، حيث نزل عليه جبريل بالوحي الإلهي في غار حراء. "اللَّهُ نُورُ السَّمَاوَاتِ وَالْأَرْضِ مَثَلُ نُورِهِ كَمِشْكَاةٍ فِيهَا مِصْبَاحٌ

الْمِصْبَاحُ فِي زُجَاجَةٍ الزُّجَاجَةُ كَأَنَّهَا كَوْكَبٌ دُرِّيٌّ"، كثيرًا ما كانت هذه الآية القرآنية تخطّ على مصابيح المساجد بصورة فنّية.
وقد كان للتصوّر العمودي للنور في اللاهوت المسيحي تأثير حاسم على الهندسة المعمارية والفنّ الديني. إذ يصل مبدؤها المؤسّس الإلهَ بالنور الطبيعي ويجعله نقيضًا للظلام. وقد انعكس ذلك تحديدًا من خلال التقنيات المعمارية الجديدة في الفترة القوطية، إذ سمحت تلك التقنيات بتحويل أماكن العبادة إلى "كاتدرائيات نور" حقيقية، على غرار كنيسة سان دوني الموجودة بالقرب من باريس، والتي صمّمها الأب سوجي (Abbot Suger) في القرن الثاني عشر لتكون تجسيدًا دنيويا لأورشليم السماوية. فمن خلال الزجاج المزخرف، الموجود في الجزء العلوي من الكاتدرائيات، يتحوّل النور المادّي إلى نور إلهي يغمر المكان وينعكس على المؤمنين. وقد بلغ فنّ الزجاج المزخرف ذروته في القرنين الثالث عشر والرابع عشر، مع نوافذ الكنائس مثل كنيسة سانت شابيل في باريس أو كاتدرائيات ريمس وريغنسبورغ على سبيل المثال.

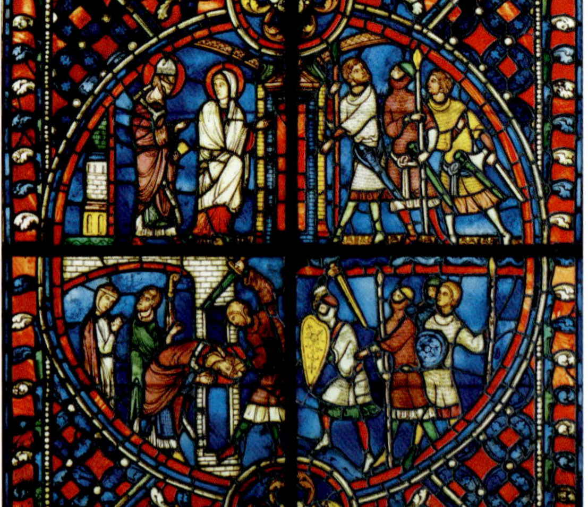

1

نور الكاتدرائيات

تضيء النوافذ الزجاجية المزخرفة، التي ازداد حجمها بقدر ما سمحت التقنية المعمارية بتقليص صلابة الجدران، الكاتدرائيات القوطية بألوان زاهية. وتزدان هذه النوافذ برسومات تصوّر مشاهد من العهدين القديم والجديد، ومشاهد من حياة القديسين، ونجد أحيانا مشاهد من الحياة اليومية، وليس ذلك من أجل تعليم المؤمنين فحسب، بل لإبهارهم أيضًا وإعطاء البعد الإلهي كامل تألقه.
تُظهِر هذه النافذة الزجاجية المزخرفة القديس نيكيز (Saint Nicasius)، أسقف ريمس، الذي أسره الوَندال في عام 407 وقاموا بتعذيبه وقطع رأسه. وتحكي الأسطورة أن الأسقف قد نهض والتقط رأسه وذهب به إلى قبره. وقد أفزعت تلك المعجزة البرابرة الذين فرّوا فنجت بذلك مدينة ريمس.

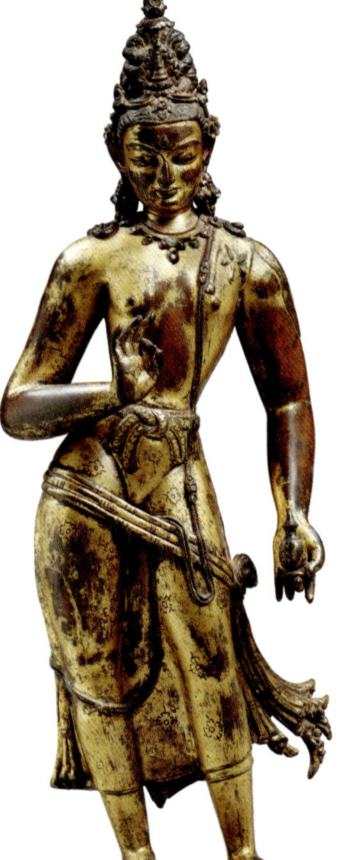

التنوير البوذي

يصوّر هذا التمثال النيبالي الكلاسيكي -الذي صنعه فنانون نيواريون من سكان وادي كاتماندو- بوذا القادم ناشرًا نور حكمته وواضعًا المؤمن على طريق اليقظة. لكن النور -الذي يظهر هنا من خلال الذهب -لم يؤدّ في البوذية إلى إحداث تطوّرات مميّزة، غير أنه في مذهب المهايانا تمتلك الآلهة التي تُعرف بالبوذاسف، القدرة على إنقاذ المخلوقات الحيّة وتوجيهها نحو التنوير النهائي أو "بودهي" (bodhi). وتنعكس صور النور في بعض أسماء هذه الآلهة السماوية فيروكانا "المنير" وأميتابها "النور الذي لا حد له".

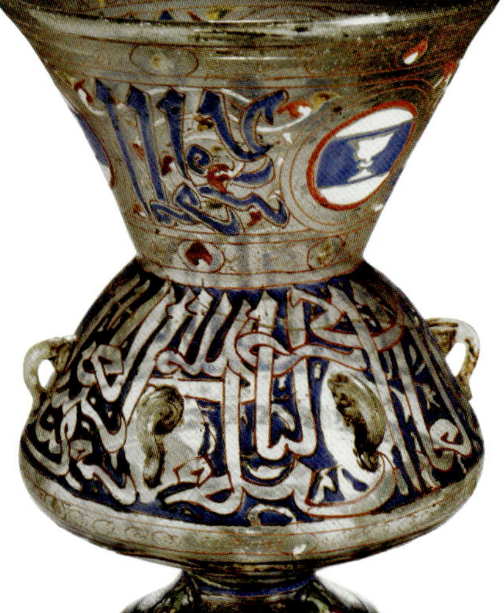

النور

كانت مصابيح المساجد -التي تُعدّ من بين الإنجازات الأكثر روعة في العصر المملوكي -بين القرن الثالث عشر والرابع عشر تُصنع بأعداد كبيرة لإضاءة المساجد والمركّبات الدينية، حيث تسهم في خلق المشهد الدائري والأفقي للفضاء المقدّس.

وقد استعادت تقنية الزجاج المطلي بالمينا والمذهّب، والمعروفة منذ العصور القديمة، أهميتها وتوافقت مع الرمزية الإسلامية للنور بفضل الزجّاجين السوريين المصريين. وتضفي الكتابة الأثرية بخط الثلث -التي تُظهر هنا اسم المتبرّع بالمصباح وشعاره وهو الأمير تنكزبغا (Tankizbugha)، حاجب السلطان حسن (1361-1334) -تناغمًا على شكل المصباح. وتحاكي الخلفية الزرقاء والحروف المملوءة في الأصل بغبار الذهب صدى النور الإلهي الذي يعمّ الكون من خلال كلمة الله.

لجأت الأديان السماوية إلى أشكال رمزية تحيل على عقيدة أو قصّة مقدّسة لكي توحي بوجود المطلق. اكتسبت هذه الأشكال قوة موحِّدة من خلال طبيعتها التجريدية، فاندمجت في الممارسة الدينية وأسهمت في خلق علامات ورموز وأيقونات ترجع إليها التعاليم الدينية. وقد أصبحت هذه العلامات والرموز النابعة من الانتماء الروحي محلّ تقديس خاص على المستويين الفردي والجماعي. وخلافًا للعالمين المسيحي والبوذي اللذين تطوّرا بالتدريج نحو التجسيد التصويري للمفاهيم الدينية، فتح الإسلام الباب أمام التنزيه المطلق مقتصرا على تجسيد ذلك بالكلمة. أمّا المجتمعات القديمة في المكسيك وجزر الأنتيل الكبرى، فقد طوّرت أشكال تجسيد نظرية جمعت بين التجريد والتصوير الرمزي لتعكس نشأة الكون عند سكان أمريكا الوسطى وعلاقتهم بالأرض.

رموز إلهية

حضور بوذا

إنّ السعي إلى بلوغ حالة "النيرفانا" (nirvana)، التي تعني حرفيًا كبح الأحاسيس، هو جوهر الديانة البوذية. وتعدّ هذه التجربة الفريدة والفردية مصدر أول أشكال التجسيد التنزيهي (غير المادي) في الفن البوذي، وتفسر سبب عدم سعي الفنانين بادئ الأمر إلى تصوير بوذا في صورة بشرية، إذ اكتفوا في البداية -في مجال الفنون البصرية-بالإشارة إلى حضوره من خلال بعض الرموز مثل العجلة وكذلك العرش وزهرة اللوتس وآثار الأقدام والعمامة وغيرها. ثم أدّى تطوّر الوعي الديني إلى ظهور الصور البشرية لبوذا في مطلع العصر المسيحي في شمال شبه القارة، وانتقل بعدها سريعًا إلى منطقة أمارافاتي جنوب شرق الهند.

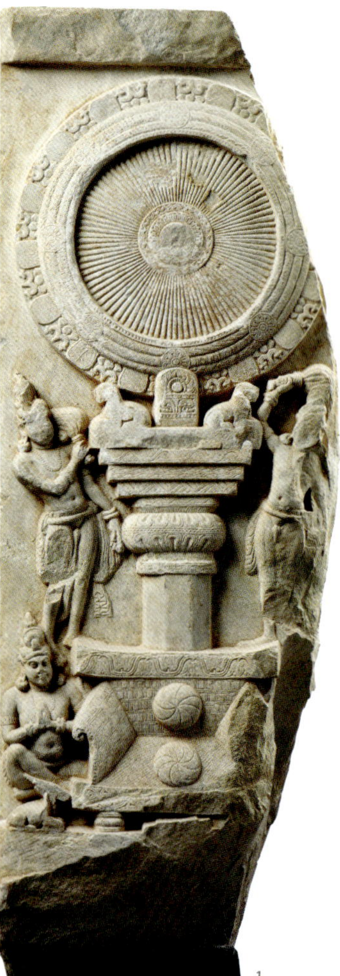

شارة السلطة

يشار إلى المكانة الاجتماعية والوظيفية في مجتمع الأزتيك -المتسم بالطبقية المحكمة -من خلال الملابس والشارات المزخرفة بالأحجار الكريمة والريش ذي الألوان المختلفة. وترتبط هذه الشارات، عبر توهّجها، باستعارة كونية للعالم، وتوحي بأن من يرتديها - وهو غالبًا ما يكون إمبراطورًا-إلهًا على الأرض. ويتألف هذا النموذج لشارة السلطة من ستّ عشرة ريشة طويلة وأربعة زخارف مؤلّفة هي ذاتها من ريشتين قصيرتين ولؤلؤة وريشة طويلة. وقد توضع هذه الشارات على الرأس أو على الظهر أو تُعلّق على رمح أو صولجان.

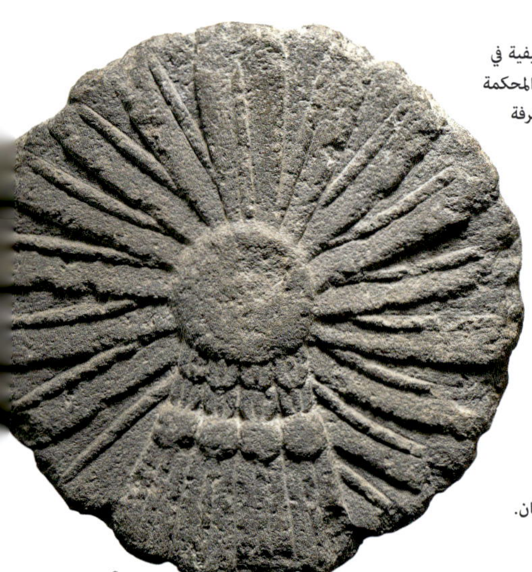

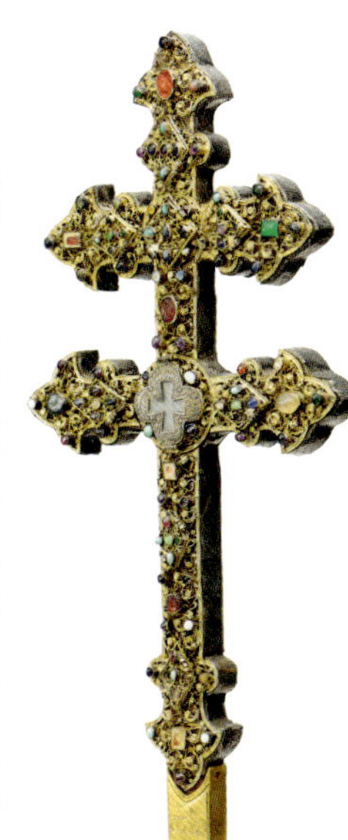

.1
صفيحة حجرية من ضريح بوذي "ستوبا"
الهند، منطقة أماراڤاتي
100-300 م.
إ. 129.5 سم؛ حجر
اللوڤر أبوظبي

.2
تصوير لأحد رموز السلطة
المكسو بالريش
المكسيك، وادي المكسيك
1325-1521
ق. 7.8 سم؛
حجر بركاني
متحف رصيف برانلي جاك شيراك

.3
وعاء ذخائر يحتوي على بقايا الصليب المزعوم للمسيح
فرنسا، ليموزان
1250-1275
إ. 57.5، ع. 21.2 سم؛
فضة، نحاس مطلي بالذهب، أحجار شبه كريمة
المتحف الوطني للعصور الوسطى- كلوني

.4
إفريز من دير مسيحي
الإمارات العربية المتحدة، أبوظبي، صير بني ياس
500-800 م.
إ. 27، ع. 16 سم؛
جص
دائرة الثقافة والسياحة أبوظبي

.5
جزء من صفيحة على شكل محراب
إيران
1250-1350
إ. 60، ع. 62 سم؛ خزف مقولب ومصقول
متحف اللوڤر

.6
حجر بثلاثة نتوءات على شكل حيوان
جزر الأنتيل الكبرى، بورتوريكو
1200-1492
إ. 15 سم؛ حجر بركاني
متحف رصيف برانلي جاك شيراك

علامة أم رمز؟

تُعدّ أدوات تعذيب المسيح، وخصوصًا الصليب، من أهم الذخائر المسيحية، وقد أصبحت هذه الأدوات محلّ تقديس. ويُسمّى هذا الصليب المتقن الصنع الذي يرجع إلى القرن الثالث عشر والمصنوع في وسط فرنسا على شكل الصلبان المزدوجة ذات الأصل البيزنطي بـ "صليب وعاء الذخائر المقدسة". ففي الحقيقة، يفصح هذا النوع من الصلبان بوضوح عن مضمون الذخائر المقدسة، إذ يشير شكله إلى مكوّناته وهي قطع صغيرة من الصليب الحقيقي أُدخلت في وعاء صليبي الشكل يحوي قطع الذخائر المقدسة وتوجد عند التقاطع الرئيسي للصليب. وقد تسبب نهب القسطنطينية عام 1204 في تدفّق القطع الأثرية وتضاعف إنتاج مثل هذا النوع من أوعية الذخائر المقدسة.

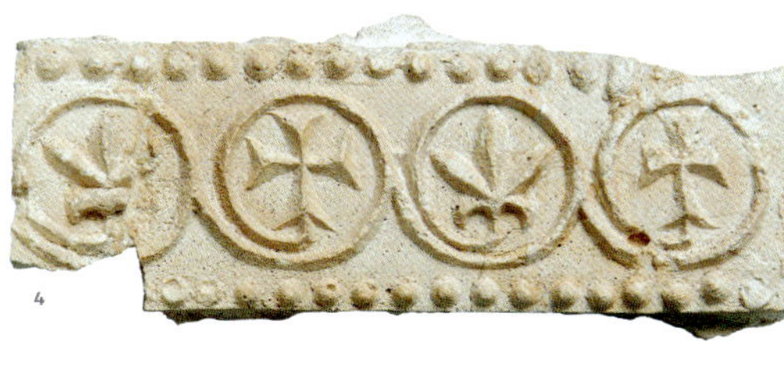

4

تعريف المكان المقدّس

يعود هذا الجزء من الزخارف المعمارية إلى دير مسيحي نسطوري نشط بين القرنين السادس والثامن في جزيرة صير بني ياس، قبالة سواحل "أبوظبي". وكان الدير يضم في الأصل كنيسة مزخرفة بلوحات الجصّ ومساكن للرهبان. ويعدّ هذا الدير أحد أقدم الشواهد على وجود العبادة النسطورية في الجنوب الشرقي لشبه الجزيرة العربية.

استعارة معمارية

يمثل المحراب، أو الركن الذي يشير إلى القبلة -اتجاه مكّة المكرّمة التي يتجه نحوها المسلمون لأداء الصلاة، علامة محسوسة ورمزية على التوجّه الجسدي والروحي نحو الله. وقد تطوّر هذا الشكل، الموروث عن الكاتدرائية الرومانية التقليدية، في الإسلام ليصبح استعارة معمارية للنور الإلهي الذي يسعى إليه المؤمن. ويرمز المصباح الموجود في الوسط إلى سورة النور في القرآن الكريم (السورة 24، الآية 35).

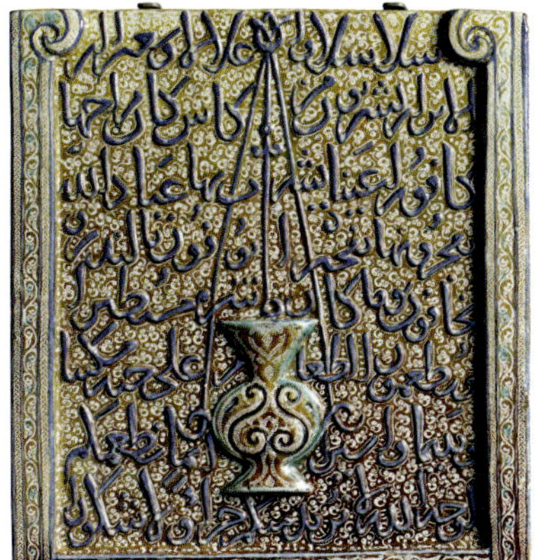

5

لغز من جزر الأنتيل

ترمز هذه القطعة الغريبة المثلثة الشكل إلى أرواح خارقة أو إلى آلهة ديانة شعب التاينو، وهم سكّان جزر الأنتيل الأصليين. وقد ظهر هذا النوع من القطع الفنية في القرون الأولى لعصرنا الحالي، وازداد حجمها وتعقيدها من العام 1000. حافظ بعضها على أشكالها التجريدية الخالصة، أما بعضها الآخر مثل هذه القطعة، فقد نحتت جزئيا أو كليا على صورة حيوانات برؤوس بشرية أو على هيئة كائنات هجينة، كما في هذا النموذج القادم من جزيرة بورتوريكو، الذي يمثّل أحد أطراف رأس حيوان يصعب تحديده من حيث الشكل أو من حيث الدلالة.

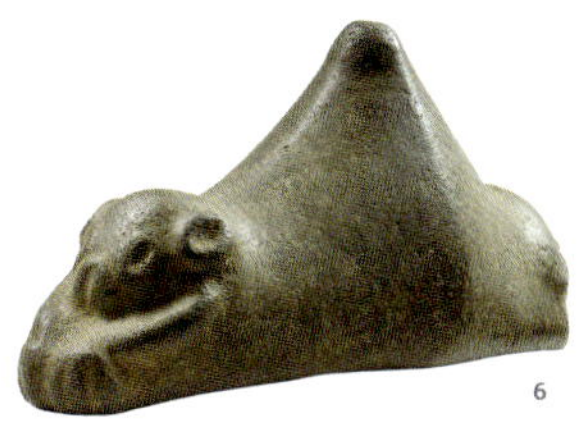

6

عبَّرت معظم أديان العصور الوسطى -باستثناء اليهودية والإسلام -عن وجود الإله، من خلال أشكال بشرية اختلف مدلولها من دين إلى آخر. وسواءٌ أصورت هذه الأشكال الآلهة ضمن البشر أم البشر آلهة تعبيرا عن الحضور المادّي للآلهة، فقد كانت وظيفتها توضيح أسرار الحياة. وقد جعل الحضور المألوف اللطيف أو الغامض لهذه الكائنات الخارقة نماذج يُحتذى بها. وقد أسّس العالم المسيحي عقيدته حول تجسيد الله في الإنسان، وهو الأساس الذي قامت عليه العديد من أشكال التجسيد. أمّا الديانات الهندية التي انتشرت في جنوب شرق آسيا من خلال فنّ التصوير الطبيعي، فقد حثّت الأتقياء على التأمل لتعدّهم للقاء الآلهة. وقد اعتمد تنوّع الفنون الإفريقية وما قبل الكولومبية على السمات الشكلية لخيال هائل يبرز الحضور القوي للمقدّس.

وجوه الإيمان

الرجل الثعبان الأزتيكي

يخرج من الفم المفتوح للحيّة المجلجلة وجه محارب يتميّز بالقرطين الموجودين في أذنيه. ومثّل الصورة كيتزالكواتل وهو الثعبان ذو الريش الأخضر لطائر الكيتزال، الذي يحتلّ مكانة جوهرية في مجمع الآلهة الأزتيكية. ووفقا للعديد من الأساطير المختلفة، يقف كيتزالكواتل وراء خلق العالم والبشر، بوصفه من قدّم لهم الذرة وشراب البولكي الشعائري. وقد يوحي وجه المحارب بأسطورة ملك تولا الذي حكم إمبراطورية التولتيك في القرن العاشر. تقول الأسطورة إنّ هذا الملك لم يستطع أن يحافظ على العهد الذي قطعه على نفسه بالعفة، بعد أن قام عدوّه تيزكاتليبوكا بإسكاره، فأحرق نفسه ندما وتحوّل قلبُه الناجي من الرماد إلى نجمة الصباح.

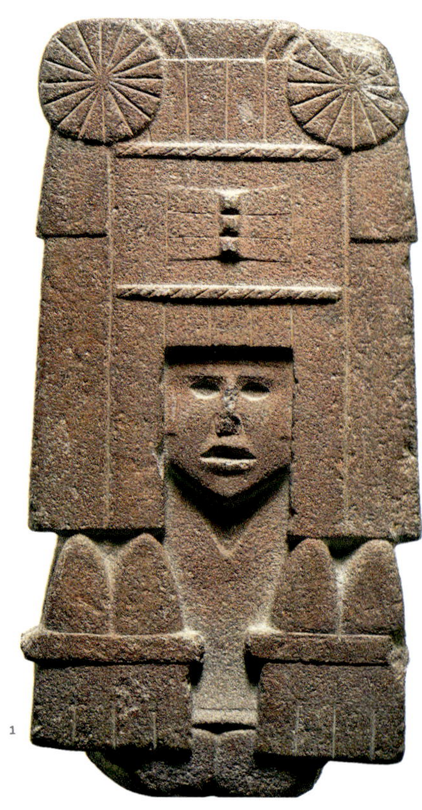

إلهة الذرة

كانت للأزتيك مئات الآلهة التي تستطيع أن تندمج أو تتكاثر. ولم تكن أشكال هذه الآلهة المنحوتة أو المقولبة مجرّد تجسيد للآلهة بل كانت وعاء حقيقيا لها. وترمز سمات الصور الرمزية التي تميزها إلى صفاتها وقدراتها. تجسّد شيكوميكواتل التي تعني "سبعة ثعابين" في لغة ناهواتل، لغة الأزتيك، إلهة الحصاد وحامية الذرة التي تمسكها بيديها. ويعتقد أنها علّمت البشر طريقة صناعة التورتيلا، وهو الطعام الرئيسي لسكان أمريكا الوسطى.

.1

.1

تشيكوميكوتل،
إلهة الذرة
المكسيك، وادي
المكسيك
1325-1521
اِ. 83 سم؛ حجر بركاني

متحف رصيف برانلي جاك شيراك

.2

كيتزالكواتل، إله
على شكل ثعبان
مكسوٌّ بالريش
المكسيك، وادي
المكسيك
1325-1521
اِ. 49.5 سم؛
حجر بركاني

متحف رصيف برانلي جاك شيراك

.3

تمثال لأحد الأسلاف
مالي
1200-1300
اِ. 95.5 سم؛ خشب

اللوفر أبوظبي

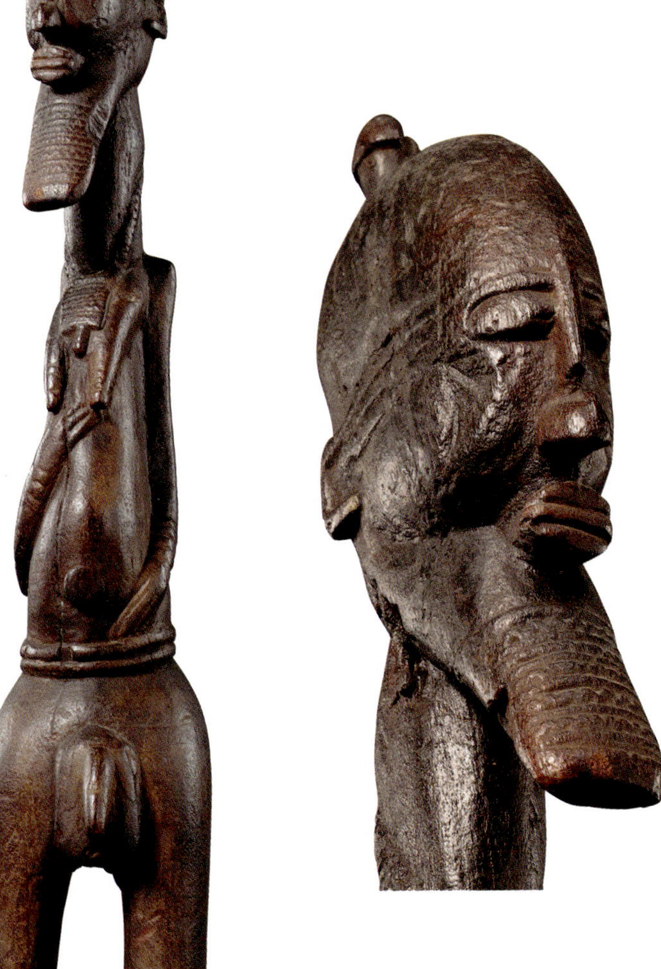

3

إله ثنائي الجنس

يرمز هذا التمثال الإفريقي ثنائي الجنس الذي صُنع في فترة ما قبل الدوغون قبل القرن الخامس عشر إلى جدّ أسطوري يختلف عن البشر الذين يتمايزون جنسيا. وهذا النوع من التماثيل شائع جدا في أيقونات دوغون وفي أساطيرها حيث تظهر في مراسم المسارّة للمراهقين. وتنخرط هذه الصورة في تراث المنتوجات ذات الطراز الجينيني، ولكن يُعتقد أنها صنعت في مالي على أيدي بعض الجماعات التي أجبرت على الفرار إلى منطقة صخور باندياغارا في القرن الحادي عشر، هربًا من هجمات جيوش المرابطين القادمين من المغرب.

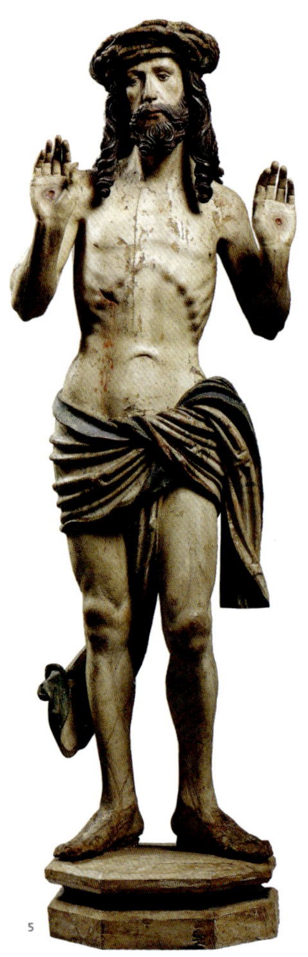

5

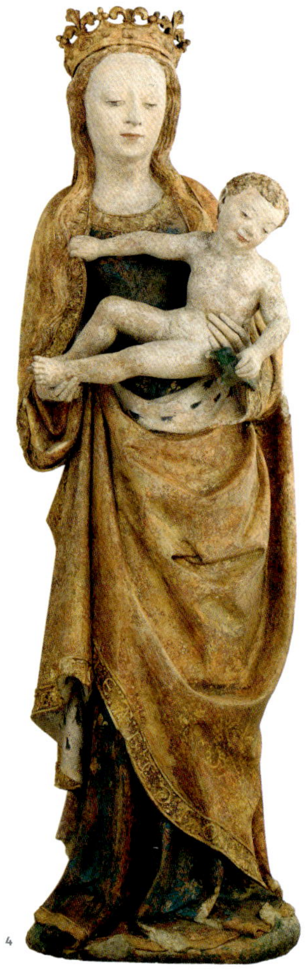

4

رجل الآلام

يبرز هذا التمثال الضخم الذي يجسّد المسيح وقد نهض واقفًا حاملا تاج شوك الآلام على رأسه، جراح عملية الصلب. يحتفي التمثال -عبر الجمع بين رجل الآلام ومسيح القيامة- بتجسّد إله المسيحية في فترة تأسّست فيها التقوى الشخصية على الاحتذاء بالسيد المسيح. ويعكس هذا التمثال -الذي صنعه أساتذة الفنّ القوطي الألماني المتأخّر- بشرية الإله من خلال الزخم في استخدام الألوان، تماشيًا مع ما ورد عن تضحية المسيح بنفسه من أجل خلاص البشرية حسب اعتقاد المسيحيين. يعدّ هذا العمل تعبيرا فنّيا متأخّرا عن العقيدة المسيحية المفعمة بالإحساس وقد صُنع قبل عصر الإصلاح البروتستانتي بقليل.

طفل مثل الآخرين

حظيت أيقونة العذراء والطفل الموروثة عن التراث البيزنطي بالاعتراف الرسمي في الفن الغربي عام 432 في مجمع أفسوس، وذلك بعد تأكيد الوحدة بين الطبيعة الإلهية والطبيعة البشرية في شخص المسيح من خلال الاعتراف بمريم أمًّا للإله. ويبرز هذا التجسيد الحسّاس والمؤثّر للإله من خلال تصوير طفل عارٍ وممتلئ الجسم. ويوحي تاج السيدة العذراء بأزهار الزنبق وفستانها الأزرق ومعطفها المذهّب المبطّن بفرو القاقم بنبل ملكة السماء وعظمتها، كما يعكس المقام الرفيع بل الملكي لمن أمر بصنع التمثال.

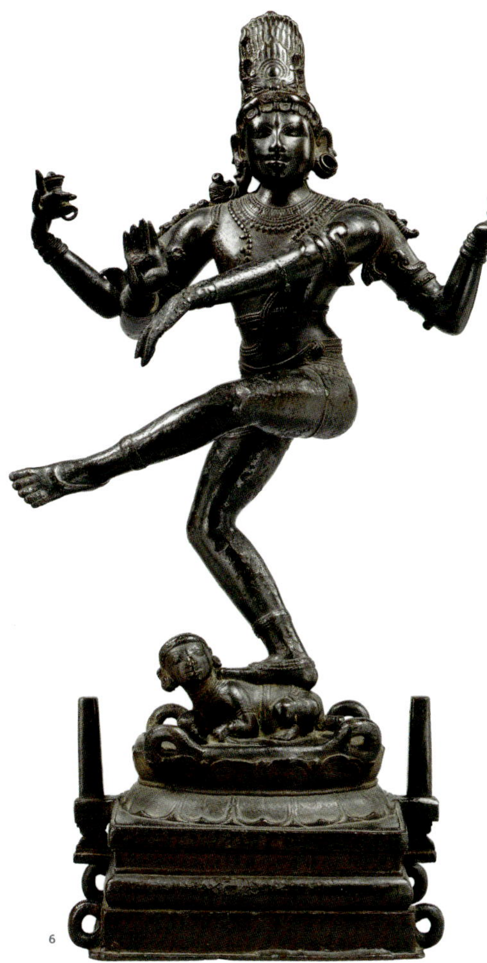

7

6

البوذاسف، "قديس" البوذية

تجاوزت البوذية النزعة الأصلية القائمة على استبعاد التجسيد في بداية العصر المسيحي، وأفضت إلى ظهور تطوّر في الفكر الديني وظهور أشكال شبيهة بالإنسان لبوذا. وفي مذهب "ماهيانا" (Mahayana) البوذيّ الذي يعني "المركبة الكبرى"، لم يعد بوذا وحده محلّ عبادة وتقديس، بل بات محاطًا بمجموعة كبيرة من الآلهة، خاصة من البوذاسف، أي الشفعاء الذين يتيحون لجميع البشر الوصول إلى الخلاص. وعلى عكس بوذا الذي يظهر على هيئة الراهب، يبدو البوذاسف في هيئة أميرية، وقد صُمِّمت صوره الرمزية في جنوب آسيا لكنها انتشرت في كامل الشرق الأقصى.

رقصة الدمار

تتنوّع الصور الرمزية للإله شيفا في الهندوسية تنوعًا خاصًّا، إذ يظهر هنا بأربعة أذرع في هيئة تجمع بين الشكل البشري والخيالي. يُصوَّر الإله شيفا -وهو أقنوم في ثالوثٍ إلهي-على أنه إله الدمار الدوري للعوالم، إلى جانب براهما الخالق و فيشنو الحامي للكون. ويحمل شيفا من التناقضات ما يجعله يرعى عِباده الأتقياء ويدمّر العالم في نهاية الدورة الكونية ويقود العالم إلى التحرّر عبر سحق الجهل. ولكونه زاهدا وسط عالم همجي، اعتُبر الإله شيفا الزوج والأب المثالي. وينهض من بين وظائفه المتعددة بوظيفة إله الرقص أو "ناتاراجا" (Nataraja) كما يظهر هنا.

أفسح صنع القطع الطقسية أو بناء المعابد المجال أمام ظهور الابتكارات التقنية والفنّية. وبغض النظر عن الاختلافات اللاهوتية والتنوع الأسلوبي، فإنّ التعبير عن علاقة الإنسان بالمقدس، قد اتخذ شكل ممارسات كونية مشتركة مثل الصلاة الفردية أو الجماعية، والطقوس الجنائزية، والحجّ، وتقدير الذخائر المقدسة. وعلى منوال ذخائر بوذا التي أصبحت موضوعًا مميزًا في الصور الرمزية البوذية، عرفت هذه العبادة القائمة على انتقال قدسية الجسد المقدّس إلى المؤمن تطوّرا مذهلا في الغرب المسيحي، وذلك عند تنامي عبادة القديسين. وفي الإسلام، يُكِنُّ المسلمون شعورا مميزًا بالإخلاص للنبي محمد (صلى الله عليه وسلم) ولبعض الأئمة والشخصيات المقدّسة (الأولياء). ولقد أسهم تنقّل الأشخاص، والحج إلى الأماكن المقدسة أو زيارة الأضرحة -مثل الحج، الذي يُعد أحد أركان الإيمان الخمسة في الإسلام - في تعزيز التبادل والتفاعل الثقافي.

عبادات ومعابد وصلوات

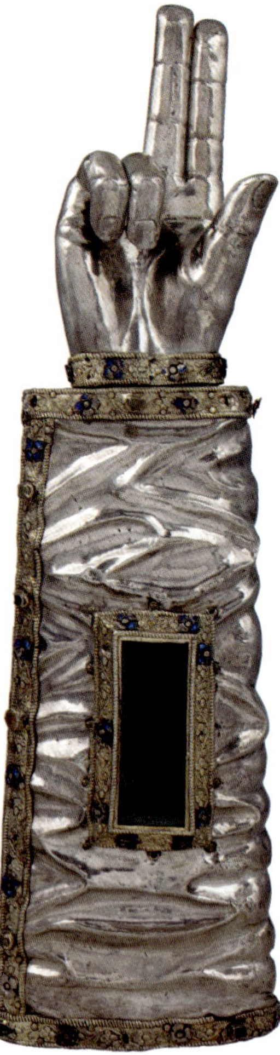

الرؤية أساس الإيمان

تزامن تطوّر العبادات الخاصة المرتبطة بالقدّيسين المسيحيين مع زيادة هائلة في صنع الذخائر الدينية المجسّدة أو "الناطقة" في العصر القوطي ابتداءً من القرن الثالث عشر. وتعكس هذه الذخائر التي تتخذ شكل قدم أو رأس أو ذراع، كما في هذا النموذج، طبيعة المحتوى الذي تشتمل عليه، (عظام جثة أحد القديسين). وقد قدّمت هذه الذراع مثل أغلب أذرع أوعية الذخائر المقدسة، قربانا لقديس لا نعرف هويته، وتعلو هذه الذراع يد تباركها. وتسمح الفتحة المستطيلة المثقوبة في اليد برؤية الذخيرة المقدّسة وتوكّد بذلك قدرتها العجيبة على الإشفاء وهي تلبّي حاجة أساسية عنوانها الرؤية من أجل الإيمان.

1

126

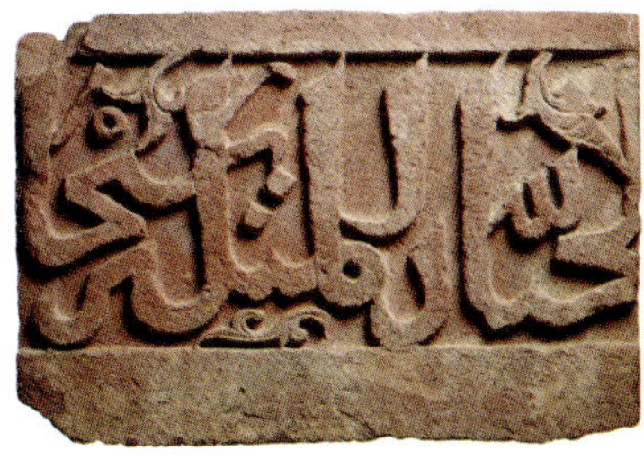 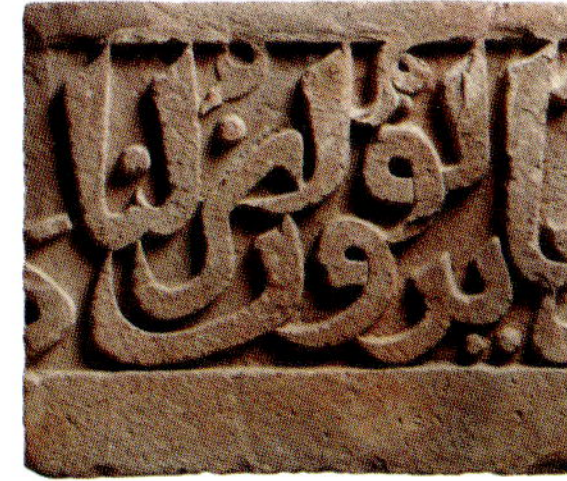 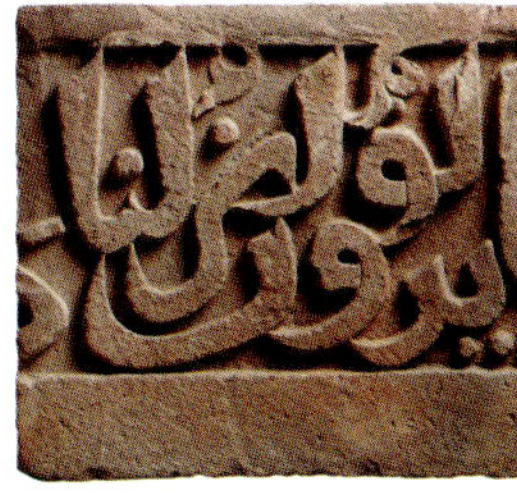 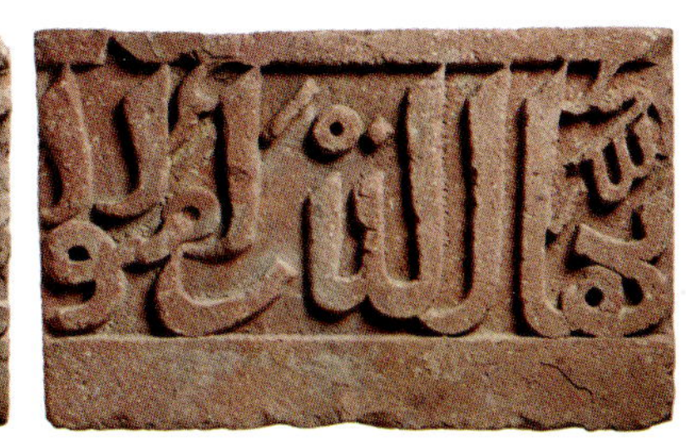

2

زخرفة منقوشة

تحتلّ النقوش الكتابية مركز الصدارة في الزخرفة المعمارية في العالم الإسلامي نظرًا لتحريم الصور في الفنّ الإسلامي. وُجد هذا الإفريز في مزار هندي وهو يتألّف من ثلاثة عشر عنصرًا كتبت عليها آيات قرآنية من السورة رقم 59، سورة الحشر، من الآية 18 إلى الآية 24. ويؤكد النصّ علوّ العقيدة الإسلامية الجديدة عقب تأسيس الدول الإسلامية في شمال الهند، مما أفسح المجال أمام حقبة سياسية وفنّية جديدة بين أواخر القرن الثاني عشر وأوائل القرن الثالث عشر. وفي بيئة يغلب عليها الطابع الهندوسي، أدّى تلاقي الخط العربي والتقليد الهندي في مجال النحت على الحجارة إلى إنتاج مجموعة من أهمّ الزخارف الضخمة في الفنّ الإسلامي.

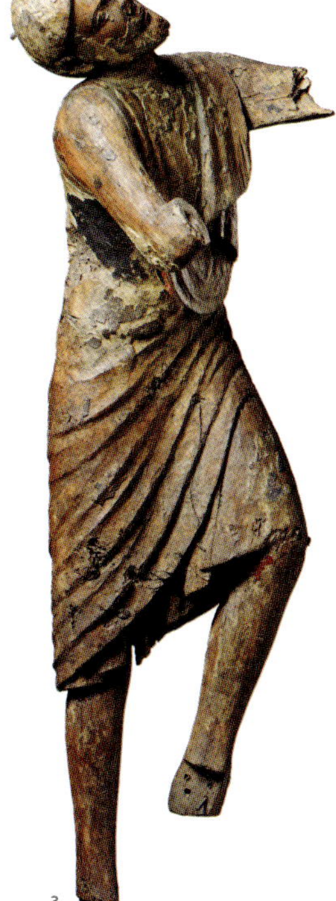

3

صورة رمزية

اتُّفق على أن هوية هذا التمثال غير المكتمل تعود ليوسف الرامي، تلميذ يسوع الذي طلب من بيلاطس البنطي (Pontius Pilate) جثمان المسيح بعد صلبه ليدفنه. وتشير هيئته برأسه المرفوع قليلا والمتجه إلى الجنب وجسده وذراعيه الممدودتين إلى استعداده لاستقبال جسد المسيح بعد إنزاله من الصليب. ويحلّ هذا التمثال في الأصل ضمن مجموعة كبيرة من تماثيل "الإنزال من الصليب"، التي تضمّ إلى جانب المسيح، السيدة العذراء والقديس يوحنا ونيقوديموس. يأتي المؤمنون للاجتماع -لا سيما في عيد الفصح- أمام هذه التماثيل المزخرفة المستوحاة من "الأسرار المقدسة"، والتي كانت شائعة بكثرة في كنائس وسط إيطاليا في القرن الثالث عشر، وفي ألواح المذبح القوطي.

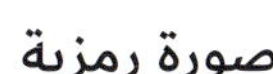

في قلب الكنيسة

يعكس هذا التاج، الذي ينتمي إلى مجموعة مكوّنة من أربعة تيجان تعلو أنصاف أعمدة، تطوّر سُدة جوقة المرتّلين في الكنائس باعتبارها المكان الرئيسي لممارسة الطقوس المسيحية في العمارة الرومانية. وتسند هذه التيجان الغنية بالألوان قوس النصر في مدخل سُدة الجوقة في الكنيسة كما هو الحال في الكنائس الرومانية الصغيرة في إقليم أجين في جنوب غرب فرنسا. وقد زُيّنت هذه التيجان بأشكال متنوعة تطوّرت مع الفنّ الروماني، من هنا وجود شكل طبيعي لأوراق نبات الأقنثوس، ووجود كائنات خيالية كحوريات البحر والفرسان الذين يمتطون الأسود، وهي من قصص الحيوانات الرمزية المنتشرة في العصور الوسطى.

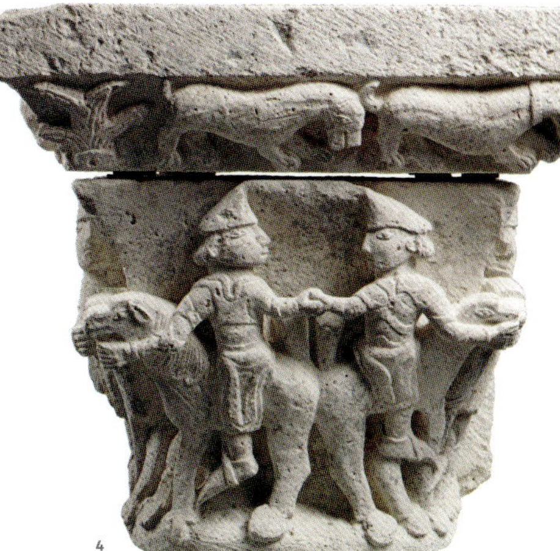

4

.1
صندوق ذخائر على شكل ذراع
فرنسا
1400-1500
إ. 30 سم؛ فضة وأحجار شبه كريمة
المتحف الوطني للعصور الوسطى-كلوني

.2
إفريز معماري منقوش بآيات قرآنية
شمال الهند، راجستان (؟)
نحو 1200
الطول الإجمالي 888 سم؛ حجر رملي
اللوفر أبوظبي

.3
يوسف الرامي
ينسب إلى ورشة "النزول من الصليب" في تيڤولي
وسط إيطاليا
1230-1240
إ. 290 سم؛ خشب، آثار طلاء
اللوفر أبوظبي

.4
تاج عمود رومانسكي
فرنسا، بلدة بوڤيل، كنيسة بيمون القديمة
1100-1150
إ. 75 سم؛ حجر، آثار طلاء
اللوفر أبوظبي

تحفة فنية:
الستوبا - وعاء الذخائر المقدسة

رغم اختلاف الأساليب وتنوّع المذاهب، تقوم العمارة البوذية عامةً على عبادة الذخائر المقدّسة الموجودة في بناء دائري يسمى "ستوبا" (stupa). وقد استُوحي الشكل الدائري في الأصل من هيكل مَعْلم جنائزي على تلّ يرجع إلى عصر ما قبل البوذية يغطّي رفاة إحدى الشخصيات البارزة. وترجع الأهمّية الكبيرة للستوبا في الفنّ والممارسات البوذية إلى تجربة استثنائية عايشها بوذا هي التنوير أو "بودهي" (bodhi) ومن ثمّ التحرّر من دورة "الانبعاث". وتتحدّد هذه التجربة بالنسبة إليه بنهاية الوجود الجسدي والدخول في حالة تسمى "نيرفانا" وتعني حرفيا "التلاشي". ويشير الشكل المستدير والمركزي للبناء إلى وظيفته الكونية، في حين يدلّ تدرّج المظلات على أهمّية الشخص المكرّم. وقد ثُبتت هذه المظلات - رمز الحماية والسلطة -على عمود رئيسي

يمثّل رمزيا محور العالم. ويُعدّ الستوبا نصبا منيعًا إذ لا يمكن الوصول إلى الحجرة التي تضمّ الآثار. ويحاط البناء على مستوى سطح الأرض بممشى مفتوح على السماء محدد بدرابزين يسمح بممارسة الطقوس من خلال مسار مرسوم على هيئة دائرة، ويمارَس الطواف في اتجاه عقارب الساعة. وتتيح المداخل المنقوشة المتجهة نحو النقاط الرئيسية الأربع للدرابزين في بعض الحالات، الوصول إلى الستوبا المحاط بسياج آخر. وقد اكتُشف أشهر موقع لأقدم ستوبا بحجمه الفعلي في بداية القرن التاسع عشر، وهو سانشي بالهند في الإقليم المركزي لولاية ماديا براديش. وأنشئت العديد من المباني، بما في ذلك مدفن الستوبا الكبير في عصر إمبراطورية موريا، في عهد الإمبراطور أشوكا على الأرجح (نحو 304-232 قبل الميلاد).

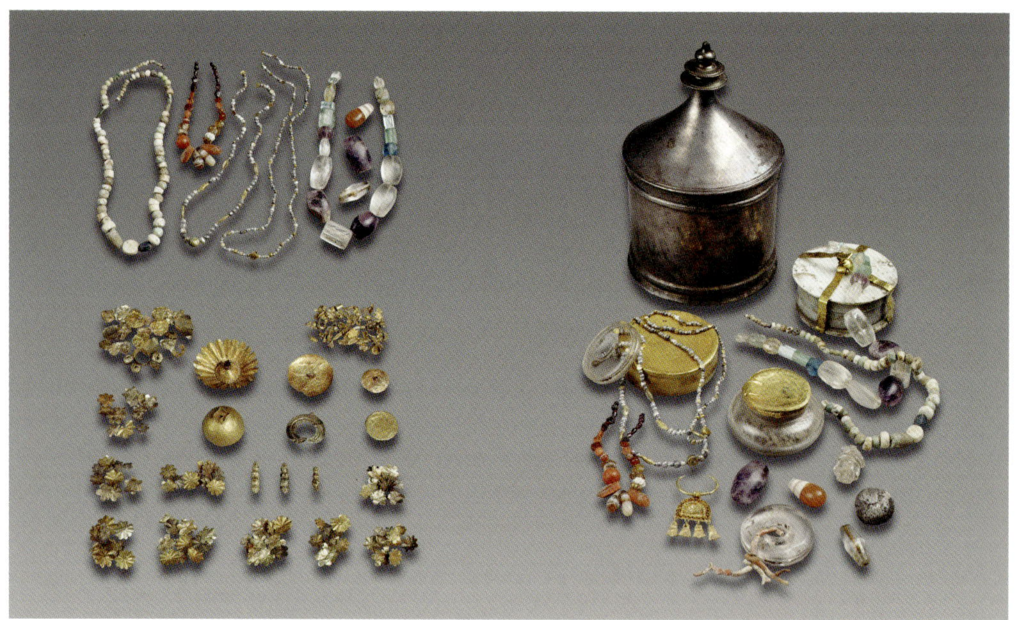

عُثر على أكثر من مائة قطعة داخل وعاء الذخائر المقدّسة، بما في ذلك صندوق من الفضّة وصندوق من الذهب وثالث من الحجر الصابوني مغلق بشرائط من الذهب، إلى جانب قطع من الصخور البلّورية وبعض الحلي وعدد كبير من الميداليات الذهبية والخواتم والخرز من أحجار شبه كريمة وكذلك من المرجان.

وأخيرًا عُثر بين بقية القطع المكتشفة داخل الوعاء على نقش على ظهر لوحة ذهبية طولها سبعة سنتيمترات. يشير النص المحفور باللغة الدارجة في الشمال الغربي لشبه القارة الهندية إلى الملك "كوجولا كادفيسيس" (Kujula Kadphises)، مما يسمح بتحديد تاريخ الوعاء في النصف الأول من القرن الأول.

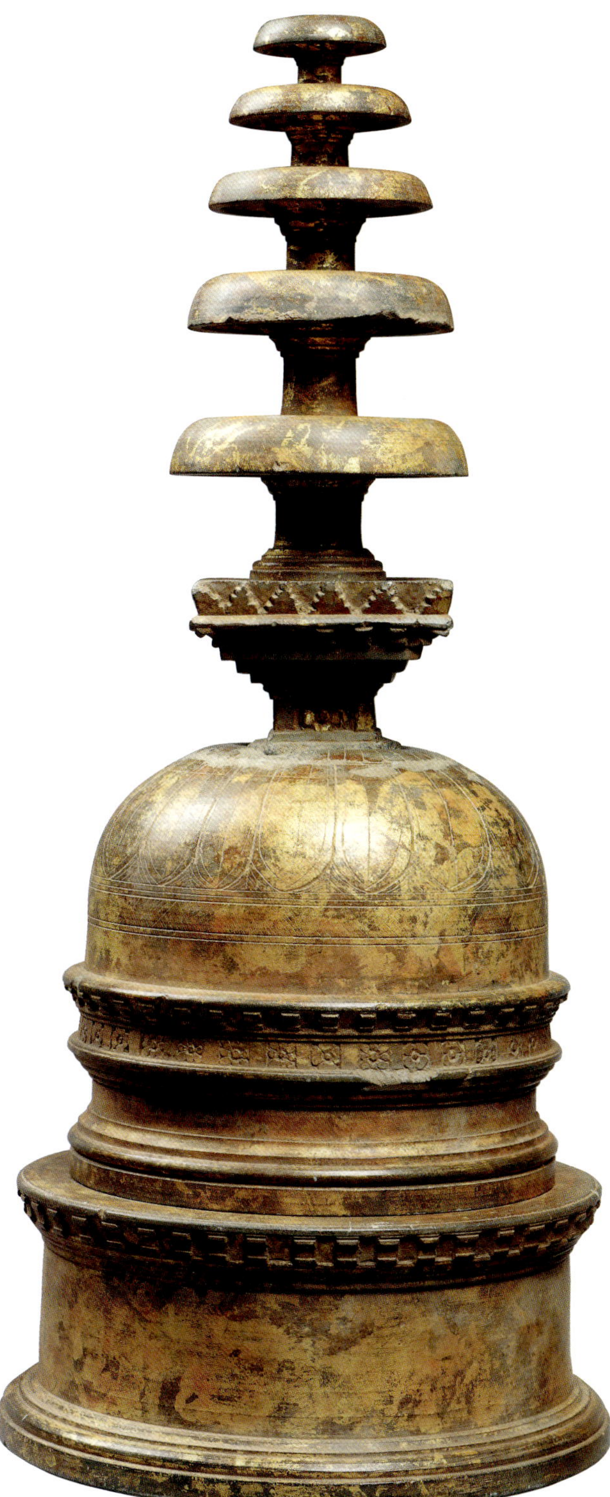

صندوق ذخائر
على شكل ستوبا
مع محتوياته
باكستان، غاندهارا،
وادي سوات (؟)
20-30 م.
اِ 78 سم؛ شيست
مذهب، ذهب، بلور،
مرجان، زجاج
اللوفر أبوظبي

يتّخذ هذا الستوبا الذخائري
شكلَ نُصُب معماري مصنوع من
حجر الشيست المذهّب، ويُعدّ
أكبر من معظم أوعية الذخائر
المقدسة المماثلة، ويتكوّن من
عدة عناصر: قاعدة دائرية
وأسطوانة وقبّة وجزء علوي يضم
قاعدة تحمل صاريا يشتمل على
خمس مظلات محاطة بدرابزين.
ويوفر هذا النموذج المصغّر مثالاً
مبكرًا على التناغم بين القطع
الفنية والهندسة المعمارية الذي
كان شائعا في شبه القارّة الهندية.

"اقْرَأْ وَرَبُّكَ الْأَكْرَمُ الَّذِي عَلَّمَ بِالْقَلَمِ عَلَّمَ الْإِنْسَانَ مَا لَمْ يَعْلَمْ"
(سورة العلق، 3-5)

يُقصد بالنصوص المقدّسة مجموعة النصوص التي قامت عليها الأديان السماوية اليهودية والمسيحية والإسلام التي تشترك في قاعدة واحدة. وكذلك الأديان غير السماوية مثل الهندوسية أو البوذية. وقد كُتبت هذه النصوص تدريجيًا بعد أن جُمعت في مدوّنة وفقا لتقليد شفهي أو لتقاليد التلاوة. تمثل النصوص المقدسة -التوراة لليهود والإنجيل للمسيحيين والقرآن للمسلمين والفيدا الهندوسي ومجموعة السوترا للبوذيين-بوصفها تعبيرًا عن الكلام الإلهي وعن منظومة أخلاقية أو اجتماعية أو قانونية وكتاب طقوس أو كتاب صلوات، الإطار العام الذي يوجه حياة المؤمن، وتجليات الإله عند تلاوتها. وتشترك هذه النصوص، القائمة على تقاليد متنوعة من حيث المضامين واللغات والدعم المادي والتعبير، في البحث عن السموّ فوق الوجود المادي الشائع لدى الأديان العالمية.

نصوص مقدسة

من المرجّح أن النصوص المقدّسة والأهمية التي أسندت للكلمة المكتوبة قد ساهمتا في تعزيز الحوار والتفاعل بين الديانات التوحيدية الكبرى الثلاث. فالكتاب عامل مقدس موحِّد، كما يتضح من عبارة "أهل الكتاب" التي يُقصد بها في الإسلام اليهودُ والمسيحيون. وبدءًا من شبه الجزيرة الأيبيرية وصولا إلى شبه الجزيرة العربية واليمن، كان إجلال النصوص المقدسة العامل الرئيسي وراء تطور فن الكتاب حتى صار شكلاً ومضمونًا عملاً فنيا يعكس مكانة كلٍّ من الفنان والرسام والخطاط.

ومع انتشار الورق الجّيد القادم من آسيا الصغرى اختفت الحوامل القديمة التي كان الناس يكتبون عليها نصوصهم بطريقة مبعثرة مثل الشقاف -قطع الفخار- وألواح كتف الإبل وظهور السلاحف. وقد ظلّ ورق البردي الذي ظهر في العصر الفرعوني يُستخدم في كتابة النصوص الدينية والإدارية والقانونية حتى القرن الثاني عشر، قبل أن يُستبدل بالورق الصيني الذي احتفظ الصينيون بسرّ صناعته لمدة طويلة، ثمّ انتقل إلى أوروبا بفضل العالم العربي الإسلامي. وفي الوقت الذي كان فيه الغرب يستخدم الريشة للكتابة، كان الخطاطون في الشرق يستخدمون القلم، أو عود الخيزران المدبب، الذي انتشر في الإسلام بصفته رمزًا للكلام المكتوب وأداة لنقل المعرفة في آن واحد. أمّا في مجال الزخرفة، فقد أدى التواصل بين التقاليد الحضارية المختلفة

إلى نتائج ملحوظة، إذ استُعيرت فكرة الصباغة باللون الأزرق أو الأصفر أو الأخضر -التي ظهرت في بعض المخطوطات القرآنية النادرة -من مخطوطات الإمبراطورية البيزنطية المكتوبة باللون الأحمر الأرجواني -رمز الحياة والقوة -المستخلص من أصداف المورس. وعلى الرغم من معارضة بعض رجال الدين، أصبحت الزخرفة قاعدة متّبعة لإبراز بدايات النصوص والفصول والأماكن التي يستحسن فيها التوقف في التلاوة. وتشترك أقدم المخطوطات العبرية المزخرفة، التي يرجع تاريخها إلى القرن الخامس على سبيل المثال، مع الفن الإسلامي في بعض الخصائص الأسلوبية، وذلك مثلما زُخرف إطار صفحات بعض المخطوطات السريانية المسيحية برسومات هندسية من الطراز المملوكي الخالص.

وبغض النظر عما تشترك فيه الأديان الثلاثة من معرفة فنية، فإن الاختلافات الجوهرية بينها تكمن في مسائل التصوير وعلاقة النص بالصورة والخط. ففي حين استخدمت المسيحية الصور في النص المقدس وأدرجت نماذج قصصية مصوّرة لأغراض تعليمية، فضّلت كل من اليهودية والإسلام الأسلوب النظري غير التصويري. فُسّرت الوصية الثانية من الوصايا العشر في اليهودية -"لا تصنع لك تمثالا منحوتا" -بدرجة متفاوتة من الصرامة، اختلفت بحسب الزمان والمكان. وقد أدى هذا التحريم الشديد إلى ظهور فن الزخرفة ذي الأشكال الصغيرة،

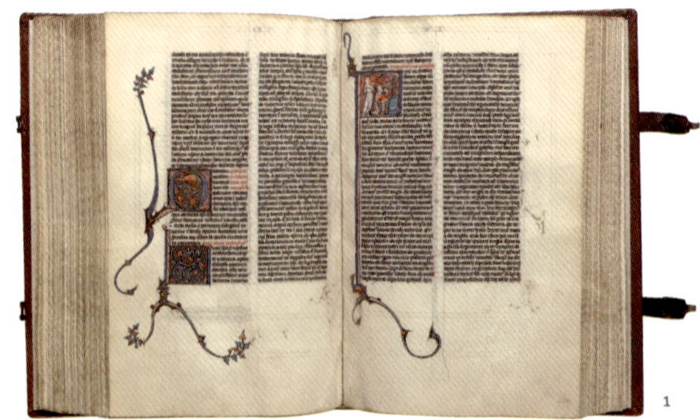

صورة الخلق

تمثّل هذه النسخة من الكتاب المقدس، المكونة من جزئين ومن 683 ورقة والمزينة بإحدى وثمانين منمنمة تعرض عملية الخلق، مثالا رائعا للفن القوطي الباريسي في أواخر القرن الثالث عشر. فالنص -الذي لا تزال خطوطه المسطرة ظاهرة -قد وزع على عمودين يعلوهما عنوان مكتوب بالحبر الأزرق أو الأحمر، وتزيينه في الأسفل أنماط زخرفية مثقوبة وملونة وتحيط بها فروع نباتية مزخرفة بأشكال حيوانية رائعة.

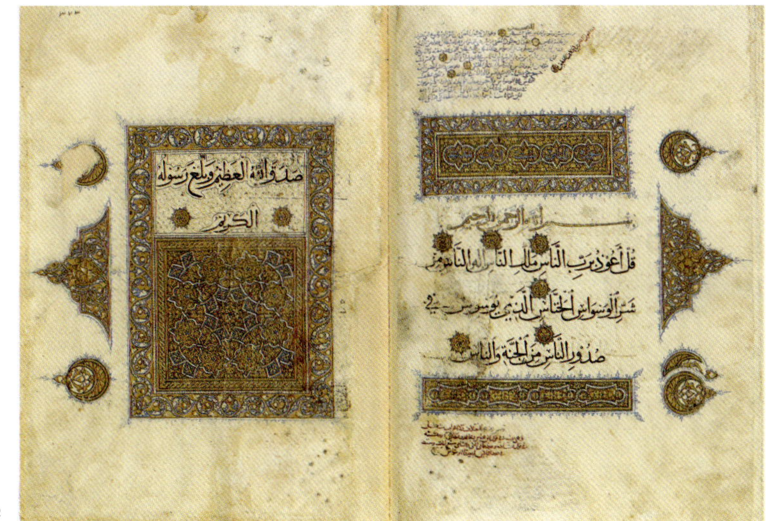

.1

كتاب مقدس قوطي
في مجلدين
فرنسا، باريس
1250-1280
إ. 38.2، ع. 28.5 سم؛
ورق رق
اللوفر أبوظبي

.2

جزء عم، الجزء
الثلاثون من
القرآن الكريم
سوريا، دمشق (؟)
1250-1300
إ. 47، ع. 62 سم؛
حبر، ألوان، ذهب على
ورق، غلاف من الجلد
اللوفر أبوظبي

.3

أسفار موسى
الخمسة: الجزء
الأول من التوراة
اليمن، صنعاء
1498
إ. 30، ع. 17 سم؛
حبر على ورق
اللوفر أبوظبي

بسم الله الرحمن الرحيم

طلب نبلاء مماليك من القاهرة ودمشق عددًا من المصاحف الكبيرة لإهدائها إلى المؤسسات الدينية. تحتوي هذه المخطوطة على الجزء الأخير من القرآن المقسم إلى عدة مجلدات، كُتبت بخط محقَّق أنيق. وقد كُتبت البسملة - "بسم الله الرحمن الرحيم" - التي تفتتح كل سورة بحروف ذهبية. أمّا عناوين السور، فقد كُتبت باللون الأزرق كما هو الحال في بعض النسخ القوطية من الكتاب المقدس.

توراة يمنية

نُسخت هذه المخطوطة، المعروفة باسم "تاج" لدى اليهود اليمنيين، في نهاية القرن الخامس عشر، واستُخدمت كنموذج في كتابة النسخ الملفوفة من التوراة، وحظيت بنفس القدر من التقدير. تحتوي بعض صفحاتها على نماذج من الخط الصغير المزخرف. وفي حين يعود وضع النص في عمودين إلى المخطوطات القوطية المعاصرة، توحي الزينة الهندسية للجلد بالتراث الفني المملوكي الذي كان له تأثير بالغ في اليمن في شبه الجزيرة العربية من القرن الثالث عشر إلى القرن السادس عشر.

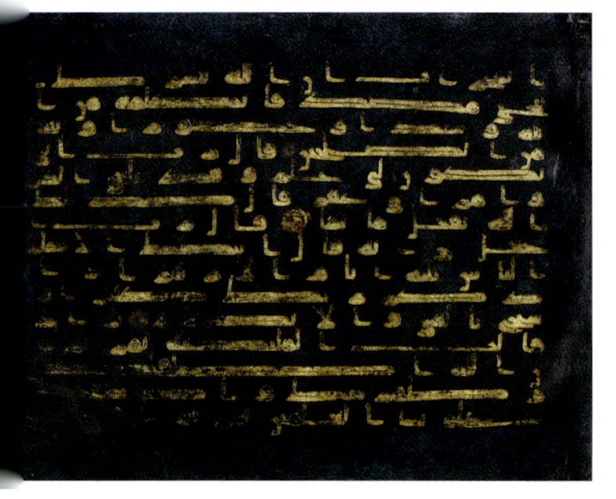

المصحف الأزرق

تعود هذه الصفحة إلى أحد أفخم المصاحف القديمة التي وصلت إلينا إلى حد اليوم. يتكوّن المصحف من سبعة مجلدات، ومن المحتمل أنها كُتبت في مدينة القيروان بتونس بين القرنين التاسع والعاشر. ولقد جعلت منه بساطة الخط الكوفي الواضحة وتوازن التركيب عملا غاية في الصفاء يتميّز بالتباين بين الذهب والخلفية الزرقاء الداكنة المصبوغة باللون النيلي. وقد استُوحيت فكرة الصبغة الملونة من مخطوطات الإمبراطورية البيزنطية، حيث يرمز اللون الأزرق إلى الكون السماوي، وترمز الحروف المذهّبة إلى النور الإلهي الذي ينشره كلام الله.

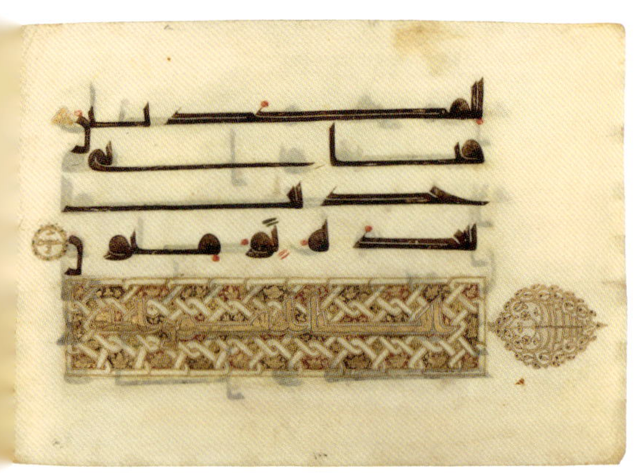

5

التطورات الأولى

شاع استخدام الخط المستطيل المعروف بـ "الإيطالي" بين القرنين التاسع والعاشر. وقد اقتُبس هذا الخط من التراث السرياني والبيزنطي، ويتوافق شكله مع خط المشق الذي تُكتب فيه الحروف بشكل أفقي، إحدى السمات المميزة للخط الكوفي في العصر العباسي. وتُستخدم النقط الملوّنة للإشارة إلى التلاوة الصوتية. أمّا عنوان السورة، فيُرسم داخل إطار مزخرف على شكل ورقة النخيل، التي ترمز إلى الشجرة الكونية، رمز "الكلمة الطيبة" في القرآن الكريم (سورة إبراهيم، الآيات 24-26).

التجريدية أو الهندسية، واتخذ هذا الفن في بعض الأحيان شكلاً من أشكال التصوير المقنّع. قام الأحبار اليهود في القرن السادس بوضع قواعد النسخ والزخرفة الخاصّة بالتوراة المسماة بـ "المأثورة"، وأرفقوها بنظام النطق وملاحظات هامشية تهدف إلى تجنب الوقوع في الأخطاء في النسخ.

وبصورة تكاد تكون متزامنة، ظهر في العالم الإسلامي مثل هذا التمجيد للنص المقدس عند نزول القرآن باللغة العربية على النبي محمد (صلى الله عليه وسلم) في القرن السابع الميلادي. إنّ العلاقة الوثيقة بين الكلام الإلهي والحروف التي تجسّده من جهة، وتحريم الأشكال المصورة في الفن الديني من جهة أخرى، كانت إحدى الأسباب التي أدت إلى تطور فنّ الخط الإسلامي. فقد بلغ الخط الكوفي المائل ذروته ما بين القرنين التاسع والعاشر من العالم الإيراني إلى الغرب الإسلامي، وارتبطت أسماء ابن المقلة في القرن العاشر وياقوت المستعصم وابن البواب في القرن الثالث عشر بتطور نماذج مختلفة من خط النسخ.

وفي آسيا، حيث استقرت المراكز الثقافية الأكثر خصوبة في المناطق الجنوبية وفي أقصى شرق القارة، كثرت حوامل النصوص المقدّسة كما هو الشأن في الإسلام، وتخطت الكتاب نفسه لتشمل المسلات المنحوتة والنصوص المكتوبة على الجدران. وقد غيّرت بعض الابتكارات الأساسية جذريا إطار النصوص المقدسة، مثل الورق الصيني في القرن الثاني قبل المسيح الذي حلّ سريعا محل الحوامل الأضعف عمليا والأكثر تكلفة مثل الخشب والحرير. ولكن تقديرًا لقيمته، ظل الحرير يُستخدم في العصور الوسطى في النسخ المخطوطة من النصوص البوذية. وسرعان ما انتشرت بعد ذلك صناعة الورق في باقي مناطق القارة، أي آسيا الوسطى وكوريا وفيتنام، ثم وصولاً إلى اليابان في القرن السابع. وفي نهاية القرن ذاته، ظهر في الصين اختراع مهمّ يهدف إلى إنتاج النصوص على الورق من خلال ألواح خشبية محفورة. وفي القرن الثامن، بدأت بكرات الورق تتعرّض تدريجيًا إلى منافسة أشكال جديدة من الكتب تحت تأثير التطورات التقنية والفكرية. انتقلت المجلدات البوذية المكتوبة باللغة السنسكريتية والمدونة على لفائف ورقية تسمى "البوتي" (pothi) مع الحجاج من الهند إلى باقي دول آسيا. إن هذه الكتب المصنوعة من أوراق النخيل مستطيلة الشكل والمكتوبة على وجهيها الأمامي والخلفي، والمثقوبة والمربوطة بسلك لمنع تفرّق الورق، كانت وراء ظهور كتب "الأكورديون" (accordion) الصينية التي تصنع عن طريق طي لفافات الورق وفق أقسام منتظمة. وقد ساعدت كل هذه الأشكال من الكتب على تعزيز انتشار فن النقش على الخشب دون استبعاد اللفيفة كلّيا، واستخدم كل منها لأغراض معينة: حيث استُخدمت كتب "الأكورديون" في الخطب البوذية، واستُخدمت الكتب على شكل الفراشة في الأعمال الشعبية. وقد استمر استخدام كتب "البوتي" في العالم الهندي وفي جنوب شرق آسيا حتى في القرن الحادي عشر عندما انتشرت المطابع المتحرّكة، واقتصر استخدام الخط اليدوي على المخطوطات القيّمة. ومنذ ذلك الحين باتت الأعمال الدينية الكلاسيكية تُنسخ باستخدام الطباعة.

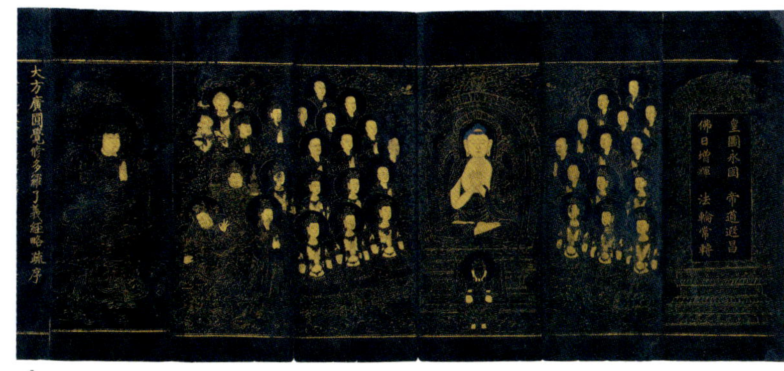

6

موعظة بوذا

ترجع هذه المخطوطة المرسومة بماء الذهب على الورق النيلي إلى عهد أسرة تانغ (618-907)، وهي عبارة عن نسخة من سوترا "التنوير الكامل"، أحد النصوص البوذية التي قام بترجمتها إلى اللغة الصينية الراهب الهندي بوذاتراتا. وقد عرفت هذه السوترا، التي تعتبر اليوم مختلفة، بتأثيرها القوي على طائفة زن البوذية. ويركّز النصّ في فصوله الاثني عشر على قانون التنوير الكامل المعجزة كما ورد في مواعظ بوذا الموجهة لمانجوسري وأحد عشر من البوذاسف الآخرين.

كتاب بوذي باللغة السنسكريتية

كُتبت هذه المخطوطة -التي يرجع تاريخها إلى عام 1191 - على أوراق نخيل طويلة مجمّعة على هيئة رزم ورقية. تعرض هذه المخطوطة المكونة من 218 ورقة والمزينة بهوامش ملونة ومزخرفة برسومات لمزارات صغيرة، نصًا باللغة السنسكريتية يُعدّ من أهمّ الخطب البوذية وأقدمها. وتظهر أربع مجموعات من الزخارف الأصلية المصبوغة بألوان طبيعية حيّة كائنات إلهية جالسة على عروشها في أوضاع جميلة.

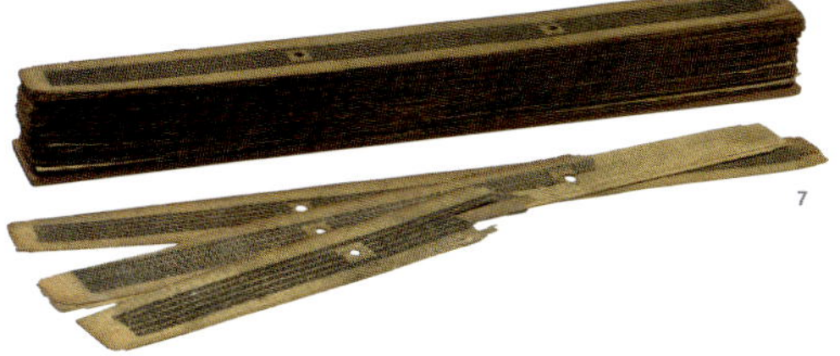

7

مطبوعة صينية

تضم مدوّنة القانون الطاوي مجموعة تتألف من 1412 نصًا من النصوص المقدسة والكتابات التي تهدف إلى توضيح العقيدة. ويبدو أنّ التنظيم الثلاثي للمجلد مستوحى من "المركبات الثلاث" للديانة البوذية. خضعت هذه المدونة، التي يرجع أصلها إلى القرن الخامس، إلى عمليات توسيع متواصلة، وتعدّ هذه النسخة القديمة المعروضة هنا من أقدم النسخ المعروفة، وهي صادرة عن طبعتين مختلفتين. فبعضها يعود إلى الطبعات الخشبية الأصلية لعام 1445 ويعود بعضها الآخر إلى عام 1598. ويزدان القسم الأول من كل سلسلة بعنوان مزخرف مكتوب بخط واضح. وقد استُخدم هذا النمط المطوي المعروف بـ "الأكورديون" في الصين حصريًا للمؤلفات الدينية.

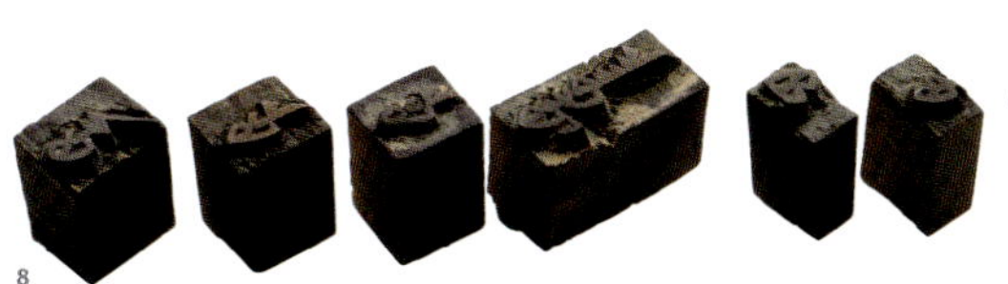

8

9

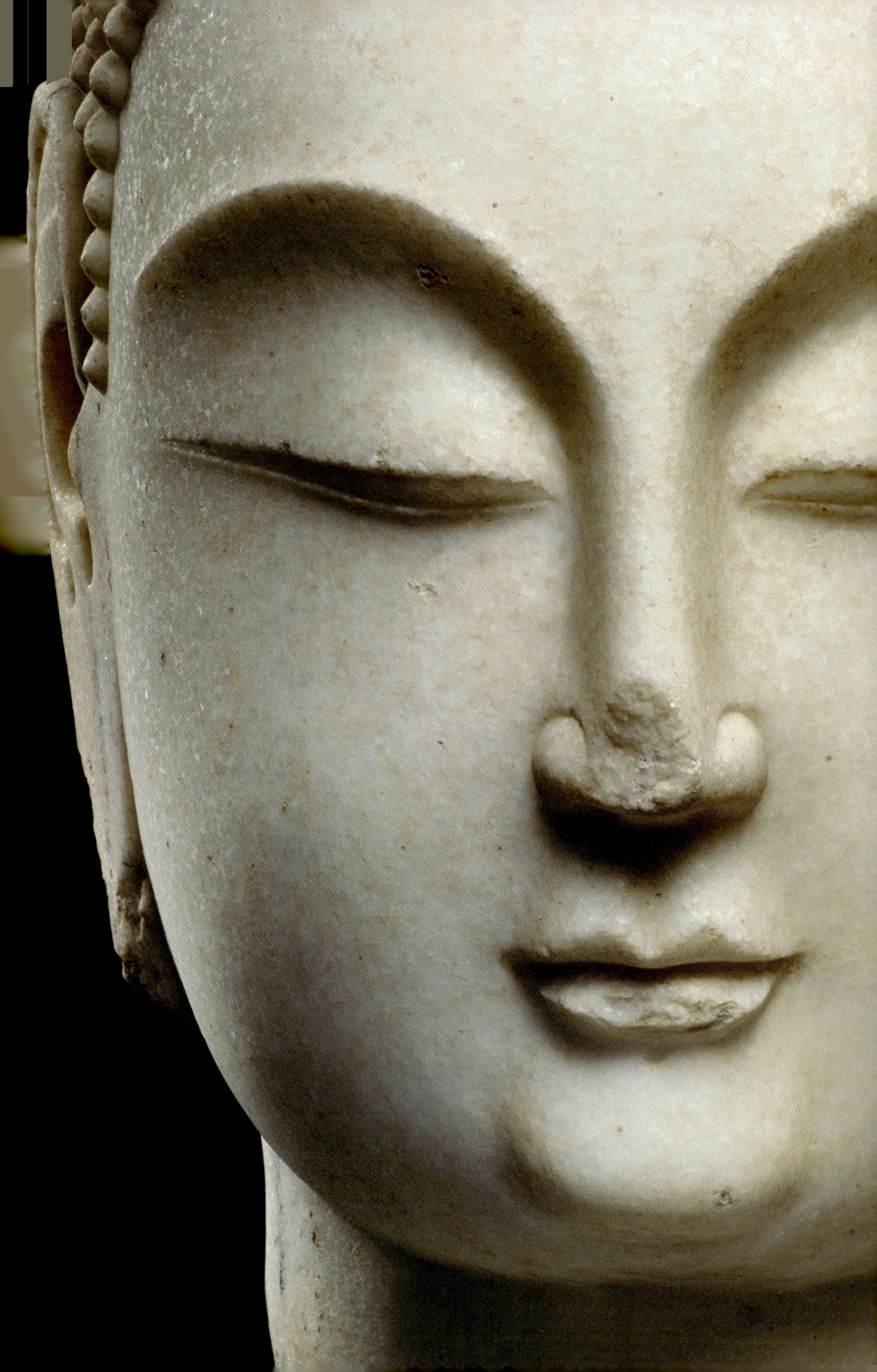

قاعة العرض 5

طرق التبادل التجاري الآسيوية

نشأ حـوار فـي العصـور الوسـطى بـين الحضـارات العظمى القائمـة فـي الإمبراطوريـة الصينية وفـي العالمـين الهندي والإسـلامي وفـي الغـرب، وذلـك بفضل شبكات التبادل الرائعـة التـي كانـت تُسـمى فـي القرن التاسـع عـشر بـ "طرق الحريـر". وتعد هـذه الطرق البريـة والبحريـة التي تربط الصـين بحوض البحر الأبيض المتوسـط مـرورا بالجزيـرة العربيـة والهند وآسـيا الوسطى، أحـد أقدم المحاور التجاريـة التي عرفتها البشـرية، وقـد سـلكها الحجاج والتجار والغـزاة. ولم يقتصر دورهـا عـلى كسـر الحواجـز بين الحضـارات الموجـودة فـي هـذه المنطقـة الجغرافيـة الشاسـعة فحسـب، بـل تعـدّاه إلى إحـداث تحـولات جذريـة داخلها مـن خـلال نقل الأفـكار والمعـارف وأشـكال التعبـير الفنـي. ولقـد فرضـت الإمبراطوريـة الصينيـة فـي عهد أسـرة تانغ، ثـم الخلافـة العباسـية التـي أعقبتها نفسـيهما كفاعلين أساسـيين فـي هـذه المبـادلات عبـر آسـيا الصغـرى، وسـهوب آسـيا الوسـطى والمحيـط الهنـدي. فبعـد معركـة طالاس (Talas) التي مثّلـت أقـصى حـد وصلـت إليـه الفتوحـات الإسـلامية نحـو الشـرق عام 751، تكثفت الاتصـالات عندما تجاوز البحـارة العرب والإيرانيون الصعوبـات فـي بحـر الصين والخليج العربـي ليُقيمـوا مراكـز تجاريـة فـي الإمبراطوريـة الصينيـة. كما هيّأت فترة "السـلام المنغولي" التـي فرضها جنكيـز خـان وخلفاؤه فـي القرن الثالـث عـشر ظروفا مواتيـة لتنقل النـاس والسـلع المصنّعة، ومهدت الطريق لمـا يعرف بالعصر الذهبـي لطريق الحريـر. فقد تضاعفت المبادلات الدبلوماسية والتجاريـة والثقافية وأثّر ذلـك بصورة ملحوظـة فـي تطوّر الفنـون. وفي نهايـة القرن الثالـث عـشر، اسـتطاع التجار الرحالـة مثـل ماركو بولـو أن يتنقّـل بأمـان مـن طرف أوراسـيا إلى طرفهـا الآخـر. وأخـذت الأقمشـة واليشـم واللك والحريـر والخزف تنتقـل مـن الإمبراطوريـة الصينيـة إلى شـواطئ البحـر الأبيـض المتوسـط. وقد وصـف ابـن بطوطة عـام 1331 أثنـاء مـروره بالأناضـول الأسـاليب الصينيـة التـي انتقلت إلى العالمـين العربي والتـركي والعالم الآيـراني بكثـير مـن التفصيـل. إلا أن سـقوط الإمبراطوريـة الصينية فـي عهد أسـرة يـوان فـي أواخـر القرن الرابـع عـشر، قـد عجّل بتراجـع قيمـة هذه الطـرق. أمّـا فـي الغـرب، فقـد وضـع تقدمُ الأتـراك فـي أوروبـا الإمبراطوريـة العثمانيـة الفتيّـة فـي قلب شـبكات التبادل العابـرة للقـارات، التـي اصبحت منـذ ذلـك الوقت طريق البضائـع القادمـة مـن الشـرق الأقصى ومـن الهند.

لقد أتاحت الطرق البريّة التي تربط بين آسيا وأوروبا -والمعروفة باسم طرق الحرير، إلى جانب الطرق البحرية - توفير شبكات تبادل هائلة لعدّة قرون، ساعدت على نقل المواد الأولية والسلع الفاخرة في كلا الاتجاهين، وعززت انتشار التيارات الفكرية والابتكارات التقنية والأعمال الفنية. وتزامن تطور هذه الطرق مع ازدهار مدن مهمة كانت مراكز لدول مركزية قوية. وتعدّ الإمبراطورية الصينية في عهد أسرة تانغ (618-907)، واحدة من أقوى هذه الدول، وقد كانت سببًا في ازدهار هذه الطرق التي بلغت ذروتها بين القرنين السابع والثالث عشر ميلاديا، وكانت تؤدّي إلى بلاد الشام والإمبراطورية البيزنطية وأوروبا من جهة، وإلى كوريا واليابان من جهة أخرى.

القوافل التجارية وطرق الحرير

تزامـن حكـم أسرة تانـغ مـع بدايـة عصر مـن الوحـدة دام قرونًـا عـدة وتميّـز بعلاقات متبادلـة خاصـة مـع آسـيا الوسـطى. ولقـد اسـتوعبت هـذه الحضارة الإبداعيـة التأثيـرات الخارجيـة وتمكّنـت مـن دمجهـا في إمبراطورية كونيـة، في حيـن التـزم المبدعـون، في وقـت لاحـق خـلال حكـم أسرة سـونغ (960-1279)، باتبـاع جماليـات الفـن الصيني بصـورة حرفيـة. اسـتولى لـي يـوان أول امبراطـور مـن أسرة تانـغ، علـى السـلطة بقـوّة السـلاح ثـم تخلـى عنهـا عام 626 لصالـح ابنه. ولقـد برهـن الإمبراطور الجديـد تايزونـغ (الـذي حكـم مـن 626 إلى 649) علـى كونـه رجـل دولـة مـن الطـراز الأول وصاحـب اسـتراتيجية مميـزة، إذ عمـل علـى تهدئـة الحـدود الشـمالية الشرقيـة ووجّـه سياسـته نحـو الغـرب الكبـير. ومنـذ منتصف القـرن السـابع الميـلادي، امتلكـت جيـوش الإمبراطوريـة فرقـة قويـة مـن الفرسـان لتضمـن حمايـة الامبراطوريـة. وقـد اعتُبـر الحصـان عنصـرا أساسـيا، وبفضلـه فرضـت الإمبراطوريـة سيطرتها علـى طـرق القوافـل

وخاصـة طريـق الحريـر. وفي ظـل حكـم أسرة تانـغ، توطـدت العلاقـات بيـن الصيـن والعالـم العربـي الإسـلامي. وكان التبـادل التجـاري يتـم عـن طريـق البـر والبحـر، وشـمل مجموعـة كبـيرة ومتنوعـة مـن البضائـع والمنتجـات الغريبـة التي وصلـت إلى الصيـن منـذ ذلـك الحيـن مثـل الزجـاج والعـاج واللؤلـؤ والمرجـان والفواكـه مثـل التمـر والمنتجـات الطبيـة والعطريـة. بلغـت أسرة تانـغ أوج ازدهارهـا في النصـف الأول مـن القـرن الثامـن الميـلادي، وكانـت عاصمتهـا تشـانغآن -المدينـة الأكثـر اكتظاظـا بالسـكان في العالـم آنـذاك -مركـزا لحضـارة كونيـة تختلـط فيهـا التأثيـرات الفنيـة القادمـة مـن آسـيا الوسـطى والهنـد وإيـران ثـمّ مـن العالـم العربـي، وظهـر ذلـك جليـا، سـواء في مجـالات صناعـة المصـوغ والخـزف والزجـاج والأدوات المعدنيـة. وقـد شـهد كل مـن الشـعر الكلاسـيكي والدراسـات البوذيـة أزهى عصورهمـا. كذلـك كانـت مقابـر الأمـراء تعـج بالعديـد مـن التماثيـل الجنائزيـة الصغيـرة المطليـة علـى البـارد أو بالمينـا. وتعكـس هـذه القطـع

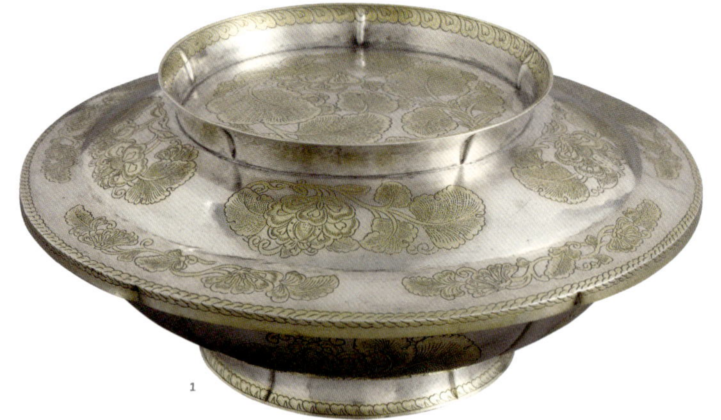

1

تحفة من روائع الصياغة في عهد أسرة تانغ

تُظهر هذه التحفة مدى عظمة إبداعات الصاغة الصينيين خلال أحد أزهى عصور الفن الآسيوي، حيث كان التأثر بفنون صناعة المعادن في إيران القديمة لا يزال صداه حاضرا. ويتكوّن هذا الإناء المصنوع جزئيا من الفضة المذهبة من وعاء متعدد الفصوص يرتكز على قاعدة ذات حلقة واسعة، ويعلوه غطاء مسطح يوافق تمامًا حافته العليا. وتحتوي أضلاع الحافة من الخارج والداخل على خمسة رسوم مختلفة من الفواكه والزهور نقشت بدقة بالغة وفق خيال خصب وحساسية عالية جدًا.

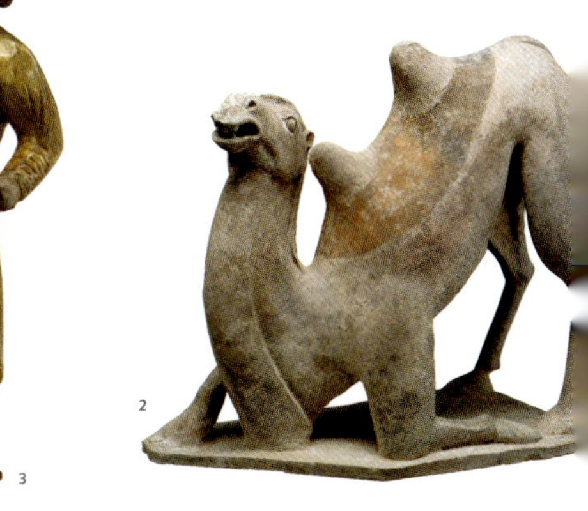
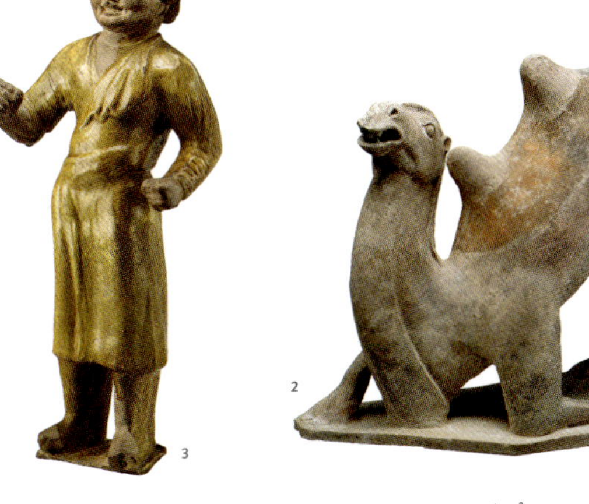

قوافل طرق الحرير

جمل باختريا هو حيوان يتكيف مع الصحاري الباردة. ونظرًا لقوته وقدرته على التحمّل، فهو ينتمي إلى عالم السهوب، وكان الوسيلة المفضلة للتنقل لكل القاطنين على جانبي طريق الحرير أو المسافرين عبرها. وقد كان بإمكان التجار والرهبان والعرافون وغيرهم من عابري المسافات الكبيرة بفضل هذا الحيوان القوي السير في كلا الاتجاهين بين شرق الصين وغربها. ومنذ عهد أسرة تانغ، كان الجمل يُصوَّر في أوضاع واقعية لا تخلو من بعض الفكاهة، وفي بعض الأحيان كان يصحبه سائس أجنبي ذو ملامح غريبة.

الصغيرة التي تُعدّ من روائع فن النحت العفوي والمعروف باسم "مينغتشي" (mingqi) تفاصيل كثيرة من حياة الترف في البلاط. أصبح الوضع شديد الظلمة خلال النصف الثاني من القرن الثامن الميلادي، إذ هجم التبتيون على الإمبراطورية الصينية من جهة الغرب ووصل العرب إلى تركستان. وقد تجاهل القصر الإمبراطوري هذا الخطر حتى عام 756 حين سيطر الجنرال المتمرد آن لوشان بصورة مفاجئة نوعًا ما على مدينة تشانغآن. ومنذ ذلك الوقت، بدأت الصين في التراجع، تاركة في بداية الأمر المناطق الغربية بيد الإمبراطوريات البدوية. ولم تؤدِّ سياسة السلطة العلمانية إلى النتيجة المطلوبة، إذ قاد اضطهاد العقيدة البوذية الذي بدأ في عام 845 والسعي إلى القضاء عليها إلى تفكّك الدولة. وتخلت إمبراطورية تانغ المنهكة تدريجيا عن طرق الحرير، وفي عام 907 فقدت تفويضها السماوي.

.1

وعاء مزين بزخارف نباتية
الصين
نحو 800 م.
ق. 24.5 سم؛
فضة مذهبة
اللوفر أبوظبي

.2

جمل ذو سنامين من باختريا
الصين
800-700 م.
إ. 37، ع. 34 سم؛
طين نضيج
المتحف الوطني للفنون الآسيوية - غيميه

.3

سائس خيل أجنبي
الصين
800-700 م.
إ. 52 سم؛ خزف مطلي بالمينا
المتحف الوطني للفنون الآسيوية - غيميه

مثال على التأثيرات المتداخلة

ترتكز هذه الجرة الفضية المذهّبة ذات الشكل البيضوي والعنق الواسع على قاع مسطح، ويوجد على جانبيها مقبضان صغيران. وتنتمي إلى مجموعة صغيرة جدا من الأعمال التي يعود أصلها إلى آسيا الوسطى أو إلى التبت، ومن المحتمل أن تكون قد صُنعت على يد فنانين "Sogdian"، وهم شعب يتحدث لغة إيرانية استقر على جانبي طرق التجارة في آسيا الوسطى. ويتبين من إتقانها أنها كانت ملك عائلة أرستقراطية، وربما كانت من بين الأدوات الجنائزية لمقبرة تبتية ملكية. وتستمدّ ثراء صورها الرمزية من العالم الديني التوفيقي المميّز لهذه المنطقة خلال الألفية الأولى.

.4

وعاء مزخرف بمشاهد صيد
آسيا الوسطى أو التبت
600-400 م.
إ. 38.5 سم؛
فضة مذهبة
اللوفر أبوظبي

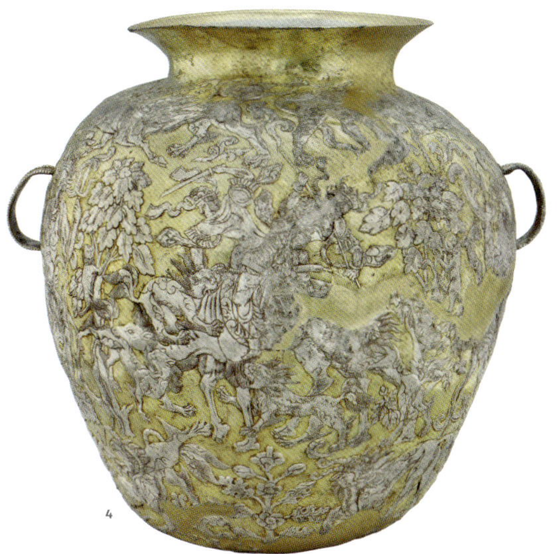

137

تشهد الأعمال الموروثة من عصر أسرة تانغ (618-907) على ازدهار المبادلات التجارية وتعاظمها على طول الطرق التجارية المتجهة إلى مدينة تشانغآن، العاصمة المرموقة للإمبراطورية. وقد كانت فنون الزخرفة بصفة عامة والزخرفة على الخزف بصفة خاصة شاهدا على الثراء الثقافي لتلك الفترة. ويتضح ذلك من خلال وجود قطع "مينغي" (mingqi)، وهي تماثيل جنائزية صغيرة ترافق الميت في مثواه الأخير. ونجد بين هذه التماثيل أواني ثمينة، وشخصيات من البلاط، وحيوانات أليفة وقطعًا فاخرة تسكن عالمًا آخر مصممًا وفق عالمنا الدنيوي. وبذلك، تحول الخزافون إلى فنانين حقيقيين يصنعون نماذج شديدة الواقعية. وفي الوقت ذاته، حدثت ثورة في مجال الألوان ابتداءً من النصف الثاني من القرن السابع الميلادي مع دخول الأغطية الزجاجية الملونة أحيانا بالأكاسيد المعدنية الثمينة، مثل اللون الأزرق الشديد المستورد من إيران والمستخدم مع الطلاء البني والأخضر في صنع الأواني "ثلاثية الألوان".

في بلاط أسرة تانغ

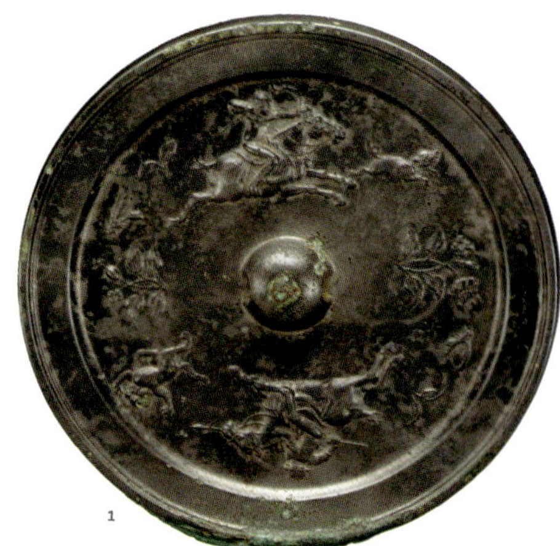

1

من إيران إلى الصين

تُمثِّل هذه المرآة أداة للاستخدام اليومي تختص بها الطبقة الأرستقراطية، وهي مرآة دائرية الشكل، أحد وجهيها مصقول، والوجه الآخر مزخرف بمنظر تصويري ومقبض يُستخدم في تثبيتها على منضدة الزينة. ويوجد على هذا الوجه صيادان يلاحقان حيوانات برية في مشهد حيّ مستوحى من التراث الساساني، ويُبرز التأثيرات الخارجية التي وصلت إلى الصين في عهد أسرة تانغ.

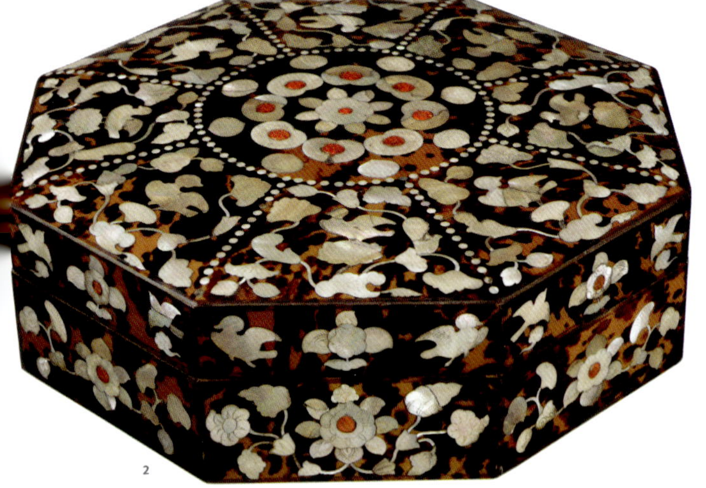

2

من الصين إلى اليابان

تنتمي هذه العلبة الصينية المرصّعة إلى مجموعة الإمبراطورية اليابانية في خزينة شوزو-إن في نارا، وهي تعكس الإنجازات الكبرى التي أحرزت في مجال الفنون الزخرفية في أوج ازدهار عصر أسرة تانغ، وخاصة في عهد الإمبراطور شوانزونغ (712-756)، عندما كانت مثل هذه القطع الهدايا المفضلة لدى الحكام في المعاملات الرسمية بين إمبراطورتي اليابان والصين. كما تعكس هذه العلبة ما بلغته الحرفية الفنية من جودة عالية تميّزت بأناقة مخزونها الزخرفي التي شملت تدريجيا صنع جميع القطع الفاخرة -المرايا الثمينة ومنسوجات الحرير وقطع المصوغ- وانتشرت باتجاه فارس الساسانية وكذلك اليابان.

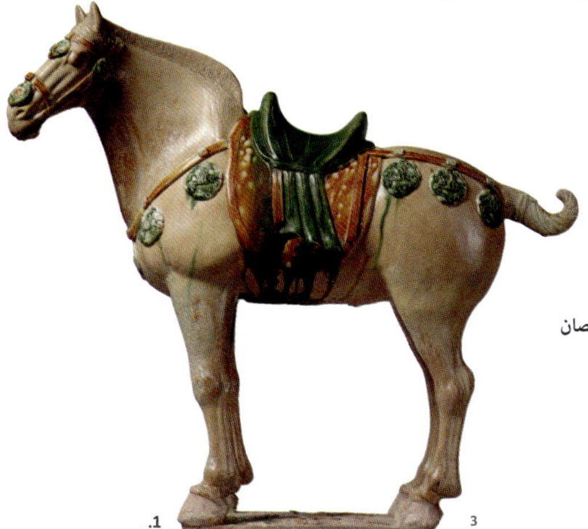

الحصان في قلب مجتمع أسرة تانغ

يعكس هذا الحصان المسرّج ذو العُرف الأنيق الذي يرافقه في الأصل سائس، مكانة هذا الحيوان وأهميته في مجتمع تانغ. كما تعكس تربية الخيول المنظمة ابتداءً من القرن السابع أهمية دورها العسكري والفني في ذلك العصر، عندما كان الفضل في معظم الانتصارات العسكرية لأسرة تانغ يعود لفرسانها، وعند انتشار لعبة البولو في المجتمع بين الطبقة الأرستقراطية الصينية تحت تأثير عادات المجتمع في آسيا الوسطى. ويمكننا أن نرى هنا على سرج الحصان رسوم لاعبات البولو أثناء اللعب. ولقد أضحى الحصان أحد الأنماط الزخرفية المهمة في فنون الخزف والنحت وكذلك الرسم.

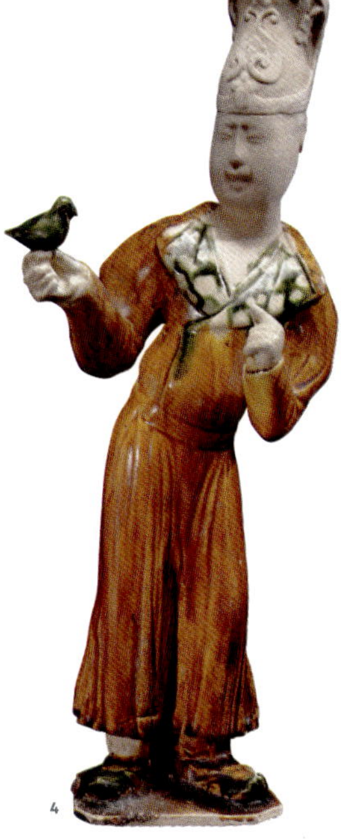

مشهد من الحياة اليومية

يجسد هذا التمثال الصغير المطلي بطبقة زجاجية رائعة ذات ثلاثة ألوان أحد الصقّارين، رغم أن الطائر الحاطّ على يده لا يبدو مثل الصقور. قد يكون طائرًا آخر يستخدمه كطعم لتدريب الصقر على الصيد. وأيًا كان الأمر، فإنّ هذا العمل يعكس تقاليد أسرة تانغ في تصوير لحظات من الحياة الدنيوية لأصحاب المقامات الرفيعة وهم في مثواهم الأخير. وقد كان الصيد واستخدام الصقور من أنشطة طبقة الأثرياء الذين يحيطون بالبلاط الملكي، ومن بينهم هؤلاء الأجانب الذين يرتدون الملابس على طريقة سكان آسيا الوسطى.

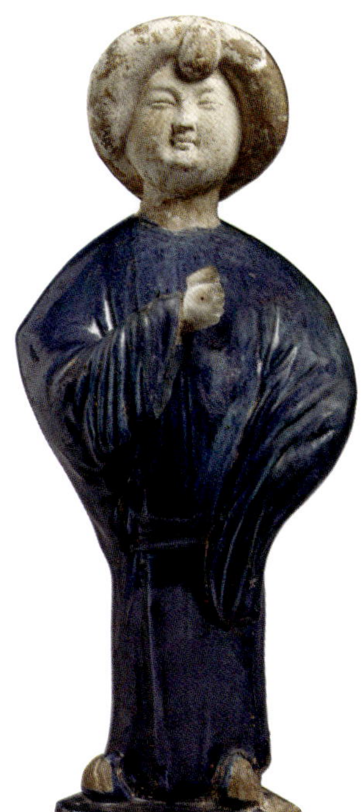

سيدة بلاط أو جارية

ينتمي هذا التمثال الفخاري الصغير المطلي بطبقة زرقاء داكنة مزججة إلى نمط أسلوبي ميّز ذروة عصر أسرة تانغ. ترتدي سيدة البلاط هنا عباءة طويلة ملوّنة بالأزرق الداكن بفعل صبغ الكوبالت المستورد من إيران. ويتسق وجهها الواسع ووجنتاها الممتلئتان وحاجباها المقوّسان كأوراق الغار مع تسريحة شعرها الضخمة. ويُعتقد أن عادة رسم النساء البدينات تعود إلى عهد الإمبراطور شوانزونغ الذي كان يفضل النساء الممتلئات الجسم مثل خليلته يانغ غويفي. ويرجع انتشار هذا النوع من الصور بالفعل إلى عام 740.

.1
ظهر مرآة مزخرف بمشاهد صيد
الصين
750-800 م.
ق. 15 سم؛ برونز
المتحف الوطني للفنون الآسيوية - غيميه

.2
علبة مثمّنة الأضلاع
الصين
700-800 م.
ق. 38.5 سم؛ خشب، صدفة ظهر السلحفاة، عرق اللؤلؤ، عنبر
اللوفر أبوظبي

.3
فرس من باختريا
الصين
700-800 م.
إ. 57 سم؛ خزف مزجج
اللوفر أبوظبي

.4
مربي الصقور
الصين
700-800 م.
إ. 38.5 سم؛ خزف مزجج
المتحف الوطني للفنون الآسيوية - غيميه

.5
سيدة بلاط في ثوب أزرق
الصين
700-800 م.
إ. 39 سم؛ خزف مزجج
المتحف الوطني للفنون الآسيوية - غيميه

تعتبر الهند بين القرنين الخامس والخامس عشر أحد مراكز الإبداع الرئيسية في آسيا. وقد صاحب انتشارُ الديانة البوذية والهندوسية في اتجاه جنوب الهند وشرقها انتشارَ الأعمال الفنية الدينية خارج حدود شبه القارة باتجاه آسيا الوسطى والصين وجنوب شرق آسيا. وقد أدّى وصول هذه الأيقونات غير المألوفة وذات الجمالية الأصيلة من أراض بعيدة إلى إحراز تنوع هائل في الأساليب والأشكال الرمزية عند تفاعلها مع التقاليد الدينية والفنية للحضارات التي امتزجت بها. ولكن هذه العلاقات الواسعة مع الهند ضعفت بعد القرن الثالث عشر بسبب الغزوات المغولية ودخول شبه القارة الهندية في الإسلام.

المنحوتات الدينية من الهند إلى آسيا الشرقية

بـدأ انتشار التأثير الهنـدي في قارة آسيا مـع العصر المسيحي تقريبًـا، وذلـك كظاهـرة سلمية أعقبت توسّـع التجـارة البحريـة، إذ كان المبشرون البوذيـون والبراهمـة الهندوسـيون يسـافرون علـى الأرجـح في أعقـاب التجـار الهنـود. جاب الفنانـون والأعمال الفنيـة شبه القـارة الهنديـة وعـبروا خليـج البنغـال نحـو جنـوب شرق آسيا. وانتقلـت النمـاذج الفنيـة خـارج بلـدان الهمالايـا وآسيـا الوسـطى إلى اليابان وتغلغلـت في الـشرق الأقـصى بأكملـه. وقـد أدى ذلـك إلى تجـاوز التجـارب الفنيـة الهنديـة حـدود مـا يمكـن أن تبلغـه نظائرهـا في بـلاد الهند ذاتهـا، وغالبًـا مـا كان يقـال إن أكبر قـدر مـن الإبداع الفنـي الهنـدي قـد تحقـق في جنـوب شرق آسيـا، في فـن الخُمير علـى سبيل المثال.

ومـن بـين جميـع الإبداعـات الفنيـة لشبه القـارة، كان للمنحوتـات الحـظ الأوفـر مـن النجـاح في آسيا. فقـد أسـهمت التماثيل الهائلة المخصصة للمبـاني والتماثيـل الدينيـة الأكـثر رونقًـا والنقوش الغائـرة والأفاريـز المعماريـة واللوحـات الفنيـة في دعـم المفاهيـم الفلسفيـة والدينيـة الشـائعة، وذلـك مـن خـلال الرمـوز التصويريـة ذات النظام

الهرمي الصارم، التي تحفـز المتعبديـن علـى التأمّـل وتدعمهـم وتُعِدّهـم للقـاء الإلـه مـن خـلال التخطيـط المعمـاري للمعابد. وبذلـك كانت هـذه التماثيل تلعب دورًا تعليميا، حيث تبرز النقوش الغائرة حيـاة الشخصيات المقدسـة أو قصصهـا البطوليـة.

وعـلى مـرّ الزمن، أسـهم كل جيـل مـن النحاتين في إثراء النظـام الجمالي مـن خـلال التعديـلات التي أدخلوهـا علـى الأعمـال الفنيـة. وسـعيًا منهـم للوفـاء للأصـل، أدخـل هـؤلاء النحاتـون تغيـرات تدريجيـة عنـد إعـادة صنعهـم الأعمـال الفنيـة بعـد اسـتيعابهم للمواضيـع الأجنبيـة. فقـد بـرع النحاتـون في عـصر غُبتَ بـين القرن الرابع والقرن السـادس، في ترجمـة مظاهـر الصفاء والعظمـة والحماسـة المقيّـدة التي تتميـز بهـا الآلهـة ومسـاعديها. ولكـن سرعـان مـا ظهرت بعـد ذلك نزعة قائمـة علـى التكثيـف والدقـة والحيويـة، وكان علـى مـدارس العصـور الوسطى اعتمـاد أسـلوب جديـد يقـوم علـى إبـراز صـلابة ملامح الوجه ويمعن في إظهـار انحنـاءات الجسد، كـما هـو الشأن في معابـد شمال الهند.

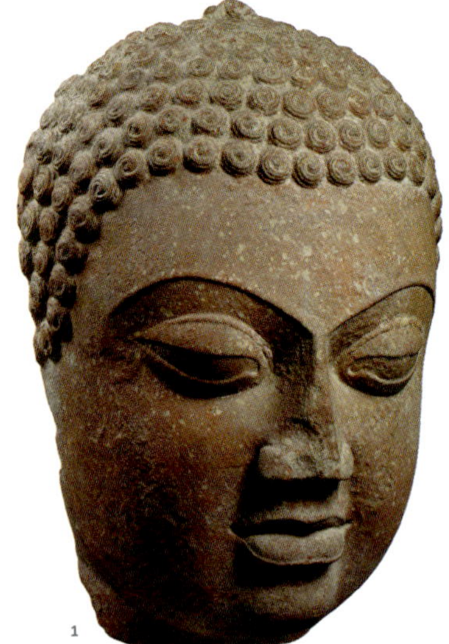

1

تجسيد هندي لبوذا

أنتج فن غوبتا أحد أقدم التماثيل الضخمة التي تجسّد وجه بوذا، وقد اختار المنحى الجمالي للنحت إبراز بوذا في حالة تأمّل باطني بعينين نصف مغمضتين ونظرة متجهة نحو الأسفل. فيظهر بوذا هنا أمام تلاميذه ولكن بعد رحيله عن هذا العالم. ويعد هذا الرأس المنحوت من الحجر الرملي الأحمر القادم من مناجم سيكري بحجم أكبر من حجم الرأس الطبيعي، إحدى السمات المميزة للإنتاج الفني في منطقة ماثورا. تبدو تسريحة الشعر ناقصة، لكنها تحوي جميع الخصائص التصويرية والنمطية، بما في ذلك الشعر المجعّد الملفوف تجاه اليمين وشحمتي الأذن المطولتين والحاجبين المقوّسين.

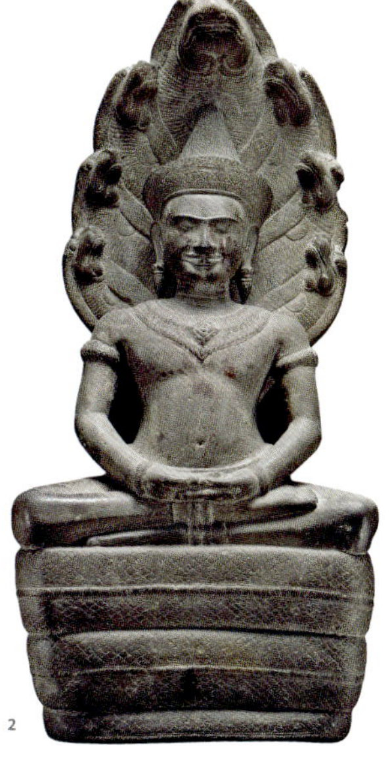

تراث خُمير الفني

يشير هذا النوع الأيقوني لبوذا الذي يحميه ثعبان "النغا" (naga) الأسطوري، إلى الحدث الذي وقع في بوذغايا خلال الأسبوع السادس الذي تلا صحوته. ويحظى هذا الموضوع في كمبوديا بدلالة أكبر وأكثر رمزية، وقد عرف تطوُّرًا خاصًا في فن النحت. ترجع الهيئة المزخرفة في تمثال بوذا الخُميري إلى حد كبير إلى العصور الوسطى الهندية، وهي مرتبطة بالتأليه الذي خضع له بوذا بدرجات متفاوتة في المدارس الفنية في شمال الهند وجنوب شرق آسيا. وتسهم الحُلي المنحوتة في تأكيد تميز بوذا عن البشر العاديين وتبرزه لأتباعه في صورة ملك العالم الروحي.

صورة من جنوب الهند

يمكن التعرف هنا على فيشنو الحامي -الإله الثاني ضمن "الثالوث الهندوسي" إلى جانب براهما الخالق وشيفا المدمر - من خلال أذرعه الأربع. فعلى الجانب الأيمن، تعبّر حركة الذراع السفلية عن عدم الخوف، بينما تحمل الذراع العليا عجلة ترمز إلى قوة العقل. وعلى الجانب الأيسر، تتكئ الذراع السفلية على الخصر، بينما تحمل الذراع العليا محارة ترمز إلى الإبداع. ويرتدي تاجًا عاليًا مزخرفا بالحُلي المتناسقة وبأقراط وحبل مقدس وأساور وحزام. ويُعدّ هذا التمثال النموذج المميز لأساليب النحت في عصر سلالة تشولا في جنوب الهند.

بوذا في نسخته الصينية

صُنع هذا التمثال خلال بناء الموجة الأولى من المعابد البوذية في شمال الصين من القرن الخامس حتى القرن السادس. وقد أدى دخول البوذية إلى الصين -عن طريق الهند على يد الحجاج وتجار طرق الحرير -إلى إنشاء مجمّعات أديرة ضخمة محفورة في المناطق الجبلية الوعرة في شمال البلاد. ويعود هذا الرأس لمعبد أو مصلى صغير تابع لدير ما، ويقترب أسلوب نحته من كثير من التماثيل التي استُخرجت مؤخرًا في مقاطعة شاندونغ، وهي تمثل الفن البوذي في القرن السادس. إلا أنه من النادر أن نجد أعمالا بهذه الجودة التشكيلية.

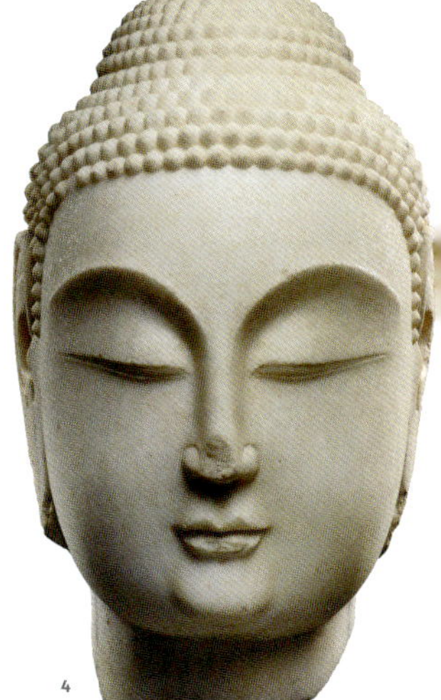

.1

رأس بوذا

شمال الهند،
منطقة ماثورا
400-500 م.
إ. 38.6 سم؛ حجر
رملي أحمر
اللوفر أبوظبي

.2

بوذا في حالة تأمل في ظل حماية ناغا، ملك الثعابين

كمبوديا
1100-1150
إ. 111 سم؛ حجر
رملي، آثار اللك الأحمر
المتحف الوطني للفنون
الآسيوية - غيميه

.3

فيشنو، إله هندوسي

الهند
1200-1500
إ. 195 سم؛ غرانيت
المتحف الوطني للفنون
الآسيوية - غيميه

.4

رأس بوذا

شمال الصين
530-580 م.
إ. 51 سم؛ رخام أبيض
اللوفر أبوظبي

نتناول هنا العلاقات الثقافية والتجارية التي ربطت العالم الصيني بالعالم الإسلامي من منظور القطع الخزفية التي كانت سلعة رائجة بكثافة في المبادلات التجارية على طول المسالك البرية والبحرية لطريق الحرير. وتُعتبر المصنوعات الخزفية والمنسوجات أحد المنتجات الأكثر حساسية للتأثيرات المتبادلة بين الصين والعالم الإسلامي. وتشهد السجلات التاريخية وكذلك الاكتشافات الأثرية على استمرار التواصل بين العالمين دون انقطاع منذ بداية الفتح العربي، مما شجع الخزافين على تطوير أساليب فنية وجمالية حوّلت الأواني الفخارية البسيطة المستخدمة في الأغراض اليومية إلى قطع فنية حقيقية.

طرق الخزف

تشهد الأشكال والمواضيع والمواد والخبرات على مدى اتساع هذه المبادلات وانتظامها. كما تبيّن أن تيارات كاملة من فن الخزف قد تأثرت بذوق الخزافين في عهد أسرة تانغ وسونغ ويوان ومينغ، وتظهر كذلك الرغبة في التقليد والرغبة في الابتكار والتجاوز. ويُعدّ المزج بين الطلاء الزجاجي البني والأصفر أو الأخضر، وتطوير التقنية المستخدمة في الخزف التي انتشرت بعد ذلك بصورة واسعة في أوروبا، دليلا على الجسور التي كانت قائمة بين الخزف الصيني والإسلامي منذ العصر العباسي. وقد كانت هذه السلع المصنّعة تصل من الصين إلى العالم الإسلامي وحوض البحر الأبيض المتوسط عن طريق المحيط الهندي والبحر الأحمر، "البحر الإسلامي"، أو موانئ سواحل الخليج وكذلك عبر الطرق البرية. ومنذ القرن التاسع، دخل البورسلان الصيني إلى أسواق الشرق الأوسط، من البحرين إلى الفسطاط مرورًا بشبه جزيرة سيناء. وعبر الطرق المعاكسة صدّر الخزف من الشرق الأوسط إلى جنوب شرق آسيا والعالم الماليزي ولكن بصورة أقل تنظيما وأقل كمية، في حين كان

خزف الصين السيلادوني أو البني يحظى بقيمة كبيرة في آسيا، لا سيما في كوريا واليابان.

كان للفتوحات المغولية في منتصف القرن الثالث عشر تأثير كبير على حركة المبادلات البرية والبحرية. فقد ميّز انتقال ورش فخار بأكملها من طرف الإمبراطورية إلى طرفها الآخر نحو الشرق الأوسط فن الخزف بصورة دائمة. كما لاقى هذا النوع الصيني من الخزف اهتمامًا لم يسبق له مثيل واستحوذ الفن الإسلامي على أشكال مستوحاة من الفن الصيني مما أدى إلى تأويلات زخرفية ونماذج مقلدة بصورة كبيرة في بعض الأحيان للون اليشم الأخضر واللون الأخضر الرمادي الشفاف، لون خزف السيلادون الصيني. وانتشرت الأنماط الصينية وتمثيلاتها من الشرق إلى الغرب، فقد تكيّفت زهور اللوتس وزهور الفاوانيا والسُحب وطائر العنقاء وغيرها من الحيوانات الخرافية مع الأذواق المحلية، لتشكّل منذ ذلك الحين ولقرون عدة مكونات فنّ أيقوني ذي بعد عالمي تجاوز الأعمال الخزفية إلى المخطوطات والأعمال الثمينة المصنوعة من الزجاج وغيرها من الزخارف المهمّة.

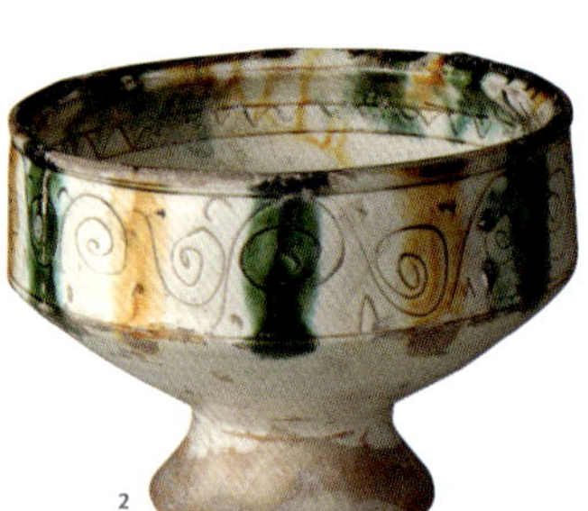

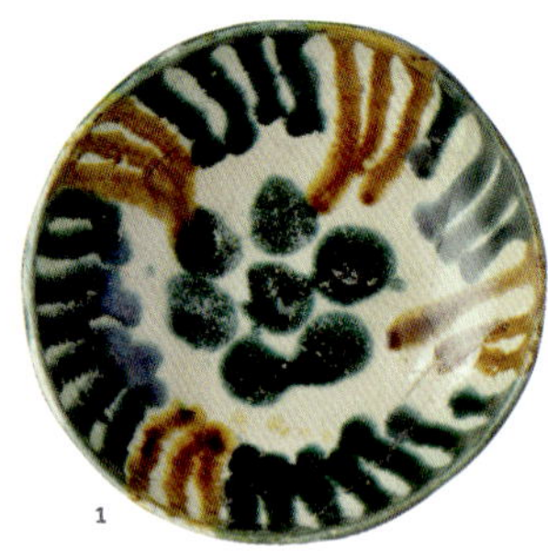

.1

وعاء بزخرفة مقطرة

إيران، شوشان

1000-800

ق. 21.4 سم؛ خزف مزجج، زخرفة مقطرة

متحف اللوفر

.2

وعاء ذو قاعدة مع زخارف بتقنية سغرافيتو

قبرص، ورش في لابيثوس

1500-1400

ق. 14 سم؛ خزف سغرافيتو مزجج، زخرفة مقطرة

المتحف الوطني للخزف - سيفر وليموج

إرث وابتكار

عُثر على أواني خزفية مستوردة من الصين عبر الطرق البرية في المناطق الحضرية في الدولة العباسية وكذلك في مصر. ولا تمثّل مدينة شوشان استثناءً، إذ يُظهر إنتاجها من الخزف قدرتها الكبيرة على الاستيعاب. فقد صُنعت بين القرن التاسع والعاشر الميلادي أحد أواني "سانتشاي" (sancai) الخزفية، أو الأواني الثلاثية الألوان في هذه المنطقة الإيرانية العراقية. كانت الأواني الخزفية المطلية بطبقة رقيقة من الطلاء الرملي اللون تُزيّن بألوان مشتقة من أكاسيد الحديد والنحاس وأحيانا المنغنيز. وفي مقاطعات خراسان وفي جزيرة قبرص لاحقا كانت الأواني تُزيّن بزخارف محفورة أُطلق عليها فيما بعد اسم "سغرافيتو" (sgraffito).

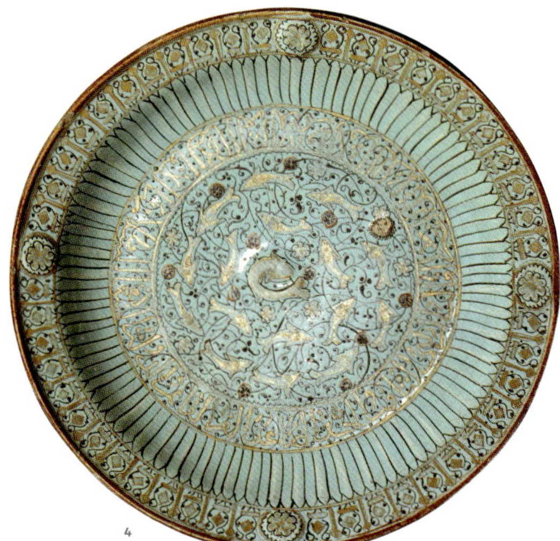

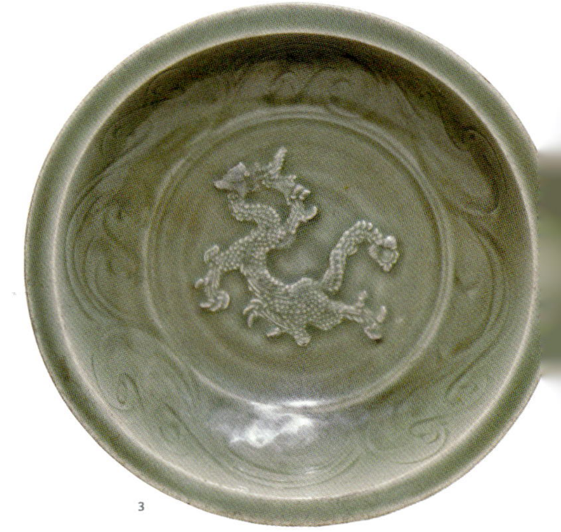

لون فريد من نوعه

كان الطلاء باللون الأخضر الباهت السمة المميزة للأواني الخزفية المصنوعة في عهد أسرة يوان، وذلك مقارنةً باللون الذي يجمع بين الأزرق والأخضر المستخدم في عهد أسرة سونغ. وقد طليت هذه القطع الخزفية التي نُسبت إليها مزايا وقائية بأكسيد الحديد ووُضعت في فرن قليل الأكسجين. وقد شهدت مثل هذه الأواني رواجا خاصا في العالم الإيراني، حيث كانت تصدر إليه منذ أواخر القرن الثاني عشر ثم في الغرب حتى القرن الثامن عشر.

استيعاب وتحوّل

يكشف هذا الطبق -الذي استُوحي لونه الأخضر ونقوشه من الأواني الخزفية الصينية -مدى تأثير أحد المنتجات التي كانت رائجة منذ أواخر القرن الثاني عشر في العالم الإسلامي. وتشير الزخرفة الثمينة واللون الرقيق للسطح الأملس إلى أنه كان من الأطباق الفخمة. وتمتزج المواضيع الصينية، مثل السمكة في الوسط التي ترمز إلى الحظ الجيّد ودائرة من أوراق زهرة اللوتس مع نقوش خطية وشبه نقوش خاصة بالمفردات الإسلامية. وترمز دوائر الأسماك التي يتميز بها الفن المنغولي إلى مصدر الحياة. يعكس هذا المزيج من الأساليب استيعاب الفن الصيني في العالم الإيراني الذي تقاسم هذا الذوق مع المنطقة السورية المصرية، حيث استمر إنتاج هذا النوع من الأواني الخزفية شبه الصينية حتى نهاية القرن الرابع عشر.

.3
طبق بزخارف تنين
الصين
1300-1400
ق. 35 سم؛ حجر
رملي مصقول على
طريقة السيلادون
المتحف الوطني للفنون
الآسيوية - غيميه

.4
طبق مزخرف بحلقة من الأسماك
إيران
نحو 1300
ق. 35.3 سم؛ خزف
مقولب بزخارف
ملونة ومذهبة
متحف اللوفر

.5
وعاء متعدد الفصوص
الصين
1000-1100
ق. 11 سم؛ حجر
رملي مصقول على
طريقة السيلادون
المتحف الوطني للفنون
الآسيوية - غيميه

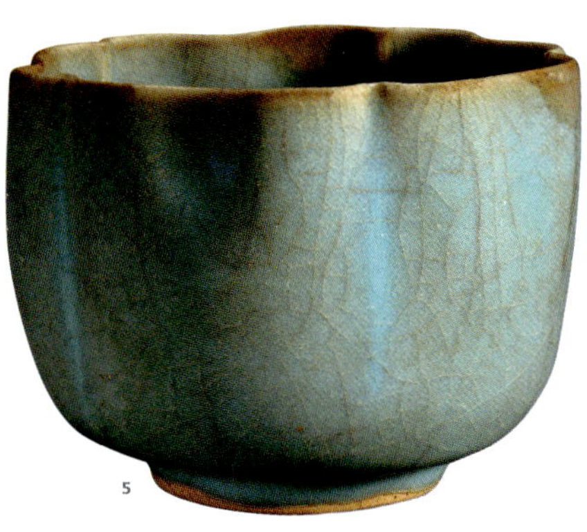

لون مذهل

يُعد اللون الخزامي لهذا الوعاء إحدى السمات المميزة للأواني الخزفية الصينية في عهد أسرة سونغ، وخاصة منها تلك المصنوعة في أفران جون. استُوحي شكل الوعاء متعدد الفصوص من الأواني الفضية في عهد تانغ، وقد استخدم دون شكّ لاحتواء إبريق وتدفئته. ولقد شهد الشاي في الصين بالفعل نجاحًا كبيرًا منذ الألفية الأولى، وانعكس لونه على طلاء الأواني الخزفية المزجج الذي يجمع بين الأخضر والأزرق.

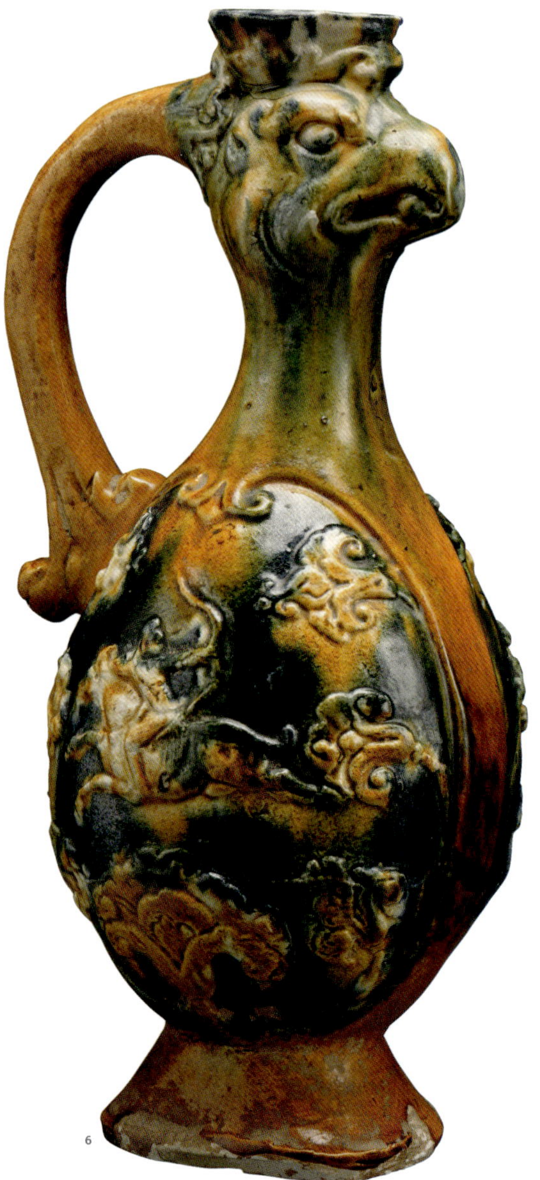

.6

إبريق على شكل
رأس طائر العنقاء
الصين
600-900 م.
اِ. 33 سم؛ خزف مزجج

المتحف الوطني للفنون
الآسيوية - غيميه

إلهام من شرق بعيد

يحتل هذا النوع من الأباريق مكانة خاصة في فن الخزف الصيني بفضل زخرفته بأشكال بارزة مثل طائر العنقاء والزهور البارزة التي تنتمي إلى مخزون الأواني الخزفية الجنائزية المطلية بطبقة من الرصاص المزجج. ويذكّرنا رأس طائر العنقاء -الحافل بالتفاصيل -بذلك الطائر الأسطوري الذي يُعتبر منذ العصور القديمة حيوانا جالبا للحظ السعيد. ويمثل العنق شكلا بسيطا منحنيا، في حين أن المقبض الذي يوحي بمرونة النبات يتفرع من الطرف السفلي. وتظهر من الجانب الزخرفة البارزة التي تضم زهيرات وورود وكذلك فارس في الوسط الأفقي للإبريق. استُوحي الشكل العام من الأواني الفضية الساسانية الإيرانية التي كانت غريبة في الصين في ذلك الوقت، كما يتضح من صورة الفارس المتأهب لإطلاق سهم على الطريقة الفرثية.

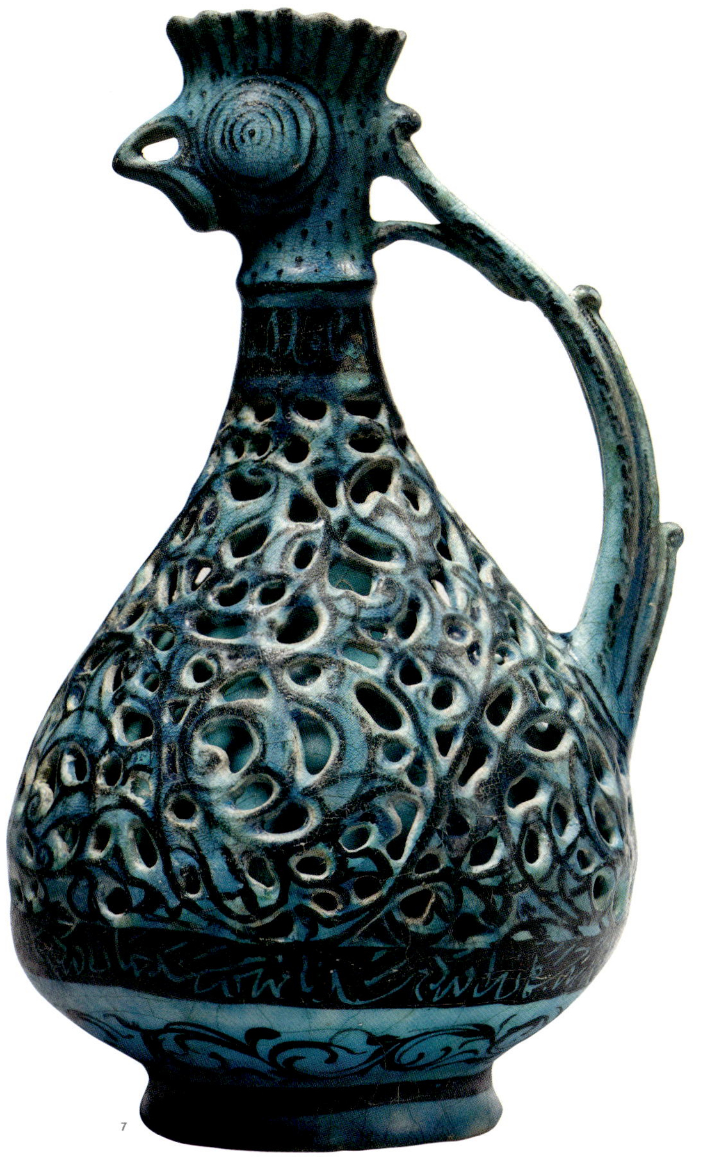

.7
إبريق على شكل
رأس ديك
إيران
1100-1300
إ. 29 سم؛ خزف مزجج
ملون، زخارف مفرغة
اللوفر أبوظبي

استمرار الأشكال والأساطير

كانت الأباريق ذات رؤوس الطيور توجد في الشرق الأوسط منذ عصور ما قبل الإسلام. صنعت هذه الأواني من الفضة في العصر الساساني، ثمّ انتشر شكلها بين الأواني الخزفية في الصين خلال عصر تانغ، وفي الورشات السورية والإيرانية في القرن الثالث عشر. ولطالما كان الديك، الذي يُنبئ صياحه بيوم جديد وتوحي نظرته الثابتة بالحماية، عنصرًا رئيسيا في قلب شبكة معقّدة من المعتقدات والممارسات التنبئية. يعد هذا الإبريق واحدًا من النماذج النادرة التي تضم جدارا شبكيا مزدوجا يحاكي الأواني المعدنية في خراسان. يحمل العنق كتابة باللغة العربية تدعو لصاحب الإبريق بالحظ الجيد ورباعية فارسية تنتهي بمقطع مبارك: "لقد حملتُ حُبّنا في أعماق قلبي وناقشتُ أدقّ التفاصيل معه حتى يعانق العاشق العالم لينقل إليه حبك. اللهم احفظ صاحب هذا الإبريق، أينما كان".

انتشار لون من الألوان

تعكس الزخارف باللون الأزرق والأبيض الولع بالأواني الخزفية الصينية، ومع ذلك، كان المسلمون أول من أتقنها في العالم الإسلامي خلال العصر العباسي، عند استخدام لون الكوبالت الأزرق المستخرج من مناجم كاشان في الطلاء المزجج لقدرته على مقاومة درجات الحرارة العالية. ولم يكن استخدام هذا اللون الأزرق شائعًا في عهد أسرة تانغ، لكنه انتشر في الصين بعد الفتوحات المغولية عندما أضحت جينغزهين عاصمة الإنتاج بلا منازع تحت حكم أسرة يوان. وخلافا للطريقة العباسية، فإن الزخرفة المرسومة على الطين الخام لا تسمح

بأي تعديل. وقد أسهم هذا الابتكار إلى جانب موهبة ومهارة رسام البورسلان في نجاح الأواني الخزفية ذات اللونين الأزرق والأبيض خارج الصين في أواخر القرن الرابع عشر.

شهد القرن الخامس عشر تضاعف تجارة الأواني الخزفية الملونة بالأزرق والأبيض في جنوب شرق آسيا من جهة وأوروبا من جهة أخرى. وفي نهاية الأمر، حلت هذه الأواني المزخرفة بمشاهد دنيوية ودينية محل الأواني المعدنية الفاخرة على موائد النخب الأوروبية، وأسهمت في إثراء مجموعات عصر النهضة.

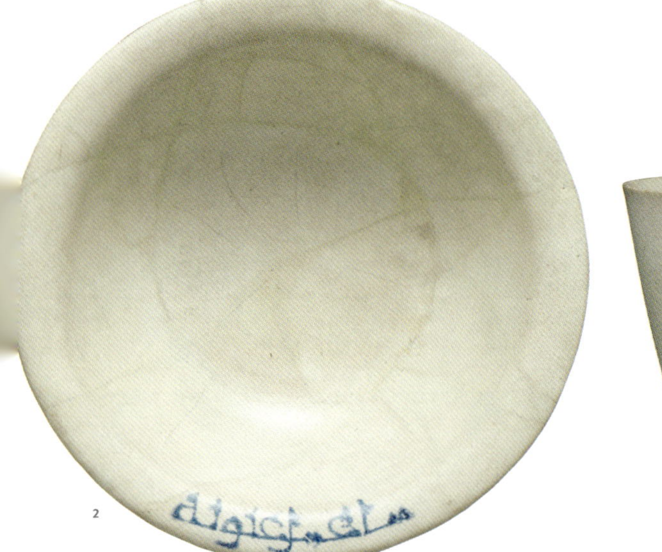

2

1

القطع الأولى من خزف الفاينس

نجح الخزفون العباسيون في تطوير القطع الأولى من الفاينس في تاريخ صناعة الخزف بين نهاية القرن الثامن وبداية القرن التاسع في محاولة منهم لتقليد بياض الخزف الصيني. ويشير مصطلح "الفاينس" (faience) تقنيا إلى عجينة طينية من الخزف مغطاة بطبقة زجاجية غير شفافة بسبب أوكسيد القصدير. وقد ظلت مادة الكوبالت الزرقاء المستوردة من منطقة كاشان في إيران والموصوفة بأنها "زخرفة من الحبر والثلج" حكرا على العالم العربي الإسلامي حتى القرن الرابع عشر، حيث ظهرت لأول مرة في زخرفة الأواني الخزفية.

انعكاس سطوع القمر

صنعت هذه الكأس ذات الجوانب الرقيقة من الحجر الرملي الأبيض الشبيه بخزف البورسلين في أفران تشينغ، وتتميز بلونها الأبيض وشفافية طلائها المزجج، وهي تمثل نوعا من الأواني الخزفية التي ظهرت في منتصف عصر سلالة تانغ، حيث كانت تُستخدم في البلاط الملكي وسرعان ما صدّرت للخارج باعتبارها سلعا تجارية وهدايا دبلوماسية. ونظرًا لما حظيت به هذه القطع من مكانة في آسيا، فقد أرسلت إلى بلاد أبعد، حتى وصلت إلى بلاط الخلفاء العباسيين بالعراق، حيث ألهمت الشعراء الذين شبّهوا بياضها بلمعان اللؤلؤ أو بسطوع القمر.

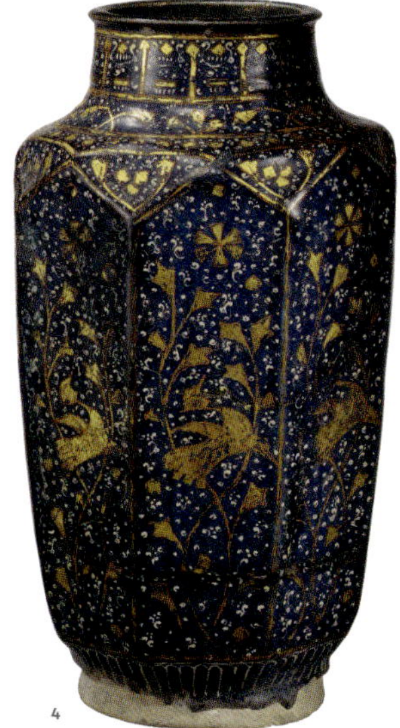

4

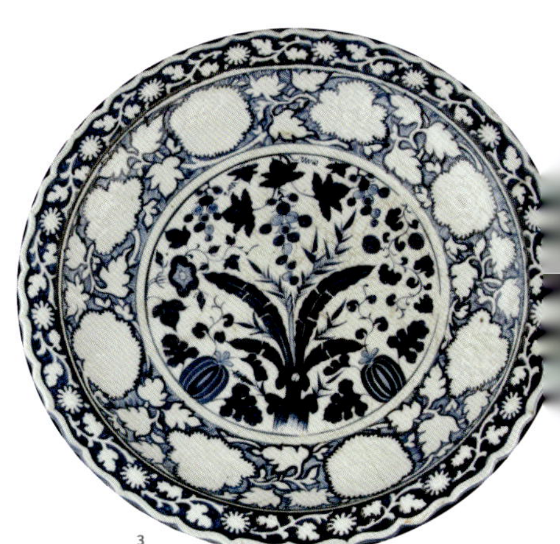

3

.1
كأس شرب بقاعدة
الصين
700-800 م.
ق. 8.5 سم؛ خزف حجري مصقول بطلاء زجاجي شبه شفاف
المتحف الوطني للفنون الآسيوية - غيميه

.2
وعاء منقوش بالخط الكوفي
العراق
800-900 م.
ق. 19 سم؛ خزف مصقول بزخرفة ملونة
اللوفر أبوظبي

.3
طبق بزخارف نباتات وزهور
الصين، جينغدتشن
1300-1400
ق. 45 سم؛ بورسلين بزخارف زرقاء
متحف الفنون الزخرفية

.4
مزهرية مثمّنة بزخارف طير الكركي المتوج (زخرفة بتقنية لاجفاردينا)
إيران
نحو 1300
إ. 34.2 سم؛ خزف، زخرفة ملونة بلمسات ذهبية
اللوفر أبوظبي

.5
طبق مزخرف بصورة أسد
فيتنام
1400-1500
ق. 38.2 سم؛ بورسلين بزخارف زرقاء
المتحف الوطني للفنون الآسيوية - غيميه

بين ثلاثة عوالم

يمثل الخزف بزخرفة لاجفاردينا جميع خصائص الخزف الفخم، إنه منتج فاخر مزين بالذهب، يدين بشهرته إلى اللون الأزرق الداكن الذي يميزه. واسم هذا اللون الـ "لازَوَرْدي" مستمد من اللغة الفارسية ويعني لون أكسيد الكوبالت المستخدم في التزجيج. وعقب الغزو المنغولي في القرن الثالث عشر انفتح فنّ الزخرفة على الأعمال الصينية.

زيّنت الوجوه الثمانية للمزهرية، بطائر كركي متوّج يبسط جناحيه، وقد استوحيت الخطوط البيضاء المنحدرة من زهرة اللوتس المنمنمة والتي تزين قاعدة الـ "آلباريلّه"، من الأعمال الصينية أيضًا، في حين أستلهمت النقوش الكوفية المرسومة على عنق الزهرية من التقاليد الكلاسيكية. أمّا شكل الزهرية ذات الجوانب المحفّفة فهو مستعار من البحر الأبيض المتوسط.

ربيع من البورسلان

قد يكون هذا الطبق المصنوع من الخزف الأزرق والأبيض والمزيّن بالعديد من الصور الرمزية قد صُنع لصالح زبون من أصل شرق أوسطي. وفي حين زخرف وسط الطبق بمشهد ملوّن، رتّبت الزخارف المحيطة وفق نظام من الدوائر المتحدة المركز. تغطي الحافة الخارجية أشكال الأمواج، والحافة الداخلية زهور الفاوانيا. وقد زُخرف الجزء المركزي بشجرة موز تحتوي على أربع ورقات تنمو خلف صخرة صغيرة وشمام وخيزران وأوراق الكروم واللبلاب. ويبدو الطبق أشبه بإحدى حدائق الجنة التي يسودها الهدوء الخالص، وكأن المشاهد محاطًا بنوع من الربيع الأبدي.

نضارة البورسلان الفيتنامي

بدأ استخدام مادة الكوبالت الزرقاء لتزيين الخزف في الفيتنام خلال القرن الرابع عشر. وإذا كان هذا النوع من الزخرفة يعكس قوة حضور الثقافة الصينية بين أواخر القرن الرابع عشر ومنتصف القرن الخامس عشر، فإن الإلهام وطريقة الصنع منحا الأواني الفيتنامية خفة ونضارة ميزتها عن المظهر الصارم والتقليدي أحيانا لبعض الأعمال الصينية. يُرجح أن تكون هذه القطع أحد المنتجات التجارية التي صنعت لأغراض التصدير إلى أسواق جنوب شرق آسيا والشرق الأوسط.

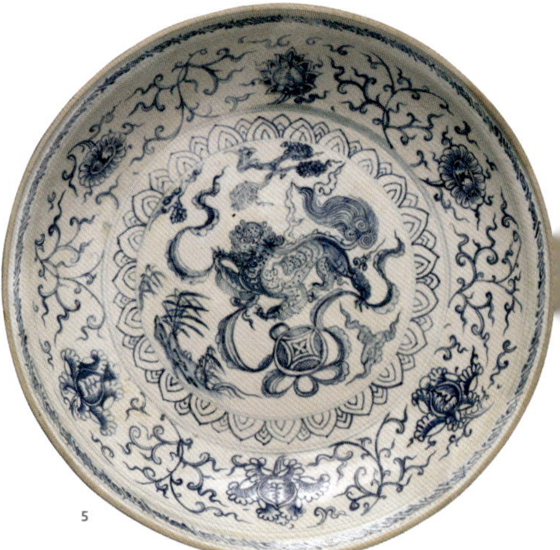

5

يُقصد بفنون الإسلام فنون الحضارة التي فرض فيها الدين الإسلامي الذي ظهر في القرن السابع في منطقة الحجاز الجبلية نفسه باعتباره عاملاً مهيمنًا على شعوب ذات ثقافات وأعراق وأجناس مختلفة. وعلى مدى مائة عام، أفضت الفتوحات الإسلامية إلى إنشاء دولة شاسعة تمتد من إسبانيا الى الهند وتتسم بجمالية مميزة تختلف عن التقاليد القبطية والبيزنطية والفرثية والساسانية التي استوعبتها في البدء. اكتسب فن الأثاث مكانة جديدة بفضل تطوّر الطرق التجارية وطلب الأمراء له. وإذا كان الغرب قد ظلّ لمدّة طويلة ينظر إلى الأشياء باعتبارها مجرّد نتاج فنّ زخرفي، فإن الإسلام قد منحها معنى وخيالاً مشتركًا وذاتيا يفتح، من خلال الزخرفة والألوان والأشكال، الآفاق أمام "لامتناه أشد تعقيدًا" حسب عبارة مؤرّخ الفن جون ديفيد فيل.

روح التصميم في الفن الإسلامي

على الرغم من تنوع أصول وتقاليد الفنون الإسلامية، فإن تفرّدها يقوم على مجموعة من الخصائص المشتركة تتميز باتجاه واضح نحو التجريد. فقد كان كل من التراث الديني وعالم الشعر والأدب أساسًا لهذا الإبداع. وأصبحت اللغة العربية -لغة القرآن-عاملا أساسيًا في تحقيق الوحدة، وأسهمت العلاقة الوطيدة بين اللفظ الإلهي والكتابة في تشكيل هوية خاصة طبعت كل جانب من جوانب الثقافة المادية. وأولى الخطاطون والخزافون والنساجون والنحاسون اهتمامًا بالغًا بفن الخط.

وقد أفضى هذا المعنى القوي للتجريد إلى تنميق الأشكال النباتية. وخضعت أوراق النخيل والأقنثوس المقتبسة من الكروم القديمة إلى توزيع لانهائي انطلاقا من التقسيم الإيقاعي للدائرة. فقد كانت الدائرة، سواء استخدمت كنمط مركزي أو قُسمت إلى ميداليات، حجر الأساس في تركيبة الصورة. لذا أضحى شكلها المثالي استعارة شمسية، رمز العظمة والمجد الإلهي.

وبما أن حظر التصوير الوارد في القرآن لا يشمل غير المجال الديني البحت، فقد ظهرت عدة رسوم تشخيصية في العصور الوسطى لتضخم بطريقة مجازية عظمة الملك ومتع البلاط. كما مالت الزخارف الحيوانية المستمدّة من قصص الحيوانات المتوسطية والآسيوية نحو التجريد، واستعيض عن التفاصيل الواقعية، كالريش والشعر، بعناصر الزينة الخطّية. وكانت الوحوش والطيور الجارحة وأبو الهول وطيور الخطاف الخرافية ووحيد القرن والتنانين والعنقاء توحي بعالم خارق "عجيب وغريب" يحاكي عالم الحكايات والأدب.

ومن خلال الانتقال من الرواية إلى التصوير ومن التصوير إلى الإيحاء، حدثت القطيعة مع تراث ما قبل الإسلام، وأصبحت القطع الفنية تنقل التناغم الموسيقي وتعبّر عن الذاكرة الجماعية المتكرّرة التي تُبرز قدرة الخالق. كانت هذه القطع التي صاغتها يد الإنسان تعبّر عن مدى وحدة النظام الكوني وعظمته بعيدا عن الجهد الإبداعي الغربي المطبوع بالبعد الفردي.

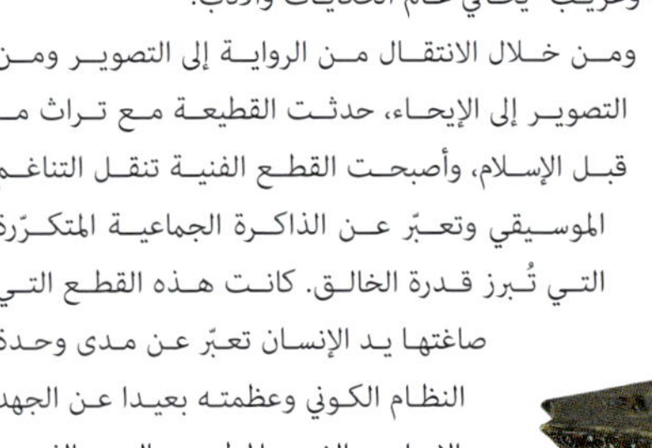

البصمة الأدبية، النفس الملحمي للشاهنامة

احتلت الحكايات العجيبة التي نقلتها اللغة والقصص والقصائد مكانًا أساسيًا في مخيّلة الفنانين. وفي العالم الإيراني، حفلت الملحمة التاريخية للشاهنامة أو "كتاب الملوك" التي كتبها الشاعر الفردوسي بالفارسية عام 1000 للميلاد بصور القطع الفنية، التي كانت وسائل تصويرية مساعدة قائمة بذاتها مقارنة بالمخطوطات. فوظيفة الشمعدان المادية هنا - باعتباره أداة إضاءة -تؤكدها قصّة انتصار الخير على الشر من خلال الصراع بين الملك فريدون وزاهق، رمز الشر كما يتضح من الثعابين التي تبرز من كتفيه عقابًا له على قتل أبيه.

مذاق الفردوس

زُخرفت هذه الكأس ذات القاعدة المخروطية الطويلة، المصنوعة من البرونز الأبيض المرصع بالفضة والعجينة الزجاجية السوداء، بإفريز خطّي منقوش على مستوى حافتها وقدمها، وبأشكال من الزهور وأوراق الشجر على مستوى جسمها. ويمنح النقش الذي يحمل أبياتا شعرية للشاعر الفارسي حافظ الشيرازي، المولود نحو عام 1310-1337، هذه القطعة كلَّ معانيها. تحتفي الأبيات بالخمرة وهو موضوع يتناسب مع هذا الوعاء المخصص للشرب وتصوُّر بحث الإسكندر عن مصدر الحياة، والاسكندر هو الاسم الذي أطلقه العرب والفرس على الإسكندر الأكبر.

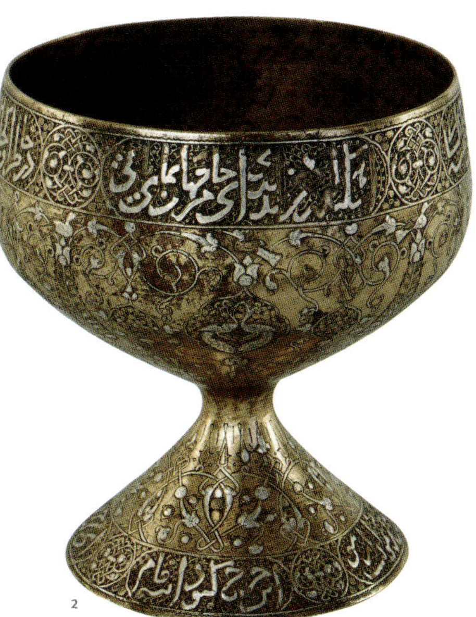

طبق فخم

يشهد هذا الطبق الذي كان يُستخدم في المآدب الفاخرة، على نجاح رسامي مدينة الموصل العراقية واستقرارهم في سوريا ومصر وإيران في الفترة بين 1220 و1260، وذلك عندما شرع صناع الأواني المعدنية في توقيع أعمالهم بأسمائهم متبوعة بنسبتهم مثل "الموصلي". فعلى حافة الطبق كتب دعاء بخط النسخ بشكل زخرفي إسلامي جميل موجه إلى مالك هذا الطبق. وعلى الرغم من عدم تحديد هوية صاحب الإهداء، فإن الوردة الموجودة في المنتصف -والمحاطة باثنتي عشرة قطعة ذهبية -تعبّر عن اهتمامه بالنجوم، وتبيّن أن الطبق صُنع بناءً على طلب أميري. وتقترن الصورة المجازية للأمير التي يجسدها كوكب الشمس بحديقة خيالية تعج بالطيور ومحتسي الخمر وعازفي الموسيقى.

.1
شمعدان مزخرف بمشاهد من شاهنامه، قصيدة فارسية ملحمية
إيران، فارس
نحو 1300
إ. 26.7 سم؛ نحاس أصفر، فضة
متحف اللوفر

.2
كأس بزخارف طيور وزهور
آسيا الوسطى
1350-1400
إ. 13.7 سم؛ برونز أبيض، فضة، عجين أسود
المكتبة الوطنية الفرنسية

.3
طبق كبير نقش عليه أناس يشربون ويعزفون
الجزيرة (شمال سوريا وشمال غرب العراق)
1250-1325
ق. 53.2 سم؛ سبيكة نحاس، فضة، ذهب
اللوفر أبوظبي

تحفة فنية:
الإبريق المزخرف بأبراج فلكيّة

يُعد هذا الإبريق نموذجا رائعا لفن صناعة الأواني المعدنية الزخرفية، من أواخر القرن الثاني عشر إلى أوائل القرن الثالث عشر، وهي الفترة التي أصبحت فيها كل من مدينة هراة في أفغانستان الحالية ومقاطعة خراسان المجاورة مراكز الإنتاج الرئيسية لهذه الأواني. صُنع هذا الإبريق من لوح واحد من النحاس المطروق، ثمّ أضيف إليه المقبض المنصهر فيما بعد. وقد تطوّر فن الترصيع بالفضة -الذي كان قليل الاستخدام في بداية العصر الإسلامي -بين 1140 و1220.

تتكون البطانة الداخلية -المقسَّمة إلى رسومات منتظمة -من زخارف تصويرية ونقوش لكتابات بالخط الكوفي المتشابك والنصوص الحيوية ذات الأحرف المتصلة. أمّا الدوائر الفلكية -المرتبطة بالكوكب المهيمن - فقد رسمت على كل وجه من الأوجه الاثني عشر.

وفي القرن الثاني عشر، أدى الاهتمام المتزايد بـ "علم أحكام النجوم" (علم الفلك) إلى ظهور الأشكال الرمزية الفلكية في فن صناعة المعادن، كما يتضح من هذه القطعة النفيسة المعروضة هنا. ظهرت أول القطع المعدنية المزيّنة بزخارف فلكية في القرن الثاني عشر في منطقة تمتد من الجزيرة الفراتية (شمال سوريا والعراق وجنوب شرق الأناضول) إلى مقاطعة خراسان. وقد ظهرت هذه الزخارف لاحقًا في وقت متأخّر من القرن الثالث عشر والرابع عشر على التحف المصنوعة في سوريا ومصر.

يمكننا انطلاقا من يسار المقبض التعرف على برج الحَمَل ممثلاً بكوكب المريخ -الكوكب المحارب -الذي يظهر بسماته المعروفة المتمثلة في السيف والرأس المقطوع. أما برج الثور فيجسده كوكب الزهرة عازفا على العود. ويقف برج الجوزاء حول ساق تحمل في أعلاها وأسفلها رؤوس وحوش. ويأتي بعد ذلك برج السرطان المتمثل في شكل سلطعون ترسم كلاباه شكل قلب. يلي ذلك برج الأسد رمز الشمس منذ القدم. وتصوّر العذراء حاملة سنابل القمح في يديها. ويظهر كوكب الزهرة المقيم في برج الميزان مرسوما على شكل طبقين، ويشهر برج العقرب عقاربه. ويتمثل برج القوس في شكل قنطور يحمل قوسًا وسهمًا، ويمثّل برج الجدي على هيئة وعل يركبه كوكب زحل - عجوز ملتح -يمسك بأحد الأدوات. ويظهر برج الدلو وهو يسقي الأرض من مياه بئر مبنية بالطوب.

وفي قاعدة مقبض الإبريق يظهر المشتري متمثلا في صورة إنسان -متشابك الرجلين -ويمسك بسمكة في كلتا يديه.

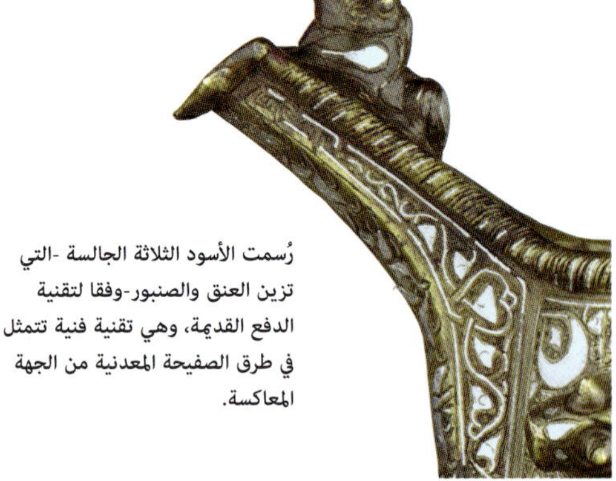

رُسمت الأسود الثلاثة الجالسة -التي تزين العنق والصنبور-وفقا لتقنية الدفع القديمة، وهي تقنية فنية تتمثل في طرق الصفيحة المعدنية من الجهة المعاكسة.

تظهر على العنق والكتف ما يسمى بالنقوش "الحيوية"، التي تنتهي فيها قوائم الحروف برؤوس بشرية. يجمع هذا النوع من الكتابة الذي اقتصر استخدامه على النصف الثاني من القرن الثاني عشر والثلث الأول من القرن الثالث عشر، بين التجسيد المجازي والقوة التصويرية الهائلة للحروف المكتوبة.

يسهم الجمع بين النقش الساطع والتجسيد الرمزي للكون على هذه التحفة الأنيقة الموجهة إلى شخصية مرموقة، في وضع صاحبها في إطار نظرية نشأة الكون التي تحتل فيها صورة الأمير الذي يرمز للشمس مكانا مركزيا.

إبريق مزخرف بصور
الأبراج الفلكية
أفغانستان، هرات
نحو 1220
اِ. 38 سم؛ سبيكة
نحاس، فضة
اللوفر أبوظبي

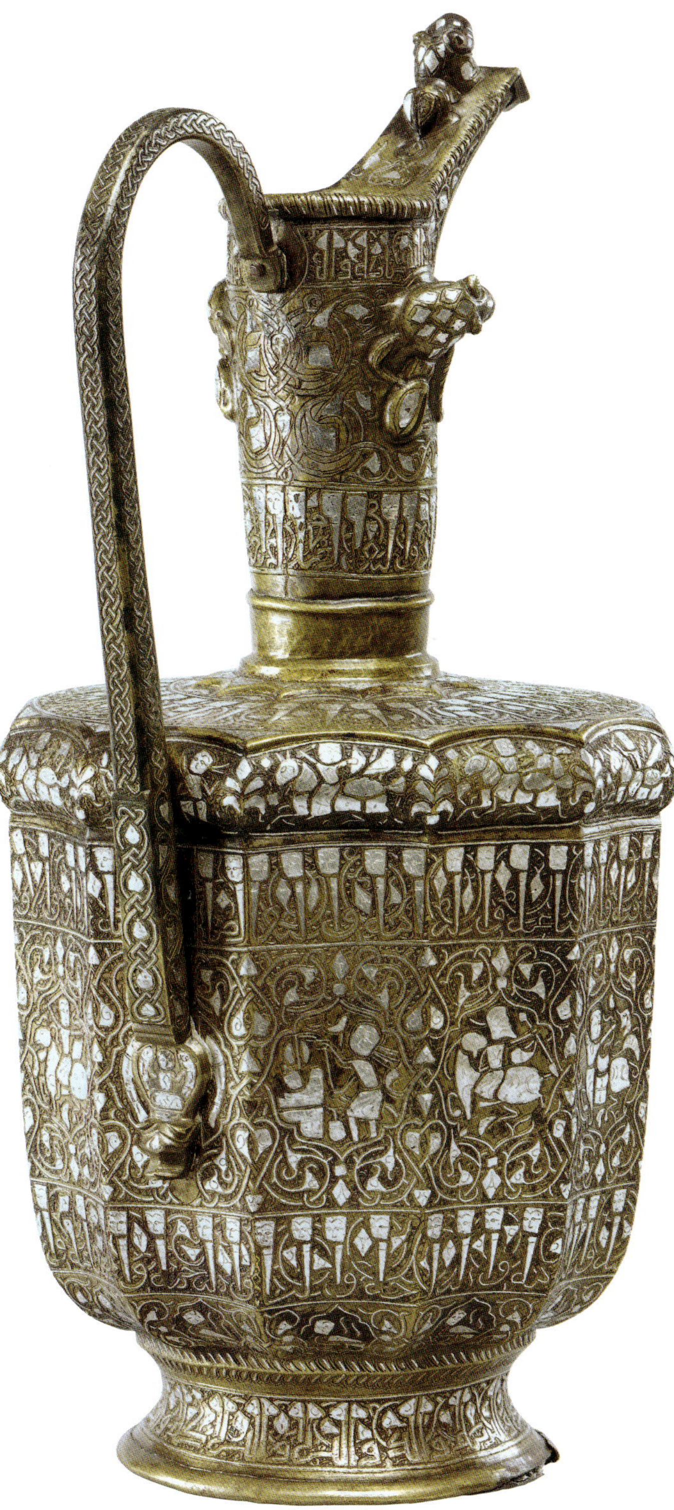

عند النظر إلى الإبريق من أعلى، نرى أن الخط
يجمع بين الكتابة والصورة المجازية لخلق
رمزية شمسية على مستوى الكتف المسطح
ككل. وتملأ الحروف المطوّلة الفضاء الممتد
من الرؤوس البشرية المرسومة حول العنق إلى
الخارج باتجاه الحافة. ويتجسد برج الميزان في
صورة الزهرة -الكوكب المهيمن -الذي يمسك
بعود متوازن يتدلى منه طبقان، وقد زيّن
سطحُ كل منهما بوجه إنسان، أحدهما سعيد
والآخر حزين. ويبدو أن الطبق الأيمن -ذا
الوجه السعيد -أثقل قليلا من الآخر.

منذ القرون الأولى للفتح الإسلامي، بادر الخزافون المسلمون بتطوير أساليبهم التقنية والفنية، ليحتلوا منذ ذلك الوقت مكانة مهمة على الطرق العالمية لتجارة الخزف. فقد طوّروا الزخارف الزجاجية وحسّنوا بعض الأساليب الفنية المبتكرة مثل التزجيج بالقصدير والبريق المعدني، اللذين سيحظيان بنجاح باهر في أوروبا عن طريق إسبانيا وصقلية. وعلاوة على ذلك، بدأوا في القرن الثاني عشر يتقنون استخدام الطين اللين الذي كانت صلابته تضاهي صلابة البورسلان المستورد من الصين. وفي الفترة ذاتها، ظهرت في إيران تقنية النار الهادئة أو "ميناي" (minai) أو "حفت رانغ" (haft rang) التي سمحت من خلال عمليات الحرق المتتالية في الفرن بإثراء مجموعة الألوان. استُبدلت أواني المائدة المصنوعة من الذهب والفضة بالأواني الخزفية، إذ منحت هذه المادة القطع الفاخرة والعادية مسحة من الأصالة وأكسبتها بعدًا يكاد يكون روحيا بفضل الخطوط المنتظمة والذبذبات المضيئة التي تتميز بها الجمالية العربية الإسلامية.

سادة صناعة الخزف

تجارة قطع ذات استخدام دنيوي

صنعت هذه المزهريات أو القوارير الخزفية "آلباريله" في كلٍّ من سوريا ومصر خلال العصر المملوكي وكانت تُصدَّر إلى أوروبا مع محتوياتها من الأدوية أو العطور. وترجع الزخرفة باللون الأزرق والأبيض إلى الخزف الصيني في عهد أسرة يوان. يكسب النقش بخط الثلث الزخرفية إيقاعًا يوافق وظيفة القارورة، إذ يتعلق النصّ هنا بالعجز الجنسي وهو يمدح فوائد الدواء المثير للشهوة الذي تحويه القارورة.

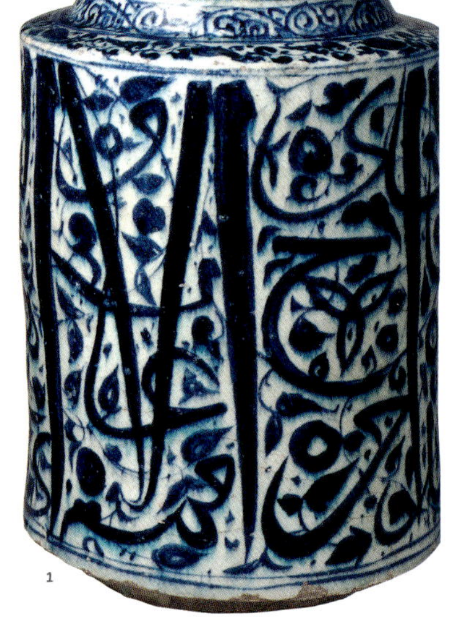

1

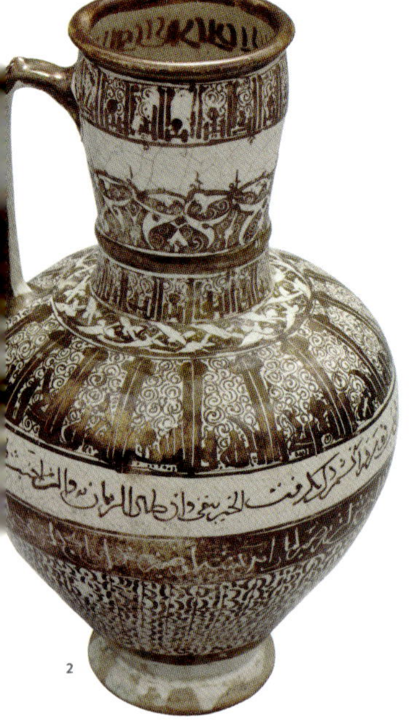

2

قصائد على الخزف

أُستوحي شكل هذا الوعاء -ذي البطن الكروية والعنق الأنبوبية والمقبض القائم الزاوية -من الأواني المعدنية القديمة. وتطابق زخارفه وتناسق رسومه المتراكبة الأسلوب القشاني. وتلتقي العناصر النباتية المنمّقة بكتابات مرسومة على خلفية بيضاء أو محفوظة على خلفية لامعة. تحمل هذه الكتابات عبارات استعطافية وأبياتًا شعرية مكتوبة باللغتين الفارسية والعربية تتمنى لصاحب القطعة طول العمر أو تعبر عن مواعظ من قبيل "يدوم الخير وإن بخل الزمان به وليس أحقر من الشر زادا يجمع".

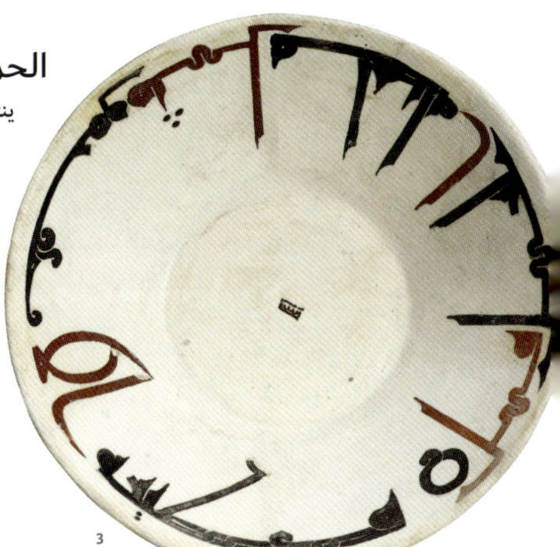

الحرف والكلمة

ينتمي هذا الوعاء إلى سلسلة مميّزة من الأواني صنعت بمقاطعتي خراسان وما وراء النهر التي تشقَّها طرق تجارة الحرير في العالم الإيراني. وتحمل هذه الأواني، التي صنعت لحرفاء من الطبقة المثقفة، أمثالاً عربية أو أحيانا مقاطع من أقوال للإمام علي، وأحاديث نبوية بدرجة أقَل. رُسمت الكتابة هنا بدهان أسود أو بني اللون على خلفية بيضاء، وتوحي لنا بمدى خبرة الخطّاط. ويسهم التشكيل الدائري واعتدال اللفظ الزخرفي والمعجمي في تعزيز قوة النقوش المكتوبة.

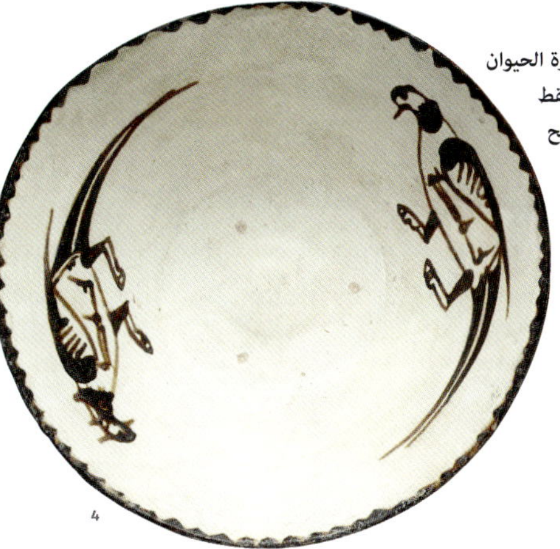

النقوش الأولى الحيوانية الشكل

تعدّ القطع ذات النقوش الحيوانية الشكل التي تجمع بين صورة الحيوان والحروف -نادرة جدا، فلا يعرف أكثر من اثنتي عشرة قطعة فقط من هذا النوع. زُخرف هذا الوعاء ذو الشكل المخروطي المسطح بطائرين ضخمين تمتزج فيهما الصور بالنصوص. ويضم جسدا الطائرين عبارة وقائية بالخط الكوفي قد تكون كلمة "بركة". أما ذيلاهما الطويلان المنقسمان فيتسقان بأناقة مع محيط الوعاء، في حين تؤكّد شرائط الريش الطبيعة التصويرية للرسم. احتفظ الطائر في العالم الإسلامي بدلالته الرمزية التي كان يحملها في النصوص المقدّسة الإيرانية قبل الإسلام باعتباره رمزًا للمجد والحظّ الجيد، وظل مرتبطًا في الأذهان بالتحليق الذي يجسّد مجازيا صعود الروح إلى السماء.

ظهور أسلوب المنمنمات

في القرن الثاني عشر، أتاحت تقنية النار الهادئة إثراء لوحات الخزف بسبعة ألوان أساسية وهي الأحمر الطوبي والأبيض والأسود والأخضر والأزرق والبني، وبصورة استثنائية جدًا اللون الذهبي شأن هذا الطبق الذي يُعد شكله ولونه الرمادي نادرين. وقد تطور أسلوب المنمنمات الذي انتشر بكثرة في العالمين التركي والإيراني، في ورش قاشان وري. وتجمع الزخرفة المستوحاة من فن إنتاج الكتب بين الكتابة الكوفية والكتابة ذات الحروف المتصلة - والتي غالبًا ما تكون مبهمة -إلى جانب مشاهد تذكرنا بزخرفة المخطوطات. وقد استلهمت هذه الموضوعات من حياة البلاط، كهذين الفارسين المتقابلين على جانبي شجرة ترمز إلى شجرة الحياة الأولى.

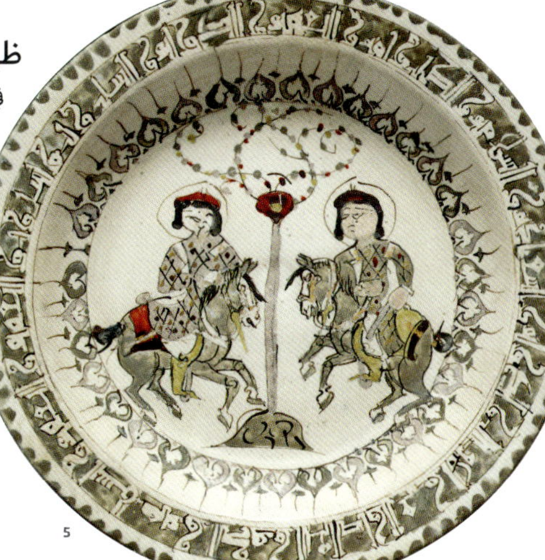

.1
آنية صيدلانية
"آلباريلّو" مزخرفة
بالخط اليدوي
سوريا، دمشق
1300-1400
إ. 36 سم؛ خزف
بزخرفة ملونة
المتحف الوطني للخزف
- سيفر وليموج

.2
إبريق بنقوش شعرية
إيران، كاشان
نحو 1200
إ. 25.3 سم؛ خزف
مزجج بألوان
لامعة معدنية
اللوفر أبوظبي

.3
وعاء بنقوش
ذات لونين
آسيا الوسطى
900-1100
ق. 25.3 سم؛ خزف
بزخرفة مزججة
اللوفر أبوظبي

.4
وعاء مزخرف
بصور طيور تضم
كلمة "بركة"
آسيا الوسطى
900-1100
ق. 25 سم؛ خزف
بزخرفة مزججة
اللوفر أبوظبي

.5
وعاء مزخرف بصورة
فارسين (زخرفة
بسبعة ألوان، تسمى
هفت رنكو)
إيران، كاشان
1170-1220
ق. 19.5 سم؛ خزف
بزخارف مزججة وملونة
اللوفر أبوظبي

"وقال الرب لموسى خُذ من الأعشاب العطرية والمَيْعَة وظفر الطيب والبخور النقي أجزاءً متساوية ستصنع منها عطراً يعبّر
عن صنعة أفضل العطارين. سوف يكون عطرًا مالحًا ونقيا ومقدسا".
(سفر الخروج 30، 34-35)

عزَّزت الشبكات الاقتصادية الجديدة التي أُنشئت بين القرن السادس والقرن الخامس عشر، تجارة
العاج والبخور من الممالك الأفريقية القوية والحدود الجبلية لشبه الجزيرة العربية. وسمحت هذه
الشبكات بنقل كميات كبيرة من بعض المواد النفيسة الأخرى كالذهب والمرّ ومختلف المنتجات العطرية
إلى بلاطات الأمراء في حوض البحر الأبيض المتوسط وأوروبا الغربية والشرق الأقصى.

طرق البخور وتجارة العاج

كان البخور إحدى السلع التجارية المتداولة لأكثر من ألف عام
وهو الذي صنع ثروة اليمن ومدينة البتراء النبطية لأنه كان يباع
أغلى من الذهب لاستخدامه في الأغراض الدينية والمنزلية. فقد
كانت هذه المادة الثمينة التي تفوح من دخانها رائحة العطر عند
حرقها، تستخدم في المساجد والمعابد والكنائس والقصور نظرًا لمزاياها
المسكّنة وفي الصلوات الشعائرية والدعاء وطقوس التطهير. وفي نهاية
القرن الثامن تحدث المؤرخون الآسيويون عن هذه التجارة المزدهرة
بين العرب والإيرانيين وسكان السواحل الماليزية، في حين كان اللبان
والعاج أثناء حكم أسرة سونغ (1279-1368) من بين المواد المستوردة
تكريمًا للإمبراطور.

وقد تحوّل العاج نظرا لقيمته وندرته وسهولة تشكيله، إلى السلعة
الأساسية ضمن شبكة تبادل تجاري بين الإمبراطورية البيزنطية
والعالم العربي الإسلامي والغرب اللاتيني. وتركّزت ورشات إنتاج
العاج حول حوض البحر الأبيض المتوسط، حيث تنتهي طرق
تجارة الحرير والتوابل والبخور والعاج، وكانت هذه الورشات تنتج
العلب الأسطوانية الشكل والصناديق المستطيلة التي كانت تُستخدم
لحفظ الأحجار الكريمة والعطور التي يشتدّ عليها الطلب في الغرب
المسيحي. وكانت هذه العلب والصناديق تقدّم هدايا عند زواج
الأمراء أو هدايا دبلوماسية. واستمر هذا التقليد حتى القرن الثاني
عشر في جنوب إيطاليا وصقلية، حيث تطورت ثقافة امتزجت فيها
عادات اليونان والبيزنطيون والنورمان والعرب. وقد
تكاثرت الورشات بعد ذلك في جميع أنحاء أوروبا
الغربية، وخصوصا في باريس حيث بلغ الإنتاج
في القرن الرابع عشر درجة عالية من دقّة
التنفيذ مع الفنّ القوطي اللامع، ثمّ انتقل
إلى البندقية في القرن الخامس عشر.

جمرات الإيمان

تتخذّ المباخر ذات السلاسل كالتي يمسك بها الملاك في اللوحة أو كهذه هنا
التي صُنعت في توسكانا في القرن الرابع عشر شكل وعاء يحتوي على جمر
متوهج توضع فوقه حبّات البخور. ويثقب الجزء الأعلى ليسمح بمرور
الدخان. وتسمح السلاسل الملحقة بالكأس بتعليق المبخرة أو أرجحتها.
وقد حفزّت هذه الأداة الأساسية في الطقوس الدينية الفنانين على الإبداع.
ويحاكي نموذج هذه المبخرة العمارة القوطية لتمثيل مملكة أورشليم
السماوية، تلك المدينة الفاضلة التي سيخلّد فيها المصطفون.

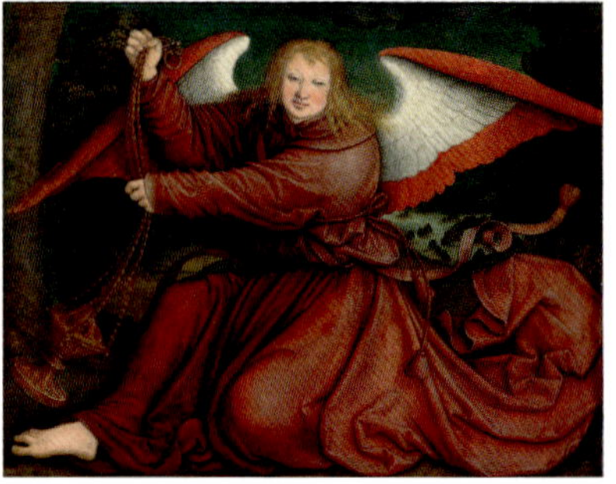

2

البخور رمزًا للصلاة

أضحى البخور الموروث عن الأديان الوثنية القديمة، والذي يعتبر دخانه هبة من الإنسان
للآلهة في الشعائر المسيحية، التجسيد المادي لصلاة المؤمنين التي تصعد إلى الرب كما يصعد
الدخان في الهواء. ونجد في الكتاب المقدس، كما في الأيقونات الدينية، عددا من الملائكة
المصلين وقد رُسموا ممسكين بالمباخر مثل القساوسة أثناء الاحتفالات الدينية -يقومون
بدور الشفعاء للبشر عند الله. وقد صُوِّر هذا الملاك، الذي رسمه الفنان الألماني البدائي
برنارد ستريغل (1461-1528) في وضعية ابتهال وعبادة، والدخان المرسوم بدقة متناهية
يتصاعد من مبخرته نحو السماء.

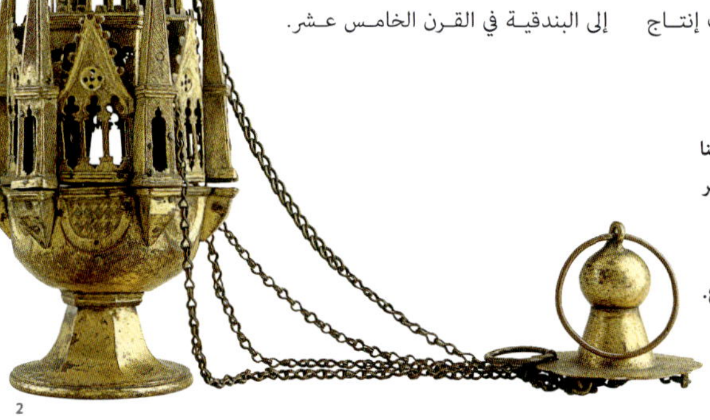

1

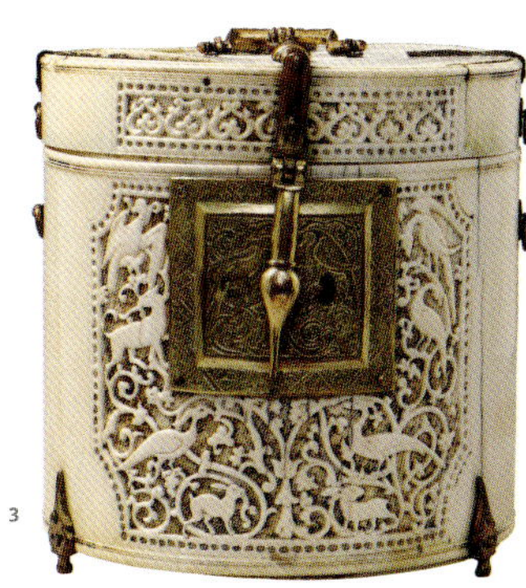

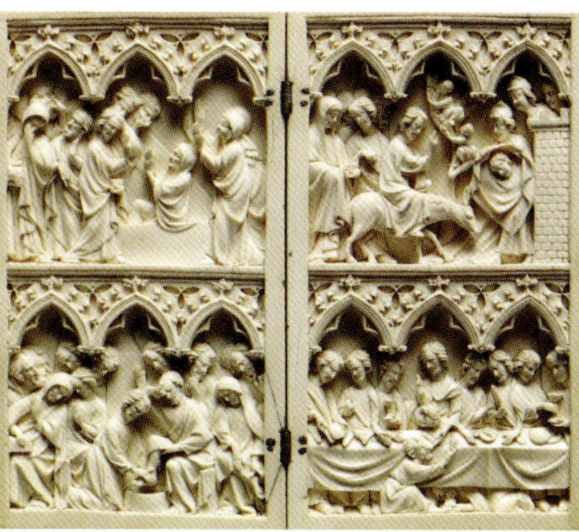

.1

ملاك يحمل مبخرة

برنهارد شتريغل

ألمانيا، شوابيا

نحو 1520

إ. 68.5، ع. 78.6 سم؛

ألوان زيتية على لوحة

اللوفر أبوظبي

.2

مبخرة ذات

طراز معماري

إيطاليا، توسكانا

1350-1400

إ. 24.2 سم؛

نحاس مذهب

المتحف الوطني للعصور

الوسطى - كلوني

.3

علبة بزخارف حيوانية

إيطاليا، صقلية

1400-1500

إ. 15.8 سم؛ عاج،

سبائك نحاس

متحف اللوفر

.4

لوحة مزدوجة

تحمل مشاهد من

حياة المسيح

فرنسا أو ألمانيا

1350-1375

إ. 21، ع. 24 سم؛ عاج

اللوفر أبوظبي

.5

موقد عطور على

شكل جبل

الصين

1200-1300

ق. 12 سم؛ خزف

حجري بزخارف بيضاء

مائلة إلى الخضرة

المتحف الوطني للفنون

الآسيوية - غيميه

.6

علبة مزخرفة

بمشاهد أسطورية

تركيا، القسطنطينية

(إسطنبول حاليا)

950-1000

إ. 16، ع. 27 سم؛

عظم ونحاس مذهب

على جسم خشبي

متحف اللوفر

3

إرث الورشات الصقلية العربية

تتّصل هذه العلبة الأسطوانية الصغيرة أو الدائرية، المغطّاة بلوحات من العاج المنحوت، بتقاليد الصناعة العاجية الصقلية العربية في بداية القرن الثاني عشر. كانت هذه العلب تستخدم في سياق غير ديني لحمل الأحجار الكريمة والمجوهرات والعطور. حظيت هذه العلب بقيمة كبيرة في الغرب، حيث استُخدمت في البداية في الشعائر الدينية وكذخائر مقدّسة، وبدأت تظهر في الصور الرمزية لملوك المجوس كأوعية لحمل المر والبخور خلال القرن الثاني عشر.

4

نماذج من صور المسيح المحمولة

جعل تدفّق العاج الإفريقي على أوروبا بدءا من عام 1250 وحتى عام 1400، من باريس عاصمة صناعة العاج القوطي، حيث أنتج الفنانون والحرفيون منه قطعا دينية صغيرة وخاصّة منها الألواح المزدوجة التي تصوّر مشاهد من حياة المسيح أو السيدة العذراء على أشرطة أفقية. وفي الوقت الذي اكتسبت فيه ممارسة الشعائر الدينية بعدا فرديا، كانت شريحة من الحرفاء الميسورين من الأمراء والبرجوازيين التواقين لإبراز ثرائهم وتقواهم، تطلب هذه القطع المحمولة لتأخذها معها في أسفارها عند القيام بالحجّ أو حتى في الحرب.

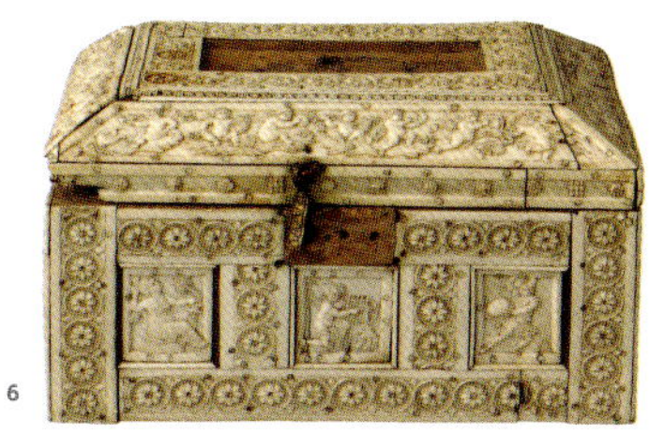

6

حينما يغيب العاج

عندما يصبح العاج المستمدّ من الأفيال نادر الوجود، كما حدث بصورة عرضية انطلاقا من القرن العاشر الميلادي، استخدمت مكانه مواد أخرى مشابهة له. صنع هذا الصندوق، الذي أنتجته إحدى الورشات البيزنطية، من ألواح عظام دقيقة مثبتة على الخشب. وتصور زخارفه المنجزة بعناية كما لو كانت منحوتة على العاج -مشاهد أسطورية تذكّر بارتباط الفن البيزنطي بنماذج من العصور الكلاسيكية القديمة.

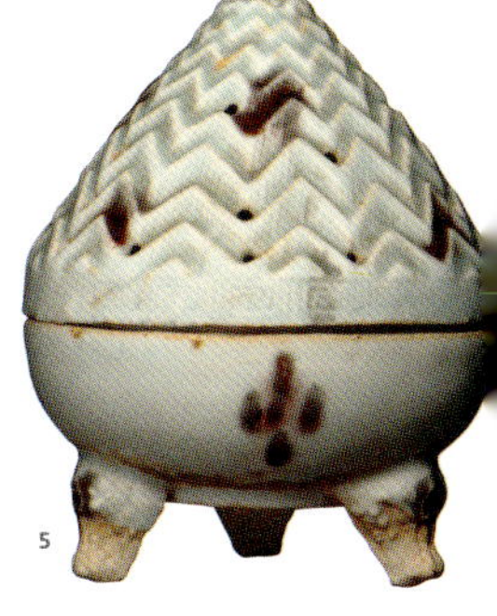

موضة مباخر العطر

لقيت هذه القطعة الخزفية المعروفة باسم "تشنغ باي" -(qingbai) أي الأبيض ذو الزرقة - رواجًا كبيرًا في السوق الصينية، وصنعت أيضًا لأغراض التصدير، حيث وصلت إلى حدود أوروبا في القرن الرابع عشر. وقد استُوحي شكل هذه القطع ذو الغطاء المخروطي، من المباخر القديمة ذات الشكل الجبلي المعروفة باسم "بوشانلو" (boshanlu)، ويهدف هذا الشكل على الأرجح إلى محاكاة جزر المخلّدين الأسطورية في المذهب الطاوي وهي جزر مأهولة بالمخلوقات الخيالية والكائنات المجنحة. ويذكّر غطاء المبخرة ذو اللون الأزرق الشفاف الذي لا تحدّ من بساطته غير بعض البقع من أكسيد النحاس بحجر اليشم الذي تعزى إليه منذ القدم فضائل سحرية.

على الرغم من أنّ النسيج مادة هشة ذات تقنية فنية وجمالية عالية مرتبطة بالتقاليد والأعراف الخاصة بكل ثقافة، فقد كان في غالب الأحيان محل تداول تجاري عبر مسافات جغرافية شاسعة. وقد اكتسب أهمية اجتماعية كبرى بين القرنين الخامس والخامس عشر، خاصّة في المجتمعات البدوية في الشرق الأوسط وآسيا، وكذلك في أوروبا التي كانت مراكز السلطة فيها متنقلة أحيانا. كانت المنسوجات باعتبارها موادّ ثمينة ومطلوبة بشدة تُستخدم كمعيار نقدي، ولعل ذلك كان السبب وراء تسمية شبكات التجارة الأوروبية الآسيوية بطرق الحرير. كانت هذه التجارة محل رهانات اقتصادية كبرى من أجل التحكم في الإنتاج والتسويق وتزويد مناطق ثقافية بعيدة من خلال تطوير مسالك التجارة البرية والبحرية. وعلى الرغم من المحاولات لإحاطة بعض تقنيات التصنيع بالسرية، فقد تسللت هذه التقنيات للخارج وانتشرت الأنماط الزخرفية مثل صيحات الموضة بعيدًا عن مهدها الأصلي.

روائع منسوجة

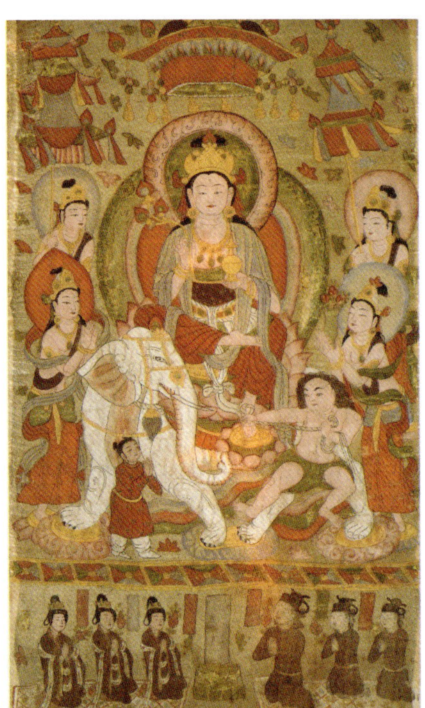

1

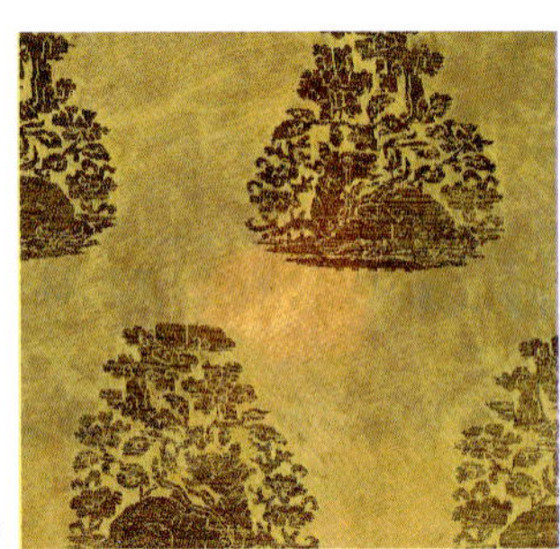

2

يشمل مصطلح "النسيج" جميع الأقمشة المنسوجة ويشير تحديدا إلى المواد المصنعة من الألياف النباتية أو الحيوانية وحتّى المعدنية. وعلى المنسج، تُصنع "خيوط السدى" من التدرّجات الطولية والعرضية لـ "خيوط اللُّحمة". وتسمح ألوان خيوط الغزل بتنويع درجات الألوان والزخارف. قامت أوّل تجارة للنسيج في العصر القديم بين الصين وعالم البحر المتوسّط، وقد كان الحرير الموجّه عبر الطرق التجارية لمدّة طويلة عملة نقدية في المبادلات التجارية على طرق آسيا الوسطى وإلى حدود الإمبراطورية الرومانية. وقد لعبت الإمبراطورية البيزنطية، دورا رئيسيًّا في نقل الأقمشة الحريرية ذات القيمة العالية وإنتاجها. يمتلك الحرير تاريخا يعود لآلاف السنين في الصين، حيث خضع عبر القرون لعدد كبير من التحسينات التقنية والجمالية. فمنذ العصر القديم، بدأت الصين في تطريز النسيج على ماكينات الغزل. وقد تطورت هذه التقنية على مدار العصور حتى استطاعت إنتاج قطع متعددة الألوان ذات زخارف نباتية وهندسية. وكانت قطع القماش الثمينة المصنوعة في الورشات المختصّة والتي ترجع تحديدا إلى فترة حكم سلالة تانغ (618-907) توجّه الى البلاط الملكي والقائمين على الشعائر البوذية وقلة من المحظوظين الذين يستطيعون اقتناءها. أما فترة حكم سلالة سونغ (960-1279) المزدهرة، فقد تميزت بالشاش المقصّب وحرير الساتان المطرّز بالذهب، في حين شهد عهد خلفائهم المغول -حكم سلالة يوان (1279-1368) - تبادل الزخارف والتقنيات مع آسيا الوسطى وبلاد الإسلام.

وقد احتل النسيج أيضا مكانة مهمّة في العالم العربي الإسلامي، وازدهر على وجه الخصوص في فترة الخلفاء الراشدين لإقبال الأمراء عليه ولحاجة الجيوش إليه. وظلت مراكز الإنتاج الرئيسية التي يعود إنشاؤها إلى العصور القديمة المتأخرة كالإسكندرية وصور وأنطاكية المتأثرة للغاية بالطرازين البيزنطي والساساني نشطة بعد الفتح الإسلامي في القرن السابع. وانتقل التصوير الأيقوني الموروث عن العصر القديم وطرق الصنع من إسبانيا إلى الهند مرورا بمصر وسوريا والأناضول وبلاد فارس.

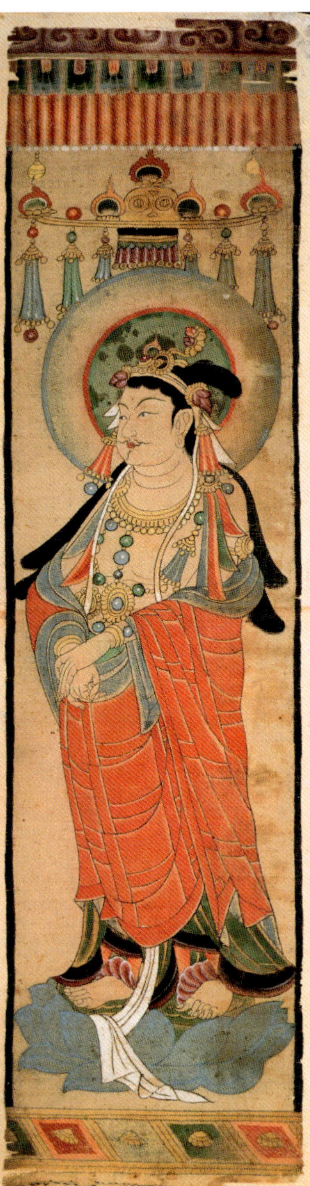

.1

رسم على الحرير
لبوذاسف
الصين، آسيا الوسطى
900-1000
إ. 82.5، ع. 49.1 سم؛
حرير تفتا ملون
المتحف الوطني للفنون
الآسيوية - غيميه

.2

حرير مزخرف
بأوسمة تصور
حيوانات
الصين، آسيا الوسطى
1000-1300
إ. 50، ع. 63 سم؛ حرير
لامباس وخيوط ذهبية
المتحف الوطني للفنون
الآسيوية - غيميه

.3

رسم بوذي
على الحرير
لبوذاسف واقفاً
الصين، آسيا الوسطى
700-1200
إ. 73.5، ع. 18.3 سم؛
حرير ملون
المتحف الوطني للفنون
الآسيوية - غيميه

3

وقد انضاف القطن والحرير إلى المواد التقليدية مثل الصوف والكتان. ففي الأندلس على سبيل المثال، تكثفت تربية دود القز، في حين استبدلت أقمشة الساميت الملونة في الشرق الأدنى تدريجيا بالأقمشة الدمشقية المصنعة من خيوط الحرير وخيوط المعادن الثمينة. ومنذ ذلك الوقت، رُسمت الزخارف المنمقة المستوحاة من المناظر النباتية داخل تركيبات أو أطر هندسية محكمة الإتقان. وقد اغتنت صناعة الحرير بالنقوش الكوفية والخطوط المنحنية المرغوب فيها لدلالتها التفاؤلية ولجودة تصويرها.

وقد كان النسيج عند نقطة التقاء العالمين البدوي والحضري، يمثل معظم الأثاث من ستائر ووسائد. فالستائر والأبواب والسجاد تؤثث الفضاء وتحدد مجالات الاستقبال والراحة أو المتعة. وقد وصف المؤرخون العباسيون والفاطميون في كتاباتهم الخيام الفخمة التي تذكّر بالأصول البدوية للنخبة الحاكمة. وكانت قطع السجاد والمظلات الشمسية واللافتات تنتشر في الأعياد بصورة مذهلة. وقد مثلت المنسوجات الثمينة عالية القيمة نوعا من الاحتياط المعدني، إذ كانت الأجور والعطايا تصرف أحيانا في شكل قطع قماش وهو ما يؤكّده لفظ خزانة الذي يدلّ في الآن ذاته على مكان حفظ الملابس وعلى الكنوز.

وأثناء الحروب الصليبية، أعاد الأوروبيون نحو عام 1000 اكتشاف روعة هذه المنسوجات، وخاصّة منها المنسوجات الحريرية التي كان النساجة والمطرّزون البيزنطيون يتقنون صنعها منذ قرون. وسجل المؤرخون الأوروبيون وقتها إعجاب الصليبيين عند وصولهم القسطنطينية بـ "الأقمشة الذهبية". وقد تضاعف الطلب في أوروبا على هذه المصنوعات، مما كان له أثر كبير على ازدهار البندقية التي قامت في البداية باستيراد الأقمشة والتجارة فيها، ثم عمدت لاحقًا إلى اكتساب المهارة والخبرة اللازمة في إنتاجها بدءا من القرن الرابع عشر. ونجد في أوروبا منذ الألفية الأولى قبل العصر المسيحي آثار المنسوجات المصنوعة من الصوف خاصّة في شمال القارّة. وقد ظلّ الصوف إلى جانب الكتان وألياف النسيج الأكثر استعمالا، وكانت القوى الكبرى تتاجر في هذه المواد، بل وشنت الحروب من أجل السيطرة على هذه السوق. ولقد أسهمت المنسوجات الجدارية في تحسين ظروف الرفاه الأساسية داخل غرف المعيشة، حيث وفرت عزلا حراريا، هيّأت مناخا ممتعا للحديث والسمر. كانت الزخارف تتألف من رسوم نباتية وحيوانية، وحتّى من مشاهدَ واقعية دنيوية أو دينية مطعّمة بشعارات النبلاء. وقد باتت المفروشات والستائر التي انتشرت في المنازل أو في الاحتفالات العامة هدايا قيمة في الأعراس أو في المناسبات الديبلوماسية.

قطعة فنية منغولية بروح إسلامية

تبرز في تعريشة قماش خماسية الزوايا صفوف من الطيور وتظهر في الوجه الأمامي من التعريشة رؤوسها التي تراوح الدوران إلى اليمين أو إلى اليسار. وتشبه الطيور المنمقة للغاية النسر والببغاء معًا، وهما ينتميان إلى الصور الرمزية للمنسوجات. ويكشف الجمع بين صورة الحيوان والزخارف الهندسية عن تأثر هذه القطعة المصنوعة في آسيا الوسطى والآتية تقريبا من الإمبراطورية المغولية بالتراث الفنيّ الإسلامي.

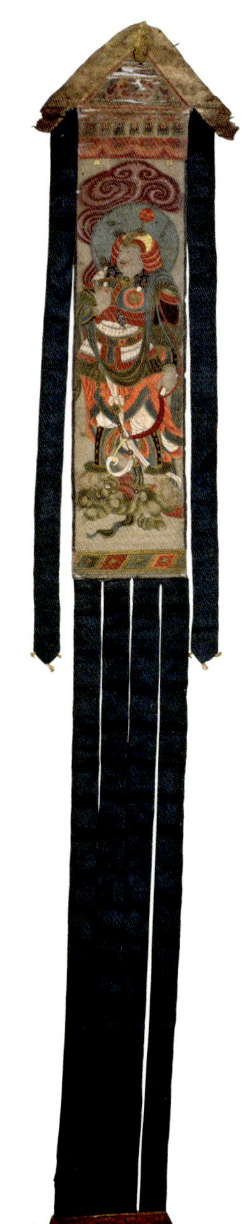

4

5

التأثيرات الشرقية لمعامل الحرير بالبندقية

زُينت هذه القطعة بصور من الأسود والتنانين والطيور رُسمت بخيوط ذهبية على خلفية حمراء اللون. ويعود تصوير الحيوانات في شكل أزواج إلى أصول شرق أوسطية وساسانية. وقد تأثرت الأقمشة الإيطالية بهذا الأسلوب، فمزجت بين الحيوانات الحقيقية الأليفة والحيوانات الغريبة الأسطورية، كاشفةً التأثّر بمعامل الحرير الشرقية بل ومحاكاتها، وخاصة منها تلك التي صُنعت في الإمبراطورية المغولية.

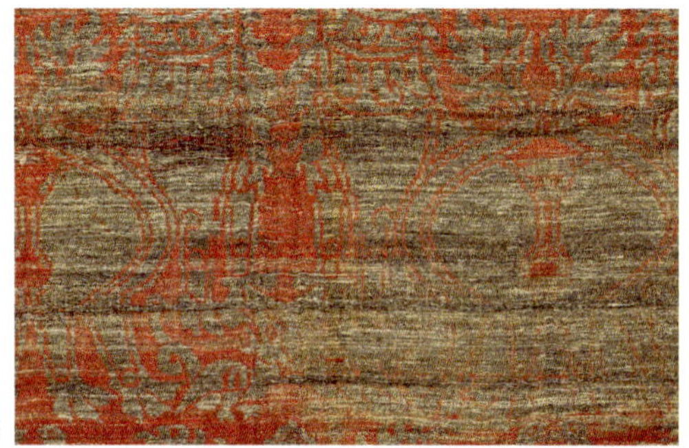

6

حرير ملكي

على الرغم من هشاشة هذا الشعار المصنوع من الحرير في العصور الوسطى، فإنّه يعدّ من أندر القطع التي وصلت إلينا في حالتها الأصلية. وقد أنجز بعناية فائقة واستخدمت في صبغه مجموعة من الألوان النادرة والباهظة الثمن. وإذ رُسمت على الشاش، فهي تمثل صورة حارس الشرق، وهو أحد الملوك السماويون الأربعة في الديانة البوذية، مرتديًا درعه وحاملاً في يده سهما ويدوس بقدمه شيطانا. ويعلو هذا الرسم ذا الشكل الكلاسيكي مثلث، تحيط به من الجانبين شرائط طويلة تنتهي بسيقان عُقدت بمشدّ.

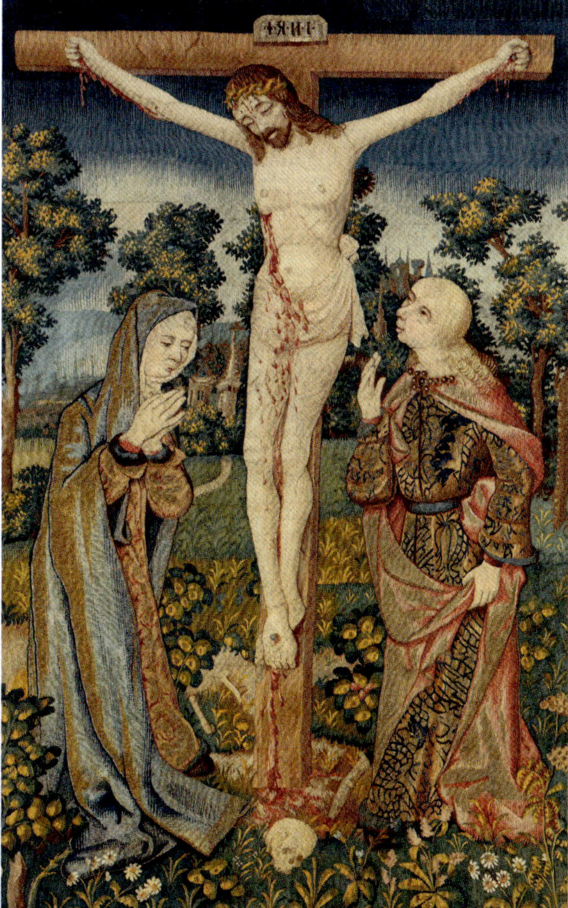

المنسوجات، زخرفة دنيوية ودينية

تحيل صناعة المفروشات في العصور الوسطى على مجموعة من الستائر ذات خلفيات مزخرفة بالزهور تصوّر شخصيات من الأدب الراقي أو مشاهد دينية أو دنيوية. فضلا عن ذلك، استُخدمت قطع صغيرة من النسيج الثمين في التزيين المنزلي أو على شكل لوحة في أعلى المذبح. وهو ما قد يعكسه مشهد الصلب هنا حيث يظهر المسيح ووالدته والقديس يوحنا. وينتمي هذا المنظر إلى تراث هولندا كما عمل الرسام جان فان آيك، في الفترة من 1420 إلى 1440. وتعدّ الأرض المعشّبة والمغطاة بالشجيرات والزهور الصغيرة أحد الرسوم التقليدية في المفروشات خلال القرن الخامس عشر.

.4

رسم على الحرير لدهرتاراشترا، الملك الحامي للشرق بين الآلهة البوذية
الصين، آسيا الوسطى
900-850 م.
إ. 72، ع. 17.5 سم؛
حبر وألوان على حرير
المتحف الوطني للفنون الآسيوية - غيميه

.5

حرير بزخارف هندسية ورسوم حيوانات
آسيا الوسطى
1400-1200
إ. 55، ع. 18 سم؛ حرير لامباس بخيوط ذهبية
المتحف الوطني للفنون الآسيوية - غيميه

.6

جزء من نسيج بزخارف أسد
إيطاليا، البندقية (؟)
1300-1250
إ. 60، ع. 65 سم؛ حرير ساميت بخيوط ذهبية
المتحف الوطني للعصور الوسطى-كلوني

.7

صلب المسيح (جلجثة)
بلجيكا، بروكسل
نحو 1520
إ. 105.5، ع. 70 سم؛ نسيج من الصوف والحرير بخيوط ذهبية
المتحف الوطني للعصور الوسطى-كلوني

.8

"طراز"، تطريز مزخرف بحروف عربية
إسبانيا، منطقة الأندلس، المرية
1100-1000
إ. 22، ع. 60 سم؛ كتان مطرز بالحرير
المتحف الوطني للعصور الوسطى-كلوني

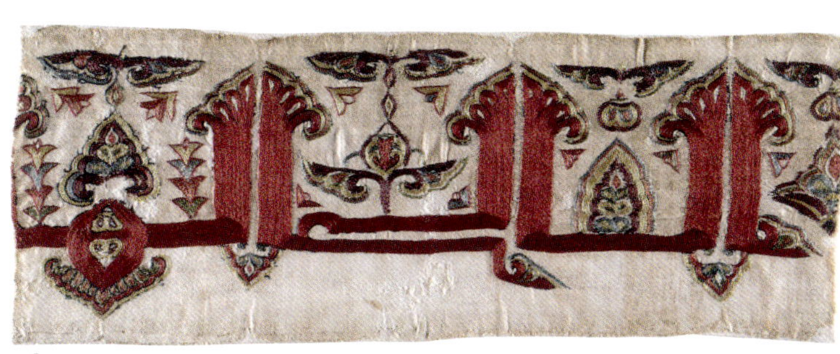

فن الطراز

تبرز هذه القطعة النادرة من القماش الأندلسي جانبًا معيّنًا من الأقمشة العربية الإسلامية تسمى بـ "الطراز" (tiraz)، وهي كلمة تشير إلى المؤسسة المعنية بمراقبة الإنتاج في الدولة منذ العصور الأولى للإسلام، كما تعني أيضًا الشرائط الزخرفية، مثل هذه القطعة هنا التي تضم نقوشًا مكتوبة تزين عباءات الشرف التي يرتديها الملوك أو تلك التي تُهدى إلى كبار الشخصيات. وكان الكتان، الذي يُعتبر رمزا للسيادة وعلامة على الجودة، غالبا ما يُستخدم لإبراز هذه النقوش.

تحفة فنية:
سجاد أوشاك

كان للسجاد قبل ظهور الإسلام تاريخ طويل، لكنّ زخارفه المتعددة، وارتباطه بالعبادة ومراسم البلاط جعل منه رمزا من رموز الفن الإسلامي. وسواءٌ كانت السجادة منزلية أو سجادة صلاة أو سجادة زينة، مثل هذه هنا، فإن كل واحدة منها ترسم حدود المكان وتحدّد وظيفته.

تشير المصادر التاريخية إلى أنّ السجاد قُدّم للخليفة العباسي المستنصر كضريبة منذ القرن التاسع. وقد عُثر على قطع من السجاد يعود تاريخها إلى القرن الثالث عشر في مدينة قونية وفي مدينة بيشهر المجاورة وفي مدينة القاهرة. ومع وصول العثمانيين إلى السلطة، شهد إنتاج السجاد نهضة لم يسبق لها مثيل وعرف تجديدا في مفردات الزخرفة. ومنذ ذلك الحين وحتى نهاية القرن السابع عشر، ظلت منطقة أوشاك في غربي الأناضول المركز الرئيسي لصناعة المنسوجات التي يطلبها السلاطين. كان السجاد كبير الحجم يُصنع انطلاقا من التصاميم التي تعدها الورشات السلطانية المعروفة باسم "نقاش

خان" أي مركز التصميم، حيث نشأ فن جمالي إمبراطوري ارتبط ارتباطا وثيقا بالسراي. ففي هذه المراكز السلطانية، ابتكرت رسوم جديدة لبعض الأعمال الزخرفية الكبرى التي أدت تصاميمها الفائقة الدقة إلى إنتاج قطع فنية مميّزة تضاهي في أسلوبها أسلوب العالم الإيراني المعاصر. وقد هيمن العثمانيون وجيرانهم من تجار البندقية خلال قرون على تجارة السجاد مع أوروبا، حيث حظي السجاد المعقود ذو الملمس المخملي بتقدير ملوك عصر النهضة. فالملك هنري الثامن (1491-1547) كان لديه أكثر من خمس سجادات، ويظهر في العديد من صوره الشخصية إما جالسًا على عرش من بساط "أوشاك" أو واقفًا فوقه. وتتأكّد هذه الصور الرمزية الملكية بفعل التباين بين الأشكال والألوان، والفصل في المستويات بين صور العرش المجازية وصور السماوات. وقد أدّت الأزمة المالية التي شهدتها الإمبراطورية العثمانية في نهاية القرن السابع عشر إلى ندرة السجاد الكبير بسبب انقطاع الطلبات المهمّة على هذا النوع من السجاد.

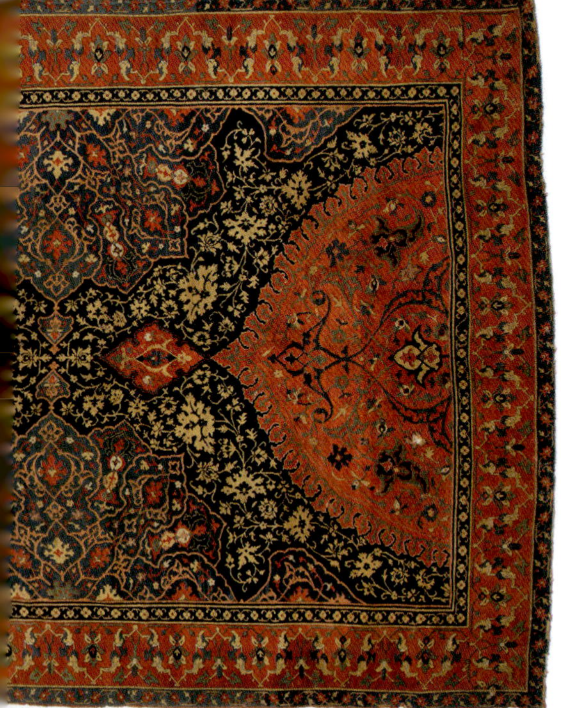

هذه الحافة المنسوجة على خلفية حمراء ليست بالشائعة جدًا. فقد قام مصممو الزخرفة العثمانيون بإعادة تأويل هذه اللفافات النباتية المكونة من أنصاف جريد النخيل وفقا لكتابة شكلية صارمة ومنفتحة في آن، تنفرد بها الفنون الإسلامية.

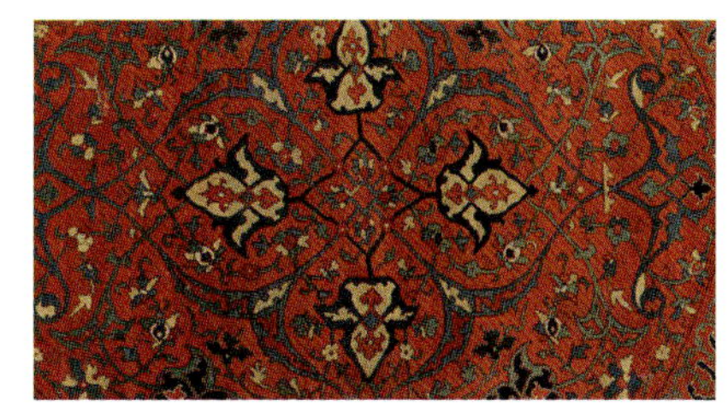

تذكّر التركيبة المركّزة والرصائع النجمية بزخارف الخزف في "الضريح الأخضر" أو "يسيل توربه" (Yeşil Türbe) في بورصة (1421) وفي الجامع الأزرق في تبريز (1465) الذي شيّدته قبائل قرا قويونلو التركمانية. وقد أشارت القبائل التركمانية التي كانت تنتقل من الغرب إلى الشرق والفنانون المتنقلون الذين تدربوا في سمرقند إلى المباني العظيمة.

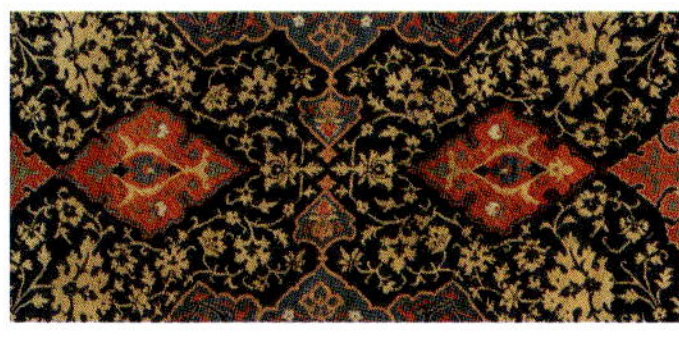

يوجد عدد لا يحصى من النباتات الصفراء والنباتات الملفوفة المنمنمة بطريقة واضحة على الخلفية الداكنة التي تميز المنتجات الأكثر قِدَما. ويعود أصل الزخارف النباتية المنمّقة والخط المموّج للرصائع النجمية الشكل إلى الشرق الأقصى.

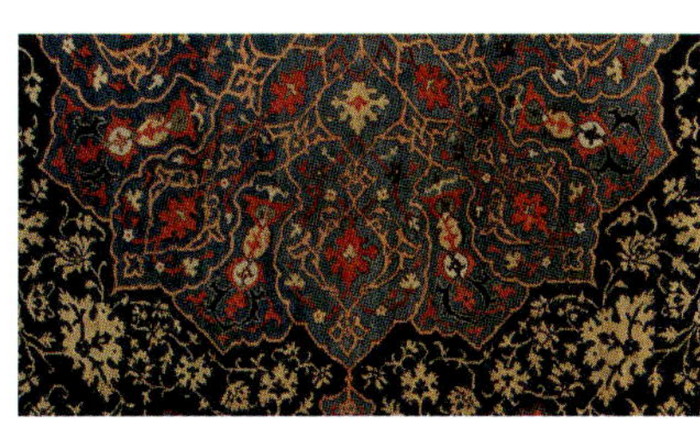

في حين سُجل وجود نماذج عديدة ذات خلفية حمراء، لم يتبق سوى عشرون نموذجًا على خلفية زرقاء بعضها في مجموعات عامّة وخاصّة، ومنها ستّة نماذج ذات حجم مذهل كهذه السجادة التي بتجاوز طولها ستة أمتار.

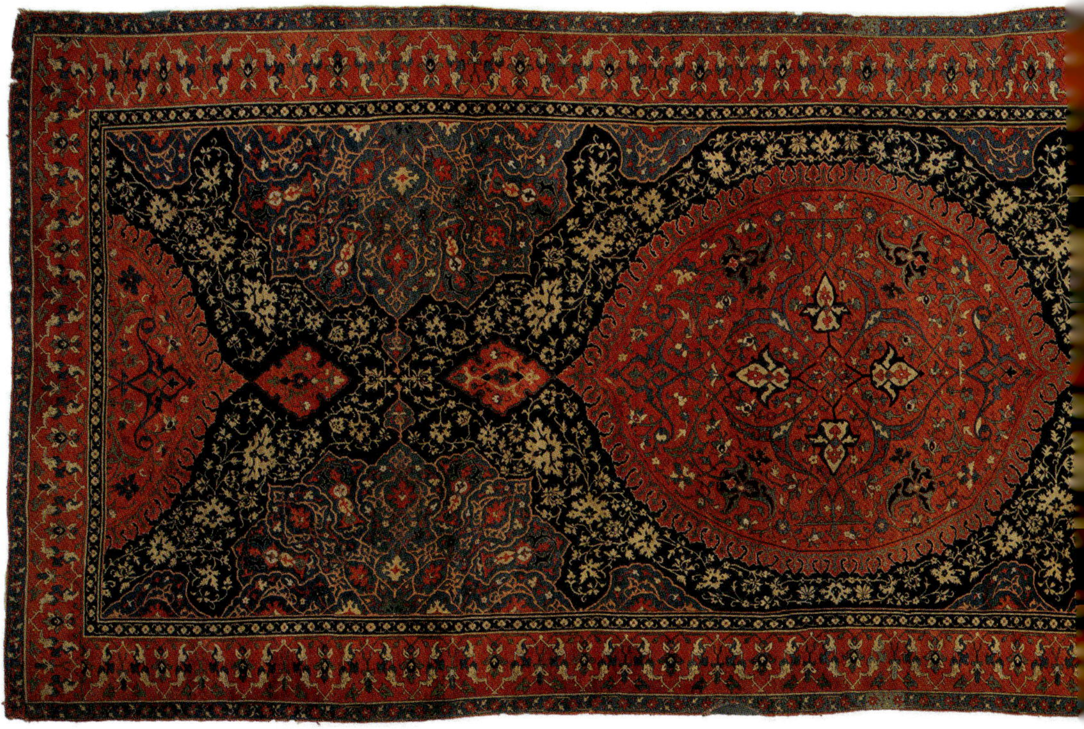

بساط مزين بالرصائع
تركيا، أوشاك
نحو 1480
ط. 273، ع. 653.5 سم؛
صوف
اللوفر أبوظبي

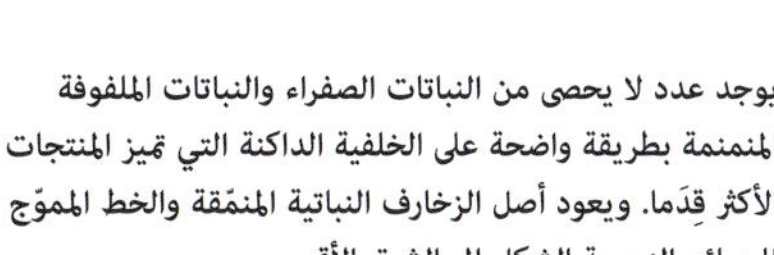

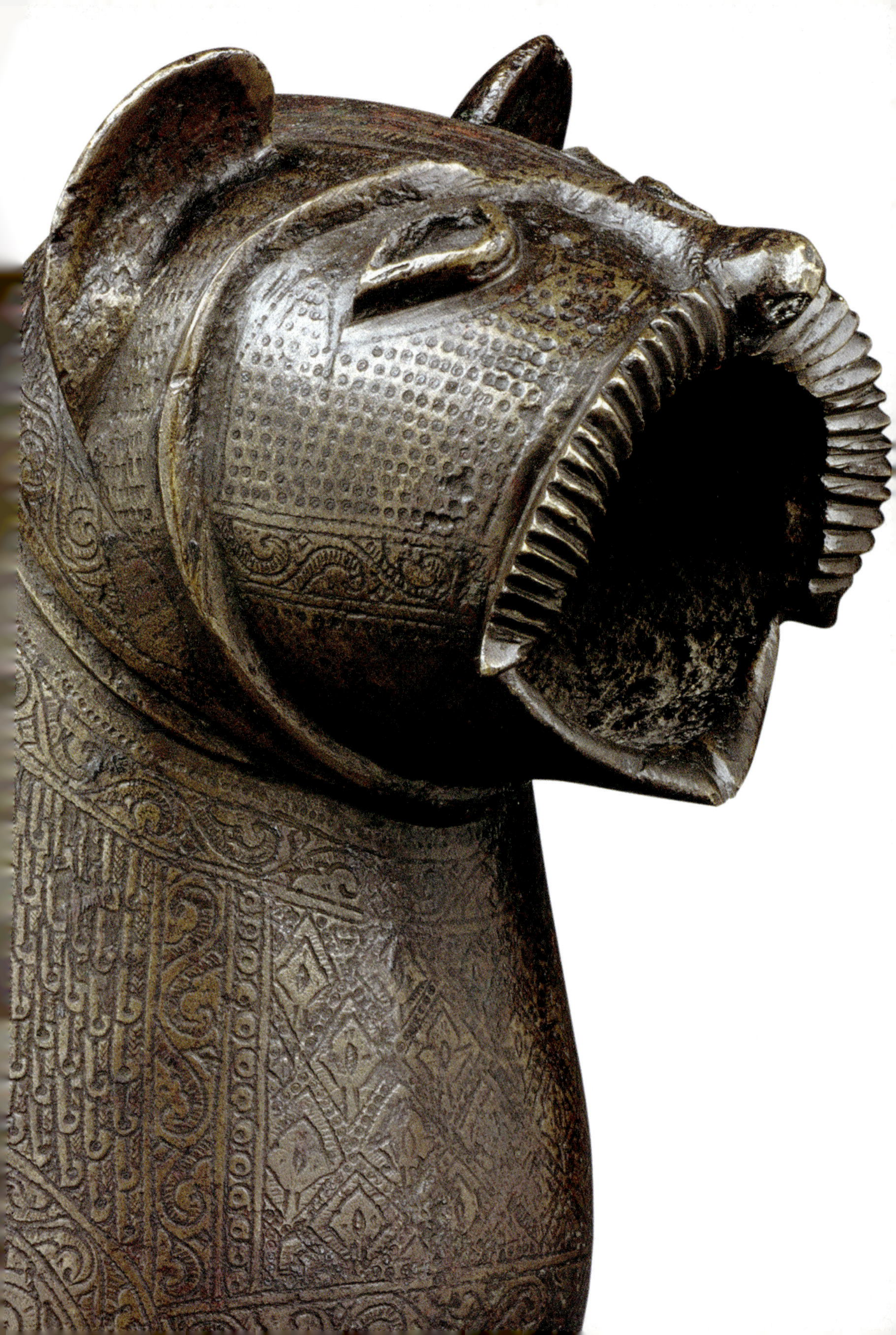

قاعة العرض 6

من البحر المتوسط إلى المحيط الأطلسي

يقـع حـوض البحـر الأبيـض المتوسـط في الجانـب الغربي للطـرق التجاريـة والثقافيـة القادمـة مـن آسـيا وإفريقيـا. وقـد انتشـرت التأثيـرات التـي تربـط بـين الإمبراطوريـة البيزنطيـة والعالـم الإسلامي وأوروبـا المسـيحية مـن شـواطئ البحـر الأبيـض المتوسـط إلى أوروبـا الشرقيـة. وبعـد سـقوط الإمبراطوريـة الرومانيـة الغربيـة عـام 476، أصبحـت الإمبراطوريـة الرومانيـة الشرقيـة -المعروفـة باسـم بيزنطـة -الوريثـة المباشرة للعصـور القديمـة ونقلـت قيمهـا الثقافيـة إلى أوروبـا المسـيحية وإلى حـدّ مـا إلى العالـم الإسلامي. وفيـما عـدا الفترة التـي حطِّمت فيهـا الأيقونـات أو الرمـوز الدينيـة (726-843)، فإن صـورة الإنسـان ظلـت ذات أهميـة كـبرى في الفـن البيزنطي، حيـث ظهـرت في الفسيفسـاء وكذلـك في الرسـوم على خلفيـة ذهبيـة تجسّـد فكـرة الخلـود الإلهـي. وتحوّلـت شـبه الجزيـرة الأيبيريـة -الأندلـس عند العـرب التـي كانـت منقسـمة بـين الإسلام والمسيحيـة -بيئـةً خصبـة للتبـادل الثقافي. ويمثِّل الفـن الإسـباني المغاربي ومفكـرون مثل ابن رشـد في قرطبـة والشـعر الأندلسـي خلاصـة ثقافيـة لم يسـبق لهـا مثيـل، اسـتمر تأثيرهـا في العالـم الإسلامي وفي الفنون الأوروبيـة. أمّـا في شـمال المتوسّـط فقـد هيمـن النظـام المسـيحي منذ سـقوط الإمبراطوريـة الرومانيـة الغربيـة. ولم تمنع القطيعـة السياسـية والدينيـة مـع العالـم الإسلامي مدينتـي البندقيـة وجنوة مـن بنـاء علاقـات ثقافيـة وتجاريـة مثمـرة معـه. ولقـد أسـهم انتشـار صـورة الإنسـان في الفـنّ الـذي سـيطرت عليهـا صـورة المسـيح وأمـه والقديسـين إلى تعزيـز أهميـة الجهـة المانحـة. ويعكـس هـذا التطـور الملمـوس في التصويـر الرمـزي في القرنـين الرابـع عشـر والخامـس عشـر بـروز حركة علمنـة وتنامي قـوة الفـرد باعتبـاره طـرفًا فاعـلاً في المجتمـع. ويبـدو أن التنافـس بـين المـمالك المسـيحية كان المحـرك الرئيسـي وراء تطـور التكنولوجيـا والأنشـطة التجاريـة والثقافيـة. وقـد سـمح تقـدم الملاحـة لكريسـتوفر كولومبـوس - وهـو مستكشـف مـن مدينـة جنوة يعمـل لصالـح الملكـين الكاثوليكيـين الإسبانيين، إيزابيـلا ملكـة قشـتالة وفرنانـدو ملـك أراغـون - بعبـور المحيط الأطلسـي والوصـول إلى القـارة الأمريكيـة في عـام 1492. وقـد تحوّلـت هـذه الرحلـة التـي أتاحـت التواصـل لأول مـرة بـين حضارتـي أوراسـيا والأمريكيتـين والأمريكيتين إلى رمـز للتاريـخ العالمـي. إلا أنّ هـذه الرحلـة وإن كانـت حاسـمة في تاريـخ العالـم، فـإنّ إبـادة الحضـارات القديمـة التي نتجـت عنهـا في بضعـة أجيـال، تذكرنـا بـأن العولمـة التـي بشّـرت بهـا سـلاح ذو حدين.

تطوّر الفن البيزنطي على المساحة الواسعة للإمبراطورية الرومانية الشرقية، والتي كان مركزها في آسيا الصغرى والبلقان والشرق الأدنى. وقد كان هذا الفن يونانيا ورومانيا وإمبراطوريا، كما كان مسيحيا وشرقيا بالأساس، وتميّز بصهره للقواعد الكلاسيكية مع الميول التجريدية النابعة من التقاليد الشرقية للإمبراطورية.

بيزنطة: إمبراطورية بين الشرق والغرب

ظلت بيزنطة رغم الخصومات السياسية والدينية والخسارة التدريجية لأراضيها مرجعا للغرب اللاتيني وللفاتحين الجدد من عرب وأتراك إلى حين سقوط القسطنطينية في عام 1453. وقد وصل تأثير بيزنطة إلى أوروبا في الغرب عن طريق ممالك النورمانديين في صقليّة والبندقية. وأصبح هذا التأثير حاسمًا بعد نهب القسطنطينية على أيدي الصليبيين في عام 1204، عندما تدفقت إلى أوروبا الغربية كمية هائلة من الأعمال الفنية والمخطوطات واللوحات الخشبية والقطع الفضية والذهبية والعاجية والتماثيل الصغيرة. أما في الشرق، فقد أخذ الفنانون والحرفيون والإداريون مع الفتح العربي الإسلامي يكيّفون خبراتهم مع المتطلبات الجمالية الجديدة. وتشبّع الفن الإسلامي حينها بالذوق المترف البيزنطي ووءام، على سبيل المثال، بين التخطيط الإنشائي للكاتدرائيات، الذي يحوي صحنا محوريا، والتخطيط الإنشائي للجوامع العربية، وزينوها بالتيجان والأعمدة والفسيفساء على أرضية ذهبية، حيث كانت أنماط الزخرفة الخاصة بالعصور القديمة كنبّات الأقنثوس وأشجار الكروم تشغل مكانا بارزا. وقد التقى الفنّ البيزنطي بالفنّ الإسلامي كذلك على أرضية نفي التجسيد المادي، حيث أدت فترتا تحطيم الرموز الدينية التي شهدتا تحريم وتدمير الصور بين عامي 726 و843، إلى هيمنة الأشكال الهندسية والزخارف النباتية ورمز الصليب في بيزنطة.

الأسواق والتجار

تتكوّن العملة البيزنطية من وحدات ذهبية وفضية ونحاسية وتقسيماتها. وقد ورث النظام المالي الإسلامي بدوره، في قرونه الأولى هذا النظام من العصور القديمة. وقد سكَّت على هذه القطع النقدية التي وجدت في أنحاء متفرقة من أراضي الإمبراطورية، علامات مربّعة أو مصلّبة، وأحيانا وجوه بعض الشخصيات الرسمية، أو النصف الأعلى من الولاة، ونادرًا ما كان يُسكّ عليها النصف الأعلى للإمبراطور أو الإمبراطور وزوجته. ونظرًا لكون النقود تحت حماية الآلهة، فإنها كانت وسيلة لنشر صورة السلطة الإمبراطورية.

تقليد امبراطوري روماني

كانت الصورة الشخصية المنحوتة في بيزنطة عنصرا أساسيا في سياسة الإمبراطورية ومن ثم استمرارًا للتقاليد الرومانية. يصوّر هذا التمثال رأس امرأة ذات عينين واسعتين غامضتين، ولها شفتان مغلقتان تعزّزان من غرابة شكلها، دون اكتراث لمطابقتها مع الواقع. وقد دفعت قبعة الرأس المقسمة إلى نصفين والمزينة بصفوف من اللؤلؤ أو الأحجار الكريمة الكبيرة التي تغطي الشعر، البعض للقول بأن الصورة هي للإمبراطورة أريادني (Ariadne) ابنة ليو الأول، إمبراطور الشرق بين عامي 457 و474. ويرى آخرون أن الصورة تعود إلى أميرة بربرية مجهولة لعبت دورا سياسيا في إيطاليا أثناء سقوط الإمبراطورية الرومانية الشرقية. إلا أنه على الرغم من العثور على التمثال في روما، فإنّه ينتمي في الواقع إلى سلسلة الصور الشخصية في القسطنطينية، ويشهد على الانتقال من تماثيل أواخر عهد الإمبراطورية الرومانية إلى التماثيل البيزنطية الخالصة.

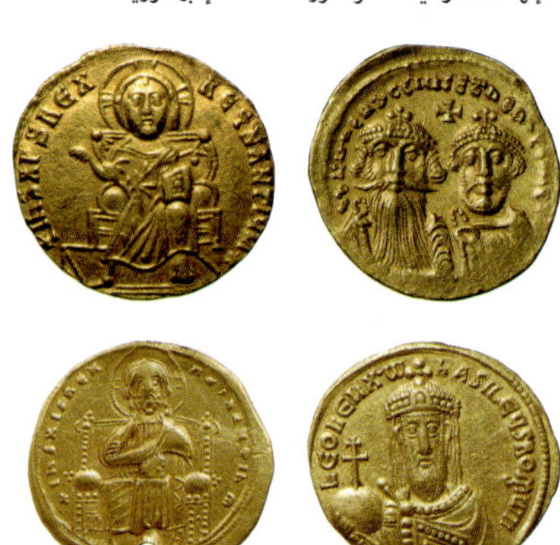

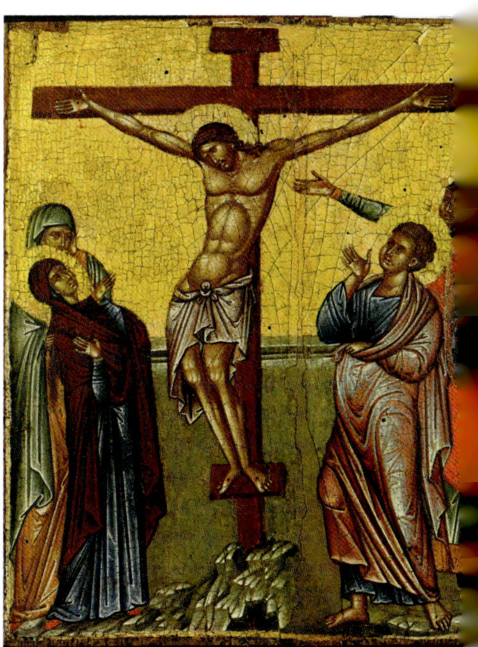

3

فن الأيقونة

رغم انتقال أشكال فنية مختلفة عبر بيزنطة، فإنَّ فن الأيقونة من أهم هذه الاشكال دلالة. تعبّر هذه الصورة المقدّسة التي تمثل وجها من وجوه العبادة الحقيقية والتي ترجع إلى صورة أصلية للعذراء مريم أنجزها القديس لوقا عن خصائص العقيدة المسيحية البيزنطية فيما يتصل بالتمثيل الإلهي انتشرت الأيقونات في أواخر أزمة تحطيم الأيقونات عام 843، في جميع أنحاء الإمبراطورية البيزنطية، وتخطى نجاحها حدود بيزنطة مثلما تثبت هذه اللوحة التي تصور مشهد الصلب. رسم هذه اللوحة التي تحتذي بالطرق الشكلية التقليدية القائمة على الدقّة وإظهار الجانب الدرامي فنان من مدرسة كريت تلك المدرسة التي ازدهرت نحو القرن الخامس عشر الميلادي، وقد خضعت هذه الجزيرة لحكم مدينة البندقية بعد سقوط القسطنطينية عام 1453.

.1
عملات معدنية
تحمل صورًا
لأباطرة بيزنطين
القسطنطينية
527-1195
ذهب
المكتبة الوطنية الفرنسية

.2
أريادني (؟)
إمبراطورة بيزنطية
القسطنطينية أو روما
500-600 م.
إ. 25.7 سم؛ رخام
متحف اللوفر

.3
أيقونة صلب المسيح
اليونان، كريت
نحو 1500
إ. 31، ع. 25 سم؛ ألوان
زيتية على لوحة
متحف اللوفر

.4
نقش معماري
لحيوانات متصارعة
إيطاليا، البندقية
1100-1300
إ. 60، ع. 30 سم؛ رخام
متحف اللوفر

.5
تمثال نصفي
لقسطنطين الأول
القسطنطينية
306-337 م.
إ. 9.2 سم؛ عقيق
أبيض، برونز مذهب
المكتبة الوطنية الفرنسية

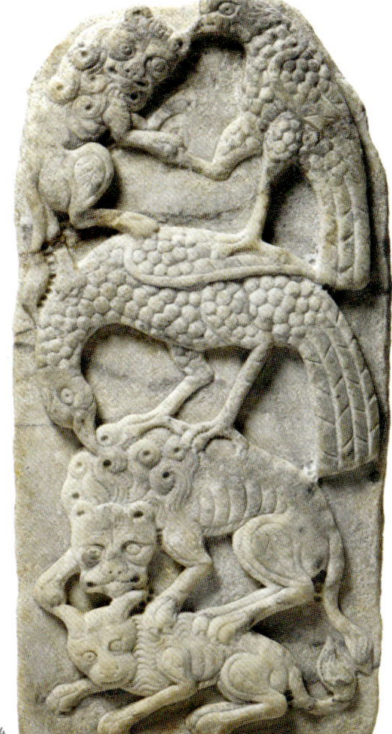

4

قسطنطين الأول، مؤسس القسطنطينية

يخلّد هذا التمثال النصفي الإمبراطور الذي اختار مدينة القسطنطينية في عام 330 لتكون عاصمته الجديدة، وهو الذي منح حرية العبادة للمسيحيين منذ عام 313، قبل أن تصبح الديانة المسيحية ديانة الدولة في عام 380، وذلك بفضل مرسوم ثيودوسيوس. يضع الإمبراطور في هذا النحت الإكليل الإمبراطوري على رأسه، ويحمل العمل سمة الواقعية الفجّة للفن الشعبي الآفاق. وهو يستخدم معايير العصر القديم التقليدية في التلميع والنحت، ولا توجد أي إشارة تكشف عن اعتناق الإمبراطور للديانة المسيحية.

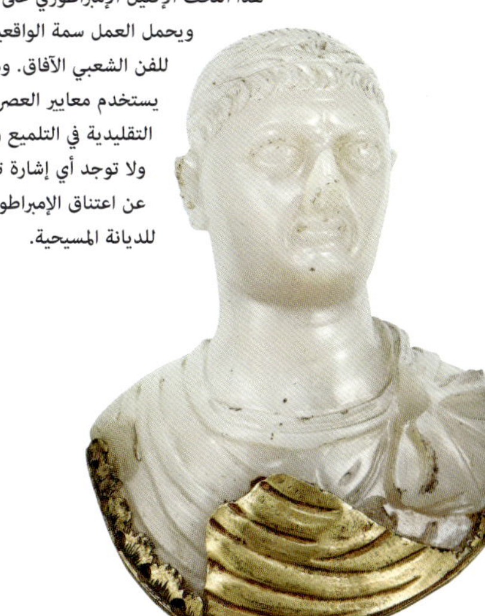

5

بيزنطة نموذجا للبندقية

عُدّت هذه اللوحة الرخامية لمدة طويلة عملا بيزنطيا يرجع إلى القرن الحادي عشر، والحقيقة أنّها "فورميلا" منحوتة صنعت في مدينة البندقية في القرن الثاني عشر أو الثالث عشر. وهي معدّة لتزيين جدار مبنى مدني. وهي تصوّر أسدا يوقظ شبلا بأنفاسه، وقد هاجمه نسر، ويعلو هذا النسر نسر ثانٍ يناجز هو الآخر أسدا آخر. ويشهد هذا العمل -الذي لا نعلم ما إذا كان عملا أعيد استخدامه، أو عملا مستوردا، أو من أعمال فنان بيزنطي نشط بمدينة البندقية -بشكل ملحوظ على المبادلات الفنيّة المحدودة التي كانت بين إيطاليا والإمبراطورية البيزنطية قبل احتلال القسطنطينية على أيدي اللاتينيين عام 1204.

تحفة فنية:
حوض بونيفيليوس

يمكن التعرف بوضوح على وظيفة هذا الحوض الكبير المنحوت من خلال الكلمة اللاتينية "لوتيريم" (luterem)، المنقوشة على الحافة العلوية. فهذا المصطلح الذي قد يعني "نافورة"، أو الوعاء المستخدم في الشعائر الدينية، وهو مشتق من الكلمة اليونانية "لوترون" (loutron) وتعني الحوض المخصّص للتطهّر في ساحات مداخل الأديرة الأورثوذكسيّة.

هذا الحوض هو خير دليل على الدور الذي لعبته مدينة البندقية في التلاقي بين الشرق والغرب على مستوى الأشكال والمواد في مطلع القرن الثالث عشر. أما الرخام الذي صنع منه فيرجح أن المستوطنين أو الصليبيين استوردوه من القسطنطينية. وقد صنعه الفنان

بونيفيليوس ذو الأصل الإيطالي، الذي نقش اسمه على حافته، وزيّنه بإفريز من الحيوانات يذكرنا بالأعمال القديمة ويبرز مدى شغف الفن الروماني الغربي بصور الأشكال الحيوانية، إلى جانب التأكيد على وظيفته الشعائرية التطهيرية وتأثره بالأعمال البيزنطية. على غرار الحوض القديم المستخدم في صحن المعمودية عند مدخل آيا صوفيا بالقسطنطينية، زُيّن هذا الحوض بصور التنانين التي تتعاقب هنا في أزواج مع الأسود، إلى صورة نادرة للقنفذ. ونكتشف بداخل الحوض وكأنه في قاع المياه حيوان السلمندر رمز التطهير. كان هذا الحوض يُستخدم للوضوء، ويُرجح أنه وضع عند مدخل مبنى ديني في شمال إيطاليا في القرن الثالث عشر.

"من قام بكل مهارة بنحت حوض المياه الشهير هذا هو ثاني أعظم الفنانين على مستوى العالم. كل العالم يحييه تقديرًا لموهبته الجديرة بالإشادة والمباركة، علمًا بأن اسمه بونيفيليوس". يؤكد النقش موهبة الفنان وشعبيته رغم أننا لا نجد له أي أعمال أخرى.

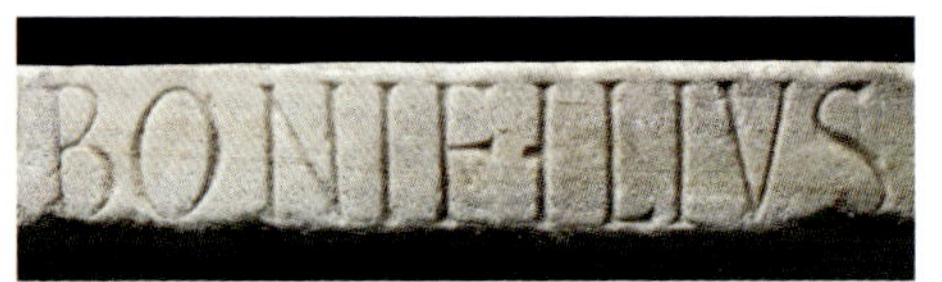

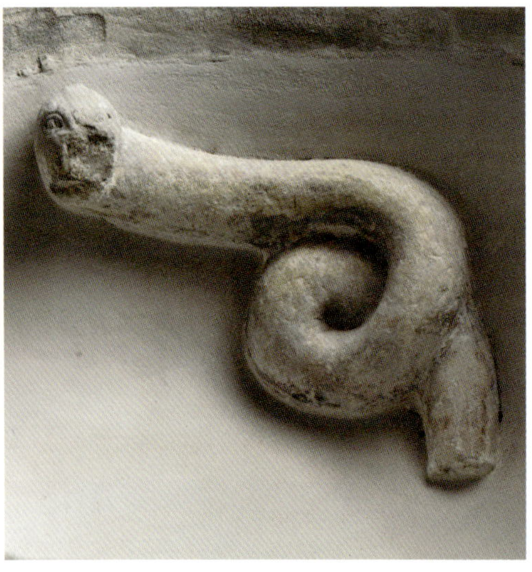

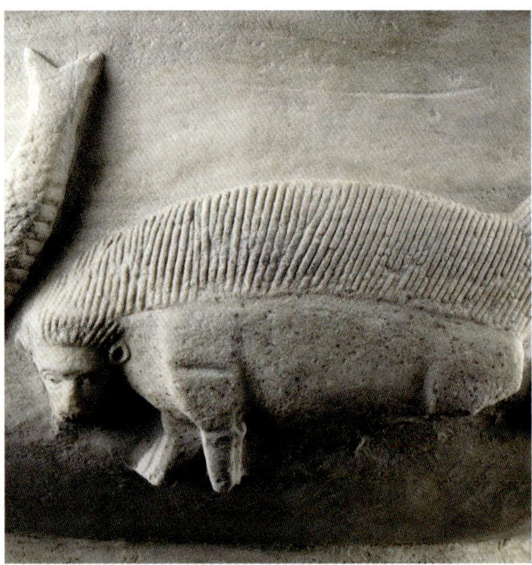

يعكس حيوان السلمندر المنحوت داخل الحوض مدى التعقيد الذي بلغته الرمزية الحيوانية إبّان العصور الوسطى. ورغم أنه يُعدّ عامةً حيوانا سامًا، فإن وجوده في الماء يمنحه معنى إيجابيًا. ولأنه لا يخشى النار بحكم طبيعته الباردة، فقد تغلّب على كل ألسنة اللهب ولا سيما لهب "نيران الرذيلة الحارقة". لذا فإن وجوده يعزز من القوة الرمزية المطهرة للماء.

يتميز القنفذ عن الحيوانات الأخرى المنحوتة على الشريط بنحته بطريقة أكثر حدة، وهو يعد من الحيوانات التي ندر تصويرها في الفنّ الغربي قبل سنوات 1220و1230، ويُرجح أن مسيحيي الشرق الأوسط قد اكتشفوه في الشرق الأدنى زمن الحروب الصليبية. ويظهر القنفذ في صور حيوانات العصور الوسطى، وحشا ضارا ورمزًا للبخل.

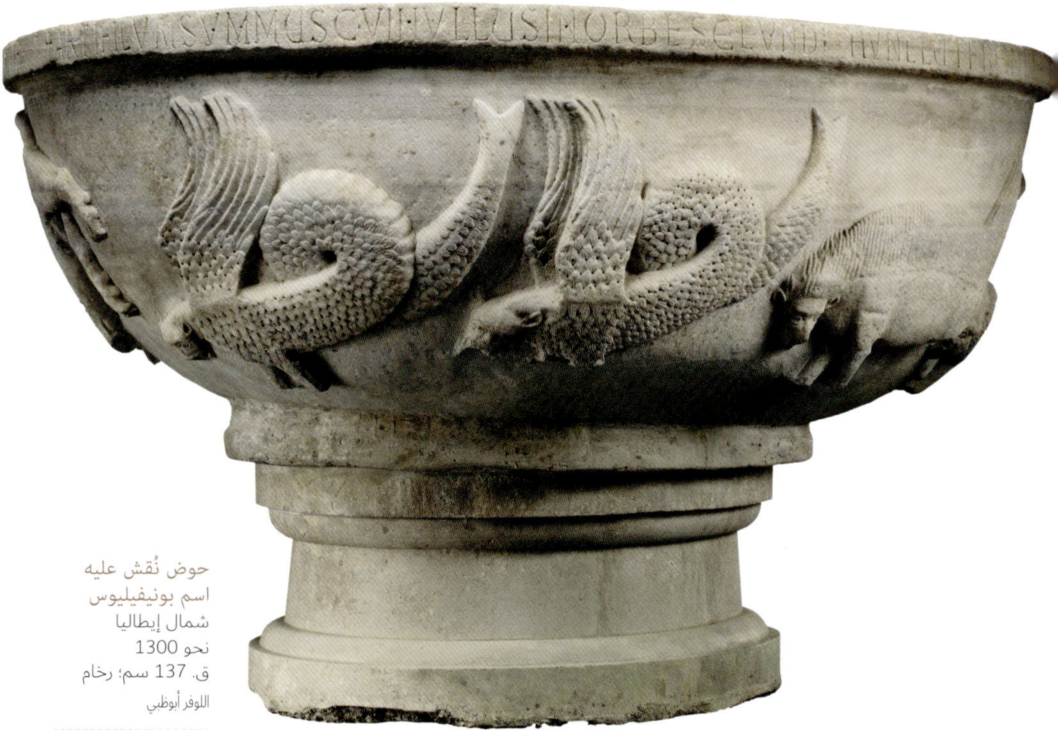

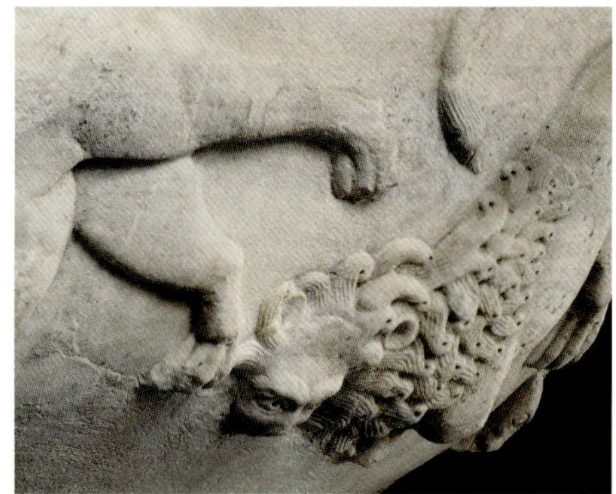

حوض نُقش عليه
اسم بونيفيليوس
شمال إيطاليا
نحو 1300
ق. 137 سم؛ رخام
اللوفر أبوظبي

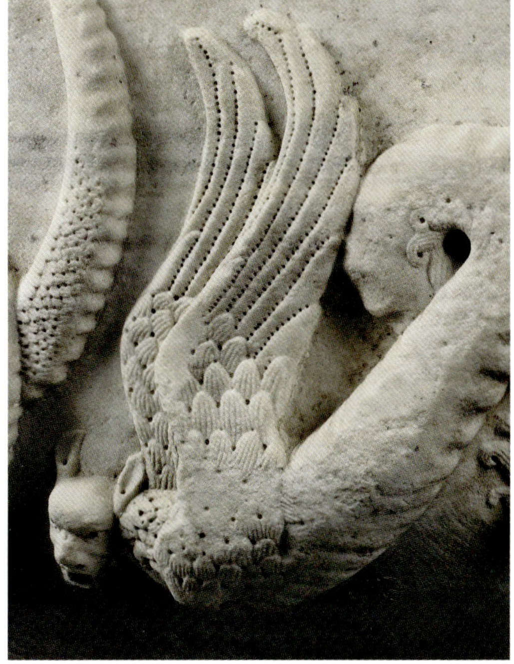

نُحتت الأسود والتنانين في حركة غطس توحي بخروج المياه من أفواههم.
وقد كانت تماثيل الأسود والتنانين التي كان يعتقد في العصور الوسطى
أنها موجودة بالفعل وذات قوى وقائية أو حمائية، توضع في المعابر وعند
مداخل المعابد وذلك لما تمثله من بعد رمزي للسلطة والقوة منذ حضارة
ما بين النهرين والحضارة المصرية القديمة. وقد تبنى الفنانون الغربيون
هذه الرموز والحيوانات المخيفة المستوحاة بقوة من حضارات الشرق
الأوسط.

"عَيْنًا يَشْرَبُ بِهَا عِبَادُ اللَّهِ يُفَجِّرُونَهَا تَفْجِيرًا" (سورة الإنسان، الآية 6)

يحتل الماء برمزيته القوية للطهارة وبوصفه مصدر الحياة وصورة للوفرة، مكانة متميزة في العالم الفني للأديان الكبرى ومجتمعات العصور الوسطى. وبدءًا بعمليات التطهر الهندوسية في نهر الغانج، ثم التعميد المسيحي، مرورًا بالاغتسال والوضوء عند المسلمين، وطقوس المسارّة لدى الرهبان الشنتو، فقد اقترنت العديد من الممارسات في العصور الوسطى بصناعة أدوات وأعمال فنّية تعظّم مكانة الماء وتمنحه شحنة رمزية قوية. وأدى انتقال الفنانين والنماذج والتقنيات من أوروبا إلى العالم الإسلامي، إلى إنشاء الأحواض والأباريق وأباريق غسل الأيدي وأفواه النافورات التي ارتبطت صناعتها بالسلطة ارتباطا وثيقًا.

ماء الحياة

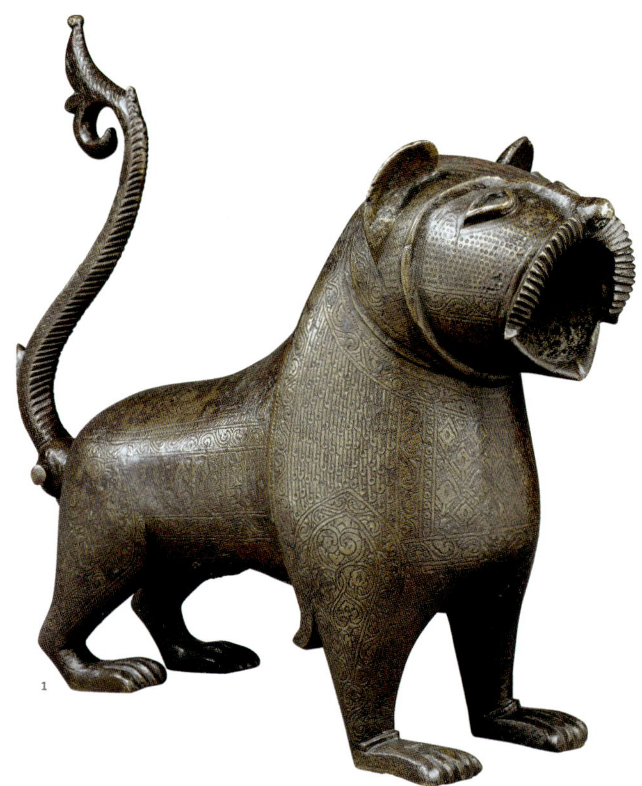

أسد الحظ

تعود فوهة النافورة هذه، التي وجدت في مانزون في مقاطعة بالنسيا في إسبانيا إلى الرسامُ وجامع تحف الفنّ الإسلامي فورتوني (1871-1949). وتوجد في أسفل بطن الحيوان قناة توجّه المياه إلى الجسد لتخرج مرة ثانية من الفم. وتتيح لنا النقوش الجميلة بالخط الكوفي المزين بالزهور، والمحفورة على البرونز تحديد تاريخها ما بين القرنين الثاني عشر والثالث عشر. وهي تعبّر عن أمنيات لمالكها بالبركة والنعمة: "بركة كاملة ونعمة شاملة". وينتمي هذا النموذج، وهو أحد أهم النماذج النادرة المتبقية، إلى سلسلة من التحف البرونزية ذات الأشكال الحيوانية المستمدة من الحيوانات التي كانت منتشرة في بلاد المغرب الإسلامي في العصور الوسطى.

ورد ذكر الماء في الإسلام في ثلاثين آية قرآنية في شكل عين أو نافورة متفجرة باعتبارها رمزًا للجنة التي أُعدت للمؤمنين وحدهم. وباعتبار الماء أيضًا رمزًا للرخاء، ارتبطت الينابيع في العالم الإسلامي بصورة الأسد الجسور الذي لا يعرف الخوف. وتُعتبر نافورة ساحة الأسود في قصر الحمراء في غرناطة أشهر الأمثلة الدالة على ذلك. ويرجع هذا الاسم إلى الأسود الاثني عشر المصنوعة من الرخام والتي تحمل حوضا كبيرا تزينه قصيدة للشاعر الوزير ابن زمرك.

وما بين نهاية القرن العاشر وبداية القرن الحادي عشر الميلاديين، أُنجزت سلسلة من التحف البرونزية: أباريق غسل الأيدي - مخصصة للوضوء -وأفواه نافورات على شكل حيوانات مثل الغزلان والوحوش والطيور. ونجد لهذه الصناعة مثيلا مذهلا في صناعة الأواني المعدنية الجرمانية التي تعود إلى القرن الثامن عشر، حيث اعتبرت أباريق غسل الأيدي على شكل الأسود مستوحاةً من أعمال الحرفيين في

الورشات الأندلسية. ونتيجة لسياستهم التوسعية في البحر المتوسط، أقام أباطرة الإمبراطورية المقدسة علاقات تجارية متعدّدة بين الشرق وأوروبا. ولعلّ ظهور أوانٍ على شكل حيوانات ومخلوقات أسطورية في القرن الثاني عشر في أوروبا يعود إلى تأثير الفنون الإسلامية من خلال التبادل الثقافي بين الشرق والغرب عبر شبه الجزيرة الأيبيرية والحروب الصليبية.

وقد لعبت أباريق غسل الأيدي كذلك دورا مهما خارج إطار ممارسات الشعائر. فعلى مائدة أصحاب الشأن، كان غسل اليدين حركة رمزية ودليلا على الود وآداب العيش، أكثر منها ممارسة وقائية صحية. وقد استُلهمت أشكال أباريق غسل الأيدي المختلفة من قصص الحيوانات القروسطية الحقيقية أو الخيالية، وكانت الأباريق التي اتخذت شكل الأسود هي الأكثر انتشارا، وهي ترمز إلى القوة والسلطة الملكية.

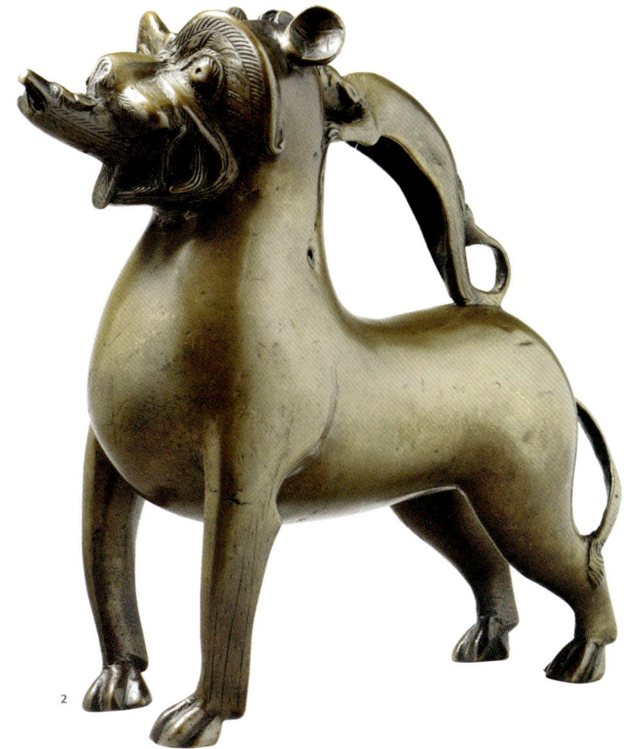

1.
فوهة نافورة على شكل أسد
إسبانيا، مونزون
1100-1300
إ. 31.5 سم؛ برونز

متحف اللوفر

2.
إبريق لغسل اليدين على شكل أسد
ألمانيا الشمالية
نحو 1200
إ. 29 سم؛ برونز مطلي

اللوفر أبوظبي

الحيوان البري والوحش

يعد هذا الإبريق المصنوع على شكل أسد الذي يعود إلى نحو 1200 ميلادي، نموذجا رائعا من منتجات ورشات شمال ألمانيا. فالحيوان يقف مزهوا غامض النظرة، ويوحي مقبضه الذي يتخذ شكل الحيوان بوحش يقفز على ظهره. ورغم صعوبة إثبات ذلك، فإنه يبدو أن الإبداع الألماني قد تأثر بالأشكال الشرقية الإسلامية وحتّى الصينية. أما في السياق المسيحي، فقد مثل الشكل الهجين الذي يجمع بين الوحش والأسد قوى الظلام التي هزمها المسيح، وتبدو هنا وقد أُبطل خطرها وحُوّلت لوظيفة مفيدة وهادفة، وهي غسل الأيدي، ومن ثم تطهير النفس.

لعبت شبه الجزيرة الأيبيرية، بفضل موقعها الجغرافي وحدودها الطبيعية، دورا حاسما في التاريخ السياسي والاجتماعي والثقافي للعالم في القرون الوسطى. ونظرًا لكونها حلقة وصل بين القارة الإفريقية والشرق والغرب، فقد مثَّلت مع بيزنطة وإيطاليا منطقة خصبة للتواصل بين العالمين اللاتيني والإسلامي، اللذين جمعتهما علاقات تبادل مثمرة رغم الصراعات السياسية والدينية بينهما. وهكذا، ومنذ بداية القرن الثامن حتى نهاية القرن الخامس عشر، وجدت شبه الجزيرة الأيبيرية في وضعية فريدة في أوروبا التي غلبت عليها الصراعات الإقليمية بين الممالك المسيحية في الشمال والمسلمين في الجنوب من ناحية، وتميزت من ناحية أخرى بحركة نشيطة من البحث العلمي والتبادل الثقافي والتجاري.

ملوك وخلفاء

شهدت الأندلس في العصر الإسلامي نهضة لا نظير لها، وأصبحت قرطبة، كبرى منافسات بغداد، إحدى أكثر المراكز الفنية نشاطا في أوروبا. كانت لدى الأندلس آنذاك شبكة واسعة من المدارس والمكتبات التي واصلت حركة الترجمة وتلخيص المعارف القديمة التي انطلقت من بغداد. وبين القرنين الحادي عشر والثالث عشر، كانت مدن مثل سالرنو وطليطلة ومرسية شاهدة على هذه الحيوية العلمية، وأصبحت اللغة العربية لغة التواصل المتداولة بين علماء الأندلس كالطبيب ابن سينا (980-1037)، وعالم الكلام والفيلسوف والشاعر والفقيه ابن حزم (994-1064)، وابن رشد (1126-1198)، الفيلسوف الذي شرح أرسطوطاليس، وكذلك ابن ميمون (1135-1204) أشهر المفكرين اليهود في إسبانيا الإسلامية الذي كان حاخاما وفيلسوفا وطبيبا في آن.

وبعد أن سقطت طليطلة في يد ألفونس السادس عام 1085، شهدت المقاطعات التي استعادها الملوك المسيحيون نشأة فن أصيل غلبت عليه تأثيرات الثقافة الإسلامية. وتُعدّ زخارف قصر إشبيلية المعمارية التي تعود إلى القرن الرابع عشر امتدادا لخلاصة من الأشكال والتقنيات ذات الأصول المختلفة. ولقد حافظ الحرفيون المسلمون على التقاليد الفنية لهذه الثقافة في شبه الجزيرة الأيبيرية، ولقيت منتجاتهم من الخشب المرصّع والقرميد المتعدد الألوان والخزف المصقول رواجًا كبيرًا لدى النخبةُ المسيحية الحاكمة.

ويُعدّ فن صناعة الخزف المصقول أحد الفنون المعقّدة والباهظة التكلفة لأنه يتطلب عمليات طهي متتابعة تقتضي وضع أكسيد النحاس والفضة في فرن به قليل أو خال من الأكسجين، وهو ما يُثري الألوان التي تتراوح بين الذهبي الناصع والأحمر الداكن بالومضات المعدنية وفقا لتأثيرات الضوء. وقد جُربت تقنية البريق المعدني أولاً على الزجاج خلال الحقبة الرومانية، ثمّ في مصر القبطية بين القرنين الرابع والسابع الميلاديين، ثم قام الخزّافون العراقيون بتطبيق هذه التقنية على الخزف ما بين نهاية القرن الثامن وبداية القرن التاسع للميلاد.

يرجع تاريخ أول نماذج هذه الأواني في إسبانيا إلى القرن العاشر الميلادي، ويمتد إلى نهاية القرن الثاني عشر، حيث قام الخزافون المسلمون في ملقا بصنع أواني خزفية مصقولة ذات جودة عالية مطلية بطبقة مزججة بالقصدير تتميز بومضاتها الزرقاء الناتجة عن استخدام أكسيد الكوبالت. وقد عثر في إيطاليا في القرنين الثاني عشر والثالث عشر الميلاديين على أواني مصقولة مستوردة من ملقا. وبعدها بقرن، استأجر البابا كليمنتوس السادس خزّافين من ملقا لتبليط بعض الحجرات في "القصر البابوي" في مدينة أفينيون. ورغم سقوط مملكة بني نصر في غرناطة في نهاية القرن الرابع عشر، فإن هذا الإنتاج الفني لم يتراجع. وقد ظهرت أولى القطع التي تُنسب إلى ورش مانيسا وباترنا وفالنسيا، وهيمنت على التجارة الأوربية قبل أن تواجه منافسة الأواني الخزفية الإيطالية في القرن التالي.

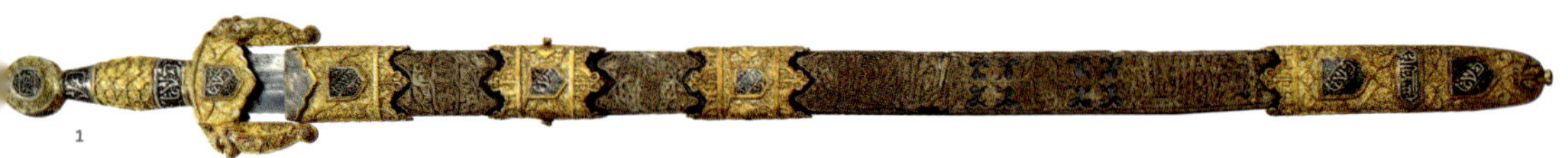

لا غالب إلا الله

ينتمي هذا السيف الذي استُبدلت شفرته الأصلية المنحوتة والمنقوشة بأخرى صنعت في ألمانيا تحمل العلامة المسجلة لصانعها، وهي ماركة "ذئب باساو" (Passau wolf)، إلى مجموعة من الأسلحة تعود للفترة الزمنية ذاتها وتشترك في الجودة ذاتها. وقد احتُفظ بهذه الأسلحة ضمن المجموعات الإسبانية التي عرفت جميعها باسم سيوف أبو عبد الله، آخر ملوك بني نصر في غرناطة بعد هزيمته أمام كل من إيزابيلا ملكة قشتالة وفرناندو ملك أراغون في 2 يناير 1492. أما غمد هذا السيف من الجلد المطرّز بخيوط فضية، فهو يحمل شعار بني نصر "لا غالب إلا الله"، في حين تغطي مقبضه المصنوع من الفضة السميكة زخارفُ من الزجاج الملون وزركشة ذهبية وفق التقنية المستخدمة في بيزنطة والغرب خلال العصور الوسطى.

.1

سيف أبو عبد الله،
آخر أمراء المملكة
الناصرية بغرناطة
إسبانيا، طليطلة
1475-1525
ط. 31 سم؛ حديد،
فضة، فضة مذهبة
مينا، جلد
المكتبة الوطنية الفرنسية

البريق المعدني، علامة الفخامة العالمية

بدأت الأواني الخزفية المصقولة أول الأمر بمحاكاة منتجات مدينة ملقا المتعددة الألوان، ثم تكيفت شيئا فشيئا مع ذوق الزبائن الأوروبيين، كما يتضح من هذا الطبق المزخرف بشعار نبالة ماريا من قشتالة. فالزخارف الموجودة حول شعار في الوسط تحيط به ميداليات، تتخذ شكل أنماط وأشكالٍ هندسية تحاكي الكتابات العربية الموروثة عن أعمال الزخرفة الإسلامية. تظهر هذه القطع المرموقة التي لا تبدو عليها أي آثار استخدام في العديد من اللوحات المعاصرة.

.2
طبق مزخرف
بشعارات النبالة
ونقوش تحاكي
الخط العربي
إسبانيا، مانيسيس
1415-1430
ق. 44 سم؛ خزف
بزخارف لامعة
المتحف الوطني للخزف
- سيفروليموج

.3
حوض مزخرف
بشعارات النبالة
إسبانيا، مانيسيس
1400-1450
ق. 48 سم؛ خزف
ذو زخارف لامعة
المتحف الوطني للعصور
الوسطى - كلوني

.4
صندوق مزخرف
بأسود وحيوانات
خيالية
إسبانيا
1300-1400
إ. 15، ع. 48 سم؛
قصدير ورصاص
مطلي بالذهب على
جسم خشبي
المتحف الوطني للعصور
الوسطى - كلوني

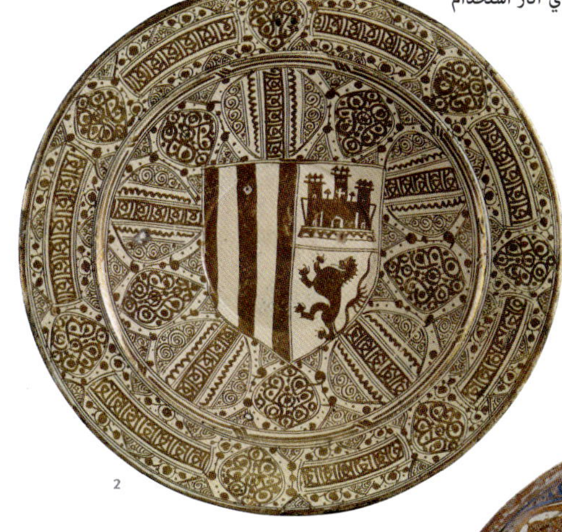

2

3

مصدر إلهام بيزنطي وإسلامي

استخدم هذا النوع من علب الحلي المسلمون وكذلك المسيحيون. وعندما تكون ضمن كنوز الكنيسة، فإنه يمكن استخدامها وعاءً للذخائر المقدّسة أو لحفظ القربان المقدس. ويذكّر شكلها المستطيل الذي يعلوه غطاء هرمي بالنماذج البيزنطية السابقة، كما نجد أيضًا نفس التصميم على علب الحلي من العاج والحديد المطروق المصنوعة في العصر الإسلامي في الورشات الإمبراطورية في قرطبة ومدينة الزهراء.

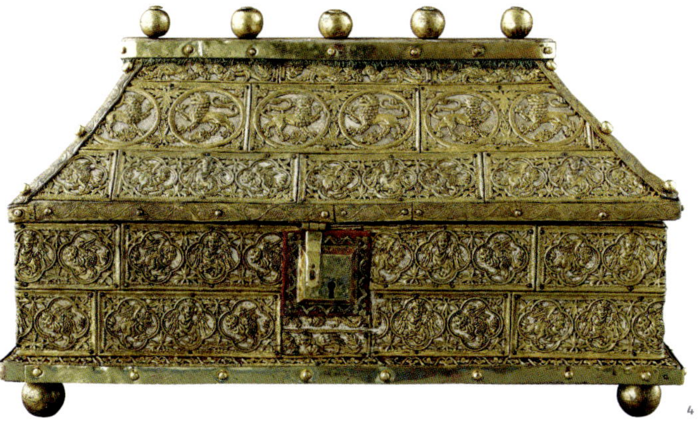

4

تحفة فنية:
أسد ماري تشا

غالبا ما ارتبط الأسد بالسلطة الإمبراطورية باعتباره حارسا للعرش أو للمعبد أو للضريح، وهو يعد من ثم من أحد الرموز الأكثر انتشارًا في العالم للشجاعة والعظمة والقوة والسلطة. يعتبر أسد ماري تشا المعروف باسم صاحبه السابق، فريدا من نوعه من حيث الحجم والوظيفة، كما يعدّ أحد أعمال الفن الإسلامي الأكثر أهمية في منطقة المتوسط في القرون الوسطى. وإذ يقف على مفترق الطرق بين الشرق والغرب، فإنه يُنسب بصفة عامة إلى إسبانيا الإسلامية، غير أنه قد يكون عملا من أعمال أحد الفنانين الجوالين الراجعين إلى المجال الإسلامي والعاملين في إيطاليا الخاضعة للحكم النورماندي. وقد أكد تحليل المعادن في هذا التمثال -المنحوت من البرونز المصبوب من قطعة واحدة باستخدام تقنية السبك بالشمع المفقود -أن النحاس المستخدم في صُنعه قد وصل من منجم قبرصي كان يعرفه قديمًا الجغرافيون والحرفيون العرب. ويعدّ تمثال الحيوان الخرافي الأندلسي في مدينة بيزا، التمثال الحيواني الوحيد الذي يشبهه. فطرازه البالغ التنميق والمعقود بالنقوش العربية، يعبّر عن مدى جاذبية الفنون الإسلامية وعن الدور الخاص الذي لعبته في البحر المتوسط بين صقلية وشمال أفريقيا وإسبانيا في أواخر القرن الحادي عشر وبدايات القرن الثاني عشر، وهي إحدى الفترات الأكثر إبداعًا في تاريخها.

وقد أثارت وظيفة هذا التمثال الضخم العديد من الفرضيات المختلفة. فالثقب الأنبوبي في الفم والفتحة الموجودة تحت البطن والجسم المجوّف، قد جعلت البعض يشبهه بفم نافورة تشبه تلك الموجودة في مدينة الزهراء أو قصر الحمراء، أو مبخرة ضخمة كتلك الموجودة في مقاطعة خراسان الإيرانية. إلا أنّ نظرية أحدث اعتمدت على تركيبة التمثال الداخلية تذهب إلى أنّ الأسد كان نوعًا من الألعاب الميكانيكية المصمَّمة لإصدار الأصوات، فجسمه المجوّف بمثابة صندوق صدى، والهواء الذي يخرج من قصبة متصلة بفمه يُصدر صوتا يشبه زئير الوحوش البرية. وقد تأكد وجود آلات مشابهة منذ العصر البيزنطي، عندما كانت الساحات ممتلئة "بألعاب" ميكانيكية وأشجار "مغنية" من الفضة وعليها طيور "تغرد" أو حيوانات تزأر بحسب نظام هوائي. وقد وصفت نصوص المؤرخون العرب انبهار العلماء العرب بهذه الأجهزة الآلية. وفي القرن الثالث عشر قام الجزري - وهو من أشهر العلماء -بوضع رسوم توضيحية تصف مدى تعقيد الساعات الرملية وغيرها من الآلات المائية أو الهوائية، التي كانت مصدر إلهام لاختراع آلات أكثر تطوّرًا في عصر النهضة الأوروبية مثل آلات ليوناردو دافينشي.

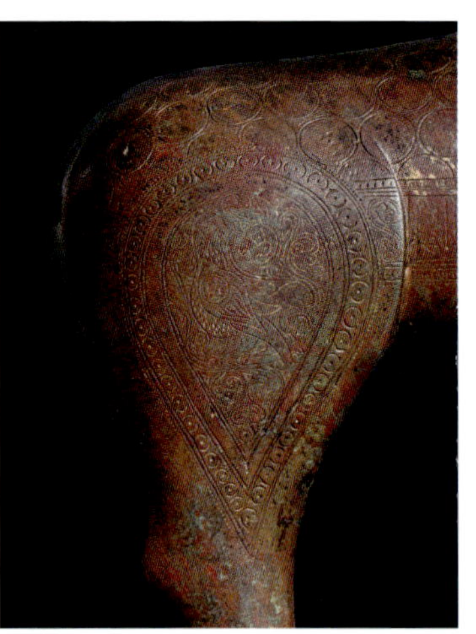 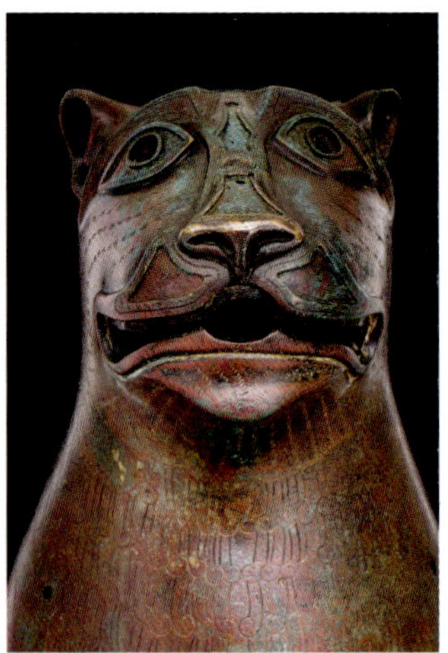

تبرز من الرأس البالغ التنميق عينان مفتوحتان ومحدّقتان وخياشيم ذات شكل أكثر واقعية. أمّا الفك والأنف والأذنان، فيرجّح أن تكون مطعّمة بمادة مختلفة كالمينا أو العاج على سبيل المثال. وتشير العناصر الصغيرة المربعة الشكل الموزّعة على مسافات منتظمة حول الرقبة إلى القنوات التي سُكب عبرها المعدن. وقد تكون أتاحت أيضا تعليق حلية ما. وتبدو الزينة على كامل الجسم منقوشة على البارد وفق قواعد الفن الإسلامي. أما عرف الأسد فقد نُحت على شكل حلقات بأسلوب منمّق، في حين تحاكي الزخارف العربية المتشابكة على ظهر الحيوان زخرفة مفرشة السرج.

172

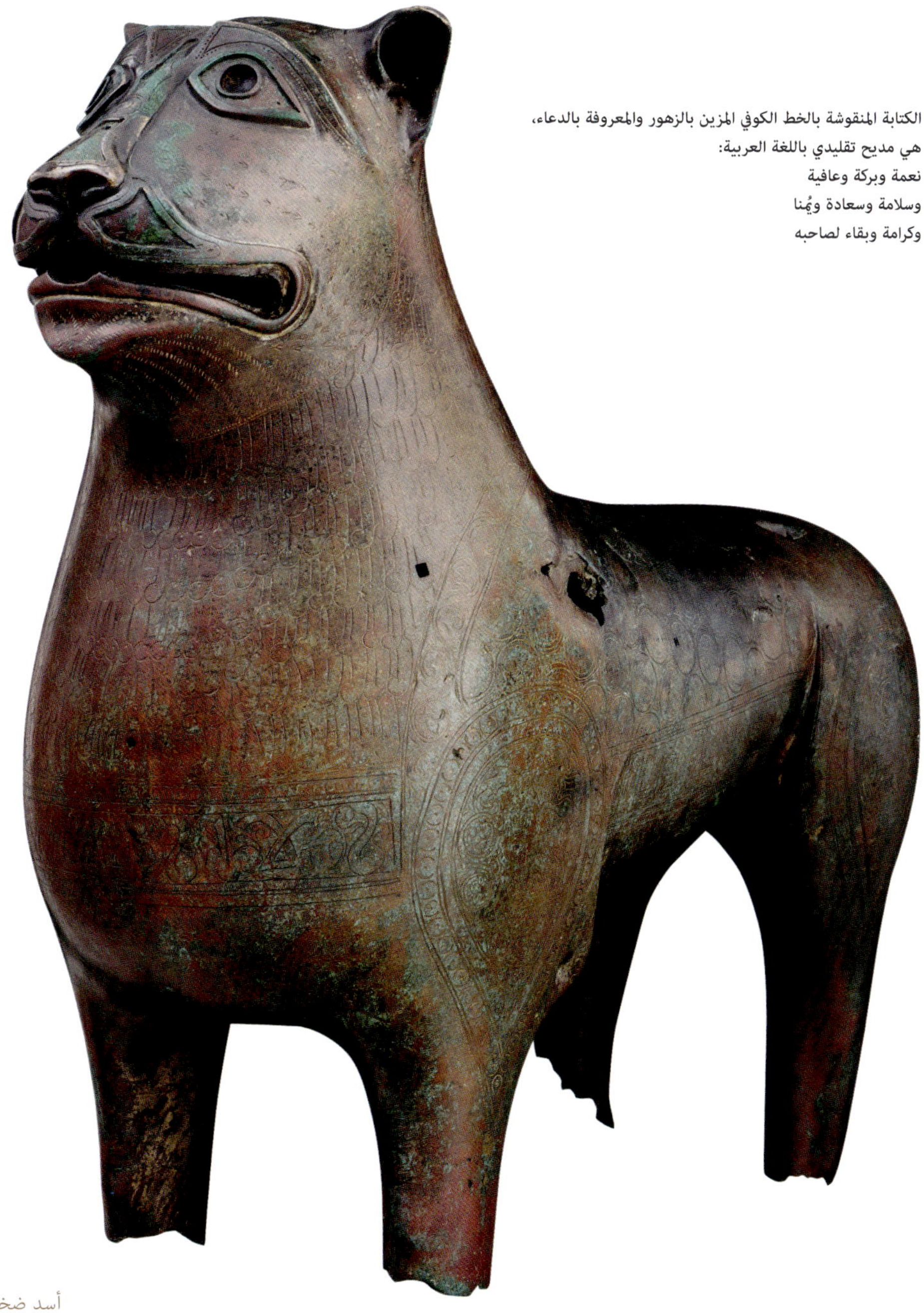

الكتابة المنقوشة بالخط الكوفي المزين بالزهور والمعروفة بالدعاء،
هي مديح تقليدي باللغة العربية:
نعمة وبركة وعافية
وسلامة وسعادة ويُمنا
وكرامة وبقاء لصاحبه

أسد ضخم: آلة
صوتية التشغيل
إسبانيا أو جنوب
إيطاليا
1200-1000
إ. 73 سم؛ برونز
اللوفر أبوظبي

يحمل الجسم آثار قذائف ربما تكون طلقات بندقية قديمة. أما الوركان البارزتان بخراطيش بشكل دروع،
فقد زُينت بحيوانات على خلفية منمقة من النباتات، إلى جانب طائر خرافي على القدمين الأماميتين، وببغاء
وأحد الطيور الجارحة على القدمين الخلفيتين.

173

منذ الحقبة الكارولنجية (Carolingian) بين القرنين الثامن والتاسع، تميزت العلاقات بين بلاد الإسلام والغرب اللاتيني بالتبادل والتنافس على حد سواء. وتزامنت المواجهات العسكرية مع العلاقات البحرية والتبادل الثقافي والتجاري ودراسة النصوص العلمية والفلسفية وترجمتها، ثم ومنذ القرن الثالث عشر، تعليم اللغات الشرقية في أوروبا. وفي حين ألهب تبادل السفراء بين هارون الرشيد وشارلمان خيال المؤرخين، ظل الشرق البعيد يمثل كنزًا دفينًا حقيقيا لمخيّلة الغرب في العصور الوسطى.

من الشرق إلى الغرب: تنافس وتقارب

تميـزت حقبـة الحـروب الصليبيـة بغـض النظـر عـن الصراعـات المسلحة، وبالرغـم مـن محاولـة فـرض ممالـك إفرنجيـة زائلـة في بـلاد الشـام - بتكثّـف العلاقـات التجاريـة بيـن الغـرب اللاتينـي وبـلاد الإسـلام. وقـد منح الحج للأراضي المقدسة -لا سيما القدس -دفعة جديدة لتقديس ذخائـر القديسـين والإتجـار بهـا. ونُقلـت مقتنيـات إسـلامية كثيـرة قَيّمـة إلى أوروبا ليُعـاد اسـتخدامها في إطـار ملكـي أو شـعائري. لـذا نجـد منسوجات وأكـواب مطليـة وأدوات مـن البلـور الصخـري في أماكـن العبـادة في إنجلتـرا والسـويد. وغالبـا مـا كان يرافـق انتشـار الأعمـال القيّمـة تحـوّل مـواز في غرضهـا مـن البعـد الدنيـوي إلى البعـد المقـدّس، وأيضـا اسـتيعاب لأشـكالها ومواضيعهـا مثـل الحيوانـات المتواجهـة وفـن الخـطّ اليـدوي وفـن "آباريلّـو" (albarello) أو الأوعية الطبيـة.

وقد ذاع صيت وتأثير ورشـات المعـادن والزجاج السـورية والمصرية من اليمـن إلى أوروبـا، وكانـت الطلبـات تمـرّ إلى ورشـات الـشرق الأدنى عـبر

وسـاطة حـكام قـبرص اللاتينيـين. ونجـد نمـاذج محفوظـة تثبـت وجود علاقات دبلوماسـية بين عائلة لوزينيان في قبرص -آخر معاقل المسيحية في شرقـي البحر المتوسط بعد سـقوط عـكا عـام 1292 - ودولة المماليك التي حكمـت مـصر وسـوريا وفلسطين مـا بيـن عامـي 1250 و1517.

وبدءًا مـن القرن الثاني عـشر، أسـهم نمـوّ موانئ العالم الإسلامي ومدنـه مـن ناحية، وتطـوّر الـشركات البحريـة الإيطاليـة ثـم الكتالونيـة مـن ناحية أخرى، في توفيـر الشبكات الضرورية لتجارة المنسوجات الحريريـة والحلى والتوابـل والمجوهرات ومنتجات أخرى مـن الـشرق. وشـهد القرن الرابـع عـشر الميـلادي في العالم الإسلامي بداية إنتاج كميـات ضخمة مـن الأعمال الفنيّـة المخصصـة للتصدير إلى أوروبا. نذكـر مـن بيـن هـذه المنتجـات الخـزف والسـجاد اللذيـن عبّرت عنهـما لوحـات الرسـامين مـن شمال أوروبـا ومن إيطاليـا، والـذي يبـدو أنهـما كانـا يسـتوردان بكميـات كبيـرة.

طلب "ملكي"

يدلّ هذا الحوض الذي تظهر عليه نقوش مكتوبة باللغتين على العلاقات المتبادلة بين الملوك المسيحيين والمسلمين في البحر الأبيض المتوسط، ويبدو أنه صُنع بطلب من هوغو الرابع ملك قبرص. ورغم أن آل لوزينيان قد فقدوا ممتلكاتهم في فلسطين، فإنهم ظلوا يعتبرون أنفسهم ملوكا على القدس، كما تؤكد الشعارات الموجودة على الحوض والنص الفرنسي المدوّن بحروف قوطية منقوشة على حافته: "القوي العلي الملك هوغو ملك القدس وقبرص، أدامه الله". أما على الجدار الخارجي للحوض، فقد نُقش بالعربية بخط الثلث: "صُنع بأمر من هوغو المؤيد من الله، قائد قوات النخبة لملوك الفرنجة، هوغو اللوزينياني".

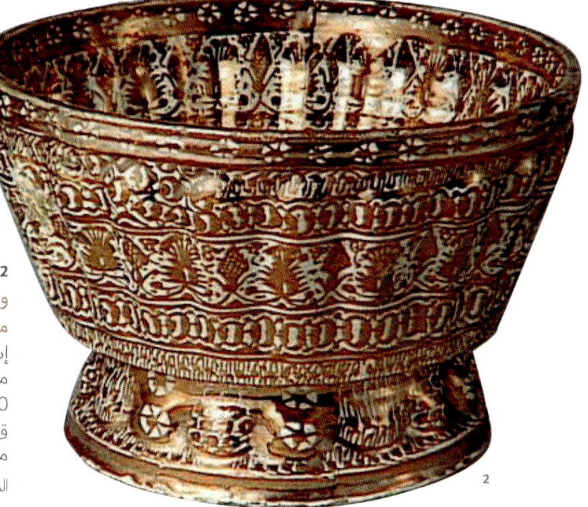

بريق الذهب

انتقلت عبر القرون تقنية الخزف المطلي بطبقة معدنية ممزجة من بغداد وسامراء - مركزي الحكم العباسي - إلى المناطق الغربية والشرقية من العالم الإسلامي، وذلك على طريق يساير الامتداد الإسلامي من إيران إلى الغرب المسيحي مرورًا بمصر وشمال إفريقيا. ومنذ منتصف القرن الخامس عشر، لعب هذا النوع من الخزف الفخم دورًا رئيسيا في تحوّل الأذواق الغربية. وإضافة إلى انتقال هذه التقنية، تحوّلت الأواني الخزفية المصقولة إلى منافس مباشر للأواني المعدنية الأوروبية الفخمة، وقد كان استخدام الأواني الخزفية إلى ذلك الحين يقتصر على الحرفاء الأقل يسرا وعلى الأغراض المطبخية.

.2
وعاء ذو قاعدة مزين بصورة نسر
إسبانيا، ورشة في مانيسيس أو باتيرنا
1450-1400
ق. 48 سم؛ خزف مصقول
المتحف الوطني للخزف - سيفر وليموج

.3
صندوق ذخائر مصنوع من صفائح صخرية بلورية على الطراز الفاطمي
شمال فرنسا (الهيكل) ومصر (الصفائح البلورية)
1210-1200
إ. 11.3، ع. 14.8 سم؛ فضة مذهبة، صخر بلوري، أحجار كريمة، عاج
المتحف الوطني للعصور الوسطى - كلوني

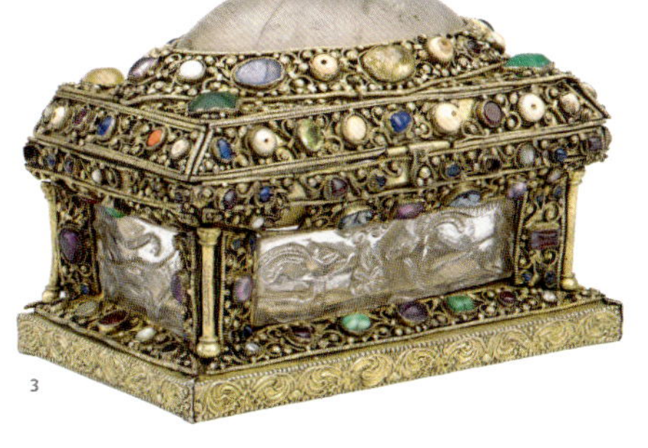

تجارة الذخائر المقدّسة

يحتمل أن يكون هذا الصندوق الراجع إلى ممتلكات كاتدرائية مدينة موتييه في وادي تارنتيز (Moûtiers-en-Tarentaise) في إقليم سافوا، قد استُخدم لحفظ ذخائر مقدسة. وفي الواقع، فإن هذا العمل ذا القاعدة الفضية المذهّبة المميزة لصناعة المجوهرات في شمال فرنسا بين سنتي 1200و1210 قد صُنع لغرض آخر في مصر الفاطمية خلال القرن العاشر. وقد كُيفت صفائح البلور الصخري المنقوشة بحيوانات متواجهة، وهو ما ميّز الفن الإسلامي، مع شعيرة الذخائر المقدّسة المسيحية، ومع تطوّر الطقوس الدينية في القرن الثاني عشر الميلادي، التي ركزت على أهمية قرب المؤمنين من ربهم. وقد أتاحت المادة شبه الشفافة للمصلين رؤية من يعبدونه. أما البلور الصخري البيضاوي ذو الغطاء المحدب فقد أُضيف في فترة لاحقة، وهو شأنه في ذلك شأن إفريز القاعدة المطبوع نتيجة تعديل طرأ عليه في نهاية القرن التاسع عشر.

.4
كأس منحوتة في صخر بلوري على الطراز الفاطمي
مصر (القاعدة)، الميز (الكوب)، باريس (الحامل)
نحو 1100 (القاعدة)، 1250-1225 (الكوب)، نحو 1600 (الحامل)
إ. 21.8 سم؛ صخر بلوري، فضة مذهبة.
متحف اللوفر

قطع بدوية، أدوات استُخدمت في أغراض جديدة

صُنعت هذه الكأس المرصّعة على قاعدة مذهبة من عناصر من البلور الصخري الفاطمي. وقد تحولت الكأس من الاستخدام الأصلي في الأغراض الدنيوية إلى قطعة مستخدمة في الطقوس المسيحيّة. وتذكّرنا هذه القطعة بجاذبية البلور الصخري منذ العصور القديمة، حيث وصفه الكاتب بلينيوس بأنه "ماءٌ تجمّد على مهل" ونسب إليه فاطميو مصر (969-1171) الذين عرفوا باقتناء الأشياء الباهظة، خصائص خفية. وبعد إقامة دول إفرنجية في الشرق، نُقلت نماذج من هذه القطع من مصر إلى الغرب. وتعدّ هذه القطع المحفوظة ضمن كنوز العصور الوسطى، من أقدم نماذج القطع التي تربط العالم الإسلامي بالغرب اللاتيني.

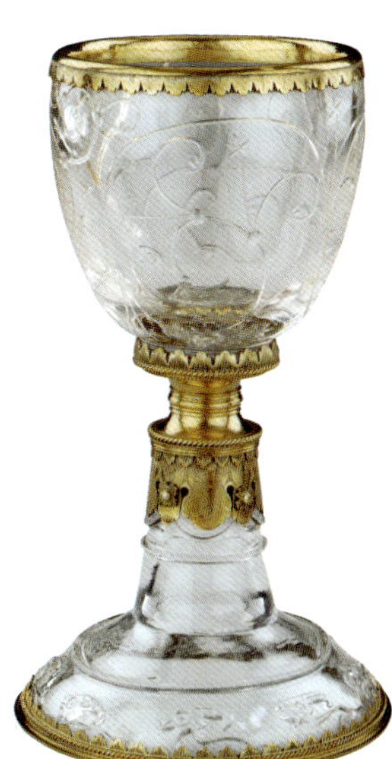

تميز الإنتاج الفني في الغرب خلال العصور الوسطى ببُعده الديني وارتباطه بصورة الشكل البشري التي ورثها عن العصر اليوناني الروماني القديم. كما طوّر هذا الفن ونقلَ عبر عدد من الأدوات الدنيوية المعتادة صورة مثالية للفرسان الميالين للحرب والمهذبين. إن جميع القطع التي تطلبها النخبة مثل السجاد والمخطوطات الملونة واللوحات التي تصوّر الورع والصور الشخصية وصناديق الحلي والمرايا المصنوعة من العاج وأحواض غسل اليدين، بقدر ما تجسّد مقام طالبيها تصور أيضا عظمة المملكة. تندرج هذه النماذج المصممة والتقنيات والتأثيرات في إطار حركة تبادل واسعة للأشكال والصور الرمزية أسهمت في إثراء التنوع الشكلي ومنح الغرب المسيحي وحدته الثقافية، من السواحل الشرقية للمتوسط إلى المراكز الحضرية في شمال إيطاليا ووسطها.

الفرسان وفن البلاط

تقوم بنية المجتمع الغربي المسيحي على نظام هرمي من أصل إلهي، ينقسم فيه المجتمع إلى ثلاث فئات هي المصلون والمحاربون والعمّال، مما يجعل المجتمع الغربي والمسيحي يبدو شديد التنظيم. وقد اجتهد أصحاب الامتيازات من الطبقتين الأوليين والذين ينتمون إلى طبقة النبلاء ورجال الكنيسة في طلب قطع تُبرز مكانتهم الاجتماعية. ورغم أن الإنتاج الفني كان في جانب كبير منه موصولا بالبعد الديني، فإنه قد تناول أيضا موضوعات دنيوية تعبّر عن القواعد التي يتبعها رجال السلطة. ونظرًا لقيام هذه القواعد على خصال الورع والعدل والشجاعة، فقد اقتدوا بمثال الفارس المحارب والمهذب الذي تجلى في المجتمع من خلال ظهور تنظيمات فروسية مثل تنظيم "الصوف الذهبي" الشهير. وقد شارك الملوك والسادة شخصيا في كثير من

العواصم والبلاطات في برامج إبداعية كبيرة قاموا بتمويلها للبرهنة بقوة على شرعية سلطتهم. وقد حفّز التنافس بين الأمراء منظومة رعاية الإبداع التي تطورت في مملكة فرنسا وفي دوقية بورغوندي، وأدّى هذا التنافس بدوره إلى تعدّد الورشات لا سيما في باريس ومدن فلاندرز. كما أدى التطور المستمر للمجتمع الذي كان يجني ثمار التقدم الاقتصادي إلى زيادة عدد المانحين وتنامي قوة العالم الدنيوي. وقد أحاط رعاة الفن أنفسَهم في قصورهم ذات الأشكال المعمارية البديعة بفنانين مشهورين كانت شهرتهم بقدر موهبتهم. وقد أسهم هؤلاء الفنانون انطلاقا من رؤية مشتركة للعالم بين مجتمعات أخرى في تطعيم فن البلاط بجملة من اللمسات الصغيرة سواء في التقنيات أو الأشكال الزخرفية.

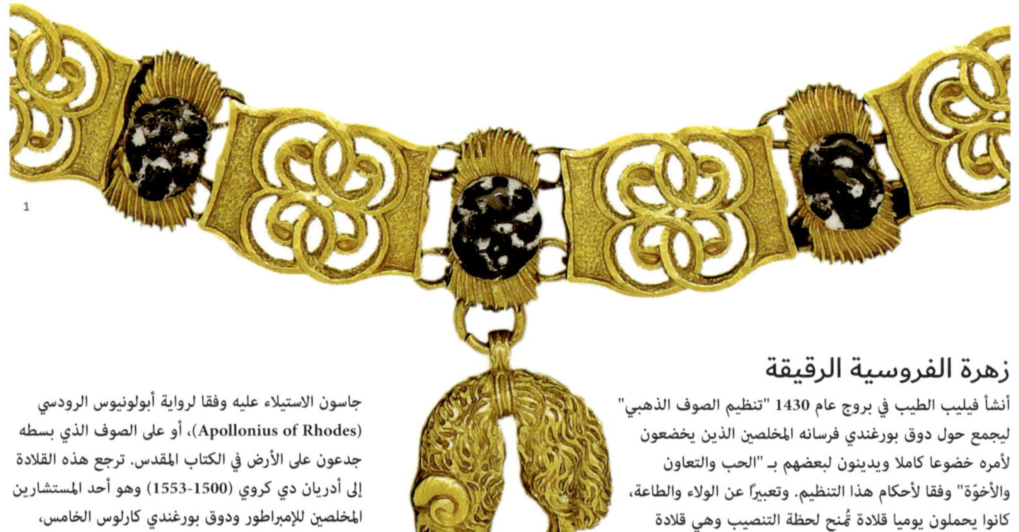

زهرة الفروسية الرقيقة

أنشأ فيليب الطيب في بروج عام 1430 "تنظيم الصوف الذهبي" ليجمع حول دوق بورغندي فرسانه المخلصين الذين يخضعون لأمره خضوعا كاملا ويدينون لبعضهم بـ "الحب والتعاون والأخوّة" وفقا لأحكام هذا التنظيم. وتعبيرًا عن الولاء والطاعة، كانوا يحملون يوميا قلادة تُمنح لحظة التنصيب وهي قلادة الصوف الذهبي. ويدل اسم التنظيم إما على الصوف الذي أراد

جاسون الاستيلاء عليه وفقا لرواية أبولونيوس الرودسي (Apollonius of Rhodes)، أو على الصوف الذي بسطه جدعون على الأرض في الكتاب المقدس. ترجع هذه القلادة إلى أدريان دي كروي (1500-1553) وهو أحد المستشارين المخلصين للإمبراطور ودوق بورغندي كارلوس الخامس، الذي منحه إياها باسمه الخاص عام 1519.

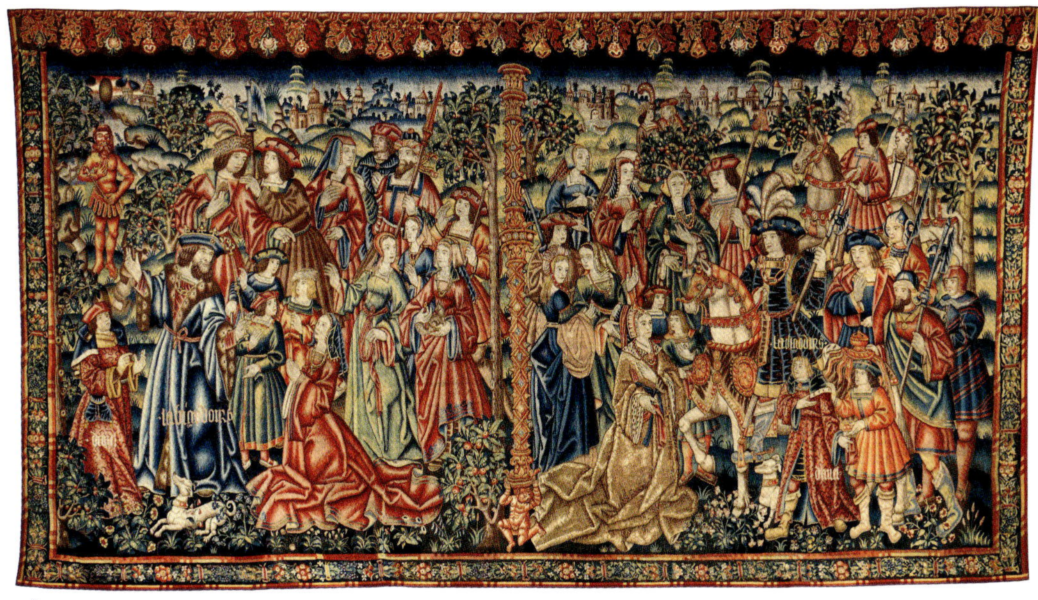

2

السجاد، زينة داخلية محمولة

تصوّر هذه السجادة واقعة من وقائع الكتاب المقدس يظهر فيها على اليمين النبي دانيال وقد أوقف جيش نبوخذ نصر الذي يتأهب لذبح الحكماء. وفي أعلى السجادة على اليسار نرى النبي دانيال يستمع إلى نبوخذ نصر وهو يروي له رؤيته في الحلم لتمثال ضخم على قاعدة من الصلصال. ونرى في هذا المشهد المستوحى من الدين، ملابس وأشكالا زخرفية ورسومًا تعبّر عن أذواق بداية عصر النهضة. ويساعد السجاد المستخدم في المنزل في عزل الجدران عن البرد، إلى جانب كونه قطعة ملونة من قطع الزينة التي يمكن وضعها بسرعة وحملها ونقلها بسهولة. وقد جاب هذا السجاد كامل أوروبا شأنه في ذلك شأن السجاد المستورد من الشرق.

1.
قلادة تنظيم
الصوف الذهبي
فلاندرز (حاليا فرنسا
الشمالية، بلجيكا
وجزء من هولندا)
1500-1600
ط. 118 سم؛ ذهب
مطلي بالمينا
اللوفر أبوظبي

2.
بساط يحمل صورة
دانيال ونبوخذ نصر
جنوب هولندا
نحو 1520
ع. 347 سم؛
صوف وحرير
المتحف الوطني للعصور
الوسطى - كلوني

3.
دوق كليفه،
فارس تنظيم
الصوف الذهبي
ورشة روجير فان
در فايدن (؟)
بعد عام 1451
إ. 49، ع. 31 سم؛ ألوان
زيتية على لوحة
متحف اللوفر

مميزات النبالة

يظهر على هذه الصورة الشخصية الأميرية، يوهان الأول، دوق كليفه وابن أخي دوق بورغندي، فيليب الطيب متباهيا بالعلامة الوحيدة المميّزة لسلطته الدنيوية ومكانته، وهي قلادة "تنظيم الصوف الذهبي". ولأنه ارتقى بهذه الشارة إلى أعلى درجات النبالة الأوروبية، فقد أراد أن يبدو في هيئة من الوقار مطبوعة بالجدّية والأناقة. اشتهر روجير فان در فايدن (1400-1464) رسام الصور الشخصية لدوقات بورغندي بتمثيله للمزايا الأرستقراطية، كما يتضح من هذه الصورة الشخصية التي يُحتمل أن يكون قد رسمها في مرسمه.

3

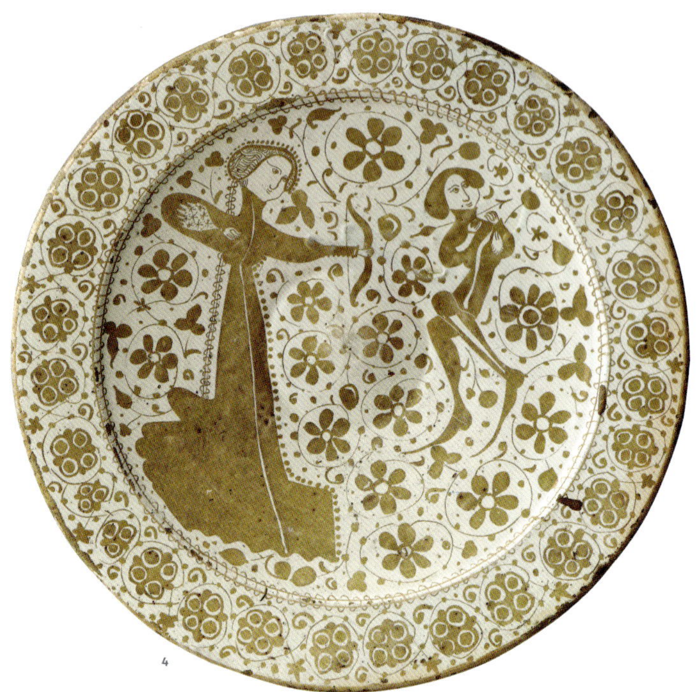

4

خادم مطيع

يعدّ هذا الطبق المصنوع في ورشات الشام في سنوات 1540، من الأطباق النادرة نظرا لزخارفه الرمزية. فعلى سجادة من الزهور، تظهر امرأة حسناء تمسك قوسًا تطلق منه سهمًا نحو حلق رجل متشابك الأرجل قصير القامة. يعبّر هذا المشهد الفريد، الذي يُحتمل أن يكون نتيجة طلب خاص، عن استمرارية "الحب الرقيق" أو الحب المثالي أو المهذّب الموروث عن النظام الإقطاعي وتواصله في عصور النهضة. وتقوم العلاقات بين الرجال والنساء وفق هذا النظام على المبادئ المعكوسة للفروسية، حيث تتحوّل المرأة إلى سيّدة متحكّمة والفارس إلى خادم مطيع.

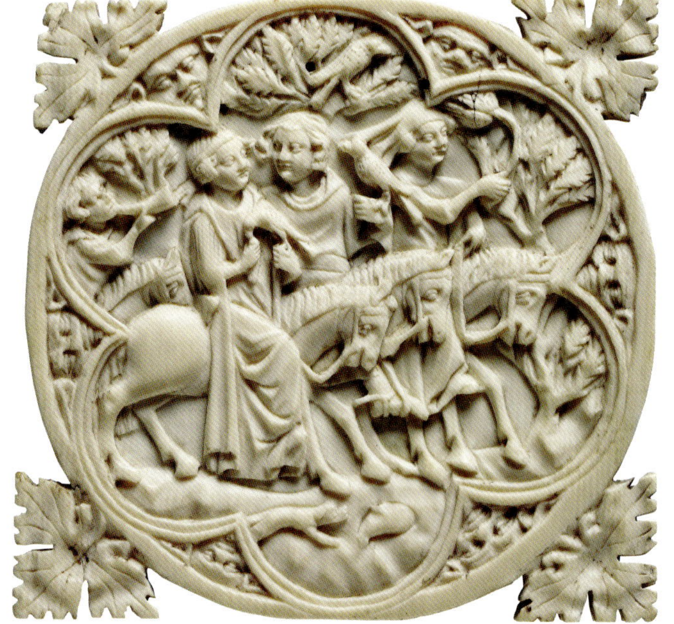

5

المرأة والصقر

لقيت علب المرايا ذات الأغطية المزخرفة بمشاهد من أدب البلاط رواجا كبيرا لدى سيدات البلاط في القرن الرابع عشر، وكانت من بين الهدايا المفضلة لدى العشاق. نرى هنا أربع شخصيات تتجول على ظهور الخيل في إحدى الغابات: نبيلٌ يمسك صقرًا وامرأة حسناء تقدم الطعام لطائر جارح آخر وهما على ما يبدو يتعانقان، وخادمٌ ينفخ في البوق، وأخيرا فتاة متقدّمة قليلا تمسك شركا بيدها. ويُعدّ مشهد جولة العشاق على الخيل، المقترن بجولة الصيد بالصقر، من الصور المجازية الأكثر شيوعًا في المساعي الغرامية في نصوص العصور الوسطى.

178

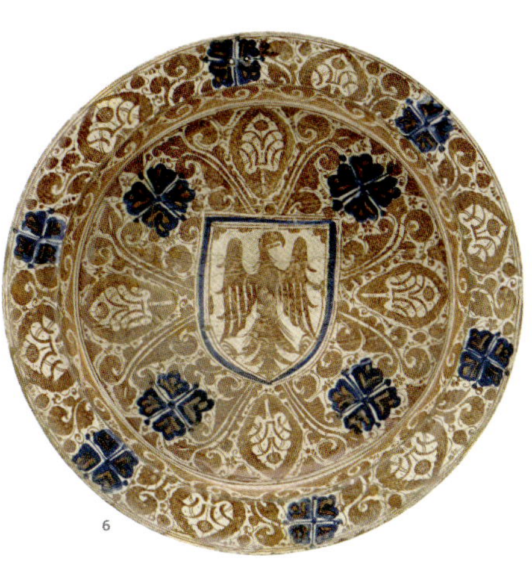

6

على الطريقة المشرقية

يُعدّ هذا الطبق الذي يحمل شعار النبالة ذا النسر الذهبي أحد النماذج المميزة للأواني الخزفية المصقولة المصنوعة في مانيسا القريبة من فالنسيا. لقيت هذه الأواني الخزفية، التي كانت أحد الابتكارات الكبرى للفنانين المسلمين في العراق في القرن التاسع الميلادي، رواجًا كبيرًا لدى أمراء إسبانيا المسيحيين الذين ربطتهم علاقات بالحضارة الإسلامية. وقد أصبحت منطقة فالينسيا في القرن الرابع عشر مركزا مهما لإنتاج الأواني الخزفية وزودت البلاطات الأوروبية، لا سيما الإيطالية منها، بهذه القطع الفاخرة.

.4
طبق مزخرف
بصورة لامرأة تصوب
سهماً نحو شاب
إسبانيا، مانيسيس
نحو 1540
ق. 39 سم؛ خزف
مصقول ملون ومزجج
متحف اللوفر

.5
جزء من علبة مرآة:
الصيد بالصقور
فرنسا، باريس
1330-1350
إ. 10، ع. 10 سم؛ عاج
اللوفر أبوظبي

.6
طبق مزخرف
بصورة نسر
إسبانيا، مانيسيس
1450-1500
ق. 47.5 سم؛ خزف
مصقول ملون ومزجج
المتحف الوطني للعصور
الوسطى - كلوني

.7
حوض ذو إبريق
مزخرف بشعارات
فرنسا، ليموج
1250-1300
ق. 22.5 سم؛ نحاس
مطروق ومطليّ
بالذهب والمينا
اللوفر أبوظبي

.8
رأس أسقف من
كاتدرائية نوتردام
فرنسا، باريس
1250-1260
إ. 32 سم؛ حجر كلسي
المتحف الوطني للعصور
الوسطى - كلوني

من الشرق إلى ليموج

يتألف "التوأم" -وهو حوض لغسل الأيدي -وفقا للتقاليد من حوضين. أحدهما مزوَّد بقناة حتى يمكن سكب المياه منه على اليدين وإلى الحوض الثاني. يحتوي هذا الأخير على زخرفة داخلية مكونة بصورة تكاد تكون حصرية من شعارات نبالة، ولكن دون أن يكون لها أي دلالات حقيقة للنبالة. ففي معظم الحالات، تكون مثل هذه الشعارات مجرد أشكال زخرفية رُسمت استجابةً لميل الناس نحو شعارات النبالة في تلك الفترة. قد تكون هذه الأواني المصنوعة من المينا المفرغة، التي أنتجت في مدينة ليموج خلال كامل النصف الثاني من القرن الثالث عشر، مستوحاة من أحد النماذج التي جلبها الصليبيون من الشرق.

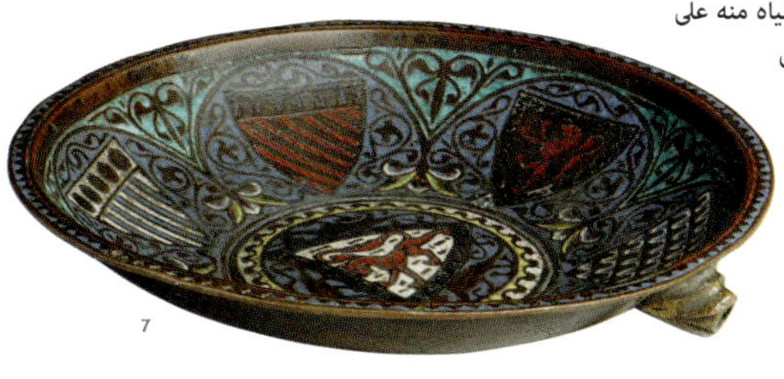

7

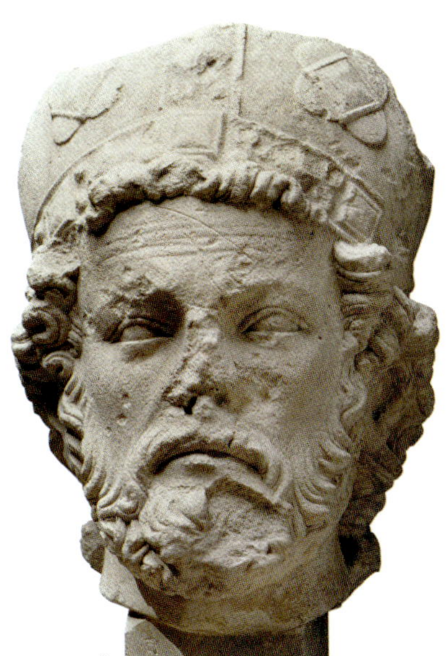

8

مَن يؤدي الصلاة

كأن رأس هذا الأسقف، الذي يمثل أحد نماذج فن النحت في باريس في السنوات 1250-1260، في الأصل جزءًا من تمثال يزين كاتدرائية نوتردام في باريس. وقد روّجت السلطات الكنسية لصورة الأسقف المعروف هنا بتاجه الأسقفي، لتؤكد على دوره المحوري في التنظيم الديني. ففي رؤية المجتمع المقننة في العصور الوسطى وبحكم دوره في رعاية المصلين، يأتي الأسقف بعد البابا في تمثيل "من يؤدي الصلاة". وتبرز مكانة صاحب هذا المقام الرفيع لدى الله هنا من خلال إظهار تفرّد ملامح وجهه المقدسة والمهيبة.

يُعدّ فن الكتاب المزخرف بالمنمنمات أو المنمق بتجليد عالي الجودة، أحد أشكال التعبير الفني الأكثر انتشارًا في العصور الوسطى. وقد ظهرت من خلال المؤلفات العلمية والروايات التاريخية والأدبية الوجوه المتعددة لهذا الشكل المرموق من إنتاج الكتب الذي تطوّر بالتزامن مع تنامي الإلمام بالقراءة والكتابة وانتشار المكتبات والجامعات. ويعدّ الكتاب إضافة إلى كونه وسيلة من وسائل نشر المعرفة، عملا فنيا قائمًا بذاته يشترك في إنجازه الرسامون والخطاطون ومعلّمو الورشات.

فلاسفة وعلماء وشعراء

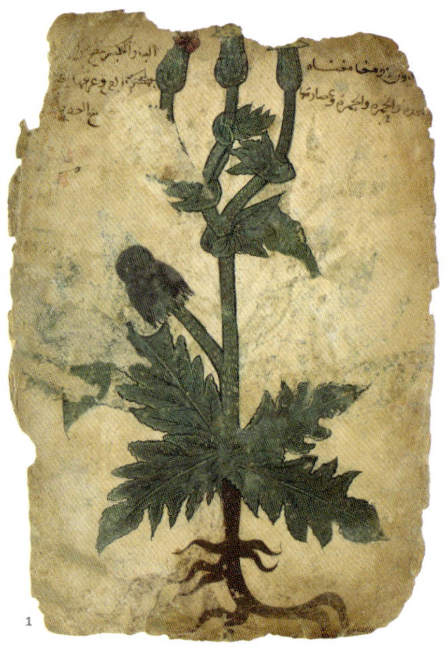

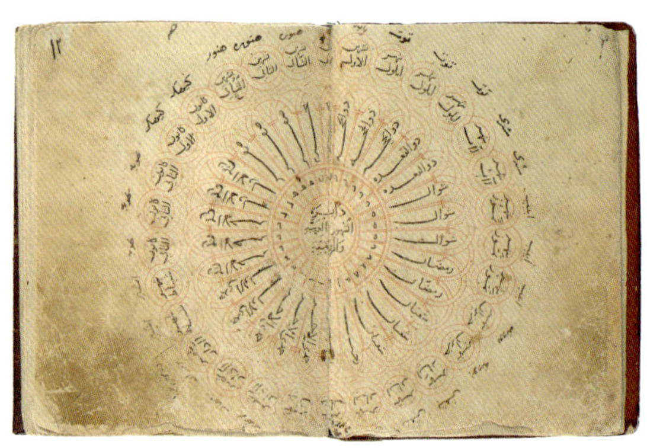

كتاب في تحضير الأدوية

نجد العديد من المؤلفات العلمية من العصر القديم التي تُرجمت واقتُبست وشُرحت باللغة العربية، وقد كان لكتاب "خواص الأشجار"، الذي كتبه باللغة اليونانية ديسقوريدوس وهو طبيب أصله من قيليقية، الأثر الأكبر على علم تحضير الأدوية البيزنطي والعربي والغربي خلال العصور الوسطى. ترجم أسطفان بن باسيل هذا الكتاب إلى اللغة العربية عن ترجمة سريانية سابقة في عهد الخليفة العباسي المتوكل (847-861 م). وقد أصبحت العربية منذ ذلك الحين اللغة العلمية بامتياز. اقتطعت هذه الصفحة من نسخة كُتبت في بغداد في بداية القرن الثالث عشر الميلادي، وقد صاحبت النص رسوم توضيحية للنبات، ونجد أيضا رسوما لعملية انتقاء الأدوية وتحضيرها.

علم التنجيم وتوقعات النجوم

يتناول هذا الكتاب -من منظور علم التنجيم- الأوقات المناسبة للقيام بالأعمال المختلفة مثل السفر في البر والبحر والصعود إلى العرش والحرب وعلاج الأمراض وتعليم الأطفال والتجارة ونقل الملكية وإقامة المنشآت وتناول المسهلات ودخول الحمام. ويضم الكتاب بين دفتيه 79 صفحة من النصوص والرسومات البيانية واللوحات، وينقسم إلى جزئين: جزء خاص باختيار الأوقات المناسبة للقيام بكل أنواع الأعمال، و"جزء حول الطريقة المناسبة لقراءة الرموز من أجل استنتاج الأفكار الداخلية". يشهد هذا الكتاب، الذي أنجز زمن الخليفة المستعصم (1213-1258) آخر الخلفاء العباسيين لأحد أبنائه مثلما هو مثبت في الإهداء، على العلاقات الوثيقة بين علم التنجيم وعلم الفلك خلال العصور الوسطى.

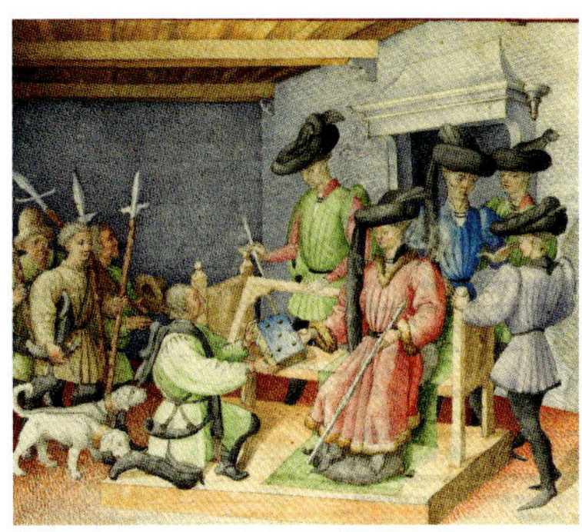

3

فن الصيد

كتب غاستون فيبوس (1333-1391)، كونت منطقة فوا وفيكونت منطقة بيارن، "كتاب الصيد" معتمدا على خبرته الشخصية. ويُظهر هذا الوصف الواقعي لفن الصيد -المستوحى من كتاب ألفه فريدريك الثاني من سلالة هوهنشتاوفن في منتصف القرن الثالث عشربعنوان "فن الصيد بالطيور" -شغفَ النخبة الأرستقراطية بنشاط كان حكرًا عليها دون غيرها. ويلخص هذا الكتاب الذي زُيِّن بثمانية وعشرين رسمًا واقعيًا كلَّ معارف تلك الفترة.

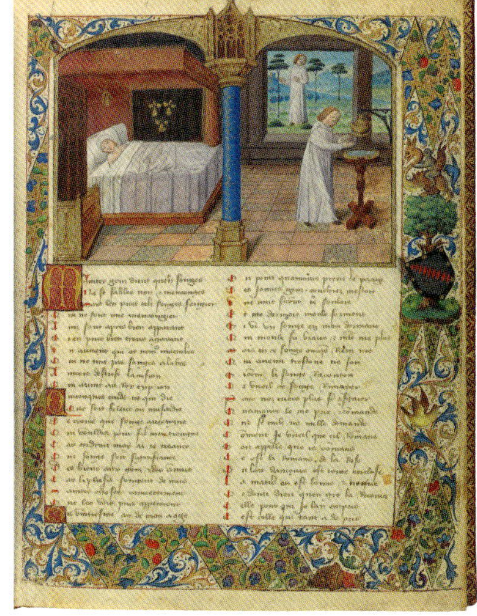

4

الحب في أدب البلاط

تُعد "رواية الوردة" (Roman de la Rose) التي تتكوّن من 22000 بيت، والتي ألفها غِيّوم دو لوريس بين العامين 1230 و1237 وأكملها جان دو مونغ بين العامين 1275 و1280، أروع مثال على أدب البلاط الذي ظهر في بلاطات الأمراء في بداية القرن الثاني عشر. ويقصّ المخطوط حلما رمزيا عن العلاقة بين شاب هو العاشق وفتاة هي الوردة، وهو يُعتبر واحدًا من النماذج الثلاثمائة المتبقية حتى يومنا هذا. وينهل هذا الأدب شديد التقنين من مصادر التاريخ القديم ومن أساطير السلتيين والشعر الغنائي في منطقة أوكستان الفرنسية. وقد بلغت شعبية هذا الأدب درجة كبيرة إلى حدّ تحوّلت فيه "رواية الوردة" إلى الكتاب الأكثر قراءة في فرنسا لما يقرب من ثلاثة قرون، إذ لم يكن لأي مولع بالكتب أو أيّ عالم متبحّر يحترم ذاته أن يفوته قراءاته أو على الأقل الاحتفاظ بنسخة منه في مكتبته.

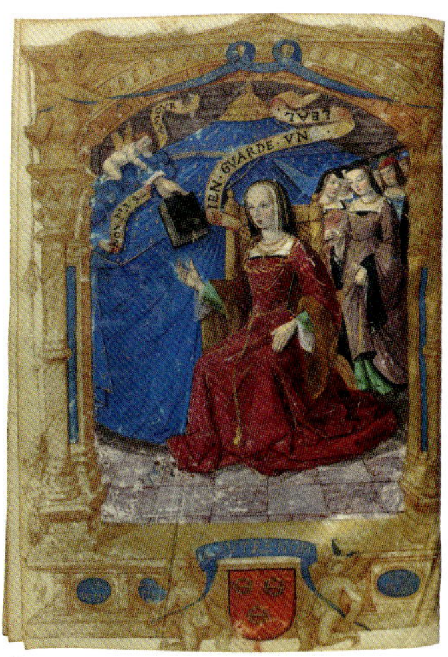

5

امرأة أديبة

أهديت هذه المدوّنة الخاصة بالملوك البابليين التي كُتبت في القرن الرابع قبل الميلاد وتُرجمت إلى الفرنسية وامتلأت بالزخارف في شكل "كتاب حب" وفق تقاليد هدايا الخطوبة في العصور الوسطى، إلى آن دو غرافيل، الوصيفة الشرفية لزوجة ملك فرنسا فرانسوا الأول وابنة الأميرال دو غرافيل، أحد أكبر المولعين الفرنسيين بالكتب في عصر النهضة. ولا يشهد هذا العمل على التنافس الفكري الذي انطلق من إيطاليا وملأ كل بلاطات أوروبا منذ نهاية القرن الخامس عشر فحسب، وإنّما يشهد أيضا على إعادة اكتشاف "الطبيعة الإنسانية" (humanitas) ورغبة النخب وخاصة السيدات في امتلاك آداب العصور القديمة.

.1
ترجمة عربية لمقالة يونانية حول الأعشاب (كتاب الحشائش)
ديسقوريدوس فيدانيوس
(40-90 م.)
العراق، بغداد
النسخة العربية،
1200-1300
إ. 25، ع. 16.8 سم؛
حبر وألوان على ورق
اللوفر أبوظبي

.2
مقالة حول التقاويم، دراسة الحسابات الفلكية
العراق، بغداد
نحو 1200
إ. 24.5، ع. 18.1 سم؛
حبر على ورق، جلد
اللوفر أبوظبي

.3
"كتاب الصيد"
غاستون فيبوس
فرنسا
1445-1450
إ. 29، ع. 23.5 سم؛
حبر وألوان مائية على ورق رق
المكتبة الوطنية الفرنسية

.4
"رواية الوردة"، مخطوط من أدب البلاط
غيوم دو لوريس وجون دو ميونغ
مذهّب المخطوطة:
معلم رواية الوردة لمدينة جنيف
فرنسا، باريس
1352
إ. 31.5، ع. 24.5 سم؛
حبر على ورق رق، ألوان ذهبية
المكتبة الوطنية الفرنسية

.5
تاريخ الكلدانية (تاريخ ملوك بابل)
بيروسوس (عاش نحو 300 ق.م.)
فرنسا، باريس
النسخة اللاتينية،
عام 1505
إ. 25.4، ع. 18.7 سم؛
حبر وغواش على ورق رق، ألوان ذهبية
اللوفر أبوظبي

تحظى صور السيدة مريم العذراء وابنها يسوع بشعبية كبرى بوصفها رمزًا متجددا وحميما للإخلاص الفردي منذ العصر البيزنطي وحتى عصر النهضة. وما بين القرنين الحادي عشر والثالث عشر الميلاديين، ظلت السيدة العذراء تصوّر مع طفلها على ركبتيها جالسة على عرش هو "كرسي الحكمة". ومنذ بداية القرن الثالث عشر، أضحت شخصية العذراء مع طفلها -أو "المادونا" (Madonna)- إحدى الشخصيات الرئيسية في الصور الرمزية الدينية. وقد رُسم رأس الطفل يسوع على هيئة شخص بالغ تعبيرا عن الحكمة الإلهية. وفي نهاية العصور الوسطى، بات الفنانون يفضلون رسم صورة أكثر واقعية ليسوع يظهر فيها عاريا أو مرتديا ملابس خفيفة على جسد طفل بدين، وذلك لإبراز السر الإلهي المتجسّد في طفل، حسب رغبة رعاة أعمالهم الفنية.

ذهب إلهي

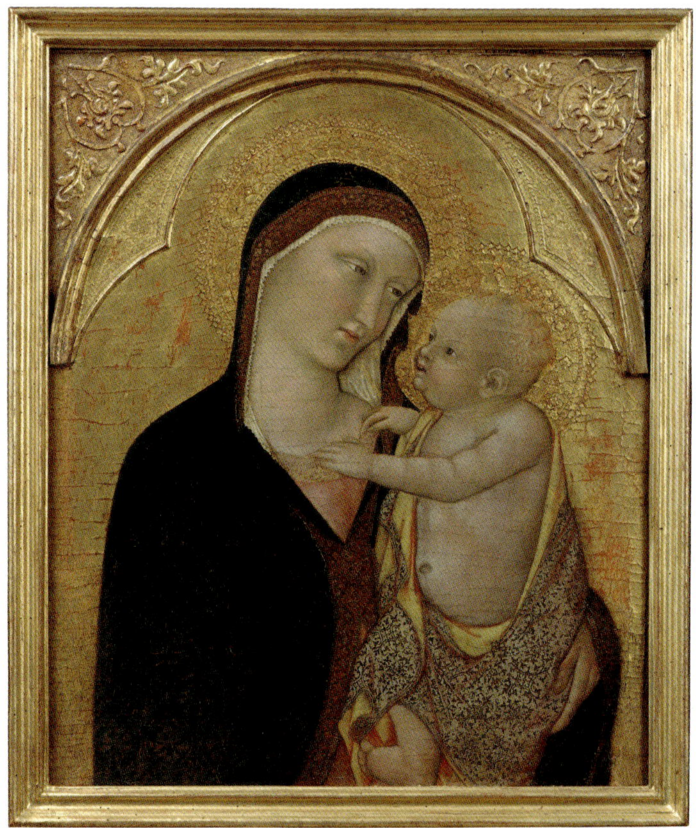

1

التأثير البيزنطي والقوطي

أدّت جاذبية الأيقونة وسلطانها الروحي تدريجيا في الغرب وخاصة في إيطاليا إلى حلول الصور المرسومة محل الذخائر المقدسة. فقد ظهرت لوحات المذبح في الكنائس مقترنةً بموضوع الـ "مايستا" (Maestà)، حيث تحتل أمّ الإله والشفيعة المفضلة عند المؤمنين مكانةً رئيسية. تؤكّد لوحة "العذراء والطفل" التي رسمها فرانشيسكو تراييني من مدينة بيزا بين عامي 1321 و1345 على شكل لوح ذي طبقات متعددة تفككت اليوم، الارتباط بالإرث البيزنطي من خلال الخلفية الذهبية والموضوع والتشكيل، كما تؤكد نشأة تأثيرات قوطية جديدة جاءت بها مدرسة مدينة سيينا في النصف الأول من القرن الرابع عشر. فالخط الانسيابي للغاية يلتقي في هذا الرسم بأحجام في غاية الدقة، في حين يسهم كل من الميل إلى التفاصيل الدقيقة وثراء سلسلة الألوان ودقّة النموذج في تقديم شكل جديد من أشكال التصوير مفعم بالمشاعر. كما يجسّد الرسم كل خصائص الثورة الكبرى التي قام بها الرسامون الإيطاليون الأوائل والتي أعلنت عن انطلاق عصر النهضة.

مادونا على خلفية سوداء

تُمثّل هذه الصورة التي تعود تقريبا إلى بداية الثمانينيات من القرن الخامس عشر بدايات عصر النهضة في البندقية وفن جوفاني بلليني (1430-1516). وقد كانت تقنية الرسم بالزيت في إيطاليا في هذه الفترة أحد الابتكارات التي ميزت البندقية عن غيرها من مراكز الفن الأخرى في شبه الجزيرة الإيطالية. تتميز صورة العذراء هذه مع طفلها من بين كل الصور الأخرى للعذراء التي رسمها الفنان في حياته، بأناقة الحركات وبراءة الوجه وقوة ألوان البشرة ودقة استثنائية في الرسم والنقش. وتتعمّق كثافة اللون من خلال استخدام بلليني النادر لخلفية سوداء أحادية اللون بدلاً من المشهد المعتاد. وتقف العذراء هنا وهي تضم يديها في هيئة المصلية أمام ابنها، ويجلس الطفل على ثوب أمه الأحمر، وهو لون آلام المسيح ولكنّه أيضا لون الحب الذي تكنّه له. ويستند الطفل بيده اليمنى إلى كتاب وُضع بجانبه يرمز إلى الكتاب المقدس وإلى مصيره المكتوب سلفا.

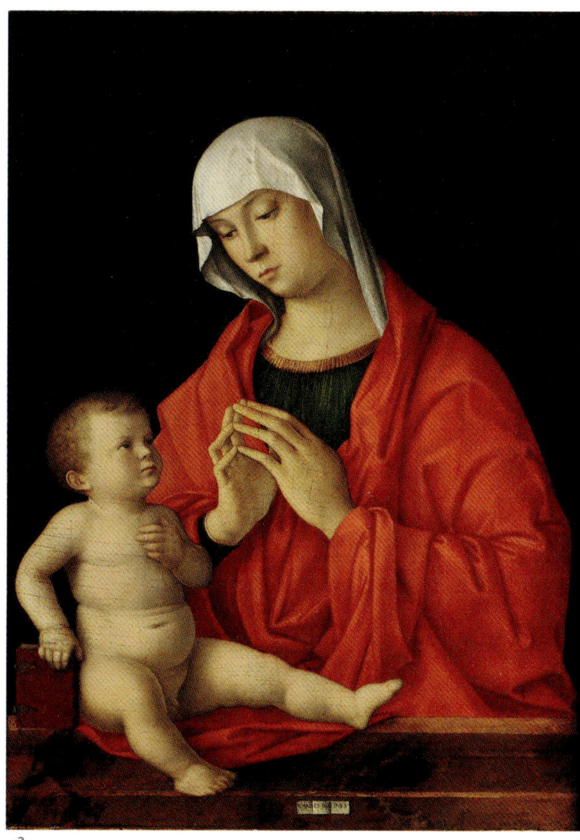

1.
العذراء والطفل
فرانشيسكو ترياني
إيطاليا
نحو 1325
إ. 67.5، ع. 56 سم؛
رسم التمبرا على لوح خشبي
اللوفر أبوظبي

2.
العذراء والطفل
جوفاني بيليني
إيطاليا، البندقية
1480-1485
إ. 109، ع. 85 سم؛
ألوان زيتية على لوح خشبي
اللوفر أبوظبي

3.
العذراء والطفل،
تُسمى عذراء الحنان
اليونان، كريت
نحو 1500
إ. 47، ع. 37 سم؛ ألوان زيتية على لوح خشبي
متحف اللوفر

عذراء الحنان

ترتبط هذه الصورة للعذراء المعروفة باسم "عذراء القبلة العذبة" بأحد أعظم أنماط أيقونات السيدة مريم المسماة "عذراء الحنان". تؤكد الصورة حيوية رسم الأيقونات في جزيرة كريت التي أصبحت مستعمرة للبندقية نحو عام 1500. تظهر السيّدة مريم يغطّي رأسها وكتفيها حجاب أحمر على خلفية ذهبية توحي بالنور الإلهي، في حين تذكر النجوم الثلاثة الموجودة على الجبهة والكتفين بعذريتها. أما وجود الملكين وهما يصليان وأيديهما محجوبة في الجزء العلوي، فقد ساد في النماذج الكريتية التي تُستلهم من الأشكال الموروثة عن سلالة بالاليولوغوس (Palaiologos) البيزنطية القائمة على دلالة الحركة والانفعال العاطفي والتضاد في الألوان وهي إلى ذلك تطوّر خصائص جديدة خاصّة بها تكمن في دقة الرسم ورقّة التعبير عن العذراء واستخدام اللمسات الضوئية البيضاء الدقيقة على الأجزاء البارزة من الجسم. أما عنصر الهالات الزخرفي الذي أُنجز بالمثقاب، فهو مستوحًى من النماذج الإيطالية في عصر النهضة التي انتشرت عن طريق البندقية.

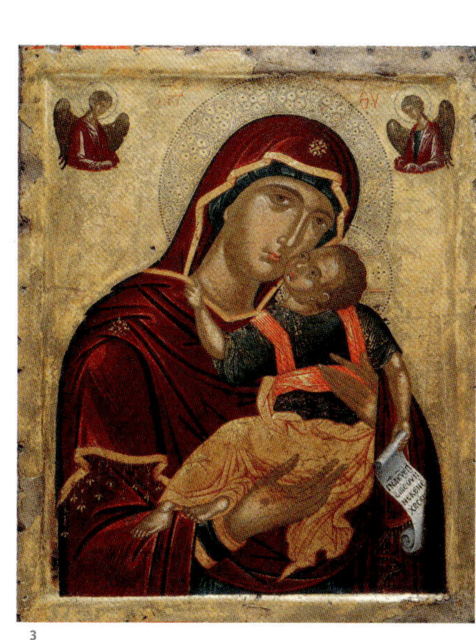

بعد وصول الشعوب القادمة من آسيا في نحو 50000 قبل الميلاد، تطوّرت حضارات أصيلة في أمريكا بمعزل عن القارات الأخرى. ورغم تنوع الأساليب والأشكال الفنية التي ابتكرتها الحضارات الأمريكية القديمة على مرّ القرون، فإنّها تُظهر بأجمعها العلاقة القوية بين الفن والدين. وتدل أهمية صورة الإنسان والحيوان أو الصورة الهجينة على وجود علم كونيات مشترك برز في الأساطير الغنية وفي الخصوصيات الثقافية التي ميزت كل منطقة. وقد أدى الغزو الأوروبي في نهاية القرن الخامس عشر الميلادي إلى زعزعة حياة هذه الشعوب بصورة لا رجعة فيها. إلاّ أنّه وإن فرضت المعايير الجمالية الفنية الأوربية نفسها، فإنّ الفنانين الأمريكيين الأصليين أو المختلطي الأعراق رغم خضوعهم لقواعد الفن الأجنبية قد ابتكروا فنا ظل يحمل آثار تصورات أجدادهم وعاداتهم الخاصة.

فن الأمريكيتين

تنتشر الصورة الدينية على نطاق واسع في أمريكا الوسطى، وهي منطقة ثقافية تمتد من المكسيك إلى كوستاريكا. وقد عثر على هذه الصور المنحوتة التي استخدمت في عبادات عديدة والتي تُظهر بدقة الحياة الطقسية، في المعابد والكهوف والجبال والبحيرات والمنازل وكذلك في أماكن أخرى اعتبرت مقدسة.

وقد اندهش الإسبان عند وصولهم بالطقوس المتطورة جدّا عند هذا الشعب الذي يضبط في تقويمه كل مظاهر الحياة اليومية، وهو ما يفسر التنوع الكبير في التشكيل الفني. وإذا كانت تقنيات النحت المستخدمة قد ظلت بسيطة، فإنّ الفنانين وصلوا إلى دقة مفرطة في التركيب كما يتضح في الشكل الطبيعي للتفاصيل. وتتخذ أغلب الأعمال شكلا إنسانيا باعتبار أن الآلهة نفسها كانت بالأساس ذات شكل إنساني وحيواني أو مختلط. وتشير السمات التي

تزيّن الشعر أو الملابس أو تلك المعروضة في اليدين، إلى طبيعة الشخصيات وإلى خصائصها أو سلطاتها داخل تصور كوني مركّب، يحتل فيه كل كائن مكانا محددا.

وتعدّ المنحوتات أوعية لكل ما هو إلهي. فبعد الفراغ من النحت، تكون المنحوتات موضوع عمل طقسي يقوم على شحنها بالقوة الإلهية الخارقة، وفي الأثناء تقديسها وحتى تغذيتها. وكانت تبلغ درجة كبيرة من القوة إلى حدّ أنّ بعضهم كانوا يسلبونها من الأعداء كغنائم حرب، على غرار الأزتيك، الذين كانوا يقفلون عليها في معبد مخصّص لها داخل الحرم المقدّس في قلب المدينة. وقد كانت المنحوتات والأواني الخزفية مظهرا من مظاهر فن البلاط بالنسبة للصفوة، كما يتضح من القطع العديدة التي عُثر عليها في المقابر داخل مدن المايا. وتعكس الأواني الخزفية على وجه التحديد حياة المجتمعات الراقية التي تعيش في بيئات أنيقة ومترفة.

1

فضائل الأزتيك

كان المكسيكيون أو الأزتيك شعبًا بدويا يعيش من الصيد وجني الثمار انتقل من صحراء شمال المكسيك ليستقر في وادي مكسيكو نحو عام 1325. وقد أسسوا هناك مدينة تينوتشتيتلان التي ستتحولَ بعد قرن من الزمن إلى عاصمة إمبراطورية قوية. وقد صوّر الأزتيك أنفسهم على الحجارة المنحوتة المخصصة لزخرفة معابدهم الكثيرة وأماكنهم المقدسة. ويمثل هذا الشاب القوي الرشيق على الأرجح نموذج الجمال في الجسد الذكوري، كما يجسد النموذج الأخلاقي لشاب متواضع رزين وكادح في عمله وشجاع ومقدام في الحرب.

أسرار القبور

ينتمي هذا التمثال الأنثوي الذي يعود إلى ولاية ناياريت الواقعة في غرب المكسيك إلى ما يعرف بحضارة "القبور المتقنة"، ورغم أن غالبية الأعمال الفنية في المنطقة تعود على ما يبدو إلى شعائر جنائزية، فإنّ إيماءات الشخصيات المختلفة المجسّدة وتفاصيلها تطلعنا على حياة هذه المجتمعات وخاصّة على طقوسها الدينية. وقد وصف الفنان بدقة ملابس هذا التمثال الصغير الذي يحمل إناء بين يديه وكذلك مجوهراته.

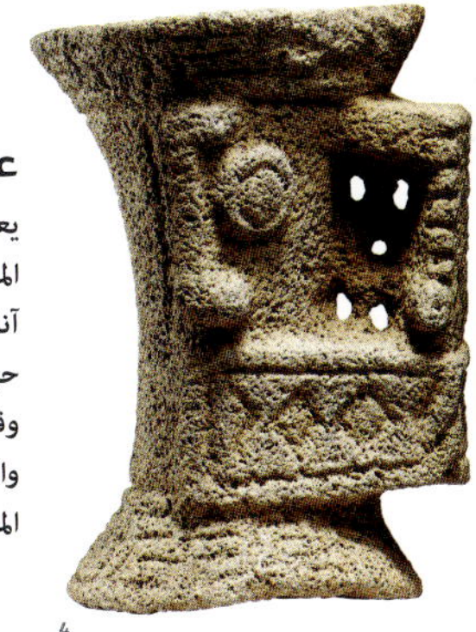

وشوم نسائية

لعبت حضارة "البيوت الكبرى" التي تطورت في شمال المكسيك دورا مهما كوسيط ما بين أمريكا الوسطى وحضارات "بويبلو" (Pueblo) في جنوب الولايات المتحدة الحالية، حيث احتلت هناك أيضا التماثيل الشبيهة بالإنسان مكانة مهمة بين الأعمال الفنية. وقد حرص الفنانون في هذا العمل على إبراز السمات الجنسية للشخصيات.

عرش الشامان

يعدّ هذا العرش الشعائري رمزا للفخامة التي ميزت حضارات أمريكا الوسطى، ومن المحتمل أنه كان مخصّصًا للزعماء والشامانيين الذين كانت وظائفهم الشعائرية ضرورية آنذاك لضمان وحدة الجماعة. ويبدو أن الصور الرمزية تمثل رأسا منمقا لتمساح، وهو حيوان مفترس يعيش في المنطقة، ولعلّه يوحي بقدرة الشامان على التحول إلى حيوان وقت غفوته حتّى يستمد القوة منه. ويجمع التمثال بين عناصر بشرية مثل الأذنين والسمات المميّزة للتماسيح كالعينين المستديرتين والشدق المسنن الذي تبرزه الخطوط المتعرجة.

مشهد ملكي على الخزف المرسوم

تطوّرت حضارة المايا بين جنوب المكسيك والشمال الغربي لهندوراس وبلغت أوجها من القرن الثالث إلى القرن الثامن الميلادي. وقد تنافست عدة مدن دول فيما بينها على أرض واسعة ولكنها اشتركت في فن بلاط مشترك يهدف إلى إضافة الشرعية على سلطة الطبقات الحاكمة من خلال حفظ ذاكرة أعمالها البطولية أو الإحالة على وقائع أسطورية. ويظهر هنا الحاكم معتمرًا قبعة كبيرة من الريش وجالسا على كرسي يكسوه نمر مرقّط، ويرتدي على صدره شكلا يجسّد الصاعقة والسلطة الملكية. ويمثل هذا المشهد نموذجًا للصور التي تجسد قيام المدن الخاضعة بدفع الجزية. وقد كان الخزف إحدى أكثر الوسائل المستخدمة في فن الكتابة الذي طوّرته حضارة المايا.

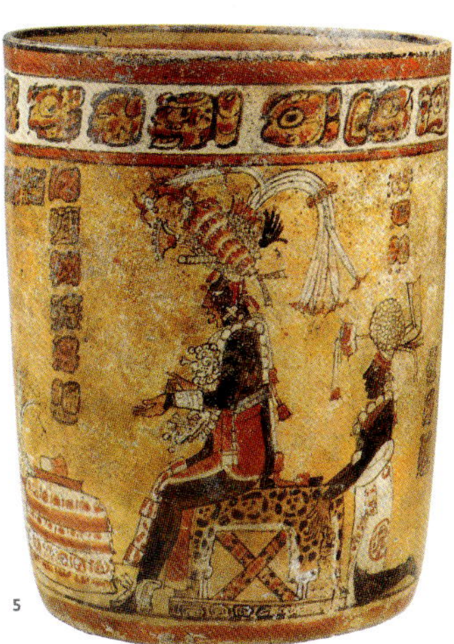

.1
تمثال لشاب يافع
المكسيك، حوض مكسيكو
1325-1521
اِ. 65 سم؛ حجر بركاني
متحف رصيف برانلي جاك شيراك

.2
تمثال لامرأة جالسة تحمل وعاء
المكسيك
100 ق.م. - 600 م.
اِ. 34.5 سم؛ خزف ملون
متحف رصيف برانلي جاك شيراك

.3
إناء مزخرف بصورة لامرأة ذات وشم
المكسيك
700-1500
اِ. 18.5 سم؛ خزف ملون
متحف رصيف برانلي جاك شيراك

.4
مقعد شعائري منقوش بصورة تمساح كيمن
كوستاريكا
1200-1520
اِ. 30 سم؛ حجر بركاني
متحف رصيف برانلي جاك شيراك

.5
وعاء للشوكولاتة مزخرف بمشهد ملكي
غواتيمالا
600-900 م.
ق. 18 سم؛ خزف ملون
متحف رصيف برانلي جاك شيراك

ظهر الخزف في سلسلة جبال الأنديز منذ عام 1800 قبل الميلاد. وتحوّل شأنه إلى دعامة أساسية في نشر الصور الرمزية والأساطير الغنية. وقد عُثر على معظم القطع الخزفية المزخرفة في مقابر النخبة الحاكمة، وإن كان بعضها يحمل آثار الاستخدام اليومي. وتظهر صور الكائنات الخارقة والأجداد والمحاربين، وبصورة أقل صور النساء، على أواني ذات أشكال بسيطة تجسّد حضارة ترتكز في معتقداتها على الخصوبة الزراعية وقوى الطبيعة التي يتوقف عليها مصيرها.

حوار مع الأرواح

أتاح اعتماد نظم الري المكثفة بين القرنين الثالث قبل الميلاد والأول الميلادي، زراعة المناطق الجدبة سابقا وسمح بتطوير مجموعة متنوعة من المحاصيل الزراعية. وعلى الرغم من افتقار الحضارات الأنديزية لنظام كتابة، فقد أنتجت كميات هائلة من الأواني الخزفية التي دوّنت عليها معتقداتها وأنشطتها، مثل مشاهد الصيد وممارسة الشعائر. وقد تميز هذا الفن الخزفي بصورة خاصّة بالتركيز على الفرد، تجسّد في إنجاز صور شخصية حقيقيّة لا مثيل لها في فن الأنديز في عصر ما قبل الإسبان. تناولت هذه الأيقونات المركّبة موضوعات مختلفة، لا سيما تلك المتعلقة بشعائر القتل

والتدمير أو بشعائر الشامانية. أما شعائر تقديم القرابين، فلها تاريخ عريق وسط جبال الأنديز، يبدأ من فترة ما قبل الخزف قبل عام 1800 قبل الميلاد حتى فترة الإينكا (1450-1532). ويبدو أن حضارات مختلفة قد مارست حروبا شعائرية تهدف إلى سبي الأسرى من أجل تقديمهم قرابين، كما توحي بذلك الصور الرمزية. وتظهر أيضا في هذه الصور الممارسات الشامانية التي كانت سائدة في كامل أنحاء القارة. إذ تبرز المنتجات الخزفية رجال الشامان القادرين على التوسط بين العديد من العوالم والكيانات من أجل تنوير المجتمع أو حمايته.

قوة الحيوان الليلي

تصوّر رسوم الحيوانات المتعددة الحياة البرية في جميع البيئات الطبيعية المعروفة عند الموتشيكا، بما في ذلك وادي النهر والمحيط والغابات الاستوائية والصحراء والمرتفعات. وتعكس هذه الرسوم درجات مختلفة من التنميط، حيث تتخذ الحيوانات أحيانا شكل إنسان، وهي تذكّرنا بالكائنات الأسطورية والمخلوقات الرائعة القادمة من العالم الخارق للطبيعة المعروف عند الموتشيكا. وتُعدّ البومة من بين الحيوانات الأكثر تمثيلا بعد السنور. وغالبا ما ترتبط هذه الطيور الجارحة الليلية بأنشطة المُعالجين أو الشامانيين، بسبب رؤيتها الليلية الفائقة وطبيعتها المفترسة.

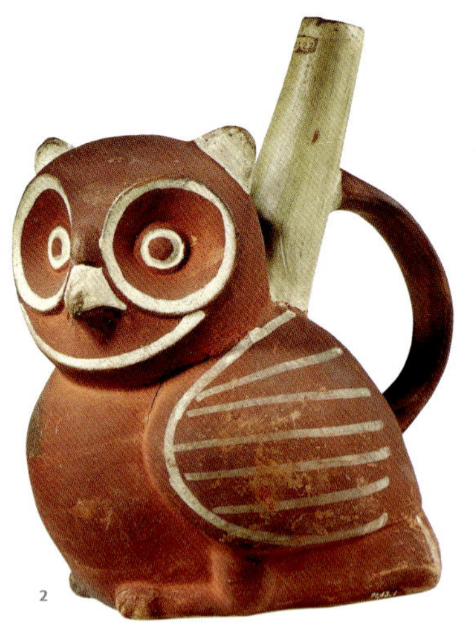

فن الشامانيين

يظهر هذا الوعاء المكون من قسمين سنورًا يأسر محاربا ذا رتبة عالية مثلما يتضح من تفاصيل زيّه. ولكن معنى هذه الأيقونة لا يزال غير واضح. إذ قد تبيّن المعاملة المخصصة للأسرى وتقديم القرابين، كما قد تكون دعاء رمزيا خاصا بوفاة شخصية ذي رتبة عالية، أو أيضا عملية رفع المتوفى إلى مرتبة الأجداد.

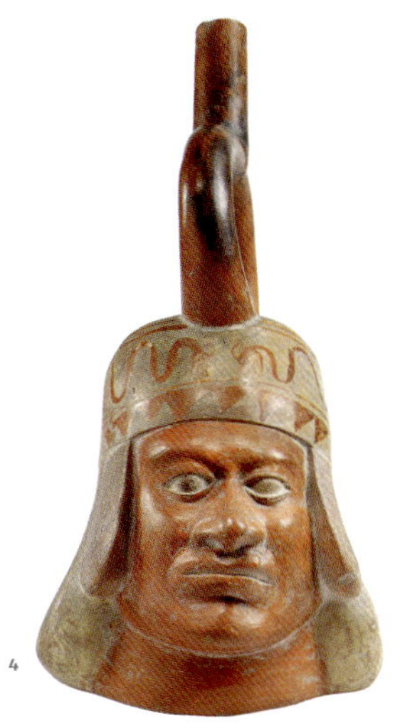

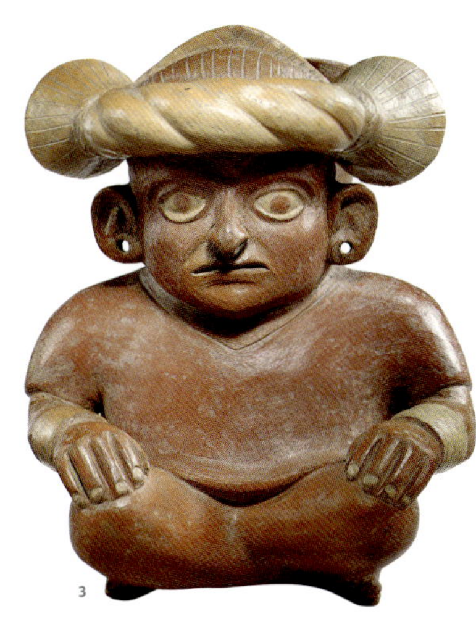

فن الصورة الشخصية في حضارة الموتشيكا

تجسّد هذه التماثيل النموذجية في حضارة الموتشيكا رؤوسا رجالية أو أفرادا بكامل أجسامهم بدرجات متفاوتة من الدقة التشريحية، مع تركيز خاص على الوجه، وأحيانا مع درجة ملفتة من الواقعية الطبيعية. وقد كشفت الدراسة المنهجية للأواني التي تحمل صورًا شخصية عن تكرر صورة الوجه ذاته على العديد من قطع الخزف. وبينما سمح استخدام القوالب بنسخ النماذج بسهولة، فإن هذه النسخ لم تكن متطابقة تمامًا لأن طريقة الزخرفة والتلوين تتطلب ابتكارا ومهارة خاصة.

.1
إناء بصورة سنّور ينقض على محارب
بيرو
٢٠٠-٧٠٠ م.
إ. ١٢.٨ سم؛
خزف ملون
متحف رصيف برانلي جاك شيراك

.2
قنينة بصنبور على شكل بومة
بيرو
١٠٠-٧٠٠ م.
إ. ٢٤.٥ سم؛
خزف ملون
متحف رصيف برانلي جاك شيراك

.3
إناء على شكل رجل يجلس القرفصاء
بيرو
١٠٠-٧٠٠ م.
إ. ٢٩ سم؛ خزف ملون
متحف رصيف برانلي جاك شيراك

.4
قنينة بصنبور على شكل رأس رجل
بيرو
١٠٠-٧٠٠ م.
إ. ١٨ سم؛ خزف ملون
متحف رصيف برانلي جاك شيراك

.5
إناء شعائري
بيرو
١٧٠٠-١٨٠٠
إ. ١٨ سم؛
خشب ملون
متحف رصيف برانلي جاك شيراك

نشوء فن هجين

كان هذا الوعاء على شكل الطبلة ذات القاع المسطّح، يستخدم لأغراض سكب الخمر تقربًا للإله خلال الطقوس المختلفة. وقد رُتبت زخرفته وفق ثلاثة مستويات متراكبة. ويظهر في المشهد الرئيسي قائدان يجلسان وجها لوجه وكلّ منهما إلى جانب علامة بارزة في الأرض، وتظلهما مظلة يحملها أحد العبيد. وعلى الرغم من الاضطرابات الاجتماعية الرئيسية التي عرفتها منطقة الأنديز نتيجة الغزو الإسباني الذي بدأ عام ١٥٣٢، استمر إنتاج الأكواب من هذا النوع تحت مسمى "كيرو" بلغة كيشوا، حتى القرن الثامن عشر. ويظهر استمرار هذا التقليد أهميته الرمزية التي ظلت حاضرة بقوة في العالم الهجين الجديد الذي حل محل العالم القديم.

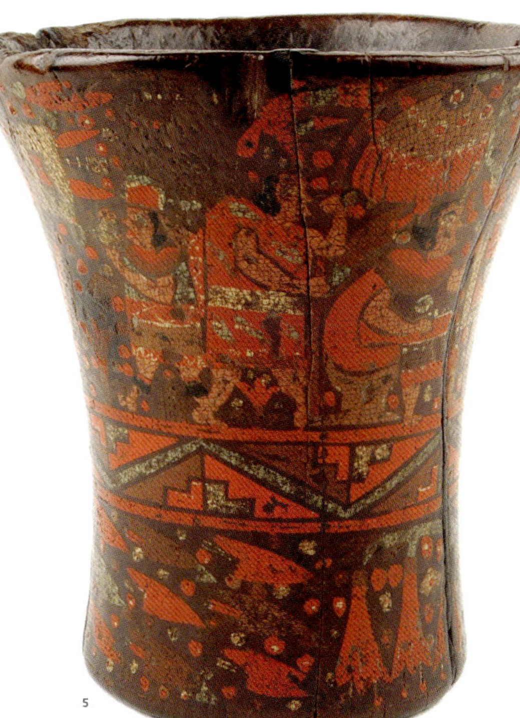

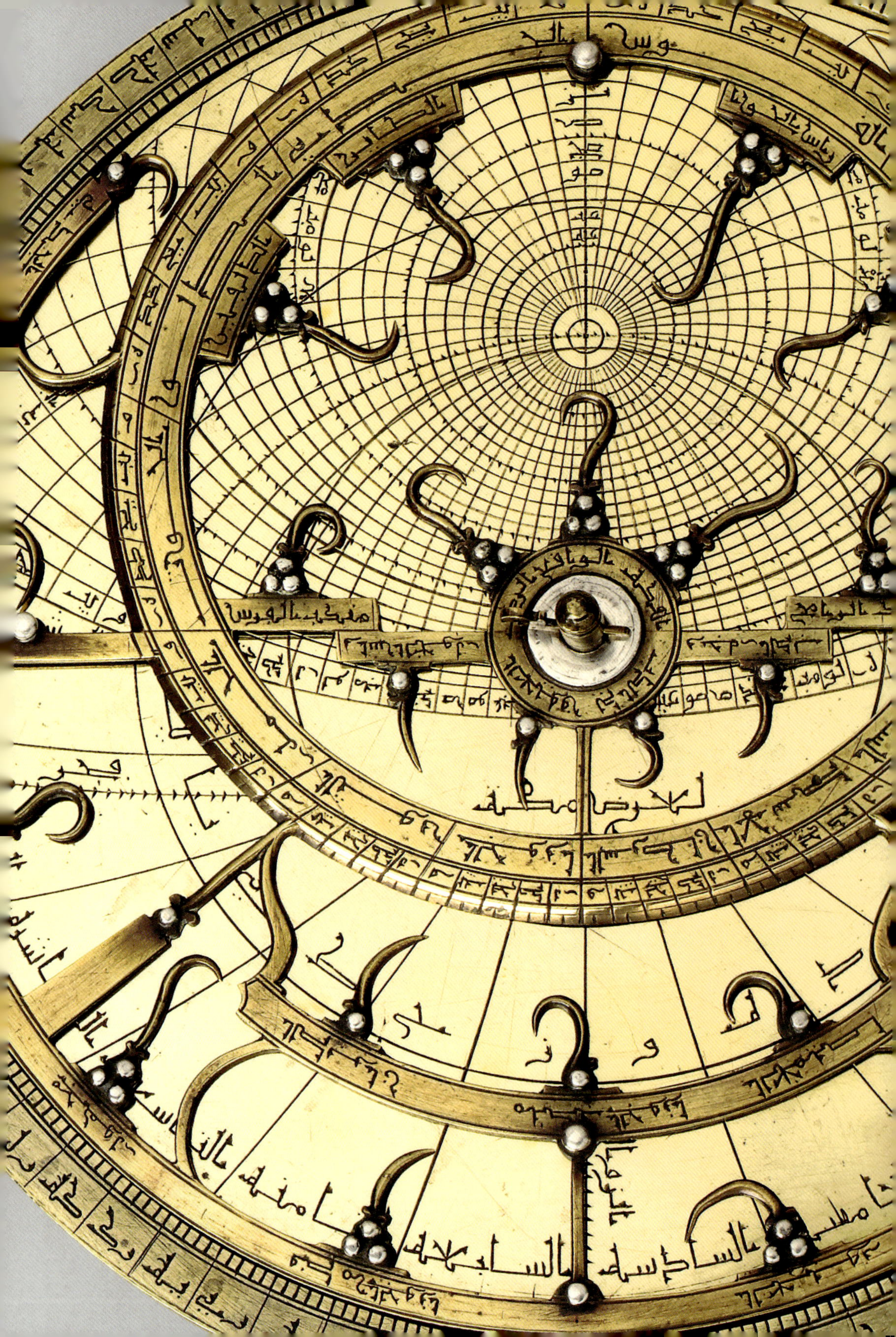

علم أوصاف الكون

قـام الإنسـان للمـرّة الأولى بجولـة كاملـة حـول العـالم في القـرن الخامـس عشـر وقـد سـاهمت هـذه الرحـلات التـي بدأهـا المغـربي ابـن بطوطـة، ثـمّ تلتهـا البعثـات البحريـة الكبـرى التـي قـام بهـا الصينـي تشـنغخه - المُسـمى بالعربيـة حجّـي محمـود شـمس - والجنـوي كريسـتوفر كولومبـوس والبرتغـالي فاسـكو داغامـا في بنـاء روابـط مباشـرة بـين الأراضي التـي ظلـت حتـى ذلـك الوقـت منعزلـة عـن بعضهـا بعضًـا.

وقـد بـدأ منـذ ذلـك الحـين التفاعـل بـين هـذه البلـدان التـي كان بعضهـا يجهـل البعـض، أو اقتصـرت معرفتهـا لبعضهـا بعضـا عـلى قصـص الرحّـالـة. ثـمّ دخلـت الحضـارات التـي لم تكـن تتجـاوز العلاقـات بينهـا قديـمًا علاقـات الجـوار البسـيطة في منظومـة تبـادل تجـاري عـلى مسـتوى العـالم. وقـد أصبـح القيـام بالبعثـات الكبـيرة ممكنـا بفضـل مـا شـهدته تلـك الفتـرة مـن تقـدّم علمـي وتقنـي لم يسـبق لـه مثيـل. وشـمل التطـوّر علـم الرياضيـات وبنـاء السـفن الخفيفـة والسـريعة مثـل المراكـب الشـراعية الصغـيرة، وابتـكار أدوات الملاحـة مثـل الأسـطرلاب وخرائـط الملاحـة البحريـة وبرامـج رسـم الخرائـط لكـل جـزء مـن أجـزاء العـالم. ولعبـت المطبعـة التـي اخترعهـا غوتنـبرغ في ألمانيـا نحـو عـام 1450 دورًا أساسـيًا في نشـر المعـارف، فقـد نشـرت قصـص الرحّـالـة والاكتشـافات. وانتشـرت خـارج نطـاق الأوسـاط الفكريـة والبـلاطات الأرسـتقراطية.

وإذا كان لقـاء هـذه العـوالم قـد أثـار أحيانـا نوعًـا مـن عـدم الفهـم فإنّـه قـد أثـار كذلـك كثـيرًا مـن الفضـول والإعجـاب بهـذه الآفـاق البعيـدة. فقـد أنشـأ الأمـراء والعلـماء والهـواة في أوروبـا حجـرات العجائـب التـي جمعـوا فيهـا القطـع الغريبـة والمنتجـات الهجينـة التـي أتـت بهـا التجـارة الدوليـة الجديـدة. وقـد نشـأت هـذه المجموعـات الفنّيـة عـن التسـاؤلات عـن الآخـر وعـن الأراضي الأخـرى وعـن معنـى الكـون. وهـي أسـئلة طرحتهـا البشـرية عقـب قيامهـا بجولتهـا الأولى حـول كوكبهـا. وقـد كانـت هـذه المجموعـات المتنوعـة هـي المرحلـة الأولى التـي مهّـدت الطريـق لنشـأة المتحـف العالمـي.

أكّد الكثير من المفكرين العرب في العصور الوسطى على تواصل المعارف مع الإرث القديم الذي كانت دراسته أساسًا للكثير من الاكتشافات العلمية المهيّئة لما سيعرف فيما بعد باسم "العلم الحديث". وهو العلم الذي طوّره الأوروبيون منذ القرن الخامس عشر. وقد ساهم هذا التطوّر في إحداث تحوّل حاسم في التاريخ العالمي لما تميّز به من منهج رياضي كان ضروريا لتقدم المعارف في تلك الحقبة إلى جانب تطوّر المبادلات التجارية حول العالم.

إضفاء البعد الرياضي على العالم

يُعتبر العالم اليوناني الروماني في نظر العالم الإسلامي مخزنا من المعارف المتراكمة التي يمكن النهل منها ضمن حدود الوحي النبوي. وقد لعب الكِندي (801-873) وابن سينا (980-1037) وابن رشد (1126-1198) دورًا أساسيًا في إعادة اكتشاف كتابات أفلاطون وأرسطوطاليس، التي قاموا بترجمتها إلى اللغة العربية وأرفقوها بشروحهم. وتندرج جهودهم في إحياء علم ما وراء الطبيعة "الميتافيزيقيا". وهو العلم الذي يركز بشكل خاص على الرياضيات، التي تجسّد التجريد الذي سعى إليه الفكر الديني. ويعود الفضل إلى العلماء العرب في نقل اكتشافات الفيثاغوريين وإقليدس إلى الغرب. فبعد سقوط مدينة طليطلة بيد المسيحيين في عام 1085، واصل المترجمون المشهورون العمل هناك تحت حماية الأسقف الفرنسي ريموند سوفيتات. و قد قام الإيطالي جيراردو الكريموني للمرة الأولى بترجمة واحد وسبعين عملا رئيسيا من اللغة العربية إلى اللغة اللاتينية، مثل "الفيزياء" لأرسطوطاليس، و"القانون في الطب" لابن سينا، و"علاج الأمراض الحادة" لأبقراط، و"كتاب المجسطي" لبطليموس. وهو أشهر كتاب في علم الفلك في العصور القديمة. أمّا في أوروبا القرون الوسطى، فكانت عقيدة الكنيسة توجّه التراث القديم، وقد أثار تداول النصوص القديمة جدلا حول المعتقدات الدينية، وزعزع المكتسبات اللاهوتية و شجّع على ظهور تصوّر أفلاطوني محدث للفكر وهو ما مهّد الطريق لعصر النهضة.

وعلاوة على دور العالم الإسلامي في نقل المعارف القديمة للغرب، فقد أفاد من موقعه الجغرافي في طرح تقدم حاسم في الرياضيات. ففي القرن التاسع تبنّى العرب علم الجبر، ونظام الترقيم الهندي. واستُبدلت الرياضيات القديمة، التي كانت تقوم على أساس هندسي يعطي كل رقم قيمة ملموسة تترجمها الأرقام الطبيعية (1، 2، 3، 4...)، برياضيات أكثر تجريدا تقوم على أساس جبري تكون فيه الأرقام رموزا لمفاهيم. ويمكن أن تكتسب أيضًا قيمة سلبية (1-، 2-، 3-...). ويعود أصل كلمتي "صفر" و"جبر" إلى اللغة العربية: فالرقم صفر يعني "الفراغ"، و قد أصبح فيما بعد في اللغة الإيطالية "زفيرو" أمّا كلمة "الجبر" فتعني "الوصل". وقد دخلت هاتان الكلمتان في اللغات الأوروبية منذ القرن الحادي عشر من خلال تداول نصوص عالِم الرياضيات الفارسي محمد بن موسى الخوارزمي.

ولقد كان للتقدم في ميدان الرياضيات انعكاسات حاسمة على مجمل العلوم عموما. ففي علم الفلك، أفضت إعادة النظر في بعض المؤلفات المتنوعة، مثل "جداول الفلك اليدوية" لبطليموس وكتاب "سور يا سيدهانتا" المدوّن باللغة السنسكريتية مابين القرنين الرابع والخامس، إلى نشأة تراث أصيل وكانت وراء اكتشافات علمية وتقنية حديثة. وقد أدى التركيز في الطب على النسب الرياضية، التي تحكم علم الأحياء، إلى تجديد التراث القديم، وسمح لأوروبا بوضع أسس مقاربة غير مسبوقة في المدارس العربية بمدينتي سالرنو ومونبلييه.

كرات سماوية

يدل تصنيع أدوات مثل هذه الكرة السماوية العربية، المصنوعة قرابة عام 1080، على دخول العلوم القديمة في الثقافة الإسلامية، وخاصة علم الفلك عند بطليموس، الذي عاش في القرن الثاني. وعُرفت كتاباته باسم "كتاب المجسطي" الاسم المشتقّ من اللغة العربية. وهو مقتبس من كلمة "مجسطه" اليونانية" وتعني "العظيم" (ويقصد بها البحث العظيم). وقد فرضت هذه النظرية مركزية الكرة الأرضية في الكون، إلى حدود الثورة الكوبرنيكية.

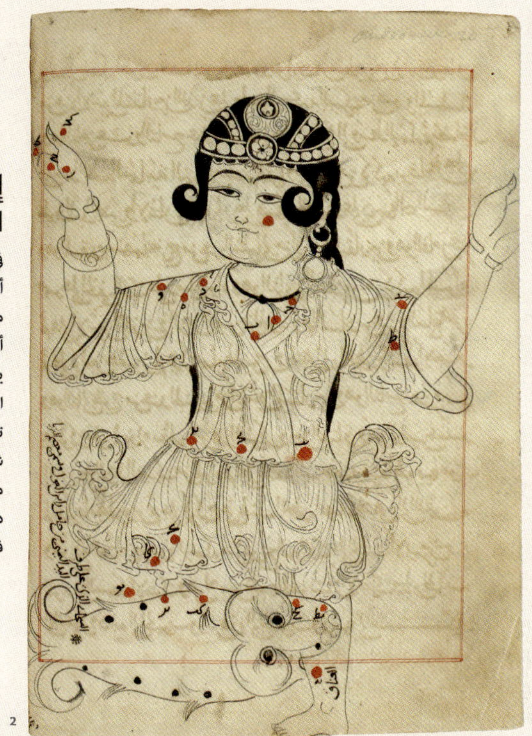

إعادة النظر في العصور القديمة

في عام 965 طلب الأمير عضد الدولة - أحد أمراء أسرة البويهيين التي كانت تحكم منطقة واسعة تقع بين إيران والعراق- من أستاذه عالم الفلك عبد الرحمن الصوفي أن يؤلّف له هذا الكتاب الفلكي الذي نزل فيه التراث القديم في إطار الفكر الإسلامي. يتفق تصوّر بطليموس عن الكون المخصوص بكمال شكله والذي تقع الأرض الكروية في مركزه مع المنظور الديني الإسلامي تماما. وقد صوّر دوائر الأبراج بطريقة مجسّمة، على نحو بدا فيه الكون نموذجًا إلهيا للعلاقات الاجتماعية.

.1
كرة سماوية
المغرب (؟)
نحو 1080
إ. 35، ق. 18.8 سم؛
برونز
المكتبة الوطنية الفرنسية

.2
كتاب "صور الكواكب الثمانية والأربعين"
عبد الرحمن الصوفي
1267-1266
إ. 27، ع. 18 سم؛
حبر على ورق
المكتبة الوطنية الفرنسية

.3
أسطرلاب
محمد بن أحمد البطوطي
المغرب
1727-1726
ق. 22 سم؛
نحاس مصبوب،
مسامير فضية
اللوفر أبوظبي

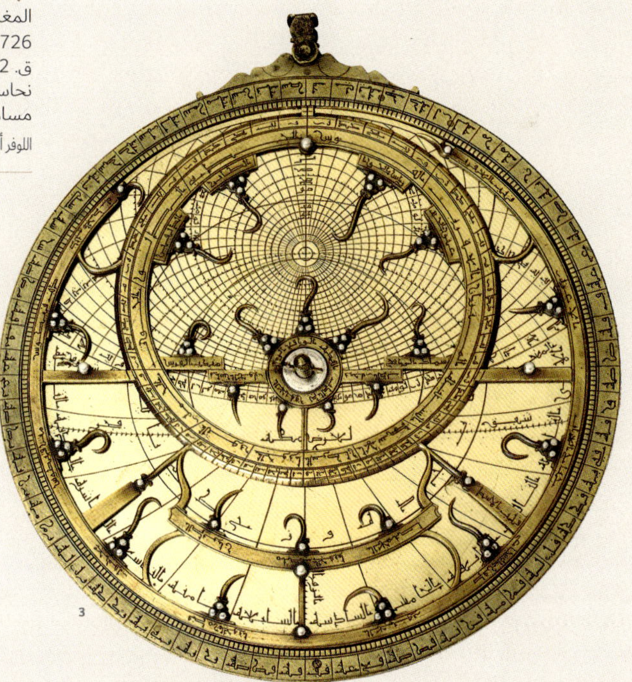

نجاح الأسطرلاب

يمثّل هذا الأسطرلاب القبّة السماوية بصورة مسطّحة ممّا يسمح بتحديد ارتفاع النجوم فوق الأفق. ويُعدّ الأسطرلاب اختراعا يونانيا، ظهرت أمثلته الأولى في القرن الثاني قبل الميلاد ويعتقد أنها من صنع العالم هيبارخوس من مدينة نيقية. وقد تعرّف العرب إلى هذه الآلة بفضل كتاب العالم الفلكي ثيون الإسكندري الذي عاش في القرن الرابع، ثم دخلت إلى أوروبا أثناء فتح إسبانيا وصقلية. ويشهد هذا النموذج المتأخرالذي يعود إلى القرن الثامن عشر على النجاح المتواصل الذي حظيت به هذه الآلة.

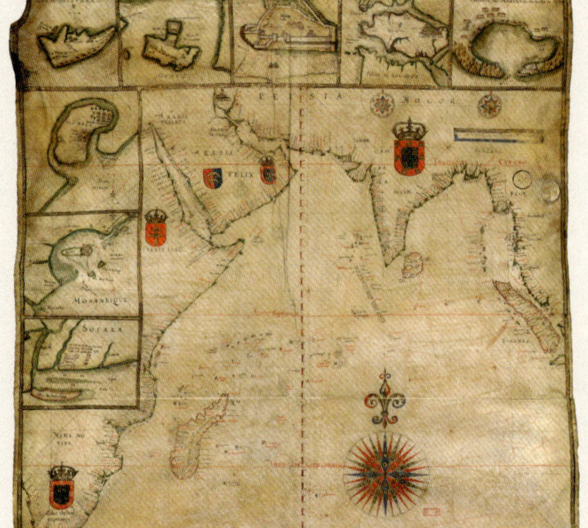

رسم العالم

لقد أدت خلاصة المعارف القديمة التي انتهى إليها العصر الوسيط إلى تطوّر خرائط الملاحة البحرية وما يرتبط بها من خرائط في إيطاليا في القرن الثالث عشر. وتعدّ "خريطة بيزا" المحفوظة في المكتبة الوطنية بفرنسا أقدم هذه الخرائط. ويرسم هذا النموذج المتأخر، الراجع إلى القرن السابع عشر، سواحل المحيط الهندي التي جابها التجار بكثرة في تلك الفترة. ولا تصوّر خرائط الملاحة البحرية العالم كما يصفه علماء اللاهوت، بل كما خبره التجار الذين كانوا أكثر خبرة عملية وأشدّ ارتباطا بالمتطلّبات المادية للرحلات.

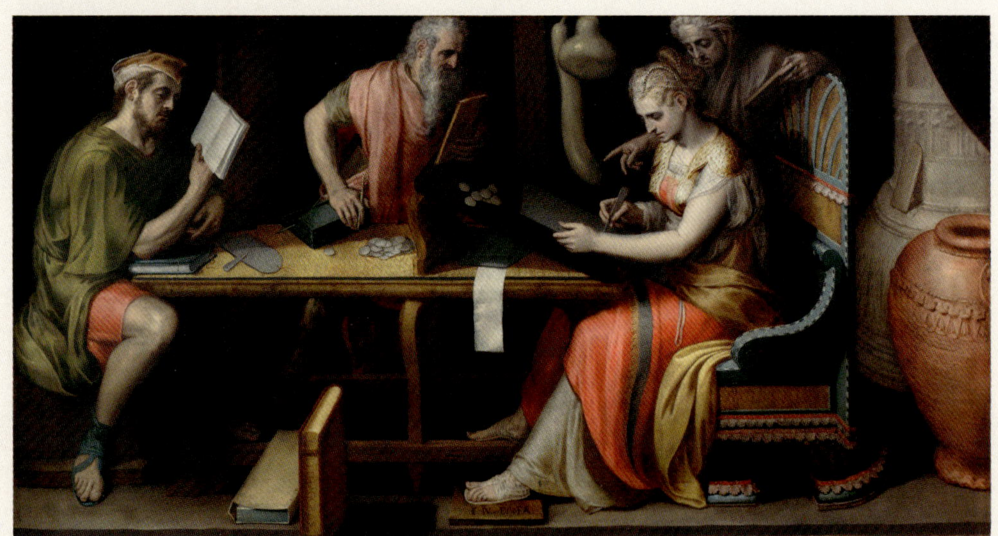

الرياضيات بصورة امرأة

تبرزهذه اللوحة - التي طلبها المصرفي الفلمنكي نيكولا سبيونغيلينك من الرسام فرانس فلوريس المولود في مدينة أنتويرب (1517-1570) النشاط الحسابي كما تجسده الشخصية الأنثوية الجالسة على اليمين والتي تتجلّى خصالها الفكرية من خلال المجلّدين الملقيين على الأرض، يحمل المجلد الأول اسم النبي إبراهيم، الذي يعود إليه الفضل في دخول علم الحساب والفلك إلى مصر، وفقا لما ذكره المؤرخ الروماني ذو الأصل اليهودي يوسفوس فلافيوس (يوسف بن ماتيتياهو). وقد انتقلت هذه المعارف إثر ذلك إلى اليونانيين مثلما يدلّ على ذلك المجلد الثاني الذي يحمل اسم فيثاغورس. وأخيرا يأتي التأليف العربي الذي يشار إليه في اللوحة من خلال الأرقام الحسابية التي نراها على أطراف سترة عالمة الرياضيات ذاتها. و سواء أكانوا من المصرفين أم من التجار فإنّ هواة جمع التحف الذين تناقلوا هذه اللوحة يمثلون الأوساط التي انتشرت بها المعرفة انتشارا واسعا.

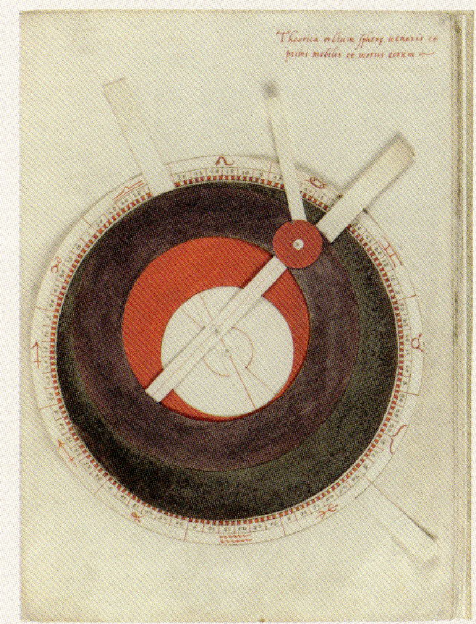 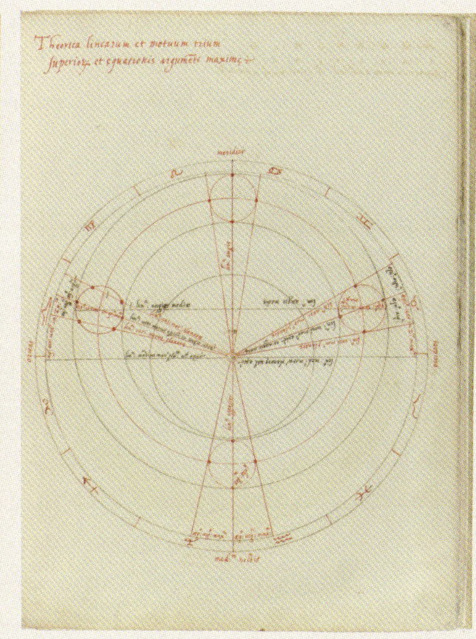

6

.4
خريطة ملاحة بحرية للمحيط الهندي
جوا تيكسيرا ألبيرناز
البرتغال (؟)
1649
إ. 84.5، ع. 70.5 سم؛
حبر على ورق رق
المكتبة الوطنية الفرنسية

.5
أمثولة علم الحساب
فرانز فلوريس
بلجيكا، أنتويرب
1557
إ. 146، ع. 250 سم؛
ألوان زيتية
على قماش
اللوفر أبوظبي

.6
*مقالة فلكية
حول نظريات
بطليموس القديمة*
إيطاليا، فيرونا
1580-1600
إ. 40.6، ع. 29.5 سم؛
حبر وألوان على ورق
اللوفر أبوظبي

.7
خريطة العالم
العراق
1400-1500
إ. 27.5، ع. 33 سم؛
حبر وذهب على ورق
اللوفر أبوظبي

كوكب كروي

تعد هذه المخطوطة واحدة من ثلاث نسخ متبقّية حتى اليوم حول النظريات الفلكية لبطليموس (100-168). وهي تعود إلى القرن السادس عشر. و تتألف المخطوطة من 55 رسما بيانيا، منها 11 رسما يمكن نقلها، وهي إحدى ملخّصات العلم القديم الذي تأسس على رصد النجوم والحساب والقياس. وقد أعاد العالم العربي الإسلامي اكتشاف أعمال بطليموس التي طواها النسيان في العصور الوسطى. وعلى عكس النظريات السائدة في أوروبا في القرون الوسطى، كان فلكيو القرن الثاني، يرون أن الأرض كوكب كروي و افترضوا إمكانية الدوران حولها.

مركز آخر للعالم

ترجع هذه الصحيفة المضاعفة إلى مخطوط يتضمن الخرائط عنوانه "كتاب المسالك والممالك" وهو كتاب تأثّر بشكل كبير بنظريات بطليموس حول كروية الأرض. ونظرًا لأنّ الخليج العربي كان مركزا للمبادلات التجارية والثقافية فقد احتل المكانة الأشدّ أهمّية في هذا الرسم الهندسي الدقيق والمستوحى من الرمزية الدينية لعلم الرياضيات العربي.

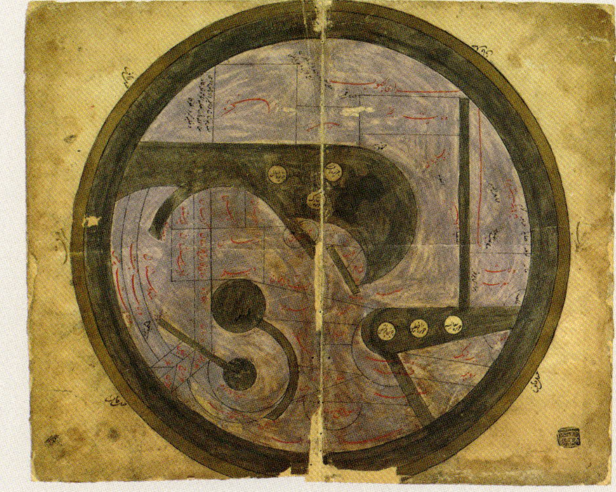

7

سواء أكان السفر بدافع البحث عن ظروف معيشية أفضل، أم بحثا عن موارد نادرة، أم رغبة في معرفة العالم وفهمه بطريقة أفضل، فهو يظلّ من ثوابت الحياة البشرية. وقد أدت الاكتشافات التكنولوجية والعلمية، بين القرنين الثالث عشر والخامس عشر، إلى تطوير السفر على نحو غير مسبوق في ا لتاريخ.

رحلات واستكشافات

ليست الاستكشافات والاكتشافات حصرا على العصر الحديث أو الغرب. ففي منطقة البحر المتوسط القديمة يشهد أدب الرحلات الثري و الخرائط المحمولة على معرفة الأراضي النائية. وتعدّ اللوحة المسماة بـ "اللوحة البويتينغرية"، الأكثر شهرة في هذه الخرائط إذ تغطّي مساحة الإمبراطورية الرومانية إلى حدود الهند.

وتؤكّد الشواهد في مقابر الميروفنجيين والكارولنجيين المبادلات التي كانت تتمّ بين شعوب العصور الوسطى. إذ عثر علماء الآثار في هذه المقابر على مزهريات قبطية وحبوب من القرنفل القادم من جزر الملوك، ومحارات هندية و عقيق من كجرات.

وفي عام 1225 تحدّث المشرف على التجارة البحرية الصينية تشاوروغوا (1170-1228) ومؤلف كتاب "وصف الشعوب البربرية" عن "مول انيني" (إسبانيا) وعن وجود ألف مملكة أخرى وراء البحر الغربي للعرب. وقد برهن أيضا على معرفته بكل من صقلية والممتلكات العربية في أوروبا، وهو ما يقيم الحجّة على دور الوساطة الذي قامت به الثقافة الإسلامية مابين الشرق والغرب.

وفي القرن الخامس عشر قام المستكشف الصيني تشنغخه (1371-1433) بعدة رحلات جاب فيها المحيط الهندي حتى سواحل إفريقيا، وهي لا تقلّ أهمية عن تلك التي قام بها قبل قرن الرحالة البندقي ماركوبولو (1254-1324). ونجد رمزا آخر لهؤلاء الرحالة هو المغربي ابن بطوطة (1304-1368 أو 1377) الذي جاب جنوب الصحراء الأفريقية والهند والصين، و أعطى من خلال تقاريره بُعدا علميا لـ "الإثنوغرافيا" الناشئة. و قد استأنف مقاربته الفكرية للرحلة فيما

بعد العالمُ التونسي ابن خلدون (1332-1406) في كتاب "المقدمة" و"كتاب العبر".

وإذا كانت الطرق البرّية قد مثلت منذ العصور القديمة الاتجاه المفضّل لتوزيع البضائع والسلع فإن التطور التكنولوجي جعل السفر بالبحر أكثر نفعًا. ولقد كان استعمال الأسطرلاب، وهو اختراع إسلامي، ذا أهمية أساسية لتحديد الموقع في البحر ولمعرفة التوقيت في النهار أو الليل عبر قياس ارتفاع الشمس أو النجوم.

إلى جانب التقدّم في تقنيات بناء السفن سمح الأسطرلاب والبوصلة للبرتغالي فاسكوداغاما (1460 أو 1469-1524) والجنوي كريستوفر كولومبوس (1450 أو 1451-1506) بتحقيق مآثر لم يسبق لها مثيل.

ظهرت أنواع جديدة من القوارب مثل سفينة "الناو" الإسبانية و"القرقور" الإنجليزية و"الكارافيل" البرتغالية. وكانت تسير جميعها بفضل خرائط مائية دقيقة للغاية. مكّنت تلك السفن في عام 1492هؤلاء الرحالة من عبور المحيط الأطلسي والوصول إلى كولومبيا، ثم اجتياز معبر رأس الرجاء الصالح عام 1497. وخلافا للبعثات التي قامت بها الشعوب الأخرى، لعب الأوروبيون دور الفاتحين وحملة الحضارة في آن. وقد كان كولومبوس أول من أوضح أهمّية اكتشاف أمريكا مبرزا إمكانيّات الاستغلال الواسعة لهذا الفضاء في قصص سفره، التي ساهمت صناعة الطباعة الناشئة في نشرها على نطاق واسع. وقبل "اكتشاف" أستراليا عام 1606، أعطى هؤلاء الرحالة للبشرية صورة أوّلية شاملة عن كوكب الأرض.

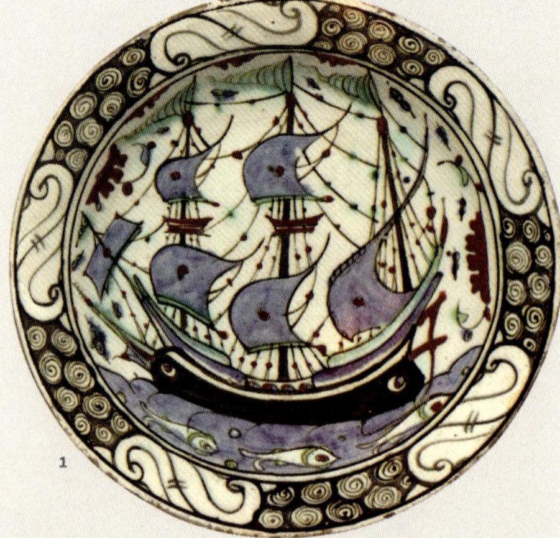

بحار عالمية

تزين هذه الصورة، التي تمثل على الأرجح سفينة حربية بريطانية من عصر إليزابيث الأولى طبقا صُنع في مدينة إزنيق التركية. وهي تدلّ على اتساع حجم المبادلات التجارية والألفة المتبادلة بين شعوب الملاحين القاطنين في العالم العثماني وأوروبا. وينتمي هذا النموذج إلى سلسلة طويلة راجت في القرن السابع عشر. وقد صوّرت فيها ورشات الخزف في إزنيق السفن العابرة للبحر المتوسط نحو موانئ شبه جزيرة الأناضول في كلّ أشكالها وعلى اختلاف مواطنها.

معارف عالمية

قام عالم الخرائط والموسوعي البندقي فينشينزو كورونيلّي (1650-1718) بصنع مجموعته الأولى من الكرات الأرضية قرابة العام 1680 لدوق بارما. وقد جسدت هذه الكرات قمّة المهارات الجغرافية والمعرفية في عصره. ونال بفضلها شهرة وصلت إلى الكردينال ديايستره، السفير الفرنسي في روما. فطلب منه قطعتين ضخمتين للويس الرابع عشر ملك فرنسا. ورغم صغر حجم المثال الموجود فإنّه يحمل كل سمات صناعة كورونيليو خاصة قدرته على دمج البيانات الجغرافية والسياسية والإثنية. وهو ما يبرهن على معرفة متعددة الاختصاصات بالعالم الحديث.

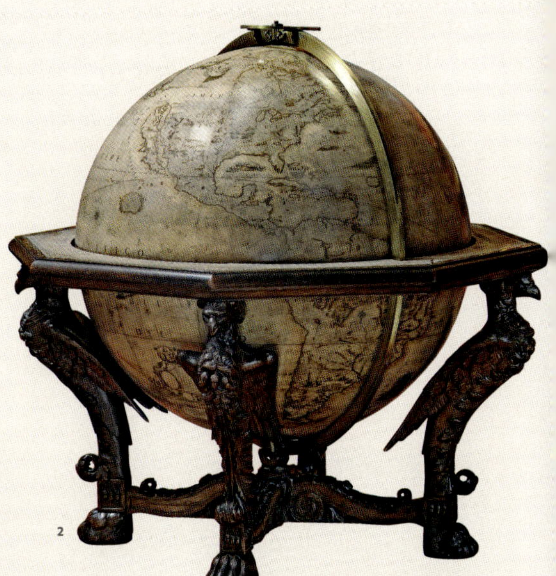

2

طبق بصورة
لسفينة أوروبية
تركيا، إزنيق
1625-1650
ق. 30 سم؛ خزف
بزخارف مزججة وملونة
اللوفر أبوظبي

كرة أرضية مصورة
فينتشنزو كورونيلّي
إيطاليا، البندقية
1697
إ. 146، ق. 107 سم؛
خشب، نحاس، ورق،
جص، قماش
المكتبة الوطنية الفرنسية

منزل أحد مزارعي
قصب السكر
في البرازيل
فرانز بوست
مملكة الأراضي
المنخفضة، هولندا
1650-1655
إ. 112، ع. 146 سم؛
ألوان زيتية
على قماش
متحف اللوفر

عالم ليس بالجديد تماما

كان فرانس بوست (1612-1680) أول أوروبي قام برسم مشهد العالم الحديث بصورة حيّة في البرازيل بين عامي 1637 و1644. ففي هذه اللوحة التي تمثّل مزرعة لقصب السكر، قام الفنان بتجديد نوع المنظر الطبيعي محاولا التأليف بين البعد العجائبي لطبيعة مجهولة وإطار كلاسيكي منقح. لكن اللوحة توحي من خلال منظورها الجوّي وتصويرها الأرض والسماء وبأبعاد متوازية و توحي من خلال الخصائص العامة للمشهد مدى تأثّر الرسام بالذوق الأوروبي الرفيع الذي يُذكّر بجنوب هولندا. ولا يوجد في اللوحة ما يوحي بوجود عالم جديد غير بعض التفاصيل غير الجوهرية مثل الأشجار والنباتات التي تظهر على يسار الصورة والمرسومة وفق المعايير التصنيفية في تلك الحقبة. وقد تم استعمال الأسلوب ثقافيا على نحو يبرهن أن اكتشاف الآخر يقتضي عددا من العمليات لإعادة تعريف الذات حتى يتمكّن من تحقيق وصف مناسب.

3

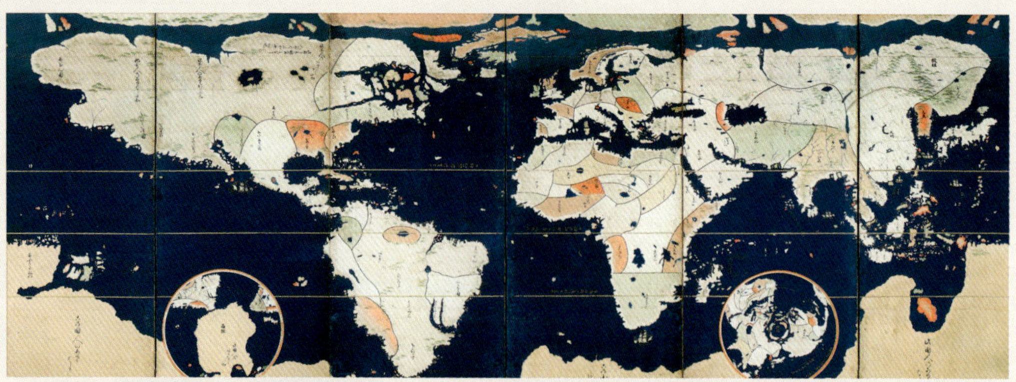

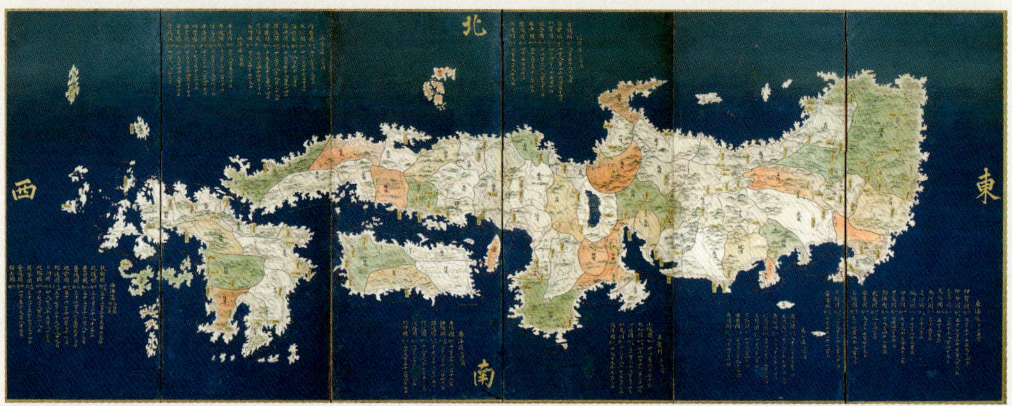

4

اليابان والعالم

تشهد هذه الستائر الجدارية المرسومة بألوان حيوية على خلفية زرقاء اللون، والتي تصوّر خرائط تزيد عن المترين والنصف، على دوران المعارف العالمي في العصر ما قبل الحديث وعلى إمكانية وصولها حتى إلى اليابان بعد التوسع الاسباني والبرتغالي في آسيا وبعثات اليسوعيين التبشيرية. وتظهر على إحدى هذه الستائر خريطة العالم وعلى أخرى الأرخبيل الياباني. وقد ساهمت هذه الخرائط في تجديد أسلوب رسم الخرائط الياباني عبر إدماج رؤية غربية للعالم. تطرح بذلك السؤال الكوني حول مكان الفرد في عالم ينفتح بصورة فجائية على آفاق جديدة.

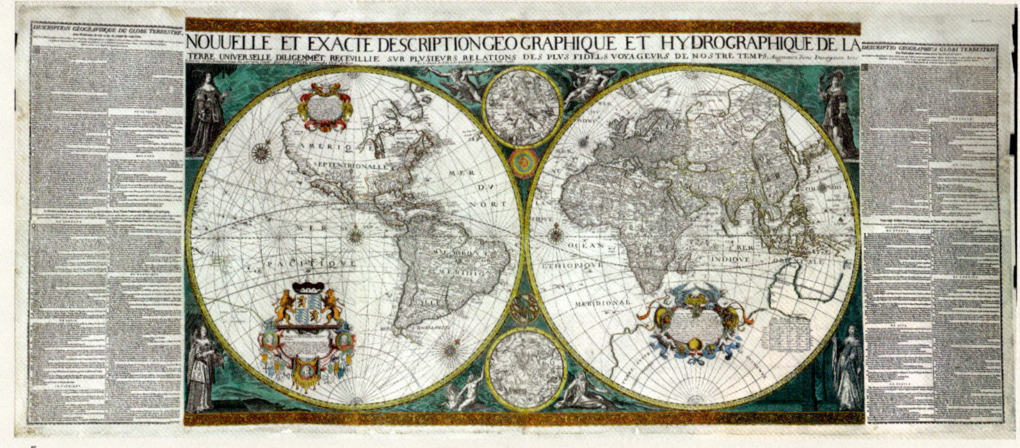

5

علم الخرائط

أفضى كل من اكتشاف الأمريكيتين والحاجة المُلِحة إلى إتقان الإبحار عبر المحيطات إلى تحقيق تقدّم هائل في رسم الخرائط، ويرجع إنشاء أول خريطة فلكية تصوّر العالم الجديد إلى خوان دي لاكوسا الذي شارك في رحلة كريستوفر كولومبوس. ثم ظهرت بعد ذلك نسخ مطبوعة مثل خريطة كانتينو التي أنجزت عام 1502 في مدينة البندقية أوفي فلورنسا. أما النسخة المعروضة هنا فيرجع تاريخها إلى عام 1645 وقام برسمها جان بواسو (توفي بعد أبريل 1657). وهي أكثر تطوّرا بفضل إقحام علم الرياضيات في رسم الخرائط.

.4
ستائر جدارية
رُسمت عليها خريطتا
اليابان والعالم
اليابان
نحو 1690
إ. 104.5، ع. 267 سم؛
حبر، ألوان، ذهب
على ورق
اللوفر أبوظبي

.5
خريطة العالم بنصفَي
الكرة الأرضية
جون بواسو
فرنسا
1645
إ. 120، ع. 287 سم؛
حبر على ورق
المكتبة الوطنية الفرنسية

.6
مخطوط في الملاحة:
"الفوائد في أصول
علم البحر والقواعد"
**شهاب الدين أحمد
بن ماجد الدين أحمد**
الإمارات العربية
المتحدة، رأس الخيمة
1490 (895 ه)
إ. 27.5 سم؛ حبر
على ورق
المكتبة الوطنية الفرنسية

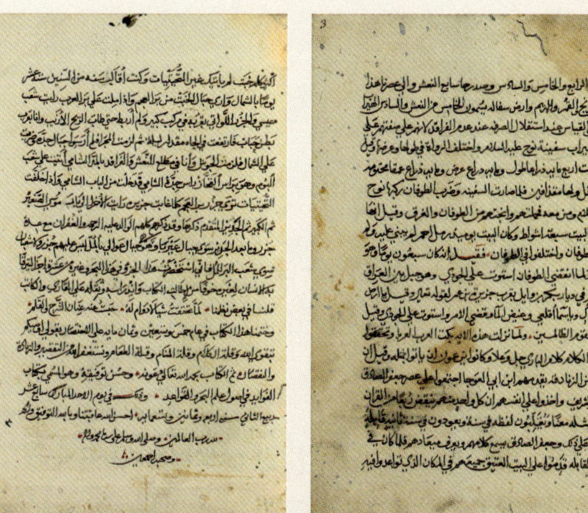

6

كتاب الملاحة

"كتاب الفوائد في أصول علم البحر والقواعد والفصول". كتاب ألّفه ابن ماجد في القرن الخامس عشر وترجع أصول المؤلف إلى سلسلة بحارة من إمارة جلفار القديمة، رأس الخيمة حاليا، في دولة الإمارات العربية المتحدة. ينقسم الكتاب إلى اثني عشر جزءا، وهو يعالج على وجه الخصوص أصل الملاحة وتطور هذا الفن منذ عصر نوح والأبراج الفلكية والنجوم الرئيسية والملاحة حول سواحل الجزيرة العربية وفي المحيط الهندي والأعاصير الاستوائية والرياح الموسمية. كما يطرح المؤلف استخدام البوصلة التي يسمّيها "بيت الإبرة". وبوصفه شاعرا وملاحا ورسام خرائط تفيد بعض الروايات أنّ ابن ماجد قد ساعد فاسكو داغاما للوصول إلى الهند، كما استخدم البرتغاليون أعماله ليصلوا إلى السواحل الهندية ثمّ يعودوا إلى السواحل الأفريقية.

إذا كانت كل الثقافات قد أولت القطع النادرة والغريبة اهتماما بالغا، فإنّ الدهشة التي تثيرها هذه القطع هي القوة المحرّكة للمعرفة. وقد غذّت القطع الغريبة التي بدأ الناس بجمعها في زمن البعثات البحرية الكبرى مخيّلة الناس وأثارت فضولها حول الحضارات التي ظهرت على خارطة العالم.

عجائب

قبل ظهور المجموعات الفنية الحديثة بوقت طويل، ورد في الأدب القديم حديث عن كنوز، تشمل الجواهر والمصوغ والأحجار الكريمة. وتوجد هذه الكنوز في العالمين اليوناني والروماني في المعابد، وفي المنازل الخاصة أحيانا، حيث كانت معروضة إلى جانب مجموعات من المخطوطات والأعمال الفنية.

وفي العالم الآسيوي، يعدّ كنز معبد "شوسوإن" في مدينة نارا اليابانية، الذي يعود تاريخه إلى عام 751، من أروع ما تبقّى من المجموعات الفنيّة وأقدمها على الإطلاق. تتألف تلك المجموعة من منسوجات الحرير وقطع فضة وذهب وسجاد وزهر وتحف زجاجية وآلات موسيقية وصلت إلى اليابان من بلاد فارس وباختريا والهند والصين وبقية دول آسيا عبر طرق الحرير.

وفي بلاد الإسلام، تُعد كنوز الفاطميين في القاهرة وكنوز الصفويين في إيران الأكثر فخامة دون شك. وإذا كانت كنوز الفاطميين قد تفرّقت، فإن كنوز الصفويين لايزال جزء منها محفوظا في المصرف المركزي بطهران. وقد تألفت تلك المجموعات من قطع تعتبر عجائبية، إذ عبّرت بشكل ملموس عن وجود الله بفضل ميزاتها الرائعة.

أمّا في أوروبا فتوجد عدّة أمثلة شاهدة على هذه المجموعات، مثل كنوز الراهب سوجير في كاتدرائية سان دوني، والمحفوظة اليوم في متحف اللوفر والمكتبة الوطنية الفرنسية، وكذلك كنوز القديس سان

جانّار في كاتدرائية نابولي، التي تمثّل على الأرجح الشكل المتأخر لهذا النوع من المجموعات في أوروبا.

ومع وصول الأوروبيين إلى أمريكا سنة 1492، وبعد أن نشر العالم الفلكي البولندي نيكولا سكوبرنيكوس سنة 1543 كتابه "حول دوران الأجرام السماوية"، بات الغرب يعي تدريجيا مدى اتساع الكون وأدرك أنّ معرفته به ليست إلا معرفة جزئية. وقد أدى اكتشاف قارات بأكملها إلى التشكيك في قدرة اللاهوت المسيحي على توضيح أسرار العالم بمفرده. وأدى إلى إثارة اهتمام الناس بالمعرفة التجريبية وهو ما أدى إلى اضطراب في العادات الخاصة بجمع التحف. إذ تمّ إيلاء أهمية أكبر للعلوم الطبيعية ممّا أدى إلى إنشاء مجموعات من نوع جديد مصنّفة وفق معايير العلم الحديث.

لقد اغتنت حجرات التحف في المنازل الإيطالية، مثل حجرة فرانشيسكو الأول ديميديشي (1541-1587)، وكذلك "حجرات العجائب" الألمانية، التي كانت حجرة رودولف بسبورغ (1552-1612) أهمّها، بقطع فنية قادمة من جميع أنحاء العالم وذلك سعيا وراء المعرفة الشاملة. وقد مهّدت التصنيفات الأولى للقطع الفنيّة التي ميزت بين العجائب الطبيعية والعجائب الاصطناعية، لطرق التصنيف المتّبعة في المتاحف الحديثة. فقد ساهمت مثل هذه الممارسات في التصنيف ذات الغاية الموسوعية والمستوحاة من اكتشاف الآخر والهادفة إلى تجسيد تنوّع العالم في نموذج مصغّر في تمهيد الطريق أمام ظهور المتاحف الحديثة.

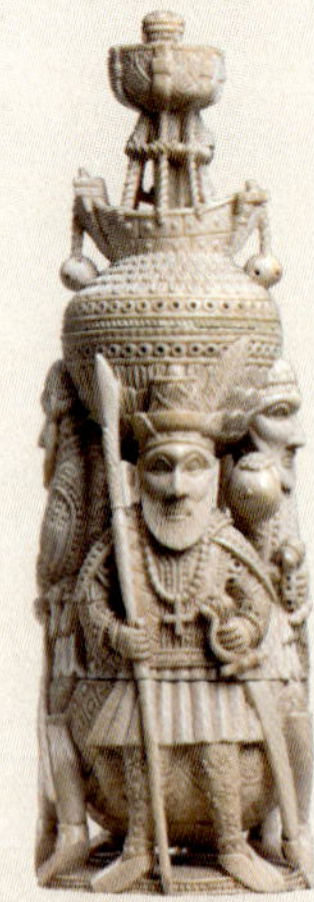

مملحة هجينة

تمثّل هذه القطعة مملحة طلب صنعها على الأرجح تجار برتغاليون. وهي تشهد على نشاطهم على طريق الهند وعلى المبادلات التجارية بين أوروبا وإفريقيا في القرن السادس عشر. وقد صنعها على الأرجح الحرفيون الذين كانوا يعملون لدى الأسرة الملكية في البنين. وهي تظهر المهارة الفنية لورش العمل في إفريقيا ورغبة أصحاب الطلب في تمجيد أنفسهم، إذ تحمل القطعة صورهم الشخصية تعلوها صورة منمّقة لمركبهم البحري. وتمثّل هذه القطعة ذات الجودة جزءا من مجموعة من القطع يطلق عليها "العاج الإفريقي البرتغالي"، وقد كان صفوة التجار شديدي الرغبة في اقتنائها.

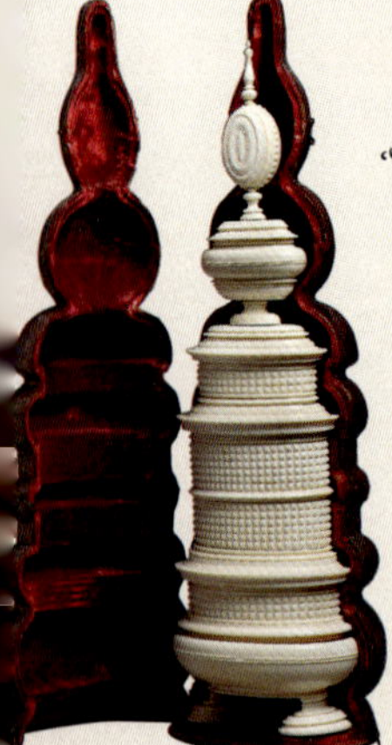

ما يعبر عنه بالعاج

يمثل هذا البرج المصنوع من العاج على شكل طبقات، والذي وقّع عليه آخيل هيرمانسريت، جزءا من حجرة عجائب الأمراء الألمان ثورن أوندتاكسيس. ويوجد إلى جانب التوقيع نقش "الإبداع هو محور هذا العمل والمرحلة الأولى منه"، وهو يشيد بميزات مبدعه الذهنية أكثر منها اليدوية. تظهر تلك القطع في مجموعات مثيرة للفضول. ولا يرجع ذلك لكونها قطعا لافتة للنظر فحسب بل لكونها أيضا برهانا ملموسا على القدرة البشرية على تحدّي الخالق بعبقريتها، لاسيما أن العاج كان مادّة ذات دلالة توراتية قوية بصفته رمزا للنقاء.

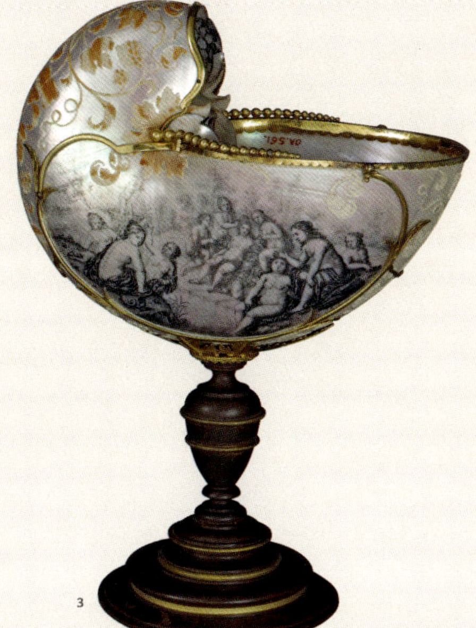

خلاصة مثالية

يعتبر محار النوتيلوس بفضل شكله المثالي أحد عجائب عالم الحيوان. وقد أدى التدخل البشري فيه إلى إنتاج خلاصة نموذجية تجمع بين العجيب الطبيعي والعجيب الصناعي في آن. وتظهر قطع المحار التي جلبها الهولنديون بكثرة من جزر الملوك منذ عام 1599، في جميع حجرات العجائب. وقد ركّنت المحارة في هذه التحفة على شكل قطعة مصوغ نقش عليها مشهد لإلهين، هما باخ ودیانا المستحمّة، رامزين إلى الجمع بين الطبيعة والعواطف البشرية.

.1
مملحة نُقش عليها جنود برتغاليون وسفينة شراعية
نيجيريا، مملكة بنين القديمة
نحو 1600
إ. 26 سم؛ عاج
متحف رصيف برانلي جاك شيراك

.2
برج متعدد الحجرات وعلبته
أشيل هرمنسرايت
(؟)
اوروبا الوسطى، الإمبراطورية الرومانية المقدسة
1657
إ. 64.2 سم؛ عاج، علبة من الجلد والمخمل
اللوفر أبوظبي

.3
محارة نوتيلوس مزينة بمشاهد أسطورية
كورنيليوس فان بلكين
هولندا
1700-1600
إ. 15 سم؛ محارة نوتيلوس، خشب، برونز مذهب
متحف اللوفر

الألدورادو بين الأسطورة والواقع

ترجع هذه الدرع المصنوعة من الذهب إلى قبيلة مويسكاس القاطنة في شرق كولومبيا، حيث نشأت أسطورة الألدورادو. فقد قام الكاتب خوان رودريغيز فريل، في رواية "إلكارنيرو" التي يصف فيها رحلته سنة 1636 بوصف طقوسٍ كانت تستخدم الذهب بكثرة، وهو ما أنشأ أسطورة حضارة غنية بالثروات الطبيعية والمعارف الكيميائية. واغتنت هذه الأسطورة بإحدى قصص التوراة التي تقول بأنّ بلاد أوفير الغنية بالذهب هي موضع مناجم الملك سليمان. وقد كانت الاكتشافات الجغرافية تشكل تحديا للغرب المأخوذ بفكرة استعادة جنة الأرض. لكن حقيقة الألدورادو أنها جاءت في زمن الغزو الطامع في ثروات العالم الجديد قام به غزاة متعطشون إلى الذهب.

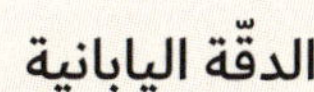

.4
صدرية بأربعة رؤوس لطائر الطوقان
كولومبيا
1600-1000
إ. تقريبي 20، ع. 20 سم؛ ذهب وسبيكة نحاس
متحف رصيف برانلي جاك شيراك

الدقّة اليابانية

تعود الزخرفة الدقيقة لهذا الصندوق المطلي بالذهب إلى الصناعة اليابانية في عهد موموياما (1568-1600) وبداية فترة إيدو (1600-1868). وتختلط في هذه القطع المصنوعة من اللك تطعيمات عرق اللؤلؤ بطلاء الذهب. وتعكس هذه القطع، مثل غيرها من أعمال نانبان الأخرى المعدّة للتصدير، الذوق الغربي، وهي غالبا ما تصمّم وفق الطراز الأوربي. و تعدّ هذه الصناديق ذات الأغطية المستديرة الشكل، والمستخدمة لترتيب الملابس في المنازل وعلى متن السفن الأوروبية، من بين القطع الأكثر انتشارا.

.5
صندوق مزخرف بصور حيوانات
اليابان
1573-1603
إ. 39، ع. 67 سم؛ خشب مطلي باللك والذهب، عرق اللؤلؤ، نحاس مذهب
اللوفر أبوظبي

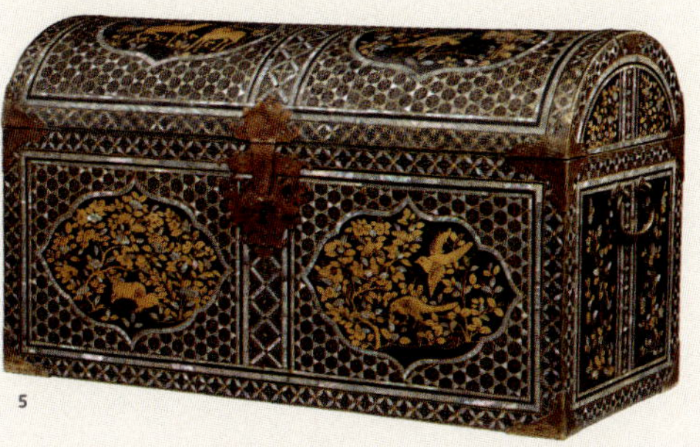

تحفة فنية:
ستائر نامبان الجدارية

في عام 1543 أرسى تجار برتغاليون في اليابان. واختاروا ميناء ناغاساكي قا عدة تجارية لهم. لم يقتصر اهتمامهم في الأرخبيل على استيراد السلع النادرة فحسب، بل ارتبط أيضا بدورهم كوسيط بين الأسبان الموجودين في الفيليبين من ناحية والقوتين الإقليميتين، الصين والهند، من ناحية. ولقد ولّد اللقاء الاقتصادي والثقافي بين هذه العوالم قطعا فنيّة هجينة اتخذت في اليابان اسم "نانبانجين"، أو "برابرة الجنوب"، وهو مصطلح ازدراء أطلقه السكان المحليون على الغربيين. وتعود أولى هذه الستائر الجدارية - التي صنعت في ورش مدينة كيوتو - إلى بداية القرن السابع عشر، وقد لاقت رواجا كبيرا بسبب غرابة صور الأجانب فيها. وكان

لنزول هؤلاء الغربيين ذوي اللحى والملابس الغريبة في الأرخبيل تأثير عميق على الأفكار، إذ أصبحت هذه الستائر الملونة رمزا للمكانة النوعية التي تحظى بها النخبة التجارية في المدن البحرية.

صنعت هاتان النسختان بعناية، وهما يبرزان بصورة واضحة وحيّة مشهدين: الأول لسفينة يجري تحميلها على أرض أجنبية ربما تكون الصين بالقرب من أحد الأرصفة. أما المشهد الثاني فنرى فيه سفينة تفرغ حمولتها في ميناء ناغاساكي، على الساحل الغربي من كيوشو، وهي الجزيرة الواقعة في أقصى جنوب الجزر الأربع الرئيسية المكوّنة للأرخبيل.

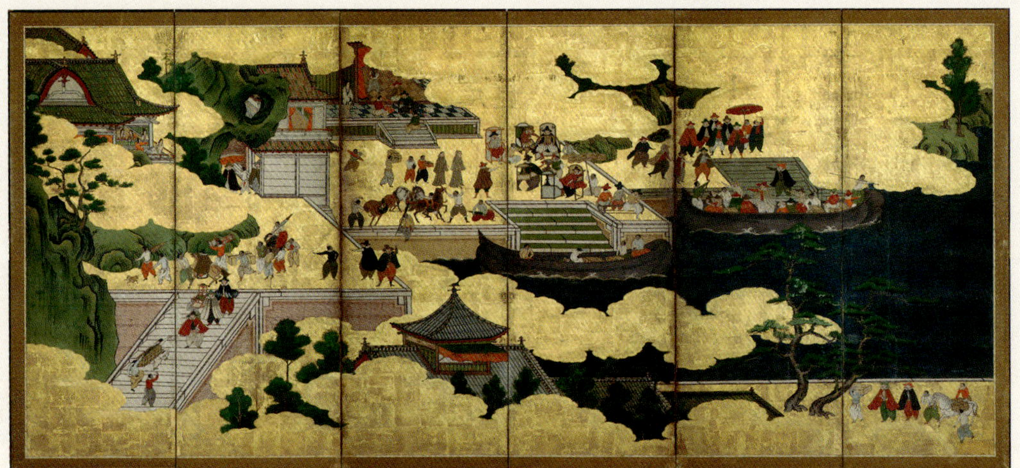

في أيّ بلد يجري هذا المشهد الأول في بداية القصة؟ تحيلنا الأسطح المغطاة ببلاط القرميد والشرفات ذات الحواجز المفرّغة والنتوءات الصخرية على الصين أو ماكاو، كما تظهر نساء يرتدين الملابس الصينية داخل بعض الأجنحة. ونرى مجموعة من البرتغاليين على مقاعد بالقرب من الرصيف حول أحد الأعيان الذي يحتمي من أشعة الشمس بشمسيّة ضخمة يحملها خادم داكن البشرة يجلس القرفصاء وراءه. ونرى كذلك مبان غريبة تعلوها صلبان وراهبيْن يعبران الساحة الرئيسية. فقد كانت رحلات البرتغاليين التجارية ترافقها دوما بعثات تبشيرية يسوعية كما يتضح من حالة فرنسيس كسفاريوس، أحد مؤسسي هذه الرهبنة، والذي وصل إلى اليابان عام 1549.

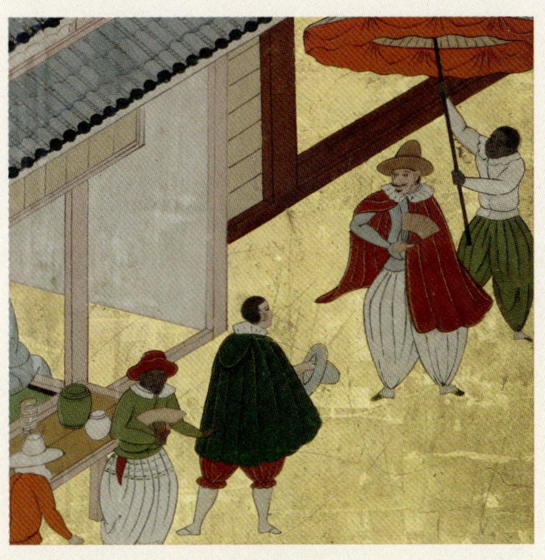

ما إن نزل القبطان على اليابسة، حتى أخذ يتجوّل في الشارع الرئيسي تظلّله شمسية كبيرة صُنعت من النسيج الهندي أو الإندونيسي يحملها خادم. وقام بالتسوق فعلا متباهيا بمروحته الجديدة. وقد بالغ الفنان في تصوير حجم قامات الأجانب وكذلك في مدى اتساع سراويلهم التي يطلق عليها "بونباشا". ولم ينس أيضا سماتهم المميّزة مثل الأنوف الكبيرة والقبعات الغريبة والأردية والمناديل البيضاء ذات الزخارف والياقات المطوية.

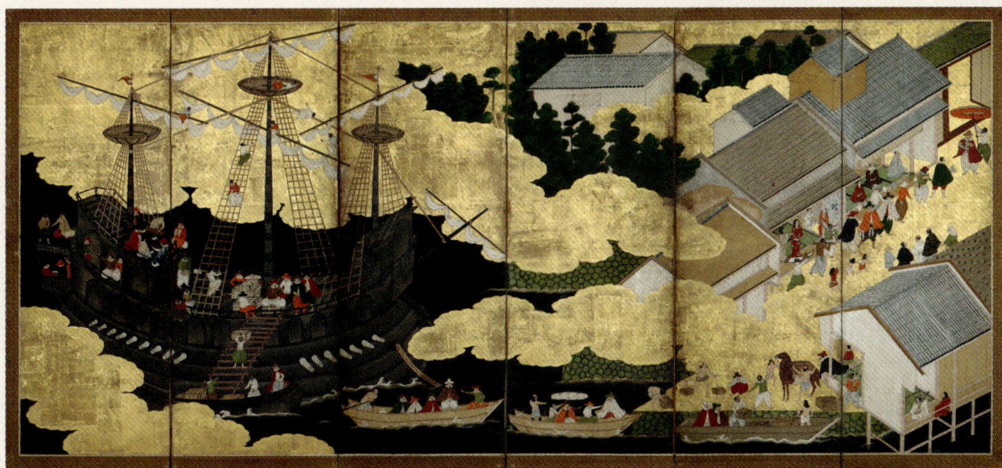

هذه السفينة العظيمة هي من نوع "الكراكة"، ذو الثلاثة طوابق، وهي سفينة يبلغ وزنها قرابة 1600 طن، وقد كان طاقمها الكبير والغريب يثير الفضول والدهشة خلال مرورها السنوي بمرفأ ناغاساكي. وكانت هذه الباخرة تبحر من مدينة غوا، الواقعة على الساحل الغربي للهند مركز إمبراطورية البرتغال الآسيوية، بهدف التجارة مع اليابان وماكاو. وتفرّغ شحنة الكراكة وينقل ركّابها إلى الأرض باستخدام أربعة زوارق صغيرة في الوقت الذي يحتشد فيه محليون يملؤهم الفضول في الشوارع لاستقبالهم. وبمكننا تمييز أنياب الفيل من بين السلع الفاخرة المخصصة للبيع إلى اليابانيين، عشاق المنتجات الغريبة. ويبدو التجار وهم يعرضون منتجاتهم. وتظهر المحظيات أيضا في الصورة. وتلعب إحداهن بآلة الشاميسان على شرفة مطلّة على الماء على مسمع من البحارة الذين يرسون في الميناء.

ستائر جدارية
تظهر وصول التجار
البرتغاليين إلى اليابان
اليابان
نحو 1625
إ. 171، ع. 376.8 سم؛
حبر، ألوان، ذهب
على ورق
اللوفر أبوظبي

قاعة العرض 7

العالم من منظور جديد

قاعة العرض 8

في بلاط الأمراء

قاعة العرض 9

أسلوب عيش جديد

الجناح 3

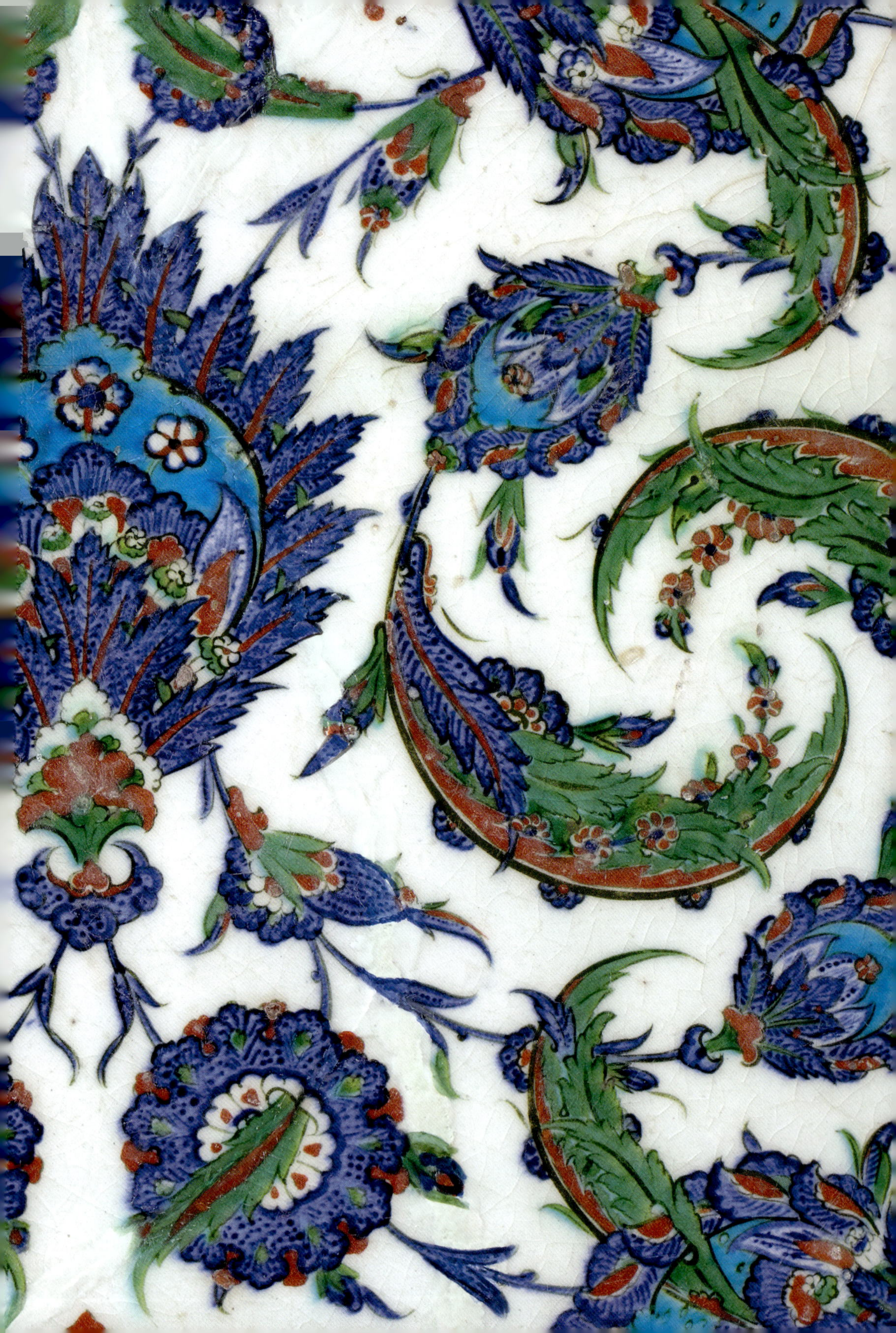

قاعة العرض 7

العالم من منظور جديد

فتحت الرحلات والاكتشافات الكبرى التي حدثت في القرن الخامس عشر آفاقًا جديدة أمام المجتمعات وقدّمت لها تصوّرًا جديدا للعالم. فقد حلّت طرق التجارة البحرية تدريجيًّا محلّ الطرق البريّة القديمة بعد أن أسّست لشبكة كثيفة من المبادلات التجاريّة في أوروبا. فبعد أن اكتشف فاسكو دا غاما طريق جزر الهند عام 1498، تزايد الطلب على منتجات الحرير والخزف، ممّا أدّى إلى تقليد تلك المنتجات وإعادة إنتاجها في أماكن كثيرة مثل مانيسيس (إسبانيا) والبندقية ثمّ في دلفت (هولندا). وفي حين تسبّبت هذه المبادلات التجارية في اختلاط مختلف الشعوب بعضها ببعضٍ في جميع القارّات، عرفت أوروبا نتيجةً لذلك نهضة ثقافيّة حقيقيّة. فقد كان لتدفّق العلماء البيزنطيين إلى إيطاليا بعد سقوط القسطنطينية عام 1453 على أيدي الأتراك، ولوصول أعمال العرب في مجال العلوم خاصّة مؤلّفات ابن الهيثم في علم البصريات إلى شبه الجزيرة الإيطالية وخاصّة فلورنسا، أكبر الأثر على تاريخ الفنون. ففي حين برهن علم الهندسة عند المسلمين على بنية الكون الرياضية، وانتهى إلى تعدّدية الزوايا والمحاور إلى ما لا نهاية، اقتصر هذا التفسير عند الأوروبيين على زاوية واحدةٍ هي محور زاوية الملاحظ، ومن ثمّ اعتُمد هذا المنظور الأحاديّ وانتشر في فنّ الرسم الزيتي وارتبط ارتباطًا وثيقًا بالمُؤَثّرات الخارجيّة التي مكّنت من خلق مستويات متدرّجة بسبب امتزاج الألوان بالضوء. وقد تجسّد هذا المنظور الجديد للكون على مستوى الإنسان من خلال الفلسفة الإنسانيّة وظهور المذهب الواقعي في الفنون التصويريّة. لم يعد تصوير الشكل الإنسانيّ عملًا مجازيًّا أو رمزيًّا فحسب، بل صار يسعى إلى تجسيد الفرد كما هو. إنّ هذا السعي خلف الجمال المثالي في الأعمال الفنيّة القديمة (وهو ما اصطُلح على تسميته بعصر النهضة أو الانبعاث الجديد في أوروبا) قد حدث أيضا في الصين في عهد أسرة مينغ وخاصّة في عهد أسرة تشينغ، حيث أدّى ذلك إلى ثورة حقيقيّة في تصوير الأشكال. لقد ظلّ أصحاب السلطة الإمبراطورية الصينيّة ينهلون من منابع الفنّ الصينيّ، واكتسبوا من ذلك شرعيّة لحكمهم كما فعل نُظراؤهم الأوروبيّون. كما اكتسب الرسّام في هذا العصر مكانة جديدة مكّنته من فرض رؤيته الذاتيّة بوصفه فاعلًا في هذا المنظور الجديد للكون. ومن هنا تربّع كلّ من ليوناردو دا فينشي ورفائيل ومايكل أنجلو على عرش الفنّ بفضل عبقريّتهم الفذّة.

توحي الهندسة في الفنون الإسلاميّة برؤية للعالم تقوم على فكرة النظام والتوازن والدِقّة والقياس، وهو نسق يعتمد على أشكال أساسيّة كالمربّع والدائرة والمُثلّث، وعلى البنية الهندسيّة كالخطوط المتشابكة والأشكال المتناظرة والإيقاع الذي يتكرّر إلى ما لا نهاية ويمتزج بالضوء واللّون لِيُظهر خبايا الصورة ويفتح الباب على مصراعيه للتأمّل الذي يتجاوز المظهر الخارجيّ.

جمالية هندسية

في أوائل القرن السادس عشر ومع ظهور الإمبراطوريّات الثلاث التي سيطرت على العالم الإسلامي في العصر الحديث - المغول والصفويّون والعثمانيّون - بدأت القطيعة مع العهود الماضية، وتحرّرت المواضيع والأعمال الفنيّة من ذلك الإطار الضيّق، وانتشرت الأشكال المقوّسة وتغلغل التيّار الواقعي في الفنّ بالرغم من استمرار الاعتماد على الأشكال الهندسيّة.

تمثّل الأشكال الهندسية والمواضيع النباتيّة وفنّ الخط العربيّ جزءًا من مكون رياضي يكمن وراء التركيز في الصورة النهائية على التناسق والتميّز والتعددية. ولم تعد الأشكال المجزّأة والمجمّعة والمتداخلة ضمن إيقاع منتظم مُجرد صورٍ جامدة كما كان الحال في العصور القديمة، بل أصبحت أشكالًا مفتوحةً وقابلة لتوليد أشكال وصور أخرى، ممهّدة بذلك الطريق إلى عالم بلا حدود يتخطّى الحدود البصريّة كما هو الشأن في الموسيقى أو النَظِم.

وإذا كان الفنّانون والحرفيّون قد أتقنوا الرسم الهندسيّ من خلال التجربة والفطرة، فإنّنا لا نعرف إلا القليل عن علاقاتهم بعلماء الرياضيات وغيرهم من العلماء الذين أسهموا كثيرًا في نشأة هذه اللغة الشكليّة الجديدة. فقد أكّد ابن الهيثم - وهو أشهر هؤلاء العلماء - نظريّات الطبيب اليوناني جالينوس في علم البصريّات وأرسى أسس المنهج التجريبي. وفي عام 1027، أثبت في كتابه "كتاب المناظر" أن الضوء ينتشر في خطوط مستقيمة، وشرح مبدأ انعكاس الضوء ودوره في المرايا.

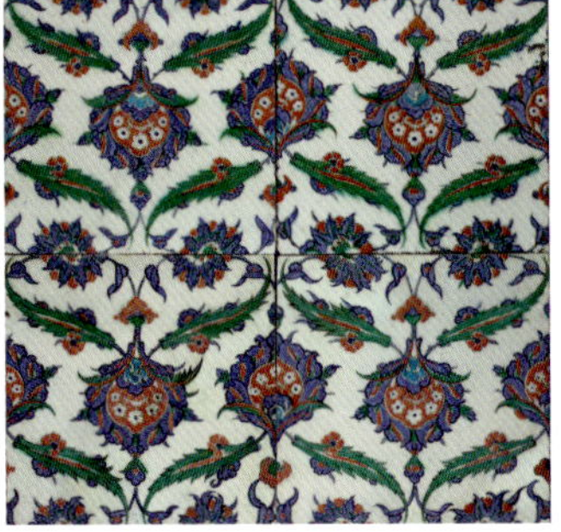

2

لغة التناظر

شهد منتصف القرن السادس عشر بداية انتشار برامج الزخرفة الكبرى على خزف إزنيق (شمال غرب تركيا حاليًا). وتُستخدم تلك الزخرفة خاصّة في المساجد والقصور والأضرحة وأحيانًا في القوارب. هذا البلاط مزيّن بأشكال طبيعيّة تنتشر في الداخل بطريقة هندسية. وقد استُبدلت الأشكال القديمة مثل الشكل السداسيّ بالشكل المربّع، مما أتاح تكرار العنصر الزخرفي ذاته على عددٍ من قطع البلاط.

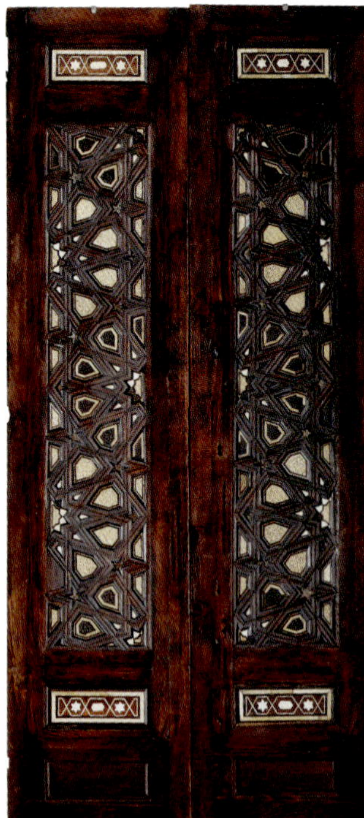

1

المسطرة والفرجار

تُستخدم الأشكال الهندسيّة في العمارة وفي الزخرفة على حدّ سواء، وتعمل على امتداد البناء نحو أبعادٍ وهميّة. في هذا الباب، يعتمد النظام العام لنمط الزخرفة على نجمة تحيط بها زخارف على شكل حبات اللوز، وعلى قضبان مُخطَّطة تتولّد منها مضلّعات بأحجام مختلفة. يمتدّ هذا الشكل المتألّق، الذي لا يرهق النظر بل يريح العين، في شبكة من الأنماط الهندسيّة الفريدة من نوعها التي تولّد عددا لا نهاية له من العناصر الزخرفية المرصّعة بالعاج كما هو الحال في فنّ الزخرفة المملوكي (1250-1517).

206

الهندسة الزخرفيّة

تنتمي الزخرفة المنحوتة على هذا الباب إلى تقليد أندلسي قديم، إلّا أنّها تختلف عنه بمحتواها الشكليّ التجريديّ. فقد حلّت هذه الأشكال الهندسيّة الباردة، التي يمتدّ هيكلها العامّ وشكلها المضلّع، من شكل الصليب محلّ الأشكال الهندسيّة المرنة والممتدّة مثل النجوم والتي تتميّز بالانسيابيّة الخاصّة بالفنون الإسلاميّة والعربيّة. كما يختلف هذا الفنّ أيضًا عن فنّ الخشب المرصّع بعرق اللؤلؤ والعاج والذي كان منتشرًا في العالم العربيّ والإسلاميّ.

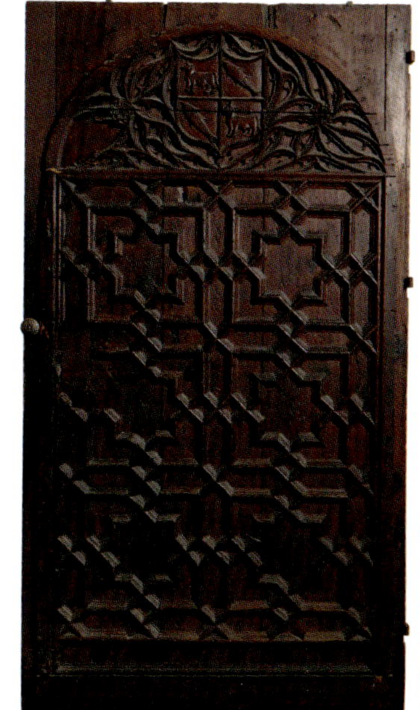

3

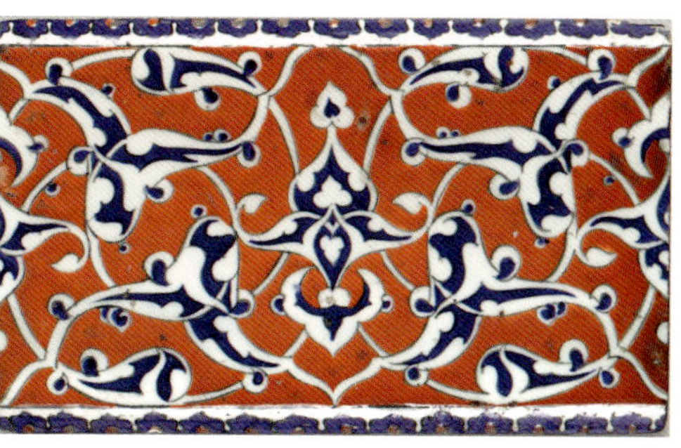

4

طراز "ساز"، عالم ساحر ومُركّب

تتألّف هذه الزخرفة المتشابكة من أشكال نباتيّة تتوسّطها زهرة تنتمي إلى فصيلة أزهار اللوتس وتُحيط بها أوراق طويلة مسنّنة تخرج منها فروع حلزونيّة مزهرة. وتنتمي مثل هذه الزخرفة إلى طراز "ساز" الذي صُمّمَ حوالي عام 1530 في ورش الإمبراطوريّة العثمانيّة. ويوجد على الجوانب الأربعة أنصاف الزهور التي تبدو وكأنّها تتجاوز إطار الصورة مُطلقة العنان لانسيابها، ممّا يوحي بأنّ ذلك تجسيد لكلمة "ساز" التي تعني بالتركيّة غابة خياليّة تسكنها الوحوش والكائنات الخرافيّة.

وتيرة الألوان

اقتُبست العناصر الزخرفية ذات الأصول والإيحاءات المتنوّعة، التي نجدها على الأشكال المعماريّة أو القطع أو المخطوطات أو المنسوجات أو السجّاد، من الفنّ العثمانيّ الذي اعتمد على استخدام وتيرة الألوان وبلغ أوج ازدهاره في تركيا في القرن السادس عشر. وقد أدّت المحاولات المتتالية لإدخال اللون الفيروزي والوردي والأرجواني والأخضر إلى ظهور اللون الأحمر الإزنيقي الشهير الذي قامت عليه الزخرفة النباتيّة من الطراز الرومي، وهي زخرفة تقوم على تنسيق وريقات النباتات وتحويرها، وهو ما عُرف لاحقا في أوروبا باسم الأرابيسك أو الرقش. ويعتمد الرقش النباتيّ في الزخرفة على التناظر والتناسب والدوران والامتداد القائم على التوليد الهندسيّ.

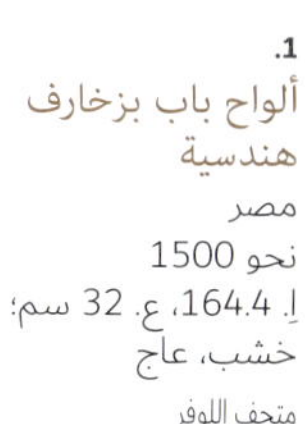

.1
ألواح باب بزخارف هندسية
مصر
نحو 1500
إ. 164.4، ع. 32 سم؛
خشب، عاج
متحف اللوفر

.2
بلاط مزخرف بأزهار وأوراق اللوتس على طراز ساز
تركيا، إزنيق
1580-1575
إ. 62.4، ع. 62.4 سم؛
خزف بزخارف مزججة
اللوفر أبوظبي

.3
باب بزخارف هندسية وشعار النّبالة
إسبانيا، فالنسيا،
قصر سوريل
نحو 1500
إ. 207، ع. 110 سم؛
خشب
متحف اللوفر

.4
لوح مزخرف بأزهار وأوراق اللوتس على طراز ساز
تركيا، إزنيق
1580-1575
إ. 38، ع. 61 سم؛
خزف بزخارف مزججة
اللوفر أبوظبي

.5
بلاط بنقوش لولبية على خلفية حمراء
تركيا، إزنيق
1580-1575
إ. 15.3، ع. 24.4 سم؛
خزف بزخارف مزججة
اللوفر أبوظبي

5

تميزت الحركة الفنيّة الأوروبيّة المعروفة باسم عصر النهضة برؤية جديدة في تصوير العالم وتَخيُّله. كانت الصورة في العصور الغابرة مجرد شكل من أشكال التأمل لفهم رسالة دينيّة، ولكنها عند ظهور الأفكار الإنسانيّة الجديدة باتت الوسيلة المفضّلة لتجسيد المعرفة من خلال الملاحظة والتصوير الدقيق للواقع.

من الهندسة العربيّة إلى المنظور الأوروبيّ

يُعَدُّ ظهور الرسم المنظوري المتمثّل في رسم صورة ثلاثيّة الأبعاد في مساحة ثنائيّة الأبعاد، أحد التطوّرات الكبرى التي شهدها الفنّ الأوروبي. وانعكس هذا الاهتمام الجديد بقياس أبعاد العالم في تسليط المقاييس الهندسيّة الصارمة على فنّ الرسم والتخطيط. ومن المفارقات الغربية أنّ هذا المنحى الأوروبيّ الجديد الذي يضع الرؤية الإنسانية في مركز الصورة هو مُستَمَدٌّ في الواقع من النظريّات العربيّة في مجال علم البصريّات بالرغم من نُدرة تصوير الشكل الإنسانيّ وشيوع الجماليّة المعتمدة على التجريد الهندسيّ عند العرب. وقد ظهرت النظريّات العربيّة الإسلاميّة في مجال البصريّات في المقام الأول في أعمال ابن الهيثم (وُلد بالبصرة عام

965 وتُوفّي في القاهرة عام 1039)، وتداولها الأوروبيّون ضمن أوساط أكاديميّة محدودة جدًّا، ثمّ انتشرت مع اختراع الطباعة على يد غوتنبرغ عام 1468، ممّا أدى إلى تقدّم كبير في مجال العلوم. وفي حين كانت الهندسة عند ابن الهيثم تشير إلى التناسق التامّ والكمال في خلق الله، فإنّها تعكس عند الفنّانين الأوروبيين نظرة الإنسان للأشياء التي تتجسّد من خلال تلاشي الخطوط في الصورة. ولهذه الغاية بالتحديد أصبح مبدأ الغرفة المظلمة الذي اكتشفه اليونانيّون القدماء وطوّره ابن الهيثم، أداة لا غنى عنها لدى العلماء والرسّامين في القرن السادس عشر عند بناء المنظور في أعمالهم.

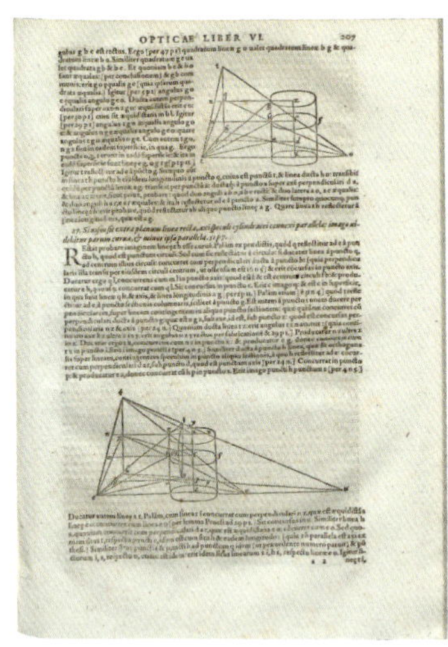

1.
ترجمة لاتينية لمقالة عربية في علم البصريات باسم "كتاب المناظر" ابن الهيثم سويسرا، بازل نسخة لاتينية لعام 1572 إ. 30، ع. 21 سم؛ حبر على ورق المكتبة الوطنية الفرنسية

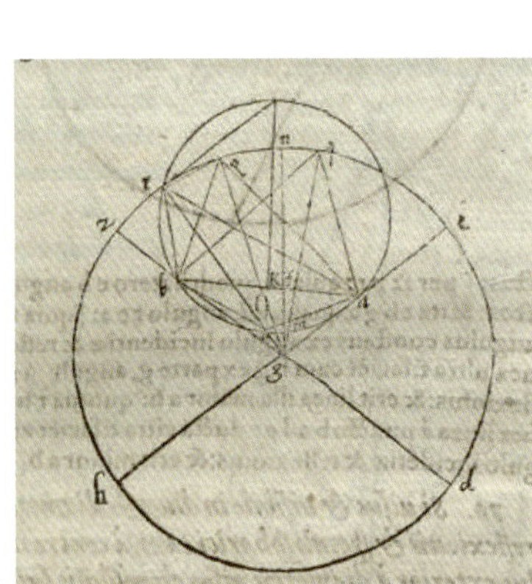

الضوء الذي يرسم العالم

يتألف "كتاب المناظر" - الذي ألفه العالم العربي ابن الهيثم، المعروف في أوربا بالاسم اللاتيني "الهازن" بين عامي 1015 و1021 - من سبعة مجلّدات تتناول مجالات علمية متنوّعة. وقد أدّت قراءته النقديّة لنظريّات أرسطو، لا سيّما المتعلقة بالرؤية، إلى إحداث تقدّمٍ مُهمٍّ في فهم الطبيعة الفيزيائيّة للضوء وقوانين انكسار الضوء ودورها في عمليّة الرؤية. كما أن المناهج التجريبية التي طبّقها جعلت منه مخترع علم البصريّات الحديث. وفي مجال الفن، لعبت اكتشافات ابن الهيثم دورًا رئيسيًّا في تطوير نظريات المنظور على أيدي الفنّانين الأوروبيين.

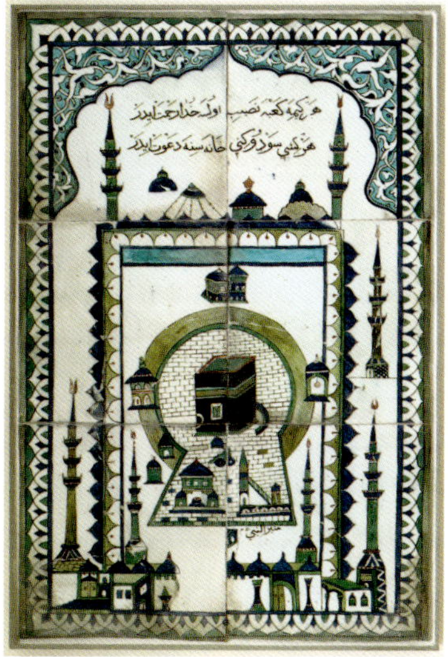

تصوير الفضاء

منذ بداية القرن السابع عشر وخلال حكم الدولة العثمانيّة، صُممت لوحات من الخزف تمثل المسجد الحرام في مكة وعُلِّقت في اتجاه القبلة حتى يكون مشهد الحرم المكّيّ حاضرًا وموجودًا في مكان الصلاة. يظهر هنا الحرم المكّيّ من خلال تصميم محدد به رسوم بيانيّة، وتحتوي اللوحة على عناصر في الخلفيّة وفي المقدّمة. تنقل لنا اللوحة تضاريس المكان بدقّة فائقة، حيث يظهر البناء المكعّب للكعبة في وسط المسجد الحرام وتُحيط بها العديد من البنايات والأبواب والأماكن المقدّسة (المقام) والسقايات والمآذن.

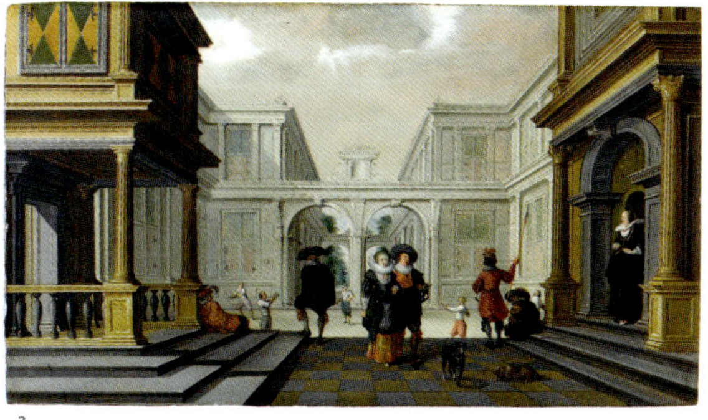

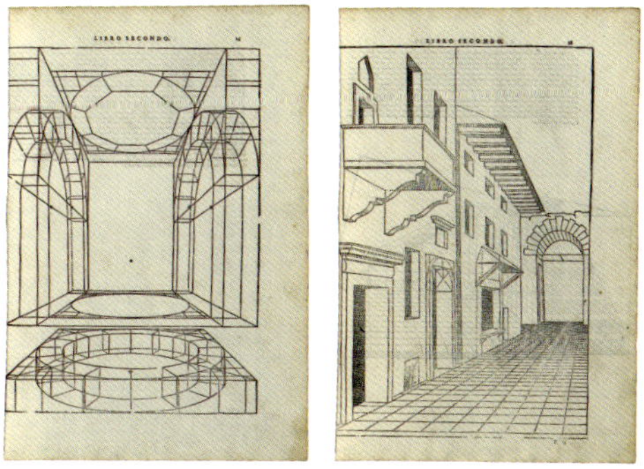

4

العالم على صفحة

ظل "كتاب الهندسة المعمارية" لسيبستيانو سيرليو الذي يتألف من ثمانية مجلّدات لفترة طويلة مرجعًا للمهندسين المعماريين والفنانين على حدّ سواء، ولقي رواجًا كبيرًا في أوروبا. إذ يرتكز هذا الكتاب على قواعد الفنّ القديم الذي وضع أُسَسَه فيتروفيوس (Vitruvius) الذي أُعيد اكتشاف كتاباته في أوائل القرن الخامس عشر. ويتناول المجلّد الأول والثاني من الكتاب الرّسم المنظوريّ ويحتوي على صور لنقوش توضّح وتكمّل النظريّات التي وضعها قبل سنوات قليلة ليون باتيستا ألبيرتي (Leon Battista Alberti) في كتابه "دي بيكتورا" (De pictura) أي "عن الرّسم".

المنظور وتأثير عمق الرؤية

تَظهر نظريّات الرسم المنظوريّ، التي طُوّرت منذ القرن الخامس عشر في الأعمال الإيطالية وانتشرت على نطاق واسع في أوروبا، بكلّ وضوح في هذه اللوحة للفنان ديرك فان ديلين (Dirck Van Delen)، وهو رسّام من العصر الذهبي الهولندي متخصّص في الرّسم الداخلي للمباني والمنشآت المعماريّة. استُوحيت رسومه للمباني من النقوش المصوّرة التي تمّيَز أعمال سيباستيانو سيرليو (Sebastiano Serlio). كما أن تصوير الأرضيّة في شكل مربعات يُعطيها عمقًا تتيحه الأبعاد الهندسيّة. وعلى الرغم من اعتماده المذهب الواقعي، فإنّ هذا العمل لا يُحاكي الواقع تمامًا، بل هو صورة رمزية لمنظر حضريّ يتضمن مشهدًا من صميم الواقع الإنسانيّ تجري أحداثه في مقدمة اللوحة.

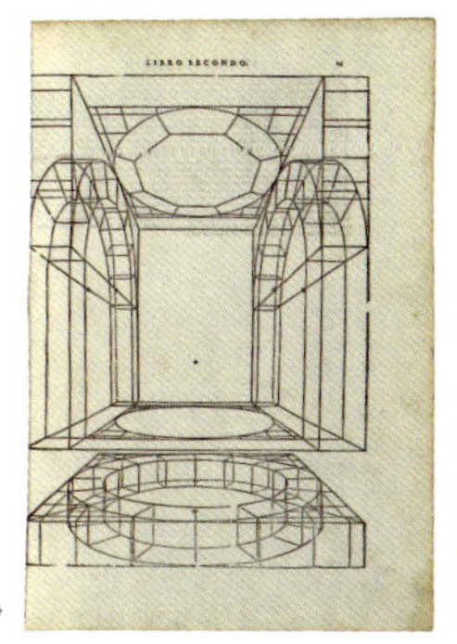

.2
لوحة للمسجد
الحرام في مكة
تركيا، إزنيق
1650-1700
إ. 81، ع. 54 سم؛
خزف بزخارف مزججة
متحف اللوفر

.3
لاعبو كرة المضرب
ديرك فان ديلين
هولندا، آرنهمويدن
1628
إ. 32، ع. 54 سم؛ ألوان
زيتية على لوح خشبي
متحف اللوفر

.4
مقالة في العمارة:
"الكتاب الأول
في العمارة"
سيباستيانو سيرليو
إيطاليا، البندقية
1560
إ. 41.5، ع. 21.7 سم؛
حبر على ورق
المكتبة الوطنية الفرنسية

لطالما كانت العودة إلى مبادئ أو أشكال قديمة خيارًا تلجأ إليه القوى التي ترغب في التماهي مع فترة بعيدة اعتُبرت عصرًا ذهبيًّا. فعندما كانت القوى المركزية الكبرى تتأسس في جميع أنحاء العالم ارتكز العديد من الملوك على نماذجَ من الإمبراطوريّات السابقة لإضفاء الشرعيّة على طموحاتهم التي لا حدود لها.

الماضي في خدمة الحاضر

تزامن عصر النهضة في أوروبا مع فترة كثُرت فيها الاكتشافات الأثريّة وساد فيها الميول إلى الفنّ القديم الذي أصبح منذ ذلك الحين بمثابة الجماليّة المثاليّة التي يسعى كل فنّان إلى بلوغها أو تجاوزها. وأصبح مفهوم "القِدَم" حينئذ مفهومًا خالدًا وذا حدودٍ غير واضحةٍ، حيث أصبح الفنّ اليونانيّ والرومانيّ معًا يمليان القواعد التي تحكم أحجام الأعمال الفنيّة وتُحدد مستويات الجديّة والسمو، التي يجب أن يسعى الفن إلى تحقيقها. وقد أدى الاهتمام الكبير بدراسة الفنون القديمة واستنساخها داخل مراكز تدريب الفنانين إلى جعل روما عاصمةً للفنون لعدّة قرون. ولكن سرعان ما تصرّف الفنانون في المبادئ التقليدية للجماليّة القديمة ليضفوا عليها مزيدًا من الإنسانيّة والديناميكيّة، وسرعان ما استحالت هذه النهضة الإيطاليّة في بادئ الأمر إلى نهضة أوروبيّة من خلال تنقّل الفنانين والتبادل التجاري مع الشمال ولا سيّما مع فرنسا والأراضي المنخفضة والإمبراطوريّة الرومانيّة المقدّسة.

شهدت الصين أيضًا منذ عهد أسرة سونغ (960-1279) ظاهرة الرجوع إلى النماذج القديمة. فقد أمر الإمبراطور هويزونغ (Huizong) الذي

حكم من 1100 إلى 1126 بالتنقيب عن الآثار وإعادة استنساخ الأعمال القديمة، وذلك من أجل إضفاء الشرعيّة على سلطته. وقد دأب أباطرة أسرة مينغ (1369-1644) وأسرة تشينغ (1644-1911) على هذا النهج وعملوا على تطويره. وأحيانًا كانت بعض القطع الفنيّة القديمة تتعرّض لبعض التغييرات، أو تُرصّع بأجزاءٍ من قِطَعٍ أخرى أو تُنقش عليها قصيدةٌ شعريّةٌ.

وفي حين تأثّرت القرون الأولى للإسلام مباشرة بالمصادر الرئيسيّة للفنّ الكلاسيكيّ القديم بشقّيه الإغريقي والإيراني، فإن نشوء الإمبراطوريات العظمى الحديثة مثل الدولة العثمانيّة والإمبراطوريّة الصفويّة أتى بمعايير جماليّة جديدة خاصّة بكلّ منها. فقد تجسّدت هذه العلاقة الوطيدة مع الماضي التليد خاصّةً في الرجوع إلى المصادر الأدبية والقصائد الملحميّة التاريخيّة العظيمة، بدلًا من الرجوع إلى أشكال الماضي الفنية. وتماشيا مع فكرة نزول الوحي والتأسيس لمجتمع جديد التي أتى بها الإسلام، ظل الفنّانون يُحْيُونَ البدايات الأولى وينهلون منها ليمنحوا أنفسهم شرعيّة ثقافيّة وسياسيّة.

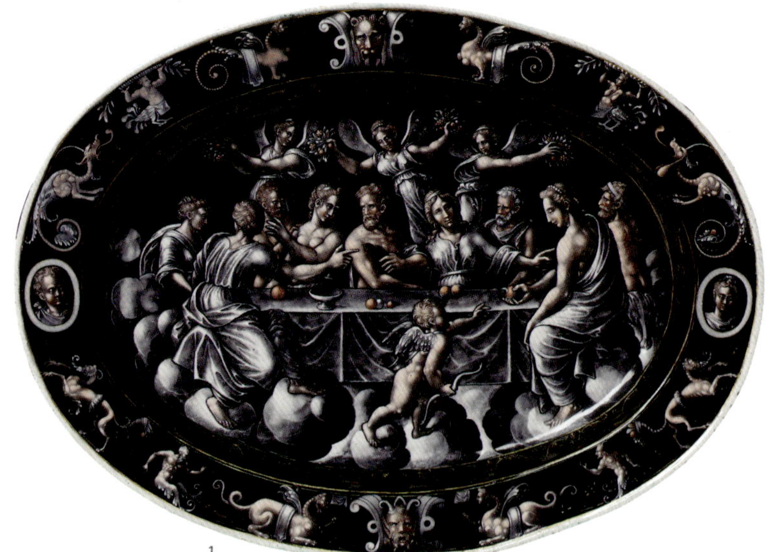

عرس إله الحب

يصوّر هذا المشهد الأسطوري المرسوم على طبق نُحاسيّ ثمين مأدبة عرس "كيوبيد" (Cupid)، إله الحُبّ مع سايكي (Psyche) الذي حضرته جميع الآلهة اليونانيّة والرومانيّة. وقد استُوحيت هذه الفكرة من جداريّة لرافائيل كان قد رسمها في أوائل القرن السادس عشر في فيلا فارنيسينا بروما، وهذه الجداريّة هي بدورها مستوحاة من الفنّ القديم. وتتميّز هذه التقنيّة في الرسم على النحاس بهشاشتها وارتفاع تكلفتها وهي من اختصاص ورش ليموج (بفرنسا) منذ القرون الوسطى وكانت مُخَصّصة فقط للأعمال الفنيّة الراقية.

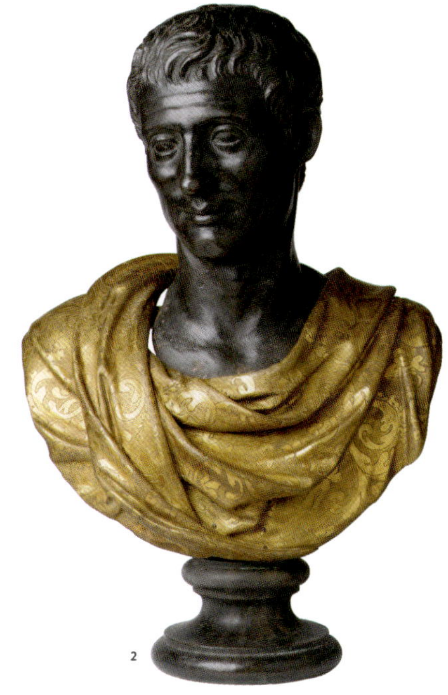

الإمبراطور الروماني أغسطس

كان يُنظر في عصر النهضة إلى العصر الذي حكم فيه أغسطس كعصر ذهبيّ في تاريخ روما. وقد شجّع أغسطس - أول إمبراطور روماني - الفنون والآداب، وشُيّدت في عهده العديد من المعالم الأثريّة التي تأثرت بدورها بالعصر الذهبي السابق لليونان القديمة. يصوّر هذا التمثال النصفي الإمبراطور الرومانيّ، وقد صُنع في القرن السابع عشر بالاعتماد على النسخة الرومانيّة الأصليّة التي تُذكّرنا هي الأخرى بالتماثيل الإغريقيّة، غير أنّه يختلف عنها بواقعيّته الرومانيّة المميزة.

الجمال يكمن في الفائدة

تتخذ هذه المقرعة البرونزية شكل رأس ساتير (satyr) محاطةً بترياتون (triton) وحوريّة بحر، وهي إحدى التشكيلات المميزة لعصر النهضة المستوحاة من زخارف روما القديمة المُستخدمة في تزيين المنازل. وتؤكد جودة الحديد المصبوب المُستخدم في صنع هذه المقرعة وزخرفتها مكانة صاحب البيت من الباب قبيل الدخول إلى منزله.

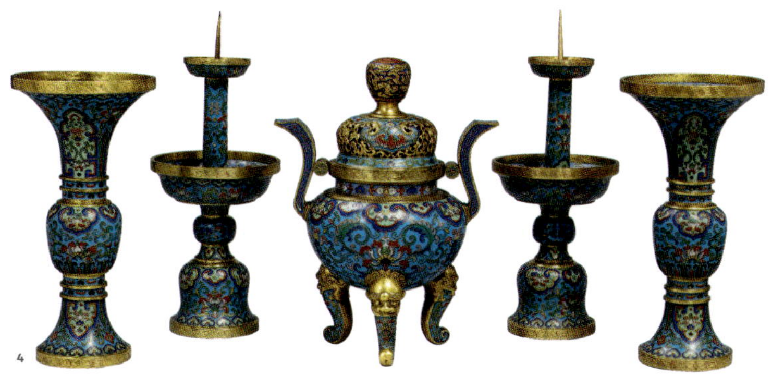

الميل نحو الطراز القديم في المملكة الصينيّة الوسطى

تتكوّن هذه الأواني الخاصّة بالمذبح من خمس قطع مطلية بالمينا ترجع للقرن الثامن عشر وهي مبخرة وشمعدان وقدحان، وهي تعود لفترة حكم سلالة تشينغ، آخر السلالات الحاكمة في الصين، ولكنها تتّخذ أشكالًا قديمةً جدًّا. شجع أباطرة الصين كانغ تشي (حكم بين 1661-1722) ويونغ تشنغ (حكم بين 1722-1735) على إنتاج العديد من القطع ذات الجودة العالية لإهدائها للمعابد البوذيّة في بكين. أما الإمبراطور تشيان لونغ (1735-1796) فقد شجع على إنتاج قطع ضخمة لتأثيث القصور وتزيينها، وكذلك بعض الأواني الخاصّة بالمذبح لتوضع في دُورِ العبادة، وذلك بهدف تثبيت سلطته.

طبق يحمل صورة مأدبة عرس سايكي
جون كورت
فرنسا، ليموج
1550-1575
اِ. 39.3، ع. 53 سم؛
طلاء المينا على النحاس
اللوفر أبوظبي

الإمبراطور الروماني أغسطس (نسخة من التمثال الأصلي القديم)
إيطاليا، روما
1600-1700
اِ. 55 سم؛ برونز، تذهيب
متحف اللوفر

مقرعة باب على شكل كائنات أسطورية
إيطاليا، البندقية أو مانتوفا
1500-1550
اِ. 32.5 سم؛ برونز
اللوفر أبوظبي

أواني مذبح مستوحاة من نماذج قديمة
الصين
1750-1795
اِ. 28.5 سم؛ مينا مطلي
المتحف الوطني للفنون الآسيوية - غيميه

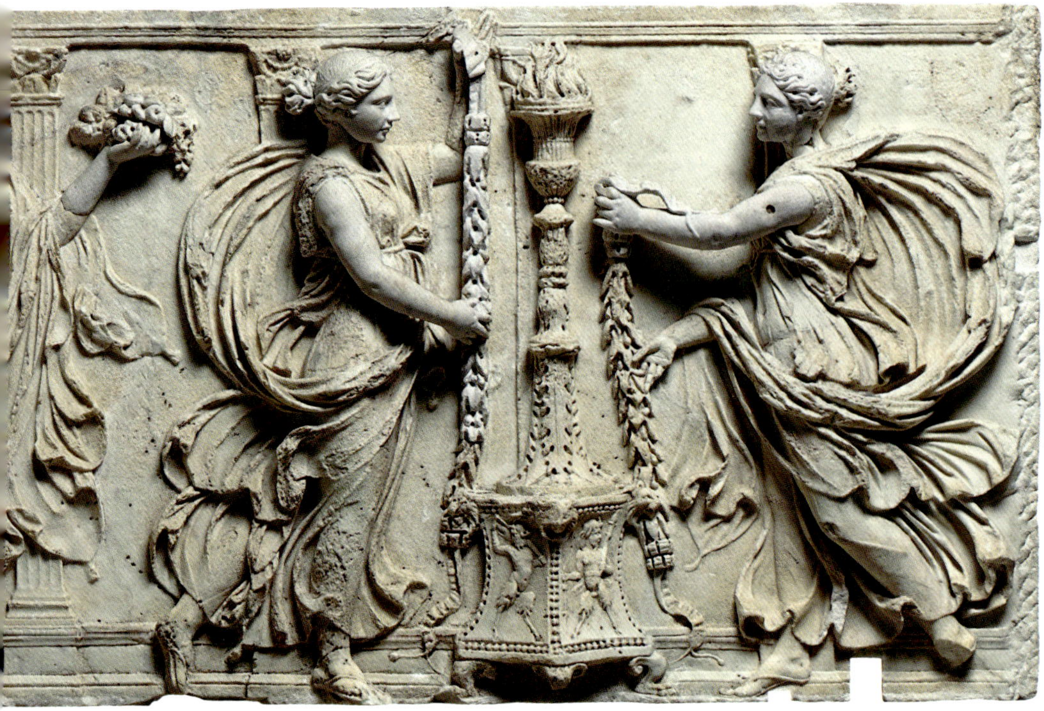

6

تشابه واختلاف

هذا النقش الرومانيّ البارز، الذي كان على الأرجح يزين جزءًا من مبنى يرجع إلى عهد هادريان (حكم بين 138-117)، كان يعلو باب قاعة العرض الكبرى بفيلا بورغيزي في روما في القرن السابع عشر. وقد أعاد فرانسوا أونغير نسخه للملك لويس الثالث عشر عام 1641، ثم صُنعت منه نُسخة برونزيّة في العام التالي لاستخدامها في تزيين قصر اللوفر. وتعكس الفروق الدقيقة بين النقش القديم ونُسخته الجديدة خضوع النقش للمبادئ الجماليّة لهذا العصر، إذ استُكملت الأجزاء المفقودة وأُدخلت تحسينات جديدة على مستوى الرؤوس والأجساد واكتسبت الزخارف رونقًا أجمل من ذي قبل.

5.
نقش ضئيل البروز،
"تقديم القرابين"
إيطاليا، روما
100-200 م.
إ. 68، ع. 150 سم؛
رخام
متحف اللوفر

6.
نقش ضئيل البروز،
"تقديم القرابين"
(نسخة من العمل
الأصلي القديم)
**فرانسوا أونغير،
هنري بيرلان**
فرنسا
1642
إ. 72، ع. 154 سم؛
برونز
متحف اللوفر

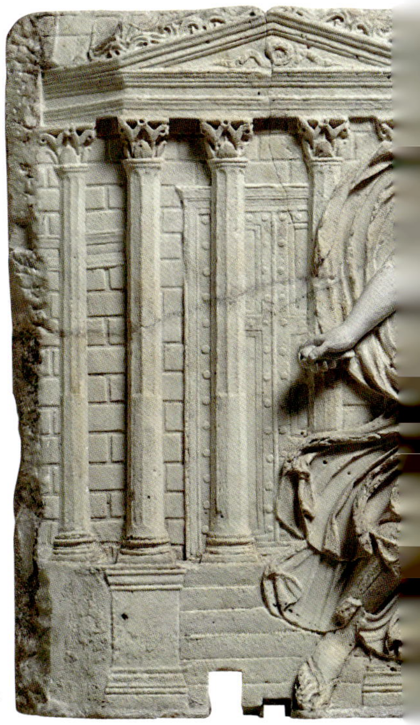

5

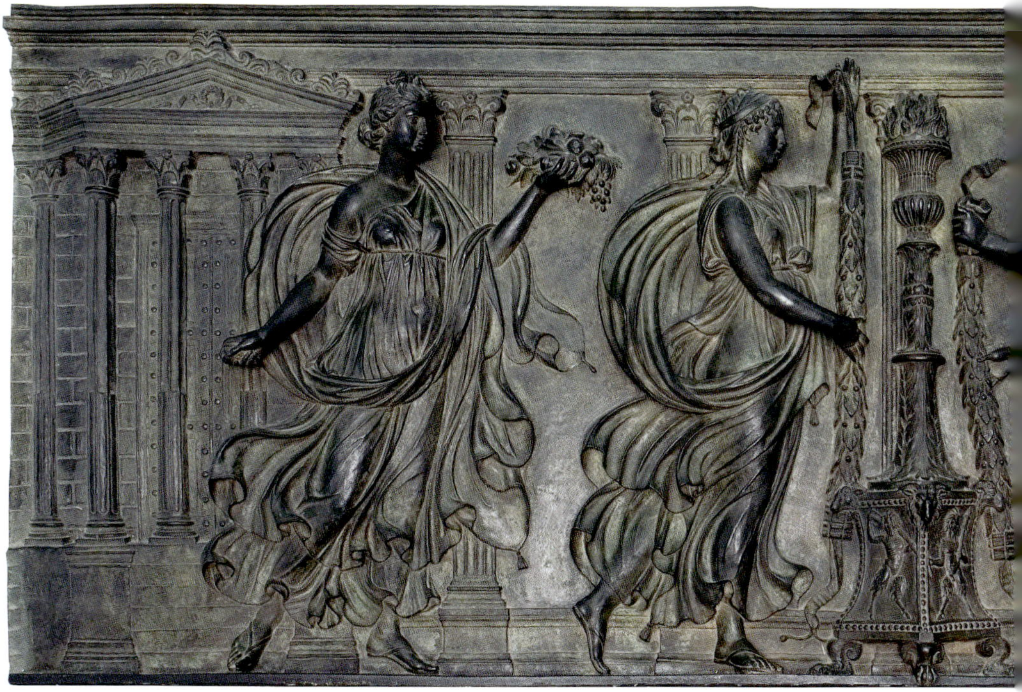

تحفة فنيّة:
أبولو البيلفيدير

أبولو البيلفيدير هو أحد أشهر تماثيل العصور القديمة وهو في الأصل تمثال برونزيّ يونانيّ يرجع إلى القرن الرابع قبل الميلاد. وقد عرفناه من خلال نسخة رومانيّة من الرخام ترجع إلى القرن الثاني الميلادي والموجودة حاليًا في متحف الفاتيكان بروما. اكتُشف هذا التمثال في أواخر القرن الخامس عشر الميلادي وسرعان ما أضحى محل إعجاب كبير في جميع أنحاء أوروبا ونموذجًا للجمال الذكوريّ على غرار تمثال "ديانا فرساي" (Diana of Versailles) الذي استقرّ الآن في متحف اللوفر وأصبح نموذجًا للجمال الأنثوي. وقد نُسِبَ التمثالان المتقاربان مبدئيًا إلى النحات ليوخارس، لكن الأمر ليس مؤكّدًا. ومنذ عام 1511، عُرض تمثال "أبولو" (Apollo) في باحة قصر البيلفيدير في الفاتيكان ضمن مجموعة من التماثيل القديمة الخاصة بالبابا يوليوس الثاني الذي استغلها لتعزيز سلطته الثقافيّة ونفوذه السياسيّ في روما وفي جميع الأمم الأوروبيّة.

بات امتلاك الكنوز القديمة بالنسبة للأمراء المسيحيين أمرًا ضروريًا ليس لتعزيز مكانتهم فحسب، ولكن لتوفير النماذج للفنّانين والحرفيين المكلّفين بإضفاء أكبر قدر من البريق على عصر هؤلاء الأمراء أيضًا. فقد حرص ملك فرنسا فرانسوا الأول - الذي أبهرته روعة الأعمال الفنيّة الموجودة في روما - على أن يجمع في قصره في فونتانبلو أفضل فنّاني عصر النهضة - ومعظمهم من الإيطاليين - لتزيين القصر وتشييد مجموعة من روائع أعمالهم الفنيّة. كما أرسل فرانشيسكو برماتيشيو (1504-1570) إلى روما في عامي 1540 و1545 لاقتناء تماثيل ترجع إلى العصور القديمة، ولصنع نُسخٍ من الأعمال الأكثر شهرة ومن بينها أعظم الأعمال الأثريّة الموجودة في الفاتيكان.

لقد ساعد صنع نسخ برونزية مقلّدة من هذه الأعمال باستخدام القوالب - وهي عمليّة حسّاسة ومكلفة جدًا - على تعزيز صورة الملك باعتباره الرمز الحقيقيّ للسلطة، إلّا أن هذه العمليّة قد مثّلت أيضًا مرحلة هامّة من مراحل انتشار مبادئ الفنّ الكلاسيكيّ. وقد سعت هذه الحركة الكلاسيكيّة التي نشأت في فرنسا إلى التعبير عن الواقع والنظام والسلطة من خلال جديّة الفنّ الكلاسيكيّ بشقّيه اليونانيّ والرومانيّ كما كان يبدو في القرون الأولى لاكتشافه. وتُعَدُّ النسخ التي جلبها برماتيشيو إلى قصر فونتانبلو أوّل مثال على الاعتراف العالميّ بمجموعة من القيَم الجماليّة القائمة ليس على المفهوم المجرّد "للكلاسيكيّة" ولكن على أعمال فنيّة محدّدة وعلى مبادئ فنيّة جديدة ستُعتمد على نطاقٍ واسع، إذ تفسح الأهميّة الدينيّة للعمل الأصلي المجال للجماليّة الرمزيّة الجديدة.

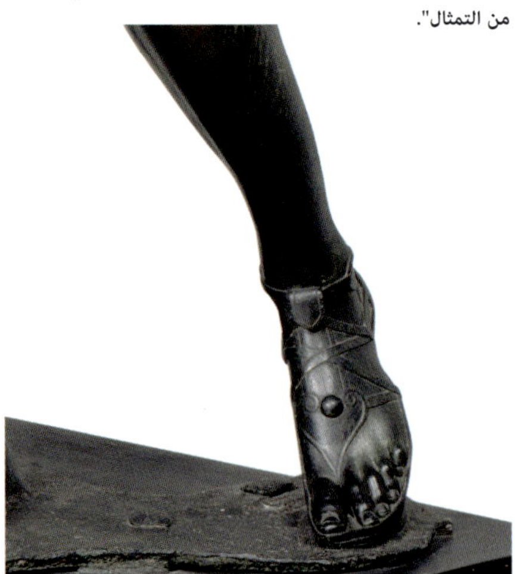

لا يبدو هذا الجسد واقعيًا من حيث بِنْيَته، فهو يعبّر عن فكرة أو مفهوم الجمال المثاليّ. وحسب تعبير يوهان يواخيم فينكلمان نحو عام 1756 "لا القلب بنبضه ولا الدم بتدفقه في العروق يمكنهما أن يبثا الدفء في هذا الجسد ويبعثا فيه الحركة، ولكن يبدو أن هناك روحًا سماويّة تتدفّق بكلّ هدوءٍ لتملأ كلّ جزءٍ من التمثال".

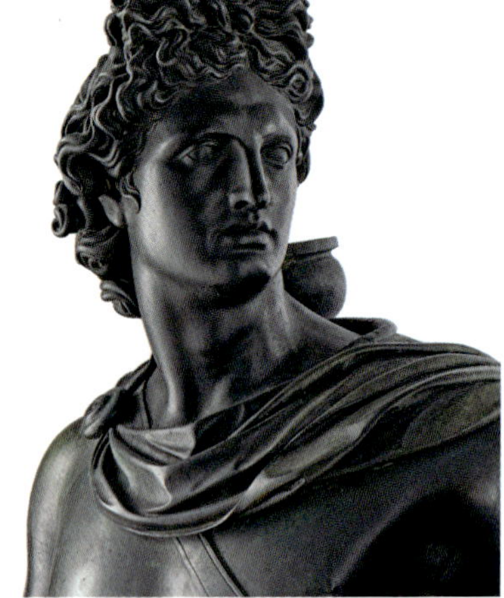

يعدّ تمثال أبولو بجماليّته المثاليّة إحدى السمات المميزة للفنّ اليونانيّ الكلاسيكيّ. وقد كتب يوهان يواخيم فينكلمان عنه نحو عام 1756 قائلاً: "لا يوجد جمال بشريّ يمكن أن يكون له هذا التأثير. فقامته تفوق في شموخها قامة الإنسان، وهيئته تدلّ على عظمته التي تتجلّى في كلّ جزءٍ منه. أما حركته فتبدو سريعة وكأنها مدفوعة بأجنحة الرياح الخاطفة".

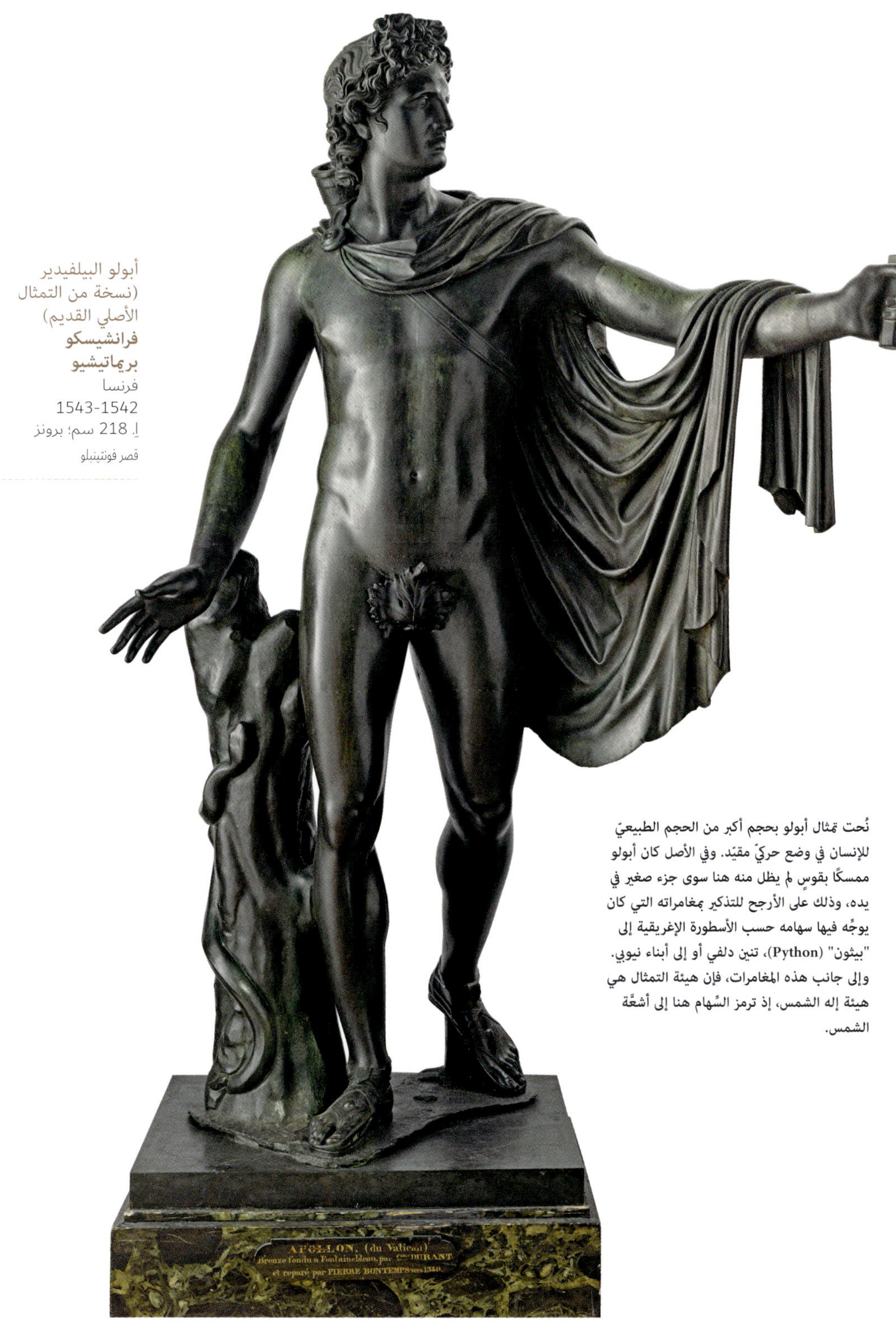

أبولو البيلفيدير
(نسخة من التمثال
الأصلي القديم)
**فرانشيسكو
بريماتيشيو**
فرنسا
1542-1543
اِ. 218 سم؛ برونز
قصر فونتينبلو

نُحت تمثال أبولو بحجم أكبر من الحجم الطبيعيّ
للإنسان في وضع حركيّ مقيّد. وفي الأصل كان أبولو
ممسكًا بقوسٍ لم يظل منه هنا سوى جزء صغير في
يده، وذلك على الأرجح للتذكير بمغامراته التي كان
يوجّه فيها سهامه حسب الأسطورة الإغريقية إلى
"بيثون" (Python)، تنين دلفي أو إلى أبناء نيوبي.
وإلى جانب هذه المغامرات، فإن هيئة التمثال هي
هيئة إله الشمس، إذ ترمز السِّهام هنا إلى أشعَّة
الشمس.

تزامنت إعادةُ اكتشاف الفنّ القديم في أوروبا مع انتشار العلم والفلسفة اليونانيّة والرومانيّة التي جعلت الإنسان محور اهتماماتها. ولقد ساعدت القراءة النقديّة للأعمال القديمة على ظهور المذهب الإنسانيّ، وهو تيّار فكريّ ظهر في بداية القرن الخامس عشر وقام على الإيمان بإمكانية تحقيق التطوّر الإنساني من خلال السعي إلى فهم أنفسنا وكل ما يحيط بنا بصورة أفضل.

السمو بالواقعيّة

انعكس المذهب الإنسانيّ في الفنون من خلال اعتماد الفنانين الواقعيّة في أعمالهم التي سعوا فيها إلى محاكاة ما تراه العين بكلّ دقّة وعناية. وبذلك لم يعد الفنّان مجرّد حِرَفيّ، بل اكتسب مكانة جديدة بفضل قدرته على إدراك البناء المنطقي للأشياء وعلى تصوير الحياة والسموّ بها في أعماله. وفي عصر النهضة، لم يكن الإنسان مجرّد ملاحظ فحسب، بل كان أيضًا محل ملاحظة واهتمام بسبب تفرّده وجسده وروحه. واستعاد فنّ الصورة الشخصية مكانته المرموقة بعد أن طواه النسيان منذ عصر الإمبراطوريّة الرومانيّة. فلم يعد الفنّان يكتفي بمجرّد تصوير المكانة الاجتماعيّة أو المظهر الجسدي لشخصياته، بل أنجز في لوحاته صورًا شخصية نفسيّة حقيقيّة تعبّر عن هذه الشخصيات بكل ما تنطوي عليه من تعقيدات، بوصفها سيّدة مصيرها. لقد باتت الشخصيّة القابعة خلف الصورة هي محور اهتمام الفنّان.

ساعد ظهور عدّة ابتكارات تقنيّة وفنيّة مختلفة في أوروبا خلال هذه الفترة الفنانين على بلورة أفكارهم وأساليبهم الجديدة في الرّسم والنحت وفنّ العمارة. وأصبح التعليم في الأكاديميات والورش الفنية يتمحور حول محاكاة الطبيعة سواء في الفنون الزخرفيّة أو الفنون التصويريّة.

وبخلاف التصوير الرمزيّ الذي كان سائدًا في القرون الوسطى، فإن نجاح الفنّ التشكيلي يُقاس بمدى التشابه بينه وبين الطبيعة، ومادام التعلّم يرتكز على التقليد، فإن مهارات الرّسم لا يمتلكها إلا قلّة قليلة من الرسّامين القادرين على إبداع صور مقنعة تؤهلهم لحمل لقب "فنان". ويعتبر تطور الرّسم الزيتيّ نقلة نوعيّة ساعدت الفنّانين على بلوغ مستويات عالية من الخداع الفنّيّ خصوصا فيما يتعلّق بالتفاصيل أو اللّعِب على الضوء لجعل الشخصيات في لوحاتهم تنبض بالحياة وتتّخذ الأحجام المناسبة.

وفي العالم الإسلاميّ الذي كان يحرّم رسم جميع المخلوقات، كان استحضار الواقع ممكنا من خلال أشكال من نسج الخيال والابتكار. ولكن في بداية القرن السادس عشر، أدّت أسفار بعض الفنانين، مثل جينتيلي بيليني، الذي سافر إلى القسطنطينيّة بدعوة من البلاط العثمانيّ في عام 1479، والمبادلات التجاريّة مع بلاطات الأمراء في عصر النهضة، وكذلك الحملات التبشيريّة الأولى، إلى فتح آفاق جديدة أمام الفنّانين في العالم العربيّ والإسلاميّ. كما ساهم ولع الملوك بمشاهدة الطبيعة في انتشار المذهب الواقعيّ في الأوساط الفنيّة.

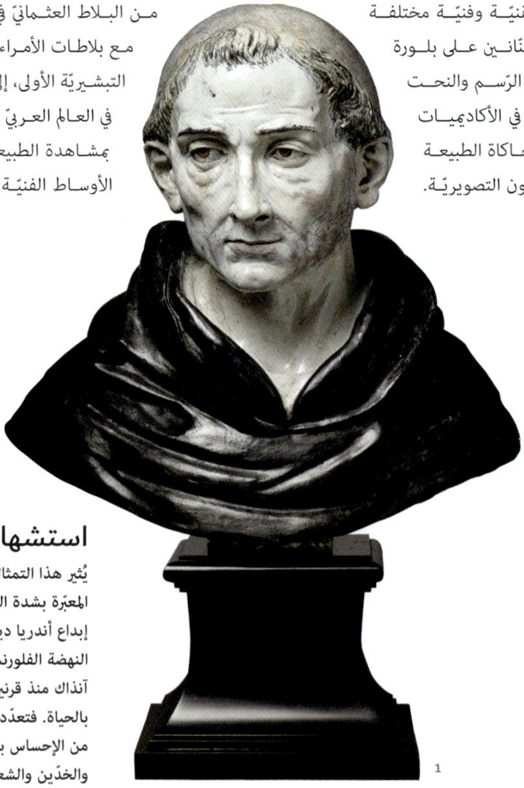

.1
القديس بيير من فيرونا، شهيد مسيحي
أندريا ديلا روبيا
إيطاليا، فلورنسا
نحو 1490
إ. 59 سم؛ خزف مطلي بالمينا
اللوفر أبوظبي

استشهاد راهب

يُثير هذا التمثال النصفيّ لراهبٍ دومينيكيّ ذي الملامح المعبّرة بشدة الدهشة بواقعيّته المفرطة. التمثال من إبداع أندريا ديلا روبيا، أحد أعظم النحّاتين في بداية عصر النهضة الفلورنسيّة. فالشخص المنحوت الذي كان قد تُوُفّيَ آنذاك منذ قرنين ونصف يبدو أمامنا كما لو كان ينبض بالحياة. فتتعدّد الألوان على الفخار المطليّ بالمينا يزيد من الإحساس بالواقعيّة، ولا سيما لون العينين والشفتين والخدّين والشعر.

بطل إنجليزي

أصبح الرسّام الألماني هانس هولباين الشاب رسّام الصور الشخصية المفضّل لدى بلاط الملك هنري الثامن ولدى الأسر الراقية في لندن. يجسّد هذا العمل توازنًا جريئًا بين المثاليّة الكلاسيكيّة والواقعيّة الخاصة بتلك الفترة. وتذكّرنا هذه الصورة الجانبية للسير توماس ويّات الشابّ -أحدُ النبلاء الإنجليز الذي أُعدم بقطع الرأس وعمره 33 عاما بسبب الخيانة-بتمثالٍ نصفيٍّ أو قطعة نقدية من العصور القديمة. يجمع هذا العمل بين البساطة في التشكيل ودقّة التفاصيل وقوّة التعبير وهي جميعها من السمات المميّزة للمدارس الشمالية.

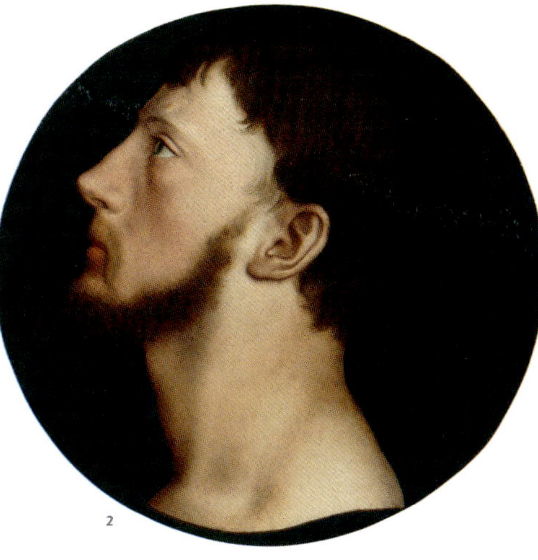

2

من قلب الحياة الخاصّة

في حين انطلقت النهضة الأوروبية في مدينتي فلورنسا وبروج (شمال غرب بلجيكا)، تصدّرت البندقيّة الساحة الفنيّة في القرن السادس عشر. يجسّد تيسيان هنا قدرة الرسام على بثّ الدفء والنعومة والمضمون في الصورة الشخصية. تمسح الفتاة شعرها بعطر من قارورة تحملها في يدها اليسرى، بينما تشاهد مظهره الخلفي على مرآتين يمسكهما رجل شاب من الخلف. وتعكس هذه اللوحة الرائعة تمجيد الجمال الذي كان السمة المميزة للوحات البندقيّة، الجمال الذي يظل على الرغم من سِحره واقعيًّا وسهل المنال.

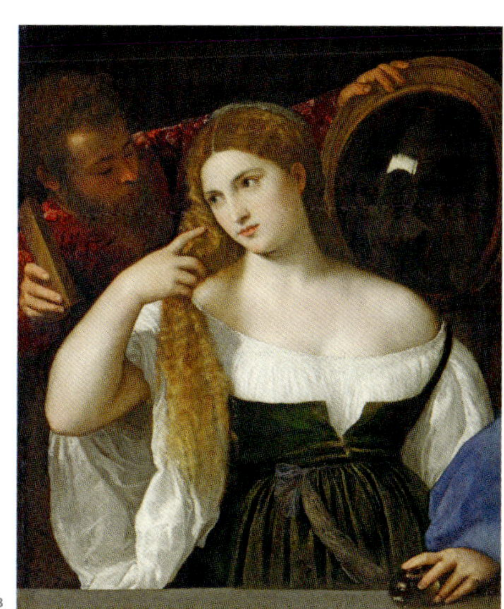

3

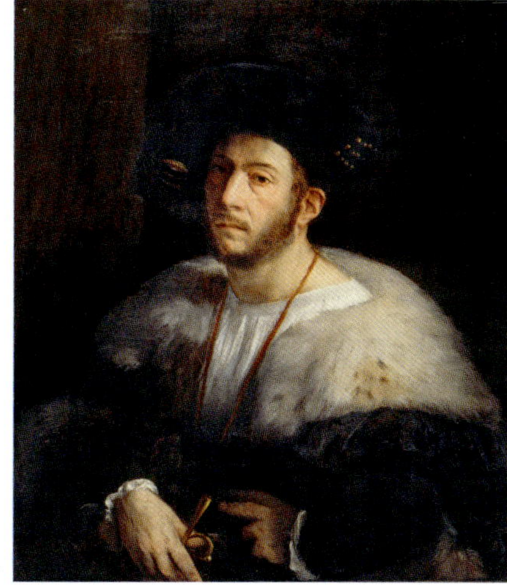

4

النُّبْلُ والواقعيّة

إن دقّة الوصف الواقعيّ لتعابير الوجه من خلال العينين المفعمتين بالحياة وقوّة التعبير الفنّي للملامح، والإحساس بالحجم في تصوير الجسم العلوي وحركة اليدين وتناسق الضوء والظلّ وتناسق الألوان عن طريق التدرّج في اللُّونين البيج والرمادي، كلها سمات تجعل من هذه اللوحة خير مثالٍ على التصوير الواقعيّ في عصر النهضة. ويسهم إطار الصورة الضيّق الذي يُقرّب الجسم بحيث لا يُظهر إلا نصفه في خلق نوعٍ من الألفة مع الشخصيّة المرسومة، وهو ما يعزز الإحساس بانطباعها عن الحياة.

تحفة فنية:
لوحة "لا بيل فرونيير"

استطاع ليوناردو دا فينشي، أكثر من أيّ فنّان آخر، أن يُجسّد روح عصر النهضة، وكانت أعماله ولا تزال حتى يومنا هذا تأسر القلوب بسحر جمالها. كان ليوناردو فنّانًا متعدد المواهب، حيث كان مثقّفًا وعالمًا ومهندسًا ومخترعًا وعالم نباتٍ، ولعبت ابداعاته التقنية والفنيّة دورًا رئيسيًا في تطوّر الفنّ في أوروبا.

تستند أعماله على مشاهدة الطبيعة وعلى التحليل التجريبيّ للعالم. وقد نجح في ابتكار نماذج رائعة من اللوحات من أبرز سماتها تأثير "اسفوماتو" (sfumato) أو تمازج الألوان على الرّسم المنظوريّ الفضائيّ الذي يُضفي عليه تدرّج الظلال سحرًا خاصًا. وفي عام 1482، غادر ليوناردو مدينة فلورنسا وهو لا يزال تلميذًا مبتدئًا في ورشة مِلكها الفنّان أندريه دل فروكيو والتحق بقلعة سفورزيسكو في دوقية ميلانو ليعمل رسّامًا ومهندسًا، لكن ضم فرنسا لدوقية ميلانو خلال فترة حكم لويس الثاني عشر عجّل بعودة ليوناردو إلى فلورنسا مرورًا بمدينتي مانتوفا والبندقيّة. ثم ذهب بعد ذلك إلى روما حيث كان يعمل مايكل أنجلو ورفائيل. وفي عام 1517، التحق بخدمة الملك فرانسوا الأول في فرنسا وظلّ هناك إلى غاية وفاته عام 1519.

تُعد لوحة "لا بيل فرونيير" واحدة من أهمّ أعمال الفنّان الإيطالي التي تعود إلى عصر النهضة. فإضافةً إلى قدرة الرسّام الفنية والتقنيّة على محاكاة الطبيعة تمامًا كما يراها، فإن هذا العمل يعكس رغبته في ابتكار لوحة شخصية نفسيّة حقيقية. فهذه اللوحة تثير فضول المشاهد من خلال نظرة المرأة الشابة العميقة والثاقبة والخلفية أحاديّة اللّون التي تزيد من عمق هذا المشهد.

ورغم كلّ ذلك فإنّ هذه المرأة لا تنظر إلى عينيْ المشاهد، بل تخترقه رافضةً قبوله ضمن المشهد التصويريّ للوحة. ويتأكّد هذا التباعد من خلال ذلك الحاجز الوهميّ في مقدمة اللوحة الذي يفصل بين الفضاء التصويريّ الأماميّ والفضاء الحقيقيّ ويسهم أيضًا في تعزيز جلال هذه المرأة الشابة.

لاقت هذه اللوحة نجاحًا باهرًا بسرعة، إذ وصلت بعد اكتمالها بوقت قصير إلى فرنسا، حيث ورد ذكرها ضمن قائمة المجموعات الفنيّة للبلاط التي وضعها شارل لوبران، كبير الرسّامين لدى الملك لويس الرابع عشر ومدير الأكاديميّة الملكيّة للرسم والنّحت. وقد عُرضت هذه اللوحة في قصر فرساي قبل عرضها في متحف اللوفر منذ عام 1797 حتى اليوم.

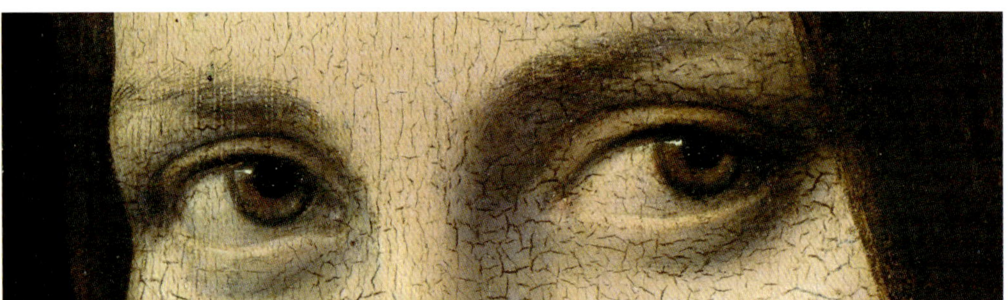

وتظل هويّة الشابة المرسومة سرًّا غامضًا ومحل أخذٍ وردّ. فقد اختلفت آراء الخبراء بين من يعتقد أن الشابّة هي بياتريس ديستي زوجة لودوفيكو سفورزا دوق ميلانو ومن هُواة ليوناردو دا فينشي، ومن يرى أن هذه اللوحة تصوّر عشيقته لوكريسيا كريفيلي. وفي ظل هذه الحيرة، سُميت اللوحة حاليًا باسم "الفرونير" (ferronnière)، أي قطعة الحُليّ التي تزيّن جبين هذه المرأة الشابّة.

تُضفي حركة الجسم حيويّة كبيرة على اللوحة وتجعل الشخصيّة مفعمة بالحياة. وتُعزّز هذا الانطباعَ نظرةُ الشابة بطرف العَيْن وكأنّها في حالة دهشة، وبذلك يتجنب الرسام المنظور الأماميّ للصورة الشخصية السائد آنذاك. وتمتدّ مساحة اللوحة لتشمل فضاء المتفرّج الذي تدعوه اللوحة إلى الاستدارة لكي يتابع هذه النظرة ويكشف غموضها.

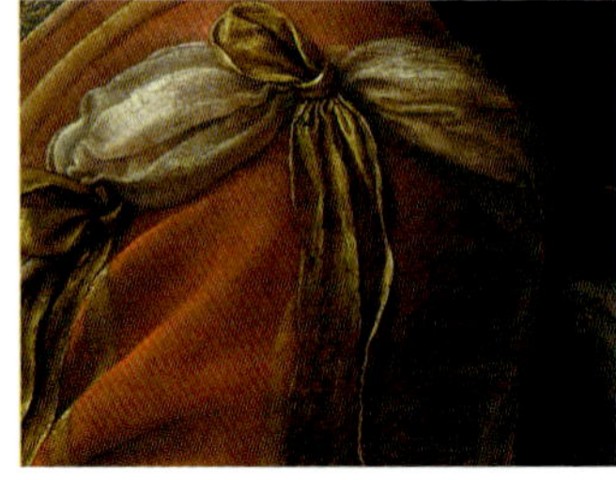

صوّر الرسّام العِقْد ذا الجدائل المتعدّدة وثنايا أكمام الثوب الذي يعود إلى عصر النهضة بمنتهى البراعة والمهارة الفائقة مستخدمًا مجموعة ألوان متدرّجة ودقيقة. وقد مكّنت صورة المرأة الشابة المتلفتة قليلًا نحو اليسار من إضافة شيء من العمق والحجم على هذا العمل الفنيّ.

لوحة لامرأة تُسمى
"لا بيّل فرونير"
ليوناردو دا فينشي
إيطاليا، ميلانو
1495-1499
إ. 63، ع. 45 سم؛ ألوان زيتية على لوح خشبي
متحف اللوفر

218

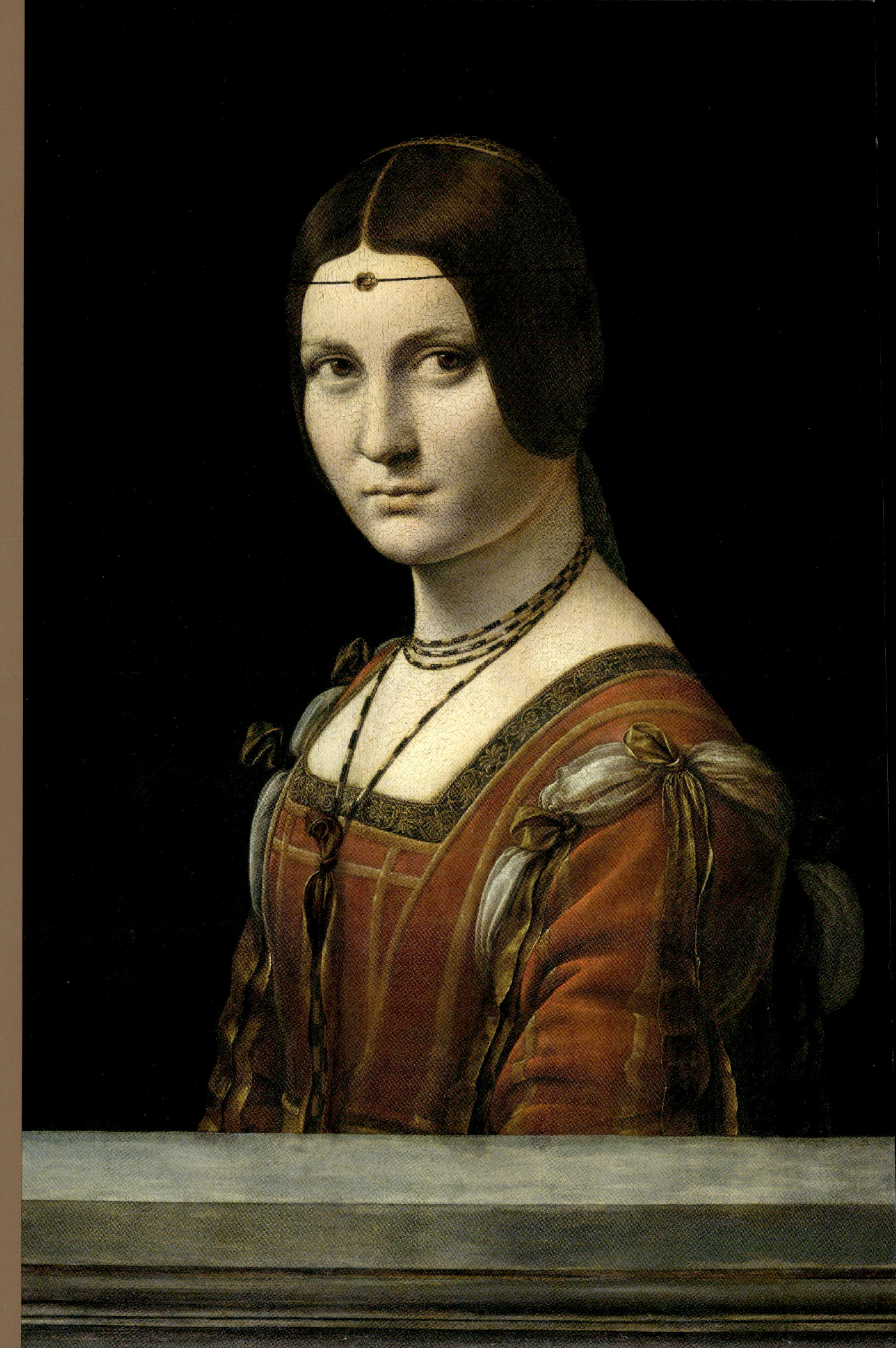

يُعَدُّ الخزف رغم هشاشته أكثر المنتجات تبادلًا بين الشعوب في العالم. وظلّت الصين لفترة طويلة تحتكر وحدها الابتكارات التقنيّة والفنيّة الرئيسيّة المتعلّقة بصناعة الخزف الصينيّ وخاصة الخزف الأزرق والأبيض الذي كان من أغلى السلع. وقد كانت الأنماط الزخرفيّة تنتقل من مكان إلى آخر، وفي أغلب الأحيان، كانت تُعدَّل وفق ذوق وروح البلاد المستضيفة لها. وكانت القطع الخزفية القديمة القادمة من مدينة إزنيق، التي كانت مركزًا لصناعة الخزف في الإمبراطوريّة العثمانيّة منذ بداية القرن الخامس عشر، تحمل زخارف مستوحاة من الأسلوب الصينيّ القديم قبل أن تُطوِّر المدينة في بداية القرن السادس عشر أسلوبًا زخرفيًّا نباتيًّا طبيعيًّا أصبح لاحقا طابعها المميّز. وفيما بعد، باتت الأواني الخزفية الإزنيقيّة بدورها مصدر إلهام للخزّافين الغربيين الذين حرصوا على محاكاة أسلوبها وتعديله في صناعاتهم الخزفيّة لاسيّما في مدينة البندقيّة.

فنّ الخزف
رحلات وتأثيرات

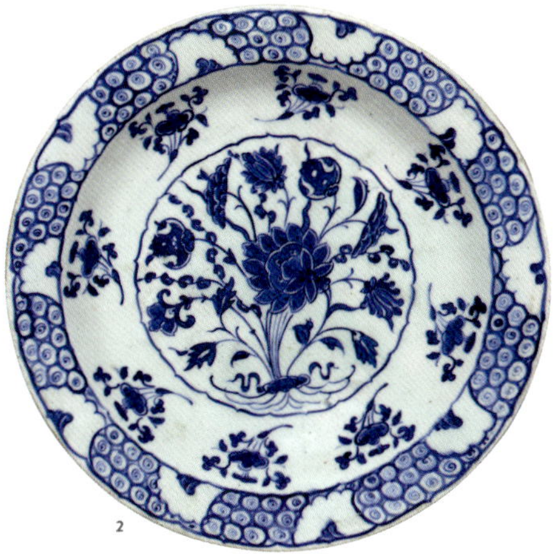

2

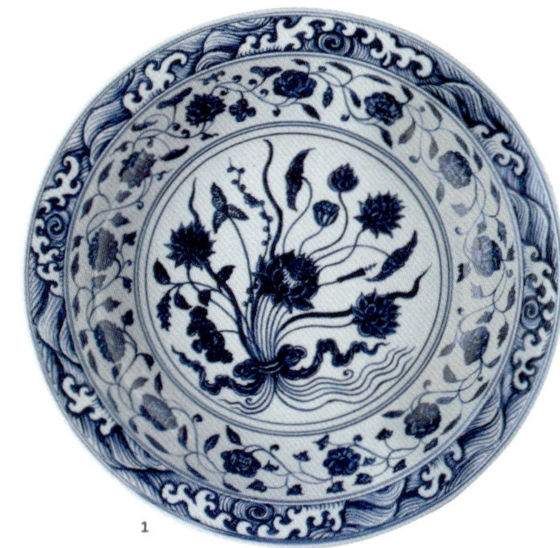

1

رواج الخزف الصينيّ

يحمل هذا الطبق الكبير المصنوع من خزف البورسلان الأزرق زخارف على شكل زهور حلزونيّة في جزئيه الداخليين، بينما زُيِّن سطحه الدائريّ الكبير بباقة من أزهار اللوتس وأوراق معلّقة في شريط، ورُسمت على حافته المسطَّحة أمواج متلاطمة. مثّل هذا الطبق نموذجًا من القطع الخزفية التي صنعت في أفران جينغدتشن (Jingdezhen) في مطلع عهد أسرة مينغ، تحت حكم الإمبراطور يونغله (حكم بين 1402-1424)، عندما أعادت الأسرة الحاكمة الجديدة فتح مصانع الخزف التي أنتجت قطعًا تميّزت بحرية كبيرة في اختيار الصور والأشكال ذاع صيتها خارج حدود الصين وأصبحت رمزًا لصناعة البورسلان في جميع أنحاء العالم.

من الصين إلى الإمبراطوريّة العثمانيّة

في بداية القرن الخامس عشر، تأثّر الخزف العثمانيّ كثيرًا بخزف البورسلان الصينيّ الذي كان يدخل الإمبراطورة من خلال التجارة أو تبادل الهدايا الدبلوماسيّة. وكانت الأطباق والأكواب والأباريق المستوردة من الصين لتأثيث مائدة السلطان نماذج تحتذى خضعت زخارفها، مثل زهور اللوتس التي رُسمت على هذا الطبق، للتعديل بدرجات متفاوتة من الحرية. ويُعدُّ هذا الطبق نسخةً تكاد تكون مطابقةً لطبق صينيّ تُعرض بعض النماذج منه في متحف توب كابي. إنّ التزيين باللّون الأزرق الداكن تحت طبقة من الطلاء المزجج الشفاف تعيد إلى الأذهان انسجام الخزف الصينيّ الأزرق والأبيض، ولكنه يفتقر لملمسه ورنينه المتميّز.

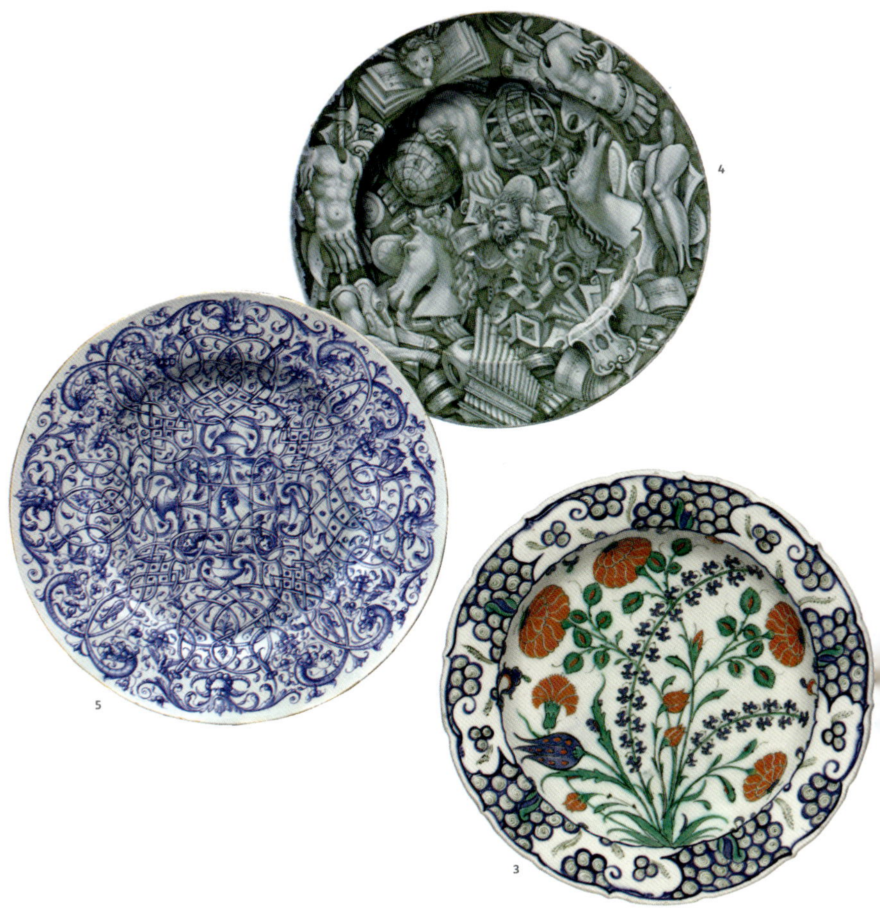

.1

طبق مزخرف باللونين
الأزرق والأبيض
وبباقة أزهار معقودة
الصين، مقاطعة
جيلغشي
نحو 1350
ق. 44.3 سم؛ خزف
بورسلين ملون بالأزرق
المتحف الوطني للخزف
- سيفر وليموج

.2

طبق مزخرف باللونين
الأزرق والأبيض
وبباقة أزهار اللوتس
تركيا، إزنيق
1575-1570
ق. 30 سم؛ خزف
بزخارف مزججة
اللوفر أبوظبي

.3

طبق مزخرف
بأربع أزهار
تركيا، إزنيق
نحو 1575
ق. 28.3 سم؛ خزف
بزخارف مزججة
اللوفر أبوظبي

.4

طبق مزخرف بغنائم
من الأسلحة
جاكومو دا بيزارو
إيطاليا، البندقية
1543-1530
ق. 46.5 سم؛ خزف
مصقول وملون
اللوفر أبوظبي

.5

طبق بزخارف
متداخلة وتمثال
نصفي لامرأة
جاكومو دا بيزارو
إيطاليا، البندقية
1543-1534
ق. 45.2 سم؛ خزف
مصقول وملون
اللوفر أبوظبي

الخزف الأوروبيّ

إن الأنماط الزخرفيّة والأساليب المستخدمة في إنتاج خزف الفاينس في البندقيّة تجعل منه فنًّا مميزًا عن غيره في عصر النهضة الإيطاليّة. ولكن هذه الأنماط قد تأثرت في الواقع بعلاقات البندقيّة التجاريّة والعسكريّة مع الشرق، إذ أتاحت للقطع التي كانت لا تزال حينئذٍ نادرة جدًّا في الغرب الوصول للمدينة أولاً. وقد طوّرت ورشة جاكومو دا بيزارو، التي كانت إحدى الورشتين الأكثر شهرة في البندقيّة آنذاك، تقنيّة الطِلاء بالمينا الأزرق الرمادي الصافي الذي أطلق عليه اسم "بيريتّينو" (berettino) وهو عبارة عن مادة زجاجيّة لبنيّة تستعمل لطلاء الأواني الخزفيّة في محاولة لتقليد الخلفيّات البيضاء لخزف البورسلان الصينيّ ولاسيّما عجينة السليكون المستخدمة في خزف الفاينس الإزنيقيّ. ويحمل هذان الطبقان المصنّفان كأوانٍ فاخرة بسبب حجمهما وكثافة زخرفتهما، زخارف مستوحاة من أساليب التكلّف التي كانت سائدة في إيطاليا خلال القرن السادس عشر.

لغة الزهور

يُمثِّل شكلُ هذا الطبق الواسع التطور الهائل الذي شهدته صناعة الخزف الإزنيقيّ والأسلوب الطبيعيّ لباقات الزهور التي كانت سائدة في القرن السادس عشر. وإذا كان الشكل المحزّز لحافة الطبق مع الزخرفة بالأمواج المنمقة نمطًا مستوحًى من الأشكال الصينيّة، فإن الزخرفة باستخدام الورود وأزهار الزنبق والقرنفل والأزهار الياقوتيّة هي نمطٌ محليٌّ محض. لقد استُوحيَ هذا الأسلوب الذي يسمّى "الزهور الأربعة"، والذي انفصل عن الأشكال الهندسيّة السابقة، من النباتات المزروعة في حدائق إسطنبول. وقد كانت لبعض الزهور دلالات رمزيّة خاصّة: فالزنبقة على سبيل المثال التي تسمى بالتركيّة "للي" (lale) هي جناس تصحيفي لكلمة "الله"، أما الورد فيقترن بالنبيّ محمد (صلّى الله عليه وسلّم).

221

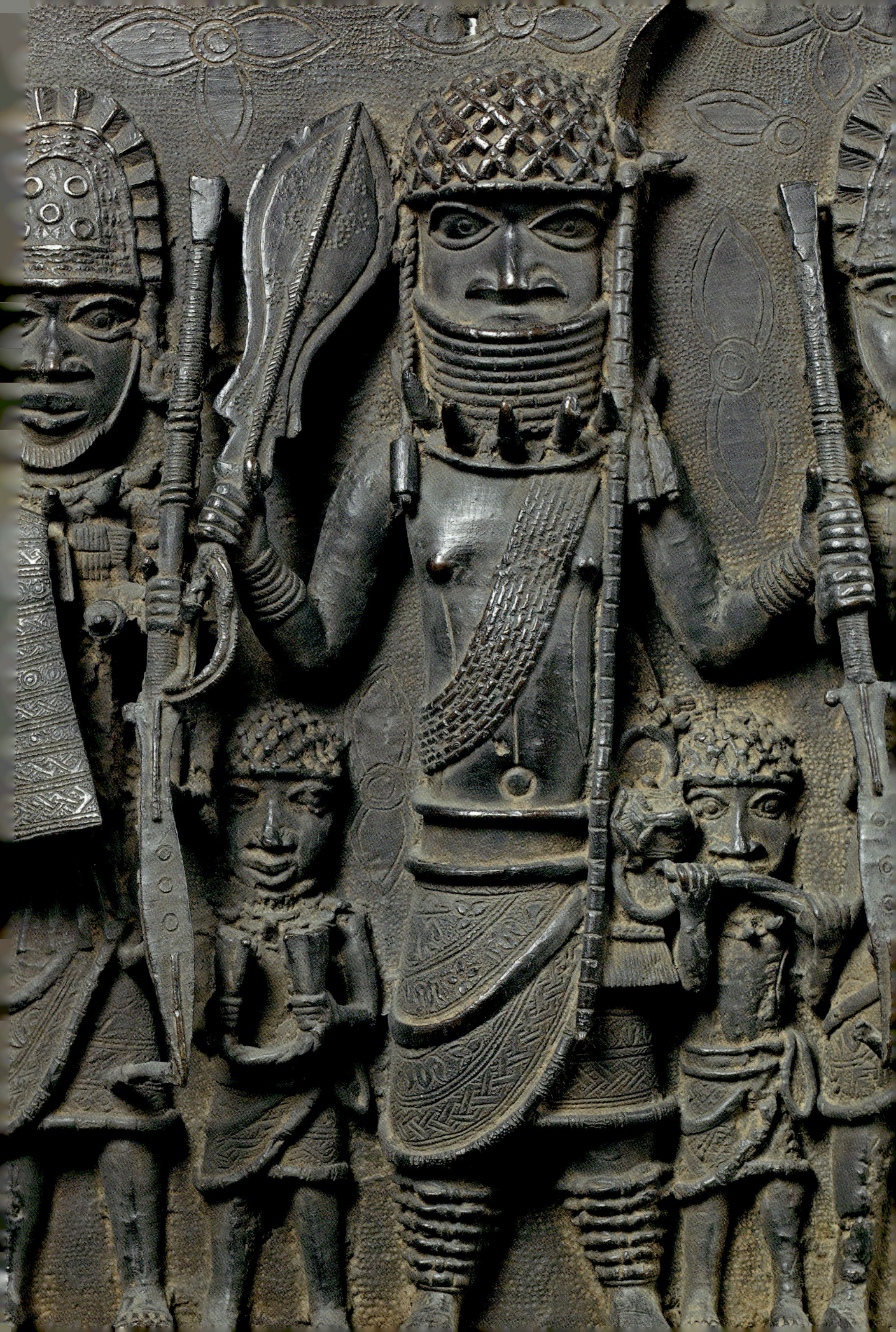

قاعة العرض 8

في بلاط الأمراء

أدّى التواصل بين مختلف أنحاء العالم إلى احتدام التنافس بين الملوك والأمراء، وانتشر ذلك في آنٍ واحد في جميع القارّات من أوروبا إلى الصين مرورا بالإمبراطوريّات الإسلامية والممالك الإفريقيّة. وتجلّت عظمة الأمراء في استعراض رموز سلطتهم وفي تصوير جلالة شخصهم وفخامة بلاطهم. وأصبحت الصور الرسميّة للمَلِك المنتصر ممتطيًا صهوة حصانه من الصور التي تُبرز المَلك في أوج قوّته وقمّة مجده. وأصبح درع المَلِك عنصرًا زخرفيًا يذكّر بدوره كحامي البلاد والعباد ضِدَّ قوى العدوّ الغاشمة. وتنازع الملوك والأمراء على استقطاب أَمْهَرِ الفنّانين، وأمروا بتنفيذ أعمال زخرفيّة جديدة وأنفقوا المبالغ الضخمة لتشييد القصور مثل قصر فرساي والكنائس الضخمة للغاية. وفي الوقت ذاته أُنشئت الأكاديميّات لتطوير الفنون وتنظيمها لتصبح أدوات في خدمة السلطة. وفي القرن السابع عشر، ظهرت مجموعات كبيرة من اللوحات الفنيّة التي ما إن تحرّرت من وظائفها الأكاديميّة والرمزيّة حتّى أصبحت وسائل للتعليم والتأمُّل، وارتقت في نهاية المطاف إلى مرتبة الأعمال الفنيّة. ويعكس تنوُّع المدارس الفرنسيّة الطموح الذي حظي به هذا الفنّ العظيم. ففي البلدان التي كانت تدين بالمذهب الكاثوليكيّ تطور الفنّ الباروكي الذي كان يهدف في كثير من النواحي إلى إبراز العقيدة الكاثوليكيّة. أمّا في جمهوريّة هولندا البروتستانتيّة، فقد انتشر فنّ الرّسم الذي يصوِّر مشاهد مختلفة من الحياة اليوميّة وكذلك فنّ رسم الصورة الشخصيّة باختلاف أنواعه، وذلك تلبيّة لرغبات مجتمع جديد أثرى من وراء التجارة بين القارات. وقد سعت مملكة فرنسا إلى إحداث توازن بين الفنّ الباروكي وبين مدارس الشمال من خلال إنشاء المدرسة الكلاسيكيّة التي ساهم نجاحها في الارتقاء بباريس إلى مرتبة العاصمة الجديدة للفنون. كما افتُتِن العالم الإسلاميّ بفنّ الرّسم مع تطوّر فنّ المنمنمات. كما أصبح فنّ الرّسم بحكم المواضيع التي تناولها إحدى أهمّ الوسائل التي استعملت في تعليم الأمراء الناشئين بفضل تطور شكل الألبومات وظهور المجموعات الفنية الكبرى. أمّا في الشرق الأقصى فلم تكن المجموعات الفنية حكرًا على أصحاب السلطة وحدهم، بل كانت مصدر إلهام وتأمُّل لدى العلماء والمفكرين وخاصّة تلك التي تُصوِّر المناظِر الطبيعيَّةَ.

في سياق العولمة الاقتصاديّة التي تنامت بين القرنين الخامس عشر والثامن عشر، جعل الأمراء من الفنّ بمختلف أشكاله العمرانيّة والاستعراضيّة أداة رئيسية للحكم ولإبراز مظاهر السلطة. وقد لعب فنّ رسم الصورة الشخصيّة الرّسميّة دورًا رئيسيًّا في نشر صورة المَلِك في انتقالها من بلاطٍ إلى آخر خاصّة بعد تضاعف أعداد السفارات.

الفنّ في خدمة السلطة

ظهرت أولى الأعمال الفنيّة التي تمجّد الملوك والسلاطين في العالم الإسلامي أثناء قيام إمبراطوريات العصر الحديث الثلاث ألا وهي إمبراطوريّة المغول والإمبراطوريّة الصفويّة والدولة العثمانيّة. وتُشير العديد من الصور الشخصيّة التي رسمها رسّامون أتراك وغربيون للسلطان سليمان المعروف باسم سليمان القانونيّ وخلفائه إلى مدى التأثير الأوروبيّ في هذا المجال. فبينما اتّسم فنّ الرّسم العثمانيّ بالواقعيّة وبالبحث عن الحقيقة، ظهرت عادة مميّزة في بداية القرن السادس عشر في شمال غرب الهند تقوم على تصوير الأمراء وأفراد الأسرة المالكة. فكانت هذه اللوحات تُظهِر الأمير في صورة شخصيّة جانبيّة أو صورة شخصيّة تُغطّي ثلاثة أرباع الجسم وهو في وضع ساكنٍ وطبقًا للمراسم والتقاليد الخاصّة بالبلاط. ثمّ انتشر هذا النوع من اللوحات تدريجيا في باقي أنحاء الهند

وإيران ليحقّق نجاحًا باهرًا في القرن السابع عشر بانتشار رسوم الألبومات. أمّا في أوروبا، فقد أصبح رسم الصورة الشخصيّة فنًّا أساسيًّا في ظلّ ديناميكيّة تمجيد الفرد، إذ استغلّ الأمراء والملوك صورهم كأداة أساسيّة لتمجيدهم في كلّ وقت وزمان. كما عرف فن الصورة الشخصية شيئًا من التقنين بإشراف الأكاديميّات الفنيّة، مثل الصورة الشخصيّة الرّسميّة التي تغطّي ثلاثة أرباع الجسم التي أبرزت عناصر النشاط والحيويّة والراحة الأرستقراطية اللازمة لتصوير الحاكم كصاحب همّة عالية. أمّا تلك الزخارف وغيرها من مظاهر البهرج من ملابس وستائر، فتسهم في تسليط الضوء على صاحب العرش وتضفي عليه مسحة من الواقعيّة والخلود التي توحي بتطلعه نحو الحكم الأزلي، في حين أن ضخامة حجم اللوحات تعزز الانطباع بقوّته الفائقة.

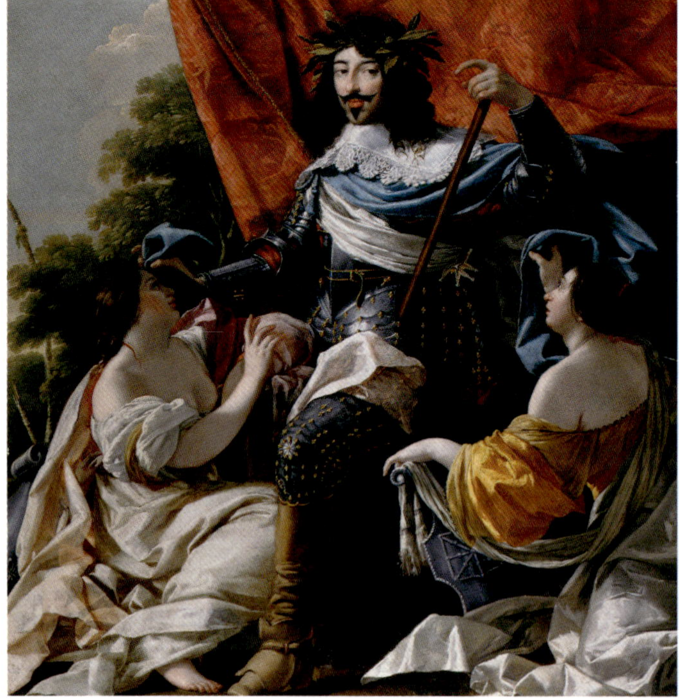

رمز السلطة

تجسّد هذه الصورة الشخصيّة لملك فرنسيّ صورة السلطة الملكيّة في القرن السابع عشر. ويظهر فيها الملك لويس الثالث عشر (1601-1643) منتصرًا ومرتديًا درعه ويحمل في يده عصاه التي يعطي بها الأوامر، بينما وُضعت خلفه ستارة حمراء لتقليص المشهد الخلفي وتركيز كل الاهتمام على الملك. أمّا بالنسبة للفتاتين الفاتنتين، فلا تمثلان شخصيّتين حقيقيّتين بل هما تشخيص لمملكتي فرنسا ونافارا اللّتين وحدهما الملك هنري الرابع والد لويس الثالث عشر. وهكذا ظهر ملك فرنسا في هيئة شبه إلهية كحامي للشخصيتين الرمزيتين عند قدميه.

الصورة الشخصيّة في المنمنمات الهنديّة

ظهرت أولى الصور الواقعيّة للملوك في القرن السابع عشر على شكل رسوم ألبومات في الهند وإيران حيث لاقت رواجًا كبيرًا. فبعد مرور ما يزيد عن قرن على ظهور المنهج الشكليّ، أدخل الفنانون تغييرات شكليّة على الصورة الشخصيّة من خلال التركيز حصريًا تقريبًا على الوجه.

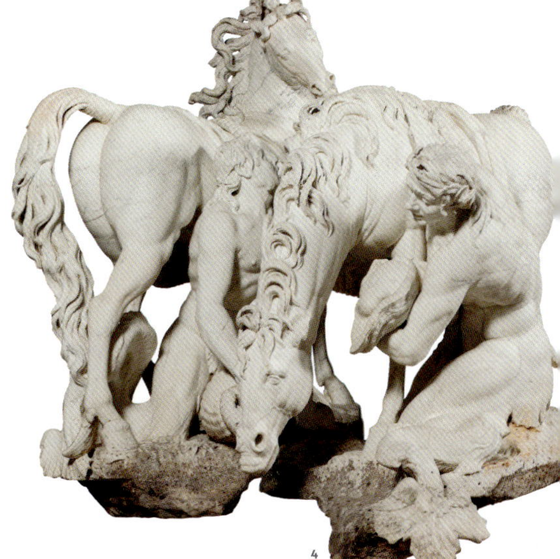

2

الصورة الشخصيّة للعائلة المالكة

يظهر هنا شجاع الدولة (1729-1775)، نائب مملكة أوده وكبير وزراء الإمبراطور المغوليّ، ومعه ابنه الأكبر في العاصمة فايز آباد عام 1772. تجسّد هذه اللوحة للفنّان الإنجليزي تيلي كيتل، الذي كان من أوائل الفنانين الأوروبيين الذين سافروا إلى الهند، تطوّر النمط الشرقي في الرّسم، كما يتضح من خلال الزخرفة المعمارية الشرقية الفخمة، ومن السجّاد الذي اقترن في مخيّلة الأوروبيين بالعالم العربيّ والإسلاميّ.

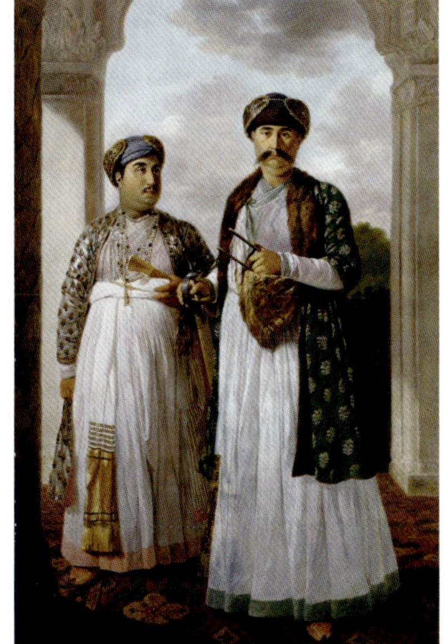

3

خيول ملك الشمس

اتّخذ الملك لويس الرابع عشر من قصر فرساي مقرًّا لحكمه، حيث عمل الفنانون بناءً على أوامره وفقا لبرنامج فنّي يتنافس فيه الجميع لإخراج الصورة الملكيّة في أبهى الحُلَلِ. وهكذا أصبح القصر بحدائقه تجسيدًا لنهضة فنيّة شاملة تصبّ في صالح خدمة الملك. فالفنّ المعماريّ والديكور الداخليّ والأثاث وحتّى الحدائق، وكل شيئ كان يهدف لإبراز عظمة وفخامة الملك الذي لم يتردّد في الظهور في صورة الإله أبولو، وفي اتّخاذ الشمس شعارا له. وتجسّد هذه المجموعة من التماثيل "خيول الشمس" المستوحاة من الأساطير القديمة والقصص الرمزية التي تروي فضائل الملوك، وكانت في الأصل توجد في حديقة القصر، حيث كانت تزيّن كهفًا اصطناعيًا.

4

تزخر القصص القديمة بالفرسان والأبطال في أغلب الحضارات. وفي وقتٍ كثُرت فيه الحروب المتواصلة بين الإمبراطوريات واشتدّت فيه الحاجة لتعزيز سلطة الحاكم، ازدادت أهميّة الصورة الشخصيّة للفارس كوسيلة رمزية لتصوير أمجاد الأمراء. فبينما يلعب الفرس دور المطيّة في مثل هذه الصور الشخصيّة، يظلّ الفارس شامخًا فوق الجميع وتصبح هيمنته على فرسه تعبيرًا مجازيًا عن سلطته على العباد.

نموذج الصورة الشخصيّة للفارس

منذ عصر النهضة، استُوحيت الصورة الشخصيّة للأمير وقائد الجيش على صهوة الحصان في أوروبا من فنون العصور القديمة وخاصّة من تمثال الإمبراطور ماركوس أوريليوس الذي نُصِبَ على مبنى البرلمان (الكابيتول) في روما عام 1538. كما نُصبت له تماثيل ضخمة في وسط المدن لإبراز حدود إمبراطوريّته والإيحاء بأنه يمثّل محور الكون. فكان يظهر في هيئة قائد الجيش وفي صورة المدافع عن شعبه والضامن لاستقرار الإمبراطوريّة. وقد واصل نابوليون وغيره من الملوك الذين حكموا حتى العصر الصناعيّ اعتماد هذه التماثيل الرمزيّة المقنّنة التي شاع استخدامها لدى جميع الملوك الأوروبيين في القرن الثامن عشر. وبالرغم من المكانة المتميّزة التي حظي بها الجواد في العالم الإسلامي،

فإن فنّ الصورة الشخصيّة للفارس تأخّر نسبيًّا في الانتشار ولم يظهر إلا لاحقًا ضمن فنّ المنمنمات. فقد انتشر هذا الفن في شمال غرب الهند في القرن السادس عشر، وخاصّة في عهد إمبراطوريّة المغول، ممّا يدلّ على العلاقة المتينة التي كانت تربط بين الأسرة المالكة، وهي من أصول تركيّة مغوليّة، والحصان. استغل الفنّانون الهنود فن الصورة الشخصية للفارس في المقام الأول لإبراز أناقة الأمير وهيبته. وخلال الفترة بين القرنين السابع عشر والثامن عشر، حظي هذا النوع من الفنّ بشعبيّة كبيرة، لكنّه تراجع تدريجيًا ليقتصر على نمطٍ تقليديّ خالٍ من العمق والحسّ التعبيريّ اللذين جعلا من الصور الشخصيّة المغوليّة أعمالاً فنية رائعة على مدى حوالي نصف قرن من الزمان.

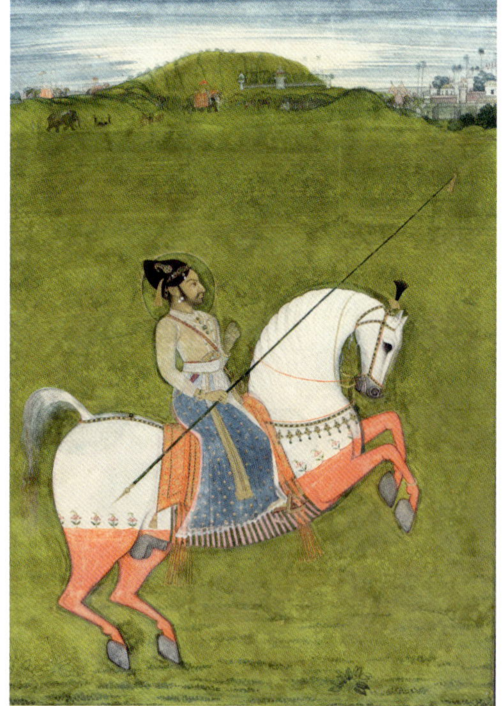

1

الصور الشخصيّة للفارس في المنمنمات الملكيّة

يظهر المهراجا في المنمنمات الهنديّة غالبًا ممتطيًا جواده، سواء كان ذلك أثناء رحلات الصيد أو في المشاهد الحميمية في حديقة القصر. تجمع الصور الشخصيّة الرسميّة بين المبادئ الكلاسيكيّة للعالم العربيّ والإسلاميّ والمنظور الغربيّ، ولا تكاد تظهر فيها المناظر الطبيعيّة. وسرعان ما ابتعدت هذه الأعمال الفنية عن النماذج النمطيّة السائدة آنذاك لتتّخذ لنفسها أساليبها الخاصّة بها، بعد أن كانت في الأصل مستوحاة من نقوش للوحات أوروبيّة متداولة في مختلف البلاطات منذ القرن السادس عشر. لذا احتوى اللِّباس العسكري والرُّمح على الكثير من العلامات التي تدلّ على مظاهر الزينة والبهرج كما هو الحال في المنمنمات الإسلاميّة. وكانت الغاية من هذه الصور ترسيخ شرعيّة العائلات الإسلاميّة الحاكمة الحديثة العهد آنذاك في مواجهة النُّخَب الهندوسية.

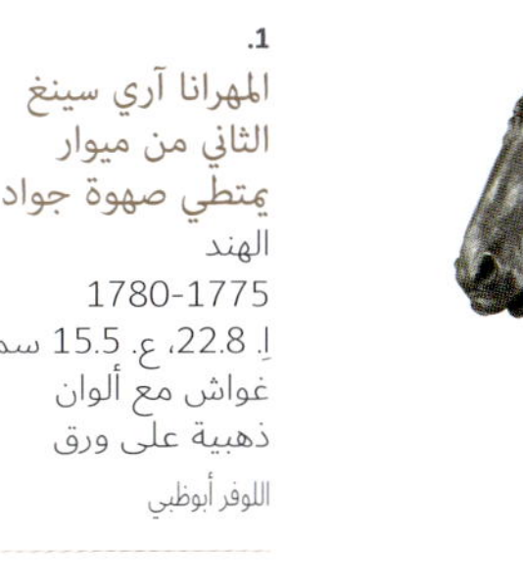

.1
المهرانا آري سينغ
الثاني من ميوار
يَمتطي صهوة جواد
الهند
1775-1780
إ. 22.8، ع. 15.5 سم؛
غواش مع ألوان
ذهبية على ورق
اللوفر أبوظبي

.2
ملك إسبانيا فيليب
الخامس يَمتطي
صهوة جواد
لورينزو فاكارو
إيطاليا
1702-1705
إ. 100 سم؛ برونز
اللوفر أبوظبي

.3
ملك فرنسا لويس
الرابع عشر يَمتطي
صهوة جواد
رينيه أنطوان أواس
فرنسا
نحو 1674
إ. 255، ع. 200 سم؛
ألوان زيتية
على قماش
المتحف الوطني لقصرَي
فرساي وتريانون

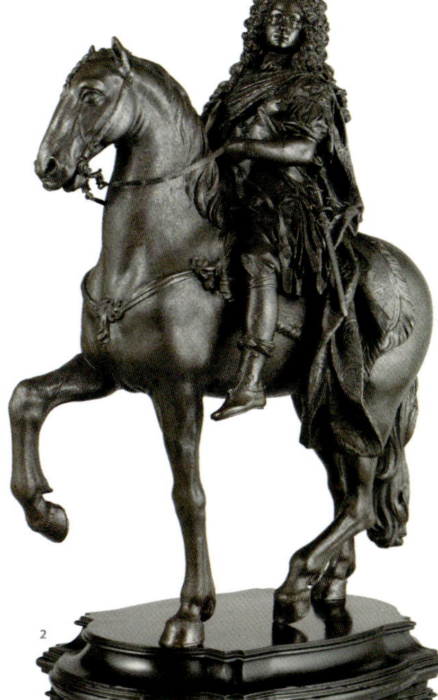

نموذج أوروبي

اتّخذ تمجيد الملوك في أوروبا منحيين يتمثل أحدهما في تصوير واقع البهرج والبذخ والثاني في التصوير الرمزيّ المجازيّ. صُنع هذا التمثال البرونزي لملك إسبانيا فيليب الخامس حفيد لويس الرابع عشر على يد النحّات الإيطالي لورينزو فاكارو (1655-1706) لِيُعرَض في مدينة نابولي التي كانت تقع تحت حكمه. ويصوّر التمثال المَلِك على صهوة حصانه مرتديًا لباسًا مستوحًى من التراث الروماني، لكنّه يغطي رأسه بشعر مستعار يشبه لِبْدَة الأسد كما كان سائدًا في البلاط الفرنسي آنذاك. وقد نُحتت ملامح وجهه على هذا التمثال البرونزيّ الرائع بدقّة فائقة.

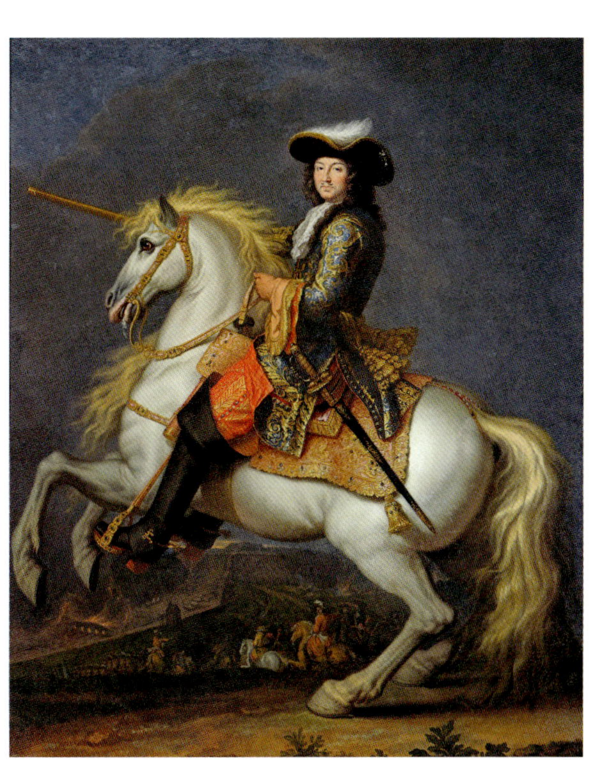

الملك الغازي

يحتلّ الفارس الذي يرتدي لباسًا في غاية الروعة والأناقة معظم فضاء هذه اللوحة للدلالة على عظمة المَلِك في قمّة مجده. وبينما لا تبيّن هذه اللوحة إلى أيّ مرحلة من المراحل التاريخيّة يرجع هذا المشهد، فإنها لا تترك أيّ مجال للشكّ فيما آلت إليه المعركة الدائرة في خلفيّتها. كما تُبرز الهيئة الهادئة لهذا المَلِك في ساحة الوغى السلطة والسيادة المطلقة التي يحظى بها. لقد أمر الملك لويس الرابع عشر برسم العديد من الصور الشخصيّة الرسميّة خلال فترة حكمه، حيث كان على الرسّامين الملكيين الذين انتدبتهم أكاديميّة الرّسم والنحت التي تأسّست عام 1648 أن يبذلوا قصارى جهدهم في تصويره في أجَلّ مظهر ممكن.

تحدثت المصادر العربيّة والإسلاميّة عن وجود ممالك قويّة منذ القرن العاشر في جنوب الصحراء الكبرى بإفريقيا، ممّا يدلّ على كثافة المبادلات التجاريّة بين الحضارتين. وقد لعبت بعض الممالك مثل مملكة غانا التي عُرفت فيما بعد بمملكة "إيفا" دور الوسيط بين التُجّار العرب والمسلمين من جهة ومناطق مختلفة تقع في وسط إفريقيا من جهة أخرى بهدف تصدير المنتجات الفاخرة مثل الذهب والعاج والتوابل وكذلك تجارة العبيد. وقد أكد المؤرّخون في رواياتهم على فخامة البلاطات الإفريقيّة، كما تشهد على ذلك بعض القطع النادرة التي عُثِرَ عليها.

في بلاط الأوبا

إن البحث عـن المـوادّ الأوليّـة النـادرة قاد الإمبراطورية الصينيّـة في القرن الخامس عـشر إلى بلـوغ السـواحل الشرقيّـة لإفريقيا علـى أمل إقامة علاقـات تجاريـة مباشـرة معها. وفي أواخـر هذا القرن تمكّـن البرتغاليـون أخيـرًا مـن النـزول في سـواحل غينيا وأنشـأوا طرقا تجاريّـة مباشـرة مـع أوروبا بالتعاون مـع كبرى إمبراطوريات الغرب الإفريقيّ. كانت مملكة بنين القديمة - نيجيريا حاليًا - مـن أكـثر الممالك ازدهـارًا في إفريقيا، وكانت محل إعجاب جميع الأوروبيـين.

لعب الفـنّ في العاصمة إيفا دورًا محوريًا في عبـادة السـلف، حيـث كان حجر الزاوية في نظام الحكم والضامـن لشرعيّـة الحاكم وكذلك وحدة المجتمع. فقد كانت الغايـة مـن الأعمال الفنيّـة إبراز أمجاد مملكـة الأوبا والمَلِك والسـلالة الملكيّـة. ولهـذه الغايـة لجأت مملكـة الأوبا إلى تجميـع الحرفيـين في أحـد أحياء المدينة مـن أجل تزيـين قصر المَلِك، باعتبـاره قلب السـلطة ومركـز العـالم، بالقطع العاجيّـة والمعدنيّـة.

كانت المـواد الأوّليّـة والمنتجات الإفريقيّة تُقايَض مـع الأوروبيين مقابل صفائح مصنوعـة مـن النحـاس الأحمـر أو الأصفر أصبحت فيمـا بعـد بمثابة العملة المتداولة في المملكة. وكما هـو الشـأن في الممالك الكبرى المجـاورة، فقـد تطوّر تدريجيًـا إنتـاج القطع الفنيّـة المُعَـدّة للتصدير لتلبيـة الاحتياجـات الأوروبيّـة، وذلـك بالتوازي مـع إنتـاج السـلع الكماليّـة المُعَـدّة للبلاط.

بـدأ نفـوذ مملكـة بنين في التراجـع تدريجيًـا في القـرن الثامـن عـشر في ظل تزايـد هيمنـة قبائـل اليوروبـا مـن جهـة الغرب والبريطانيـين مـن جهـة الجنوب وقبائـل النوبة مـن جهة الشـمال. لكـنّ نفوذها استعاد قوتـه مـن جديـد في القرن التاسـع عـشر بفضل تجارة زيت النخيـل. إلّا أنّ البريطانيـين قامـوا بحملة انتقاميّـة علـى مدينة بنين العاصمة عـام 1897، أدّت إلى إتـلاف وضيـاع آلاف القطع الأثريّـة وألحقت بعدها بالإمبراطوريّـة البريطانيّـة.

إحياءً لذكرى الأجداد

لعبت الرؤوس التذكارية المصنوعة من البرونز دورًا هامًّا في التعريف بفنون مملكة بنين. فقد كانت تُوضَع على المذابح المقدّسة في قصور مملكة الأوبا حيث كانت تُصوّر أجداد العائلة المالكة. لم تكن هذه الرؤوس صورًا شخصية واقعيّة، بل تجسيدًا ماديًا للشخصيات الملكيّة ذات الأصول المقدّسة، إذ كان الرأس يُعدّ منبع الحكمة. ورغم سهولة التعرّف على هذه الرؤوس، فإنها عرفت تطوّرات عبر الزمن خاصّة في بعض التفاصيل مثل شكل التاج والقلادة. صُنعت هذه الرؤوس باستخدام تقنيّة الشمع، وكانت تستخدم وعاءً لأنياب الفيلة ممّا يفسّر وجود تلك الفتحة في أعلى الرأس.

1

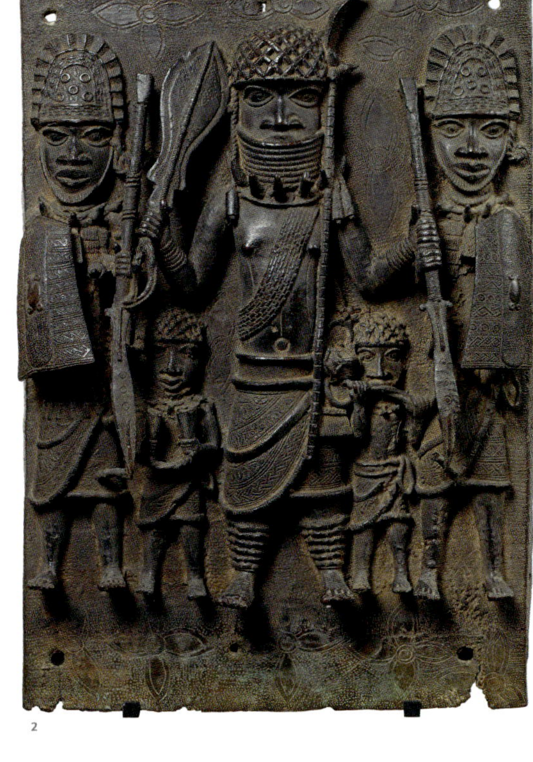

2

الفنون الخاصّة بالقصور

استُخدم النحاس الأصفر الذي جلبه البرتغاليون في تزيين قصر ملك الأوبا بتُحَف معدنية تُجسّد الصور المنقوشة عليها الحياة في البلاط الملكيِّ. وتتميّز هذه الصور بقيمتها الرمزيّة الكبيرة، إذ يدل حجم الشخص على الدور الذي يؤديه في المجتمع. يتوسّط مَلِك الأوبا هذا المشهد وهو مغمور بكل تلك التُحف، ويحيط به اثنان من القادة العسكريين من نفس الطول والحجم تقريبًا، بينما يظهر خلفهم بعض أفراد الفرقة الموسيقيّة بأحجامهم الصغيرة جدًّا. عُثِرَ على الآلاف من هذه اللوحات المزخرفة في أوروبا في أعقاب الحملة الانتقاميّة في عام 1897 التي دمرت جزءًا كبيرًا من المدينة.

.1
نصب تذكاري لرأس أحد ملوك أوبا
نيجيريا، مملكة بنين القديمة
1800-1850
إ. 51 سم؛ برونز
اللوفر أبوظبي

.2
الملك أوبا وحوله المحاربون والموسيقيّون
نيجيريا، مملكة بنين القديمة
1500-1700
إ. 52، ع. 37 سم؛ نحاس
متحف رصيف برانلي جاك شيراك

.3
جندي برتغالي
نيجيريا، مملكة بنين القديمة
1500-1700
إ. 36.2 سم؛ نحاس أصفر
متحف رصيف برانلي جاك شيراك

.4
تمثال لقربان على شكل ديك
نيجيريا، مملكة بنين القديمة
1700-1800
إ. 42.5 سم؛ سبيكة نحاس
اللوفر أبوظبي

الجنود المرتزقة في مملكة أوبا

إنضم عدد من المرتزقة البرتغاليين الذين كانوا موضع خشية الجميع بسبب بنادقهم إلى خدمة مملكة أوبا منذ النصف الأول من القرن السادس عشر. وقد ساهم البرتغاليون قبل أن يحلّ محلّهم الهولنديون في القرن السابع عشر في إقامة شبكة من العلاقات والمبادلات التجاريّة جعلت من مملكة بنين شريكًا أساسيًّا للأوروبيين في غرب إفريقيا لعدّة قرون.

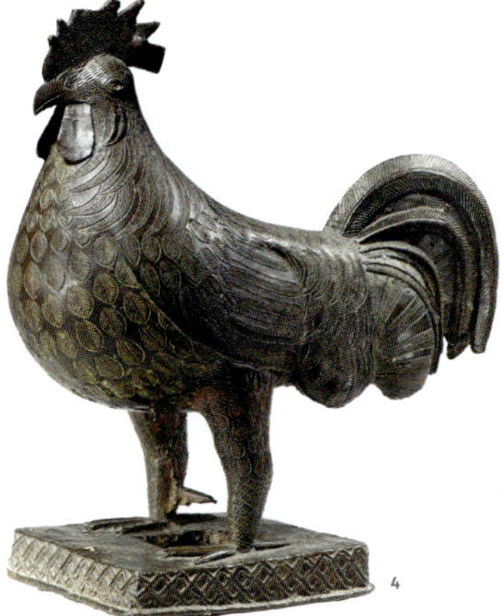

3

الديك في مملكة بنين

كان الأجداد يضعون هذا الديك على المذبح الذي يوجد في وسط قصر أوبا تكريما وتقديرا لروح "إيوبا" المَلِكَة الأَمّ في مملكة بنين. يمثل الديك القرابين التي كانت تُقدَّم لأرواح الأجداد خلال الشعائر الدينيّة. كما يرمز هذا الطائر إلى قُدُرات المَلِكَة الأَمّ "إيوبا" التي تمُدّ بها الرِّجال. أمّا من الناحية الشكليّة، فهو يعكس مدى التطور الفنيّ والتقنيّ الذي وصلت إليه مملكة بنين القديمة في ذلك الوقت. وتتضافر النقوش التي ترسم الرِّيش مع أساليب خلط وصهر المعادن لتبرز الخصائص الجماليّة والرمزيّة لهذا العمل الفنّي.

229

تميّزت هذه الفترة بالتفنّن في إظهارُ الجاه والسلطان من خلال وضع نظام محكم لطلب صنع الأعمال الفنيّة ورعاية الفنّانين على نطاق واسع. فقد أصبحت الأعمال الفنيّة وخاصّة قاعات عرض اللوحات مكانًا للمُتعة والتعليم، وكذلك وسيلة فعّالة لإضفاء الشرعيّة على السلطة السياسيّة.

المَلِك في رعاية الفنون

تتكوّن المجموعات الفنيّة الأميريّة في العالم الإسلاميّ أساسًا من الهدايا الرسميّة وغنائم الحرب، وكذلك من الأعمال التي يأمر بها الأمراء. وكان لدى السلاطين العثمانيّين مَيْل متزايد تجاه الخزف الصينيّ على وجه الخصوص، إذ كانوا يقومون بجمعه في خزائن قصر طوب كابي حتّى صارت لديهم أكبر تشكيلة من الخزف الصينيّ في العالم. ثمّ انتشر بالتوازي مع ذلك في الجزء الشرقي من العالم الإسلامي مَيْل نحو الفنون التصويريّة والمنمنمات في القرن السادس عشر كما تُبيّن ذلك مجموعات الأمراء من ألبومات اللوحات الفنيّة والرُسوم ولوحات الخطّ اليدوي. وبينما أصبح فنّ الرسم أكثر واقعيّة، باتت الألوان أكثر تنوّعًا نتيجة التحسينات التقنيّة.

جمعت العائلات الملكية الكبرى مجموعات من الأعمال الفنيّة من جميع الأنواع وذلك ابتداءً من عصر النهضة في إيطاليا ثمّ في مختلف أنحاء أوروبا. كما جمع أحبار روما في قصورهم مجموعات من الأعمال حسدهم عليها عظماء أوروبا آنذاك. فقد اقترنت بعض أمجاد الأمراء بقدرتهم على اقتناء أعمال كِبار الفنّانين. وبتزايد

الاهتمام باللوحات الفنيّة ودخول الفنّ عالم التجارة، نشأت علاقات جديدة بين الرسّامين وزبائنهم. ولأوّل مرّة ظهرت للوجود شخصيّة الفنّان كمُبدع وشخصيّة مرتاد عالم الفنّ من هُواة ومحبّي الفنّ كما نعرفهم اليوم. كما ظهرت مهن متعلّقة بالفنّ مثل تُجّار الفنّ وأصحاب معارض الفنّ. كما أتاحت الصور الرمزيّة الدينيّة الفرصة لرسم صور تحمل في نفس الوقت دلالات دينية وإبداعات فنّية تهدف للمتعة الجماليّة.

وفي العصر ذاته، شهد جمع الأعمال الفنيّة في الشرق الأقصى ظهور طبقة خاصة من الخبراء تشمل المثقفين والفنّانين والشخصيات السياسيّة الذين مارسوا فنّ الرسم والخطّ وتأمّلوا الأعمال الفنيّة في قاعات مؤثّثة بأثاث وبقطع فنية فخمة تهدف إلى خلق جوّ مثاليّ يستند إلى حسٍّ جماليّ يميل إلى كل ما هو عتيق وينبذ الإفراط في البهرج كما يدلّ على ذلك الأسلوب التجريدي للوحات البوذيّة البسيطة التي بدأت تلقى استحسانا خاصًّا منذ بداية القرن السابع عشر.

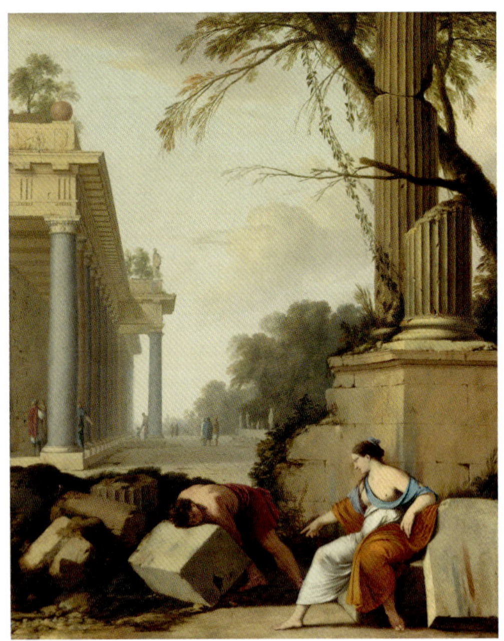

1

المجموعات الفنيّة الخاصة بالكاردينال

قام لوران دو لا هير (1606-1656) الذي كان أحد مؤسّسي الأكاديميّة الملكيّة للرّسم والنحت، برسم العديد من المناظر الطبيعيّة المستوحاة من الإنجيل ومن الأساطير لنخبة من كبار جامعي الأعمال الفنيّة. رُسمت هذه اللوحة الكبيرة لتزيين غرفة الحُرّاس بقصر الكاردينال في باريس الذي كان مقرّ إقامة الكاردينال ريشيليو. وُضعت هذه اللوحة في الجزء الخلفيّ من الغرفة مع لوحتين أخريين لنفس الرسّام لم يُعثر عليهما لتكونا امتدادًا للشكل المعماري للغرفة المزيّنة بأعمدة على الطراز اليوناني. تُصوّر اللوحة اللحظة التي وجد فيها الشاب ثيسيوس أسلحة وحذاء أيغيوس مَلِك أثينا تحت الصخرة والتي باحت له فيها والدته بأنّه ابن المَلِك. وقد كان هذا الموضوع الكلاسيكيّ الذي يدرك فيه البطل مصيره يحظى برواج كبير في القرن السابع عشر.

هديّة أميريّة

صُنِعَ هذا الخنجر في ورش الإمبراطوريّة العثمانيّة هو من أغلى الخناجر التي وصلت إلينا. وتُصنِّفُه المراجع التاريخيّة والرمزيّة الخاصّة به على أنّه تُحفة فنيّة فضيّة ترجع إلى النصف الثاني من القرن السادس عشر، عندما بلغت الدولة العثمانيّة أوج قوّتها مع نهاية عهد سليمان القانونيّ وخليفتيه سليم الثاني ومراد الثالث. وترمز رؤوس التنّين التي تُزيّن غمد الخنجر والمستوحاة من الإرث الأسطوريّ الحيواني الصينيّ إلى السيادة الروحيّة والسلطة الماديّة، في حين أن العُجْرَة المدوّرة التي تعلو المقبض مستوحاة من سيوف جنود فيالق الجيش الرومانيّ. ظهرت هذه السمة في القرن الخامس عشر في العالم الإسلامي على سيوف بني نصر والمماليك، وأدخلها إلى تركيا العثمانيّة الحرفيون الذين هاجروا إلى إسطنبول بعد غزو مصر عام 1517.

هديّة الزفاف

كانت الأواني الذهبيّة والفضيّة من بين الأشياء الثمينة التي كانت تقتنيها العائلات الكبرى. وبالرغم من أنّها تبدو ذات صبغة عمليّة، فإنّ ارتفاع أسعارها وقيمتها قد جعلا منها كنوزًا حقيقيّة. صُنع هذا الإبريق والطبق الفضيّ المطليّ بالذهب في مدينة غدانسك (شمال بولندا) لتقديمه هديّة بمناسبة حفل زفاف بين عائلتين من طبقة النبلاء، حيث نُحت شعار النبالة الخاص بهما على الحوض. فقد كانت المبالغة في الزينة والتكلُّف من أهم سمات نهاية عصر النهضة.

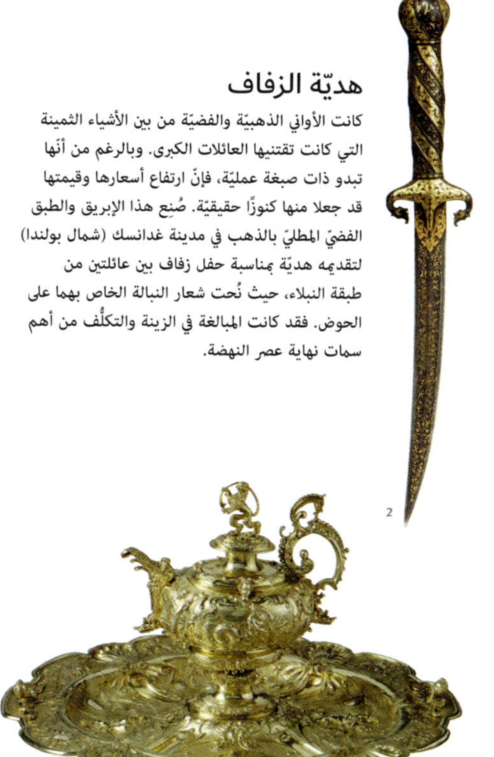

.1

ثيسيوس يعثر على سلاح أبيه
لوران دو لا هير
فرنسا، باريس
1639-1641
إ. 205.4، ع. 162 سم؛
ألوان زيتية
على قماش
اللوفر أبوظبي

.2

خنجر مراسم
تركيا
1530-1550
إ. 26 سم؛ حديد
مطعم بالذهب
اللوفر أبوظبي

.3

إبريق وحوض
بمشاهد زخرفية
**راينهولد فون
در رينين (؟)**
بولندا، دانزيغ
نحو 1610
إ. 33، ق. 52 سم؛
فضة مذهبة
اللوفر أبوظبي

.4

صفحة من كتاب
"سير النبي"
ورشة ملكية،
الإمبراطورية العثمانية
تركيا، إسطنبول
1594-1595
إ. 37، ع. 27 سم؛
غواش وحبر وذهب
على ورق
اللوفر أبوظبي

تعليم السلاطين

قام الخطّاط مصطفى بن فالي بكتابة "سير النبيّ" وهي مخطوطة من ستة مُجلَّدات أنجزها لصالح السلطان العثمانيّ مراد الثالث (1574-1595) من أجل تدريس أبنائه. وكان السلطان مراد الثالث مغرمًا بجمع المخطوطات وأهمُّها مخطوطة "سير النبي" و"السورنامه" أو "كتاب حفلات ختان ابن السلطان مراد". أنجزت هذه المخطوطة التي تتألف من 814 منمنمة في الورش الرسميّة السلطانيّة المعروفة باسم "نقاش خان". وقد كُتبت هذه الرواية الملحميّة حول حياة الرّسول محمد (صلّى الله عليه وسلّم) في مدينة القاهرة في النصف الثاني من القرن الرابع عشر، وذلك بالاعتماد على القرآن الكريم وعلى القصص الشعبيّ الشفهيّ. كان هذا الاتّزان والوضوح في التصوير والوصف المُقتَضَب للشخصيّات والألوان المتباينة من السمات المميزة للأسلوب العثمانيّ.

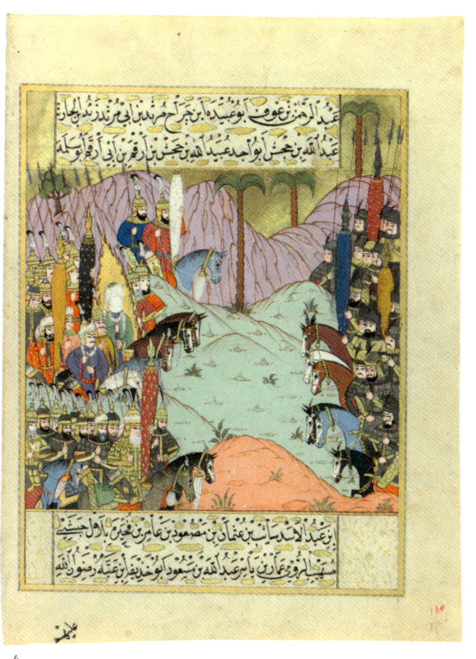

صُنِّفَ فن الرّسم في خضمّ إنشاء أكاديميات الفنّ في أوروبا في القرن السابع عشر على رأس قائمة الفنون، واحتلت اللوحات التاريخيّة صدارة المواضيع الفنية. وبالتوازي مع ذلك، اكتسبت بعض المواضيع الأقل منزلة كالصور الشخصيّة والمناظر الطبيعيّة والطبيعة الصامتة شرعيّة جديدة. لم تعد قيمة الفنّ ترتكز على ثراء المواد المستخدمة أو أهميّة المواضيع المتناولة، بل على تركيبة العناصر واستخدام الريشة والأسلوب.

تفوّق فن الرسم

شهدت أوروبا خلال القرن السابع عشر تقدّمًا لم يسبق له مثيل في مجال النظريات الفنيّة التي وضعتها الأكاديميات التي تتحكّم في قواعد الفنّ والذّوق. وبوصفه أعظم أنواع الفنون بامتياز، أصبح رسم المواضيع التاريخيّة حكرًا على الفنانين الكبار والمجموعات الفنيّة الراقية فحسب. كانت معظم مواضيع الأعمال الفنية مقتبسة من التاريخ القديم ومن الأساطير اليونانيّة الرومانيّة أو من الإنجيل، وكان الهدف من تلك الأعمال حثّ الناس على التأمل وسبر أغوار الذات من خلال مواضيعها والأحاسيس التي تثيرها.

استغلّت الكنيسة الرومانيّة الكاثوليكيّة فنّ الرّسم للترويج للقِيَم الكاثوليكيّة في مواجهة تنامي البروتستانتيّة في القرن السادس عشر في شمال أوروبا. وفي تلك الأثناء، ظهر فنّ الباروك في إيطاليا ثمّ انتشر بسرعة عن طريق البعثات الدينيّة في أوروبا وأمريكا وفي بعض المناطق من آسيا. وبينما قام الفنّانون بتكييف هذا الأسلوب الفنّي ليناسب ذوق وثقافة مجتمعاتهم، تميز فنّ الباروك في كل مكان بتأثيراته المسرحية وإبرازه للحركة. وتزايدت أهميّة استخدام الأضواء والظلال في الرّسم لإظهار الشخصيات بدقّة عالية تنبض بالحياة ممّا يضمن للوحة بنيتها المتكاملة. وقد لاقى الأسلوب الكلاسيكيّ الذي يتميّز بالذّوق المتوازن والاعتدال والبساطة وتناسق الأشكال، قبولًا كبيرًا في فرنسا. وكان نيكولا بوسان من أبرز الرسّامين الذين تبنّوا هذا الأسلوب. ورغم ارتباط أسلوب الباروك بالعقيدة الكاثوليكيّة فإن البلاد البروتستانتيّة لم تسلم من تأثير هذا الأسلوب الفنّي، كما يتضح من أعمال الرسّام الهولندي رامبرانت. فقد تميّز فنّ الرّسم الذي انتشر في هولندا بتنوّعه وثرائه وجاء ثمرة للبحث المُعمّق في كنه الأشياء ومناسبًا تمامًا لأذواق تُجّار اللوحات الفنيّة الذين اغتنوا من التجارة الدوليّة.

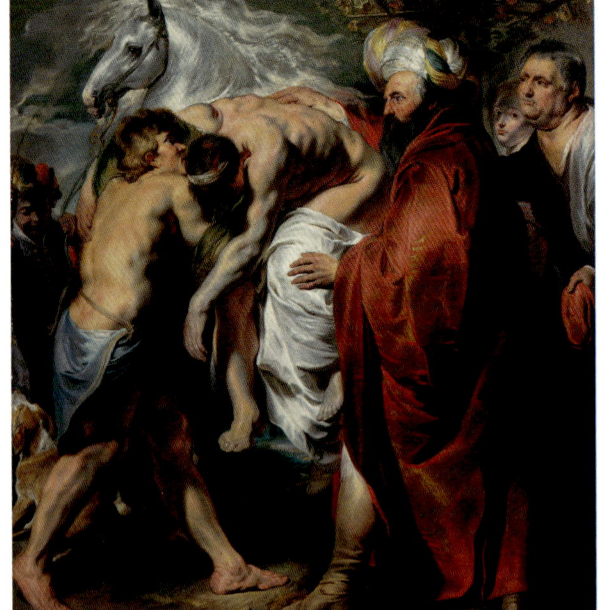

1
السامري الصالح
يعقوب جوردانس
بلجيكا، أنتويرب
1615-1616
إ. 185.5، ع. 173 سم؛
ألوان زيتية
على قماش
اللوفر أبوظبي

النزعة العاطفية لفنّ الباروك

يُعَدُّ يعقوب جوردانس (1593-1678) أحد كبار رسّامي الباروك الفلامنديين. وينقل لنا في هذه اللوحة إحدى قصص الإنجيل الأكثر مأساويّة وهي "قصة السامري الصالح" وهو رجل يرتدي ملابس شرقيّة فخمة ويتعمم بعمامة، وقد هبّ لنجدة مسافر اعتدى عليه بعض اللصوص في الطريق وجرّدوه من ملابسه، مجسّدًا بذلك قِيَمَ الكرم والرفق والحنان. وتتميّز هذه اللوحة بالتأثيرات المسرحيّة التي تظهر من خلال الخطوط الحيويّة المائلة والتي تُعَدّ من السمات المميزة لفنّ الباروك. ويسهم الإطار الضيق للوحة وتصوير جسد المسافر الذي يبدو مائلًا إلى الأمام وكأنه سيخرج من الإطار، في دعوة المشاهدين ليكونوا شاهدين على المشهد وتحثهم على التساؤل عن قِيمهم الخاصة.

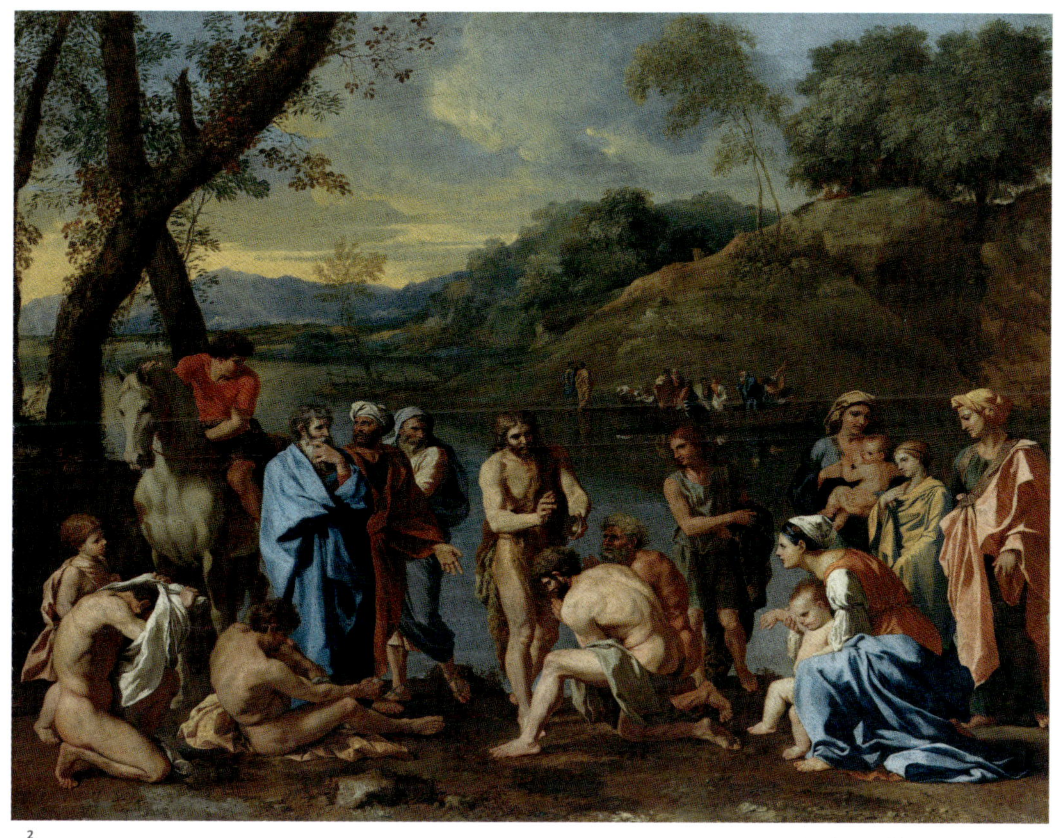

2

الجمال المثاليّ والفنّ الكلاسيكيّ

كانت هذه اللّوحة بحوزة أندريه لو نوتر مهندس الزراعة التجميليّة في الحدائق الملكيّة بباريس، وقد أهداها للملك لويس الرابع عشر عام 1693 ليضمّها لمجموعة أعمال الرسّام نيكولا بوسان (1665-1594) التي تُعرَض اليوم في متحف اللوفر. تسهم كل إشارات شخصيات هذه اللوحة وهيئاتهم في ضمان تناسق المشهد. كما يسهم المنظر الطبيعيّ - الذي يجسّد الطبيعة بصورة مثالية - في القصة من خلال المشاعر التي يحرّكها لدى المشاهد والغموض الذي يُضفيه على المشهد. تجسّد هذه اللوحة لنيكولا بوسان روح الحركة الفنيّة المعروفة بالكلاسيكيّة التي تعتمد على التفكير والاستبطان على عكس فنّ الباروك.

233

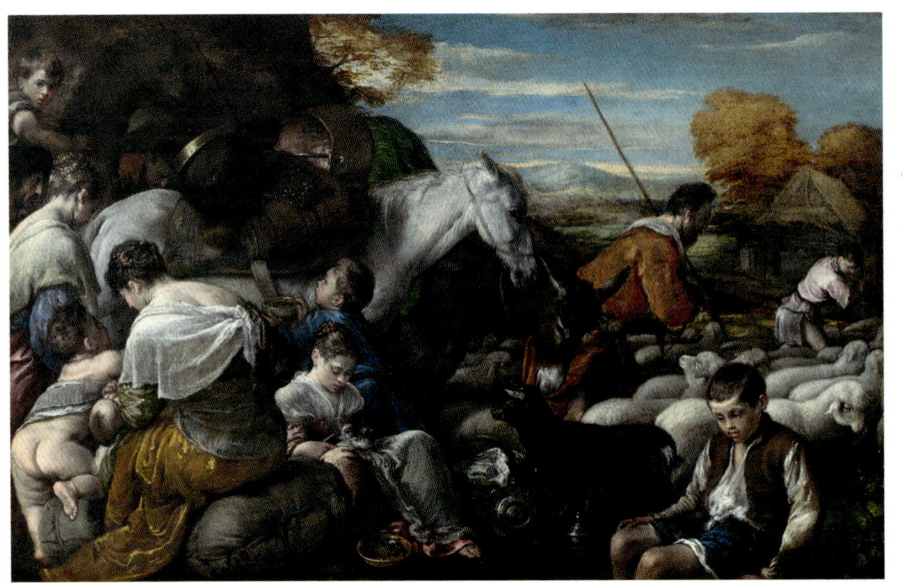

مشهد ريفيّ دينيّ

قصّة يعقوب ورحلة العودة مع عائلته كما وردت في سفر التكوين، وهو أوّل أسفار التوراة، ليست إلّا ذريعة لوصف حيوانات وشخصيّات وملابس في لوحة لم تعد تَمُتُّ للدين بصلة. في هذه اللّوحة ينقل إلينا باسانو (1510-1592) ببراعة صورة عن فنّ الرّسم خلال عصر النهضة في مدينة البندقيّة الإيطاليّة، حيث يذوب المشهد بفعل التنوّع الخفيّ للألوان وآثار ضربات الريشة على سطح اللّوحة.

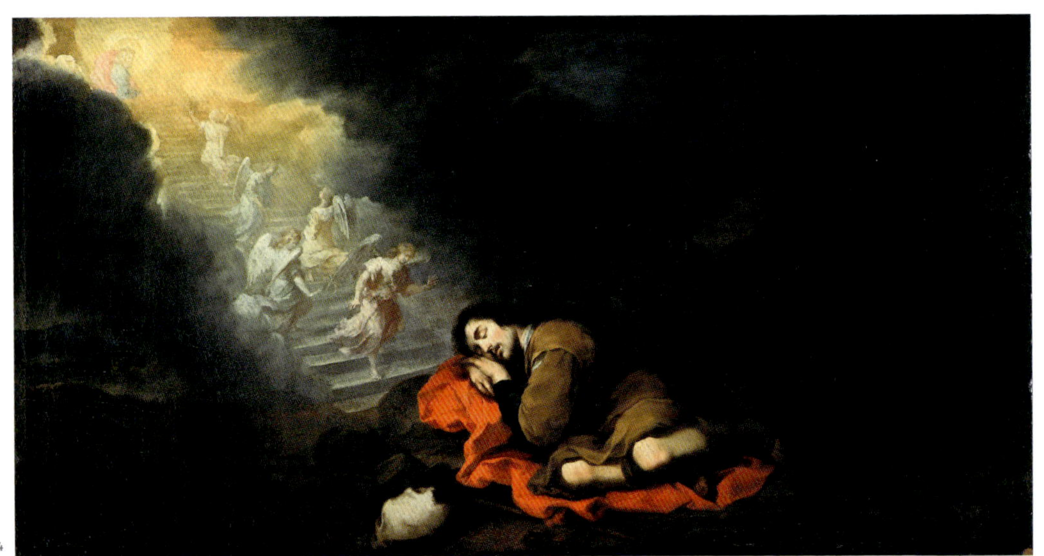

حُلْم مضيء

تنقسم قصّة يعقوب (الذي ورد ذكره في القرآن الكريم كأحد أعظم الأنبياء) في التوراة إلى عدّة حلقات من بينها قصّة الحُلْم التي تربط العالم السماويّ بالعالم الدنيويّ، حيث رأى يعقوب سُلّمًا منصوبة تمتد نحو السماء وملائكة الربّ تصعد وتنزل عليها وعلى قمتها يقف الربّ بنوره الذي يكسر عتمة الليل واهبًا إيّاه الأرض التي يرقد عليها. يجسّد الرسّام أسلوب الباروك الذي ساد في العصر الذهبيّ الإسبانيّ الذي ينتمي إليه موريو (1617-1682).

234

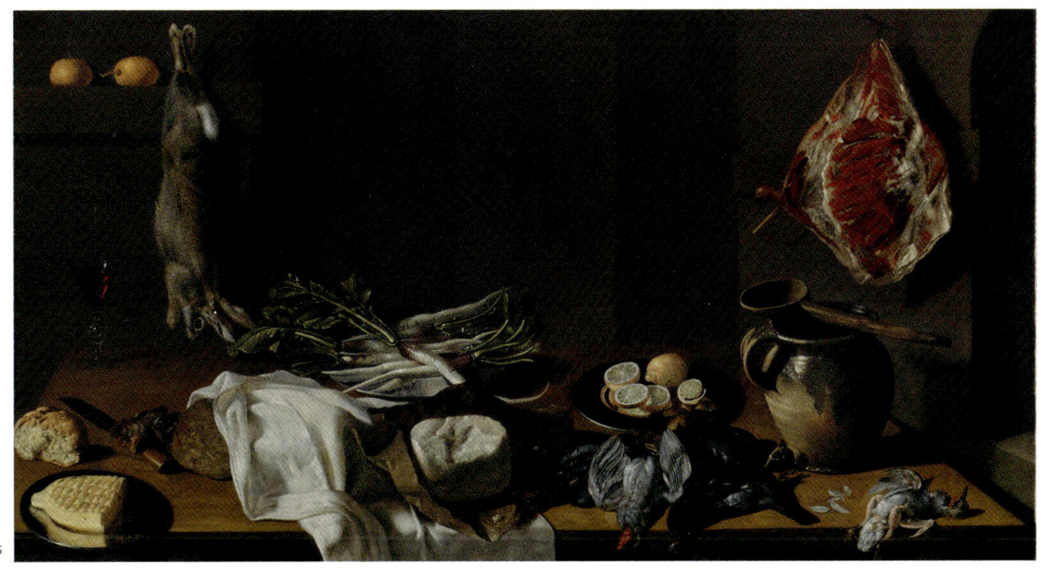

5

الحياة والموت

تعتبر لوحات الطبيعة الصامتة من أكثر الأنواع الفنيّة شعبيّة في أوروبا في القرن السابع عشر، حيث احتلّت مكانة مميّزة ضمن المجموعات الفنيّة الخاصة كغيرها من لوحات المناظر الطبيعيّة والمشاهد المشابهة. لا ينبغي على الجانب الزخرفيّ لهذه اللّوحة أن يطغى على دلالتها الرمزيّة التي تشير إلى الوفرة وكذلك إلى سرعة زوال الطبيعة وفناء الإنسان. تدفعنا قطع اللّحم والطرائد المتراصة إلى التأمُّل في الموت، كما يرمز الخبز والنبيذ إلى التجلّي الإلهيّ. إنّ قوّة هذه اللّوحة لا تكمن في موضوعها بل في رسمها وتأثيراتها البصريّة.

قصّة الملكة إستير

يُقدّم لنا جون فرانسوا دي تروي (1679-1752) المتأثّر بعظماء رسّامي البندقيّة هنا موضوعًا مستوحًى من الإنجيل بأسلوب زخرفيّ يولي اهتمامًا كبيرًا لرسم المواد. تتوسَّل الملكة اليهوديّة الشابّة إستير في هذه اللّوحة إلى زوجها أحشويروش الأول ملك الفرس من منفاها في بابل لينقذ شعبها المهدّد مفصحة عن أصلها اليهوديّ. فقرّر الملك أحشويروش العدول عن كلّ قراراته ومعاقبة كل الذين نصحوه باتخاذها. تجمع هذه اللّوحة كل سمات فنّ الباروك كضخامة حجم الشخصيات وقوّة المشهد المعماريّ واستخدام تقنية الجَلاء والقَتَمَة وآثار ضربات الريشة على سطح اللّوحة. وكما هو الحال في أعمال جوردانس، فإنّ هذه اللوحة تجعل من المتفرج شاهدًا على المشهد. قام جون فرنسوا دو تروا برسم مجموعة من سبع لوحات كبيرة لمراحل حياة الملكة إستير كنماذج لمصنع "غوبلان" الملكي، الذي تولى صناعة الأقمشة والسجاد الذي سيُزيّن القصور الملكيّة أو سيُهدى للملوك الأجانب ليثروا مجموعاتهم الفنية.

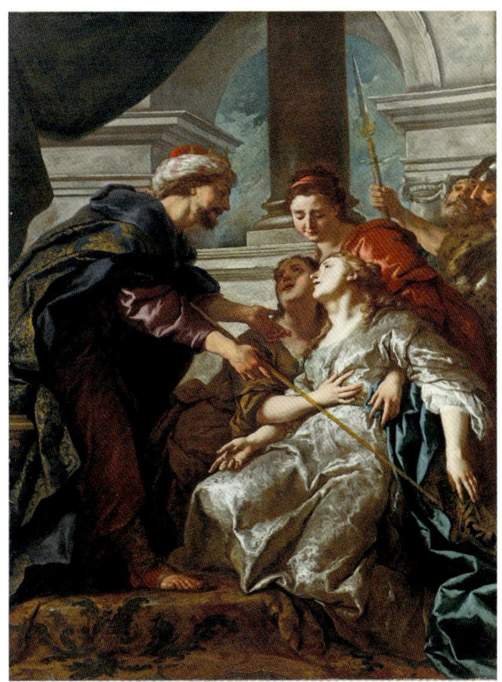

5.
طبيعة صامتة
لحجرة المؤن
جيريمي بلوم
فرنسا
1628
إ. 105.5، ع. 200 سم؛
ألوان زيتية على قماش
اللوفر أبوظبي

6.
إستير تفقد
الوعي أمام الملك
أحشويروش
**جون فرانسوا
دي تروي**
فرنسا، باريس
1730
إ. 227، ع. 180 سم؛
ألوان زيتية على قماش
اللوفر أبوظبيّ

6

على الرغم من أنّ رسم المناظر الطبيعيّة كان من أهمّ أنواع الرسم القديم في آسيا، فإنّه لم يصبح نوعًا مستقلًّا بذاته في أوروبا إلّا في بداية القرن السادس عشر وخصوصا في القرن السابع عشر. ورغم التشابه بين اللّوحتين الصينيّة والهولنديّة الذي يطرح تساؤلات حول معنى الصورتين، فكليهما نتاج نِظرتين مختلفتين عن مكانة الإنسان في هذا العالم.

فنّ رسم المناظر الطبيعية من الصين إلى أوروبا

يبدو أن وهم الواقعيّة هو الهدف وراء رسم المناظر الطبيعيّة في الغرب، بينما تولى الحضارة الآسيوية أهميّة قصوى لجمال الحركة. وفي كلا التراثين الفنيين لم يكن رسم المناظر الطبيعيّة مجرّد محاكاةً للطبيعة، بل كان مجالًا للحرية يتيح للفنان التعبير عن نظرته الذاتية وحالته النفسيّة والمزاجيّة تجاه الطبيعة. فالمنظر الطبيعيّ أشبه بلحظة سرمديّة تعبر عن العالم الخفيّ باستخدام العاطفة أكثر من العقل.

تماشيًا مع الأفكار الإنسانيّة وليدة عصر النهضة، أصبحت المناظر الطبيعيّة في أوروبا تُرَكِّز على الواقعيّة لإظهار مدى امتداد الطبيعة وتنوّعها. يسعى هذا العمل الفني، الذي يبدو أشبه بنافذة تطلّ على العالم، إلى خلق الإحساس بعمق اللّوحة من خلال الرَّسم بمستويات متدرّجة. وفي المقابل، يقتصر الأمر في آسيا على بعض الخطوط البسيطة للتعبير عن جوهر المنظر الطبيعيّ، حيث يظهر عمق اللّوحة من خلال التفاعل بين اللّون القاتم وتقنيّة توزيع الظلّ وتدرّج الألوان. ويعتبر رسم المناظر الطبيعيّة الموضوع الرئيسي لدى

الفكر الطاوي الذي يسعى إلى تحقيق حالة من الانسجام داخل النفس البشريّة من خلال التوازن بين الحياة الروحيّة والعالم المادّي مع ترك مجالٍ للتصوّر والخيال.

وإذا كان فنّ رسم المناظر الطبيعيّة في أوروبا قد تحرّر من قبضة التوجّه السرديّ لرسم المواضيع التاريخيّة لِيُنتج بذلك صورة سرمديّة تبعث على التأمّل، فإن الإنسان هو من يضبط بأفعاله إيقاع الطبيعة. فالمنزل الذي يتوسّط اللّوحة يلفت انتباهنا رغم أنّه يقبع خلف شجرة البلوط الكبيرة، بينما تُجسِّد تلك الممرّات منافذَ تدعو المشاهد إلى خوض غمار هذه اللّوحة التي استحالت إلى ضرب من ضروب الشرود الذهنيّ الذي يتحكّم فيه الحضور الإنسانيّ. أمّا في المناظر الطبيعيّة الآسيويّة فلا يعدو حضور الإنسان أن يكون مجرّد عنصرٍ من مشهدٍ مركّبٍ ألا وهو الطبيعة. تتوسّط هذا العمل الفنّي شجرتا صفصاف باكيتان في مشهد حزين يذكِّر بأنّ الإنسان ليس إلّا جزءًا ضئيلاً من عالم أكبر بكثير.

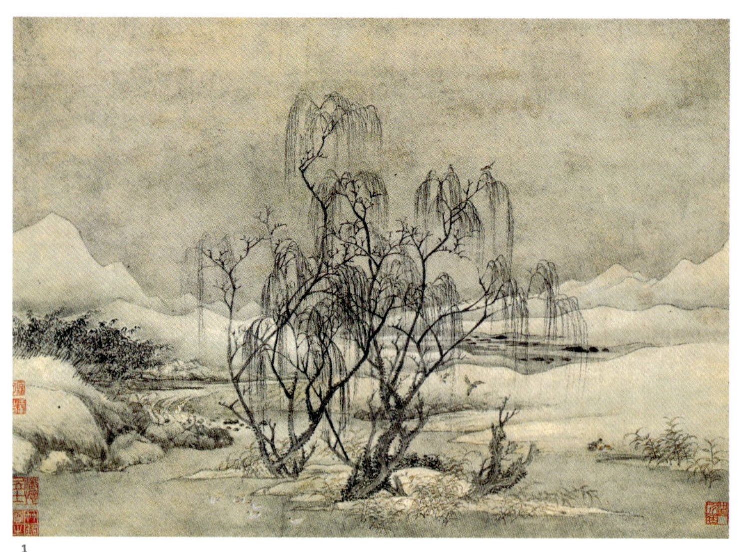

كآبة

يجسد الرّسم على الورق باستخدام الحبر الصينيّ للفنان وانغ هوي (1632-1717) أسلوب "الرُّباعيّ وانغ" وهو فريق من أربعة فنانين حملوا نفس هذا الاسم تميّزوا بولائهم الشديد للحضارة والنماذج القديمة. يُعبّر الفنّان عن نفسه في هذه اللّوحة بشاعرية سوداوية باستخدام تقنية تداخل ألوان الحبر الصينيّ الخافتة. وتظهر شجرتا الصفصاف الباكيتان وجزيرة صغيرة بين جدولين متفرعين من النهر في مشهد يُذكِّر بلوحات عظماء الرّسامين في عهد سلالة سونغ الجنوبيّة (1127-1279). يجمع وانغ هوي بين الدِقّة البالغة في رسم لوحات الفنّانين المحترفين وبين الشاعرية المتحرّرة للرّسم الراقي.

تأمُّلات فوق الجبال

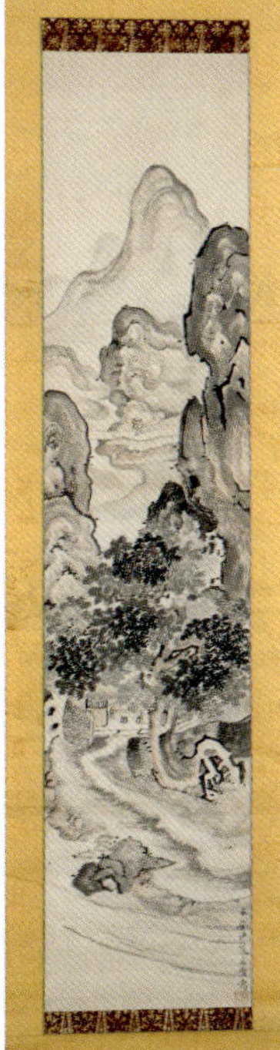

يتَّخذ المنظر الطبيعيّ بالحبر الصينيّ المنسوب إلى الفنان اليابانيّ إيكي نو تايغا (1723-1776) شكلاً عموديًّا ضيّقًا. فقد رسم الفنان خطوطًا متعرِّجة وسميكة ومزج بين الأصباغ ووزَّع الظلّ عن طريق تدرُّج ألوان الحبر الصينيّ.

وعلى الرغم من أنَّ الموضوع والتقنية المتَّبعة في هذا الرَّسم يحملان إشارة ضمنيّة إلى المدرسة الجنوبيّة للرَّسم الصينيّ، فإنَّ إيكه نو تايغا قد استلهم أفكاره من الرَّسم الغربي الذي اطَّلع عليه في سنوات شبابه. وقد استطاع من خلال المشاعر الجيّاشة والمؤثرات الزخرفية المرهفة للرسوم والألوان أن يتجاوز فن الاقتباس ويوحِّد ما اقتبسه من فنون غيره ويوظِّفها في تصوُّر شخصيّ وروحانيّ للجبال.

رهافة الحِسّ في فنّ الهايكو

ترمز أعمال الرسّام هاكوين إيكاكو (1685-1769) إلى درب المعرفة. ومن الناحيّة الفنيّة، اشتهر هاكوين في البداية كخطاط ومؤلف للقصائد القصيرة المعروفة باسم "هايكو". وإذا كانت رسومه تتميّز بروح الفكاهة التي قد تتَّخذ أحيانًا شكلًا كاريكاتوريًّا، فإنَّ هذه اللَّوحة تدهشنا بدقَّتها اللامتناهية. نرى حَاجًّا يشقّ طريقه من قِمَّة جرفٍ عالٍ مكسوٍّ بأشجار الصنوبر لكي يقطع النهر، وذلك في رحلة ترمز للبحث عن فهم أعمق لمعنى الوجود.

.1
مشهد للشتاء
وانغ هوي
الصين
نحو 1700
إ. 39.3، ع. 50.5 سم؛
حبر على ورق
المتحف الوطني للفنون
الآسيوية - غيميه

.2
جمع الأعشاب
بجوار مجرى النهر
إيكي نو تايغا
اليابان
1760-1770
إ. 133.9، ع. 38.7 سم؛
حبر على ورق
المتحف الوطني للفنون
الآسيوية - غيميه

.3
حاج على جسر ماما
هاكوين إيكاكو
اليابان
1700-1768
إ. 66، ع. 111.6 سم؛
لفافة، حبر على ورق
اللوفر أبوظبي

.4
مزرعة في الغابات
ميندرت هوبيما
مملكة الأراضي
المنخفضة، هولندا
1662
إ. 82، ع. 103 سم؛
ألوان زيتية
على قماش
متحف اللوفر

أحلام اليقظة

تصوُّر هذه اللَّوحة الزيتيّة التي رسمها هوبيما (1638-1709) على القماش الريفَ في شمال أوروبا. وتخلق مؤثّرات الظلّ والإضاءة مساحة إضافيّة في عمق اللَّوحة. وفي قلب هذا المنظر الطبيعيّ يشدُّ انتباهَنا وجودُ بناءٍ من صنع الإنسان وهو كوخ مبنيّ من الطوب الأحمر يكاد يختفي وسط حقل كثيف من النباتات. كما يحتوي المشهد على أشخاص يبثُّون الروح في هذا الفضاء ويمنحونه الحجم المناسب. ويسهم التلاعب بالأضواء ورسم النباتات في خلق رؤية تحاكي الطبيعة وتتخطى حدود المشهد الريفيّ.

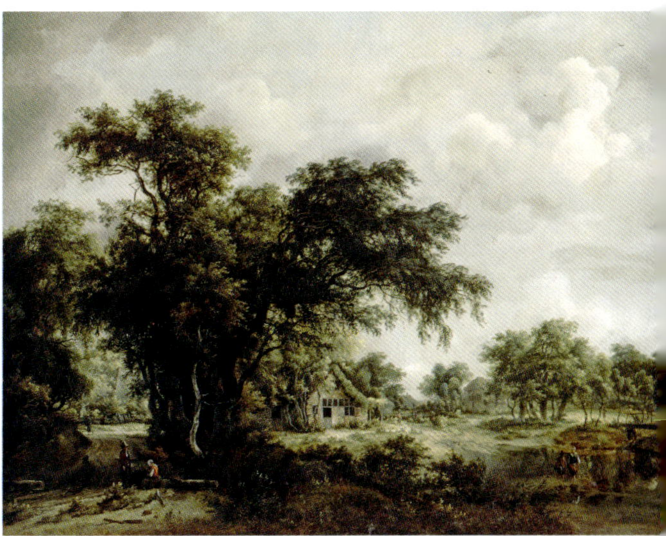

تعرض إحدى قاعات العرض بالمتحف الزخرفة الخشبيّة لأحد البيوت الأرستقراطيّة في باريس خلال القرن السابع عشر، مجسِّدة بذلك الأحجام الحقيقيّة والمظهر الحقيقيّ للديكور الداخلي الفرنسيّ خلال ذلك القرن. فقد شهدت هذه الفترة ظهور فنّ الحياة الراقي المستوحى من نمط الحياة في البلاط الملكيّ، مما أدى إلى تقسيم المساحات في قصور الأرستقراطيين إلى غرف جلوس وغرف استقبال وغرف نوم وقاعات وأروقة ومكاتب.

ملاذ الأمير المفضّل

مكتب باريسيّ

تُعَدُّ حجرة المكتب غرفة خاصّة يدرس فيها صاحب البيت ويحتفظ فيها بأغراضه القيِّمة وكتبه ومجموعاته من اللوحات الفنيّة، ممّا جعل منها فضاءً مفتوحًا أمام هواة الفن. يتألف الديكور العامّ لهذه الغرفة من سقف مزخرف وجدران مكسوّة بالخشب وأربعة أبواب قابلة للطيّ، بينما كُسيت المساحات المتبقية من الجدران بمنسوجات حريريّة أحاديّة اللون لتسليط الضوء على اللوحات المعلّقة. قد يكون هذا التصميم الداخلي من صنع مهندس معماري جمع فيه خلاصة كل الفنون، إذ يتطلّب العمل تضافر جهود فريق من الحرفيين المهرة الذين يقوم المهندس بتنظيم عملهم وفقًا لتصاميمه: نجّارون وخبراء في صناعة الخشب الفاخر لصناعة الهياكل المخصّصة لحمل أعمال المنجّدين، ثم النحّاتون والجصّاصون إلى جانب المزخرفين ونقاشي الذهب لوضع اللمسات الأخيرة، وأخيرًا الرسّامون لإضافة الأعمال ذات الدلالات الرمزيّة. وتحتاج هذه التصاميم الداخليّة في بعض الأحيان إلى مجموعة من الحرفيين المتخّصصين في تطعيم الخشب أو تقليد طلاء اللك الصينيّ.

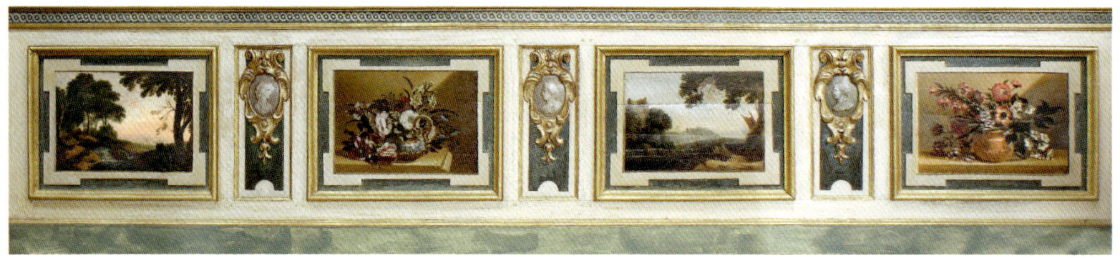

إقحام الطبيعة

زُخرفت القاعدة السفليّة بمناظر طبيعيّة مصغّرة مع باقات زهور تتعاقب بانتظام داخل أطر صغيرة مزخرفة ومنحوتة برؤوس زخرفيّة ساخرة. وتصوّر بعض الميداليات الرماديّة اللون المطليّة بتقنية خادعة للبصر على شكل تماثيل النحت الغائر بعض الشخصيّات الرومانيّة مثل كورنيلي ويوليوس قيصر.

صورة الفنّ القديم

زُيّنت الأبواب الأربعة القابلة للطيّ برسوم لشخصيات رومانيّة مظلّلة باللون الرماديّ على خلفيّة مذهّبة، بينما زُيِّنَ هيكل الباب بأكاليل ورق الغار وأعلاه بالألوح الملوّنة. وقد اقتُبست معظم الأنماط الزخرفية من كتب النقوش والزينة التي انتشر من خلالها الذوق الفنّي الأوروبيّ المستوحى من الفنّ القديم، الذي ظهر في إيطاليا خلال القرن الخامس عشر.

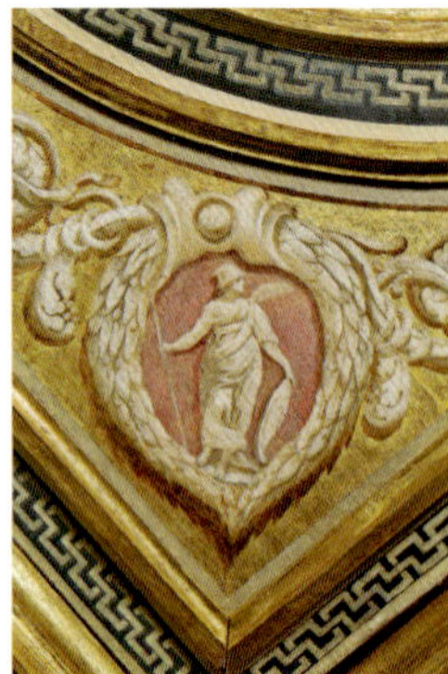
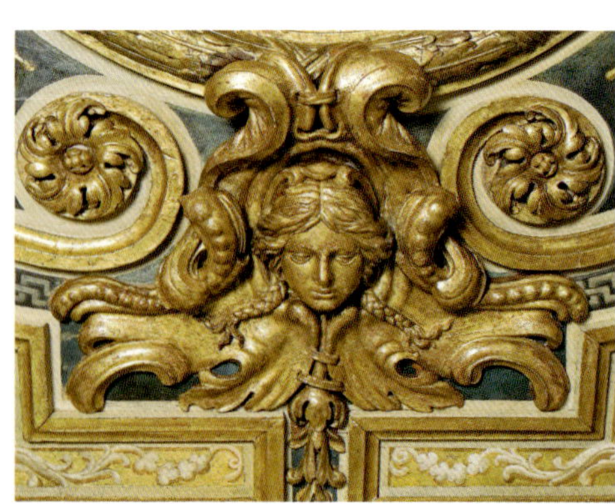

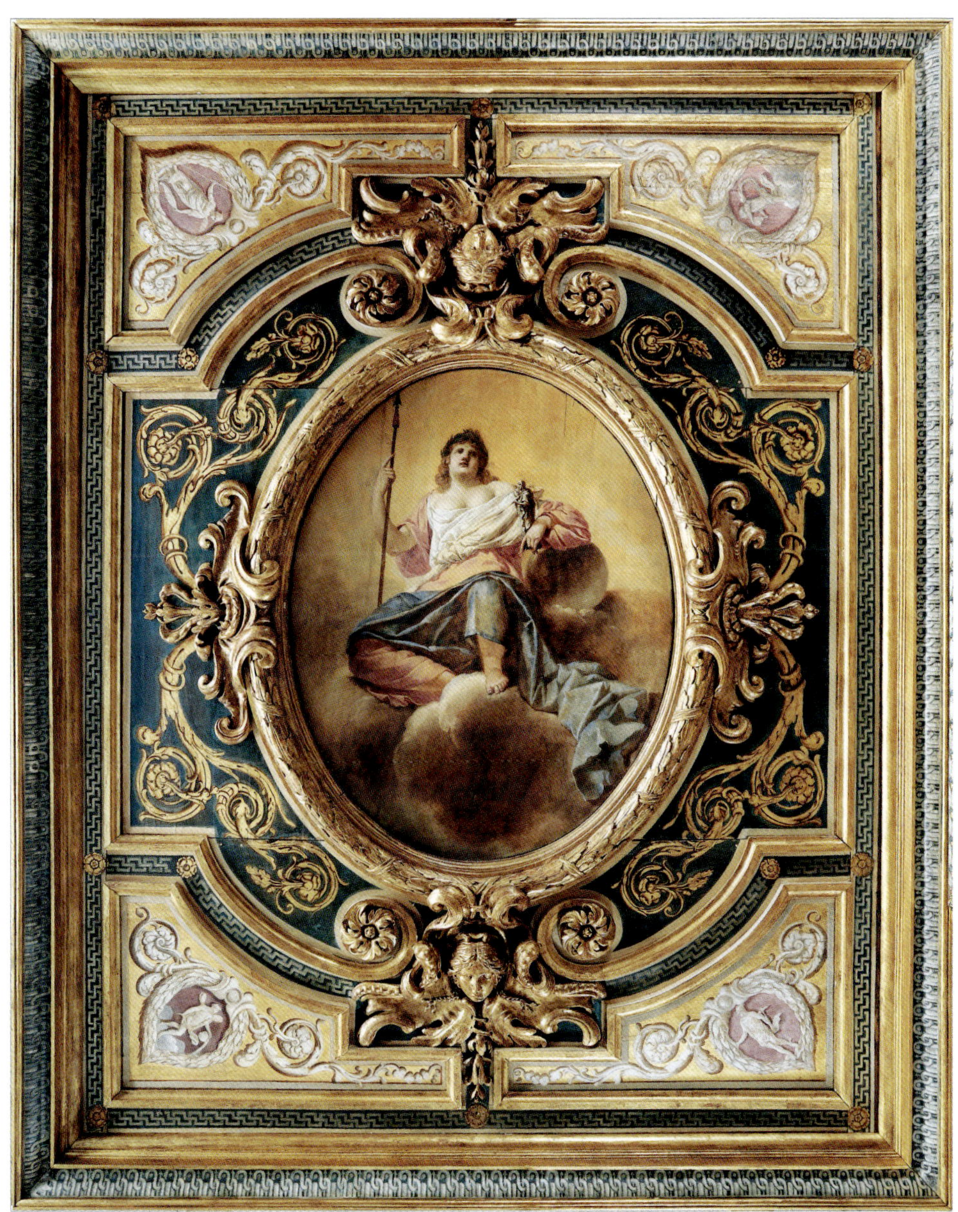

الصعود إلى السماء

يغطي هذا السقف ذو النقوش الكثيفة والمطليّ بالذهب الغرفة كلّها، ويتوسّطه رسم كبير لأمثولة النبالة تحملها سحابة.

**سقف خشبي باريسي
مزخرف بأمثولة النبالة**
فرنسا، باريس
نحو 1650
إ. 314.4، ع. 392.5 سم؛
خشب، زخارف
ملونة، ذهب
اللوفر أبوظبي

كان للحرب حضورٌ مستمرّ في حياة الملوك، وقد استعرضت العديد من المدوّنات التاريخيّة المتعلّقة بفنّ الحرب أنواع الأسلحة والدروع التي استخدمتها مختلف الجيوش والمبادئ التي تحكم طريقة استخدامها. وفي العصر الحديث، أصبحت دروع الملوك زيًّا استعراضيًّا يذكّر بدورهم في حماية الشعب من القوى المعادية.

دروع للحرب أم للزينة

احتوت العديد من المخطوطات على وصف دقيق للأسلحة ومعدّات الحرب والصيد في العالم العربيّ والإسلاميّ. وقد انتشرت الدروع ذات الصفائح الرقيقة التي تشتهر بها آسيا الوسطى في ربوع العالم الإسلاميّ بين القرنين الثامن والرابع عشر عن طريق الفتوحات التركيّة. تتميز هذه الدروع بفعاليتها في ساحة المعركة لأنها مرنة بالقدر الذي لا يعيق حركة الفارس، بحيث تجعله أكثر سرعة ومرونة لا سيّما في المعارك التي تقع وجهًا لوجهٍ. وإضافة إلى ذلك، توفّر هذه الدروع حماية روحيّة لأنها غالبًا ما تُلبس فوق قمصان عليها طلاسم تُرتدى تحت درع الزرد أو فوق صفائح معدنيّة - شبيهة بالمرايا - يُعتقد أنّ لها قدرات تحمي من العَيْن.

تُسند للمَلِك في أوروبا مهامّ قيادة الجيش وهو في سنّ مبكّرة. وتزخر الكتب التاريخيّة المخصّصة لتعليم الأمراء بالقصص الحربيّة التي تكون فيها هيبة المَلِك رهينة بالانتصارات والأمجاد التي يحقّقها في الحروب. ومنذ بداية عصر النهضة، باتت تلك الدروع أكثر سمكًا لتوفّر الحماية الكافية من خطر الأسلحة الناريّة الجديدة. وكانت الدروع التي تُرتدى أثناء الاحتفالات الكبرى والمنحوتة أو المرصّعة بدقّة بالغة تتناقض مع وظيفتها الحربيّة وتؤكّد على أهميّتها الرمزيّة في تجسيد عظمة المَلِك.

وفي آسيا ظلّت الدروع المصنوعة منذ بداية القرن التاسع على حالها لعدّة قرون إلى حين قدوم الأسلحة الناريّة مع القوات الغربية في القرن السادس عشر التي أكدت ضرورة تعزيزها. وقد كانت تكلفتها باهظة في معظم الأحيان على المحاربين ممّا جعلها حكرًا قاموا بتعديل الأثرياء الذين أشكالها وفقًا لرُتَبِهم وثرائهم أو نفوذهم.

1

من الحديد والنار

لم تكن دروع الأمراء أدوات للقتال فحسب، بل كانت أيضا وسيلة للاحتفال بسلطانهم وتمجيد انتصاراتهم في الحروب. وقد زُيّنت هذه الدرع، التي يُعتقد أنّها كانت يومًا ما للمَلِك الفرنسي هنري الرابع، بأشكال أسطوريّة ورمزيّة وعناصر زخرفيّة مستوحاة من التراث اليونانيّ الرومانيّ القديم، كما جرت العادة بين الأمراء الأوروبيين الذين كانوا يُشبّهون أنفسهم بالأبطال القدامى والآلهة والأباطرة. ولم تكن مثل هذه الدروع الفخمة -التي كانت رمزًا للسلطة والثراء- تُستخدم إلّا للأغراض الاحتفالية أو لتقديمها كهدايا دبلوماسيّة والاحتفاظ بها ضمن المجموعات الفنيّة.

فخامة المغول

ظهر هذا النوع من الدروع الهندية الفارسية في إيران في مطلع القرن الخامس عشر، وانتشر سريعًا في الهند المغوليّة في عهد الإمام جلال الدين محمد أكبر (1542-1605). وتجمع بين مختلف أنواع الدروع العديد من نقاط التشابه التي كانت تحول أحيانًا دون تمييز أصلها. استعير الشكل نصف الكرويّ للخوذة هنا من إيران الصفويّة، في حين اقتُبست الزخارف العربيّة (الأرابيسك) وأشكال الزهور من المغول. ويسمّى هذا النّوع من الدروع "شهارآينه" أي "ذو المرايا الأربع"، نسبةً إلى اللوحات المعدنيّة التي يرتديها المحارب على الزردية لتحمي أعضاءه الحيويّة مشكلةً زيًّا مرنًا وخفيفًا يسمح للمحارب بالتحرُّك بحرية أكبر.

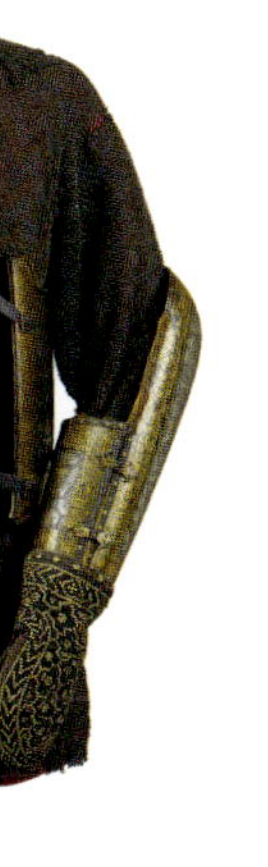

.1
درع مراسم
مزخرف بأشكال
غريبة ومشوّهة
فرنسا
نحو 1570
إ. 121 سم؛ حديد
متحف اللوفر

.2
درع الزرد والصفائح
يُسمى درع
"المرايا الأربع"
الهند، الإمبراطورية
المغولية
1600-1800
إ. 135 سم؛ حديد،
سبيكة نحاس،
ذهب، جلد، نسيج
اللوفر أبوظبي

.3
درع يحمل شعارات
عائلة شيشيدو
اليابان، كيوتو
1550-1868
إ. 270 سم؛ حديد،
نحاس مذهب،
خشب مطلي
باللك، حرير، جلد
اللوفر أبوظبي

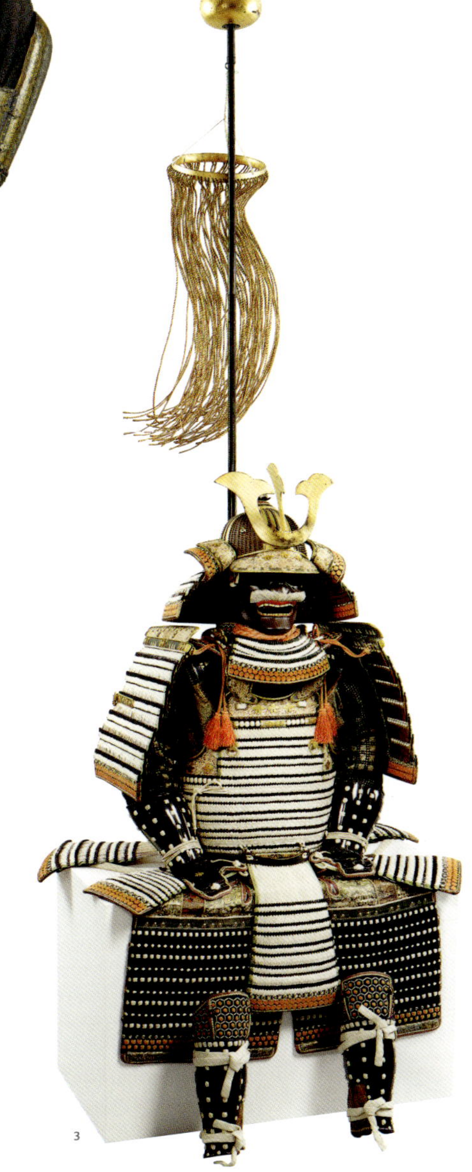

الجمال والقوّة

شهدت اليابان منذ بداية القرن السابع عشر مواجهات بين العديد من العشائر خلال فترة الحروب الإقطاعيّة قبل وصول سلالة توغادو شوغون إلى الحُكْم. إلّا أنّ الأمن والاستقرار الذي عمّ أرجاء الأرخبيل في تلك الفترة لم يضع حدًّا لصناعة الدروع، بل انتشرت على نطاق واسع وباتت رمزًا للمكانة والسلطة. وقد طغى المظهر الجماليّ على هذه الدروع التي تخلَّت عن دورها الوظيفيّ والدفاعي، وأصبحت قطعًا زخرفيّة تتفنّن الحرفيّون في صناعتها. وقد صُنعت هذه الدرع المتميِّزة والكاملة خصِّيصا لشيشيدو تاماكي، أحد كبار الشخصيات في عشيرة موري من هاجي في إقليم ناغاتو.

بينما تحوّلت الدروع إلى قِطع للزينة، زُيِّنت العديد من القطع الفخمة الأخرى بالرموز الحربيّة ممّا يؤكد على ارتباط صور الأقوياء بدورهم في الدفاع عن شعوبهم. وقد برهن الفنّانون عن براعة فنية وتقنية فائقة في زخرفة أسلحة كانت أرق وأنعم من أن تُستخدم في الحروب. وفي الوقت نفسه كانت الأواني المستخدمة في الحياة اليوميّة مثل الأطباق وسيلة لإبراز عظمة الأمير المُحارب وتزيين قصره.

أسلحة للحرب أم تُحفُ للزينة

رمز العشيرة

يعود تاريخ هذه الخوذة إلى فترة مومياما وبالتحديد إلى نهاية القرن السادس عشر وبداية القرن السابع عشر، وكان يُطْلَقُ عليها "الكاواري" أي "الغريب" بسبب غرابة شكلها. وقد تميّزت هذه الفترة بكثرة الصراعات في اليابان. وفي أعلى الخوذة وبالتحديد فوق واقي العنق منحوتة أصلية مطلية بطبقة من اللك الجاف شبيهة بلفافة من الحرير مطوية بطريقة معقّدة تسمح بالتعرُّف عن بعد على العشيرة التي ينتمي إليها المحارب، وتساعده أيضا على بثّ الخوف في خصومه.

.2
طبق مراسم مع صورة محارب يرتدي خوذة
إيطاليا، ديروتا
1500-1525
ق. 41 سم؛ خزف بزخارف مزججة وملونة
المتحف الوطني للخزف
- سيفر وليموج

.1
خوذة ساموراي
اليابان
1573-1603
إ. 54 سم؛ لك،
حديد، حبل
اللوفر أبوظبي

1

صورة المحارب

كانت صور المحاربين تُزيِّن العديد من القطع كالعملات والميداليات واللوحات والمنحوتات. كما كانت تزيّن القطع الزخرفية أو الاستعراضيّة كهذا الطبق المزخرف بصورة قائد من القرن السادس عشر يرتدي خوذة ويحمل درعًا طبّقًا لتقاليد الإمبراطوريّة الرومانيّة. وفي الفترة التي كانت فيها إيطاليا تمزّقها الحروب الدائرة بين الدويلات المجاورة لها، كان هؤلاء المحاربون يتولون قيادة جيوش المرتزقة، بل إن بعضهم تحوّل إلى أمراء كما هو الحال بالنسبة لمالاتيستا الذي أصبح حاكما على مقاطعة ريميني.

2

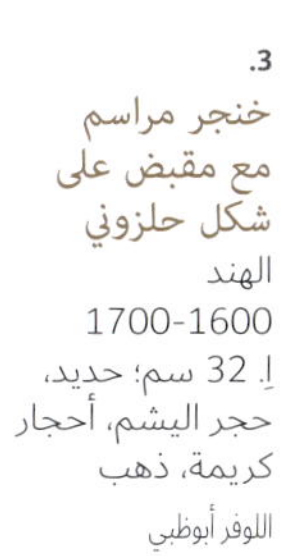
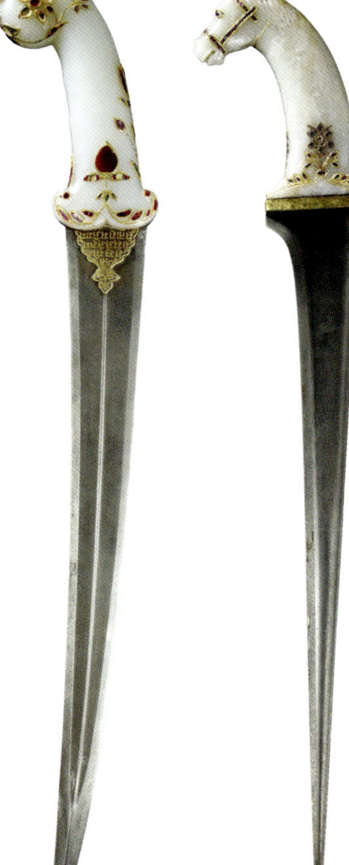
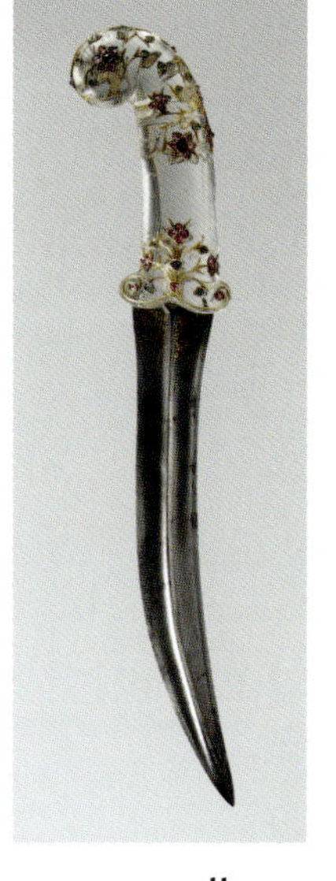
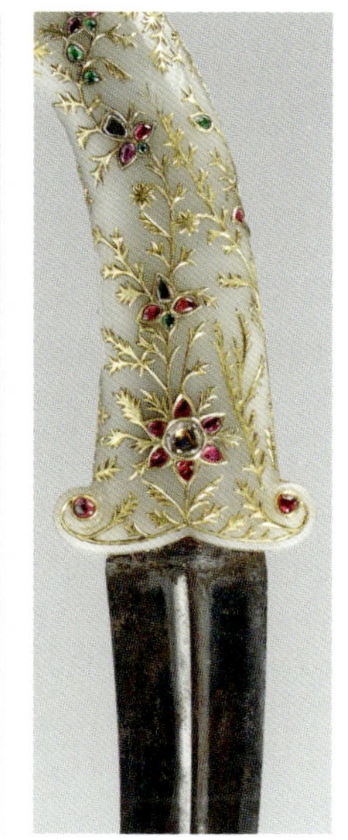

.3
خنجر مراسم
مع مقبض على
شكل حلزوني
الهند
1600-1700
ا‍ 32 سم؛ حديد،
حجر اليشم، أحجار
كريمة، ذهب
اللوفر أبوظبي

.4
خنجر مراسم
مع مقبض على
شكل حلزوني
الهند
1600-1700
ا‍ 38 سم؛ حديد،
صخر بلوري، أحجار
كريمة، ذهب
اللوفر أبوظبي

.5
خنجر مراسم مع
مقبض على شكل
رأس حصان
شمال الهند
نحو 1870
ا‍ 55 سم؛ حديد،
حجر اليشم الأخضر،
أحجار كريمة، ذهب
اللوفر أبوظبي

.6
خنجر مراسم منقوش
بكتابة ديوناكرية
الهند
نحو 1650
ا‍ 48.5 سم؛ حديد،
حجر اليشم الأبيض،
أحجار كريمة، ذهب
اللوفر أبوظبي

.7
خنجر ملكي منحوت
بأشكال كائنات
أسطورية هندوسية
الهند
1600-1645
ا‍ 35 سم؛ حديد، عاج
اللوفر أبوظبي

الفنّ الذي يتخطى حدود الحرب

كانت للأسلحة المزخرفة مكانة خاصّة في العالم العربيّ والإسلاميّ، لاسيّما في العصر العثمانيّ والمغوليّ والصفويّ، حيث تناولتها الكتب التاريخيّة وأدب الرحلات بالوصف والتصوير الدقيق. وتُشير هذه الخناجر الفخمة ذات المقابض المصنوعة من مواد نفيسة، التي يعود تاريخها إلى القرن السابع عشر والقرن التاسع عشر، إلى حياة الترف والبذخ في البلاطات الهنديّة وأيضا إلى تنوّع التراث الفنّيّ في ممالك المغول الشماليّة والممالك الجنوبيّة. وترتبط هذه الخناجر بالمكانة التي يتمتّع بها أصحابها التي صُنعت خصّيصًا لهم، كما كانت تُقدّم هدايا دبلوماسيّة للبلاطات الملكيّة الأوروبيّة منذ تولي آل ميديشي الحكم.

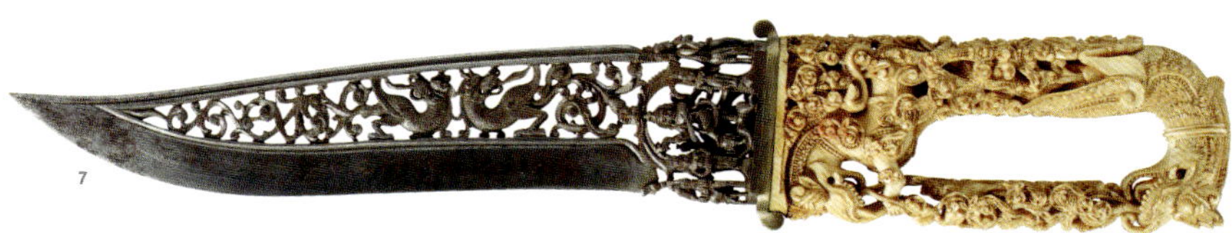

سلاح رمزي

صُنع هذا الخنجر ذو الطابع الرسميّ في الهند الجنوبيّة لملك مادوراي تيرمالي نايك (1623-1659)، وقُدّم قربانًا في أحد المعابد الهندوسيّة. وقد زُيِّن مقبضه المصنوع من العاج بزخارف على شكل أوراق مُرَصَّعة باللؤلؤ عليها صور لفيلة صغيرة. ويتّخذ المقبض شكل "يالي"، وهو مخلوق أسطوريّ وحارس هندوسيّ يجمع بين صفات الأسد والطائر والحصان والفيل. تبدو هذه الشفرة مخيفة على الرغم من أنّها لم تكن مُعدة للاستخدام في الحروب، وقد نُقشت عليها بعناية كبيرة زخارف على شكل نباتات وطيور أسطوريّة. وفي أسفل الخنجر، يظهر الإله شيفا وهو يُشهر رمحًا ثلاثيًّا ويطأ بقدمه عفريت قزم في إشارة إلى نفوذ المَلِك وسيطرته على الإنسان والحيوان.

243

تحفة فنيّة:
الخوذة العمامة

تُعَدُّ هـذه الخـوذة إحـدى أجمـل وأهـمّ الخـوذ الإسلاميّـة التـي ظلّـت صامـدة حتّـى يومنـا هـذا، وهـي ملـكٌ للرَسّـام المستشـرق جـون ليـون جيـروم، الـذي يعـدّ اليـوم إحـدى أبـرز الشخصيات في اكتشـاف فنـون الإسـلام في الغـرب في نهايـة القـرن التاسـع عشـر. وقـد عُرضـت الخـوذة عـام 1903 في المعـرض الضخـم الأول للفنـون الإسلاميّـة بباريـس الـذي أصبـح آنـذاك محطـة مهمـة لهـواة جمـع الأعمـال الفنيّـة.

صُنِعَـت القلنسـوّة المعدنيّـة ذات الشـكل البصلـي والحجـم الاستثنائـيّ مـن قطعـة معدنيّـة واحـدة وبتجويـف عريـض نُقشـت عليـه تعرّجـات تشـبه التـواءات قمـاش العمامـة، ويحمـي غطـاء الخـوذة المُشَبَّـك، الـذي يخترقـه واقـي الأنـف القابـل للنـزع، الرقبـة والأذنيـن والوجـه. وفـي أعلـى الخـوذة يوجـد زرٌّ كانـت وظيفتـه الأساسـيّة شَـدّ لثـام مصنـوع مـن الريـش والشـعر ومرصَّـع بالجواهـر.

تنتمـي هـذه القطعـة لمجموعـة الخـوذ المزخرفـة ذات الشـكل العمـوديّ

أو الحلـزونيّ، والتـي كانـت تُلبـس في إيـران والأناضـول مـن القـرن الرابـع عشـر إلى القـرن السـادس عشـر. ويـدلّ شـكلها المستوحـى مـن عمامـة الدراويـش والزخـارف المنقوشـة عليهـا علـى الصوفيّـة التـي كانـت تدعـو إلى "هجـر النـوم والزهـد في الأكل والترفّـع عـن الـكلام والإقـدام علـى التَفَكُّـر في الـذات". ويرجـع أصـل هـذه الخـوذ، التـي طالمـا نُسـبت إلى الدولـة المملوكيّـة، إلى الأناضـول، وتحديـدًا إلى القبيلـة التركمانيّـة آق قويونلـو أو "الخرفـان البيـض" التابعـة لديـار بكـر، والتـي بسـطت نفوذهـا علـى جـزءٍ كبيـرٍ مـن شـرق تركيـا وشـمال العـراق وإيـران وأذربيجـان مـن القـرن الرابـع عشـر إلى القـرن الخامـس عشـر.

استُولـي علـى عـددٍ كبيـرٍ مـن الخـوذ والعمامـات كغنائـم حـرب خـلال الغـزوات التـي شـنّها العثمانيـون علـى القوقـاز، وبـدأت هـذه الخـوذ تظهـر بأعـداد كبيـرة ضمـن المجموعـات الفنيّـة الأوروبيّـة بعـد فـك الترسـانة التـي كانـت تحتويهـا علـى يـد السـلطان عبـد المجيـد عـام 1839.

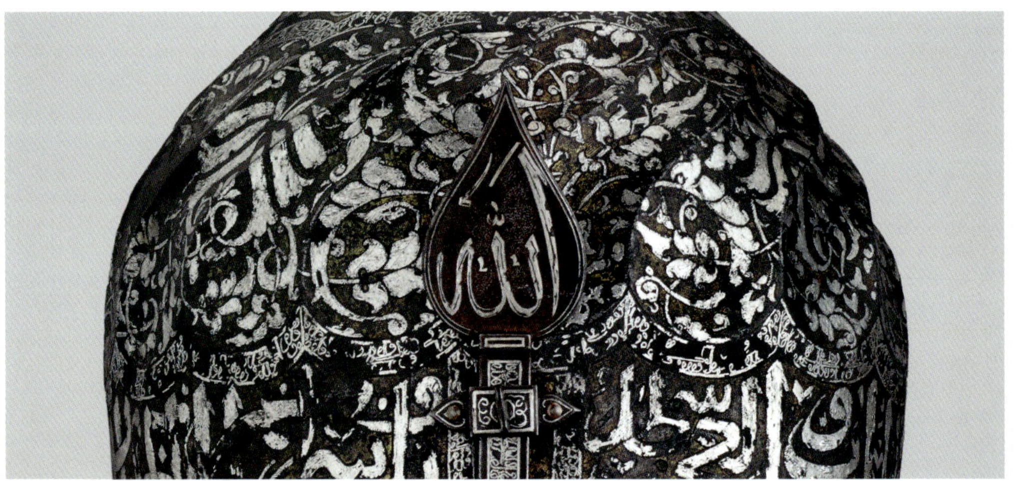

كُتِب على واقي الأنف:

"الله"

تتألف الزخرفة المرصَّعة بالفضّة على خلفيّة مُذَهّبة من زخارف على شكل نباتات ومن نقشين مخطوطين بخطّ الثلث الذي انتشر في النصف الثاني من القرن الخامس عشر. إن عبارات الثناء والدعاء بحفظ الملك المكتوبة باللغة العربية والموجَّهة للسلطان مشبعة بدلالات رمزيّة قويّة: الدعاء بالاعتدال، والتوسّل لله ليشمل الخاقان أو الحاكم برعايته.

الخوذة العمامة
تركيا
1450-1500
إ. 61 سم؛ حديد
مطعم بالفضة
وآثار ذهب
اللوفر أبوظبي

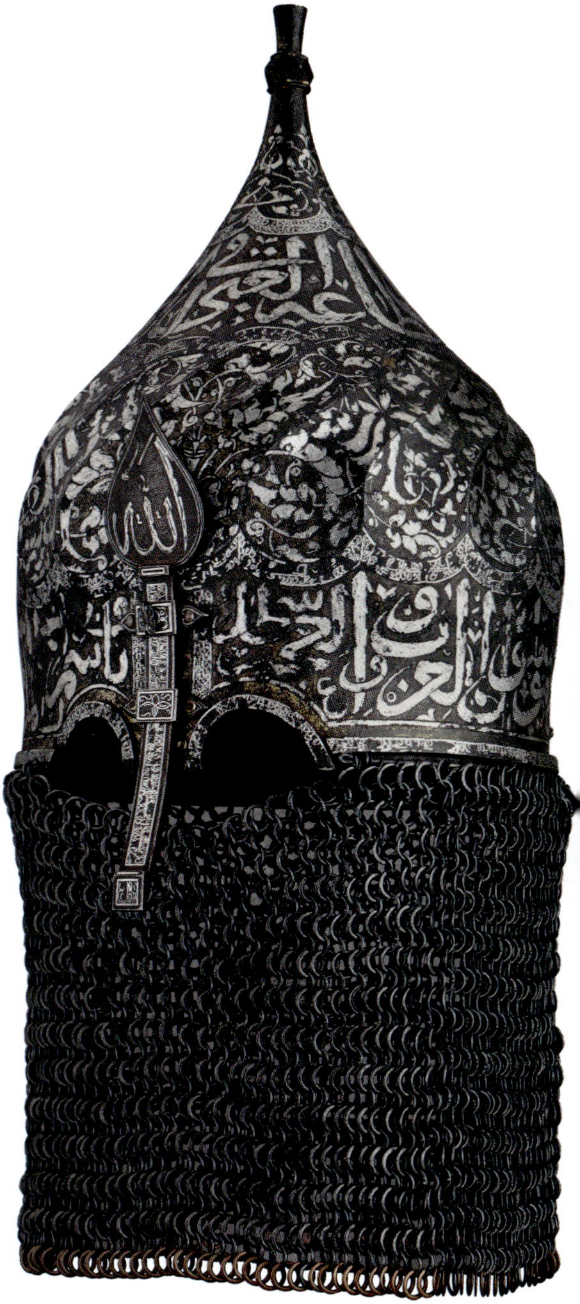

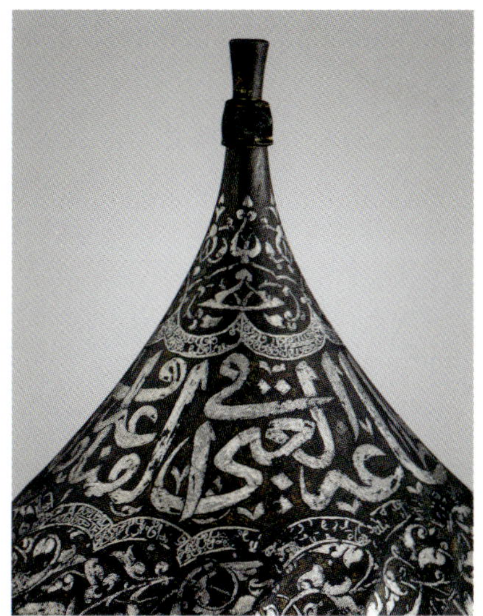

كُتِب على الشريط العلوي:

"العِزّ في الطاعة
والغِنَى في القناعة
والذلَّة في [...]"

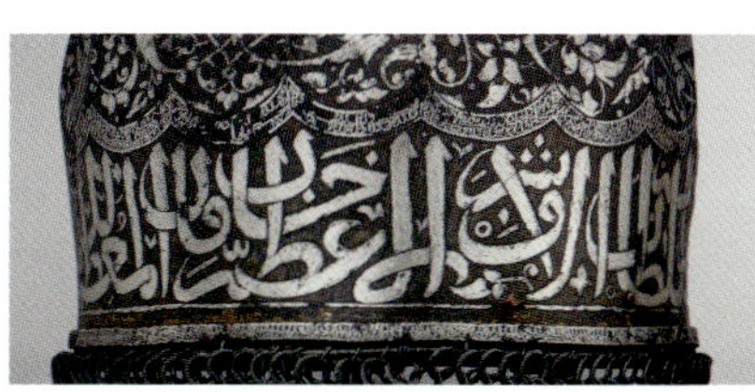

كُتِب على الشريط السفلي:

"مما عمل برسم الملك السلطان
الأشرف الأعظم خاقان
المعظم مالك رقاب
الأمم مولى ملوك العرب والعجم
[...]"

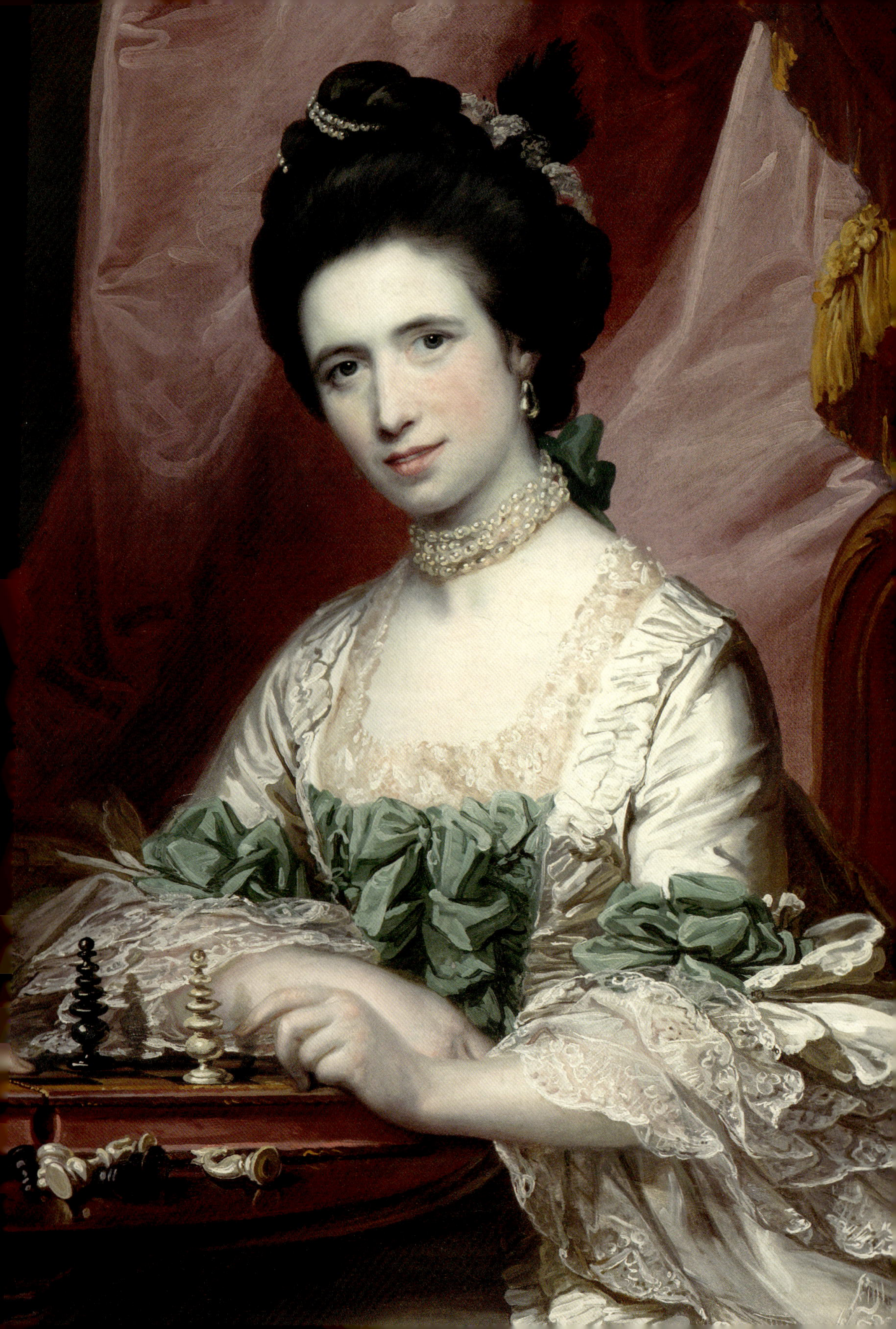

قاعة العرض 9

أسلوب عيش جديد

أصبحت فئات متزايدة من المجتمع في ظلّ الاقتصاد العالميّ الجديد تنعم بالرخاء ورغد العيش الـذي كان حكرًا عـلى الأمراء. فقد جعلت التجارة الكثير مـن المنتجات المستوردة في متناول الكثيرين سواءٌ أكان ذلك في أوروبـا أو في اليابـان أو في البـلاد الإسلاميّة الكبرى. وقد تجلّى هـذا الثراء النسبيّ في تطوّر الأذواق وتعـدُّد أسـاليب العيـش الجديدة. فقد تميّز القرن الثامـن عـشر بتطوّر الفنون الزخرفيّة التي بـدأت تنتشر في البيـوت الخاصّة التي ازدادت فيها سُبُل الراحـة والرفاهيّة، وبات أصحابها يفضلونها عـلى قاعات الحفلات الكبرى التي تفتقد للطابع الشخصي. كما انعكس هـذا الثراء في الإقبال عـلى المواد الثمينـة والشغف بالأزيـاء أو الأثـاث. وبـدأ الفنّانـون والحرفيّـون المنفتحون عـلى العديد من مصادر الإلهام يُقبِلون عـلى مواضيع وأساليب ومنتجات مستوردة مـن أجل تطوير إبداعاتهم. كما ساهمت المـواد المستوردة مـن البـلاد البعيـدة، مثلها مثل الصور الخياليّة للشعوب الأخرى، في تغذية حلم الناس بعالم أجمل وأكثر متعـة يحتـلّ فيه الإنسان محور الكوْن. وفي جميع القارات، أصبحت الفنون انعكاسًا للأهمية الجديدة التي اكتسبتها الحيـاة الشخصيّة للفرد والأسرة والتي احتلّت فيها المرأة تدريجيًا مكانـةً جديدةً. ولئن فرضت المـرأة رؤيتهـا أساسًا في عـالم الأُسْرَة، فقد استطاعت أن تطلـق العنان لذوقها الرفيع لتهتمّ بشؤونها الخاصّة وتستمتع بوقتها. كما ساعد اتّساع دائـرة حركة تنقّل الممتلكات والأشخاص في انتشار الأفكار التي تدحض وتشكّك في جدوى قيم المجتمع السائدة آنذاك. وشهدت الفنـون عـودة إلى الأنمـاط القديمة مع الحركة الكلاسيكيّة الحديثة المفعمة بالقيم الأخلاقيّة. واجتاحت أوروبـا فلسفةٌ تقدُّميّـةٌ أُطلِق عليها اسـم "التنوير" تدعـو إلى نظرة جديدة للعقل وللحريّـة الفرديّة مفادهـا أنّـه باستطاعة أيّ فـرد أن يلعب دورًا فعّـالاً في التاريخ. وفي نهاية القرن، أدّى اندلاع سلسلة مـن الحركات الثورية في فرنسا والمستعمرات الإنجليزية بأمريكا الشماليّة إلى إحـداث تغيّرات جذريّة في مسـار التاريخ العالميّ. فقد نـادت هـذه الثورات بقيم التحـرّر الفرديّ والجماعيّ. وإذا كان التاريخ قد صنع فكرة الفرد المواطن، فإن شخصيتين عظيمتـين هـما نابليون بونابرت وجورج واشنطن قـد أثبتـا أنّـه بوسع الفـرد أيضًا أن يصنـع التاريخ.

تزامن ظهور أسلوب جديد في العيش ازدادت فيه أهميّة الحياة الشخصية والسعي الدائم والمستمرّ نحو الراحة والرفاهيّة في البلاطات والمدن الكبرى في القرن الثامن عشر، مع ظهور أفكار جديدة نشرها الفلاسفة والعلماء والمثقّفون الذين تحدّوا قيم المجتمع القديمة وأطاحوا بها.

أهميّة الحياة الشخصية

شهدت المراكز التجاريّة الكبرى في العالم من آسيا إلى أوروبا، مرورًا بجنوب شرق آسيا والمحيط الهنديّ، ظهور طبقة متوسّطة من التُجّار تسعى وراء حياة الترف والبذخ والرفاهيّة. كما عرفت هذه المناطق انتشارًا واسعًا للأفكار. وكما نادى فولتير بالحريّة الفكريّة والدينيّة وبالتعايش بين مختلف الأديان، نادى رواد عصر التنوير بنشر الفكر النقديّ لدى العامّة من أجل تحرير الناس وتثقيفهم. وهكذا ظهر مفهوم الفرد الذي يتمتّع بحريّة الفكر وبحقّه في الاستماع بالملذّات الحسيّة. انتشرت هذه الأفكار الجديدة في كامل أنحاء أوروبا وروسيا قبل أن تصل إلى أمريكا.

انعكست هذه التحوّلات الاجتماعية الهامّة في فنّ رسم الصورة الشخصية الذي أصبح الفنّ الحديث بلا منازع. فبعد أن كان مقتصرًا على تمجيد المشاهير عمّ هذا الفنّ فئات متعدّدة من المجتمع وخاصّة الطبقة المتوسّطة الصاعدة. فقد حرص رجال البلاط والعلماء والفلاسفة والتجّار وهُواة الفنّ على رسم صورهم الشخصيّة وسط فضاء خصوصيّ بينما تحيط بهم مقتنياتهم الشخصيّة. كما تسلّط هذه اللوحات الضوء على أصالة الشخص وتميّزه مراعية بذلك قوانين الكوميديا الاجتماعية.

لم يعد الفنّ في أوائل القرن الثامن عشر يهدف فقط إلى البناء الروحيّ للذات، بل كان يسعى أيضًا إلى شدّ انتباه المشاهد وإمتاعه. كما انتشر فنٌّ أطلق عليه فيما بعد اسم فنّ الروكوكو اعتمد على الرّسم بخطوط متعرّجة وألوان خافتة، ولاقى رواجًا كبيرًا في أوروبا واكتسح جزءًا كبيرًا من الزخارف الداخليّة. فقد استهدفت هذه الأعمال الفنيّة سحر

الجمال أكثر من المعنى وأهملت الجانب السردي الذي كان سائدًا في القرن الماضي. ومنذ ذلك الوقت أصبح الإنسان في أوروبا يطالب بحقّه في السعادة على وجه الأرض حسب العديد من المذاهب الفلسفيّة التي تصف مجتمعًا قائمًا على مبدأ السعادة للجميع. فقد أصبحت الصورة عنصر الدعاية الذي ينادي بالسعادة المباشرة ويعمل على وصف الحياة بالمشهد السعيد المليء بالحكايات. ولكن غالبًا ما تُخْفِي تلك الصور المفعمة بالسعادة وراءها نوعًا من الكآبة وأحيانا قلقًا أو خوفًا من الواقع الإنسانيّ الزائل وغير الثابت.

برزت ظاهرة موازية في اليابان خلال فترة إيدو (1615-1868)، حيث عرفت تلك الفترة السلام والازدهار اللذين ساعدا على تطوّر ثقافة راقية وغنيّة ومتنوّعة. كما تجاوز الإنتاج الفنيّ نطاق الدعم الرسميّ والمؤسّسات الدينيّة ليواكب التنمية الحضريّة والاجتماعيّة التي شهدتها تلك الفترة. فقد ظهر تيّار مستقلّ ومجدِّد يُسَمّى "صور العالم العائم" يعمل على تصوير ملذّات العاصمة من خلال أعمال فنيّة تعتمد على النقش. وقد أدّى استنساخ أعداد كبيرة من هذه الأعمال الفنيّة إلى انتشارها انتشارًا واسعًا لدى الطبقة المتوسّطة والتجّار والطبقات الشعبيّة على حدّ سواء. أمّا في الهند فقد تعدّدت مواضيع فنّ الرّسم واعتمدت على مختلف المواضيع المتداولة والتي عادة ما كانت تعتمد نوعًا خاصًّا من الخصوصيّة. وانتشرت المشاهد المجسّدة لملذّات الأمراء مثل الصيد والموسيقى والحريم في اللوحات الفنيّة الخاصّة بالمغول والراجبوت، وحظيت بشعبيّة كبيرة بين القرن السادس عشر والقرن التاسع عشر.

مظاهر الحنان

تجسّد لوحات الفنّان أوتامارو (1753-1806) في مجملها صورا نسائية، سواءٌ كانت لأمهات مع أطفالهنّ أو لجواري جميلات، ويتّسم رسمه بالبساطة الواضحة والحساسية المرهفة. ففي لوحة الأمّ التي تعزف على آلة الشامزان، استخدم أتامارو اللّون البرتقاليّ المميّز الممزوج بخلاصة النُّحاس للتركيز على الملابس الناعمة للأمّ والمساهمة في الشعور بالحنان المنبثق عن هذا المشهد.

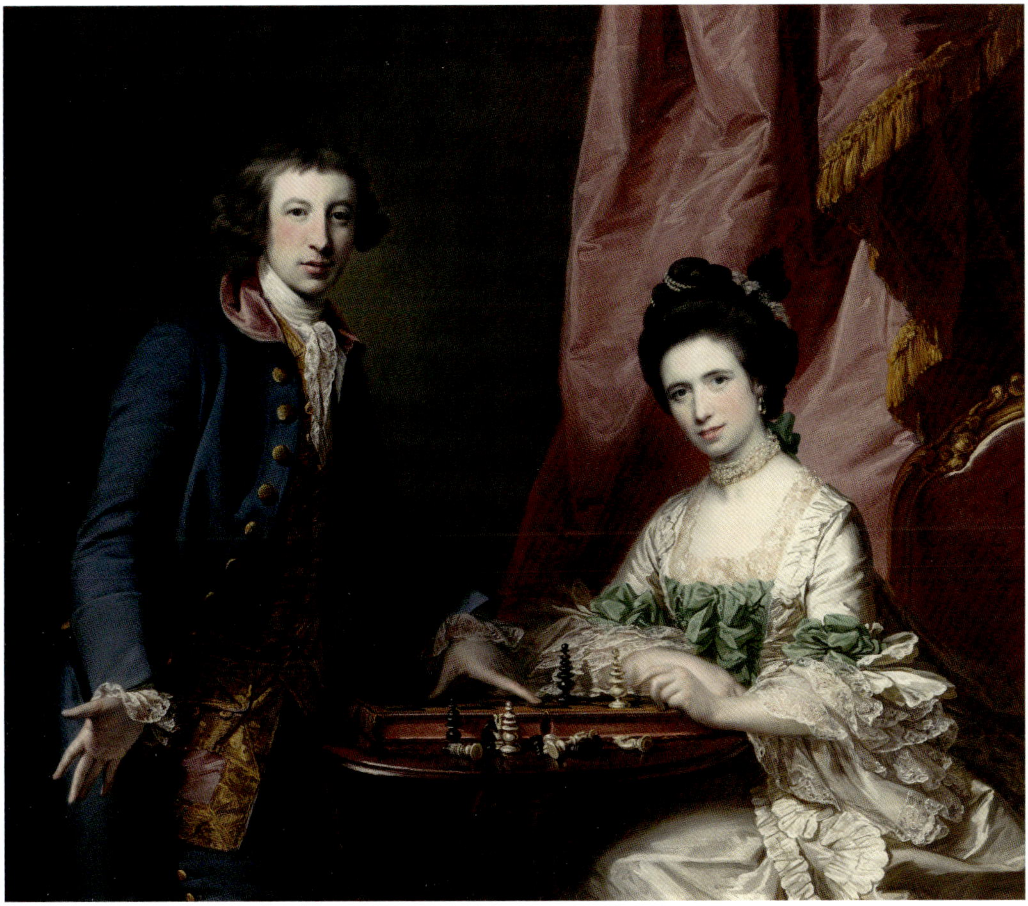

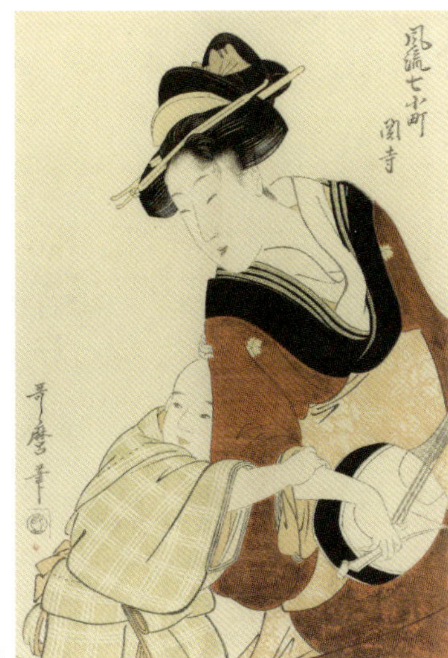

2

مشهد الزوجين

تعكس هذه الصورة لزوجين إنجليزيين حول طاولة لعبة الشطرنج تزايد الاهتمام بالحياة الزوجيّة الخاصة. كان فرانسيس كوتس (1726-1770)، رسّام الأسرة الحاكمة في إنجلترا والمجتمع الراقي في لندن، في قمة مجده آنذاك. تضفي الألوان الزاهية والمواد النقية المستخدمة والزخرفة الداخلية شيئا من الحداثة على هذه اللوحة التي ينصبّ التركيز فيها على الطاولة المصنوعة من خشب شجر الماهوغاني والتي وُضِعت عليها قطع لعبة الشطرنج التي كانت آنذاك من أبرز وسائل الترفيه. وتصوّر هذه اللوحة بالتحديد نهاية لعبة الشطرنج بكل ما تحمله من رمزية، إذ لا يوجد سوى الملكين على الرقعة مِمّا يوحي بنتيجة متعادلة بين الزوجين.

.1
لوحة لويليام وبينلوبي ويلبي يلعبان الشطرنج
فرانسيس كوتس
المملكة المتحدة
1769
إ. 135، ع. 152 سم؛
ألوان زيتية
على قماش
اللوفر أبوظبي

.2
أم شابة تعزف على آلة الشاميزان
كيتاغاوا أوتامارو
اليابان
نحو 1798
إ. 39، ع. 25.7 سم؛
حبر على ورقة مطبوعة
اللوفر أبوظبي

الحياة الأُسَريّة في أحد القصور الهنديّة

يُجسّد المشهد الدنيويّ والحميمي لهذه اللّوحة أحد المقاطع الشعريّة من ديوان غاطستاي الشعبيّ. في منظر طبيعيّ لسماء ملبّدة بالسُحُب الموسميّة يجثو الزوج على رُكبتيه أمام زوجته طالبا منها العفو. ورغم أنّها كانت في حالة من الغضب الحقيقي أو المصطنع، فإنها لم تستطع أن تكبت ابتسامتها عند صعود طفلها على ظهر أبيه وعبثه بعمامته.

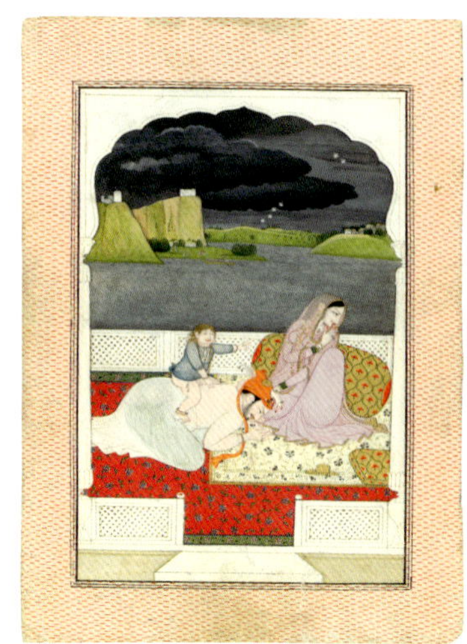

4

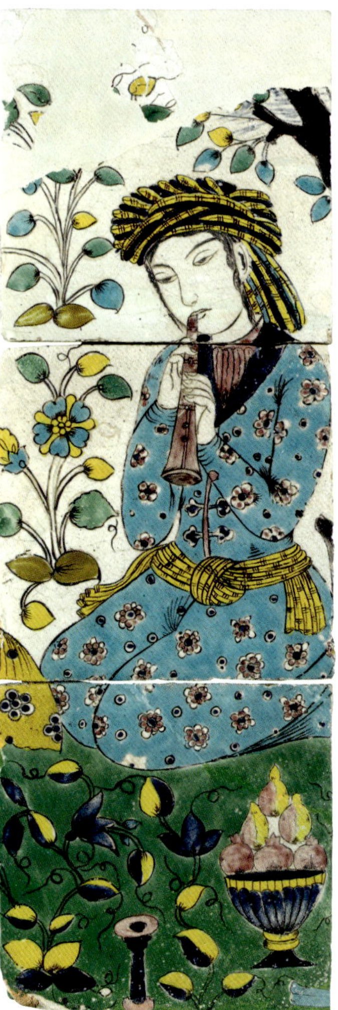

3

مشهد عزف الموسيقى في إحدى حدائق بلاد فارس

تُجسّد هذه اللوحة شابًّا متعمِّمًا يعزف على الناي، وهي جزء من زخارف داخلية مكوَّنة من قطع كبيرة من البلاط الخزفي. يمكننا أن نرى في مقدِّمة اللّوحة عنق الزجاجة وإناء مملوءة بالرُّمَّان والسفرجل وهي الفواكه التي ترافق عادة شراب الشباب. كما يرتبط هذا النوع من اللوحات الذي يجمع الشعراء والمثقفين في مكان عام أو خاص حول مأدبة بوسائل الترفيه عند الأمراء. أستُخدِم هذا التقليد الفنّي بكثرة في إيران الصفويّة في القرن السابع عشر لتزيين قصور أصفهان، ثم أعيد استخدامه مرة أخرى بطريقة تقليدية في عهد القاجاريين.

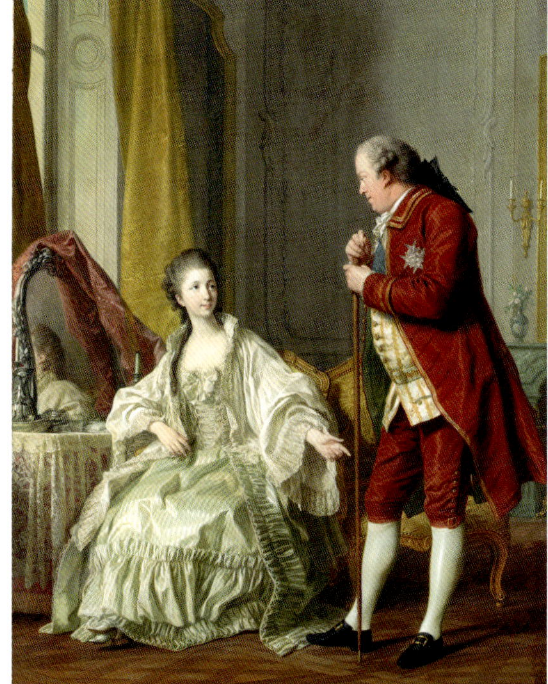

5

لقاء بين زوجين

تُصوِّر لوحة الفنّان فان لوو (1707-1771) كبير المشرفين على الفنون والعمارة في فرنسا، وهو إحدى أهم الشخصيّات في حاشية الملك لويس الخامس عشر وشقيق مدام دي بومبادور. ويظهر الماركيز في هذه اللّوحة قُبالة زوجته الشابّة وهي جالسة أمام طاولة الزينة في ملابس نومها، بينما يتّكئ هوّ على عصا لعبة البلياردو التي كانت تُعَدُّ آنذاك إحدى أشهر وسائل الترفيه لدى النبلاء.

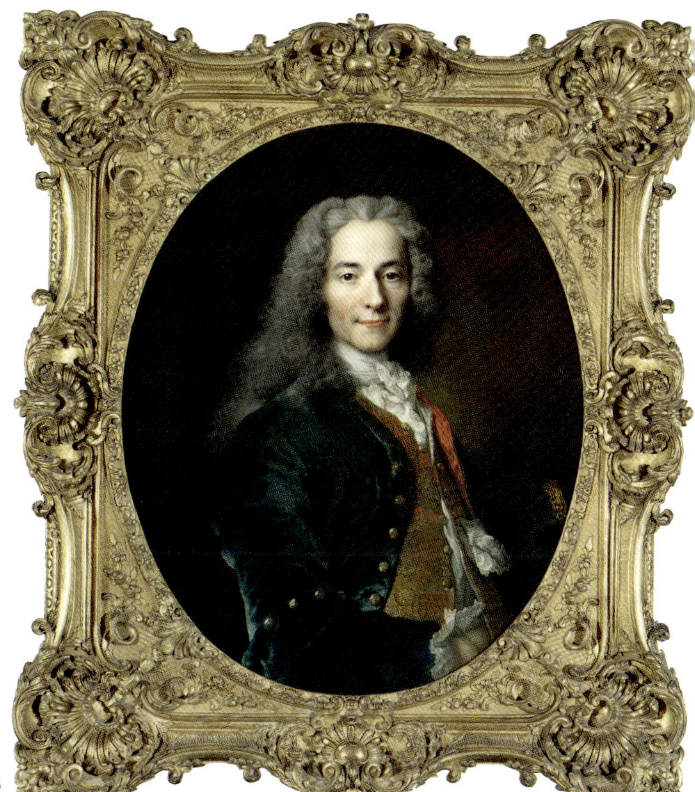

6

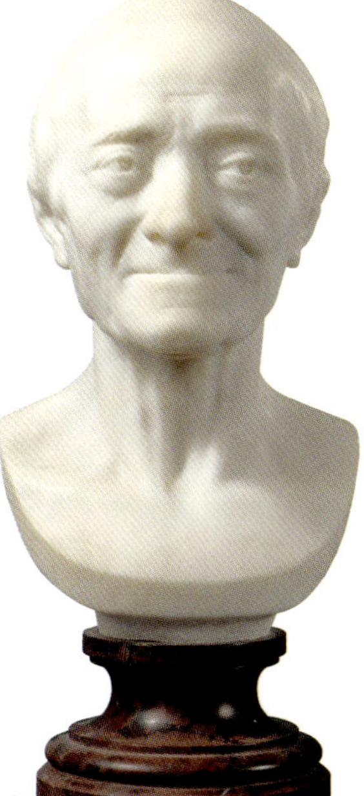

7

فولتير، روح عصر

يُجسِّد فرانسوا ماري آروويه المعروف باسم فولتير شخصيّة مفكِّر عصر التنوير. وتوضح هاتان الصورتان الشخصيتان وجهين لنفس الشخص تفصل بينها خمسون عامًا من الزمن، وهما شاهد على التغيُّرات الاجتماعيّة والفنيّة الكبيرة التي قلبت القرن الثامن عشر رأسًا على عَقِبٍ. تجسِّد لوحة الفنّان لارجيلير (1656-1746) فولتير وهو في الرابعة والعشرين من عمره بعد عودته من سجن الباستيل إثر حصوله على عفو من الوصيّ على العرش. لذا يبدو عليه الشعور بالفخر والاعتزاز في اللوحة وهو يضع شعرًا مستعارًا أغبرَ، ويرتدي ملابس فاخرة، ويقف وقفة تدلّ على قبول المجتمع به. وفي عام 1778، جسّده النحّات هودون (1741-1828) هذه المرّة في تمثالٍ مجرَّدٍ تمامًا وهو أصلع وعاري الرأس، هزيل الوجه، مضموم الشفتين، وذلك عند عودته بعد سنوات من النفي وهو في سنّ الرابعة والثمانين. وبهذا التمثال النصفي يُذكِّرُنا النحّات هودون بالتماثيل النصفيّة التي كانت تُنحت لفلاسفة العصور القديمة، وبذلك يبوِّأ فولتير المكانة التي يستحقُّها بين أعلام الفكر الخالدة في الذاكرة الإنسانيّة.

أصبح أسلوب العيش في القرن الثامن عشر أكثر تعقيدًا وذلك تماشيا مع تزايد متطلِّبات الرفاهيّة والترف والخصوصيّة. ففي البلاط والبيوت الحضرية، امتلأت الغرف ذات الأحجام الصغيرة نسبيًّا التي أخذت مكان غرف الحفلات الكبيرة بالأدوات اليوميّة أو بأدوات الزينة. وهكذا شهدت فنون الزخرفة آنذاك تطوُّرًا لم يسبق له مثيل اتّسم بالبراعة الفنيّة والإقبال على المواد المستوردة.

الخصوصيّة والترف والرفاهيّة

لقد ساعدت عوامل كثيرة على جلب العديد من البضائع المستوردة إلى أوروبا. ومن بين تلك العوامل ازدياد حركة التجارة العالميّة، وإنشاء شركات التجارة العالميّة مثل شركة الهند الشرقيّة البريطانيّة وشركة الهند الشرقيّة الفرنسيّة. وقد انبهر الفنّانون المحليُّون بجودة المنتجات المستوردة من الصين واليابان والهند التي تدفَّقت على منطقة الشرق الأوسط وأوروبا فحاولوا جاهدين الحصول عليها واقتناءها. أمّا في الصين، فقد أُعيدَ تأهيل المصانع الإمبراطوريّة التي تقع في جنوب البلاد على أيدي أباطرة أسرة تشينغ، وذلك لتلبية الطلب المتزايد على الحرير والخزف واللك سواءً في الأسواق المحليّة أو الخارجيّة. كما بلغت فنون الزخرفة آنذاك أعلى مستويات الجودة والبراعة الفنيّة ونالت إعجاب العالم بأسره.

وفي ظلِّ هذا المناخ التنافسيّ، تفاعلت الورش السلطانيّة في العالم الإسلاميّ والمصانع الملكيّة الأوروبيّة الكبرى مع الوضع الراهن وأصبحت قلاعًا للإبداع المتميّز والنشاط المتجدِّد في مجال فنون الزخرفة، ممّا أدّى إلى تكثيف العلاقات مع أوروبا في النصف الثاني من القرن، التي أحدثت بدورها ثورة فنيّة في العالم الإسلاميّ طغت على انجذابه نحو الفنون الزخرفيَّة في الشرق الأقصى. فَقَدْ خسر الحريرُ

جاذبيّته وقيمته بعد أن ظلَّ رمز الترف والبذخ في مختلف أنحاء العالم ليُصبح رمز الرفاهيّة الخاصّة بكل ثقافة بفضل تطوُّر الصناعات المحليّة. وبيَّنت كتب التاريخ الآسيويّة والتركيّة والأوروبيّة مدى خضوع قوانين الملابس الخاصة بأصحاب المقام الرفيع والشخصيات المرموقة للقواعد الصارمة التي كانت تحكمها، وخاصّة تلك الملابس الخاصة بالجلسات والمواكب والحفلات.

أمّا في أوروبا فقد تجلّى الانبهار بالشرق والشرق الأقصى بأشكال مختلفة. فبالإضافة إلى التأثيرات التي أحدثتها المواضيع الرمزيّة الاعتياديّة، تجلّى ذلك الانبهار في التغييرات والتحويرات التي أدخلوها على المنتجات المستوردة مثل إضافة أُطر معدنية على أواني الخزف أو طلاء الأثاث باللك. وسرعان ما حاول الفنّانون الأوروبيُّون محاكاة المنتجات الآسيويّة التي ظلَّت طرق صناعتها مجهولة إلى يومنا هذا. فقد أثار موضوع الخزف الصينيّ في أوروبا سباقًا محمومًا للكشف عن أسرار صناعته. أمّا اللك فقد أدّى إلى ابتكار نوع جديد من الورنيش في فرنسا يدعى "برنيق مارتان" الذي يحاكي الأثر الذي يتركه اللك الأصليّ لكن بجودة أقلّ وبتكلفة معقولة.

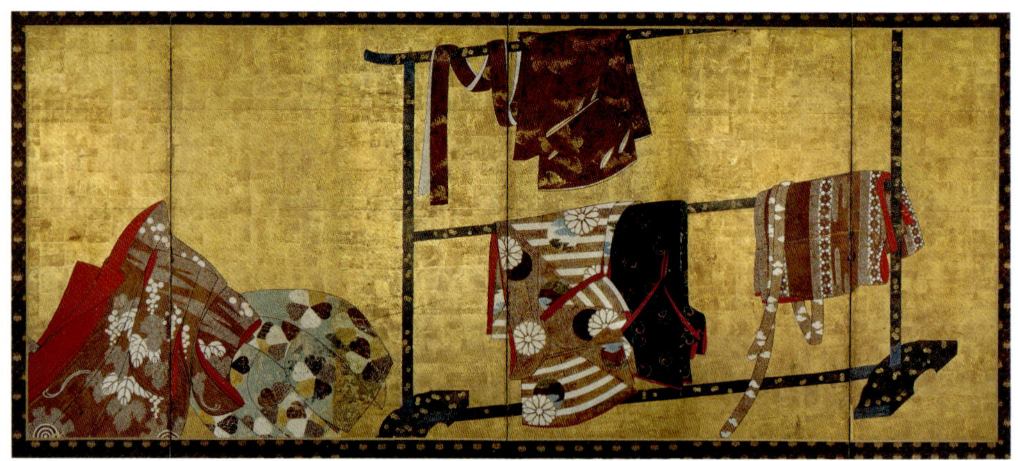

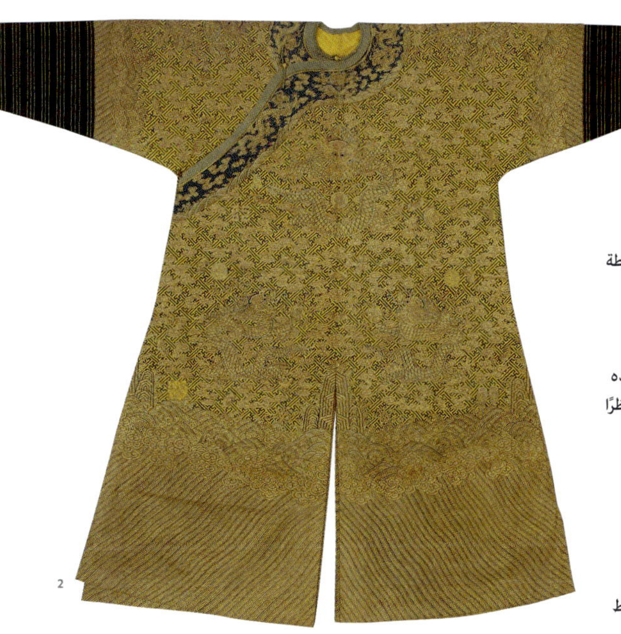

عباءة التنّين

يُعبّر غلاء الملابس في الصين عن السلطة التي يتمتَّع بها الأباطرة، كما يمنحهم ذلك الشرعيّة اللازمة ليظهروا بمظهر حُماة التراث والتقاليد العريقة التي ورثوها عن الأجداد. يرجع تاريخ هذه العباءة التي تُدعى "عباءة التنّين" نظرًا للزخرفة التي تحتوي عليها إلى عهد الإمبراطور جياجينغ (1796-1820). تحتوي العباءة على الكثير من الخيوط الذهبية المطرَّزة على خلفيّة صفراء، الأمر الذي يدلَّ على تخصيصها للإمبراطور. يظهر التنّين الصينيّ على هذه العباءة وسط السُحُب المزخرفة ويُحيط به اثنا عشر رمزًا من رموز السلطة الإمبراطوريّة.

لغز الكيمونو

تعدّ الستائر الجدارية من القطع الأساسيّة في التصميم الداخليّ للبيوت اليابانيّة. وقد استُوحي موضوع هذا الستار من قصيدة كلاسيكية بعنوان "تاغاسوده" أي "لمن هذه الأكمام؟". يأخذنا الفنّان داخل خصوصيّة أحد منازل التجّار الأثرياء في فترة إيدو، وبدلاً من تصوير الحسناوات في ملابسهنّ الفاخرة، آثر الفنّان أن يقدِّم لنا عملًا في منتهى الحداثة يوحي بوجود إحدى تلك الحسناوات من خلال الملابس المعلّقة على العمودِ.

فنّ اللباس

أصبح اللّباس في أوروبا يخضع كليًّا إلى ظاهرة الموضة في القرن الثامن عشر. فقد كانت نماذج الموضة تُصمَّم في البلاط ثَمَّ تُوزع على الطبقات الأرستقراطيّة والمتوسطة عن طريق مجلّات الموضة التي بدأت تظهر آنذاك. أصبح اللّباس وسيلة الفرد لتقديم نفسه في مجتمع آخذ في التمدُّن. فقد كان الفرد يعرض أفكاره للمجتمع ويعبِّر عن انتمائه الطبقيّ من خلال تصميم لباسه وغلاء المواد المستخدمة فيه. وكما هو الشأن بالنسبة للملابس النسائيّة، كانت الملابس الرجاليّة مكسوّة بالزخارف الكثيفة وفق طراز فن الروكوكو الذي كان رائجًا في تلك الفترة.

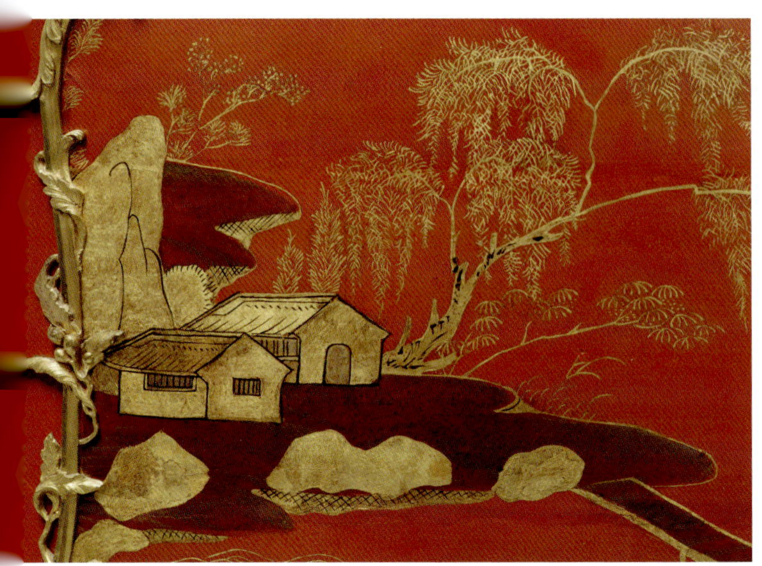

خزانة فرنسيّة مطليّة باللك الصينيّ

هذه الخزانة الصغيرة هي من صُنْع النجَّار بيرنار فان رايزن بيرغ الثاني (نحو 1696-1766) الذي ينحدر من عائلة من الحرفيين من أصل هولندي، وهو من أمهر النجَّارين الذين عملوا في باريس في عهد لويس الخامس عشر. فقد كان أوَّل من استعمل ألواحًا من اللك الصينيّ في تزيين قطعه من الأثاث وطعَّمَها بإطارات من البرونز المُذهَّب. قام هذا النجَّار عام 1750 بصُنع خمس خزائن مشابهة، ولم يستخدم سوى في اثنين منها ألواح اللك الصينيّ الأصليّة، إذ استخدم في الخزائن الثلاثة الأخرى ألواحًا من "برنيق مارتان" المحلي الصنع والأرخص.

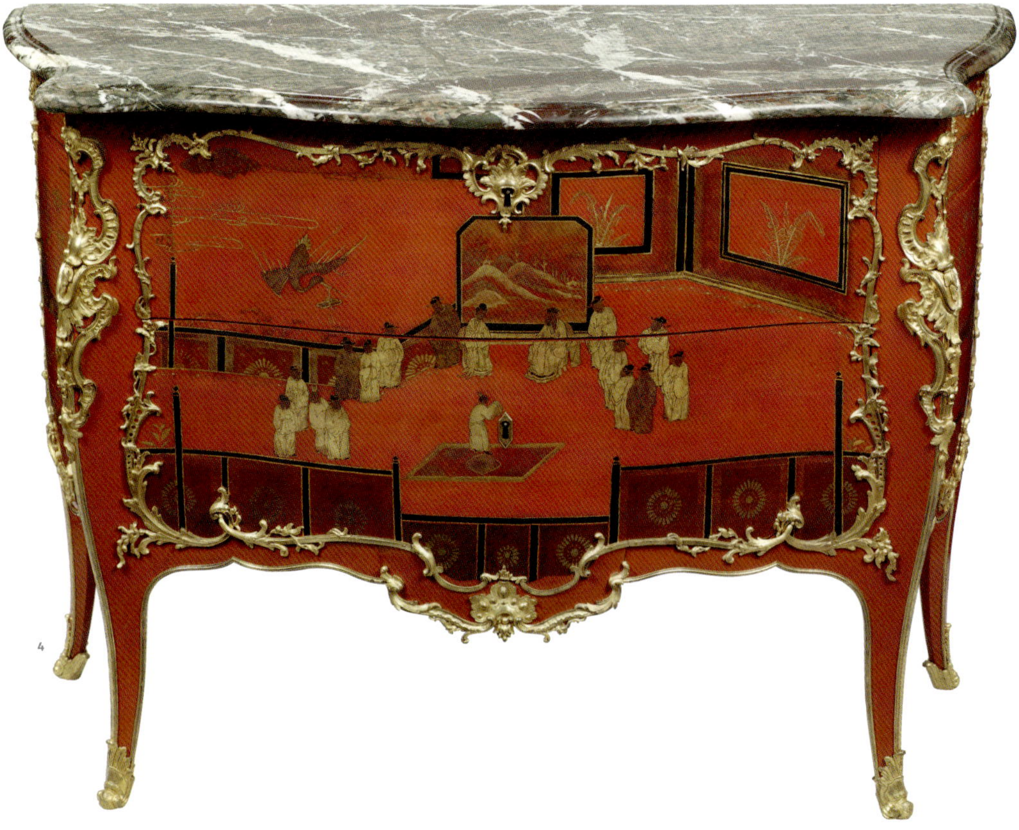

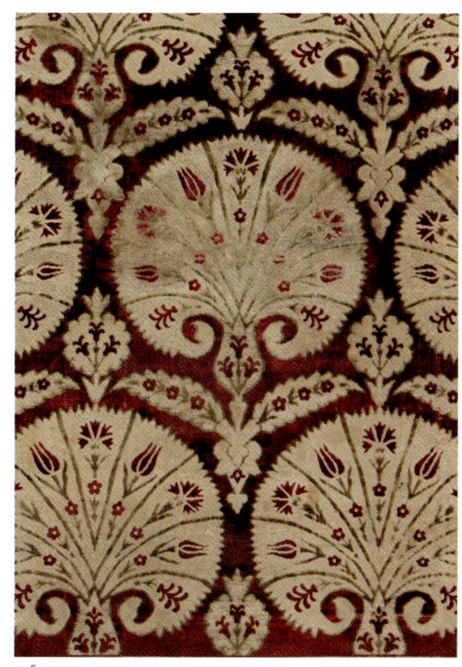

5

روعة المخمل العثمانيّ

كان المخمل المُخَصَّص لتنجيد الأثاث القماش المُفَضَّل لدى البلاط العثمانيّ والأثرياء من الزبائن باعتباره رمزا للفخامة والمكانة الاجتماعيّة. صُنع غلاف هذه الوسادة باستخدام خيوط معدنيّة وحريريّة، وقد نُسِجَ في بورصة أو إسطنبول وهما أكبر مصنعين عثمانيين لصناعة النسيج. تتألف زخارف النسيج من أنماط متكررة من أشكال الأزهار التي كانت من السمات المميزة للفنّ العثمانيّ في أوج فترات ازدهاره.

.4
خزانة مزخرفة بلكّ
أحمر من الصين
بيرنار فان رايزن
بيرغ الثاني
فرنسا، باريس
1756-1753
اِ. 84، ع. 116 سم؛
خشب، لكّ، برونز
مذهب، رخام
اللوفر أبوظبي

.5
غطاء وسائد
تركيا
1700-1600
اِ. 67، ع. 123 سم؛
مخمل، حرير، قطن،
خيوط معدنية
متحف الفنون الزخرفية

.6
مزهريات على الطراز
الصيني تُسمى
"مزهريات يابان"
جان آرمان فالو
فرنسا، المصنع
الملكي في سيفر
1774
اِ. 29.5 سم؛
خزف صلب
اللوفر أبوظبي

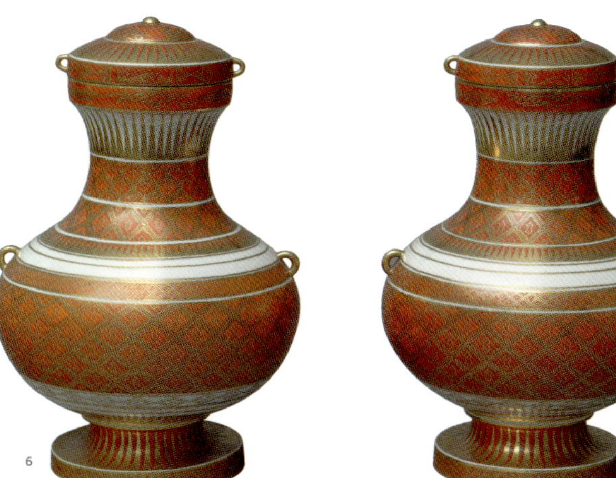

6

الإقبال على الذهب الأبيض

انضم مصنع مدينة سيفر الفرنسيّة إلى سباق صناعة "الذهب الأبيض" وهو الخزف الصينيّ الذي لم تتقن فرنسا صناعته إلا في عام 1770. تُذكِّرنا هذه الأواني التي تبرز الجانب الأثريّ للتحف الصينيّة بالأواني الأثريّة التي أُدرجت في كشف المجموعات الإمبراطوريّة الصينيّة الذي أعِدَّ في الفترة بين 1735 و1751 بأمر من الإمبراطور تشيان لونغ. فقد استُوحيت الأشكال والزخارف مباشرة من الأواني الصينيّة المطعَّمة بالمعدن المُطرَّق. كانت هذه الأواني تُنسب بالخطأ إلى اليابان، ممّا يدلّ على عدم وضوح الرؤية آنذاك فيما يتعلّق بالشرق الأقصى.

255

تحفة فنية:
نافورة منزل دمشقيّ

تعدّ هـذه الأرضيّـة المُبَلَّطـة مثالاً رائعًـا للزخرفـة المعماريّـة المسـتخدمة في سـوريا خلال القـرن الثاني عـشر، كمـا يتضح من باحـة المسـجد الكبير وسـاحة مدرسـة الفردوس بحلـب. تنبـع تقنيّـة التنـاوب بيـن الأحجـار البيضـاء والأحجار الملوّنـة مـن تقنيـة قديمـة كان يسـتخدمها الحجّـارون في البدايـة في بناء الجدران باللّونين الأبيض والأسـود في المباني البيزنطيّة، ثُـمّ اسـتخدموها في الزخرفـة الهندسـيّة لأرضيـات القصـور العربيّـة النورمانديّـة في القرنيـن الثاني عـشر والثالـث عـشر.

أمّـا في العالـم الإسـلامي، فقـد اسـتمرّ اسـتعمال هـذه التقنيّـة في عهـد الدولـة الزنكيّـة (1127-1183) وتواصـل اسـتعمالها لاحقًـا دون توقُّـف في عهـد الأيوبييـن (مـن أواخـر القـرن الثاني عـشر إلى منتصـف القـرن الثالـث عشر)، ثم المماليك (مـن منتصف القرن الثالـث عشر إلى بدايـة القـرن السـادس عـشر)، والعثمانيـن (مـن بدايـة القـرن السـادس عـشر إلى القـرن العشريـن). تُعـدُّ هـذه التقنيـة مـن أبـرز تقنيـات العمـارة السـوريّة، وكانـت تُسـتخدم في الأماكـن العامّـة في بدايـة الأمـر، ثُـمّ في

البيـوت الخاصّـة لتزيين الباحـات الداخليّة والنوافر والجدران والواجهات الداخليّـة. اعتمـدت الزخـارف السـوريّة مـن نهايـة القرن السـابع عـشر إلى بدايـة القـرن التاسـع عـشر على تقنيتيـن متكاملتيـن هـما تقنيـة "الأبلـق" الخاصّـة بالزخرفـة بالأحجـار، وتقنيـة "العجمـي" الخاصّـة بزخرفـة الخشـب والأسـقف.

صممـت هـذه الأرضيّـة المبلّطـة والنافورة بهـدف ترطيب الجـوّ في فصـل الصيـف، وهـما جـزء مـن ديكـور الباحـة الداخليّـة أو على الأرجح المجلـس الكبـير لمنـزل دمشقيّ يعـود إلى القرن الثالـث عـشر. فقـد احتلـت الباحـات الداخليّـة مكانـة رئيسـيّة في المنازل والقصور خاصّـة في سـوريا وبدرجـة أقـلّ في غيرهـا مـن البلاد الإسـلاميّة، وكانـت الغـرف والقاعـات امتـدادًا لتلك الباحـات. وُضعت هـذه النافورة في متحف اللُّوفر أبوظبـي حيـث يغمرهـا النـور المتسـرّب مـن القُبّـة المعدنيّـة في فضـاء عـصريّ يُذكِّرنـا بأهميّـة الفـنّ المعماريّ في الربط بين المـاضي والحـاضر.

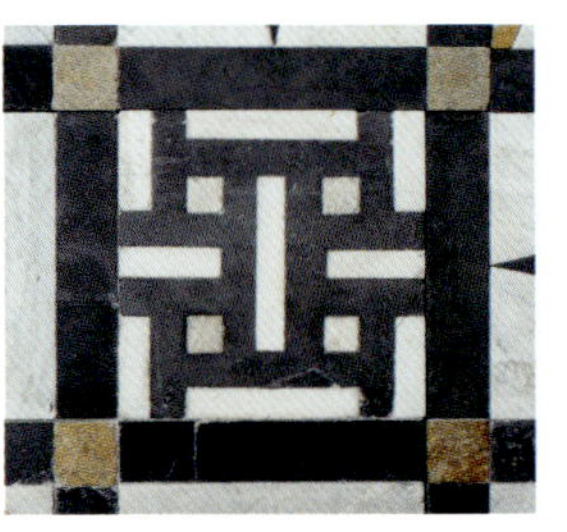

تظهر على هذين اللوحين الصغيرين من البلاط أشكالًا تحاكي حرف الميم بالخطّ الكوفيّ الهندسيّ. فقد تكرّر الحرف أربع مرات في هذه الصورة وهو أوّل حروف كلمة "ماء" وهو يشير إلى وظيفة النافورة. وربّما يكون هذا الحرف أيضا إشارة إلى توقيع رمزي لفنّان يبدأ اسمه بحرف الميم مثل محمد.

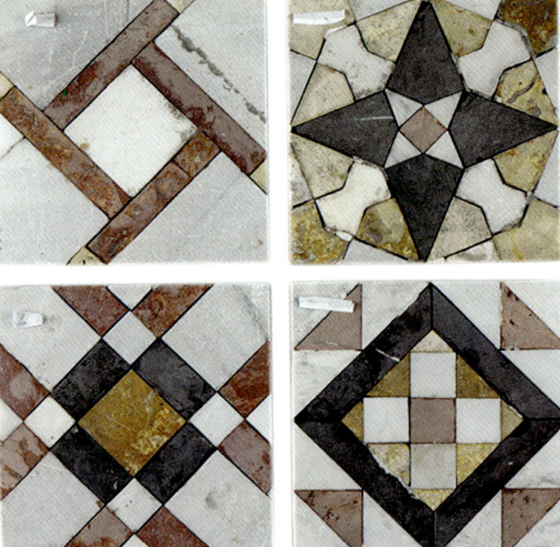

يضم بلاط هذه الأرضيّة المؤلّفة من ألواح مربّعة ومستطيلة الشكل تغطّي جوانب الحوض في نسقٍ مائلٍ أحجار مختلفة الألوان مقطوعة ومرتّبة بطريقة تمثّل نمطًا هندسيًّا على هيئة نجوم وورود ومربعات ومضلّعات، كانت السمة المميزة للزخرفة الدمشقيّة من العصر المملوكيّ وحتى ظهور الزخارف النباتيّة في القرن التاسع عشر.

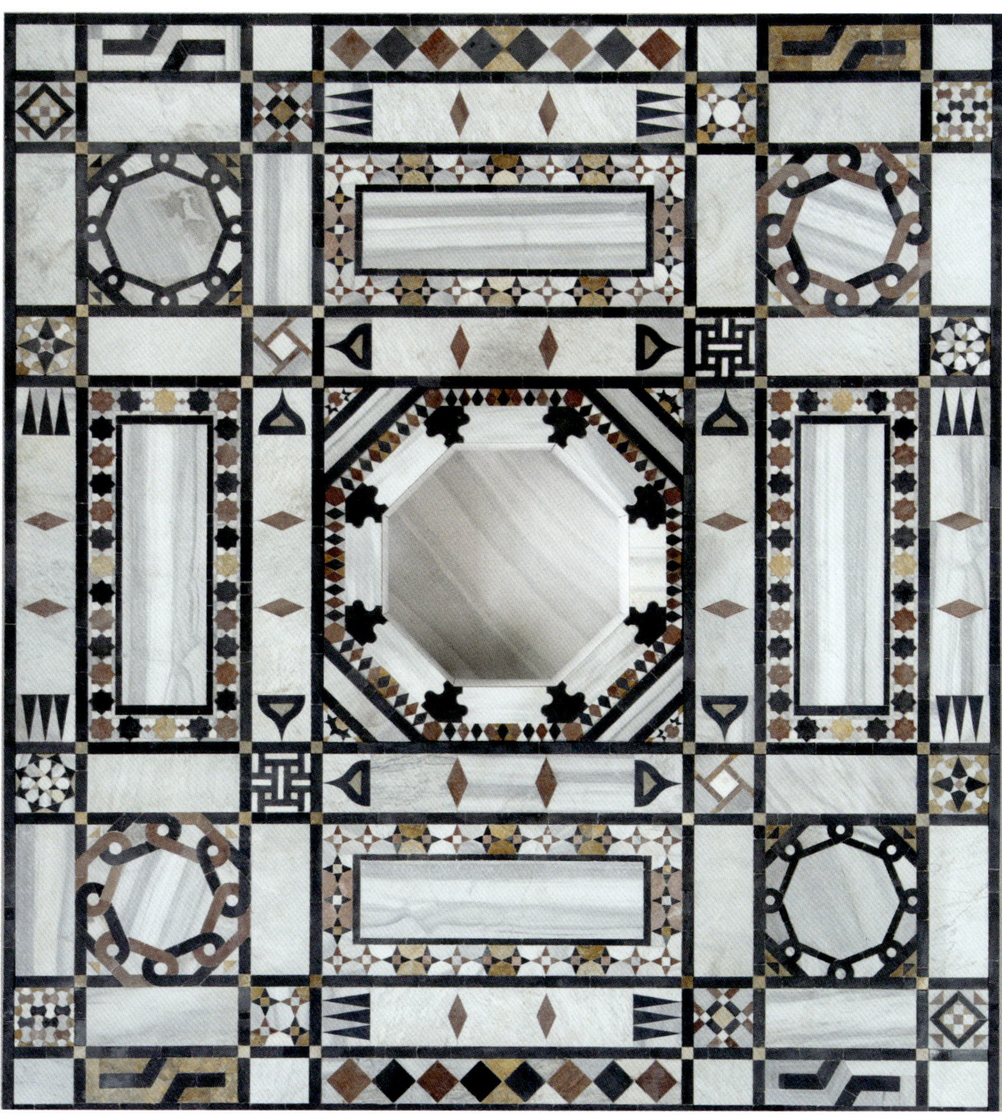

ظهرت في الزخرفة الإسلامية زخارف هندسيّة في العصر المملوكيّ على شكل "لعبة الطاولة" وعلى شكل الحرف اللاتيني "S" وعلى شكل سلسلة معقودة وذلك في باحة
مسجد السلطان حسن (1356-1363) وفي ضريح السلطان قايتباي (1472-1474) في القاهرة. ثمّ ظهرت بعد ذلك بكثرة في العمارة العثمانيّة في المناطق المملوكية في
سوريا ومصر. ويدلُّ الشكل الدائريّ المسمى بالسلسلة المعقودة بالرغم من نُدرته على أنّ هذه الزخارف تعود إلى بداية القرن الثامن عشر.

نافورة مثمنة الأضلاع
مع أرضيتها
سوريا، دمشق
1700-1800
ط. 548، ع. 509 سم؛
رخام، حجر كلسي،
لوح صخري
اللوفر أبوظبي

شهدت فترة توثيق العلاقات الدوليّة إنشاء العديد من السفارات التي أصبحت مراكز للتواصل والحوار وساهمت في تعزيز تناقل الأفكار. كما أقامت تلك السفارات حفلات خياليّة أتاحت للبلاطات الأجنبيّة فرصة استعراض مظاهر الفخامة والترف لديها. وساهمت قصص الرحلات والصور القادمة من الأصقاع النائية في تعزيز مخزون الصور الرمزيّة بصورة كبيرة.

شواطئ بعيدة

تعكس موجة الإقبال على التحف التركيّة والصينيّة التي غزت أوروبا ابتداءً من القرن السابع وحتّى القرن الثامن عشر مدى وَلَع الأوروبيين بالأماكن البعيدة. فبالرغم من أن الرموز الثقافيّة كانت مستوحاة من رسوم قصص الرحلات، فإن الأعمال الفنيّة غالبا ما كانت تعبر عن تَصوُّرات خياليّة بعيدة كلّ البُعد عن الواقع العرقيّ. ظهرت الغرابة في بداية الأمر كأحد المفردات الرسمية وكانت وظيفتها الأساسية إثارة الإعجاب والدهشة، وذلك تماشيًا مع الميل السائد في القرن الثامن عشر نحو المسرح والاحتفالات والحفلات التنكريّة. كانت مشاهد الحياة الأجنبية غير المألوفة تنقل المتفرّج إلى عالم أخلاقيّ متحرّر من قيود المجتمع الغربيّ وتطلق العنان للخيال الحسيّ والسخرية النقديّة. فأحيانا كان تصوير المظاهر الغريبة يُوظَّف للنقد الاجتماعيّ المبالغ فيه للتعبير عن رفض عيوب المجتمع الأوروبيّ.

آنذاك. أصبحت الصين على وجه الخصوص مرجعًا في المجال السياسيّ بالنسبة لأوروبا، حيث كان فلاسفة عصر التنوير يعتبرونها نموذجًا للحكم الرشيد وللتسامح الدينيّ. أمّا في العالم العربيّ والإسلاميّ، فقد كانت البلاطات العثمانيّة والصفويّة والمغوليّة مولعة بمجالات ثقافيّة أخرى تدين بنفس العقيدة حاولت تقليد أبرز مظاهر تقدُّمها. كما كانت هناك أيضا مبادلات مماثلة بين البلاطات الإسلاميّة والهندوسيّة مثل قصر ديكان الذي تتجلّى فيه التأثيرات الفارسيّة على وجه الخصوص. وتجسّد صور ألبوم أنطوان بوليه، التي تظهر حريمًا مستوحى من الواقع الفارسيّ كما تصوّرها الفنّانون الهنود، مظاهر ثقافيّة غريبة ومتنوّعة. فقد لاقت مشاهد حياة الحريم بما يكتنفها من غموض رواجًا كبيرًا في أوروبا أيضًا وأصبحت رمزًا مميّزًا للثقافة الأجنبية غير المألوفة ولنظرة خياليّة لعالم الحريم في الشرق الأوسط.

بريق السفارات

كان البلاط المغولي في شمال الهند مركزًا عالميًا نشأ فيه تنوع أسلوبي بسبب تأثيرات التقاليد المحلية وعالم سهوب آسيا الوسطى والحضارة الإسلامية. تُظهر هذه الصفحة من ألبوم ويليام فريزر وفدًا بورميًا أثناء زيارته لبلاط مغول الهند بأسلوب يطغى عليه الفن الغربي. ويصور الفنان بدقة الملابس الخاصة بكل شخصية وفق مناصبها المختلفة.

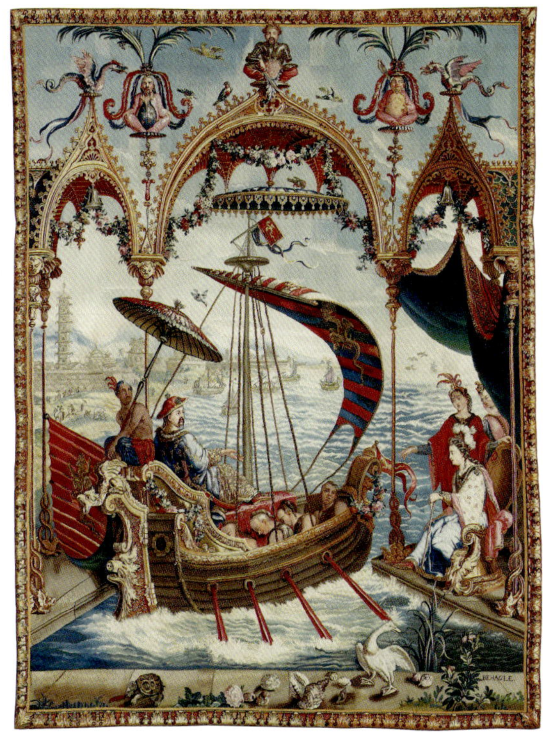

إبحار الأمير

أدى هذا البساط المصنوع في أواخر القرن السابع عشر إلى إحداث تغيير جذري في الأسلوب الزخرفي والفني المستمد من الأساطير القديمة ليحل محله أسلوب جديد بزخارف أكثر كثافة متأثّرٌ بموضة الشرق التي انتشرت آنذاك في القصور الأوروبية. وإذا كانت الخلفية تُظهر معالم مدينة صينية، فإن العمارة المُدهشة في مقدمة اللوحة توحي بالطراز القوطي أكثر من الطراز الصيني. يظهر الأمير في هذه اللوحة على متن سفينة مرسومة على شكل مركب شراعي مزين بتنانين وأكاليل مبحرًا أمام أنظار الإمبراطورة الجالسة على كرسي العرش تحت مظلة تحجب عنها أشعة الشمس.

.1
وفد بورمي في
بلاط مغول الهند
الهند، دلهي
1815-1820
إ. 32، ع. 27 سم؛
غواش وذهب
على ورق
اللوفر أبوظبي

.2
إبحار امبراطور الصين
فيليب بيهاغل
فرنسا، المصنع
الملكي في بوفيه
نحو 1700
إ. 396، ع. 269 سم؛
صوف، حرير
اللوفر أبوظبي

.3
الكونت كورفيتس
أنطون أولفيلد في
ديكور داخلي عثماني
جون إتيان ليوتارد
تركيا، اسطنبول
1740-1741
إ. 31.3، ع. 21.7 سم؛
غواش وألوان مائية
على ورق رق
اللوفر أبوظبي

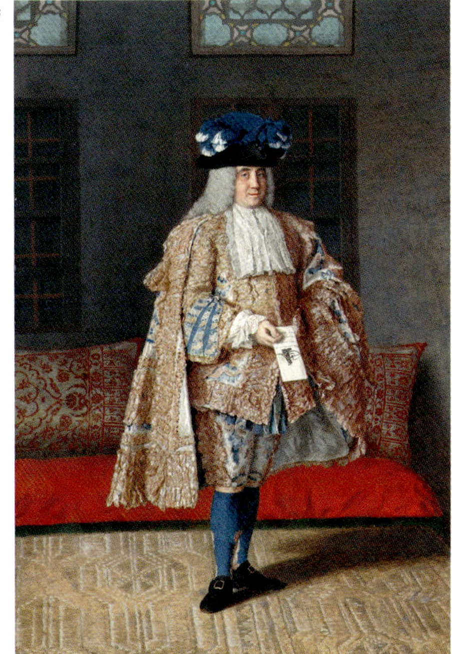

أناقة سفير

في عام 1738، ذهب جون إتيان ليوتارد (1702-1789) في رحلة طويلة عبر البحر الأبيض المتوسط قبل أن يحط رحاله في القسطنطينية التي مكث فيها خمس سنوات. وتعكس هذه اللوحة فنّه الرفيع والأنيق الذي يُذكّر بالمنمنمات الشرقية في جوانب عديدة. فقد حرص الفنان على إبراز جودة النسيج الذي خيط منه لباس سفير آل هابسبورغ والذي يُعد أيضا مظهرًا من مظاهر الأناقة الأوروبية. يظهر الكونت أولفلد في تصميم داخلي عثماني ماسكًا بيده ورقة اعتماده الموقعة من السلطان الحاكم محمود الأول.

259

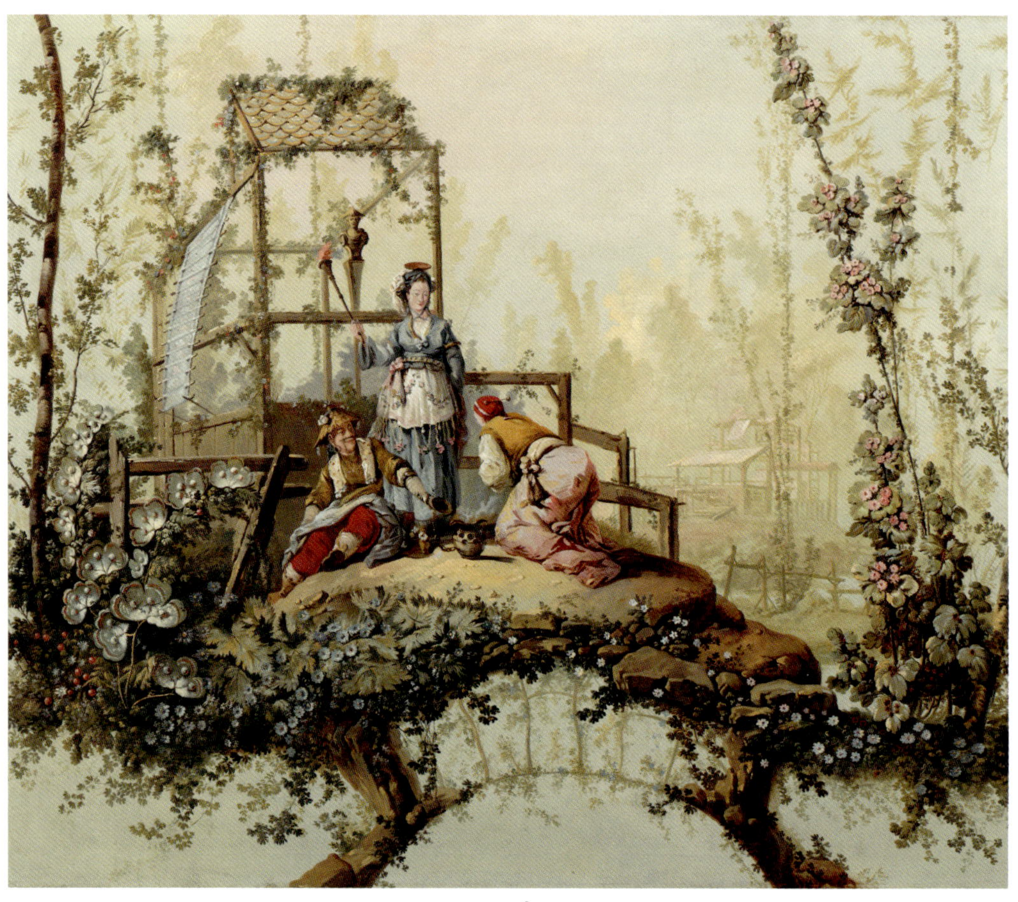

4

الصين، أرض الأحلام

تظهر ثلاث شخصيات في تصميم ريفي لحديقة شرقية ساحرة الجمال وكأنها منغمسة في مشهد شبيه بطقوس الترحم على أرواح الأجداد، كما يوحي بذلك تمثال نصفي نُصب فوق قاعدة في خلفية المشهد. وتبدو الملابس جميعها غريبة الشكل مقارنة بالحضارة الصينية، باستثناء القبعة المخروطية التي يرتديها الشخص الموجود على اليسار والتي ترمز إلى سكان جنوب الصين - بالقرب من فيتنام الحالية - وهي المنطقة التي كانت لها علاقات تجارية مع أوروبا، وخاصة تجارة الحرير. أما بخصوص المصنع الموجود في الخلفية فمن المرجح أن يكون مصنعًا للحرير.

.4

مشهد صيني
**جون باتيست
بيلمنت**
فرنسا، باريس
1765-1767
إ. 201.5، ع. 230 سم؛
ألوان زيتية
على قماش
اللوفر أبوظبي

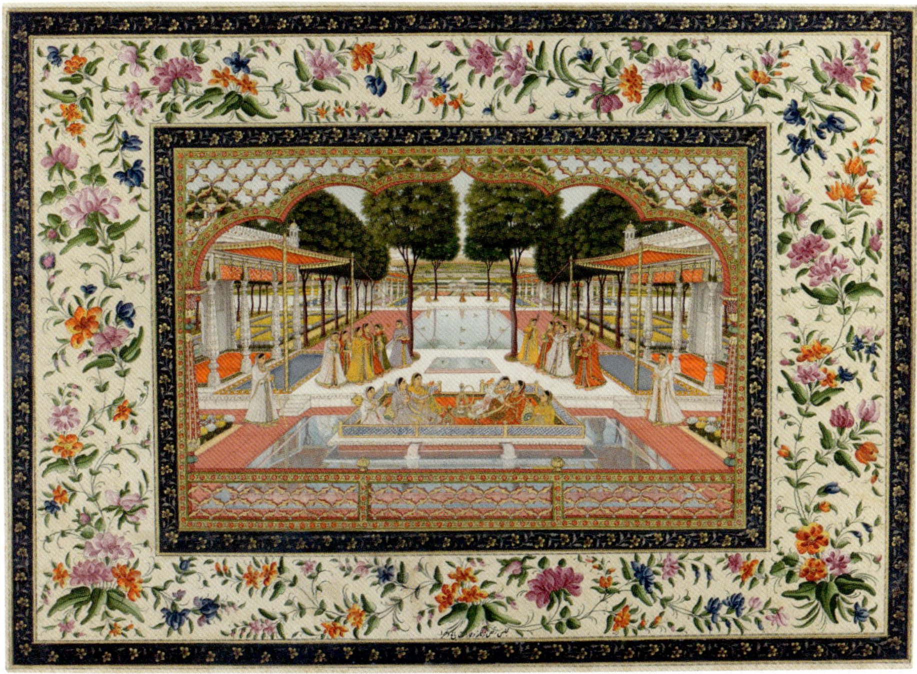

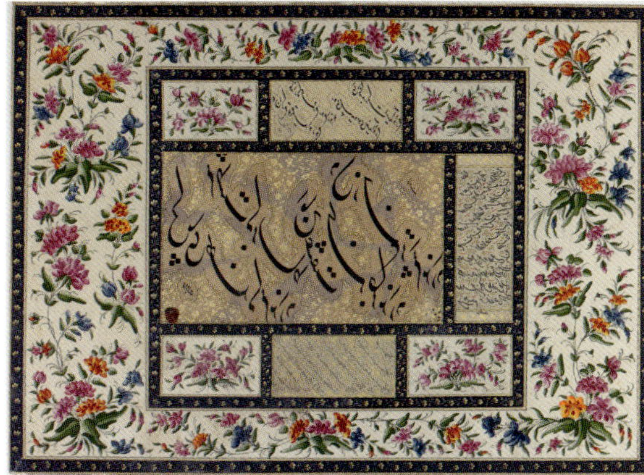

في خلوة قصر الحريم

أُخذت هذه الصفحة من ألبوم جمعه مغامر وتاجر لوحات فرنسي سويسري يدعى الكولونيل أنطوان لويس بولييه (1741-1795) الذي كان يقيم في الهند في منتصف القرن الثامن عشر. ويجسّد وجه الصفحة مشهدًا ترفيهيًا في قصر الحريم حيث تظهر مجموعة من النسوة يتبادلن الحديث ويدخّن النرجيلة ويحيط بهن مجموعة من الجواري والمغنيات والراقصات. استُوحي الطراز المعماري الواضح في الخلفية من الفن الفارسي للحدائق. وفي الخلف كُتبت قصيدة غزلية باستخدام فن الخط اليدوي. ساهمت مدرسة لكهنؤ في تجديد رسوم المنمنمات الهندية، فاستبدلت الملاحم الملكية والأدبية بموضوعات مستقلة ومشاهد يومية على شكل صفحات ألبوم لاقت إقبالا كبيراً من التجار المحليين والأجانب على حدٍّ سواء.

إذا كان تطور الطباعة قد أطاح بفن المخطوطة في أوروبا في النصف الثاني من القرن الخامس عشر، فقد ظل فن الخط أحد الأشكال الأساسية للتعبير الفني في آسيا والعالم العربي والإسلامي. استمر فن الخط في الشرق الأقصى كوسيلة مساندة للفكر والجمال والتأمل، وترسّخ في العالم العربي والإسلامي من خلال التاريخ العريق للكتاب المنسوخ بالخط اليدوي.

فن الخط، فن النخبة

شهد الخط، الـذي كان أحـد مظاهـر الأدب والثقافـة في ممالـك وإمبراطوريـات أوروبـا وآسـيا والشـرق الأوسـط، ازدهـارًا كبيرًا وانتشـر على مـواد خفيفـة الـوزن يمكـن حملهـا بسـهولة لكنهـا كانـت في الوقـت نفسـه هشـة للغايـة. وقـد ظل فن الخط في آسـيا وفي الصين على وجه الخصوص على مـدى ألفـي عـام عمـلاً جماليًـا محضًـا وإنجـازا فنيًـا يفوق فن الرسـم الـذي نبـع منـه. ويعتبر النص المكتوب مخزونًـا مـن الرموز ومصـدرًا للمعـاني في الوقـت ذاتـه. وقـد مـارس الفنانـون والكتّـاب ورجـال الدولة هـذا الفـن بشـغف كبيـر سـواء كوسـيلة تسـاعد عـلى التنبـؤ بالغيـب أو كممارسـة روحيـة يسـتمتع بجمالهـا الخطـاط والمتفـرج عـلى حـدٍّ سـواء. وفي العالم الإسلامي، احتـل الكاتـب الـذي كان وثيـق الصلة بفن الكتب

مكانـة ثقافيـة واجتماعيـة مميـزة. فقـد عمـل الرسـامون والمزخرفـون والخطاطون ومُغلفو الكتـب بالتعاون مع بعضهم البعض داخل الورش الإمبراطورية، مثل "كتاب خانه" في بلاد فارس أو "نقاش خانه" في الدولة العثمانية. وكان لهـم تأثيرًا كبيرًا على بقية الأعمال الفنية، حيث كانـوا يعدّون النماذج اللازمة لصناعة السجاد والخزف والزخارف الضخمة. فضلا عـن ذلك، أفضت أسـاليب الخط المتصل التقليدية السـتة إلى ظهور تأويـلات وتطـورات جديـدة كما تؤكـد ذلك ألبومات الشـعر أو ممارسـات الكتابـة. وقـد بـرزت مدرسـتان مختلفتـان في فـن الرسـم: الأولى اتّسـمت بزخرفتهـا الكثيفـة والثانيـة كانـت أكثـر واقعيـة، وهـو مـا سـاهم في تطـوّر الصور الشخصية والسير الذاتية المصورة.

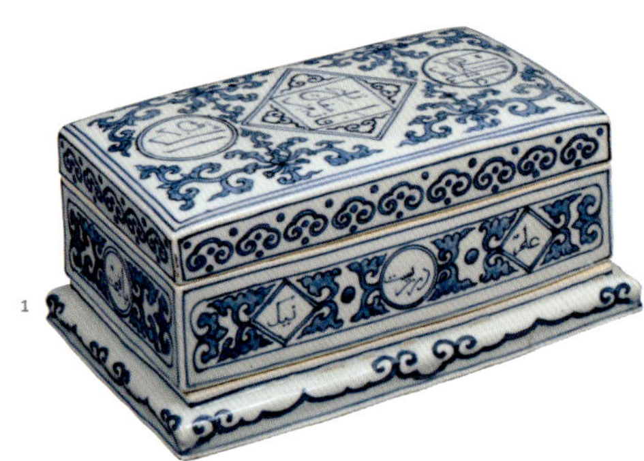

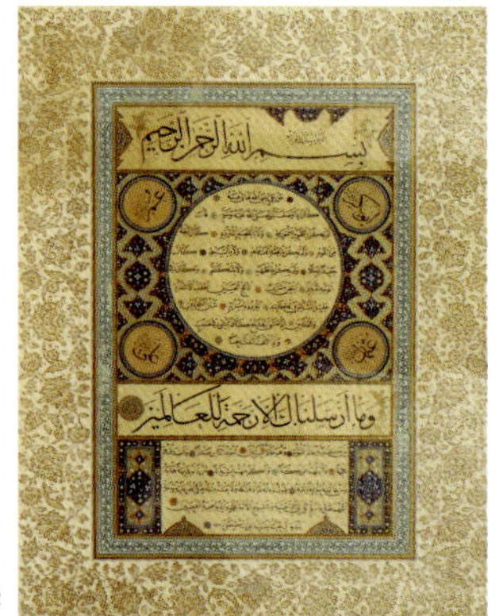

تحولات الحبر

يُعتبر هذا الحجر المزخرف بحبر صيني أزرق كوبلتي باهت خلاصة للزخرفة العربية والصينية، ويوضح المكانة التي حظي بها فن الخط في هاتين الحضارتين ويظهر الغطاء مزخرفا بأوراق نباتات منمقة وبنقوش "رويي" الصينية، بينما نقشت على الرصائع والأقراص عبارات مكتوبة باللغة العربية، حيث كُتب على الوجه "ابحث عن الكمال في الخط فهو أحد مفاتيح الوجود"، أما الجوانب فنُقشت عليها الشعارات الآتية: "العلم جهد بعده راحة" و"الجهل داءٌ ليس له علاج".

الدائرة، تعبير مجازي عن الإله

حاول الفنانون التخطيطيون في الحضارة الإسلامية لاسيما الخطاطون تجسيد الروحانية من خلال ربط النص بالصورة لإضفاء قوة الإرشاد على أعمالهم الفنية المبتكرة. وكانت الحلية الشريفة، وهي عبارة عن لوحات زخرفية تعلق على الجدران من تصميم الحافظ عثمان، خطاط القصر الملكي العثماني، تنقل بركة النبي إلى قُرّائها من المسلمين الذين يتبعون سنة رسول الله صلى الله عليه وسلَّم ويسيرون على نهجه. وتتوسط الحلية دائرةٌ ترمز إلى الوحدة المطلقة لأن الدائرة بلا بداية ولا نهاية. وكُتبت في وسط الدائرة أوصاف لخصال النبي وصفاته.

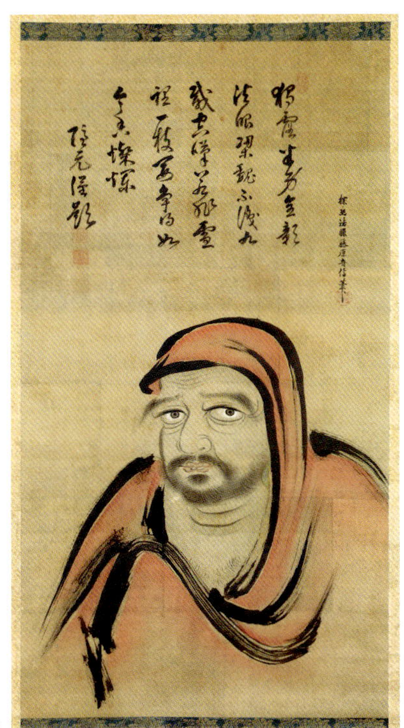

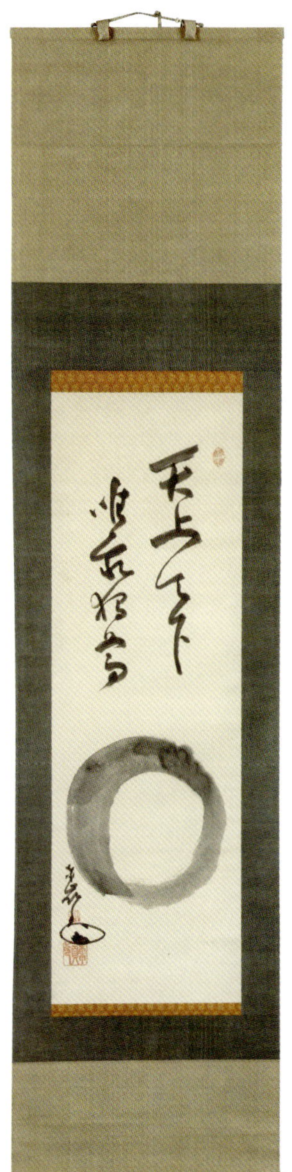

.1
وعاء حبر مزخرف
برصائع منقوشة
بالعربية
الصين
1505-1521
إ. 12، ع. 26 سم؛
خزف أزرق وأبيض

المتحف الوطني للفنون
الآسيوية - غيميه

.2
حلية
**قاضي عسكر
مصطفى عزت**
تركيا، إسطنبول
1895-1896
إ. 57، ع. 42.5 سم؛
حبر وألوان وذهب
على ورق

متحف زايد الوطني

.3
إنسو (دائرة)
توري إنجي
اليابان
1750-1792
إ. 171، ع. 39.1 سم؛
لفافة عمودية،
حبر على ورق

اللوفر أبوظبي

.4
بودهيدهارما، مؤسس
طائفة زن البوذية
كانو تان يو
اليابان
1620-1673
إ. 223.5، ع. 92.5 سم؛
حبر وألوان على حرير

اللوفر أبوظبي

تأملات الفرشاة

تُعتبر مدرسة "كانو" إحدى الحركات الفنية المستوحاة من مذهب "زن" البوذي التي كانت من أكثر الحركات تأثيرًا في اليابان. وتتميز هذه المدرسة بالأهمية التي توليها لحركة الفرشاة وتغليب الحبر على اللون واختيار موضوعات مستوحاة من صور البطاركة البوذيين والمناظر الطبيعية. في هذه اللوحة يرسم الفنان كانو تان يو (1602-1674)، الذي يُعد واحدًا من عظماء القرن السابع عشر، شخصية بودهيدهارما، أحد مؤسسي مذهب زن. ومن الملفت للنظر في هذه اللوحة، البساطة التي رسم بها الفنان لبس الراهب من خلال بعض ضربات الفرشاة القوية المتناقضة مع حدة تعبيرات الوجه. وجدير بالذكر أن النقش بالخط يرجع إلى الراهب الصيني ينيوان لونجغي (1592-1663) مؤسس طائفة أوباكو، أحد التيارات المتفرعة من مذهب زن الياباني. فضلا عن ذلك، يبدو من التوقيع الذي يذيل اللوحة أن الأمر يتعلق هنا بتكليف رسمي من الإمبراطور شوغون توكوغاوا.

الدائرة، الصحوة الكاملة

كان توري إنجي (1721-1792) راهبًا ينتمي إلى مذهب زن الياباني. وقد شجع من خلال فنّه على التلقائية والبحث عن الجوهر، وبرع على وجه التحديد في رسم الرموز العظيمة لهذه المدرسة لا سيما الـ "إينسو" أي الدائرة، حيث إنها تشير إلى جوهر البوذية وتُجسّد شخصية بوذا والصحوة الكاملة. كُتِبت فوق الدائرة بفن الخط الكلمات التي يُعتقد أن بوذا نطق بها عند ولادته: "أنا جدير بالشرف في السماء والأرض".

كانت الصور المطبوعة سهلة النقل والنسخ والتغيير والتعديل والتقليص في حجمها حسب الحاجة. فقد شهد هذا الفن تطورًا ملحوظًا خاصة في اليابان وأوروبا، وساهمت الصور المطبوعة التي كانت أرخص من اللوحات والمخطوطات في نشر الصور والمبادئ الجمالية والمعارف في جميع أنحاء العالم.

الطباعة، فن متعدد

يشير مصطلح "مطبوعة" إلى عملية الطباعة وأيضا إلى الصورة الناتجة عن العملية باستخدام قالب خشبي أو معدني مصمم على شكل الرسم المطلوب طباعته. يُغمس القالب في الحبر وبعد ذلك يوضع في مطبعة لنقل الرسم على مادة أخرى غالبًا ما تكون من الورق. ويعكس تعدد تقنيات النقش على أن هذا الفن كان يُمارس بصورة فردية وجماعية في الوقت ذاته ويتَّخذ طابعًا حرفيًا أحيانًا وصناعيًا أحيانًا أخرى.

ولئن كانت معظم المطبوعات الأوروبية أحادية اللون، فقد كانت منذ آخر القرن الثامن عشر في الشرق الأقصى وخاصة اليابان متعددة الألوان. كانت التقنية المستخدمة هي النقش أو الحفر على الخشب،

إحدى أبرز وسائل التعبير الفني في آسيا. فبعد وصول فن النقش من آسيا في أواخر العصور الوسطى طالته ابتكارات فنية كبرى في أوروبا تلبيةً لحاجة الفنانين للحصول على تصاميم أكثر تطورًا من أي وقت مضى لتُحول بذلك النقش من مجرد تقنية استنساخ بسيطة إلى وسيلة إبداع كما هو الحال في أعمال ألبريشت دورر ورامبرانت.

في العالم العربي والإسلامي اصطدم تطور فن النقش على الخشب والطباعة بتعلق المثقفين ورجال الدين الشديد بفن الخط. فبعد أن قوبلت الطباعة في بداية الأمر بنوع من العداء، فرضت نفسها تدريجيًا في القرن السابع عشر لكن ذلك كان خاصة في النصوص العلمانية، حيث ظلَّت طباعة النصوص المقدّسة لوقت طويل تعدّ عملاً مدنِّسًا.

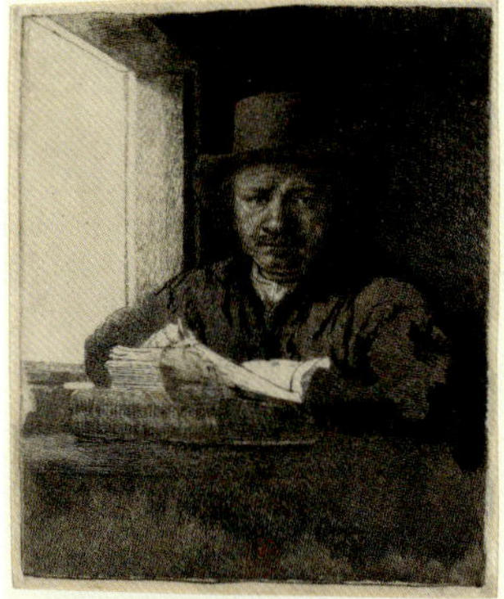

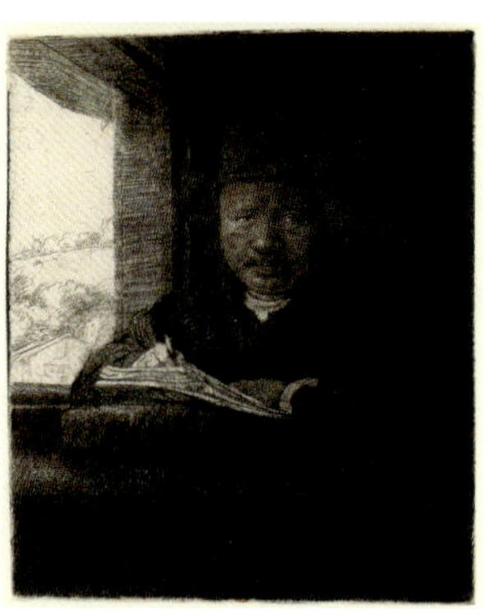

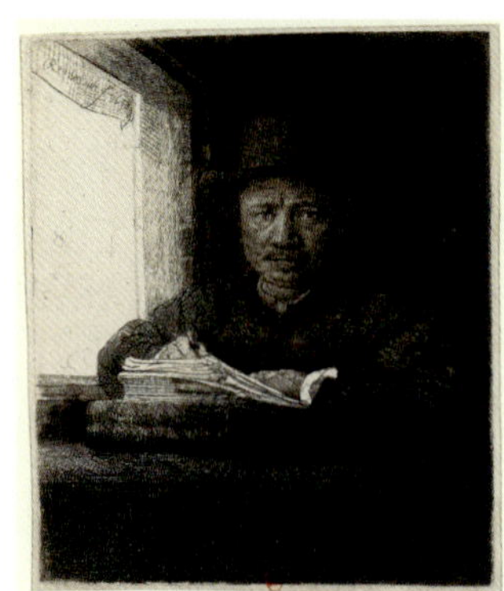

1

المطبوعات وأشكالها المختلفة

رسم رامبرانت نفسه مرات عديدة ليس في اللوحات فحسب، بل أيضا في المطبوعات، وهي إحدى التقنيات التي كان من أبرز المتقنين لها في القرن السابع عشر. في هذه السلسلة، أتاحت له الرسوم الأربعة - المصنوعة من نفس لوح النحاس ولكن بأحبار مختلفة - الحصول على اختلافات بين الظل والضوء مكَّنته من تغيير تعابير وجهه سعيًا لتحليل ذاته والكشف عن شخصيته بكامل تعقيداتها. وتتيح المقارنة بين الحالات المختلفة التي أبدعها الفنان من خلال نفس اللوح تسليط الضوء على قريحته الإبداعية وما يدور في عقله الباطن من أفكار.

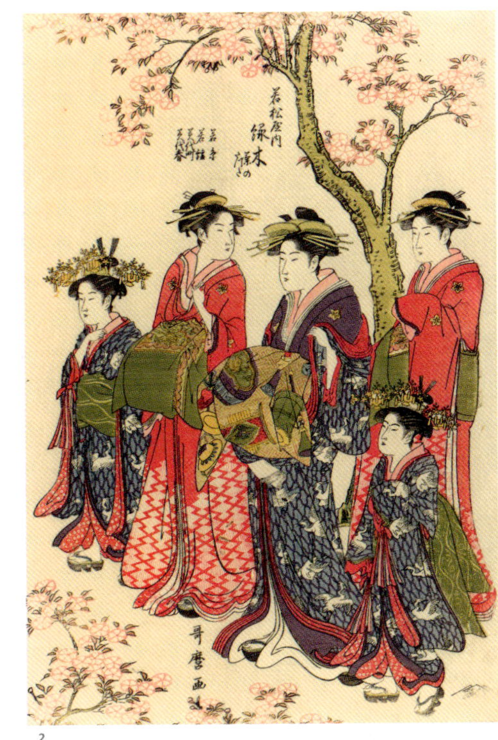

صور شخصية لجواري شهيرات

إن صور الحسناوات أو ما يعرف باسم "بيجين غا" التي تعتبر من العناصر الأساسية في الحياة الاجتماعية في اليابان القديمة هي بدون شكٍ من أهم أشكال المطبوعات اليابانية، وغالبا ما تعرض الصور مجموعة من الجواري المعروفات بالاسم والشهيرات بجمالهن الأخّاذ. كما تربط هذه الصور بين جمال المرأة وجمال ثوب الكيمونو الذي تعد فخامته وأناقته جزءا لا يتجزأ من جمالها. وكان الفنان أتامارو الذي اشتهر برسم الصور النسائية يبتكر أشكالًا تصويرية أصلية تعبر عن أكثر الانفعالات غموضا من خلال دقة الملامح التي ميَّزت أعماله الفنية. فهنا يبدو ثوب الجارية "ميدوغيري" وتلميذاتها المبتدئات ساطعًا بألوانه الزاهية الوردية والأرجوانية. وعلى غرار "ميدوغيري" ذاتها، تحمل الجاريتين الأكبر سنًا علامة منزل الشاي على أكتاف وأكمام ملابسهن.

.1
رامبرانت ينقش أو يرسم قرب نافذة (أربع نسخ)
رامبرانت فان راين
هولندا
1648
اٍ. 16، ع. 13 سم؛
حبر على ورق
المكتبة الوطنية الفرنسية

.2
بائعات الهوى ميدوغيري وكيكونو وتاتسوتا من بيت الشاي واكاماتسويا
كيتاغاوا أوتامارو
اليابان، إيدو
نحو 1793
اٍ. 38.8، ع. 25.3 سم؛
حبر وألوان على ورق
اللوفر أبوظبي

.3
ممثلون من مسرح كابوكي يؤدون أدوارهم
ثمانية فنانين من الحركة الفنية أوكييوء إه
اليابان، إيدو
1750-1800
اٍ. 31، ع. 13.5 سم؛
حبر وألوان على ورق
اللوفر أبوظبي

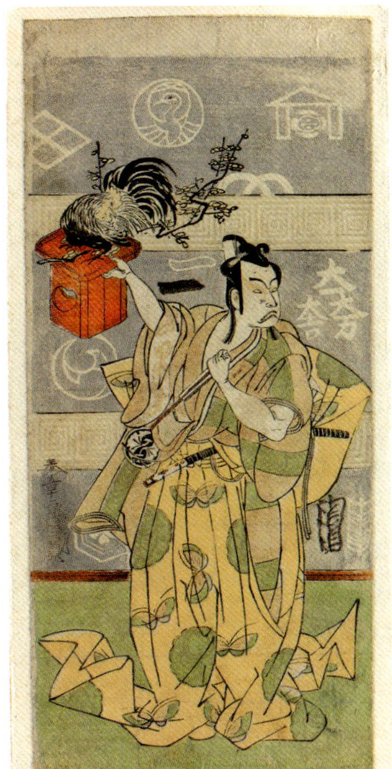

أناقة المسرح

يعد مسرح "كابوكي" الشعبي أحد الأشكال الملحمية في المسرح الياباني التقليدي. يركز هذا المسرح على المشاهد المدهشة والمقننة، ويتميز بكثافة المساحيق التجميلية لدى الممثلين ووفرة الأدوات المسرحية التي تسلط الضوء على التقلبات السردية والتحولات المفاجئة في مجرى الأحداث. وقد حظي هذا الشكل المسرحي بشعبية كبيرة منذ بداياته في فترة إيدو ليتحول الممثلون في هذا المسرح إلى معبودات الجماهير.

سرعان ما تبنّى الفنّان ألبريشت دورر النظريات الإيطاليّة المتعلّقة بدراسة الأبعاد والمنظور بالرغم من أنّه تأثّر في بداية مسيرته بالفنّ القوطيّ الجديد وبالملاحظة الدقيقة للطبيعة التي ميّزت مدارس شمال أوروبا. فقد كان يجمع بين التحكّم المُطلق في العمل الفنّي ونقش التفاصيل الدقيقة وذلك من خلال التحكّم في المواد المستخدمة. وكانت أعماله تبدو غنيّةً بالمعاني الفلسفيّة والميتافيزيقيّة المرتبطة بالفكر البشريّ التي كانت منتشرة في عصره، والتي كان يُوظّفها عن طريق المزج بين الرموز. كما كان يخلق مشهدًا خاصًّا من خلال التلاعب بالظلّ والضوء. ساهمت موهبة دورر الفنية الفذّة والرسائل المُعقّدة التي كان يريد تمريرها في الارتقاء بفنّ المطبوعات آنذاك ليُصبح شكلًا فنيًّا قائمًا بذاته، وليس مجرّد عمليّة نسخ بسيطة.

كثافة النقوش

كآبة قاتمة

كان لهذه اللوحة المنقوشة ذات الصور الرمزية المعقدة صدًى طيّبًا في الأوساط النقدية، لكنها كانت في الآن ذاته محل تأويلات كثيرة. تأثرت اللوحة بأعمالٍ تعود إلى العصور القديمة والوسطى، وهي تجسّد على الأرجح بعض الموضوعات التي كانت محلَّ اهتمام ألبريشت دورر (1471-1528) وفنّاني عصر النهضة بصورة عامّة. تبدو المرأة المجنّحة في لوحة "كآبة" محاطةً بقطع عديدة مرتبطة بالعلوم. فقد اجتمعت في هذه اللوحة عوامل عديدة لتجعل منها عملًا فنيًّا متميّزًا مثل تعقيد رسالتها ومستواها الفنيّ وحجمها.

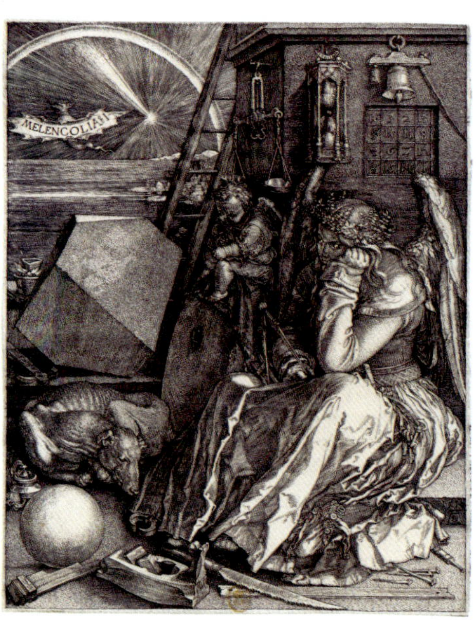

1

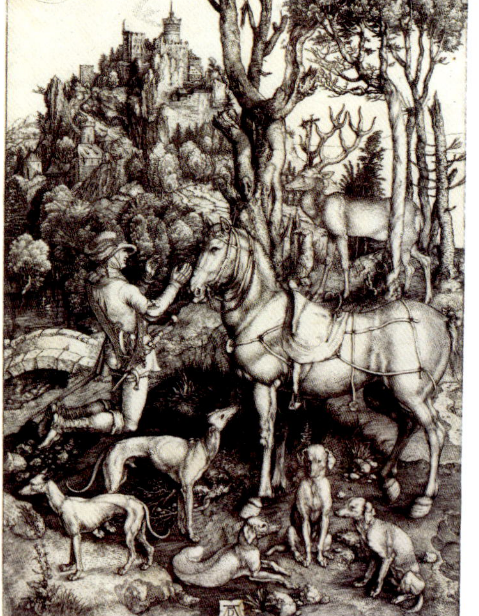

2

اهتداءٌ في أحضان الطبيعة

كان سانت أوستاش الذي يبدو هنا جائيًّا على ركبتيه وباسطًا يديه نحو أيل يحمل صليبًا بين قرونه جنديًا رومانيًا. يسلّط ألبريشت دورر الضوء في هذه اللّوحة على لحظة اعتناقه الديانة المسيحيّة. وتبرز واقعيّة اللّوحة دقة ملاحظة الفنان للطبيعة والحيوانات بتفاصيلها الدقيقة، وتعكس مدى تأثّر الفنّان بمدارس شمال أوروبا التي كانت تسعى إلى إبراز كل عنصر بدقة من خلال تقنية الرّسم بالزيت. أمّا الحصان فهو يُجسّد الأبعاد التي حرص الفنّان على اعتمادها في أعماله خاصة بعد لقائه بالفنّان الإيطاليّ ياكوبو دي بارباري، ودراسته لأعمال كبار الفنّانين الإيطاليين. وتجتمع كلُّ هذه التأثيرات المتنوّعة في انسجام تامُّ يسهم في تعزيز ضخامة المشهد.

قوَّةُ الحصانِ

يشغل الحصان مساحة هذه اللَّوحة المنقوشة بأكملها، ويبدو لنا مهيمنًا على اللَّوحة. كما تُساعد هذه التقنية في التصوير إلى جانب عُلُوّ قامتي الحصان الخلفيّة على إبراز حجمه وضخامته. وتتباين قوة عضلات الحصان المفتولة مع خلفيَّة اللَّوحة. تعكس خوذة رامي الرِّماح الذي يمسك بزمام الحصان قدرةَ ألبريشت دورر على تجسيد عدَّة مواد مختلفة.

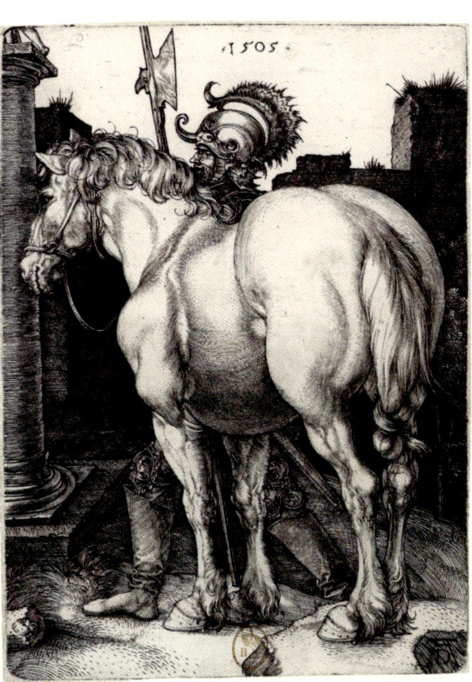

3

1.
لوحة ميلينكوليا 1
ألبريشت دورر
ألمانيا (؟)
1514
إ. 24، ع. 18.8 سم؛
حبر على ورق
المكتبة الوطنية الفرنسية

2.
سانت يوستاس
ألبريشت دورر
ألمانيا (؟)
نحو 1501
إ. 37.7، ع. 26 سم؛
حبر على ورق
المكتبة الوطنية الفرنسية

3.
الحصان الضخم
ألبريشت دورر
ألمانيا (؟)
1505
إ. 16.6، ع. 11.9 سم؛
حبر على ورق
المكتبة الوطنية الفرنسية

4.
شعار النّبالة
الخاص بالموت
ألبريشت دورر
ألمانيا (؟)
1503
إ. 21.9، ع. 15.7 سم؛
حبر على ورق
المكتبة الوطنية الفرنسية

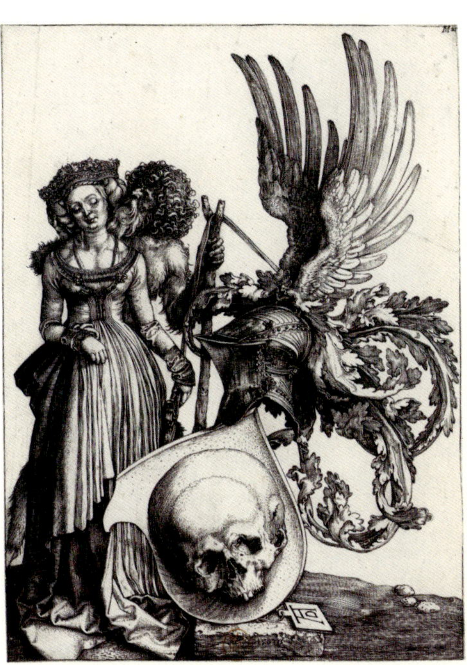

4

الحُبُّ والموت

تستمع امرأة شابّة في كامل رونقها وجمالها لكلام رجل أشعث، وعلى يسارهما خوذةٌ مجنَّحةٌ مزخرفةٌ بأوراق الشجر فوق درع عليه جمجمةٌ على شكل شعار. يظهر ألبريشت دورر هنا مهارة فنيّة وجماليّة فائقة في تجسيد المواد من خلال إبراز التباين بين الجمجمة، وتركيب وإضاءة الريش وأوراق الشجر.

شهد النصف الثاني من القرن الثامن عشر العديد من التغيرات السياسيّة والاجتماعيّة والاقتصاديّة التي جاءت نتيجة أفكار عصر التنوير. فقد شكك الفكر الجديد الذي انتشر في أوروبا منذ عام 1750 في أسلوب العيش السائد الذي اعتبر آنذاك تافها وأفضى إلى الرجوع إلى الصرامة خاصّة في الأشكال الفنيّة.

البطولة والتاريخ

يحثُّ الفنّانين على العودة إلى مصادر العصور القديمة القائمة على الجمال المطلق والقيم الأخلاقيّة. كما أصبح فنّ الروكوكو محلَّ انتقاد لاذع بسبب ابتعاده عن الطبيعة وإفراطه في الزخرفة والغرابة التي تعكس الانحطاط الاجتماعي.

تستند هذه الحركة إلى مخزون من الأشكال الموروثة عن العصور القديمة إلى جانب السعي نحو التناسق والتناظر والتناسب الذي يُعتقد أنه يعبِّر عن الجمال الأبديّ الذي يؤثِّر في الروح ويرتقي بالمشاهد. تغذّى الأسلوب الكلاسيكيّ الحديث من فلسفة عصر التنوير التي كانت تؤمن بقدرة كلِّ إنسان على التأثير في مصيره وعلى المجتمع من خلال تصرفه الحرّ وممارسة فكره النقديّ، وساهم هذا الأسلوب في إبراز إيديولوجيات ثوريّة قلبت الموازين في نهاية القرن.

شجّعت الاكتشافات الأثريّة في هيركولانيوم عام 1738 وفي بومبيي عام 1748 على إعادة إحياء الاهتمام بالعصور القديمة وتطوير منهج أثريّ يولي اهتمامًا أكبر للماضي. وعادت إيطاليا -وروما بالتحديد - لتلعب دورها القديم كوجهة ضروريّة للفنانين والمثقَّفين والأرستقراطيين الذين يرغبون في صَقْل ذوقهم وثقافتهم. كما ساعدت "الجولة الكبرى" -التي كانت عرفًا سائدا في أوساط الفنانين مكَّنهم من زيارة مدن إيطاليا وأوروبا الرئيسية للاستماع للروائع الفنيّة والاطلاع على الثقافة الكلاسيكيّة -على إنشاء مجموعات فنيّة عظيمة وتشجيع الإنتاج الفنّيّ. كما لاقى كتاب يوهان يواخيم فينكلمان "تاريخ الفنّ من العصور القديمة" الصادر عام 1764 الذي اعتمد أسلوب المقارنة بين الفن القديم والفنّ المعاصر نجاحًا كبيرًا وأصبح مرجعًا أساسيًّا

نهاية بطوليّة

تُجسّد هذه اللّوحة السمات المميزة للفنّ الكلاسيكيّ الجديد الذي انتشر في النصف الثاني من القرن الثامن عشر. فقد أصبح البطل سواءً بشكله الكلاسيكيّ أو بالقيم التي يُجسّدها الموضوع المُفضَّل لدى الفنّانين. ومن الواضح أن الفنّان درويه (1763-1788) قد درس تماثيل أبطال العصور القديمة خلال الفترة التي قضاها في الأكاديميّة الفرنسيّة في روما. ويبدو ذلك جليًّا في لوحة "الجنديّ الرومانيّ" الذي يبدو غير آبه بجراحه مُستعينًا بمعنوياته العالية وقوّته الروحيّة.

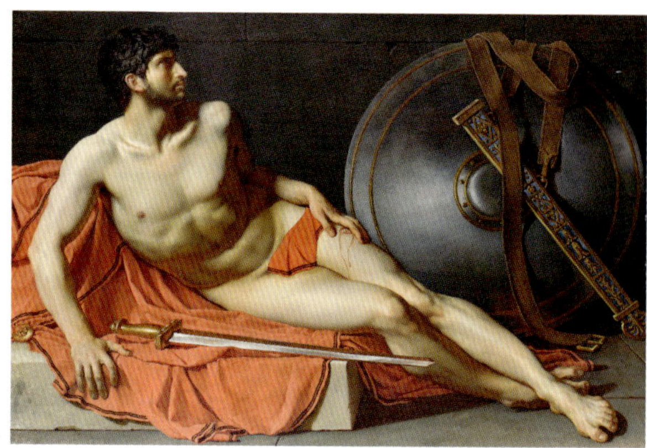

1

الرجال العظماء

في بداية القرن التاسع عشر، استعاد تقليد المحافظة على الصور الشخصيّة للعظماء حيويته بعد أن امتدّ تدريجيًّا إلى الكُتّاب والعلماء والفنانين. ويُعَدُّ استخدام مادّة البرونز الثمينة ونحت الصورة الجانبيّة للوجه التي تحاكي ميداليات العصور القديمة وعصر النهضة من الأساليب الفنيّة الراقية في النحت. فقد كانت مثل هذه الصور الجانبيّة بكلّ ما تحمله من واقعيّة تُمجِّدُ الشخصيّات التي ساهمت في صنع أمجاد التاريخ. كان الكُتّاب أو الفنّانون يرافقون نابليون بونابرت في حملاته إلى جانب الأبطال المعاصرين له. وقد صنع دافيد دو أنجيه (1788-1856) أكثر من مائة وخمسين ميداليّة للشخصيّات التي عاصرها، وخاصة من جيل الحقبة الرومانسيّة.

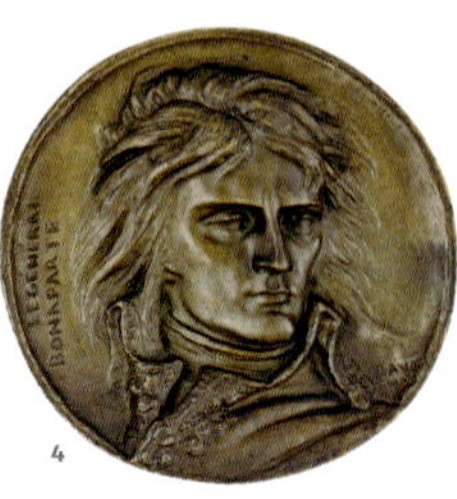

4

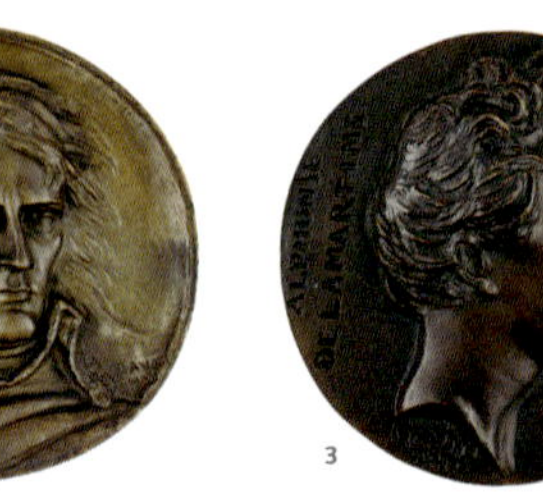

3

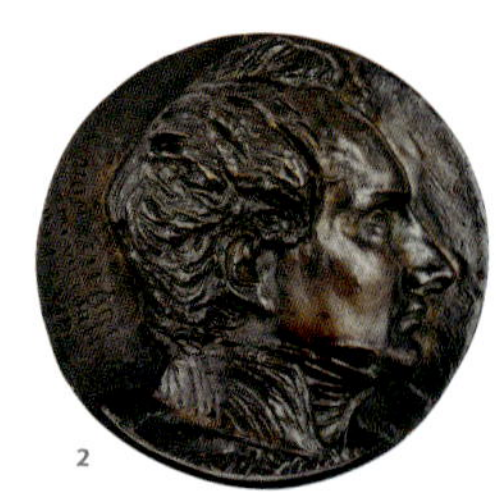

2

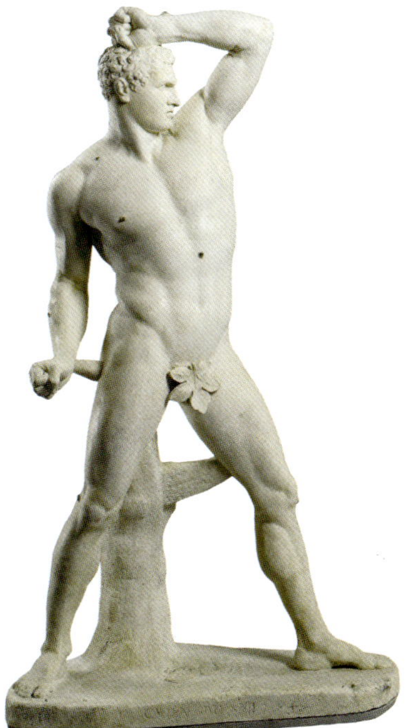
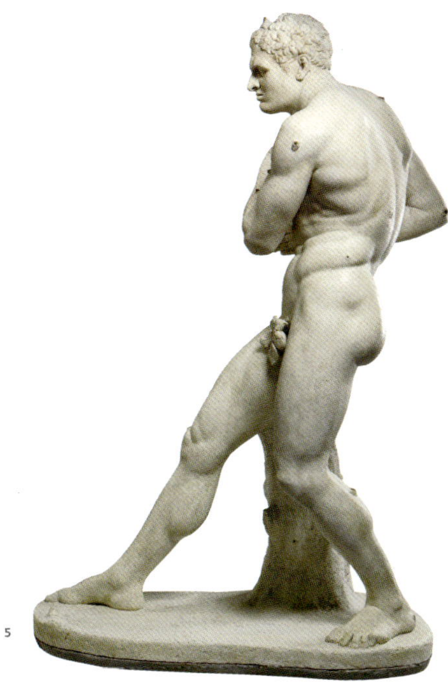

5

.1
جندي روماني جريح
جون جيرمان درواس
فرنسا، باريس
1785
إ. 125، ع. 182 سم؛
ألوان زيتية
على قماش
متحف اللوفر

.2
فيكتور هوغو
بيير جون دافيد
دي أنجر
فرنسا
1828
ق. 19.2 سم؛ برونز
متحف اللوفر

.3
ألفونس دو لامارتين
بيير جون دافيد
دي أنجر
فرنسا
1830
ق. 13.8 سم؛ برونز
متحف اللوفر

.4
نابليون بونابرت
بيير جون دافيد
دي أنجر
فرنسا
1838
ق. 16.5 سم؛ برونز
متحف اللوفر

.5
صراع بين كروغاس
وداموكسين
أنطونيو كانوفا
إيطاليا، بوسانيو
1803-1797
إ. 212 و205.5 سم؛
جص
اللوفر أبوظبي

.6
لوحة شخصية
لأوغيست ريتشارد
دو لا هوتير
أوجين ديلاكروا
فرنسا، باريس
1828
إ. 61، ع. 50 سم؛ ألوان
زيتية على قماش
متحف أوجين ديلاكروا الوطني

بطولة أم خيانة

كان كروغاس (على اليسار) وداموكسين (على اليمين) مصارعين يونانيين خاضا مواجهات وصفها الرحّالة باوسانياس (القرن الثاني الميلاديّ). انتهت هذه المبارزة بمصرع كروغاس، لكن داموكسين أقصي بسبب خرقه لقواعد اللُّعبة. استلهم النَّحّات أنطونيو كانوفا (1822-1757) الذي يمثّل الحركة الكلاسيكيّة الحديثة هذا العمل الفنّيّ من وقائع هذه المبارزة التاريخيّة التي تمجّد الفضيلة وتُدين الخيانة. يجسّد هذان التمثالان روح النموذج المثاليّ في الفنّ الذي هيمن على أوروبا بين عامي 1760 و1830 معلنًا استيعاب الفنّ الغربيّ من جديد لروح الفنّ القديم ومبشّرًا بمستقبل حافلٍ بالانتصارات.

شابٌّ كئيب

ظهرت في مطلع القرن التاسع عشر حركة الرَّسم الرومانسيّ وأصبح حتّى الشخص العاديّ يحظى بأدوار البطولة ويدخل التاريخ من بابه الواسع كما هو الشأن بالنسبة لهذا الشابّ المجهول الفائز بكلّ تواضع بجائزة في إحدى المسابقات المدرسيّة. ويوحي لباسه وتسريحة شعره بانتمائه إلى فترة ما بعد الثورة التي تبنت فيها أوروبا الطراز الإنجليزي الذي يميل إلى الملابس البسيطة والمُريحة. اختار أوجين ديلاكروا (1863-1798) مؤسّس الحركة الرومانسيّة في فرنسا تجسيدَ الشخصية وفق المنهج الطبيعيّ وحرص على نقل مشاعر هذا الممثّل الصاعد على الساحة التاريخية من خلال هيئته الكئيبة.

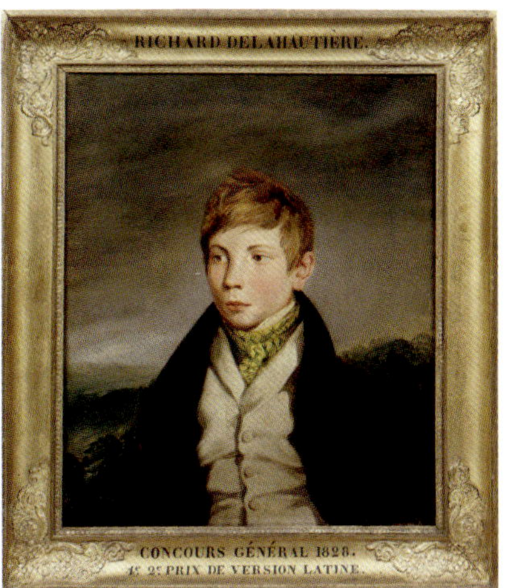

6

269

إذا كانت الحركة الكلاسيكيّة الحديثة قد أثرت في بداياتها الموضوعات الأسطوريّة على الدينيّة لتصوير القيم الأخلاقيّة، فإن الأحداث المعاصرة قد وفّرت العديد من الموضوعات المناسبة للوحات التاريخيّة. وقد بلغت صورة البطل قمة مجدها في شخص نابليون بونابرت (1769-1821) الذي وصلت أطماعه الإمبراطورية إلى جميع أرجاء أوروبا. فقد لعب دورًا هامًّا في انتشار حركة الكلاسيكيّة الحديثة، كما كان مصدر إلهامٍ أيضا للحركة الرومانسيّة التي كانت آنذاك لا تزال في مهدها، والتي رأت فيه نموذج البطل الحديث. ومن المفارقات أن ابن الثورة الفرنسيّة أعلن نفسه إمبراطورًا على فرنسا وعمل على استعادة النظام الملكيّ. وفي الضِفَّة الأخرى من المحيط الأطلسي، برزت ملامح بطلٍ من نوع آخر هو جورج واشنطن (1732-1799)، أوّل رئيس للولايات المتّحدة الأمريكيّة. فالدستور الأمريكي الذي شارك في تحرير مسودته، قد جاء مشبعًا بشدة بالأفكار الجديدة لفلاسفة عصر التنوير في أوروبا ولكنها عُدّلت لتتناسب مع واقع دولة حديثة العهد بالاستقلال.

أبطال العالَمَيْن الجديد والقديم

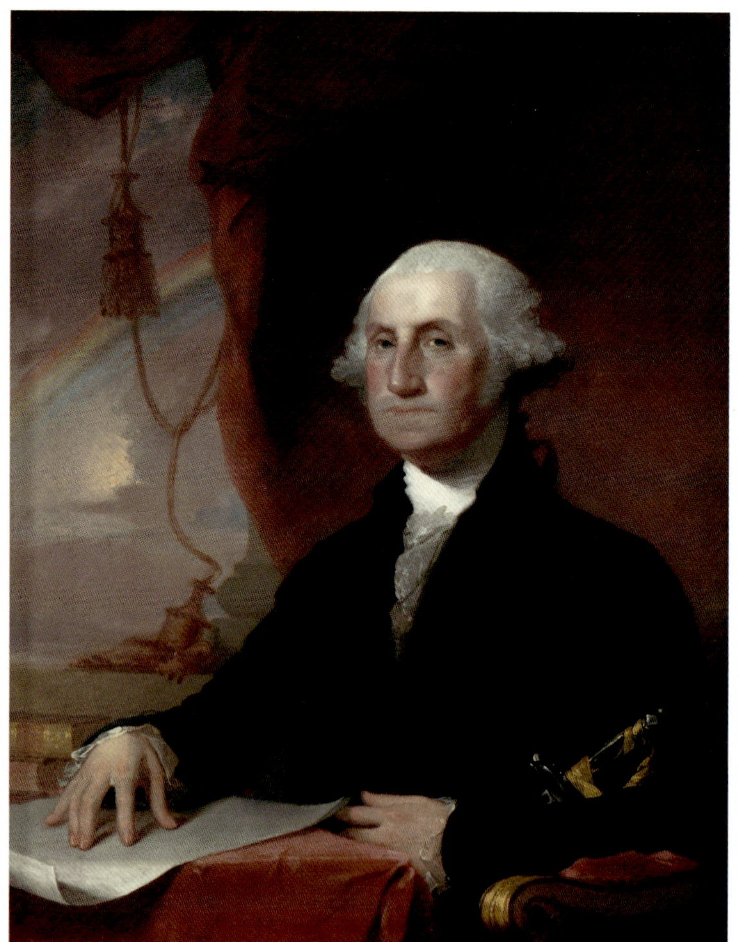

ولادة عالم جديد

أصبح بطل حرب الاستقلال الأمريكية جورج واشنطن (1732-1799) الذي واجه قوّات الاحتلال البريطانية أوّل رئيس للولايات المتّحدة الأمريكيّة. رسم غلبرت ستيوارت (1755-1828) رسّام الصورة الشخصيّة الخاصّ بجورج واشنطن قرابة مائة لوحة بالاعتماد على النموذج الأوروبيّ القديم للوحات الملوك، على غرار هذه الصورة التي يبدو فيها جورج واشنطن أمام ستارة حمراء يظهر من خلفها قوس قزح رمز أرض الميعاد في التوراة وتعبيرًا مجازيا هنا عن الأمل في أمّةٍ جديدةٍ. لكن لم يعد الفنُّ وسيلةً لتمجيد الملوك الأبطال، إذ يظهر هنا جورج واشنطن، رجل الأفعال والرؤية، مرتديًا لباسًا معتدلًا وبملامح توحي بالنضج والجدية والتفاني في خدمة شعبه وهو واضعٌ يده بكل ثقةٍ على وثيقة ما، على عكس عنفوان الشباب الواضح في لوحة نابليون. ففي هذه اللوحة المهيبة يحرص الفنّان على إبراز القوّة النفسيّة للشخصية وبعد نظرها وخبرتها الطويلة التي اكتسبتها على مرِّ السنين.

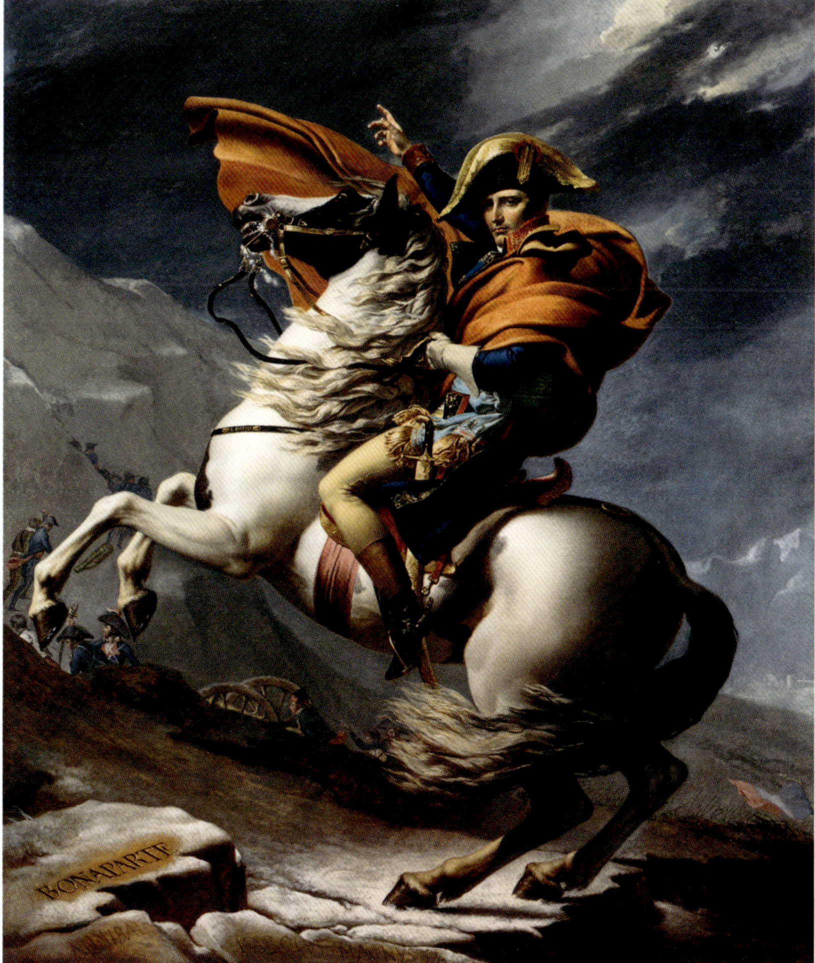

.1
جورج واشنطن،
أول رئيس للولايات
المتحدة
غلبرت ستيوارت
الولايات المتحدة
1822
إ. 164.5، ع. 122 سم؛
ألوان زيتية
على قماش
اللوفر أبوظبي

.2
نابليون بونابرت،
القنصل الأول،
عابراً جبال الألب
في 20 مايو 1800
جاك لوي دافيد
فرنسا
1803
إ. 268، ع. 224 سم؛
ألوان زيتية
على قماش
المتحف الوطني لقصرَي
فرساي وتريانون

نهاية عصر تاريخيّ

تُبرز هذه اللَّوحة الشهيرة للقنصل الأوَّل نابليون بونابرت وهو يمتطي صهوة حصانه خصائص المدرسة الرومانسيّة العظيمة للرَّسم التاريخيّ. ويعتبر جاك لوي دافيد (1825-1748) أحد رُوَّاد الحركة الكلاسيكيَّة الحديثة. فهذه الرؤية الحالمة والحديثة في الوقت ذاته، لم تعد تُصوِّر إمبراطورًا رومانيًّا بشعره المستعار مثل تمثال فيليب الخامس أو صورة لويس الرابع عشر وهما يمتطيان صهوة حصانيهما للفنَّان رينيه أنطوان هواسّ، بل أصبحت تُصوِّر بطلًا حديثًا يشقّ طريقه نحو الانتصار مذلِّلًا كلَّ الصِعَاب الطبيعيَّة المتمثِّلة هنا في جبال الألب. وقد أدى سقوط نابليون إلى إجهاض حلمه بأن يصبح إمبراطورًا عالميًّا على غرار الإسكندر الأكبر.

الجناح 4

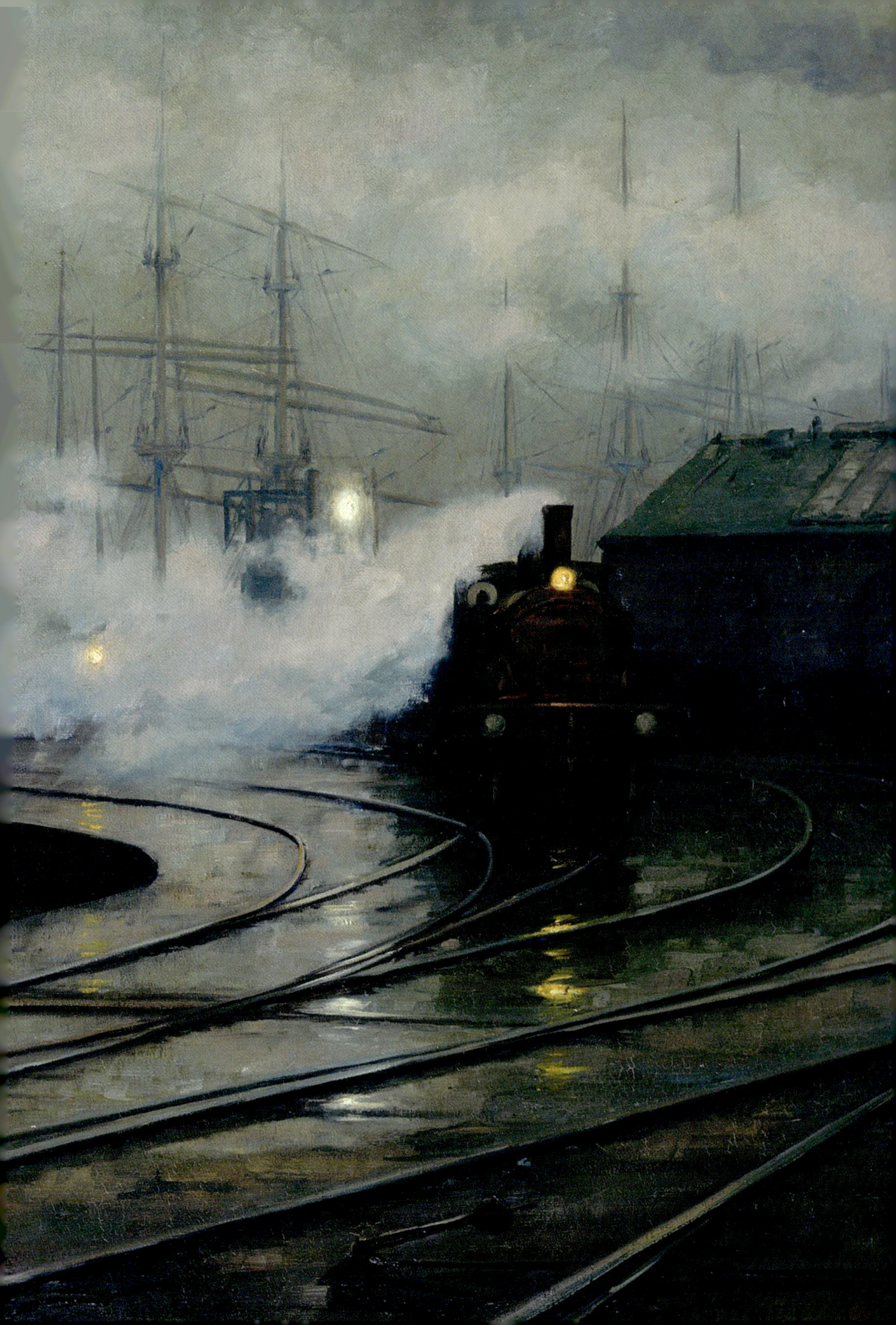

قاعة العرض 10

عالم حديث؟

تعدّ الثورة الصناعية ظاهرة كبرى في تاريخ كوكبنا. فالتقدم التقني الذي بدأ في إنجلترا منذ أواخر القرن الثامن عشر ساد في القرن التاسع عشر كلّ أرجاء أوروبا الغربية. وسرعان ما ساهم في رسم ملامح عالم جديد يندفع نحو المستقبل ويجسّد الحداثة. يعبّر مصطلح "الحداثة" عن قيم الإيمان بالتقدم والقدرة على التفكير في الحاضر وعدم العودة إلى الأزمنة الغابرة.ولقد يسّرت السكك الحديدية والسفن البخارية حركة البضائع والبشر وزادت في سرعة نشر المعلومات والصور والحركات الفنية.واستفادت الثورة الصناعية كذلك من التوسّع الاستعماري. فانطلاقا من النصف الثاني من هذا القرن، هيمنت القوى الأوروبية الكبرى على معظم أفريقيا وآسيا والمحيط الهادي، حيث التقت حضارات قديمة تعود إلى آلاف السنين مع الحداثة. وقد أسهم التقدّم التقني والعلمي المتواصل في تغذية الإبداع الفنّي مثلما تكشف عن ذلك المعارض العالمية، التي تُعدّ واجهات لعرض القوة الاقتصادية والسياسية، وحجّة على البراعة التقنية والخبرة ودلالة على أشكال التنافس في الوقت ذاته. فقد اكتشف الجمهور في هذه المعارض العالمَ في تنوّعه الثقافي والفنّي، وكذلك في قدرته على الحوار. فلئن أثّرت أوروبا تأثيرا بالغا في القارات الأخرى، فإنها قد استلهمت فنونها بشكل كبير من ثقافات أخرى. وقد ساهمت حركة البشر والصور والأشياء في بناء عالم ذي حدود متوسعة باستمرار كان مصدر إلهام للفنانين في ابتكار موضوعات وممارسات وأساليب جمالية جديدة.

قلب فنّ التصوير الضوئي الذي نشأ عام 1839 وكان سليل الثورة الصناعية أنماط التمثيل وغيّر نظرتنا إلى العالم.فقد جذبت المدن المترامية الأطراف الفنانين وصدتهم في الوقت ذاته، ودفعتهم إلى تركيز حوامل الرسم في الهواء الطلق لتصوير العالم الواقعي. ولئن كانت الحياة المعاصرة الموضوع المهمين على أعمال الفنانين، فإن بول غوغان كان من بين الفنانين الذين اختاروا الابتعاد عن هذا الموضوع، فذهب إلى بريتاني أوّلا، ثمّ إلى جزر أوقيانوسيا بحثًا عن عالم بدائي على شفا الانقراض.

تحوّل مبدأ "حجرة التصوير المظلمة"-الذي يسمح بعرض الصور على الورق أو على الزجاج من خلال ثقب موجود في أحد جوانبها، والمعروف عند اليونان القدامى ثم عند العرب منذ عصر النهضة إلى أداة يقوم من خلالها المصوّرون بتحديد المنظور الذي يصوّرون من خلاله مشهد اللوحات الطبيعية. وباستخدام تقنية التصوير الضوئي يمكن الآن طباعة الصورة المؤطّرة على لوحة وتثبيتها عن طريق عملية كيمائية. وقد فرض هذا الوسيط الذي يلتقط الحياة بصورة مباشرة وتحوّل بعد أن طوره رواده في أوروبا ثم صدّروه إلى كافة أنحاء العالم إلى أداةٍ للإبداع الفنّي والعمل العلمي وكذلك إلى وسيلة جديدة لنشر المعلومات وتسجيل الذاكرة الإنسانية. فمن خلال استنساخ عدد غير محدود من الصور لعالم لا ينفكّ عن التغيّر، نقل التصوير الضوئي العالم إلى العصر الحديث.

نشأة التصوير الضوئي

في عام 1826، قام الفرنسي نيسيفورنيبس بالتقاط أوّل "صورة ضوئية" (ويعني ذلك حرفيا الصورة المرسومة بالضوء) وكان عنوانها "مشهد من النافذة في لي غراس". ثم انضمّ إليه فرنسي آخر يُدعى لويس داغير. فابتكر ما يعرف بتقنية "داغيروتيب" أو التصوير الضوئي على ألواح فضية أي تثبيت الصور على لوح نحاسي مغطّى بطبقة من الفضة ومغموس في اليود. وقد كانت هذه التقنية بمثابة المولد الرسمي للتصوير الضوئي، كما أعلن ذلك داغير وفرانسوا أراغو في اجتماع مشترك في أكاديميات العلوم والفنون الجميلة في باريس في التاسع عشر من أغسطس عام 1839، ثم في الجمعية الوطنية الفرنسية. وفي الوقت ذاته، قام الإنجليزي وليم فوكس تالبوت بابتكار عملية الصورة السالبة على الورق، حيث حصل في عام 1841 على براءة اختراع في تقنية "تالبوتيب" - المسمى أيضا "كالوتيب" - وهو ما سمح بإنتاج العديد من الصور الإيجابية على الورق باستخدام صورة سالبة واحدة. وقد تطورت كلتا التقنيتين في وقت واحد، غير أنّه منذ عام 1850 أُستبدلت "داغيروتيب" بتقنية "كالوتيب".

جذبت هذه الوسيلة الجديدة روادا آخرين ينحدر بعضهم من الفنون الجميلة. وقد وجدوا فيها طريقالتجريب جمالي جديد. فكما

أعلن تالبوت: "تسجل الكاميرا كلّ ما تراه وترسم بالتأكيد وبكلّ نزاهة ممرّ المدخنة أو منظّفها كما ترسم تمثال أبولوالبلفيدير". ولئن أثبتت الصورة من خلال الطباعة قابليتها لإعادة الإنتاج، فإنّ التصوير الضوئي أظهر القدرة على إعادة إنتاج أجزاء من العالم الواقعي ونشرها بصورة غير محدودة.

ثم ظهر استخدام آخر للتصوير الضوئي هو التحقيق الصحفي لتوثيق جميع مراحل الأحداث الكبرى مثل الحروب. وقد أتاحت مصداقية مثل هذه الصور إمكانية استخدامها وسيلة دعائية فعّالة للغاية. وهو ما أدركه نابليون الثالث حينما طلب من المصورين العمل على تعزيز صورته.

وأخيرا، سرعان ما أصبح التصوير الضوئي فنّا شعبيا، إذ يمكن لكل شخص أن يرى نفسه من خلال صورة موضوعية ذاتية متمثلة في الصورة الشخصية. وقد قامت الطبقات الوسطى بتصوير نفسها. ومارست هواية التصوير الضوئي، فأغنت بذلك تلك المقتطفات من الحياة العاطفية والأسرية والمنزلية نوعا جديدا من الذاكرة الفردية والكونية في الآن نفسه.

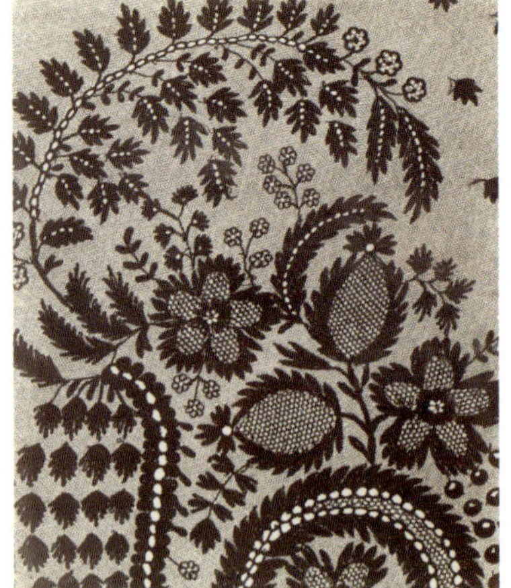

أول الرسوم الضوئية الجذابة

قام ويليام فوكس تالبوت (1800-1877) في بداية 1840بإنجاز أوّل صور ضوئية بدون استخدام آلة تصوير، إذ قام بوضع الأشياء على سطح حسّاس للضوء لكي يحصل على ما يسميه بـ "رسوم ضوئية جذابة"، ويُقصد به الصور التي لا يتدخّل فيها قلم الفنان بأي شكل من الأشكال، إذ يُسلّط ضوء الشمس على الأجزاء الظاهرة ممّا يعمل على إظهار الأشكال الخفية الواقعة تحت القطعة سالبة خلال تعرّضها لضوء الشمس. وقد انتهى تالبوت بعد إجراء هذه التجربة على العديد من أوراق النباتات بغرض تصنيف أنواعها، إلى تحقيق رسوم ضوئية جذابة لقماش الدانتيل، على نحو برزت فيها مادّتها وبرزت لعبة الألوان الشفّافة داخلها في كامل دقّتها. وكان يأمل بذلك أن يساعد هذه الصناعة من خلال تزويدها بنماذج قابلة للنسخ.

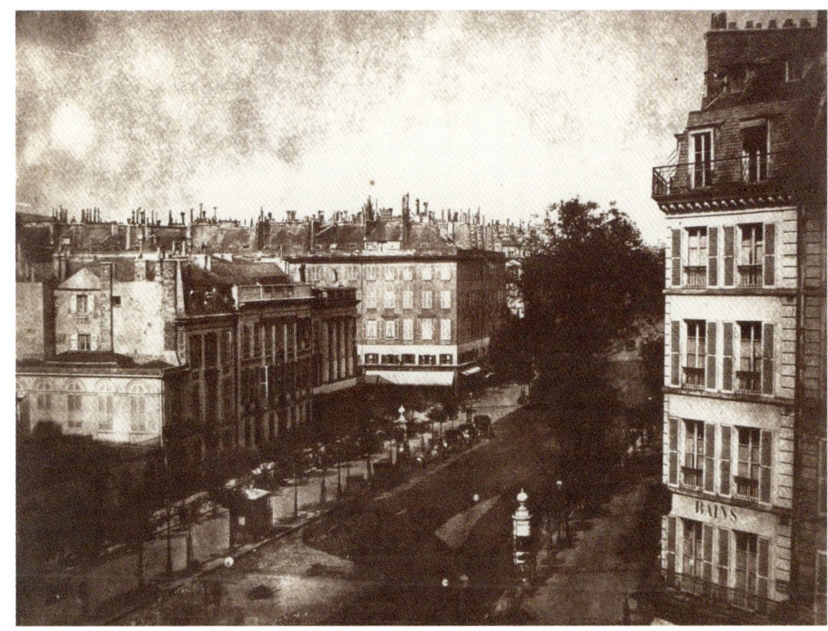

2

.1
قماش مطرّز
ويليام هنري
فوكس تالبوت
أوائل أربعينات
القرن التاسع عشر
إ. 23، ع. 18.8 سم؛
صورة على ورقة
محمضة
اللوفر أبوظبي

.2
جادات باريس
ويليام هنري
فوكس تالبوت
فرنسا، باريس
مايو 1843
إ. 16.3، ع. 21.5 سم؛
صورة على ورقة
محمضة
اللوفر أبوظبي

.3
امرأة شابة
بعقدة شعر
غاسبارد فلكس
تورناشون المعروف
باسم نادار
فرنسا
1859
إ. 20.7، ع. 15.2 سم؛
صورة أحادية اللون
على مطبوعة
المكتبة الوطنية الفرنسية

التصوير الضوئي، وسيط الحياة الحديثة

انخرط تالبوت في التصوير الضوئي بعدما قدم إلى باريس في شهر مايو 1843 في محاولة لتسويق تقنية "الكالوتيب". أعيد نسخ هذا المنظر - المأخوذ من فندق دوفر الواقع في 25 شارع السلام - في اللوحة الثانية من عمله "ريشة الطبيعة". وقد أثبت المصوّر من خلال جميع تفاصيل الحياة الحضرية إضافة إلى المنظور المنحرف للشارع، كأسقف المنازل الممتلئة بالمداخن، والسيارات المكشوفة، ومصابيح الشوارع التي تعمل بالغاز، والأعمدة الموريسكية لمبولة عامة تغطيها ملصقات إعلانية وعلامة تحمل الكلمة الفرنسية "حمامات" مدى أهمية هذه الوسيلة الجديدة في تصوير وقائع الحياة الحديثة.

التشابه الداخلي

قام فلكس نادار (1820-1910) بتصوير كل مشاهير عصره، ابتداء من الممثلة سارة برنار حتى الرسّام إدوارد مانيه، مرورا بالكتّاب، شارل بودلير أو فكتور هوغو. وبوصفه رسام كاريكاتير سابق، يكشف نادار "الجانب النفسي" للتصوير الضوئي، مؤمّلا العثور على "التشابه الأكثر ألفة والأكثر مناسبة، التشابه الداخلي" في النموذج المصوّر. ونظرا لإعجابه بكبار رسّامي الصور الشخصية الفلمنكيين، فقد منح نوعا من العظمة والكرامة الخالدة حتى لغير المعروفين، مثل هذه "الفتاة التي تربط شعرها على شكل كعكة". وبذلك ساهم التصوير الضوئي في تجديد فنّ الصورة الشخصية وإتاحته للجميع، إذ صار بإمكان الطبقة الوسطى أن تكون لها صورها الشخصية الخاصة.

3

وجد رحّالة بداية القرن التاسع عشر في الرسم بقلم الرصاص والألوان المائية وسيلة جمالية وسريعة لتصوير انطباعاتهم. وقد بدأوا في تعلّم مبادئ التقنيات المعقّدة لهذه الطريقة الجديدة منذ ظهور التصوير الضوئي عام 1839. واستغلوا هذه الوسيلة لاستحضار الصور التي رأوها في الأراضي النائية. وتعكس ألبومات الصور نفس الذوق تجاه المناظر الطبيعية وبلاد الشرق والآثار القديمة.

مصوّرون رحّالة

أتاح تطوّر التصوير الضوئي لا سيما من خلال اختراع غوستاف لوغراي لورقة الشمع الجافة - التي يمكن من خلالها فصل الصورة بمعناها الحقيقي عن مراحل إعداد الصورة السالبة وتطويرها - التقاط عدد من الصور خلال النزهات والرحلات. فأثناء القيام بجولة كبيرة في إيطاليا أو رحلة إلى الشرق يمكن التقاط بعض الصور للأطلال الأكثر شعبية في عصر كانت فيه قصص حملات بونابرت تغذي الميل نحو الآثار. لقد صُورت المناظر الطبيعية والسكّان الأصليين ولعب التصوير الضوئي دورا مهمًا في نشر صور الآخر والأماكن الأخرى. وقامت البواخر والسكك الحديدية بنشر التصوير من أوروبا إلى العالم بأكمله مصحوبة بالمستكشفين والعسكريين والمبعوثين والعلماء. وتشهد الصور الشخصية النابضة بالحياة أو الخاصة بوصف الأجناس البشرية على الحوار الصامت القائم بين المصوّر والنموذج الذي يقوم بتصويره، وعلى تبادل الأدوار بين الناظر والمنظور إليه.

تطوّرت ورشات التصوير في مختلف القارات. وقد شجّعها بعض الحكّام من خلال تعيين مصوّرين رسميين للبلاط الملكي، ومضاعفة طلبات التصوير، كما كان الحال على سبيل المثال في إيران خلال حكم أسرة كادجار، وفي الدولة العثمانية، وكذلك الروسية، وفي البرازيل أثناء حكم دوم بيدرو الثاني. وتأسست بعض الإستوديوهات لا سيما في المدن الكبرى المنفتحة على التجارة العالمية، والتي أصبحت تمثّل شيئا فشيئا مراكز جديدة للجذب السياحي.

أمّا في الدولة العثمانية، فقد تطوّر التصوير الضوئي في المجتمعات المسيحية. ثمّ انتشر بكثرة عام 1860 في المجتمعات المسلمة واليهودية، التي بدت متردّدة في بداية الأمر تجاه السمة التجسيدية لهذا الوسيط الجديد. وفي أفريقيا دخل التصوير الضوئي في أكتوبر 1839 إلى الموانئ مثل ميناء كاب تاون في جنوب أفريقيا. وفي أستراليا وصل جورج بارون غودمان- أول مصوّر محترف - إلى مدينة سيدني عام 1842 قبل أن يسافر في كامل البلاد الأسترالية.

وفي الإمبراطورية الروسية، ظهرت أول ورش التصوير المتخصّصة عام 1840، وعملت على تطوير أسلوب الصورة الشخصية المستوحى من فنّ رسم المنمنمات. وفي الصين، افتُتحت أول ورشة للتصوير عام 1845 في هونغ كونغ. وفي اليابان، لم تتأسّس ورش التصوير إلا في سنة 1859، وهو العام الذي شهد بداية الانفتاح الجزئي للدولة. وفي النهاية، انتشر التصوير الضوئي في الولايات المتحدة في المدن الكبرى مثل نيويورك وفيلادلفيا، وذلك من خلال بعض الفنانين مثل الرسّام صمويل مورس الذي جعل من مرسمه مدرسة لكبار مصوّري المستقبل الأمريكيين.

أطلال الحجر تُخلّد على الورق

في بداية عام 1850، اتّجه أوجين فيرمين لوديان (1865-1817) إلى مواقع أثرية في إيطاليا، إذ مثّلت أطلال معبد هيرا - الذي يقع في مدينة بايستوم في جنوب إيطاليا - نموذجا جيّدا يعبّر عن التصوير المعماري. وهي تشهد على ذلك الميل تجاه الأطلال التي مجّدها الفنان هوبرت روبرت في لوحاته في نهاية القرن الثامن عشر. إلاّ أنّ ضيق الإطار وبساطة المنظر المصّور من أسفل إلى أعلى، منح تلك الصور بعدا تعبيريا. بث التصوير الضوئي روحا جديدة في أطلال الماضي وساهم في حفظ آثارها عن طريق بناء سجل قيّم للتراث الإنساني.

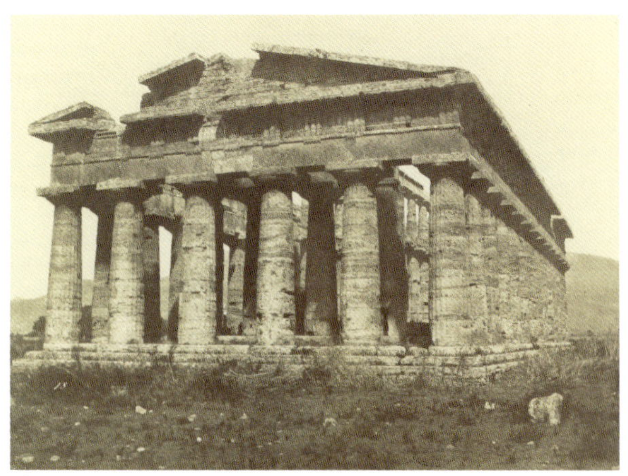

1

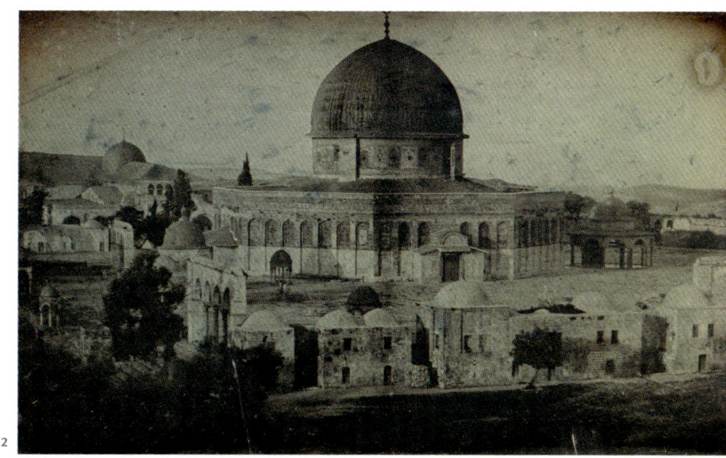

رؤية الآخر

قام جوزيف فيليبير جيرولد دي برانجي (1804-1892) - عالم جمع القطع النقدية والآثار الثري من عام 1842 حتى عام 1844 - برحلة طويلة في أنحاء شرق البحر الأبيض المتوسط وذلك بعد تعلّمه مبادئ التصوير الضوئي بتقنية "الداغيروتيب". وتعدّ الألواح التي نقلها - والتي لم تُكتشف إلّا عام 1920 - من أقدم الصور المعروفة في بلاد اليونان وفلسطين ومصر وسوريا وتركيا. ويعتبر منظر المسجد الأقصى واحدا من أضخم الصور الملتقطة بتقنية "الداغيروتيب"، إذ خصّص له نصف لوح. ولئن اهتمّ في المقام الأول بالمعالم الأثرية، فإنّ الصور الشخصية التي التقطها في الإسكندرية تشدّ الناظر من خلال نوعية النظرة التي تحملها عن الآخر. ومن المرجّح أن تكون صورته "عيوشة" أوّل صورة تلتقط لامرأة مسلمة محجبة.

رؤية حديثة لأطفال الأمس

قام أرنست بينيك (1817-1894) من يناير حتى أغسطس 1852 برحلة إلى صعيد مصر وإلى النوبة والقاهرة، قبل أن يتوجه إلى سوريا والقدس ولبنان ثم إلى أثينا وفلورنسا. وقد شد انتباهه عازفو الشوارع والمتسوّلون وتجّار العبيد ونساء الحرم، فقام بتصويرهم ببساطة شديدة وذلك بوضعهم أمام ستارة بيضاء تمكّن من تمييزهم بشكل أفضل. ينبعث من الصور - التي التقطها بتلقائية ودون استعداد - شعورٌ بالحيوية والقرب من النماذج المصوّرة. فغالبا ما يصعب تصوير الأطفال نظرًا لحيويتهم التلقائية، خاصة أنّ التقاط الصور في بداية عهد التصوير كان يتطلّب زمنا طويلا، وهو ما يجعل هذه الصورة لمجموعة من أطفال الفلاحين نادرة ومؤثّرة للغاية.

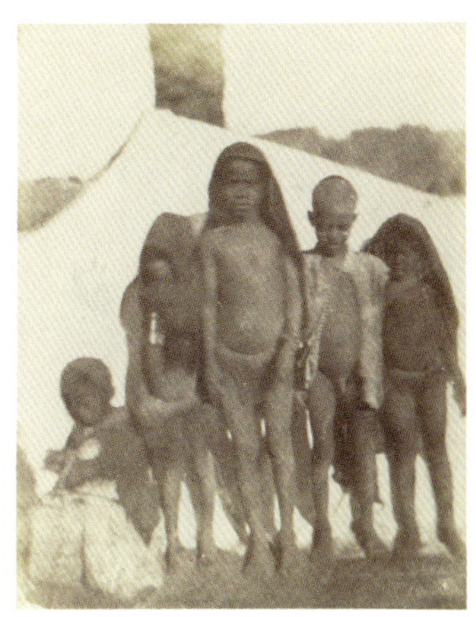

1.
المعبد الثاني لهيرا في بايستوم
فيرمين يوجين لو دين
إيطاليا، بايستوم
نحو 1853
إ. 50، ع. 70 سم؛
صورة على ورقة محمضة من صورة سالبة
اللوفر أبوظبي

2.
المسجد الاقصى
جوزيف فيليبير جيرولد دي برانجي
القدس
1844
إ. 12، ع. 18.8 سم؛
تصوير شمسي على ألواح فضية (نصف لوحة)
اللوفر أبوظبي

3.
عيوشة
جوزيف فيليبير جيرولد دي برانجي
مصر، القاهرة
1843
إ. 12.1، ع. 9.8 سم؛
تصوير شمسي على ألواح فضية
اللوفر أبوظبي

4.
مجموعة أطفال من الفلاحين في إسنا
أرنست بينيك
صعيد مصر
20 فبراير 1852
إ. 21.4، ع. 16.4 سم؛
صورة على ورقة محمضة من صورة سالبة
اللوفر أبوظبي

اعتبر الأخوان جول وأدموند دي غونكور أنّ المنظر الطبيعي من أعظم أمجاد فرشاة الرسم الحديثة في افتتاح المعرض العالمي لعام 1855، وتبرز هذه الملاحظة - مدى التعبير عن الحداثة في مثل هذا النوع من اللوحات الذي هيمن على المعارض العامة منذ عام 1830. وإذ يقطع كاميل كورو مع التراث الذي يقتضي تشكيلا منظما وبعيدا عن عناصر الطبيعة، فإنّه يقدم مع جيله رؤية أكثر واقعية وذاتية، يشعر فيها المشاهد بأن لديه الإدراك ذاته الذي يعتمل داخل الفنان.

المنظر الطبيعي، قمة مجد فرشاة الرسم الحديثة

تغيرت العلاقة بالطبيعة بعد الحركة التي ظهرت في الأدب والفلسفة في القرن الثامن عشر، إذ وضع رسّامو الحركة الرومانسية الألمان أمثال كاسبر ديفيد فريدريك هذه العلاقة الحميمة مع الطبيعة في صميم عملهم. ثم اتجه من بعدهم بعض الفنانين في تفاعلهم مع نسق التصنيع السريع نحو الطبيعة إلا أنهم اتخذوا مسافة من الرومانسيين الذين كانوا يمجّدون الطبيعة، وكذلك من رسامي الكلاسيكية الجديدة الذين جعلوا من الطبيعة خلفية للصور المجازية والرمزية ذات العفوية الضعيفة.

أراد هؤلاء الفنانون رسم كل ما يرونه، أي الطبيعة المتغيرة الخاضعة لتأثيرات الفصول والعوامل المناخية. فانغمسوا في هذه البيئة وخرجوا من ورشاتهم واتجهوا إلى دراسة الطبيعة في الهواء الطلق. وقد حصلوا على درجة من الحرّية بمجرد ظهور أنبوب طلاء المعادن المرن الذي ابتكره الرسّام الأمريكي جون غوف ران عام 1841، ونشرته في فرنسا دار لوفران التي زوّدت هذا الأنبوب بغطاء ملولب، علما وأنه كان على الرسّامين حتّى ذلك الوقت إعداد ألوانهم بأنفسهم في مكان عملهم.

كان تيودور روسو أول من استقرّ في باربيزون بالقرب من غابة فونتين بلو. وسرعان ما لحق به كاميل كورو وغوستاف كوربيه وأونوريه دوميه وجون فرنسوا ميليه، واتجه بعضهم نحو الحركة الواقعية متفاعلين مع طبيعة العالم الريفي والفلاحي، في حين اكتشف آخرون تأثيرات المواد والضوء والمناخ من خلال لوحات رسّامي إنجلترا مثل جوزيف تيرنر وجونك ونستابل. فانفتح حينها مجال البحث عن لغة تصويرية جديدة أفضت إلى ظهور الحركة الانطباعية عام 1870. وقد لعب التصوير الضوئي دورا حاسما في هذا التطوّر، فبفضل قدرته على إعادة نقل جميع تفاصيل المنظر الطبيعي دخل في منافسة مع رسم المناظر الطبيعية بوصفه جنسا فنيا. وهو ما دفع الرسّامين إلى البحث عن طرق أخرى مثل انطباعات الأحاسيس.

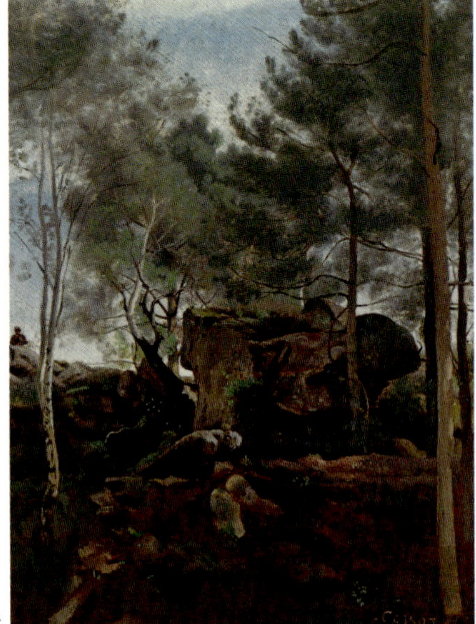

1

الأب كورو

تثير غابة فونتينبلو بأشجار الصنوبر فيها وبتعدّد أشكال صخورها الفضول نحو الطبيعة. ونظرا لقربها من باريس، ربطت السكك الحديدية هذه الغابة بالعاصمة الفرنسية منذ عام 1849. فجذبت منذ ذلك الحين العديد من المتنزّهين والفنّانين من أمثال فناني مدرسة باربيزون التي ارتبط بها كاميل كورو (1796-1875). يعالج الفنّان هنا بلمساته الصخور وأشجار الصنوبر وأشجار القضبان. تقلّ التفاصيل التي تشير إلى الحجم وتمنح بعض العمق في هذه اللوحة من قبيل الشخصية الصغيرة التي على اليسار. إذ يهتمّ الفنان في المقام الأوّل بإبراز الأحجام وإظهار الخاصية الكلّية من خلال التلاعب بالنسب والضوء. ويشهد تجاور الألوان التي اكتسبت استقلاليتها في هذا العمل على قوة حداثة كورو.

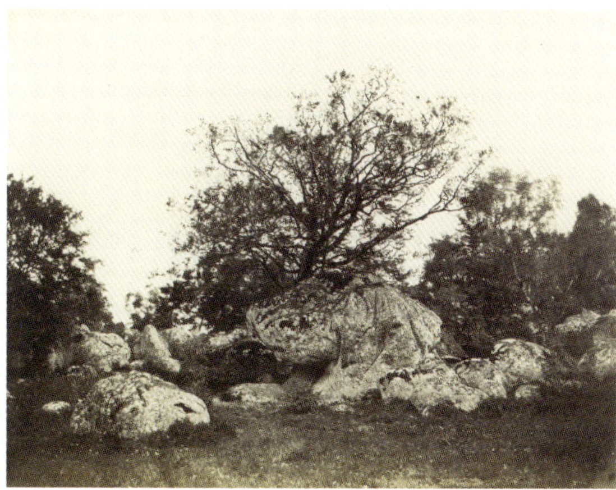

.1
في غابة فونتانبلو:
أشجار الصنوبر
والبتولا بين الصخور
كاميل كورو
فرنسا، فونتانبلو
1845-1850
إ. 55، ع. 40.5 سم؛
ألوان زيتية
على قماش
اللوفر أبوظبي

.2
صخور، غابة فونتانبلو
غوستاف لو غراي
فرنسا، فونتانبلو
نحو 1852
إ. 27.9، ع. 35.8 سم؛
صورة على ورقة
محمضة من
صورة سالبة
اللوفر أبوظبي

.3
الصخرة الحمراء
بول سيزان
فرنسا
نحو 1895
إ. 92، ع. 68 سم؛ ألوان
زيتية على قماش
متحف الأورونجري

من المنظر الخلّاب إلى المنظر الجذّاب

قام غوستاف لو غراي (1820-1884) عام 1850 بتطوير ورق الشمع الجافّ الذي يسمح بالفصل بين زمن إعداد الصورة وزمن التقاطها. وقد أضافت هذه التقنية مزيدا من الاستقلالية إلى المصوّر، وكانت عمليّة للغاية بالنسبة إلى الرحّالة. التُقطت هذه الصورة في غابة فونتينبلو، وهي تكشف عن تشكيل خال من جميع التفاصيل والإضافات لتركز على حطام الصخور وبساطة أوراق الشجر والأرضية العشبية المبعثرة. وقد ساهم لوغراي بخروجه عن المنظر البديع في إبراز المنظر الطبيعي المصوّر كنوع فني مستقل بذاته ومنافس لرسم المناظر الطبيعية.

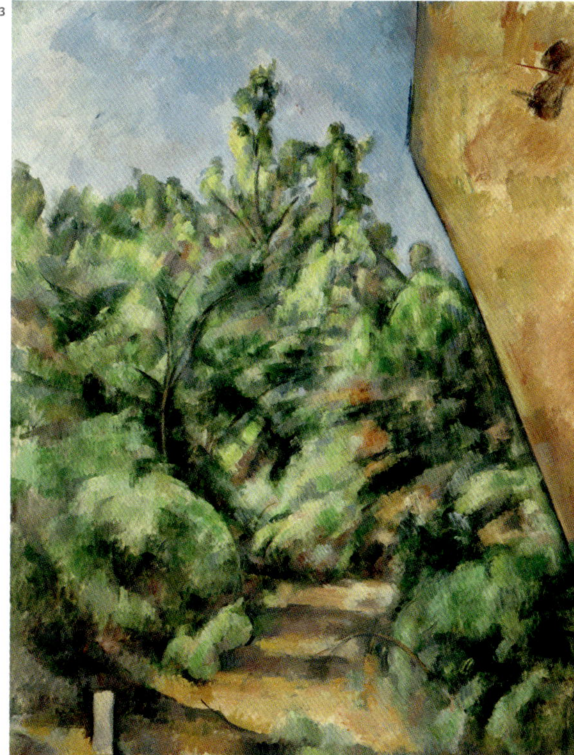

سيزان المعلّم

بعيدا عن المدينة، أحدث بول سيزان (1839-1906) ثورة في مجال الرسم في مسقط رأسه في إقليم بروفنس بجنوب فرنسا. وقد عاد بصورة منتظمة إلى نفس الموضوعات مثل جبل سانت فيكتوار أو صخور المحجر المهجور في بيبموس بالقرب من آكسآن بروفنس لكي يقف على جوهر الأشياء مبتكرا في الآن نفسه لغة تصويرية جديدة. رُسِم المنظر الطبيعي الخالي من كل وجود بشري هنا بصورة لا مثيل لها، إذ تتقاطع المجموعة الضبابية من الأشجار التي توحي بها ضربات الفرشاة المظللة على خلفية السماء الزرقاء وتربة الصخور البرتقالية دون اكتراث للعمق. أمّا خطوط الصخرة المتوهّجة التي تأخذ شكلا هندسيا تقريبا وتظهر على سطح شبه تجريدي، فهي تتباين بصورة مفاجئة مع بقية الرسم، وتقحم عنصرا غير متماثل في التركيب دون أن يؤثّر ذلك على توازن الرسم.

يُعدّ القرن التاسع عشر في أوروبا أوّل قرن يقوم فيه التفكير على الحداثة بصورة جذرية. ففي عصر التقّدم وميلاد الحضارة الصناعية، تبنّى الفنّانون رموز الحداثة. إذ جسّدت كل من مداخن المصانع والفحم وماكينات البخار جمالية جديدة في عالم يشهد فيه كل شيء حالة من التطور تحت شعار الحركة والتغيّر، كما يذكر شارل بودلير في عمله "رسّام الحياة الحديثة" (1865) حيث يقول: "الحداثة بمفهومها هي اللحظة العابرة والهاربة والطارئة".

ابتكار المشهد الطبيعي الصناعي والحضري

حدثت في إنجلترا عام 1780 ثورة صناعية حقيقية، وصلت بعد ذلك بطريقة هادئة إلى بلجيكا وفرنسا عام 1830، وأخيرا إلى بوهيميا والدول الجرمانية، في حين ظلت روسيا بعيدة عن تلك الحركة. وقد غيّرت هذه الموجة الصناعية تدريجيا المناخ المدني والريفي.

نشأت السكك الحديدية وتطوّرت في بريطانيا العظمى لأول مرة عام 1840، ممّا سمح بنقل الفحم من المناجم إلى الطرق المائية. وقد شقّت السكك طريقها في المناطق الريفية، في حين بُنيت المحطات في قلب المدن: خمس عشرة محطة في لندن منها محطة كينغز كروس ومحطة بادنغتون (1854)، وسبع محطات في باريس منها محطة أورليان-أوسترليتز (1840). وترمز هذه المحطات المبنية من المعادن والزجاج والتي بُنيت وفق آخر تطورات صناعة الحديد والفولاذ إلى الحقبة الصناعية الجديدة، واستخدمت مداخل للمدينة الحديثة. وقد غيّر القطار أيضا كيفية إدراك المنظر الطبيعي، كما لاحظ فيكتور هوغو أثناء تنقّله على الخط الرابط بين مدينتي أنفار وباريس قائلا: "إنها حركة رائعة يجب الإحساس بها لكي ندرك مدى أهمّيتها، فالسرعة لا تُصدق، كما أن الزهور الموجودة على جانبيْ الطريق لم تعد زهورا ولكنها أصبحت بقعا أو بالأحرى خطوطا حمراء أو بيضاء، وكلّما زادت النقاط تحوّل كل شيء إلى خطوط".

فضلا عن ذلك، تغيّرت المدينة من كونها موقعا لالتقاء السكان القادمين من الريف، إلى مدينة كبيرة يعاد تنظيمها فجأة بالأعمال الحضرية الكبرى، وأصبحت تمثل "تكتّلا بشريا لمن هم في عجلة من أمرهم"، بحسب الصيغة الواردة في الدليل الذي نُشر في المعرض العالمي عام 1867.

وفي هذا العالم المتغير، دعا شارل بودلير الفنّانين عام 1845 إلى "الاحتفال بقدوم التغيير". كما جمع كلود مونيه الذي ارتبط اسمه بتيار الانطباعية عام 1874 بين الرسم الجديد والنظرة الحيوية واللمسة الفعّالة والعمل الليلي لميناء يُعاد هيكلته بالكامل وذلك من خلال لوحته "انطباع، شروق الشمس". وقد انبعثت من آلات الرفع والسفن والحمامات الحديثة أضواء الفجر الغامضة، ورمزت إلى فرنسا المنتصرة التي كانت تحاول تضميد جراح هزيمة 1870 وتمزّق حكومة مجلس مدينة باريس. ففي لوحاته التي تهيمن عليها "الرؤية الجديدة" أُعيد التفكير في اللون والصياغة والرؤية بطريقة تعطي الانطباع بأنّ الفنّان قد التقط لحظة عابرة دون أن يثبتها. فلقد اختفت فكرة ثبات الواقع واستقلاله عن الإدراك البشري.

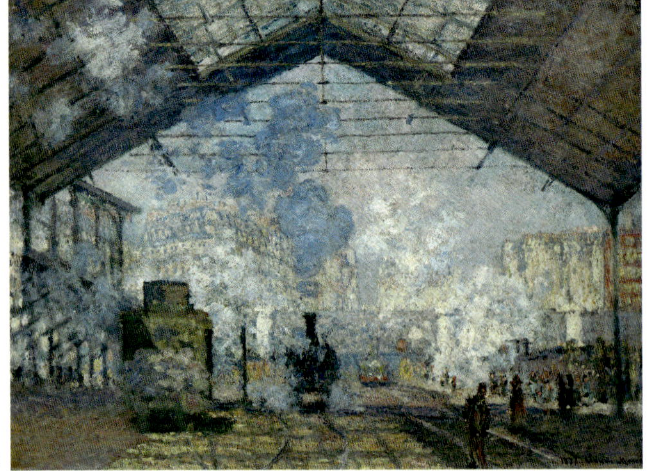

محطة القطار بمثابة كاتدرائية

انطلاقا من الجمع بين حداثة العناصر الفنية وحداثة النظرة، طبّق مونيه (1840-1926) تصوّره الجمالي على أماكن الترفيه والعمل، من خلال صورة لمحطة سان لازار التي تمثّل تقاطعا بين المجالين. إذ يأخذ سقفها الزجاجي الضخم والمضيء القيمة المقدّسة لدور العبادة. وقد قورنت سلسلة محطات سان لازار بأجنحة الكنائس القوطية. فبخار القاطرات يخرج ممتلئا بإيمان حديث وعلماني. وفي نيسان 1877، عُرضت ثماني لوحات لمبنى السكك الحديدية بمناسبة المعرض الثالث للانطباعية. وقد تناول مونيه في لوحاته مظاهر عديدة من أجنحة الكنائس احتفاءً بالإنجاز التقني الذي أحرزه مهندسها أوجين فلاشا، وأظهر من خلالها براعته.

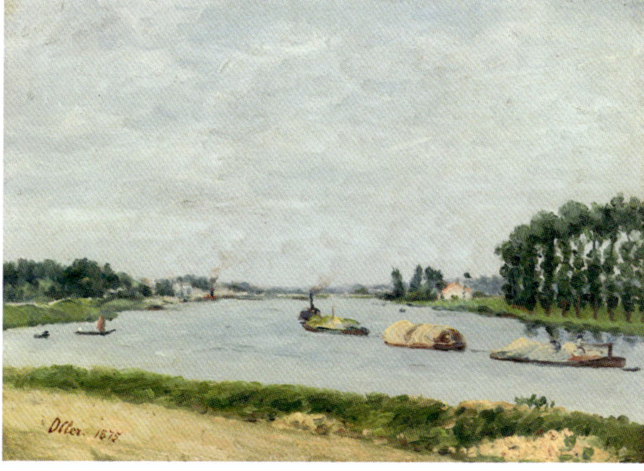

2

مشهد لبواخر ومصانع

كان الرسّام البورتريكي فرانسيسكو أولر (1917-1833) الفنان الوحيد من أمريكا الجنوبية الذي استطاع أن يخلّد اسمه في تاريخ التيار الانطباعي. وقد كان قريبا من أرمان غيليومان، الموظف السابق في شركة باريس أورليان للسكك الحديدية، الذي أصبح رسّاما فيما بعد. لم يفت الرسام في هذا العمل إدراج أدخنة البواخر والمصانع، إذ استخدم رقائق متطايرة لا تؤثّر مطلقا على انسجام المنظر الطبيعي مع حداثة موضوعه. وقد أنجز مونيه - نموذجه الثاني- العديد من المشاهد البانورامية المشابهة التي تتسم بخطوط ديناميكية مائلة وباستخدام مساحة فارغة في مقدمة اللوحة لإعطاء الانطباع بالعمق.

1.
محطة قطارات
سان لازار
كلود مونيه
فرنسا، باريس
1877
إ. 75.5، ع. 104 سم؛
ألوان زيتية
على قماش
متحف أورسيه

2.
ضفاف نهر السين
فرانسيسكو أولر
بورتوريكو
1875
إ. 25.1، ع. 35 سم؛
ألوان زيتية على
ورق مقوى
متحف أورسيه

3.
ميناء كارديف
ليونيل والدن
المملكة المتحدة،
كارديف
1894
إ. 127، ع. 193 سم؛
ألوان زيتية
على قماش
متحف أورسيه

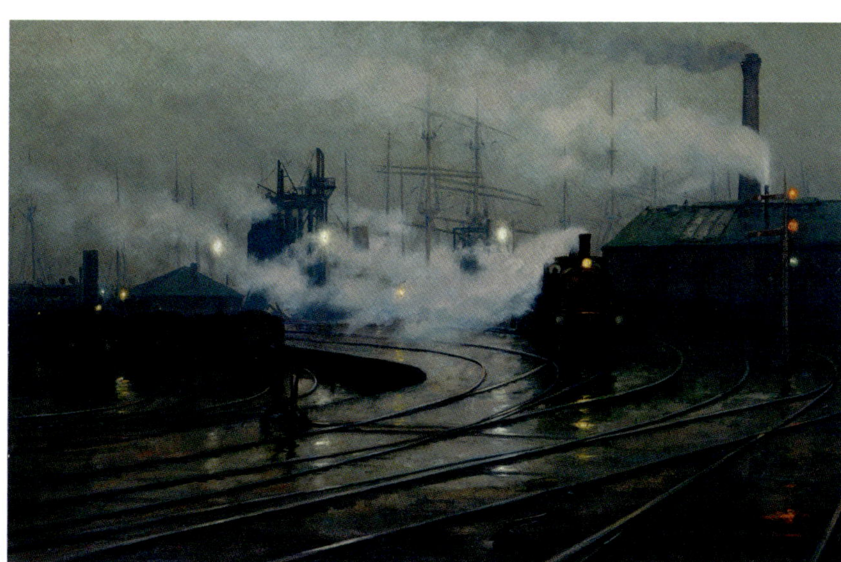

3

روعة الاختراعات الميكانيكية

نجحت السكك الحديدية في أقلّ من ربع قرن في زرع محطّاتها في كامل أنحاء أوروبا وعلى مختلف حدودها، إذ كان قطار الشرق السريع يصل إلى إسطنبول بداية من عام 1883. وقد سعت السكك الحديدية إلى تعزيز شعبيتها لدى الرسّامين وجمهورهم. نجح الأمريكي ليونيل والدن (1933-1861)، الذي درس في باريس وقُبل بسرعة في معرض باريس الفني "الصالون"، في حفر اسمه في الذاكرة بفضل لوحته "أحواض مدينة كارديف". إذ قدّمت اللوحة التي حصلت عليها الدولة الفرنسية عقب عرضها عام 1896، صورة تأليفية إيجابية لمكان من أشهر أماكن الأنشطة الصناعية في إنجلترا المثابرة، المعروفة بمناجم الفحم فيها. ويلخّص والدن في هذه اللوحة مصير وحدة إنتاج بأكملها. وهي لا تخلو من مؤثرات مشهدية للضباب ومن مظاهر شبحية وهالات كهربائية.

غيّرت الثورة الصناعية قواعد اللعبة الاجتماعية عن طريق دعم صعود الطبقة المتوسّطة التي اغتنت وتفوقت على الطبقة الأرستقراطية. وقد شاركت هذه الطبقة المدنية الصاعدة في ظهور أشكال جديدة للترفيه يجري بعضها في الهواء الطلق وفي الأماكن العامّة مثل المسارح ويدور بعضها الآخر في الأماكن الخاصة مثل قاعات الحفلات. ونظرا لأنّ أغلب الفنّانين قد انحدروا من هذا الوسط فقد اهتمّوا - لا سيما الانطباعيون منهم - بهذه الأماكن التي يلهو فيها المجتمع.

الحياة مسرحية

كانت الحياة في باريس "مدينة النور" وربما أكثر من أي مكان آخر مفعمـة بالبهجة وحافلة بالحركة، إذ كانت الطبقـات الاجتماعية الشعبية ترتاد المسارح والملاهي والمقاهي والنوادي الليلية، في حين كانت الطبقة المتوسّطة الجديدة تقصد المعارض والعروض الترفيهيـة. وقد سـاهمت المعارض العالمية بمبانيها الضخمة وأشكالها الهندسية مـن الحديد والزجاج في جعل القرن التاسع عشر قرنا حافلا. افتُتحـت مجموعة مـن المتاحف مثل متحف هيرميتـاج في سـانت بطرسـبرغ (1850) والمتحـف البريطانـي (1855). وأنشـئ عـدد مـن دُور الأوبرا مثل أوبرا غارنييـه في باريس (1875)، وأوبـرا بايرويت في ألمانيا (1876)، وأوبـرا بـورغ في فيينـا (1888). وكان إدغـار ديغـا يـتـردّد عـلى دار الأوبرا في باريس التي يعزف فيها كثير من أصدقائه الموسيقيين،

والتي كان يشـاهد فيها راقصات البـاليه بفسـاتين "توتو"، اللاتي اشتهرن باسـم "الجـرذان الصغيـرة".

شهدت المدينة تحوّلا كبيرا، إذ وفّرت وسائل جديدة للرؤية والظهور. فقد أتاحت الأروقة والممـرّات المغطّاة - التي شُيّدت في النصف الأول مـن القرن التاسع عـشر - للمترجّلين إمكانية التجوّل أمام واجهـات المتاجر وهم بمنأى عـن تقلّبات الجو، وتحت أنوار الطبيعة. وفي نهاية القرن، كثرت المحلّات الكبرى في كل أنحاء أوروبا مثل أوبونمارشيه في باريس وهارودز في لندن. كان المتجوّل يضلّ طريقـه بسبب ازدحام مدينة باريس الشاسعة. ولكن التحول السريع لهذه المدينة أدّى إلى ظهور شكل مـن أشكال الحنين إلى المـاضي، ولم تستطع المتع المفتعلة التي تقدّمها المدينة أن تنقص شيئا من كآبةشعرائها.

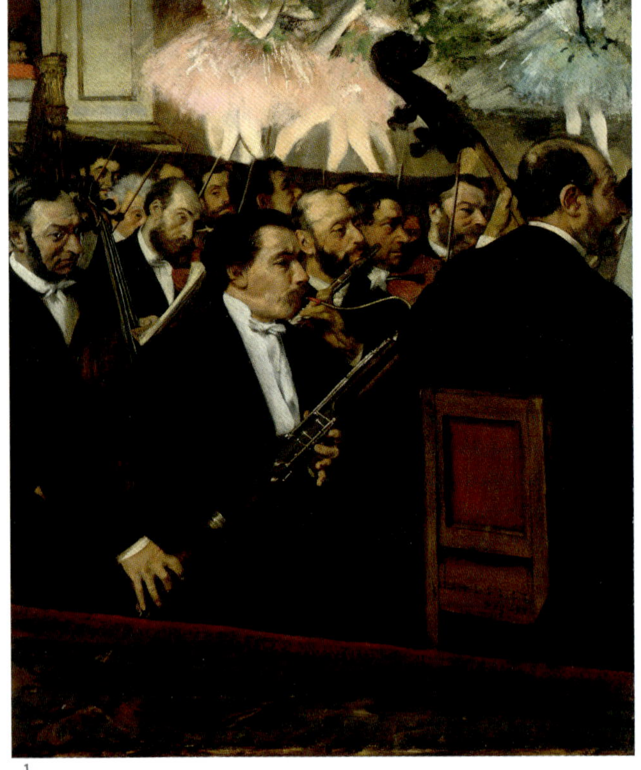

صورة شخصية نمطية ومألوفة

قام إدغار ديغا (1834-1917) بطمس الحدود الفاصلة بين الأنواع الفنية، وذلك برسم صورة شخصية لصديق له في مشهد يضم العديد من الشخصيات. وأنشأ عازف على آلة الزمخر واقفا ومحاطا بمجموعة من الموسيقيين ومرسوما بشكل جزئي في المكان المخصّص للفرقة الموسيقية. يعكس هذا الاختيار رغبة ديغا في "رسم صور شخصية لأشخاص في مواقف مألوفة ونموذجية وفي إعطاء وجوههم نفس سمات التعبير التي يعطيها لأجسادهم". وبهذا تتألّف الصورة من ثلاثة مستويات: مستوى حفرة الأوركسترا، ومستوى الأوركسترا، ومستوى المنظر، في سلسلة من المستويات المتجاورة التي تذكّرنا بالمطبوعات اليابانية. ويعدّ المشهد المضيء هنا ثانويا. حيث يعكس ديغا وجهة الرؤية بإلقاء الضوء على الجزء المتبقّي في الظل. أمّا الراقصات اللواتي يظهرن بالكاد هنا، فإنهن سيأخذن لاحقا مكانا بارزا في عمله.

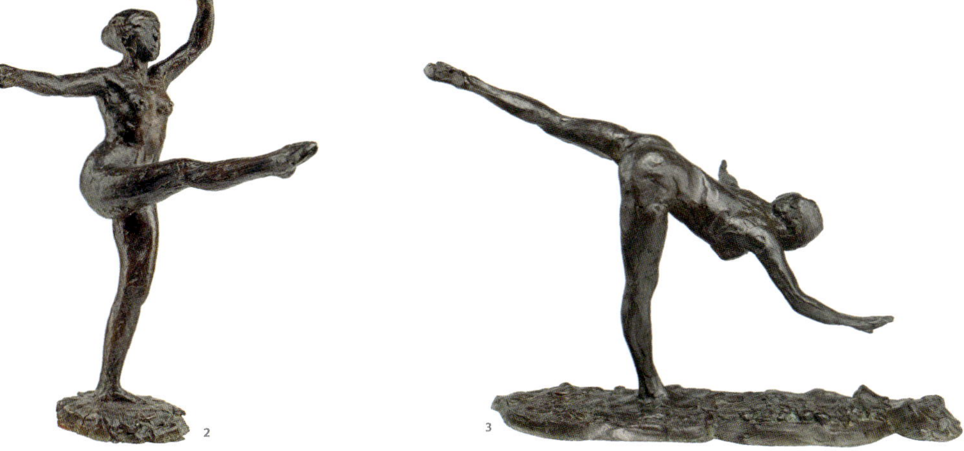

الحركة المعلّقة

عُثر بعد وفاة إدغار ديغا عام 1917 على مائة وخمسين تمثالا، ستصنع لاحقا في قوالب من البرونز. وتشهد تلك التماثيل على استكشافه الدائم لحركة جسم الإنسان وأيضًا من خلال دراسة الخيول التي كُشف النقاب عن حركة الخبب لديها باستخدام التصوير المتسلسل زمنيًا الذي ابتكره إدوارد مويبريدج عام 1878. ونظرا لأنّ الرقص قد استحوذ على إدغار ديغا طوال حياته، وانشغل كذلك براقصات الباليه في دار الأوبرا في باريس، فقد استغلّ في تماثيله نفس دقة الملاحظة ونفس الدقة الواقعية الموجودة في لوحاته الطباشيرية والزيتية. وقد ظهر سعيه الذي لا حدّ له وراء الحركة الصحيحة والتوازن التامّ بوضوح أكبر في هذا العمل المتأخّر الذي أنجزه عندما كان قد بدأ أيفقد بصره.

مسألة عائلية

غالبا ما تتكرر تصاميم المشاهد الداخلية بشخصياتها المنغلقة وأشيائها الغامضة في أعمال الرسّام السويسري فالوتون (1925-1865). ففي لعبة البوكر هذه، تشغل المنضدة الحمراء الكبيرة المقطوعة في وسطها المستوى الأول من المشهد، وهي توجّه نظر المشاهد إلى الخلفية التي يوجد فيها أربعة أشخاص يلعبون الورق وكأنهم معزولون عن العالم. وقد كان يشرف على هذه الجلسة المغلقة كل من زوجة الفنّان - غابرييل بيرنهايم - وأصهاره تجار اللوحات الذين لم يكن الفنان يقدّرهم. يشير فالوتون إلى غيابه الخاص عن اللعبة من خلال الكرسي الفارغ المستبعد على يسار المنضدة. وتحت ضوء المصباح الضخم في الوسط، يعرض الفنّان هنا سوء الفهم الناتج عن زواج محكوم بالمصلحة والمال.

.1

أوركسترا الأوبرا
إدغار ديغا
فرنسا، باريس
نحو 1870
إ. 56.5، ع. 45 سم؛
ألوان زيتية على قماش
متحف أورسيه

.2

راقصة، الوضعية الرابعة على الساق اليسرى، الدراسة الثالثة
إدغار ديغا
فرنسا، باريس
1931-1921 (القالب)
إ. 57.4 سم؛ برونز
متحف أورسيه

.3

راقصة، وضعية أرابيسك على الساق اليمنى مع توجيه الذراع اليمنى نحو الأرض
إدغار ديغا
فرنسا، باريس
1931-1921 (القالب)
إ. 28.2 سم؛ برونز
متحف أورسيه

.4

لعبة البوكر
فليكس فالوتون
فرنسا
1902
إ. 52.5، ع. 67.4 سم؛
ألوان زيتية على ورق مقوى
متحف أورسيه

تحفة فنية:
"لعبة البيزيغ"

كان غوستاف كاييبوت (1894-1848) عضوا ناشطا في الحركة الانطباعية وأحد المشاركين في معارضها الفنية. وكان أيضا يهوى جمع الأعمال الفنية الخاصة بأصدقائه. وقد كان له الفضل في دخول عدد من هذه الأعمال الفنّية ضمن المجموعات الفنية الحكومية في فرنسا. وكان موضوع لاعبي الورق من الموضوعات الشائعة التي عالجها في لوحاته الفلمنكية، بوصفها مشاهد تمثّل هذا النوع الفني. وقد أضفى كاييبوت على هذه اللوحة الطابعَ الأثري للرسم التاريخي عامدا إلى إرسائها ضمن حداثة عصره. عُرضت لوحة "لعبة البيزيغ" للمرّة الأولى في معرض الفنّ الانطباعي السابع عام 1882 وظهرت أوّلاً في كتالوج اللوحات الفنية.

رسم غوستاف كاييبوت في بقية لوحاته التي تتناول أنواع الترفيه، مثل رياضة التجديف التي كان يمارسها بنفسه، أصدقاءه في مشهد داخلي تدور أحداثه في الشقّة المريحة التي يسكنها مع أخيه في شارع هوسمان، إذ يظهر أخوه - المؤلف الموسيقي مارتيالكاييبوت - على يمين الصورة وهو يدخن الغليون، ويلعب لعبة البيزيغ - وهي

لعبة تتفرّع عن لعبة البيلوت المشهورة - مع ثلاثة من أصدقائه الجالسين معه حول المنضدة، في حين يظهر شخص رابع في الصورة واقفا بالقرب منهم.

يبدو اللاعبون الذين يظهرون في هيئات طبيعية وهم منهمكون في اللعب غير مدركين للرسّام الذي يراقبهم عن كثب. وتعمل الزاوية المستخدمة في هذه الصورة على إقحام المشاهد مباشرة في حميمية هذا اللقاء بين الأصدقاء تماشيا مع اعتماد تطبيق كاييبوت الخاصّة ووجهات الرؤية غير المتوقّعة. فقد كان كاييبوت هو من ابتكر رسم المناظر من الزاوية العليا.

اقترب كاييبوت تحت تأثير التصوير الضوئي - الذي كان يمارسه أخوه مرسيال ويتخذه هواية - من تيّار الواقعية الذي لقي آنذاك رواجًا في الولايات المتحدة. وأصبح أوّل فنّان فرنسي تُعرض رسومه بانتظام في الولايات المتحدة التي نشر فيها تيّار الواقعية ثمّ لحق به فيما بعد إدوارد هوبر في القرن العشرين.

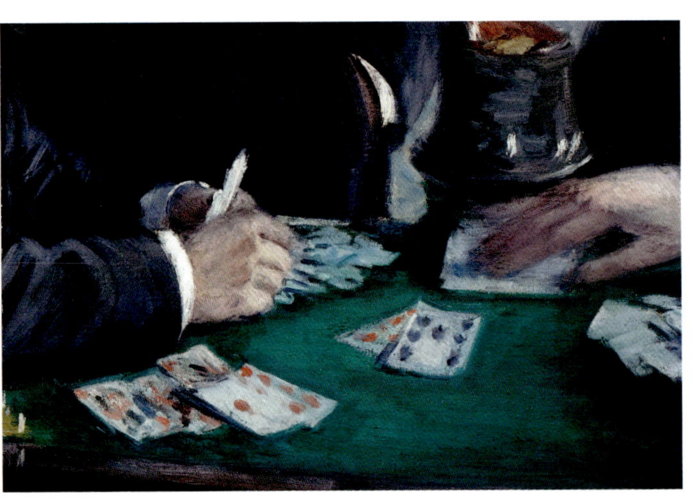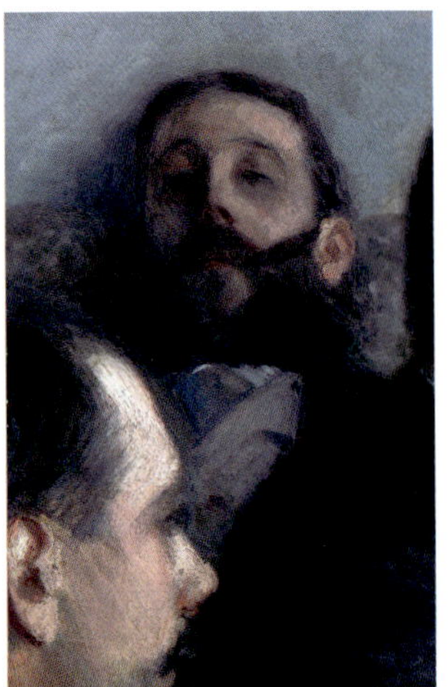

يظهر في الخلفية بطل سادس جالسا على أريكة، يلفت نظر المشاهد، ويأخذ شكل مهموم وعاطل، وتعلو وجهه مسحة من الحزن. وقد ولّد هذا التأمل الصامت نوعا من المناخ الغامض الذي يدعو المشاهد إلى الدخول في المشهد ومشاركة حالة الكآبة. وهو ما يعدّ موقفا ذهنيا لعملية استبطان نفسي، وتعبيرا عن الانزعاج من العالم الحديث الذي كان خاصّة محل وصف في أدب تلك الفترة.

لعبة الورق "البيزيغ"
غوستاف كايبوت
فرنسا، باريس
1880
إ. 125.3، ع. 165.6 سم؛
ألوان زيتية على قماش
اللوفر أبوظبي

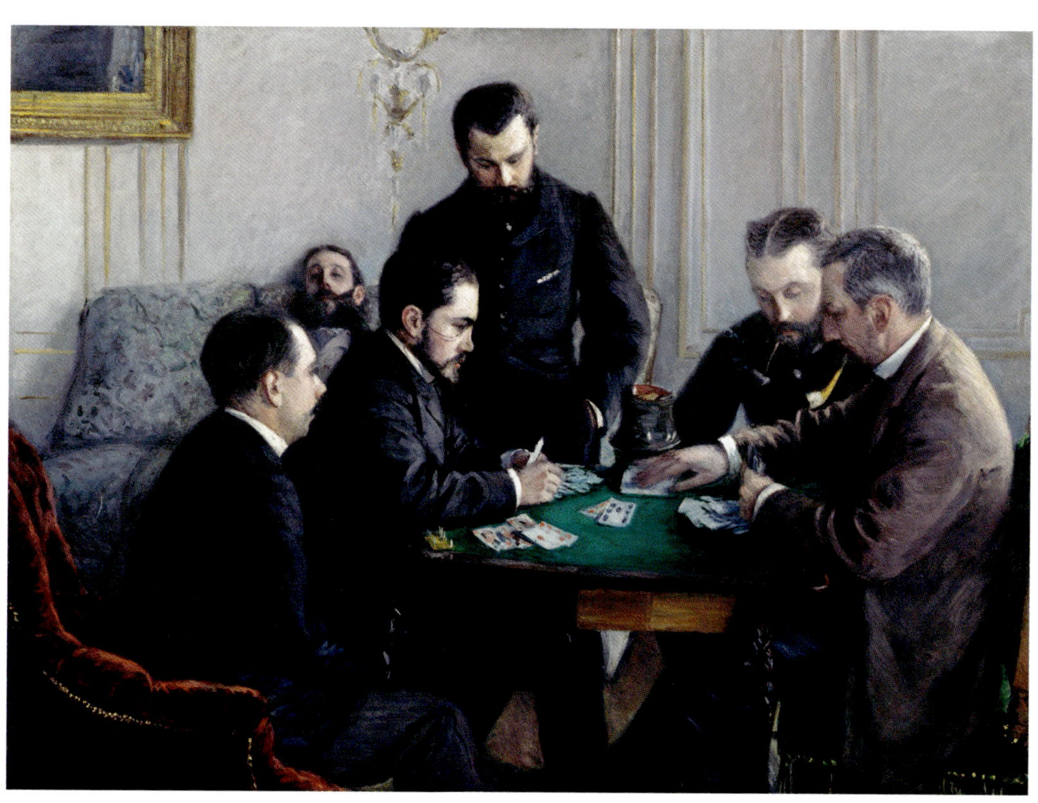

وبخلاف أصدقائه الانطباعيين، لم يكن كاييبوت يمارس الرسم بنظام المناظر المجزّأة، ولا يستخدم الألوان الزاهية في لوحاته، بل كان يحافظ على بنية متماسكة في لوحاته. ويذكرنا التركيز الصامت للشخصيات وطريقتها في المسك بالورق بلوحة بول سيزان المسماة بـ "لاعبو الورق" (1890-1895) التي استوحاها بدوره من لوحة "لاعبو الورق" (1635) للأخوين لونَين.

احتل فنّ الصورة الشخصية مكانة مهمّة لدى الرسّامين الأكاديميين الذين كانوا يُصنّفونه في مقدّمة الأعمال الفنية بعد الرسم التاريخي مباشرة. فعلى مدار القرن التاسع عشر، استُخدم هذا الفنّ في زخرفة الأماكن الداخلية لدى الطبقات المتوسّطة الجديدة وتحوّل إلى تقليد مألوف في المعارض الرسمية. وفي الوقت ذاته، قام أنصار أسلوب جديد في الرسم بتحريره من الأعراف السائدة. ففي مجتمع آخذ في التغيّر التام وفي مواجهة تفشّي الصورة المصوّرة ضوئيا، أصبح فنّ الصورة الشخصية عند الفنّانين موضوع العصر بامتياز.

فنّ الصورة الشخصية بوصفه نوعًا فنيًّا حديثًا

اعتُبرت فرنسا - وخاصة باريس -القلب النابض للفنّ في القرن التاسع عشر. وقد توافد عليها الفنانون من مختلف أنحاء العالم لحضور الدورات والانغماس في بيئتها الفنية المفعمة بالحيوية. ومن أمثال هؤلاء جيمس ويستلر الرسام الأمريكي الذي قدم للدراسة في باريس ثم عمل بعدها في لندن، والذي يجسّد شخصية جديدة للفنّان، وهي شخصية الفنان المتألّق العالمي. وتهدف لوحات الصور الشخصية التي أنجزها إلى أن تكون محلاً لتجربة جمالية خالصة. وتعكس الصورة الشخصية التي رسمها لوالدته هذا البحث الجمالي المبتكر والمستوحى من المطبوعات اليابانية المشبعة بقدر كبير من الإحساس.

كان إدوارد مانيه إلى جانب إدغار ديغا أحد رواد تجديد فنّ الصورة الشخصية في فرنسا في القرن التاسع عشر. ونظرا لإعجابه بالرسم الإسباني، فقد اكتشف عام 1865 لوحة "بابلو دي بلد الوليد" (1636-1637) للفنان دييغو فيلاثكيث في متحف ديل برادو، وهي تصور على خلفية باهتة ممثّل ومهرج البلاط الملكي في عصر فيليب الرابع وكأنه يرتفع فوق سطح الأرض على طريقة القديسين. يقول مانيه

معلّقا باندهاش على اللوحة: "تختفي الخلفية ويحيط الهواء بالرجل. أمّا ملابسه فقد كانت سوداء تمامًا ومفعمة بالحياة ". وقد استوحى لوحة "عازف الناي"، التي رسمها في العام التالي من هذه اللوحة. فكانت أثرا فنيا يجسّد الرسم الحديث أي فنّ العصر.

ولئن كانت اللوحة الحديثة نتاج ضربات الفرشاة والتركيب، فإنّها لا تقصي بالضرورة البعد النفسي. فقد أبرز فنّ الصورة الشخصية الأدبي - الذي مارسه فيكتور هوغو وإميل زولا وأونوريه دي بلزاك - البعد الذاتي الخاصّ بالشخصيات. وعلى غرار ما قام به الأدباء، تكشف لوحة "البوهيمي" التي رسمها إدوارد مانيه من خلال تعابير الوجه والملبس عن شخصيته. إلا أنّ هذه اللوحة تعبّر أيضا منذ القرن التاسع عشرعن حالة الفنّانين الفقراء الذين يعيشون على هامش المجتمع ويتمتّعون بحياة الحرّية والترحال.

يجسّد فينسنت فان غوخ- أكثر من أي فنّان آخر - حرية الفنّان وهامشيته في المجتمع على حدّ سواء. فقد قاسم البؤساء معاناتهم، وعاش حياة الترحال سعيًا وراء تحقيق طموحاته الفنية، ودفع في نهاية المطاف حياته ثمنًا لتعلقه بفنّ الرسم.

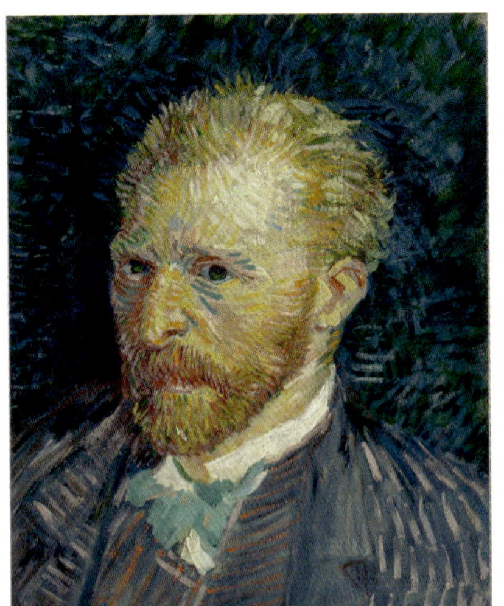

1

فينسنت

تعدّ الصورة الشخصية الذاتية إحدى أهمّ الأنواع الفنية التي أظهر من خلالها فينسنت فان غوخ (1853-1890) موهبته، مقلدا في ذلك الرسام الهولندي رامبرانت من قبله. وقد استطاع من خلال الثلاث والأربعين صورة ذاتية التي رسم معظمها فيما بين 1886 و1887 في حي مونمارتر أن يكتشف تقنيات تصويرية جديدة. تحمل هذه اللوحة - التي تعلن عن التيّار التعبيري - بعدا رمزيا ونفسيا وميتافيزيقيا تقريبا. تتوّج الشخصية في الصورة بالشعر الملتهب الدالّ على العبقرية ومعاناة المحنة. ولئن جسّد فينسنت (الذي يكتفي في توقيع لوحاته بهذا الاسم دون اللقب) شخصية الفنّان المنبوذ والمهمّش في حياته، فإنّه قد عرف بكونه أحد أشهر الفنانين على مرّ العصور.

288

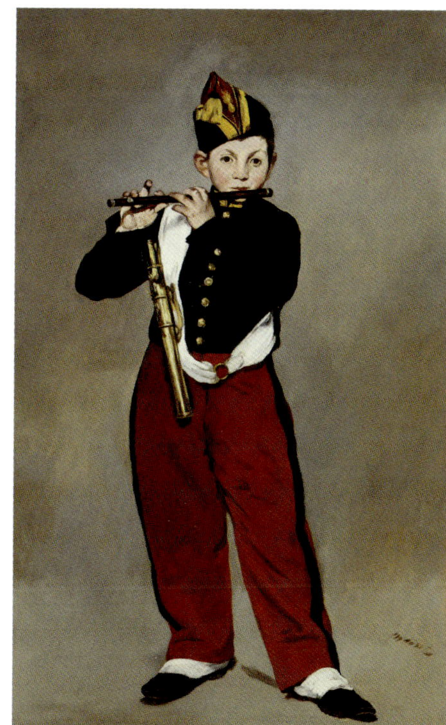

2

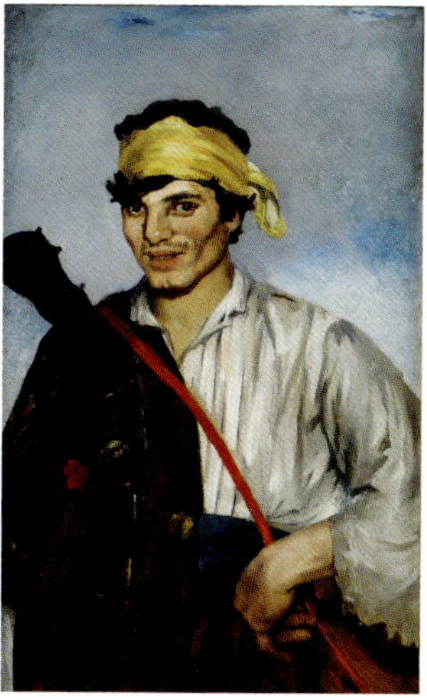

3

أمير البوهيمية

يذكّرنا مظهر هذا الشابّ بقبضته المطوية بلوحات عصر النهضة، ويُضفي على اللوحة شيئا من النبل. فقد بدأ مانيه تصويره للشاب وسط عائلة (الغجر)، وذلك قبل أن يفصله للتركيز على جوهر الشخصية: شابّ بوهيمي مفعم بالحياة وصارم كما لو أنّه يتحدّ بالمشاهد. وتطغى ملابسه البالية بألوانها الزرقاء والبيضاء والحمراء والصفراء على اللون الأزرق السماوي بطريقة صارخة، كما أبرز ذلك بعض الصحفيين الذين أصابتهم الصدمة نتيجة هذه الجرأة عام 1863. كانت هذه الشخصية، شخصية الحرّ والفقير والسيد، على شاكلة الفنّانين الذين يجسّدون بوهيمية حيّ مونمارتر بباريس.

قليل من البهجة حول طفل

رُسم هذا الطفل بزيه المميز - الذي يجعله يبدو أشبه بشخصية مهمة- على خلفية رمادية فاتحة أُحادية اللون تقريبا، ودون منظور محدّد. ولئن تمكّن الفنان من رسم أبعاد أعضاء الجسد بدقة، فإنّ التأثير العام للوحة يتضّح من خلال البساطة الشديدة. ونظرا لأن مانيه (1883-1832) كان عضوا مؤسّسا لجمعية رسامي النقش عام 1862، فقد أظهر هنا شكلا جماليا قريبا من شكل الصورة المطبوعة، وكأن الأمر يتعلق هنا بالمطبوعات اليابانية بإطاراتها السوداء أو بصور مطبعة إبنال الشعبية البسيطة.

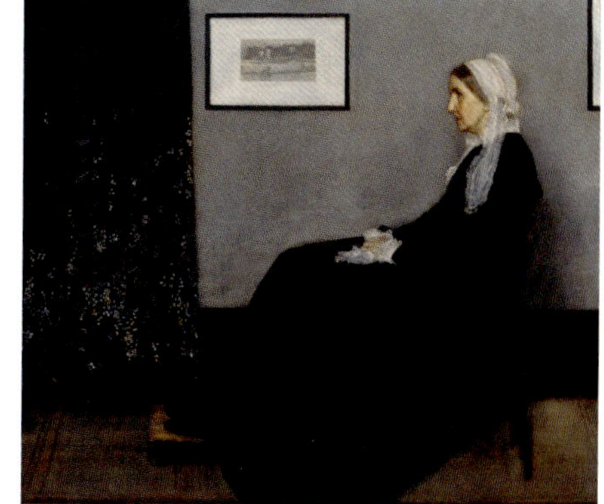

4

أم كما يراها ابنها

رسم جيمس ويستلر (1903-1834) والدته في منزله الذي أقامت به بعد وفاة زوجها في لندن. وقد اتخذت أنَا ويستلر في البداية هيئة الواقف قبل أن تتخذ هذه الهيئة التي تجلس فيها ببساطة ومهابة. وتنبع من هذه الملامح الذابلة بفعل السنين القوة والرقّة اللتان يعتلجان في الباطن الداخلي. فقد جمع الفنّان في هذه اللوحة بين الواقعية والأسلوب الأنيق الذي استمدّه من المطبوعات اليابانية. ويشهد هذا التنسيق - المتحرّر من كل العناصر السردية- على الأهمية البالغة التي يوليها ويستلر للتناغم الخفي بين الألوان وتوازن التركيب. فمن خلال تقشفها واستخدامها اللونين الرمادي والأسود، تذكرنا هذه اللوحة بفنّ النقش، وهو ما تؤكّده صورة نهر التايمز المعلقة على الحائط في الخلفية.

289

تعبّر سلسلة المعارض العالمية الكبرى، التي عُقد أولها في إنجلترا عام 1851، عن التنافس بين لندن وباريس، العاصمتين المهيمنتين في القرن التاسع عشر، قبل أن تنضمّ إليهما دول أخرى من أوروبا وأمريكا ونصف الكرة الجنوبي. فقد أتاحت لكلّ الدول فرصة عرض أحدث ابتكاراتها التقنية وأيضا استعراض قوتها، بما في ذلك قوتها الاستعمارية. توافدت الجماهير بأعداد كبيرة على هذه "المعارض العالمية" لاكتشاف آخر ابتكارات العالم الحديث، وكذلك ثقافات وحضارات الدول الأخرى وغيرها من مناطق العالم.

المعارض العالمية

نُظِّم أول "معرض عالمي" في لندن عام 1851 بهدف "تعزيز السلام والأخوّة والتضامن بين شعوب العالم" سبقتهم مجموعة من المعارض الخاصة بالمنتجات الزراعية والصناعية. واشتمل هذا المعرض على أربعة أقسام هي: المواد الخام، والآلات، والسلع المصنّعة، والأعمال الفنية. ومنذ ذلك الحين ارتبطت المعارض العالمية بمنطق المنافسة والمضاهاة بين الدول: في نيويورك (1853) وباريس (1855، 1867، 1878، 1889، 1900، 1937) ولندن (1862) وفيينا (1873) وفيلادلفيا (1876) وملبورن (1880) وبرشلونة (1888) وشيكاغو (1893، 1933) وأنتويرب (1894) وبروكسل (1897، 1935) وسانت لويس (1904) وليبج (1905) وميلانو (1906) ونانسي (1909) وشارلروا (1911) وغنت (1913) وسان فرانسيسكو (1915).

تهدف هذه المعارض - التي تفتح أبوابها للبلدان المدعوة - في المقام الأوّل إلى الترويج للمنتجات الصناعية وتعزيز التجارة. وقد عُرضت فيها المنتجات التقنية الحديثة مثل التصوير السينمائي عام 1900. وهي إلى ذلك تلعب دورا سياسيا وفكريا وفنّيا وثقافيا بين الدول والقارات، لا

سيما من خلال الفنون الزخرفية. فقد عرض فنّانو الزخرفة وأصحاب الحرف خبراتهم وتلقّوا نتيجة لذلك عروضا مربحة. وانفتحت هذه المعارض بدءا من "المعرض العالمي" في باريس عام 1855 على مجال الفنون الجميلة، مما سمح بالالتقاء بين "المدارس الوطنية" المختلفة. فقد كان للدول المدعوة مكان في الجناح المركزي لكل معرض، وأُتيحت لها الفرصة منذ عام 1867 لإقامة الأجنحة الخاصة بها. وكان لاكتشاف هذه المنتجات القادمة من أماكن أخرى - مثل الفنون اليابانية التي عُرضت في لندن عام 1862، وفنون أفريقيا وأستراليا المعروضة في باريس عامي 1878 و1889 - تأثيرها على الجمهور بكل فئاته المختلفة، وكان لها أيضا تأثيرها على الفنانين. وفي عام 1867، شيّدت مصر معبد حتور في ساحة المريخ في باريس لاستعراض عراقتها التاريخية وإبراز مدى ثراء ثقافتها. وهكذا تميزت "المعارض العالمية" من جهة بالثقة المطلقة في تقدّم العلوم والصناعة، ومن جهة أخرى بالبحث عن الهوية سواء تعلق ذلك بالدول المنظمة أو الدول المدعوة، من خلال العودة إلى الأصول التاريخية.

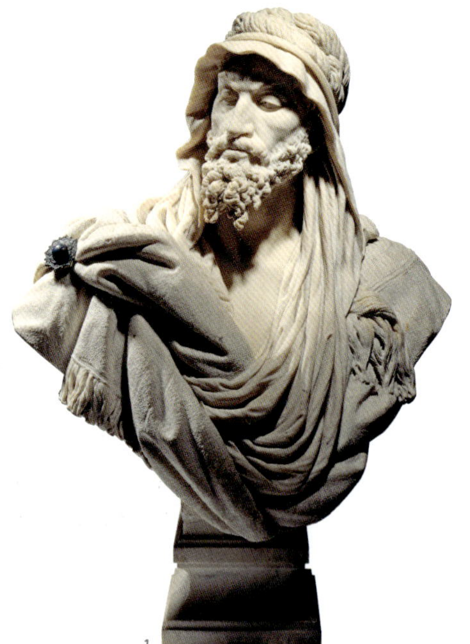

"الشرق، هناك سأصنع أشياء عظيمة!"

يرجع اسم مارسيلّو في الواقع إلى أديل أفري، دوقة كاستيّلي ونكولونّا (1836-1879)، التي اتخذّت عام 1863 اسما ذكوريا مستعارا كي تستطيع المشاركة في معرض "الصالون" في باريس. فقد قامت بصنع تمثال "الزعيم الحبشي" الذي أطلق عليه "الشيخ العربي" أو "الزعيم البدوي"، أثناء إقامتها في إيطاليا. ونظرا لأنها لم تستطع التواصل مع أصدقائها في طنجة، قامت برسم صورة لعربي التقته في الشارع، فرأت فيه العزة وقوة الشخصية. وقد نال هذا التمثال ميدالية بعد عرضه في المعرض العالمي في فيينا عام 1873 مع أربعة تماثيل نصفية أخرى.

تأثير ياباني، تقنيات متقدّمة

تعدّ دار كريستوفل التي تأسّست عام 1845 مؤسّسة صناعية فنّية تستخدم التقنيات الأكثر ابتكارا في الطلاء بالفضّة والذهب عبر التحليل الكهربائي. كما تحث الفنانين المبدعين على صنع الإبداعات الفنية الخارقة. وقد قدّمت في "المعرض الدولي" لعام 1880 هذا الزوج الرائع من المزهريات التي رسمها إميل ريبير (1826-1893). وتثبت تقنية البرونز المتعدّد الألوان تميّز دار كريستوفل في هذا المجال. تأثّر ريبير بالفنّ الياباني في زخرفة المقابض والقواعد بأغصان شجر التفّاح. أمّا الشخصيات النسائية المرافقة للحيوانات - طائر وحيوان خيالي -، فتذكّر بملكات الأُسر الصينية القديمة التي تظهر في ألبوم من ألبومات هوكوساي.

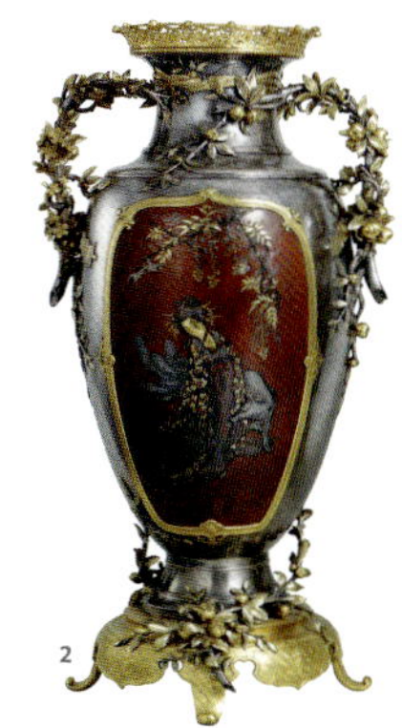
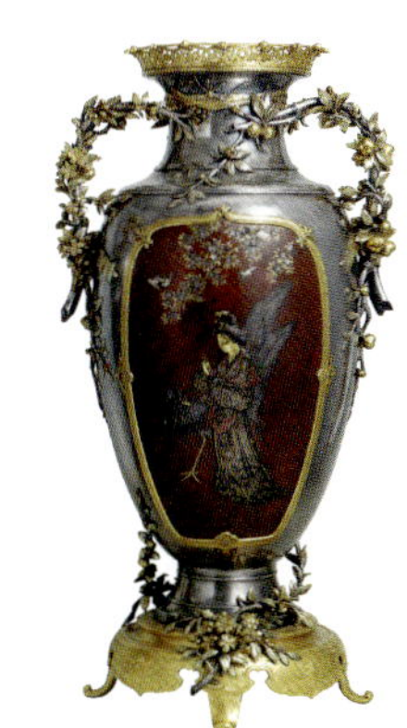

زعيم القبيلة الحبشي **أديلي دافري، المعروفة باسم مارتشيلّو**

إيطاليا

نحو 1870

إ. 106 سم؛ رخام، برونز، لازورد

متحف أورسيه

مزهريتان على الطراز الياباني **إ. أ. راير، كريستوفل وشركاه**

فرنسا، باريس وسانت دينيس

نحو 1880

إ. 97 سم؛ برونز، نحاس، زخرفة ملونة

اللوفر أبوظبي

مزهرية برسوم أسماك **تسوكادا شوكيو**

اليابان

1910

إ. 24.7 سم؛ فضة وترصيعات معدنية، خشب

اللوفر أبوظبي

مقعد على الطراز المصري يُسمى مقعد طيبة **ليبرتي وشركاه**

المملكة المتحدة، هاي ويكومب (؟)

بعد 1884

إ. 36.2 سم؛ خشب، جلد

اللوفر أبوظبي

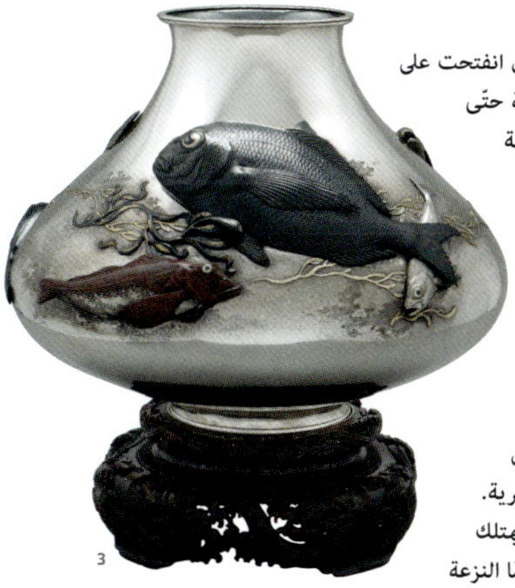

تحفة فنّية من فترة مييجي

حرصت الحكومة اليابانية الجديدة في فترة ميجي(1868-1912) بعد أن انفتحت على العالم الخارجي منذ فترة قصيرة، على الاستفادة من حداثة الأمم الغربية حتّى تتمكّن من تطوير البلاد بطريقة سريعة. فقد شاركت في المعارض الدولية والعالمية، وعرضت وباعت فيها بعض القطع التي لاقت رواجًا كبيرًا. ظهر هذا الإناء في المعرض الإنجليزي الياباني في لندن عام 1910، والذي كان يضم مجموعة من العارضين اليابانيين. وقد حصل مبدعه تسوكادا شوكيو على ميدالية ذهبية. ثمّ حصل بعد ذلك هذا الفنان الذي يحتلّ الصفّ الأوّل في مجال المعادن على لقب فنّان البيت الإمبراطوري عام 1913.

صُمم هذا الإناء بمهارة بالغة على شكل قفّة تقليدية لصيّاد سمك. وزُخرِف ببعض الأسماك المصنوعة من الفضّة ومن الذهب ومن النحاس المرصع بمزيج من الذهب المنقوش الذي ضاعف من ثراء المؤثّرات البصرية. وعلى الرغم من اعتماد طراز ميجي على زخارف جمالية مختلفة، فإنّه يمتلك جذورا متأصّلة في المواضيع التقليدية الآسيوية وفي أشكالها وتقنياتها. أمّا النزعة الطبيعية الواضحة هنا في تجسيد العالم الحيواني، فإنّها وإن لم تكن غريبة تمامًا عن التراث الآسيوي، فإنّها تعكس هنا تأثّرا جليا بالواقعية الغربية.

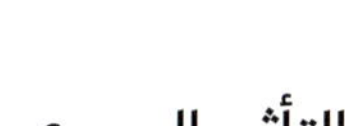

التأثير المصري

صمم ليونارد ويبور، مدير ورشة الأثاث والديكور بشركة ليبرتي، هذا المقعد دون ظهر عام 1919. وقامت بتصنيعه مؤسسة ويليم بيرش الصناعية. وقد سوّقته شركة ليبرتي آند كو إلى حدود عام 1919. استوحى هذا المقعد مباشرة من مقعد يعود إلى الأسرة الثامنة عشرة لأمنحوتب الثالث (من 1400 حتى 1350 قبل الميلاد). وقد اقتناه المتحف البريطاني عام 1835 ضمن مبيعات مجموعة هنري سولت، وهو دبلوماسي في القاهرة كان يشرف على عمليات التنقيب في طيبة وأبو سمبل. يعكس هذا المقعد سحر مصر منذ حملات نابليون، وهو ما تأكّد عام 1854 عبر إنشاء بلاط مصري داخل قصر الكريستال الذي نُقل إلى سيدينهام هيل.

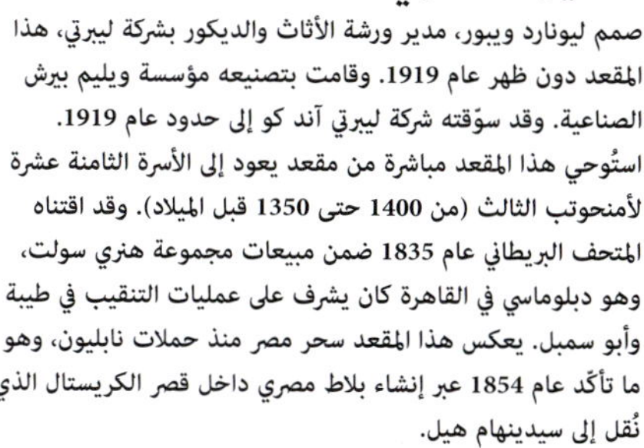

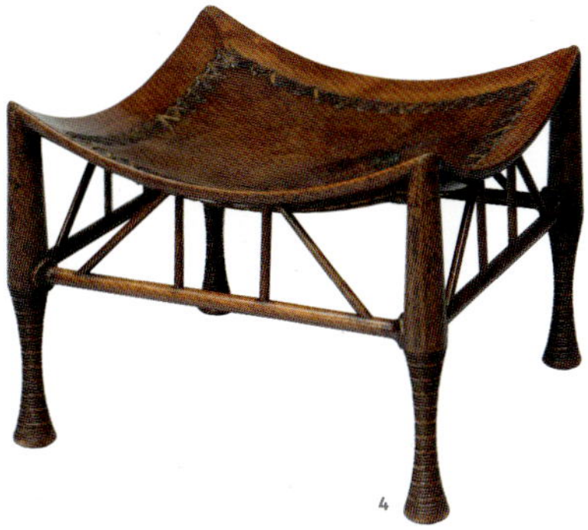

شرعت أوروبا في استخدام مصطلح الاستشراق خلال القرنين الثامن عشر والتاسع عشر لوصف مدى الافتتان بالشرق في مجالي الفنون والأدب. فقد جسّدت لوحات بعض الرسّامين مثل ديكامب وديلاكر واوكاسيري حلم البلاد البعيدة وأضوائها الباهرة بعدما أتاحت وسائل النقل الحديثة الذهاب إليها. كما غذّت هذه اللوحات الوهم بوجود عالم غريب لم يبلغه التطوّر الحديث. ولئن كان الاستشراق يعكس تصوّر الخيال الأوروبي للشرق بوصفه عالماً غريبًا عن المبادئ الأخلاقية والقيم الغربية، فإنه قد نهل كذلك من ثمرات الالتقاء الحقيقي بين العالمين، وولّد تأثيرات متبادلة بينهما.

الاستشراق الحديث

تُعدّ نظرة أوروبا نحو الآخر "الشرقي" نظرة قديمة تأسّست في البداية من خلال دراسات الكتاب المقدس، إذ مثل أبطال الإنجيل الذين كانوا يعيشون في فلسطين - وملابسهم، وأخلاقهم، وأماكن بلدانهم - جزءاً من المخيال المسيحي. كما تعود بعض القطع القيّمة وبعض المنسوجات إلى كنوز الكنائس في العصور الوسطى. وفيما بعد، وصلت بعض "الصناعات التركية" من سجّاد ومنمنمات إلى أوروبا في عصر التجارة مع البندقية ثمّ مع هولندا. إلّا أنّ الاستشراق بالمعنى الحديث للكلمة بدأ مع حملة بونابرت على مصر - التي مثّلت بداية مرحلة الاستعمار الأوروبي للشرق. إذ لم يعد الأمر مجرّد تداول واستيعاب سلبي للسلع المصنّعة والأنماط والتقنيات. فبفضل الرسّامين والشعراء والأدباء الرحّالة غذّت المشاهد والأنوار والمعالم الأثرية في بلدان الجنوب موضوعات العالم الغريب وموصوفاته، لا سيما منها سحر الدولة العثمانية القديمة. وبينما كان بعض الرسّامين يعملون على إبراز الشخصيات "الشرقية" لإثراء ألوانهم وتطوير موضوعاتهم

حول أخلاق ما قبل الحداثة، قام المزخرفون والنخّاتون بتجديد أعمالهم عن طريق ثراء المواد والحِرَف الإسلامية. وقد عُثر على هذه الإبداعات في "المعارض العالمية" منذ منتصف القرن التاسع عشر. وعلى الرغم من المسافة الثقافية والأخلاقية التي طرحتها حركة الاستشراق، فإنّها سرعان ما أصبحت رهينة الطموحات الاستعمارية للقوى الأوروبية الكبرى وللقوميين العرب الجدد بعد ذلك. وبعد أن كان أفق هذه الحركة مقصورا على الأحلام في زمن آخر، فإنه يعود الفضل للاستشراق بفضل بايرون في "الجاوور" وغوته في "الديوان" وهوغو في "الشرقيات" في طرح السؤال حول الآخر المتمثّل في العالم الإسلامي، والتساؤل أيضا عن طبيعة الهوية الأوروبية ذاتها. وقد كان للرسّامين المستشرقين تأثير بالغ في موضوع دراساتهم من خلال استقبال طلاب من الأمم المستعمَرة أو من الدولة العثمانية مثل عثمان حمدي باي، الذين قاموا لاحقا بتأسيس مدارس قومية مرموقة.

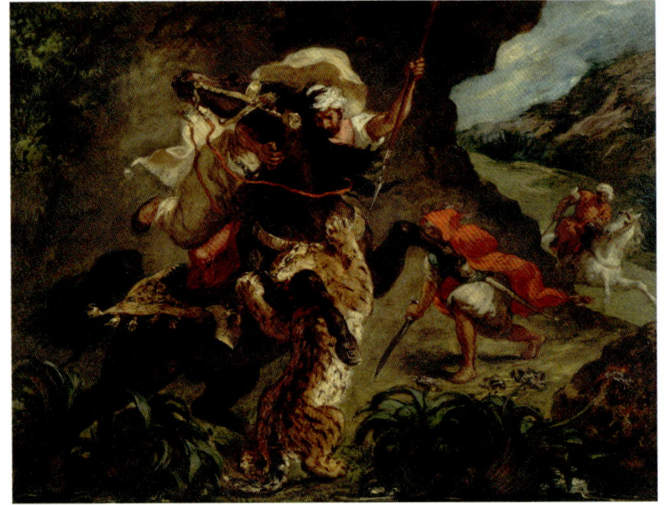

الشرق الرومانسي

تجلّى الحماس الرومانسي عند ديلاكروا (1798-1863) من خلال التجسيد المبالغ فيه لمشهد الصيد، إذ يمتزج فيه الحدث العنيف والدفاع البطولي في آن واحد. فقد اختلطت أجساد النمر والحصان الثائر والفارس الصادّ للهجوم في دوّامة من ثلاثة ألوان أوّلية: الأزرق، والأحمر، والأصفر، حيث هيمنت الألوان الحارة. فضربة الفرشاة العصبية والسريعة - التي يشعر بها المرء في حركة يد الفنّان - تعكس حدّة المشهد وحماس الرسّام.

1

الشرق المقنّع

إلى جانب المصوّرين الرحّالة، ظهر هؤلاء الفنّانون الذين قاموا بابتداع شرق جديد في ورشاتهم، أمثال روجر فنتون (1819-1869)، إذ عرف عنه هذا التلميذ للرسام الفرنسي ديلاروش، والذي ورث عنه الخيال والرصيد التقني الجادّ (الميل إلى التفاصيل والدقّة في الوصف)، بتغطيته حرب القرم بصفته مصوّرا فتوغرافيا. إلا أن الشرق الأوسط ظل مجهولا لديه. وفي عام 1858 قام بعرض أولى "لوحاته الحية" في لندن، وكان هو نفسه أحد أبطالها. وبقطع النظر عن الغموض المؤسس لهذه اللوحات والقائم على المراوحة بين المسرح والرسم، فإنّ هذه الصور الضوئية "الرصينة جدّا" تعرض حدثا مألوفا في لقطة شرقية وهمية شأن ما نجده في هذه الصورة الماثلة أمامنا.

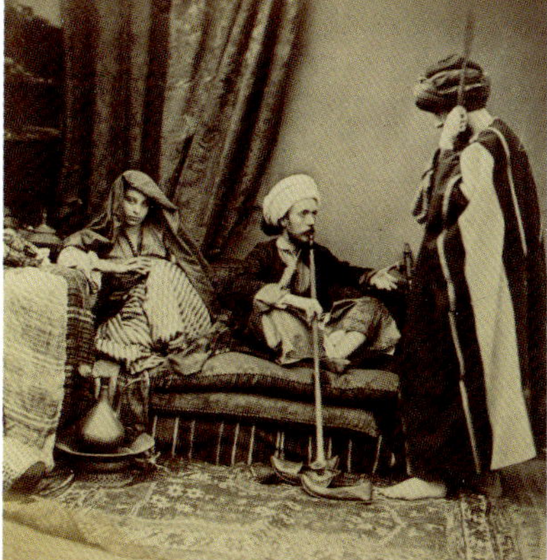

2

.1
صيد النمور
أوجين ديلاكروا
فرنسا
1854
إ. 73.5، ع. 92.5 سم؛
ألوان زيتية
على قماش
متحف أورسيه

.2
الباشا والبدو
روجر فنتون
المملكة المتحدة، لندن
1858
إ. 26.6، ع. 25 سم؛
طباعة بتقنية
زلال الفضة
اللوفر أبوظبي

حداثة جديدة

عندما بدأت الدولة العثمانية في الانهيار، انفتح العالم الإيراني على حداثة جديدة من خلال فنّ الصورة الضوئية. وقد اتسم ظهور هذا النوع من الفن في إيران بعد ثلاث سنوات من ابتكاره في فرنسا بأهمّية بالغة. إذ ارتبط بمملكة ناصر الدين شاه، الذي استهوته الفنون البصرية، وأصبح هو نفسه مصورا موهوبا. وقد استدعى إلى بلاطه المصور فرانسيس كارلهيان (1818-1870) الذي ساهم في انتشار هذا الوسيط لدى جمهور واسع.

3

.3
ألبوم صور فارسي
**فيكتور فرانسوا
برونيارت**
فرنسا
نحو 1860
إ. 27، ع. 33.5 سم؛
صورة وغواش
على ورق
المتحف الوطني للفنون
الآسيوية - غيميه

.4
أمير شاب أثناء
الدراسة
عثمان حمدي باي
تركيا، اسطنبول (؟)
1878
إ. 45.5، ع. 90 سم؛
ألوان زيتية
على قماش
اللوفر أبوظبي

4

حداثة معتدلة

لم يتوان عثمان حمدي بيك (1842-1910)، الذي ينحدر من النخبة العثمانية، عن التقريب بين المجالات الجغرافية والثقافية في كل من موطنه تركيا وأوروبا التي تدرّب فيها في مرسم غوستاف بولانجيه، والتي عرض فيها أعماله بنجاح. فبعد عودته من بعثات دبلوماسية وتراثية وفنّية، شارك بهمّة ونشاط في ظهور مدرسة إسطنبول. وقد تحدّث الكاتب الفرنسي إدموند آبو عن عثمان حمدي في عام 1884، فوصفه بأنّه "رجل ذو ذوق" و"خبير متنوّر" بكنوز مدينته. فكلّ لوحة من لوحاته تمثّل برهانا مهمًا على عنايته سواء بالموضوع الرئيسي أو الزخرفة الثرية التي تحيط بها وفق توازن يقترب جدّا من الصور الضوئية للمراسم التي كان يمارس فيها الرسم التركي. وقد استوحى لوحة "أمير شابّ أثناء الدراسة" من معلّميه في باريس مذكّرا عبر دقته الفائقة بالممارسة المتعاقبة عبر القرون للمنمنمات المغولية.

يعدّ الاعتراف بالعبقرية الإسلامية أحد الثمار غير المتوقعة لعلاقات التواصل الواسعة النطاق بين الأمم والثقافات التي ميّزت القرن التاسع عشر. فكما كتب هنري لافوا - أمين المكتبة الوطنية في باريس عام 1885: "لم تمض سوى ثلاثون عاما على بدء اهتمام جامعي التحف الفنية بالفنّ العربي". وممّا يذكر أيضا في هذا الموضوع ما حظي به الفنّ العثماني والفنّ الصفوي والفنّ المغولي من احترام في نفس تلك السنوات التي اتّسمت بالتوسّع الاستعماري للقوى الأوروبية. إلاّ أنّ الفضول المتزايد لدى الفنّانين والحمّى التي أصابت الهواة والوعي بالمتاحف ناهيك عن الاختلاط العالمي في المعارض الدولية الذي فرضت فيه تركيا نفسها خاصّة، كانت جميعها علامات واضحة على الولع المتزايد بالفنون الإسلامية.

الإشادة بالفنون الإسلامية

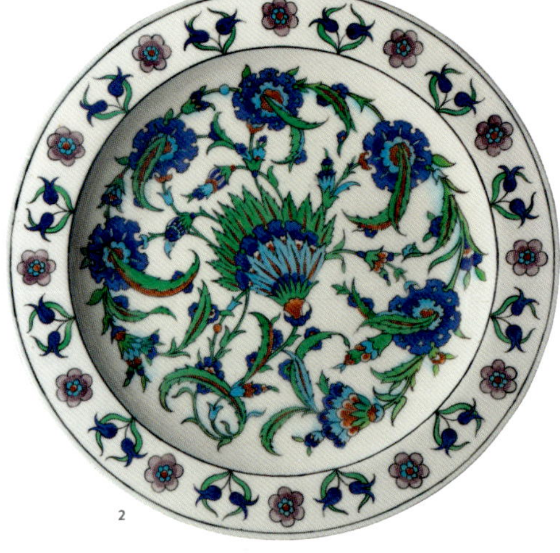

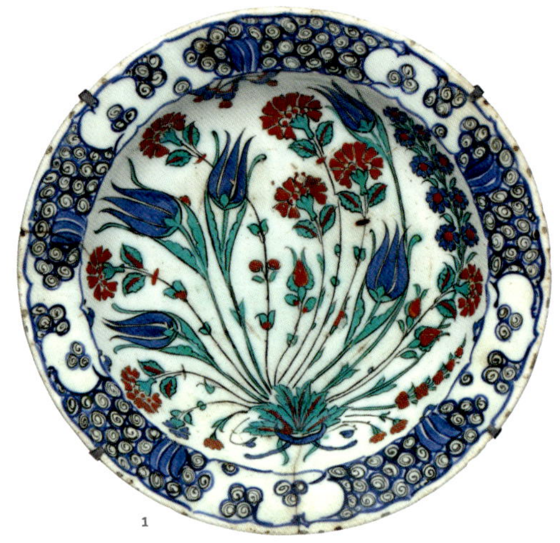

تيودور ديك ولونه الأزرق

اشتهر تيودور ديك في "المعرض الدولي" بباريس عام 1867 بألوانه الزرقاء التي استوحاها من الخزف التركي. فقد عمل جاهدا على إعادة تأويل السجّلات الإسلامية، تدفعه في ذلك رغبة ثابتة في الإشادة بالروح الكامنة فيها وفي تجديد شكلها. وبعد أن أصبح معلّم ألوان المينا المزجج وألوان تزجيج الخزف -التي درسها عن كثب- أخذ يرتقي في مراتب البراعة والإتقان. وهو ما يظهر في هذا الطبق الذي يعود إلى عام 1867 والذي يلفت النظر بخلفيته البيضاء وتعدّد ألوانه الدقيقة وزخرفته الدائرية.

خزف إزنيق، نموذجًا يحتذى

تعزّز حضور التراث العربي العثماني وتأكّدت قوة جاذبيته في العواصم الأوروبية بفعل ما شهده من الانتشار الموسّع. إذ تحوّل الألزاسي تيودور ديك (1891-1823)، الذي تلقّى تدريبه في إحدى ورش الخزف الموجودة في ستراسبورغ قبل أن يقيم في باريس، إلى زائر مواظب على مجموعات متحف كلوني، الذي اشتُهر بالخزف من إزنيق. وقد كتب عن هذا الخزف قائلا: "تبدو أزهارالورد والتوليب والمخملية وشجر السرو الرمزي والخزامى وشقائق النعمان والعنب في ألوانها الحقيقية أو التواضعية، إلاّ أنّها تحتفظ دوما بتناسقها في أوضاع متنوّعة لا حدّ لتنوّعها، ذلك أنّه لا تتكرّر نفس الزخرفة مرّتين مطلقا".

.2
طبق على الطراز
الإزنيقي
ثيودور ديك
فرنسا، باريس
نحو 1867
ق. 41.5 سم؛ خزف
بزخارف مزججة
متعددة الألوان
اللوفر أبوظبي

.1
طبق مزخرف بأزهار
التوليب الزرقاء
والقرنفل الأحمر
تركيا، إزنيق
1570-1565
ق. 30 سم؛ خزف
بزخارف مزججة ملونة
اللوفر أبوظبي

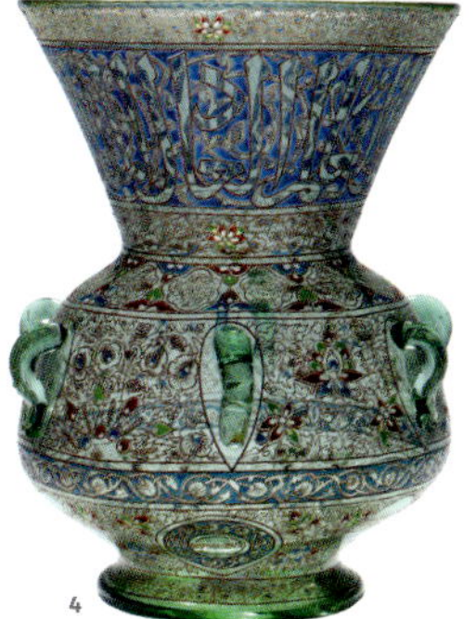

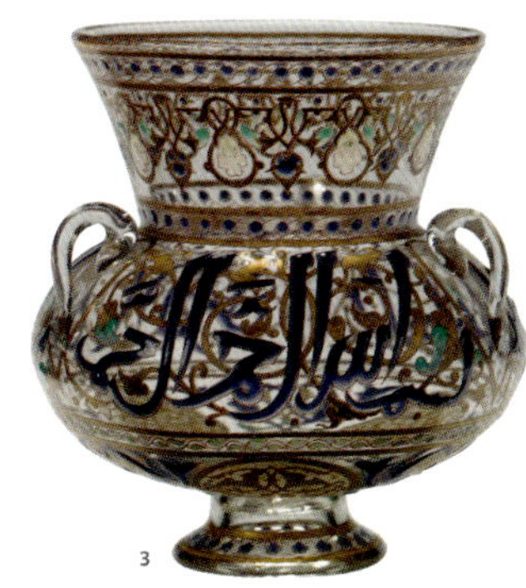

إحياء الزجاج المطلي بالمينا

تعرّف صانع الزجاج فيليب جوزيف بروكار (1831-1896) منذ وقت مبكّر على الفنون الإسلامية. وقد وظّفه آل روتشيلد وكبار هواة جمع التحف الفنية ومتحف كلوني في ترميم الآثار والقطع ما بين الأعوام 1850 و1860. وقد ظهر إتقانه للشفافية وتعدّد الألوان وتقزيحها (قوس قزح) ومهارته في التشكيل من خلال "المعارض الدولية" في عامي 1867 و1878. وفي تلك الفترة قام زجّاج آخر على درجة متقدّمة من المهارة يُدعى ألبيرت فولب بصنع مصابيح مساجد رائعة. وبصرف النظر عن وظيفتها الدينية، كانت هذه المصابيح حجّة ساطعة على عبقرية الزخرفة الشرقية. فمن خلال اختيار الموضوع المحاكي نفسه والزخرفة المحلّاة بالخط العربي، يسعى الفنّان إلى الحفاظ إلى حدّ ما على جوهر الفنون الإسلامية مؤكّدًا على خاصّية التميّز لنموذج معارض تماما للتقاليد التصويرية الغربية.

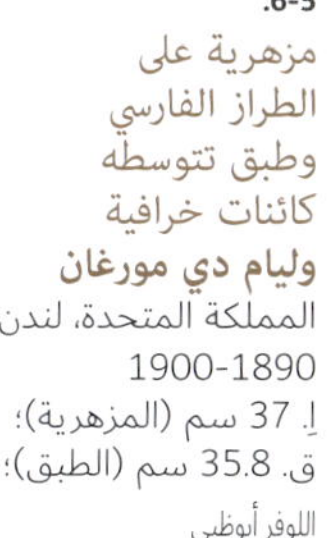

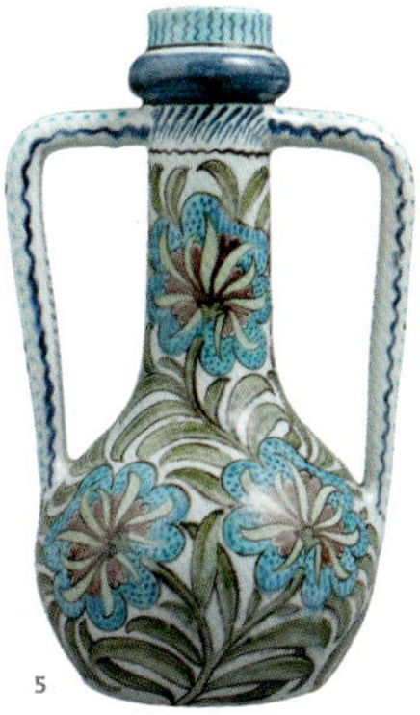

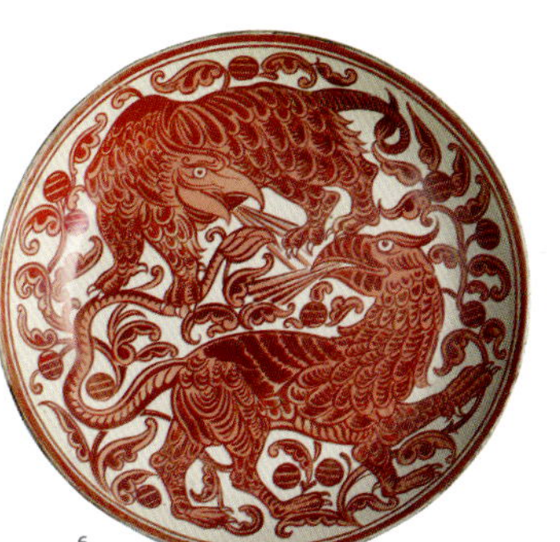

صُنِعَ في لندن

لم تتأخر إنجلترا عن قيادة حملة صليبية حقيقية معادية للحداثة. فقد دعت كل من مؤسّسة وليام موريس وحركة الفنون والحرف التي كان موريس منظّرًا لها إلى المساواة بين حقيقة العصور الوسطى ونور الشرق. وقد ربط أحد تلاميذه ومنافسيه وليام دي مورغان (1839-1917) اسمَه بمجموعة كاملة من الإنتاج الاستشراقي ذي المصادر المتعدّدة، الإسلامية والآسيوية. وتحيل هذه الزهريات والأطباق اللامعة بألوانها الجريئة وزخرفتها الغريبة على نماذج قديمة، إذ تضاف في هذا الطبق الإسباني المورسكي جاذبية الطابع البدائي إلى الاختلاف المكاني.

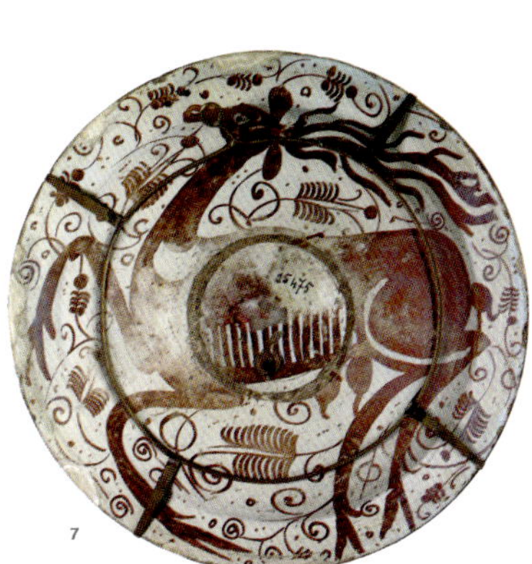

بدأ الموظّفون الأوروبيون العاملون لحساب شركة الهند الشرقية البريطانية في الهند في القرن الثامن عشر بتكليف الفنّانين المحليين بإنجاز أعمال فنّية باتت تُعرف باسم "لوحات الشركة". اعتمد هؤلاء الفنّانون الذين ينتمون إلى تراث الرسم في نهاية الإمبراطورية المغولية على مجموعة متنوّعة من الأساليب والتقنيات، ولكنهم تبنّوا أيضا بدرجات مختلفة بعض عناصر الفنّ الأوروبي مثل استخدام الظلال والمنظور، والتخلّي عن الأشكال والموضوعات التقليدية، ما ميّز هذه الأعمال عن غيرها تماشيًا مع ذوق الراعين الأوروبيين. عبّرت "لوحات الشركة" من خلال واقعيتها عن المصالح الاجتماعية والإثنوغرافية، وتناولت الموضوعات التي سيعالجها لاحقا فن التصوير الضوئي.

فنّ الرسم الهندي ومدرسة "الشركة" للرسم

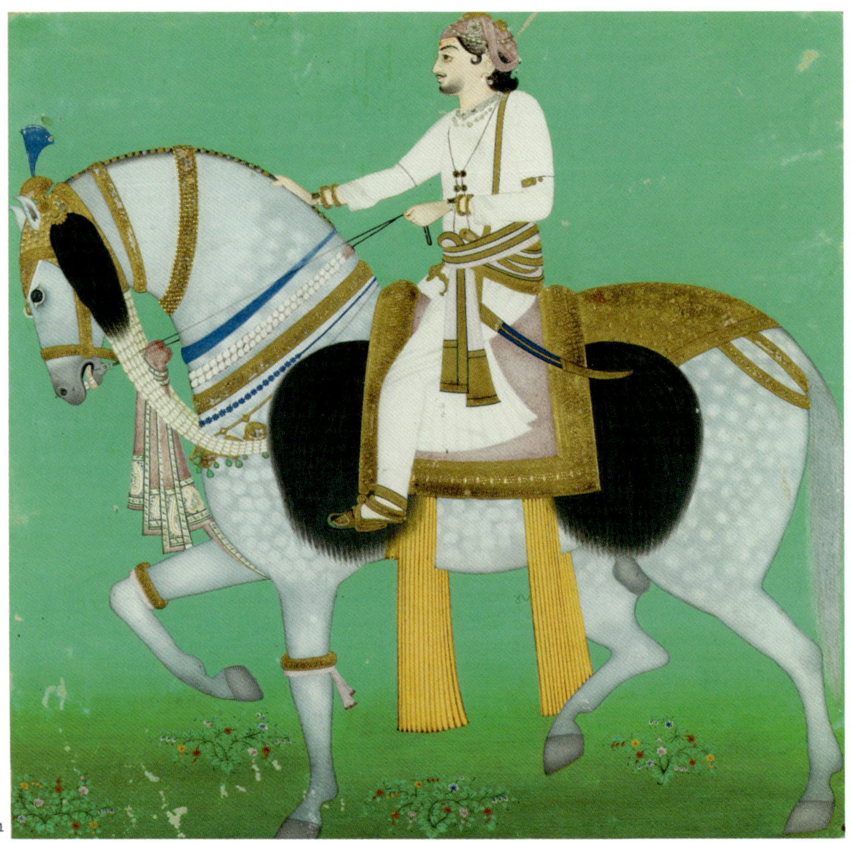

أمير راجبوت

يمتطي الأمير الشاب شودان سينغ بملابسه البيضاء والذهبية، حصانا رائعا رمادي اللون مرقطا عليه سرج وتزيّنه حُلي ثمينة من القماش والذهب واللآلئ. ولد الأمير في عام 1845، وهو الابن الوحيد للمهراجا باين سينغ (1815-1857) من مدينة الوار في إمارة راجستان. وقد حرص باعتباره أحد كبار رعاة الفنون على تكليف أفضل الفنّانين والحرفيين في مدينة دلهي بإنجاز اللوحات والمخطوطات. يبدو الأمير هنا في مظهره البطولي والمفعم بالأمل تجسيدا لنموذج الفارس الراجبوتي، وهو يحمل على جبينه في زهو علامات طائفة سايفا، أتباع الإله شيفا. ولعلّ هذه الصورة الشخصية للفارس قد اقتطعت من لوحة أكبر لمشهد موكب جماعي.

مأدبة في قصر الحاكم

استضاف غازي الدين حيدر شاه (1769-1827)، حاكم مدينة أواذ، التي تقع في شمال شرق الهند وملكها، زوجين بريطانيين لتناول الإفطار معه. أحيط المشهد بستارتين للإشارة إلى البعد المسرحي، ويبرز الحاكم تاجه المزخرف بالألماس الذي رسمه روبرت هوم المعروف في عاصمة لكهناو كفنّان رسمي للبلاط الملكي. وقد قام هذا الفنّان برسم عدة صور شخصية للملك. ويبدو أنّ الرجل الذي على اليمين هو موردواونريكتس ممثّل شركة الهند الشرقية في لكهناو وترافقه زوجته شارلوت. أمّا الشخص الذي يرتدي الزيّ العسكري فيمكن أن يكون قائد حرسه. ويهدف هذا الرسم الذي طُلب إنجازه بعد وفاة الملك إلى الاحتفاء دون شكّ بذكرى عهده لاحقا.

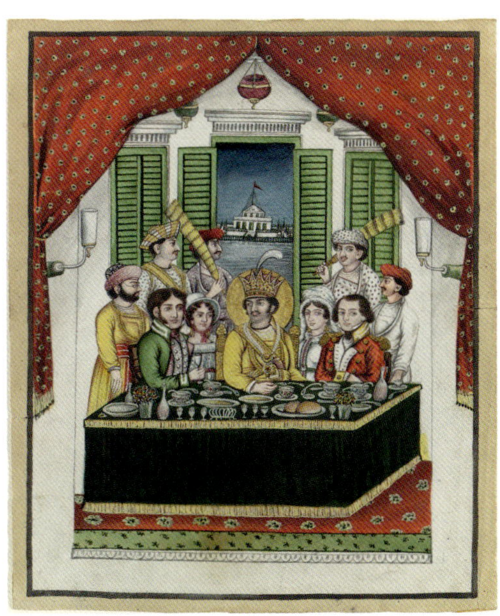

2

.1
المهراجا شيودان سينغ من ألوار يمتطي صهوة جواد
الهند
نحو 1863
إ. 21.5، ع. 21.5 سم؛
غواش مع ألوان ذهبية على ورق
اللوفر أبوظبي

.2
غازي الدين حيدر شاه من أواذ مع ضيوف بريطانيين
الهند
نحو 1840
إ. 33، ع. 26 سم؛
غواش مع ألوان مائية على ورق
اللوفر أبوظبي

.3
اثنان من قاذفي القنابل اليدوية من مومباي
الهند
1800-1810
إ. 26.8، ع. 40.2 سم؛
غواش مع ألوان مائية على ورق
اللوفر أبوظبي

.4
ستة قرويين في منظر طبيعي
الهند
1815-1820
إ. 29.7، ع. 41.5 سم؛
غواش مع ألوان ذهبية على ورق
اللوفر أبوظبي

صورة شخصية لجنود هنود

تعلّم الرسّامون الهنود بسرعة طريقة رسم الفنانين البريطانيين التي تعرفوا عليها سواء من خلال الرسوم واللوحات الأصلية أو عن طريق الأعمال المحاكية. نرى هنا نموذجا لعمل قريب جدا من الرسم الأوروبي، إلا أنّه يعكس في العمق أصالة تقنياته من خلال استخدامه ألوان الغواش والألوان المائية معا، وكذلك من خلال موضوعه. إذ يظهر في هذه الصورة اثنان من الجنود الهنود، اللذان جنّدتهما شركة الهند الشرقية، يرتديان الزي الموحّد اللامع، ويقفان وسط أرض براح في الغابة أمام مجموعة أشجار نامية الأوراق يتقلص حجمها بسرعة في الصورة لخلق الإحساس بوجود منظور جوّي.

3

الصور الإثنوغرافية الأولى

تمثّل هذه الصور إحدى أهمّ مجموعات لوحات مدرسة "الشركة" التي طلبها فيما بين 1815 و1820 الأخوان الإسكتلنديان ويليام وجيمس فرازر من رسّامين لم تُعرف هوياتهم إلى حدّ الآن. وتنتمي الشخصيات المجسّدة إلى حاشية الشخصيات الراعية للفنّ. وقد حُددت أسماؤهم أيضا. صُوّرت مجموعة من الفلاحين البسطاء والمبجلين في هذه اللوحة بطريقة رائعة وبواقعية معلّم في فنّ الصورة الشخصية. وتقدّم اللوحة صورة متعاطفة مع الشعب الهندي في القرن التاسع عشر. وقد سبقت هذه الأعمال الفنّية إلى حدّ ما الصور الشخصية الضوئية التي ستأتي بعد نصف قرن، والتي ستؤدّي في النهاية إلى اختفاء هذا النوع من التصوير.

4

كانت مدينة إيدو- طوكيو حاليا - في الفترة التي كانت تحمل نفس الاسم (1603-1867) مهْد صور "أزوما نيشيكي-إه". وهي مطبوعات متعدّدة الألوان نسخت باستخدام ألواح خشبية منقوشة. وقد شهدت هذه المطبوعات التي حازت على تقدير الطبقة المتوسّطة الغنية ازدهار فنّ "يوكيو-إه" أو "صور العالم العائم" التي تصوّر مشاهد من الحياة اليومية. وقد اشتهر في هذا النوع من التصوير خاصّة كلّ من كاتسوشيك اهوكوسايو أوتاغاواهيروشيغه. فقد تأثر هذان الرسّامان بالفنّ الغربي الذي تعرّفا عليه من خلال الرسم الهولندي الذي وصل إلى اليابان في القرنين السابع عشر والثامن عشر، ومن خلال الصبغات الاصطناعية التي دخلت في القرن التاسع عشر. وقد ولّد انتشار هذه المطبوعات في أوروبا عام 1860 نوعا من الإعجاب الحقيقي وأثّر بدوره تأثيرا عميقا في فنّ الرسم الأوروبي. وتشهد على ذلك لوحة "فتيان يتصارعان" للفنان بول غوغان التي مهّدت الطريق لظهور جماعة "نابي".

آفاق جديدة

اشتهر هيروشيغه الملقّب بـ "رسّام توكايدو" فيما بين 1833-1834 بسلسلة لوحاته المسماة "محطّات توكايدوالثلاث والخمسين"على الطريق الرابط بين إيدو وعاصمة الشوغون والعاصمة الإمبراطورية كيوتو. اشتهر هيروشيغه بمطبوعاته الخاصة بالمناظر الطبيعية، وأنجز عام 1852 سلاسل عديدة من الرسوم خُصّصت جميعها لجبل فوجي، الذي يعدّ في المخيال الجمعي رمزا وطنيًا مأهولا بالكائنات الخارقة "الكامي". ولئن نجح الفنّان هوكوساي في تصوير جبل فوجي قبله، فإنّ هيروشيغه تناوله بأسلوبه الخاصّ.

أنجز غوغان لوحة "فتيان يتصارعان" عند عودته من جزر المارتينيك منهكا ومريضا. وقد سعى لاستعادة صحّته في قرية بونت أفان. وقد استنكر "الحضارة الفاسدة" التي "عمل على معارضتها بشيء أكثر طبيعية بالاعتماد على عنصر الوحشية". إذيهدف كل شيء إلى إضفاء

سمة "البدائية" على مجمل الصورة، وإلى جعلها تنبض بالتوتّر الخاص بالصراع، ليس بين الطفلين المرسومين فحسب، بل أيضا بين الفنان ولوحته الفنية. كرّس غوغان بوصفه بطلا سابقا في رياضة المبارزة بالسيف وممارسا لرياضة الملاكمة الفرنسية روحه القتالية لخدمة الفن. وعلى الرغم من تأثر أعماله بمشاهد مصارعة السومو للفنان هوكوساي، فقد ظلّ عمله يحيل إلى "وحش من بيرو" (حيث وُلد) كما أعلن هو نفسه عن ذلك.

وعلى النقيض من ذلك، تشبّع المنظر الطبيعي الذي رسمه هيروشيغه بالعلاقة الخاصة بالطبيعة اليابانية تحديدا والمرتبطة بديانات الشنتو والطاوية والزن البوذية. تنتمي الشخصيات الصغيرة إلى فترة العالم العائم قبل أن يعصف التصوير الضوئي والطباعة الحجرية عام 1910 بحقبة ميجي وبفن "يوكيو-إه".

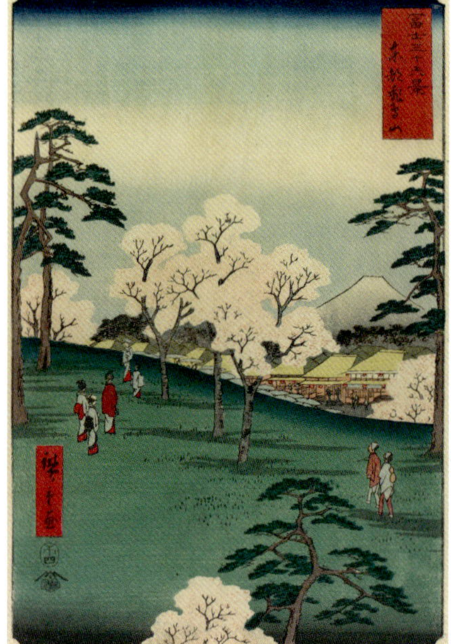

1

هيروشيغه الأزرق

بنى هيروشيغه (1797-1858) رؤيته وفق نموذج تشكيلي خاص به، حيث تظهر في أسفل يمين الصورة قمّة شجرتين للإيحاء بالعمق، وفي أعلى يمين الصورة يرمز جبل فوجي إلى نقطة السراب، وبينهما تظهر مساحة خضراء مسطحة تتناثر عليها شخصيات تفتقر للتفاصيل، وأشجار ذات ظلال بالكادتشير إلى التلّة التي تقطع بخطّ متعرّج مرسوم بألوان متدرجة خفيفة، إنها تقنية "الفوكيبوكاشي"، التي تُضفي على المنظر الطبيعي سمة مناخية وجمالية. وتستخدم في الأعلى، نفس التقنية لتصوير السماء الموشّحة بشريط من الحبر الأزرق شبه مجرّد. ويعدّ اللون الأزرق البروسي أو ما يسمى بـ "أزرق برلين" الذي أدخله الهولنديون إلى اليابان عام 1829من السمات المميزة لأسلوب الفنان، الذي أطلق عليه هيروشيغه الأزرق.

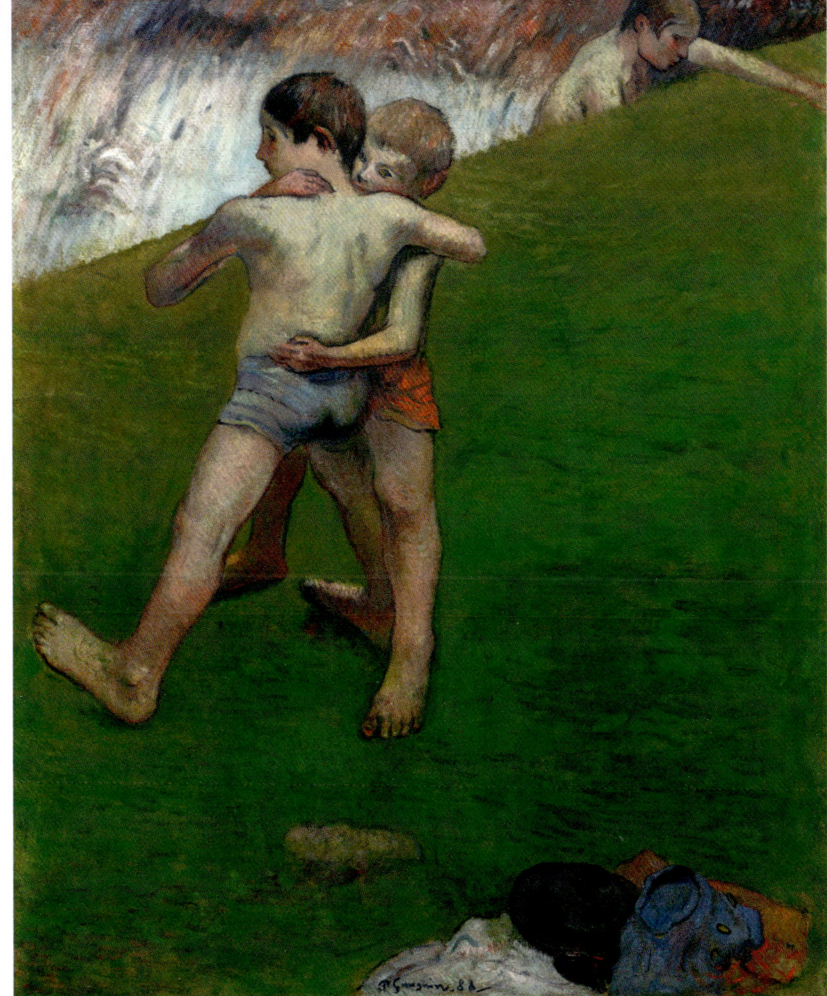

بريتاني المتأثرة بالفن الياباني

اكتشف غوغان (١٨٤٨-١٩٠٣) المطبوعات اليابانية بفضل فينسنت فان غوخ عام ١٨٨٧ وفي عام ١٨٨٨، تبنى جماليات الصورة المطبوعة لصنع لوحات زيتية على القماش "مثل مطبوعة يابانية من ورق الكريبون المجعّد". فقد اختار "الإنجاز الإجمالي" شأن النحت على الخشب الذي يحتاج إلى إزميل يحفر به لوح الخشب الذي يحمل الرسم المعكوس، حيث تكون الخطوط عادة بسيطة، وتقتصر لوحة الألوان على عدد محدود من الألوان، وهي خاصّية متأصّلة في المطبوعات التي تطبع ألوانها لونا بعد لون انطلاقا من اختلاف القوالب. وقد اعتمد غوغان في هذا العمل العمودي أيضا على الرسم دون خطوط أفقية موحيًا بالعمق دون منظور، إذ صوّر الملابس الموضوعة على الأرض للطفلين المتصارعين في مقدمة اللوحة. واحتل السطح المعشّب الأخضر ثلاثة أرباع الصورة وصولا إلى الجزء الأبيض الموجود في أعلى الصورة والمنفصل بخطّ من الدوائر غير المحددة. وهو ما يعدّ رمزا بعيدا للضباب الذي يعود إليه اليابانيون لتصوير المنظور. ويبدو أنّ الطفلين المتصارعين قد رُسما خارج التصميم المعتاد، في حين يبدو طفل ثالث في أعلى الصورة على اليمين دون نموذج حقيقي.

تأكّد انفتاح اليابان على العالم الخارجي وتعزّز خلال حقبة ميجي (1868-1912)، حيث قصدها الرحّالة وعملت المعارض مثل المعرض الذي أُقيم في قصر الصناعة في باريس عام 1873 على نشر الفكر الجمالي والفلسفي الياباني الذي كان له تأثير دائم في العقول الأوروبية. وفي حين استخدم كل من ويستلر ومونيه وماري كاسات في لوحاتهم عناصر الصور الرمزية اليابانية مثل المروحة والكيمونو بعد اكتشافهم للمطبوعات اليابانية، فإنّ غيرهم من الفنانين قد تأثّروا بصورة أعمق بالفنّ الياباني إلى درجة تغيير طريقتهم في الرسم، مثل فينسنت فان غوخ الذي كان يرى الأشياء "بعين يابانية". ثم ظهرت مجموعة من الفنّانين الذين اجتمعوا عام 1888 تحت اسم "نابي"، اللفظ العبري لكلمة "الأنبياء". والتحق بتلك الحركة كلّ من بول سيروزييه وبيير بونار وإدوار فويار وموريس دوني فليكس فالوتون. وقد لخص فكر هذه الحركة موريس دوني قائلا: "تذكّروا أنّ اللوحة، قبل أن تكون حصان حرب أو امرأة عارية أو أي شيء كان، هي في المقام الأوّل سطح مستوٍ تغطّيه الألوان المجمّعة وفق ترتيب معين".

جماعة "نابي"، رسّامون متحمّسون لليابان

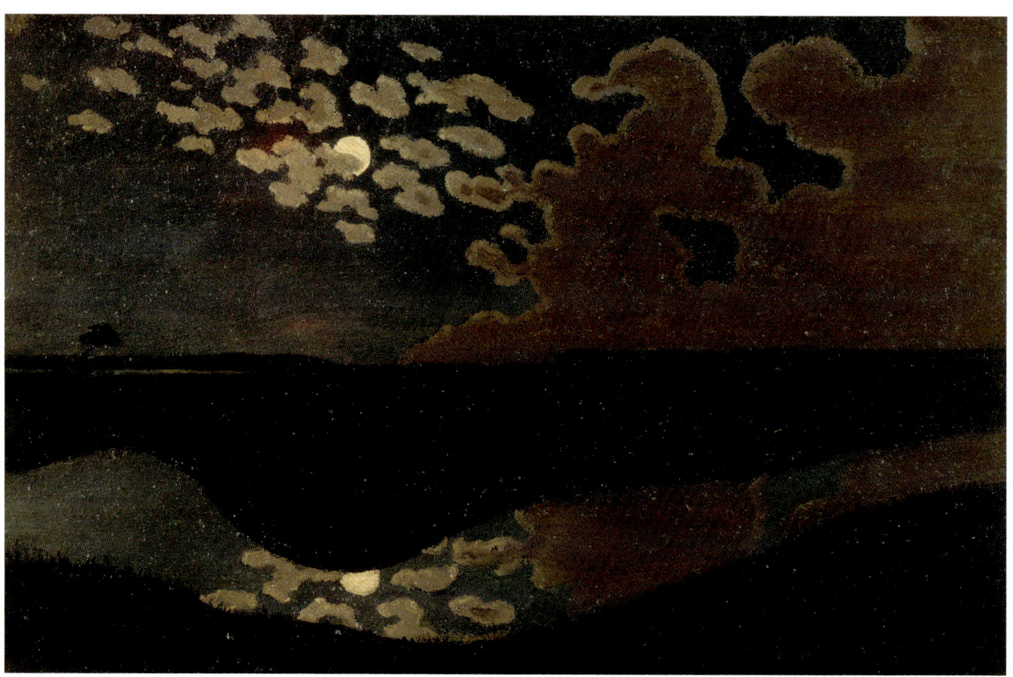

ليلة آسيوية

قام فليكس فالوتون (1865-1925) بعد انضمامه إلى جماعة "نابي" في بداية 1890 باتباع نهج أكثر صرامة وعمل على تبسيط وسائله في التعبير إلى أقصى حد. رغم تواضع حجم هذه اللوحة الليلية التي تحتوي على أغلى أنواع طلاء اللك الياباني، فإنّها تمتدّ إلى ما لانهاية وتخطف أنظارنا بسحرها الشرقي الحادّ. وعلى غرار بول غوغان ومن قبله فينسنت فان غوخ، اتبع فالوتون الخطّ المتواصل الميّز للمطبوعات اليابانية وحفنة قليلة من العناصر: شجرة منعزلة، وبعض السحب المذهّبة بضوء القمر الكامل، وشريط من المياه والانعكاس المقابل للسماء. يرى فالوتون أنّه يمكن للشعر أن ينشأ أيضا عن الغياب والفراغ والترقّب.

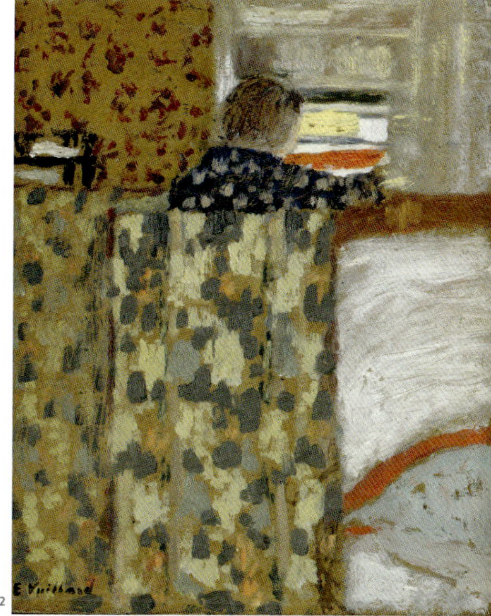

النبي المألوف

نشأ إدوار فويار (1868-1940) في عالم الأمومة للخياطة النسائية الذي وفر له المحيط المثالي لشعر الألفة الخاص به. إذ ينفتح الفضاء والأشكال والموضوعات على كلّ أنواع التوازنات والتحوّلات البصرية والذهنية. فقد نشر في لوحته "خزانة الغسيل" حالةً الاضطراب بين الستار الجداري المرقّط والسرير بوسادته البيضاء الكبيرة، حيث تظهر بالكاد امرأة منهمكة في مهمّتها المتكررة بلا نهاية في ترتيب الغسيل.

.1
ضوء القمر
فليكس فالوتون
فرنسا
نحو 1895
إ. 27، ع. 41 سم؛ ألوان زيتية على قماش
متحف أورسيه

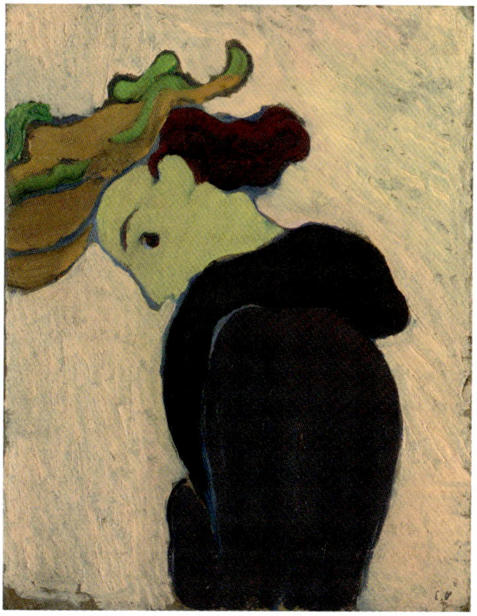

.2
خزانة الكتان
إدوار فويار
فرنسا، باريس
نحو 1893
إ. 26.5، ع. 21.5 سم؛ ألوان زيتية على ورق مقوى
متحف أورسيه

.3
منظر جانبي لامرأة ذات قبعة خضراء
إدوار فويار
فرنسا، باريس
نحو 1891
إ. 21، ع. 16 سم؛ ألوان زيتية على ورق مقوى
متحف أورسيه

.4
إيشيكاوا دانزو الرابع (1745-1808) في دور طونازي في قصة كاناديهون تشوشينغورا ("خزينة خدم الملك")
كاتسوكاوا شونشو
اليابان
نحو 1781
إ. 31، ع. 14 سم؛ حبر وألوان على ورق
اللوفر أبوظبي

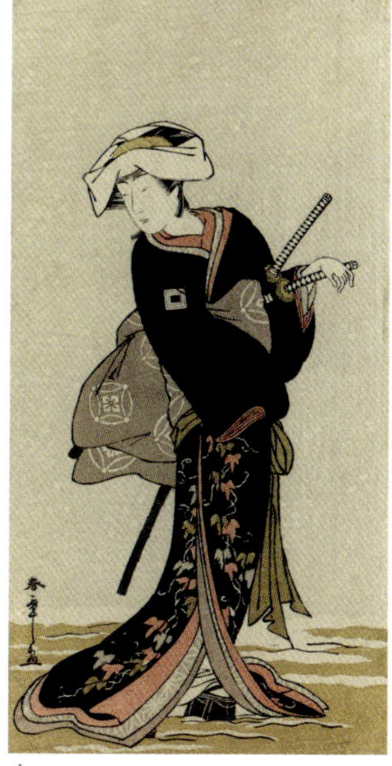

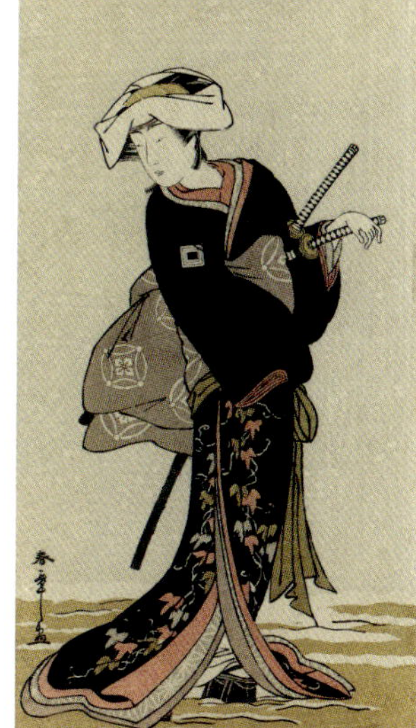

سيدة تمر بالجوار

قيل عن إدوارد فويلار إنّه كان "رسام الأسرار" فقي بحثه عن العجيب في الحياة اليومية، كان يعرض الانتقال العاطفي والمؤثّر بل والمحيّر للأماكن المحيطة به. ونظرا لتلقّي تعليمه في المؤسّسات الدينية باعتباره ابنا لضابط عسكري، فقد سلّط على النساء حياءه الخاصّ وصعوبة تحمّل شهواته المتأججة. إذ ترمز لوحة "المرأة ذات القبعة الخضراء"، التي تقلص فيها الشكل والمكان، إلى هذه المراوغة الدائمة. ففي أي لحظة ستدير المرأة ظهرها وهي متفاجئة منزعجة. ويتجلى في هذه الصورة التأثّر بالمطبوعات اليابانية من خلال خطّ الرقبة والتأثير الديناميكي الذي يحدثه. وتصف بعض الخطوط والألوان النادرة هذه المرأة الهاربة والخائفة التي تحاول تفادي نظرة الرسام.

تجلَّى الوله باليابان في الفنون الزخرفية خلال الفترة من 1860-1890 وذلك من خلال أنماط الزخرفة اليابانية المنمقة وغيرها من الأنماط الصارمة. وقد أثَّر هذا الوله في الزخرفة الداخلية وكذلك في بعض القطع الصغيرة اليومية. أصبح إضفاء البعد الجمالي على الحياة اليومية إحدى سمات اليابان الحديثة. وأتقنت اليابان فنّ المزاوجة بين الجمال والمنفعة أكثر ممَّا أتقنته أوروبا. وقد ظهرت في الغرب وانتشرت العديد من القطع والتحف المثيرة للفضول والمستوحاة من هذه المجموعة الجديدة من الأشكال التي كان بعضها مندفعا نحو التقدّم، وكان بعضها الآخر أكثر تجذّرا على غرار إبداعات "الحركة الجمالية".

الولع باليابان

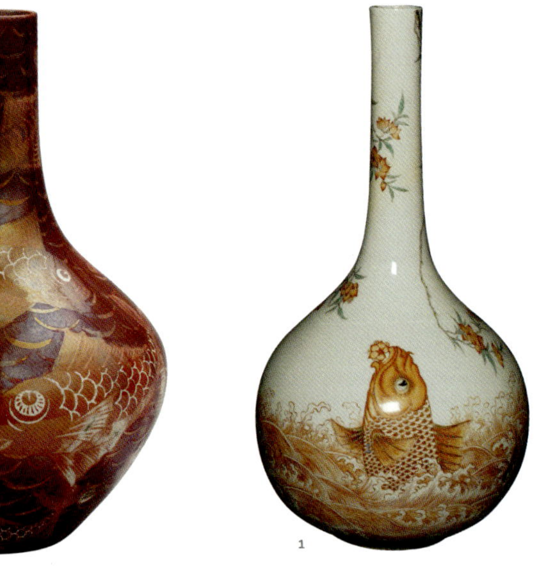

.1
إناء برسوم أسماك
الصين
1661-1722
إ. 44.5 سم؛ خزف
مطلي بالمينا

المتحف الوطني للفنون
الآسيوية - غيميه

.2
إناء برسوم أسماك
ويليام دي مورجان
المملكة المتحدة، لندن
1890-1900
إ. 22.2 سم؛ خزف
بزخارف ملونة ومزججة
اللوفر أبوظبي

.3
مزهرية على
شكل قنينة
جون جوزيف كاريز
فرنسا
نحو 1892
إ. 20.5 سم؛ فخار
مطلي بالمينا مع
تقطير ذهبي
متحف أورسيه

إنجلترا أيضا

شهد التأثير الياباني بعض أشكاله الأكثر تطورا على الجانب الآخر من بحر المانش. إذ أدخل ويليام دو مورغان (1839-1917) من خلال عمله "إناء السمك" ذا اللون الأحمر البرّاق واللامع على الخزف تأثيرات قماش الكيمونو المطرّز الذي أغرقت به اليابان أوروبا القديمة.

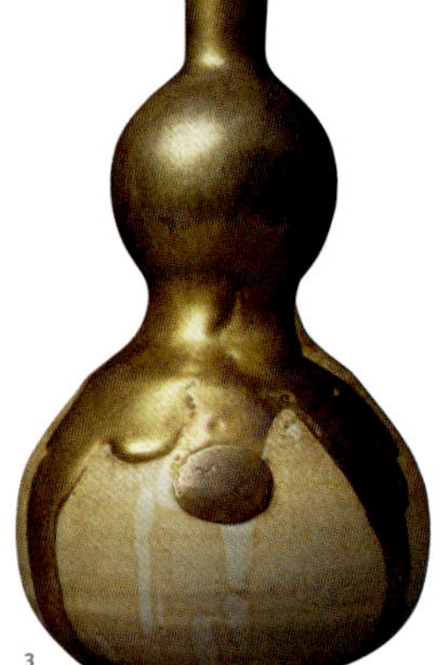

الزخرفة المقطّرة

خاض النحّات العصامي جون كارّيه (1855-1894) تجربة ملهمة في "المعرض العالمي" في باريس عام 1878 الذي حاز فيه الخزف الياباني على الكثير من المعجبين. ومنذ ذلك الحين، لم تفارقه تجديد الأواني الفخارية الحجرية المزخرفة. فأجرى تجربة صنع محدودة باستخدام القوالب التقليدية في تصميم بعض القطع التي قام بزخرفتها بنفسه بطبقات عديدة من طلاء الزجاج والألوان المقطّرة التي تبدو عشوائية، إلّا أنّها تظهر جذابة عند النظر إليها. وقد بدا من خلال الأعمال التي عرضها في "المعرض الوطني للفنون الجميلة" عام 1892 أن التأثير الياباني يوشك أن يصبح أصالة بدائية.

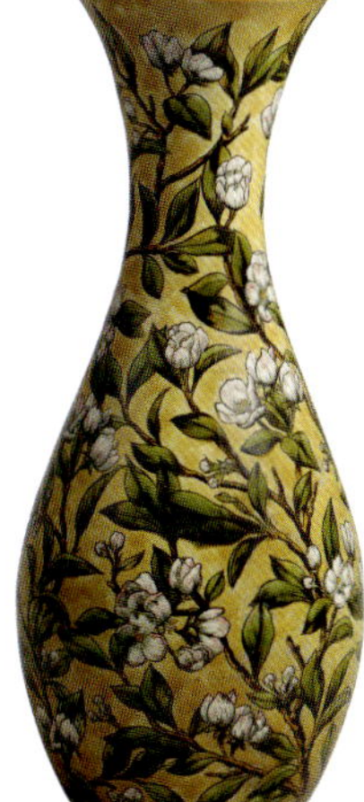
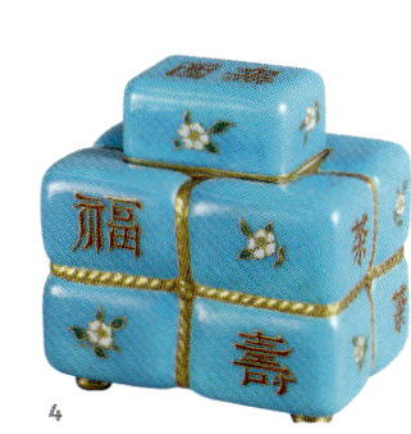
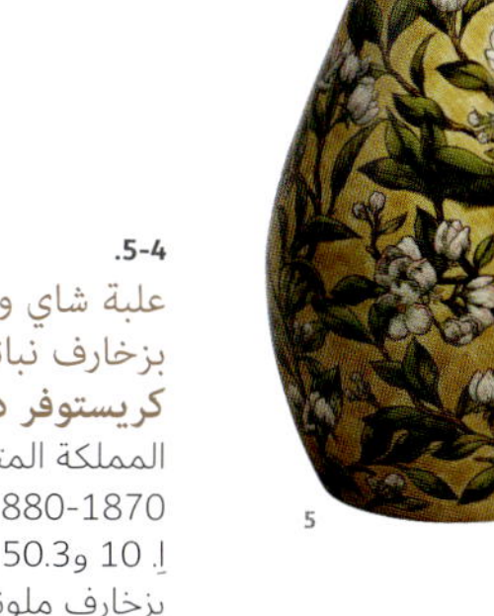

أب التصميم

جسّد كريستوفر دروسر (1834-1904)، أحد الوجوه البارزة في تجديد فنون الزخرفة البريطانية، جميع جوانب الإبداع والإنتاج الصناعي مع المصانع الفيكتورية الكبيرة، وعقود تزويد المحلات الجديدة. وفي عام 1862، أثار"معرض لندن الدولي"، حماسه بمجموعته الثرية من القطع الفنية اليابانية. فقام بزيارة اليابان بين عامي 1876-1877، ثم نشر كتابه "اليابان: هندستها المعمارية وفنونها وفنون مصانعها" الذي أثبت فيه أنّ الشرق الأقصى لا يميّز بين المفهوم الشكلي وطرق التصنيع المعقلنة. وبناء على ذلك، صُمّمت هذه العلبة الخاصة بالشاي مثل غيرها من القطع العديدة الأخرى لإنتاجها بكميات كبيرة في شركة مينتون.

4-5.
علبة شاي ومزهرية بزخارف نباتية
كريستوفر دريسر
المملكة المتحدة
1870-1880
إ. 10 و50.3 سم؛ خزف بزخارف ملونة ومزججة
اللوفر أبوظبي

6-7.
حامل كعك ودورق
كريستوفر دريسر
المملكة المتحدة
1878 و1892-1893
إ. 13 و42 سم؛ معدن فضي؛ زجاج، معدن فضي، خشب
اللوفر أبوظبي

8.
منضدة قابلة للطي على الطراز الإنجليزي الياباني
إدوارد وليام جودوين
المملكة المتحدة، لندن
1872
إ. 74.7 سم؛ خشب مصبوغ، نحاس أصفر
اللوفر أبوظبي

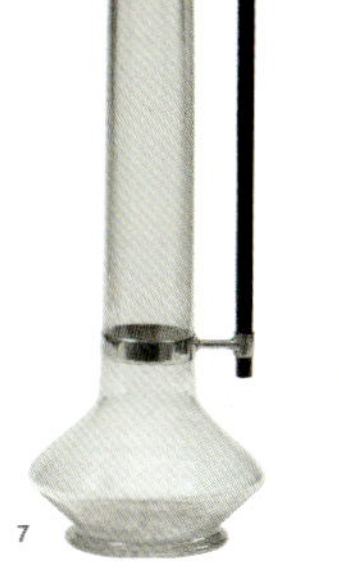

من الرسم إلى التصميم

خصص كريستوفر دريسر (1834-1904) بعد فترة من التأثّر بالفن الياباني أشدّ اختراعاته تطرّفا للمعدن، الذي يعدّ إحدى المواد الرمزية في بريطانيا في عهد الملكة فيكتوريا، وهو ما مكّنه من تعديل البعد الجمالي المجرّد والمتكرّر بصورة لا مثيل لها في الإنتاج الصناعي. ويعدّ كلٌّ من هذا الحامل للكعك والدورق خير الأمثلة على ذلك.

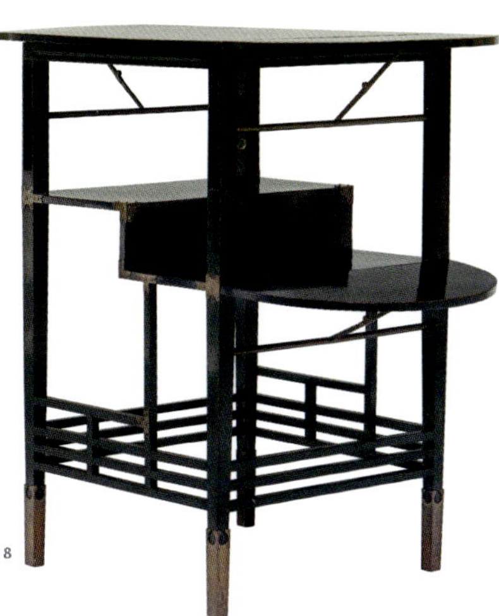

جمال الفراغ

لعب إدوارد وليام جودوين (1833-1886) دورًا رئيسيًا في مجال التأثير الياباني خلال ستينيات القرن التاسع عشر خاصةً من خلال متجر "ليبرتي آندكو"، أحد المحلات التجارية المعروفة في ذلك الوقت في لندن. وقد عمل على تلبية الطلبات الضخمة من أوراق الجدران والنسيج المطبوع والخزف والأثاث التي كلفته بإنجازه الأسرة الملكية (الأميرة لويزة في قصر كونسانجتون)، أو تلك التي كلفته بها النخبة المثقفة مثل (دار تشلسي وورشة صديقه ويسلر). وقد سعى غودوين للتوفيق بين مقترحاته وتوقّعات عملائه ونجح في تبسيط الخطّ واللون بالاعتماد إلى حدّ كبير على معرفة الوثيقة بالنماذج الشرقية. فهذه المنضدة القابلة للطيّ أوروبية وعملية للغاية من حيث المبدأ الكامن وراءها، ولكنها ذات طابع ياباني خالص في غياب التماثل بين أشكالها.

يشمل الفنّ الأوقيانوسي التعبيرات الإبداعية للشعوب التي احتلت آلافَ الجزر في المحيط الهادئ الذي يغطي ثلث مساحة الكرة الأرضية. ورغم اختلاف البيئات وبُعد المسافة بين هذه الشعوب، فإنّ إبداعاتها الفنّية تبرهن على قدر كبير من التجانس الشكلي والرمزي بينها.

فنانو المحيط الهادئ

تمثّـل جزر المحيـط الهـادئ المجتمعـة تحت اسـم أوقيانوسيا -وهـو المصطلـح الـذي أطلقـه عليهـا عـالم الجغرافيـا الفرنسـي كونـراد مالتـه بـرون في عام 1812 تنوّعـا ثقافيـا مدهشـا. ويبـدو أن لـكلّ مجموعـة تنظيمهـا المجتمعـي الخـاصّ بهـا وعالمهـا الدينـي وجذورهـا اللغويـة المختلفـة التـي تنعكـس في إنتاجهـا الفنّـي الـذي يشـمل العديـد مـن التقنيـات المختلفـة وكل الخامـات المتاحـة.

تلتقـي الأعمـال الفنيـة في جـزر المحيـط الهـادئ في تجسيد الرسـائل الرمزيـة المتعـدّدة في الأغلـب، ولكنهـا تجتمـع في خطـاب متناسـق. فالعاطفـة التـي تهـدف الأعمـال الفنّيـة إلى إثارتهـا، والتـي تحـدّد جمالهـا ترتبـط في الأصـل بالمقـدّس. إذ يبـدو أنّ الجمـال والقُدسـية عنصـران لا ينفصـلان. وإذا كنّـا لا نسـتطيع دومـا تحديـد وظيفـة هـذه الأعمـال بسـبب قلـة المصـادر، فإنّنـا نـدرك أنهـا مرتبطـة عمومـا بعبـادة القدمـاء. تلـك العبـادة الحاضـرة بقـوة في هـذه المنطقـة الجغرافيـة والضامنـة للتلاحـم الاجتماعـي بيـن المجموعـات. فـلا يوجـد مـا يلـزم الفنّـان -المكلَّـف بتجسيـد الـذات الإلهيـة أو الأسـطورية-بالتمسّـك بعنصـر الواقعيـة في أعمالـه. ويعـدّ تركيـب الأشـكال الـذي يصـل أحيانـا إلى حـدّ التعبيـرات المجـرّدة التـي تثيـر الدهشـة والحمـاس أحيانـا، إحـدى السـمات المميّـزة لفنـون المحيـط الهـادئ. ويلعب فيهـا اللـون

أيضا دورا مهـما. فاللـون مشـحون رمزيـا إذ يرتبط اللـون الأحمـر بالـدم والحيـاة، ويرتبـط الأبيـض بالمـوت.

لقد كان تواصل جـزر المحيـط الهـادي مـع البحّـارة والتجّـار والجنـود القادميـن مـن أوروبا منعطفًـا حاسـما في تاريخ مجتمعـات هـذه الجـزر. ولئـن بـدأ هذا التواصل ببطء في القرن السـادس عشـر، فإنّـه لـن يكتمل إلا في حـدود عـام 1960 عندمـا أقيمت علاقـات التواصل في بابوا غينيـا الجديـدة مـع آخر الشـعوب المجهولـة في عـالم العولمـة. وقد احتفظت الشـعوب المحليـة طويـلا في هذه الجـزر النائيـة مـن المحيـط بالتقاليـد الثقافيـة دون أي تغيّـرات جذريـة. فلـم تتطـوّر مقوّمـات الإبـداع الفنّـي بسـرعة إلا في النصـف الثاني مـن القرن العشـرين. إذ تميزت جـزر كثيـرة بمرورهـا مـن جيـل إلى جيـل ومـن التـراث القديم الراجع إلى آلاف السـنين إلى الفنّ المعاصـر.

لقد كان لفنـون جـزر أوقيانوسيا تأثيـر كبيـر في الفنون الأوروبيـة في القرن التاسـع عشـر. وكان بـول غوغـان مـن أوائـل الفنانين الذين سـحرتهم فنون أوقيانوسيا فاسـتقرّ في بولينيزيا ودُفـن فيهـا. ثم تبعـه بعد ذلـك بقليل السـرياليون المفتونـون بالقوة التعبيريـة في إبداعاتـه.

1

قوة التمائم

تعدّ حِلَى الـ "هايتيكي" حِلًى ثمينة تتبادلها القبائل فيما بينها، ويضعها أفراد الطبقة المرموقة من الرجال والنساء حول رقابهم، وتتوارثها الأجيال جيلاً بعد جيل. وتكتسب قطع "الهاي تكي" خلال عملية انتقالها من فرد لآخر "المانا" أي القوة الموروثة عن الآلهة الخاصة بكل الأفراد الأقوياء الذين ارتدوها. تجسد اللغة المستخلصة من هذا التمثال، الذي يأتي على هيئة نصف رجل ونصف طائر، الروح الحيوية الخاصة بكل كائن. وقد اقتصر تجسيد هذه المعلقّات من التمائم على النحاتين وفناني الوشم فقط. ويكتسب الحجر الأخضر قيمة بالغة لأنه لا يوجد إلا على الساحل الغربي من الجزيرة الجنوبية في نيوزيلندا.

القوة والإنجاب والموت

تماثيل الـ "أولي" القادمة من شمال جزيرة نيوأيرلندا في ميلانيزيا هي شخصيات ضخمة تعدّ بمثابة الوعاء الذي يحوي قوة أسلاف القبيلة. وقد لعبت هذه التماثيل دورا مهمًا في الشعائر الجنائزية لكبار قادة المحاربين، إذ كانت تعرض بين كل حالتَي وفاةٍ، وكانت تُبَجَّل وتُحفَظ بعناية بالغة في بيت الرجال. ولا يجسّد هؤلاء الأجداد الأقوياء والمخيفون محاربا بعينه، وإنما يمثّلون روح القبيلة التي يحمونها ويضفون الشرعية على نظامها الاجتماعي. وتجمع هذه الأعمال في جسد واحد سمات القوة والإنجاب والموت، حيث تُظهر سمات الرجولة القوة البدنية التي تحمي القبيلة، أمّا الصدر فيشير إلى مسؤولية إطعام القبيلة وضمان خصوبتها. ومن ثمّ يعكس التمثال صورة القبيلة، إذ ينهض كل عضو بمهمّة محدّدة لضمان حسن سير المجموعة. ويبدو أنّ عبادة التماثيل وحمايتها قد توقّفت في أوائل القرن العشرين مع قدوم الاستعمار.

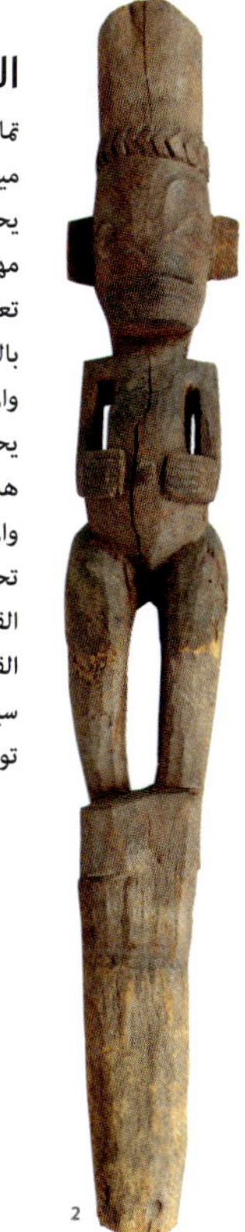

2

أصل البشر الأوائل

جعلت أساطير جزر ماركيساس من "تيكي" شخصية أسطورية خلقت البشر الأوائل. ويعدّ هو نفسه أول خليقة في العالم. وتحضر تماثيل "تيكي" بصورة دائمة في كل حوامل الفنون في تلك الجزر. توحي عيناه الكبيرتان المفتوحتان بتعدّد معاني العبارة المركيسيانية "ماتا" التي تشير إلى العين والوجه والنسب في آن واحد. وكما هو الشأن في أماكن أخرى من جزر بولينيزيا، يسمح نسب الفرد بتأكيد علاقته بآلهة الأسلاف لكي يأخذ مكانه ضمن الهرم الاجتماعي. وتستخدم القوائم الخشبية المنحوتة في هذا النوع من التماثيل دعائم للمنزل الجنائزي الذي كان يستقبل زمن الحِداد جثة شخصية من الطبقة الرفيعة.

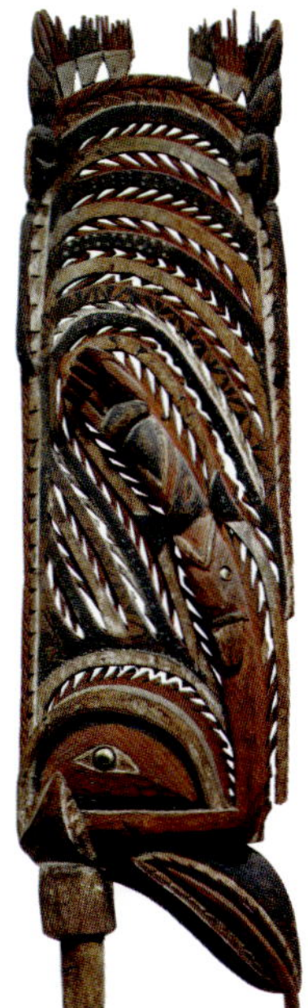

4

.1

حلية هاي تيكي

نيوزيلندا
نحو 1800
إ. 10 سم؛ حجر اليشم، ألوان شمع

متحف رصيف برانلي جاك شيراك

.2

عمود تيكي يمثل شخصية أسطورية

جزر ماركيساس،
نوكو هيفا
1800-1900
إ. 223 سم؛ خشب

متحف رصيف برانلي جاك شيراك

.3

تمثال أولي، تجسيد لأحد الأسلاف

بابوا غينيا الجديدة،
أيرلندا الجديدة
1700-1900
إ. 126 سم؛ خشب ملون

اللوفر أبوظبي

.4

تمثال لرأس طائر يُستخدم خلال الطقوس

بابوا غينيا الجديدة،
أيرلندا الجديدة
نحو 1900
إ. 94 سم؛ خشب ملون، غطاء خيشومي

متحف رصيف برانلي جاك شيراك

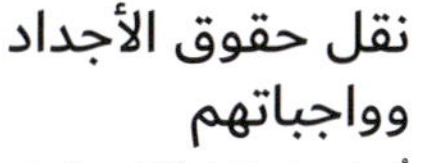

3

نقل حقوق الأجداد وواجباتهم

تُعرض هذه القطعة المعروفة باسم "ملانغان" والآتية من شمال غرب نيو أيرلندا، في المراسم الجنائزية الكبرى وتظهر عموما في علبة معلّقة على أوراق الشجر. وتستخدم هذه النماذج خلال الشعائر الجنائزية العظيمة التي تضم مئات المشاركين والتي تُنقَل فيها تكاليف الموتى المكرمين وحقوقهم إلى الجيل الموالي، وتمثّل الأشياء المعروضة عددا لا حصر له من التشكيلات على مجموعة من الهياكل المحدودة. وتنتمي كل تشكيلة إلى قبيلة بعينها، وترتبط عملية انتقالها بالحقّ في استغلال الأرض أو البحر.

لطالما اعتُبرت الأراضي الشاسعة الموجودة في جنوب منطقة الصحراء خطأً مناطق معزولة وخارج سياق التاريخ. ورغم ذلك فقد ازدهرت هنالك ممالك وإمبراطوريات لعدة قرون. وقد أظهر الإبداع الفني المتّسم بالتنوّع المدهش في الأشكال والمواد والزخارف، نوعا من التجانس العام. وقد برع فنّانو هذه القارّة الكبيرة في مجال النحت، حيث أضفت التوليفة الرائعة التي توصلوا إليها قوة استثنائية على أعمالهم الفنية.

عباقرة النحت في أفريقيا

إلى جانب اعتناق الإسلام والمسيحية كانت الغالبية العظمى من هذه المجتمعات في القرن التاسع عشر إحيائية، إذ كانت تؤمن بوجود الأرواح (قوات طبيعية وأجداد أسطوريين أو طاقات روحية) التي تسكن العالم. ومن ثمّ، كانت أعمالها الفنّية بمثابة الوعاء الذي يحتوي على القوى السحرية أو أرواح الأجداد، ومن خلال هذه الأعمال أُتيح للبشر التواصل مع هذه القوى أو الأرواح. كانت هذه القطع الفنية بمثابة الوسيط الذي يضمن الخصوبة للقبيلة. وفي عالم يهيمن عليه التواصل الشفوي، كانت هذه القطع تسهم في إحياء الأساطير المؤسِّسة للقبيلة وفي حفظ ذاكرتها. وقد انطوت القوة السحرية لهذه التماثيل أيضا على مسؤوليات جسيمة بالنسبة إلى المعالجين والعرّافين المكلّفين بالتفاعل معها من جهة، وبرّرت عدم ظهور الأرواح لغير المطّلعين على أسرارها من جهة ثانية.

لم تكن التماثيل والأقنعة تُستخدم إلا في أوقات وأماكن معيّنة، فقد صُمّمت لكي يُنظر إليها في ضوء المشاعل في خضمّ حركة الرقص، لذا فهي تفقد دلالتها عندما توضع في واجهات المتاحف. ولم يتبقَّ لهذه التماثيل والأقنعة سوى قوة الشكل التي تذكّر بالطاقة الإبداعية التي وهبتها الحياة. فلم تكن غاية الفنّان التجسيد الحقيقي والمرئي للواقع الدنيوي، بقدر ما كان يهدف إلى جمع الرموز لكي يعطي دلالة للعمل الفنّي ويضفي عليه قوة عاطفية. وقد سبب استعمار الأوروبيين للقارّة في نهاية القرن التاسع عشر اضطرابًا في الثقافات التقليدية. إذ سُرقت العديد من القطع ونقلت إلى أوروبا، وعُرضت فيها لأوّل مرة بوصفها غنائم بسيطة لا قيمة لها فنّيا أو ثقافيا. إلاّ أنّ الفنّانين الطليعيين وبعض المثقفين لم يلبثوا أن اكتشفوا مخزون من الأشكال الأساسية في هذه الأعمال، أتاحت لهم تجديد فنونهم والانفصال عن نماذج الماضي.

تماثيل نموذجية

ينتمي هذا التمثال إلى إبداعات قبائل دان، المستقرّة في غرب ساحل العاج وفي شمال شرق ليبيريا. ترجع هذه الصور النموذجية في مجملها إلى تماثيل نسائية ذات سيقان وأعناق ضخمة، وتوحي بالقوة النفسية للأفراد الذين لا يستسلمون إلى حالة الارتباك النفسي. يجسّد صدر المرأة الناضجة المرضعة الخبرة والحكمة. زُين العمود الفقري بمجموعة من الأشكال الحيوانية، وغرست عناصر معدنية على الجبهة والفم. ووضعت قطع من الزجاج أو من معدن الميكا على الأرجح لتجسيد شكل العينين.

1

الأقنعة الواقية

يجسّد هذا التمثال المعروف باسم "باغا" والقادم من منطقة وسط غينيا، الروح الحامية "دُمبا". وقد كان يتّخذ قناعا أثناء الرقصات الطقسية لضمان خصوبة الأرض خاصّة وخصوبة النساء أو انتقال أحد الموتى إلى مقام الأسلاف. فبعد أن يُثبّت القناع على كتفيه بواسطة أربع أرجل، يستطيع حامله الرؤية من خلال التجاويف الموجودة بين الثديين، ويغطّي جسمه بثوب من الألياف النباتية التي اختفت اليوم. أمّا الأنف المقوّس والبارز، فيبدو أنّه يحيل إلى منقار طائر أبي قرن، رمز الخصوبة. وتعبّر كلّ من الجفون المنخفضة والفم المغلق عن الصفاء والحكمة، في حين يرمز الثدي المُتدلّي إلى الوظيفة الغذائية للروح.

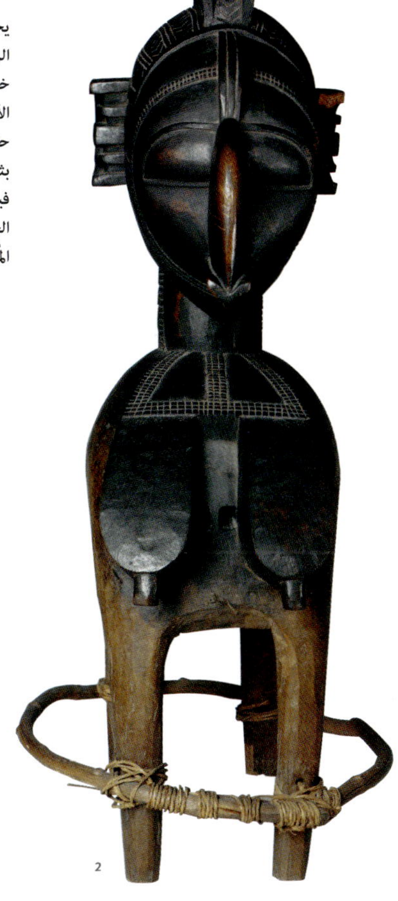

2

عبادة الأجداد

تحمل تماثيل "حارس الذخائر المقدسة" شعارات الفنّ في إفريقيا جنوب الصحراء الكبرى. إذ تعمل هذه التماثيل على حماية رفات عظام الأجداد المحفوظة في صندوق أسطواني يجلس عليه تمثال يشدّ إليه بذيل ظاهر من وراء الحوض. وتلعب هذه الذخائر دورا مركزيا أثناء طقوس الانتساب التي تتيح للشبّان اليافعين التحوّل إلى كهول عن طريق تعلّم أسماء أسلافهم وكيفية التواصل معهم. وتبعا للسمات المميزة لتماثيل "نغومبا"، رصّع هذا التمثال بسبائك من النحاس والزجاج واللؤلؤ ورسمت على وجهه الندبات، وغطّي بالشعر البشري للدلالة على اللحية والحاجبين، وارتدى نطاقا من الفرو الحيواني.

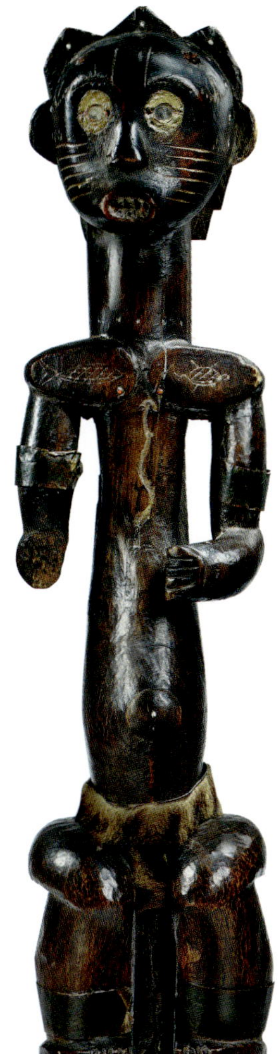

3

"إن القبيح في الفن هو كل ما هو زائف، ومصطنع، وكل ما يسعى إلى أن يكون جميلا بدل أن يكون معبّرًا، وكل ما هو متكلَّف ونفيس، وكل ما هو خال من الروح وعار من الحقيقة، وكل ما هو مجرّد استعراض للجمال والفخامة، وباختصار، كل ما كان كاذبًا". يعتبر أوغيست رودان (1840-1917) عبر تصوّره الجمالي الجديد رائد فنّ النحت الحديث. وقد دفعه إصراره على البحث عن الحقيقة إلى دراسة الطبيعة مباشرة وإلى ملاحظة أعمال الماضي كذلك.

رودان
الفن العتيق في خدمة النحت الحديث

ما إن سمحت له ظروفه المالية، حتّى قام رودان ببناء مجموعة متنوعة من قطع الرخام والخزف وغيرها من القطع التي غذّت إبداعه الخاص. يقول: "لدي الآن مجموعة من الآلهة المشوّهة والمكسورة، بعضها من الروائع الفنية. أقضي الوقت معها، فهي تعلّمني. أحبّ هذه اللغة التي ترجع إلى ألفي أو ثلاثة آلاف سنة، والتي هي أقرب إلى الطبيعة أكثر من أي شيء آخر. أعتقد أنّي أفهمها ولا أتوانى عن زيارتها باستمرار(...) ولا تعدّ هذه التماثيل في عِداد الموتى بل هي تتحرّك، وأنا أجتهد في إحيائها وأكمّلها بسهولة بحسب رؤيتي، وهي صديقاتي إلى الساعة الأخيرة".
احتلت الآثار القديمة مكانة رئيسية بين هذه القطع، تماشيًا مع النهج الجديد لعلم الآثار في أوروبا. ففي حين خضعت الآثار والتماثيل اليونانية والرومانية للترميم بعناية في عصر النهضة، تحوّل الاتجاه بداية من سنوات 1870 إلى حفظ هذه الآثار في الحالة التي عُثر فيها عليها دون أي تعديل أو ترميم. وبحثًا عن لغة جديدة خالية من الأكاذيب، تبنى رودان هذه الجمالية المجزّأة، وتعمّد إضفاء مظهر غير مكتمل على أعماله. كما اعتمد شكلاً من أشكال إعادة الاستخدام مستمدًا من أعماله السابقة مثل "باب جهنم" بعض العناصر التي أعاد استخدامها في أعمال جديدة. تكمن حداثة أعمال رودان وراء ظهور النحت الحديث، كما يجسّد ذلك تمثال "الرجل السائر" الذي لم يكن موضوعه إلا ذريعة لإبداع شكل بكامل حقيقته العارية.

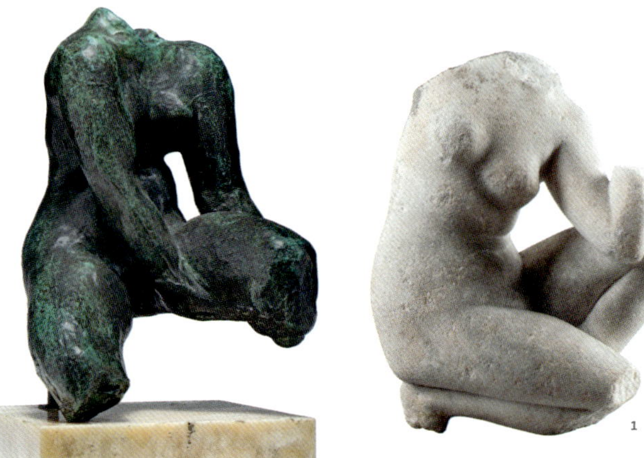

"تأملتها منتشيًا"

من المفارقات أن رودان وجد في الآثار القديمة الصلة الواضحة بالطبيعة التي بدت له أنها فُقدت في النحت الأكاديمي. إذ تجسد تماثيله النسائية العارية هذه الطبيعة المحفزة والشهوانية إلى أقصى حد: "يكمن الجمال في الشخصية والتعبير، ولا يوجد شيء في الطبيعة أكثر تعبيرا من جسد الإنسان، إذ يوحي عبر شكله أو أناقته بالصور الأكثر تنوّعا". فهو يعتبر أن هذا التمثال الجاثي لفينوس الخارجة من البحر لا يقل حياةً عن النساء الحقيقيات اللاتي يقفن للتصوير في ورشته. وقد درس رودان أيضًا حركة الجسد لدى الراقصين والراقصات الذين قدموا إلى باريس من جميع أنحاء العالم، والذين يعتبرهم قد نجحوا في "استعادة حرية الغريزة والعثور على دلالة لتقليد يقوم على احترام الطبيعة".

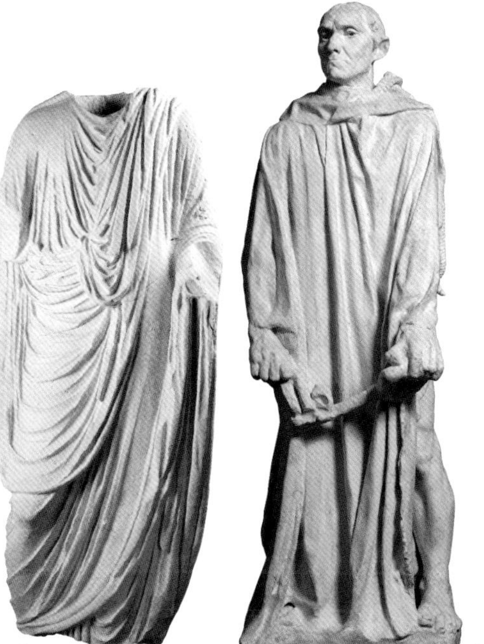

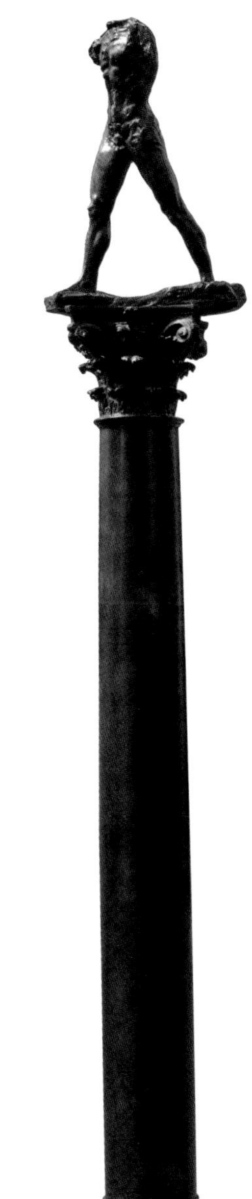

.1
فينوس وهي جاثمة
الإمبراطورية الرومانية
100 ق.م. 100 م.
إ. 25 سم؛ رخام
متحف رودان

.2
جذع تمثال لامرأة
جالسة يُسمى
"جذع مورهارت"
أوغست رودان
فرنسا، ميدون
1895-1899
إ. 38 سم؛ برونز
متحف رودان

.3
الرجل السائر
فوق عمود
أوغست رودان
1900
إ. 357 سم؛ برونز
(صنع في عام 2006،
مسبك كوبيرتن)
اللوفر أبوظبي

.4
جون دير (من
مجموعة "برجوازيو
كاليه")
أوغست رودان
فرنسا، ميدون
1895-1903
إ. 202 سم؛ جص
متحف رودان

.5
تمثال نصفي روماني
يسمى توغاتوس
الإمبراطورية الرومانية
1-100 م.
إ. 182 سم؛ رخام
متحف رودان

تحت الأغطية، "كائنات من لحم ودم"

بعد أحد عشر شهرا من الحصار القاسي أثناء حرب المائة عام، سلّم ستّة من سكان مدينة كاليه في شمال فرنسا أنفسهم إلى الإنجليز لإنقاذ حياة المواطنين. وقد اختار أوغيست رودان حين كلّف بإقامة نصب تذكاري يخلّد ذكرى وفاتهم سنة 1884 ألاّ يظهرهم في مشهد بطولي، وإنّما وفق المظهر الذي يفترض أنّهم بدوا عليه أمام الملكة فيليبا هينو، التي بدا عليها التأثر وهي تطلب العفو لهم وتحصل عليه. وبعد أن أجرى رودان مجموعة من الأبحاث التاريخية، تخيّلَهم عُراةً في البداية قبل أن يلبسهم زيّا للمحكوم عليهم بالإعدام. ويقف هنا جون دير موقف المستسلم حاملا مفتاح المدينة وهو يستعدّ لتسليمه إلى إدوارد الثالث، وقد التفّ حبل المشنقة حول عنقه، وهو يتألم في وقار أثناء "سيره إلى حتفه".

القوة التعبيرية للحركة

نظّم رودان معرضه الخاصّ في جناح آلما حتى يتزامن مع المعرض العالمي الذي انعقد في باريس عام 1900. وقدّم في معرضه هذا التمثال الصغير الواقف على عمود ذي تاج كورنثي. وقد جمع فيه قطعتين من تمثال القديس "يوحنا المعمدان". وقام بوضع الجذع على ساقين محنيا إياه قليلا إلى الأمام، ممّا يوحي بحركة ديناميكية لهذا "الرجل السائر". يذكّرنا هذا الرجل المقطوع الرأس والذراعين بالعصور القديمة، ويعكس قرار الفنان الاحتفاظ بالجذع على شكل قطعة منفصلة وتحرير التمثال من كل التفاصيل غير الضرورية، مدى حداثة نهجه الفني.

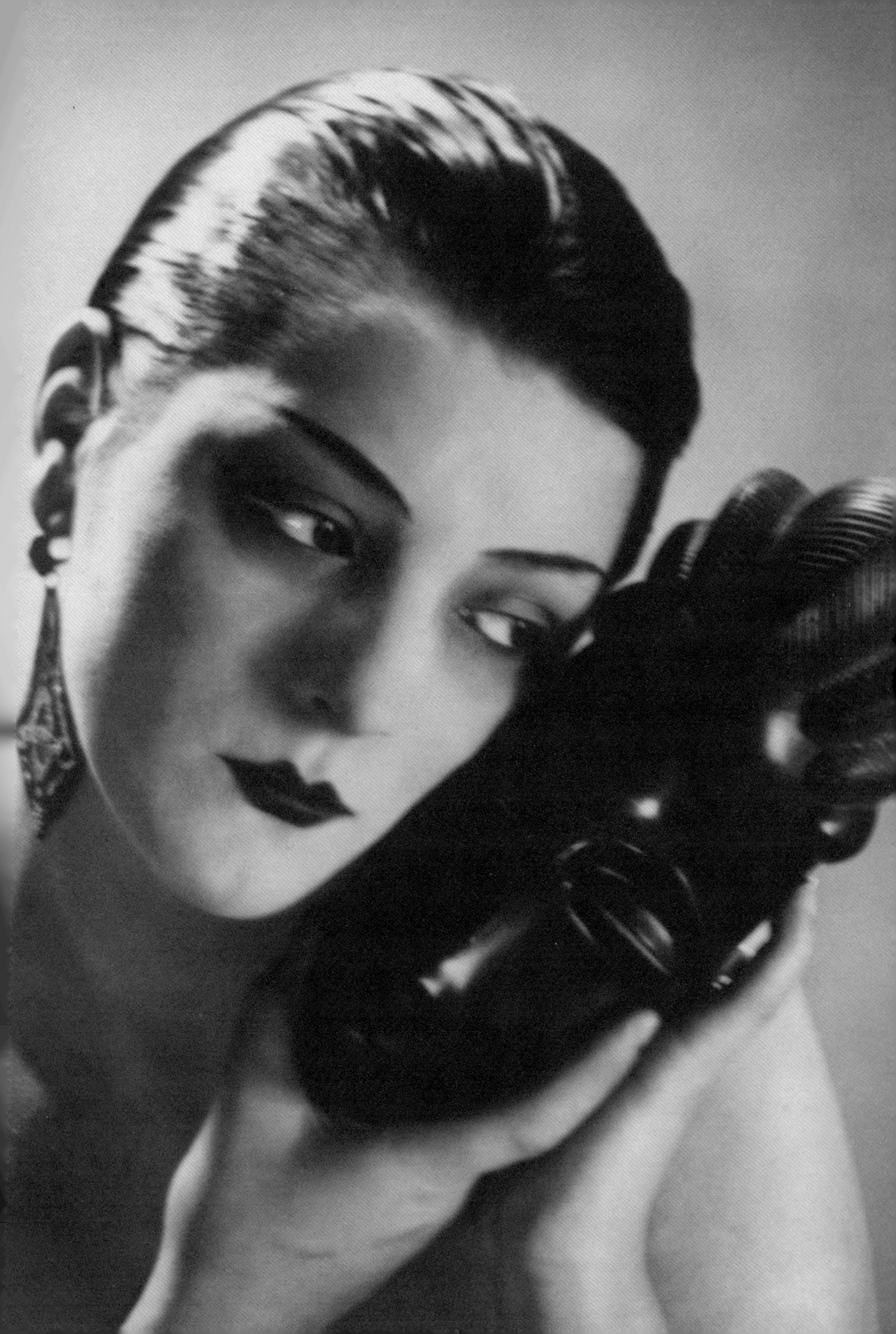

قاعة العرض 11

الحداثة موضع تساؤل

تعاظمت التغيّرات العميقة التي أحدثتها الثورة الصناعية في القرن العشرين. إلاّ أنّ صدمة الحربين العالميتين وحركات إنهاء الاستعمار وعولمة الظواهر الثقافية ونقدها أدّت إلى زعزعة قناعات أوروبا الحديثة. ولذلك تخلل مسار الإبداع الفنيّ المتجدّد حركات جذرية مثل التجريد والمصنوعات الجاهزة والأسبقية التي أولاها الفنّانون إلى اللاوعي وإلى عالمهم الباطني. وقد تغذّى الفنّ الذي رأى النور في أوائل القرن في أوروبا وفي باريس -بوصفها البوتقة التي انصهرت فيها الحداثة الفنية من خلال شخصيات مثل بيكاسو أو ماتيس - بثقافات وتقاليد من خارج أوروبا، واستمدّ موضوعاته من خارج المحيط التقليدي للفنون الجميلة. وشهدت هذه الفترة الثرية فنيًا ميلاد فن السينما وتطوره. إلاّ أنّ هذا القرن شهد كذلك اثنتين من التقلبات الكبرى وهما: الحرب العالمية الأولى ما بين 1918-1914 والأزمة المالية العالمية الكبرى عام 1929 من جهة، والحرب العالمية الثانية من جهة أخرى. وهو ما حدا بعدد من الفنّانين - وبينهم كثير من السرياليين - إلى اللجوء إلى المنفى، وخاصة إلى الولايات المتحدة وأمريكا اللاتينية. وقد سمح القضاء على الاستعمار وتفكيك الإمبراطوريات الاستعمارية الفرنسية والإنجليزية لكثير من الفنّانين المشاركة في بناء تاريخ وطني وثقافي جديد تاقت إلى كتابته الشعوب المحرّرة. فرضت نيويورك نفسها في النصف الثاني من هذا القرن مسرحًا للحداثة الفنية الجديدة. وانفتحت الحركات الفنية -مثل فنّ البوب - على الإعلام، وانتشرت وألهمت العالم كله. وبينما كانت العولمة تنتشر من خلال التواصل مع آخر شعوب العالم المنعزلة في غينيا الجديدة، توسّعت آفاق العالم أكثر حينما وضع نيل أرمسترونج قدميه على سطح القمر عام 1969. وفي نهاية القرن العشرين، ساهم المجتمع الاستهلاكي في تغيير علاقتنا بالأشياء والعالم من خلال انتشار بضائعه ومنتجاته بكميات هائلة في كل مكان. فمن خلال أشرطة الفيديو الخاصة بهم ومنشآتهم وأدائهم، عبّر الفنّانون عن عالم صارت فيه الهواتف والتليفزيونات تضع الأفراد في تواصل مباشر ومتزامن على مستوى الكرة الأرضية، لتسهم بذلك في تغيّر الانتماءات والأقاليم، وفي مقارنة القصص الفردية والجماعية بعضها ببعض.

تأثّر فنّ النحت الغربي بعد أوغيست رودان بالفنون غير الأوروبية. إذ وجدت الأقنعة الأفريقية - التي لا يمكن فصلها عن الأساطير والطقوس الدينية التي تشكل أنماط التفكير في المجتمعات التقليدية - صدى كبيرا في أعمال كبار النحّاتين في القرن العشرين أمثال كونستان تينبرانكوزي وألبرتو جاكوميتّي، إذ طبعت أعمالهم بالبعد الرمزي والسعي نحو بناء الصلة بين الشكل المنحوت والعالم غير المرئي.

النحت مقياس العالم وجوهره

يُخفي القناع الأفريقي بقـدر مـا يُظهـر أو "ينكر بقـدر مـا يُثبـت" عـلى حـدّ تعبيـر كلـود ليفـي سـتروس. إذ يخفي القناع الشعائري في طيّاتـه سرًّا لا يعلمه إلاّ المشاركون في طقوس الانتساب، إلا أنّه يسـتخدم خـلال ممارسـة الطقوس العامّـة الموجّهة لوصـل البـشر بأجدادهـم أو بـالأرواح الحيوانيـة والطبيعيـة التـي يتشفّعون بها. فالقنـاع يحيـي الأسـاطير مـن جديد.

نجد هـذا البعد المجازي والأسـطوري بشكل أو بآخر في أعمال كونسـتان تينبرانكـوزي، الـذي يسـعى إلى إحيـاء جوهـر المـوادّ والأشـكال الطبيعيـة. فرحلـة بحثـه عـن "جوهـر المـادّة" مـن خـلال تمثال (القُبلـة، 1907-1938)، وعـن "جوهـر الطيـران" مـن خـلال تمثال (طائـر في الفضاء، 1923 و1925) وعـن اللانهائي مـن خـلال تمثال (عمود بـلا نهايـة، 1918-1938)، جعلتـه يبحـث عـن أشـكال قديمـة ويبتعـد عـن أسـاليب عصـره مـن أجـل بلـوغ الكونيـة. وبسـبب قربـه مـن مارسيل دوشامبو تريسـتان تزارا ومـان راي وفرنانـد ليجيـه، ابتكر برانكـوزي أشـكالا أساسـية تجمع بين الحداثـة الفائقـة والأزليـة، وكأنها مسـتوحاة مـن زخـم تصاعـدي.

تأثرت أعمال جياكو ميتي أيضًا بالتيارات الفنية المختلفة (السيكلادية، والإتروسـكية، والمصريـة، والبيزنطيـة، والأفريقيـة). ونظـرا لصداقتـه مـع بـكارل أينشتاين مؤلَّف كتـاب عـن فـنّ النحـت الإفريقي بعنـوان "نيغيرباسـتك" عـام 1915، وكذلك صداقتـه مـع ميشـيل ليريـس، وهـو كاتـب وشـاعر قريـب مـن السرياليين ومتخّص في فنون قبائـل الدوغـون، تخلّى جاكو ميتّي باكـرا جـدًا عـن التمثيـل الأكاديـمي ليتّجه نحو فـنّ شـبه طوطمي. ونظـرا لقربـه كذلـك مـن المدرسـة السرياليـة بين عامـي 1931 و1935، لم يتخلَّ جاكـو ميتّـي أبـدا عـن التمثيـل، ولكنّـه ركّـز في المقـام الأول عـلى تصويـر "الـرأس" والنظرة، بوصفهـما شـاهدين عـلى تجسُّد الوجـود وعـلى العلاقـة الإنسـانية الداخلية. وقـد كانـت مسـائل النِّسَب والمقاديـر مـن المسـائل الجوهريـة لديـه. وسـعيا منـه إلى نقـل تقلّص الحجـم الناتـج عـن المنظـور إلى المنحوتـات قام جياكو ميتّي بإبعـاد تماثيله عـن المشـاهد مـن خـلال تقليص حجمها، أو بتقريبها منـه مـن خـلال تكبير حجمها.

تنشيط القوى غير المرئية

تُظهر الأقنعة الحيوانية الغينية بعض الثوابت الجمالية، وذلك من خلال تمّوج هياكلها المزيَّنة بأشكال هندسية متعدّدة الألوان في الأغلب. توضع هذه القطعة على غطاء الرأس أو على قاعدة لاستخدامها خلال طقوس الانتساب. تتوازن رأس الثعبان الثلاثية مع انتفاخ البطن الذي يوحي بتموّج شكل الحيوان. ومنح التعرّج الواضح في الخطّ والأشكال الثلاثية المتماثلة على جانبي خطّ الوسط القناع قوة جمالية خالدة شبيهة بتلك التي نجدها في أعمال برانكوزي.

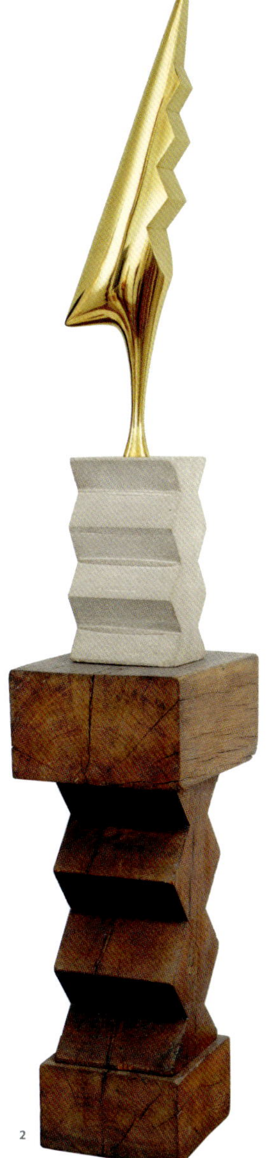

2

جوهر المادة

توجد عدّة نسخ من "الديك" لبرانكوزي (1876-1957) بأحجام ومواد مختلفة بما في ذلك الخشب والجبس والبرونز. صنعت هذه النسخة البرونزية المصقولة الفريدة انطلاقًا من نسخة أخرى من الجصّ في مرسم الفنّان الخاصّ به (أُعيد تشييد هذا المرسم في ساحة مركز بومبيدو بباريس)، وسبقت هذه النسخة نسختان أخريان بحجم مماثل. ويبرز الشكل العمودي لهذا الطائر المدرّب من خلال القاعدة الرباعية التي تشكّل جزءا أساسيا من العمل كما هو الحال دائمًا لدى برانكوزي. يتباين البرونز المصقول والشكل الدائري لبعض أجزاء التمثال مع التعاريج الحادة للزوايا المتراكبة التي ترمز لهذا الحيوان المتمدد للأعلى.

الطول المستحيل

طلب التاجرُ بيير ماتيس عام 1958 من النحّاتَ ألبرتو جاكوميتي صنع نصب تذكاري لوضعه في ميدان أمام ناطحة سحاب بنك تشيس مانهاتن بنيويورك. فقام الفنّان بتصميم مجموعة فنيّة تضمّ أشكاله الثلاثة المفضّلة وهي: "المرأة الواقفة" التي توحي بالشجرة، وتمثال "نصفي" أو "رأس" يوحي بمشهد الجبل، وصورة "الرجل الذي يمشي"، وذلك في مساحة خالية تسمح للمشاهد بالتجول بين أنحاء هذا المَعْلم المنحوت. ولمّا لم يجد جاكوميتّي التناسب الملائم بين عمله الفنّي والمباني الشاهقة في نيويورك قرّر، وهو الذي لم يزر الولايات المتحدة أبدا، التخلي عن المشروع عام 1961. عُرضت التماثيل البرونزية لهذا المشروع ومن بينها تمثال "المرأة الواقفة الثانية" منفصلة عن بعضها في العديد من المعارض الفنية، وخاصّة منها معرض بينالي في البندقية عام 1962.

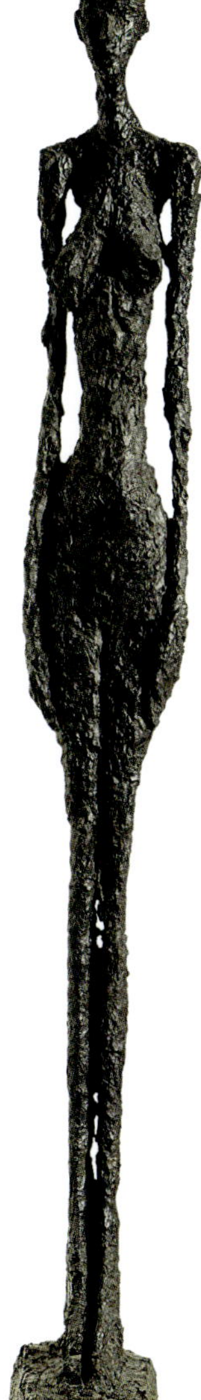

3

شهد أكثر من مليون متفرّج العروض التي نظّمتها دار السينما العملاقة "لومير" خلال المعرض العالمي في باريس عام 1900. ولئن استحق الإخوة "لومير" المجد الناتج عن تنظيم هذه العروض، فقد سبقهم روّاد آخرون في هذا المجال منذ اختراع "الفانوس السحري" في القرن السابع عشر، وكانوا مصدر إلهام لآخرين من الذين ساهموا بدورهم في صناعة السينما لتصبح كما سماها توماس أديسون "إحدى ركائز الثقافة الإنسانية".

نشأة الفيلم السينمائي

جاءت السينما نتيجة الجمع بين العروض البصرية وتطوّر التصوير الضوئي المباشر بفضل الطبقات الحساسة للضوء الجديدة والأكثر حساسية. وقد اخترع الفرنسي إميل رينو المسرحَ البصري عام 1892 معتمدا طريقة تحريك الأفلام وعرضها باستخدام جهاز عرض الصور "البراكسينوسكوب". وفي الوقت نفسه، اعتمد توماس أديسون على أبحاث العالمَين الإنجليزي إدوا مويبريدج والفرنسي إتيينجول ماري حول تفكيك الحركة من خلال التصوير. وتعاون مع ويليام كينيدي ديكسون في اختراع جهاز تسجيل يُسمى "كينتوغراف" وجهاز إعادة إنتاج الصور في طور الحركة "كينتوسكوب"، يعمل كآلة عرض فردية للصور.

وجد كل من لويس ليمير والمهندس شارل مواسون طريقة يستطيعان من خلالها إيقاف الصورة عندما تمرّ أمام النافذة وذلك بفضل ما يسمى "الصليب المالطي". فاخترعا تبعا لذلك كاميرا لها القدرة على التقاط الصور المتحرّكة وعرضها في الوقت ذاته من خلال شاشة

كبيرة. وقد كان هذا الاختراع بداية ظهور العرض السينمائي، ومن ثم السينما كما نعرفها اليوم.

كان أوّل عرض عام قدّمه السينمائي لومير في 28 ديسمبر 1895 في القاعة الهندية في "المقهى الكبر" في باريس، حيث عُرضت عشرة أفلام كان أوّلها على الإطلاق "خروج العمّال من مصنع لومير" (1895)، وفيلم "ساقي الحديقة المبتلّ" الذي سُمي في البداية "عامل الحديقة والشرّير الصغير" وهو أوّل فيلم يعتمد الخيال.

انطلق الأخوان لومير ومشغليهما في إنتاج العروض السينمائية وتنظيمها وعرضها في جميع أنحاء العالم، في العواصم الأوروبية وفي كندا ومصر وروسيا والولايات المتحدة الأمريكية والصين واليابان مرورا بأفريقيا وأمريكا اللاتينية. إلاّ أنّهما لم يقدرا على الاستفادة من اختراعهما تجاريًا، فقرّرا ترك الاستثمار في المجال السينمائي عام 1905، وذلك مباشرة قبل أن تبدأ السينما في صعودها المذهل الذي لا يُقاوم.

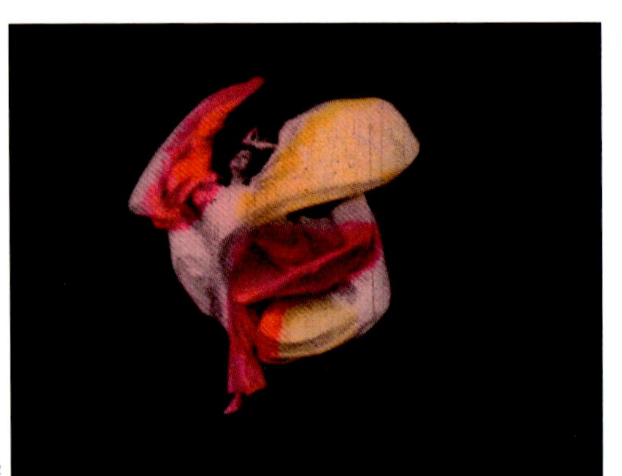

2

جنّية الكهرباء

استطاعت الراقصة لوي فولر (1862-1928) باستخدام عيدان خشبية غير مرئية تحريك الأجنحة المصنوعة من القماش الموجودة في زي الرقص الخاص راسمةً في الفضاء خطوطا متعرّجة تحت تأثير الأضواء المختلفة. فقد جسّدت الفراشة (1892)، والسحب (1893) في رقصاتها الأفعوانية، وكانت أولى الراقصات اللاتي استخدمن الكهرباء في رقصاتها. وإذ تجسّد هذه الراقصة روح الفنّ الحديث، فإنها ارتبطت بعلاقة صداقة مع الأخوين لومير، اللذين أخرجا فيلما لراقصة تؤدي عروضها الراقصة. ولا يوجد لسوء الحظ، أي فيلم للوي فولر ذاتها وهي ترقص سوى ربما فيلم "رقص النار" للمخرج جورج ميليس.

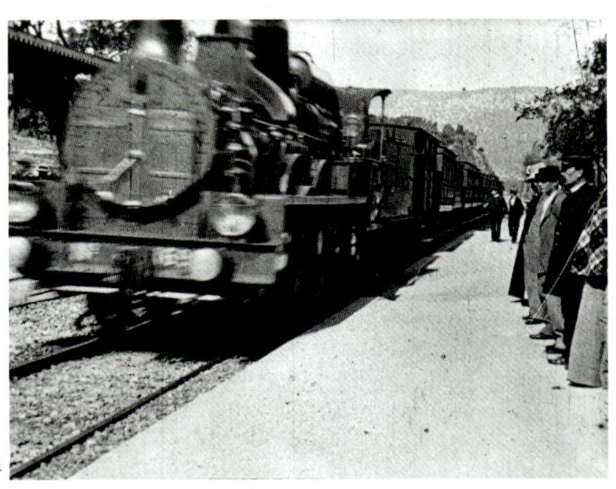

1

الحياة ذاتها، التقاط الحركة لحظة حدوثها

ركّز لويس لومير (1864-1948) آلة تصويره السينمائي على رصيف محطة قطار سيوتات، وأدار ذراع الآلة في اللحظة التي وصل فيها القطار قادما من مارسيليا، وقد كانت الطفلة الصغيرة أندريه ابنة أوغيست لومير ضمن جموع الركاب والمسافرين الذين يمشون ويجيئون. تقوم الفكرة على التقاط المشهد بصورة مائلة لتضخيم تأثير السرعة، وتقول الروايات أن المشاهدين الأوائل اعتقدوا وسط دهشتهم أمام المشهد بأنّ القاطرة تندفع نحوهم خارج الشاشة لتدهسهم بالفعل.

في مجرى نهر النيل

أقيم أول عرض سينمائي للأخوين لومير في مصر في أحد حمّامات البخار بالقاهرة في شهر يناير من عام 1869. وعندما عاد المخرج ألكساندر بروميو عام 1897 صور بعض "المشاهد المصرية" التي عُرضت في أول قاعة عرض سينمائية في الإسكندرية أُطلق عليها اسم الأخوين لومير. كانت الغاية من هذه الأفلام جذب انتباه الجمهور المحلّي من خلال تناول موضوعات مألوفة، في حين كان عرضها في بلدان أخرى يهدف إلى إظهار غرابتها. وقد نجحت صناعة السينما في مصر نجاحا باهرا وسرعان ما أنشئت مدرسة محلية للسينما المصرية".

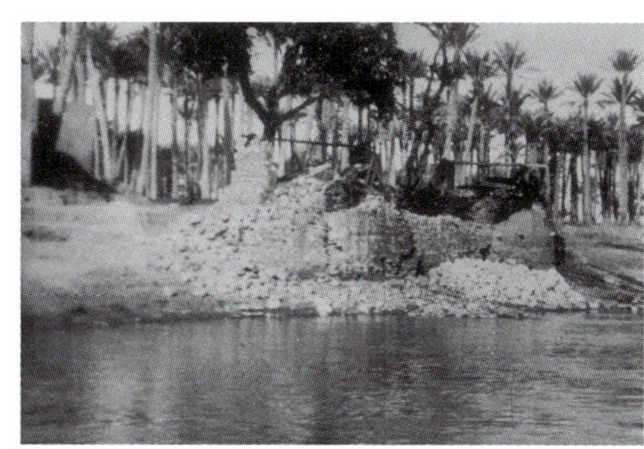

3

ساحر "مونتروي"

اشترى جورج ميليس (1861-1938)، مدير مسرح روبرت هوديني، آلة تصوير سينمائي تسمى "أنيما توغراف" من لندن. وقد بدأ أولا بتصوير أصدقائه وعائلته، ثم أسس عام 1897 أوّل أستوديو سينمائي في مرسمه الخاصّ في مونتروي سوبوا ووضع قواعد التصوير السينمائي مثل اللقطة القريبة، والمزج التركيبي، واستخدام تقنية التثبيت على مشهد معين إلخ. أخرج إلى حدود عام 1912 أكثر من 520 فيلما منها: "رحلة إلى القمر" وهو أوّل فيلم من أفلام الخيال العلمي في العالم. تأثّر هذا الفيلم بالسحر وبالأوبريت، واستُوحي أيضا من رواية "من الأرض إلى القمر" للروائي جول فيرن، حيث يروي قصة بعثة علمية بقيادة البروفيسور باربينفويّ - (مَثّل دورَه جورج ميليس بنفسه) - الذي سافر للقمر على متن مركبة فضائية على شكل رصاصة غرسها في عين القمر قبل أن يكتشف السكان الغامضين.

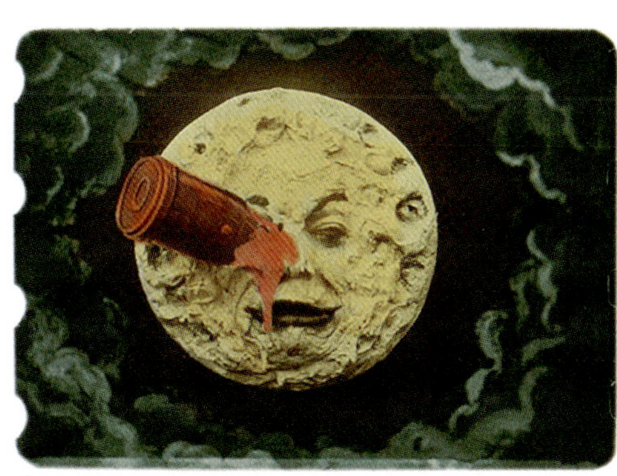

4

صانع الأفلام العبقري

أخرج إميل كوهل (1938-1957) عام 1908، فيلم "فانتاس ماجوري"، وهو أوّل فيلم سينمائي للرسوم المتحرّكة. وقد صُوّرَت الصور الواحدة تلو الأخرى وفق تقنية "حركة واحدة وصورة واحدة" المُبتكرة في الولايات المتحدة الأمريكية. اخترع كوهل، الذي كان في الأصل رسّاما كاريكاتوريا، شخصية بسيطة أصبحت بعد ذلك "دُمية" في أفلامه اللاحقة. وقد عرفت هذه الدمية في اليابان باسم "ديكوبو" لتشير في البداية إلى كلّ سينما الرسوم المتحركة اليابانية التي بدأت "بكتاب الرسوم الجديدة لديكوبو". وقد شهد فنّ أفلام الرسوم المتحركة تطوّرا شاملاً في مختلف أنحاء العالم في القرن العشرين، كما جسّد ذلك والت ديزني الذي أثنى بعد حصوله على وسام الشرف على جهود سلفه في هذا المجال، إميل كوهل.

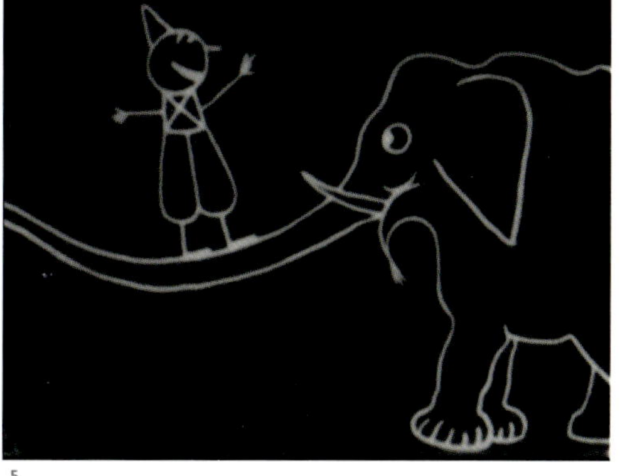

5

كان ظهور "الفنّ الجديد" في الفترة ما بين 1880-1890 الإجابة المثلى على الأزمنة المتغيرة، وذلك في كلّ من بروكسيل ولندن وغلاسكو كما هو الحال في باريس وبرشلونة وفيينا وتورينو. فقد كان هذا الفنّ أكثر فعالية من مختلف الأساليب الانتقائية في القرن التاسع عشر، وساهم في خدمة أسلوب حياة حضري للغاية وبعض المتطلبات الضرورية المحددة لحياة الرفاهية. سعى "الفن الجديد" من خلال أساليبه الحيوية والنباتية إلى مصالحة سكان المدن مع الطبيعة التي انفصلوا عنها. وإجمالاً، كان لا بدّ من إيجاد توازن جديد يمرّ عبر إعادة تعريف الفضاء الحيوي ومجموعة أوسع من القطع اليومية. وفي كل الأحوال، فقد أدّت مكننة الورشات إلى تطوّر أنماط الإنتاج وتوسّع قاعدة العملاء.

الفنون الزخرفية في مطلع القرن

رغم ما واجهه كبار مبتكرو "الفنّ الجديد" كلّهم من صعوبات للوصول إلى جمهور عريض بسبب تصاميمهم الجريئة وارتفاع تكلفة إنتاجها، فإنّ جهودهم الإصلاحية لم تفتر بالمرّة. وفي هذا السياق، قلّ من كان عنيدا في نشر أفكاره وترجمتها في أشكال متنوّعة جدًّا بقدر عناد هنري فان دي فيلدي، أحد أتباع ويليام موريس. فبالإضافة إلى الأواني والأدوات الضرورية، كان يرى أنّه لا بدّ أن يكون لفضاء العيش المنزلي والمهني على حد سواء تأثير مفيد في شاغليه. إذ بما أن المادة غير جامدة؛ فإنه لا ينبغي أن تأخذ لغة الفنّان شكلا محدّدًا. يقول دي فلدي: "تنبع الزينة بالضرورة من سطرين أو ثلاثة نلقي بهما دون تفكير على الورق تحركنا قوة كامنة تجري كالصرخة داخلنا". وفي عام 1900، وعلى غرار الإنجليزي شارل روبار أشبي والإسكتلندي تشارلز ريني ماكنتوش، دُعِيَ فان دي فيلدي للمشاركة في معرض فيينا إلى جانب أعضاء حركة الانفصاليين التي كان الرسّام غوستاف كليمت رمزا لها. وكان شعارهم الذي نصبوه عند مدخل الجناح الذي يقيمون فيه معارضهم يتّسم بحدّة الحقيقة التي تجمع بين النبوءة والتحرّر: "لكل عصر فنّه، وللفنّ حريته". وقد نشأ عن التعاون عام 1903 مشروع آخر ذو صدى أكبر عُرف باسم "وينر وركستات" أو ورشات فيينا، كان كل من جوزيف هوفمان وكولومان موسر العقلين المفكرين والمدبّرين لهذا المشروع. وخلافًا لويليام موريس وحركة الفنون والحِرَف، لم ترفض "وينر وركستات" فكرة الإنتاج على نطاق واسع ولكن بشرط الجمع بين مفهوم الجمال الجديد وخطوط الإنتاج النقية. وقد أبدى العاملون في هذه الورشات والموزّعون بحسب الحرف نشاطا وإبداعا في صنع القطع الفنّية. صمّم العديد من أعمالهم لفائدة عائلة فيتجنشتاين التي قدمت كل الدعم لهذه الفلسفة الجمالية الجديدة بحثًا عن هوية ثقافية خاصة بها، شأنها شأن بقية أعضاء صفوة المجتمع اليهودي في الإمبراطورية النمساوية المجرية. رسم غوستاف كليمت صورة شخصية لمارغريت فيتجنشتاين- أخت الفيلسوف لودفيج فيتجنشتاين وابنة أحد كبار هواة جمع الأعمال الفنية - وأخرجها في صورة امرأة من أصحاب الذوق المتحرر تسعى لابتكار بيئة عيش متوافقة مع استقلاليتها في الحكم. وقد تزوجت عام 1905 من جيروم ستنبرورغ، وانتقلت بعدها بفترة وجيزة إلى برلين، حيث جعلت شقّتها معرضا لأعمال "وينر وركستات". أشرفت مارغريت على زخرفة المعرض بالتعاون مع كولومان موسر، ووافقت حتى على تلوين الأطر الخارجية للوحاتها الفنية باللون الأبيض لأغراض الوحدة البصرية في العمل. إذ لم يسمح لأي شيء بخيانة البعد الكلّي للرسم.

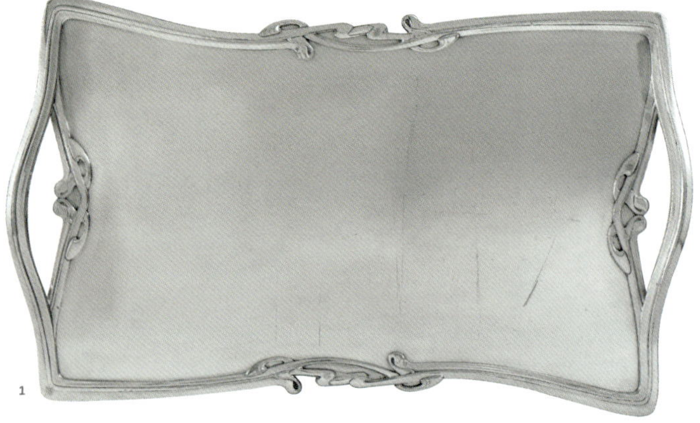

الخطوط الديناميكية

استطاع هنري فان دي فيلدي كليمنس (1863-1957) أن يستفيد من ليونة المعادن، فبينما تبدو المقابض منفصلة ومستديرة أمام أعيننا، نجد أن كل جانب من جوانبها قد زخرف بشكل نباتي، ونقش بدقّة عالية. وبالنظر إلى محيط الطبق المتعرّج الذي يضفي عليه الخطّ الديناميكي بعدا حيويا، لم يعد هذا الطبق مجرد أداة جامدة للاستخدام اليومي.

غلاية فضية دون بهرج

يمثّل هذا "السماور" أو الإناء الخاص بإعداد الشاي نوعا من الغلايات التقليدية في روسيا وأوروبا الوسطى، وهو يعدّ جزءا من طاقم أهداه يوبول دينفيتجنشتاين إلى ابنته مارغريت عام 1905. وقد صمّم هذا العملَ الفني الصائغُ جوزيف هولي انطلاقا من رسم أوّلي لبجوزيفهوفمان (1956-1870). ولئن كان هذا الإناء يعطي انطباعا بالزهد الشديد الذي يذكّر بأعمال كريستوفر دريسر، فإنّه لا يتسّم بالجفاف الصناعي الذي نجده في تصميم دريسر. وقد سعى هولي لموازنة تقشفه في الوسائل، فاستخدم حلية حلزونية للدعامة ثلاثية السيقان، ومقابض مصنوعة من خشب الأبنوس وزيّن أطرافها برقعة شطرنج ملوّنة.

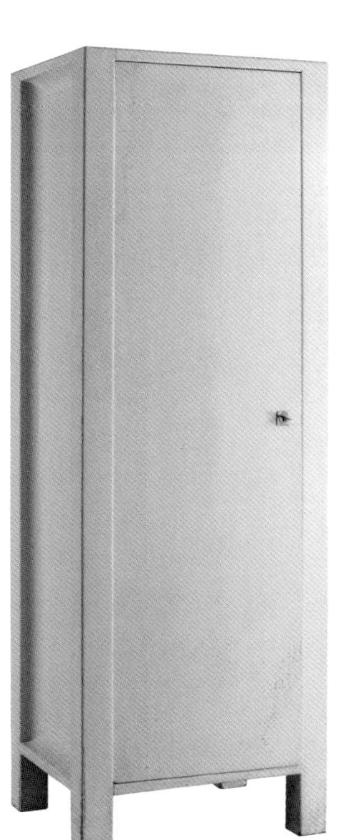

طبق كبير
هنري فان دو فيلد
بلجيكا، بروكسل
1898
إ. 69.3، ع. 41.7 سم؛
برونز مطلي بالفضة
اللوفر أبوظبي

.2
السماور
ج. هوفمان (صياغة
ج. هوزفيلد
وج. هولي)
النمسا، فيينا
1905-1904
إ. 31.5 سم؛ فضة،
خشب، مرجان،
عقيق يماني
اللوفر أبوظبي

.3
مصباح معلق
كولومان موسر
النمسا، فيينا
1905
إ. 146 سم؛
زجاج، معدن
اللوفر أبوظبي

.4
خزانة بباب واحد
كولومان موسر
النمسا، فيينا
1905
إ. 184.8 سم؛ خشب
مطلي باللك، معدن
اللوفر أبوظبي

أشكال عمودية تصاعدية

تمثّل هذه الخزانة المصنوعة من الخشب الأبيض إلى جانب جهاز الإضاءة التي صمّمهما المهندس المعماري النمساوي كولومان موسر (1918-1868) اثنين من أهم عناصر الأثاث المنزلي في شقة عائلة فيتجنشتاين-ستونبورو في برلين. تجمع الخزانة أحادية الباب وذات الجوانب المنحرفة والمخصّصة لغرفة الضيوف بين بساطة الأثاث والحيوية البصرية "للفن الجديد". ولا يوجد في الواجهة سوى قفل مصنوع من معدن فضي اللون يزيّن المساحة الشديدة البياض. أما جهاز الإضاءة الذي يتميز بفخامته العجيبة، فإنّه يذكرنا بالتيجان البيزنطية وساحرات المسرح المغويات في الزمن الجميل، وكذلك فنّ السينما الناشئ.

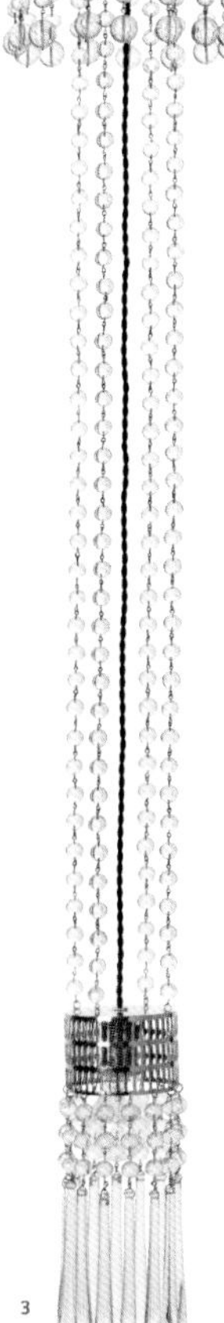

تحفة فنّية:
غرفتا جلوس وطعام اللورد روثرمير

في الوقت الـذي كُـرّس فيه "المعرض العالمـي" في عام 1900 لأعمال "الفنّ الجديد"، كان هذا الفن في طريقه إلى الزوال. وكردّة فعل على ذلك، سعت جمعية الفنّانين والمزخرفين التي أُنشئت عام 1901 إلى تنظيم معرض طليعي بهدف الترويج للأسلوب الحديث. وبسبب قيام الحرب العالمية الأولى، لم ينعقد هـذا المعرض إلا عام 1925 ليظهر معه مصطلح "آرتديكو" (فنّ التزويق) وهو اسم حركة فنّية ظهرت عام 1910 ولم تصل إلى ذروتها إلا في ذلك الحين.

وقد سطع نجم جاك إميل رولمان الملقب بعبقري "فن التزويق" أثنـاء هـذا المعـرض الـدولي للفنون الزخرفية والصناعية الحديثة في باريس. قام رولمان عند دعوته لتصميم جناحه الخاصّ في المعرض بالتعاون مـع المهنـدس المعمـاري بيار باتـو وبمعية مجموعة مـن الفنّانين المشهورين بتصميـم قصر لجامع التحف المتسم بالفخامة والأناقة. وقد تمّيّز تصميمه بنزعة عصرية مهذّبة انعكست أيضا في استخدام المـواد النفيسة لتجسيد رقي "الذوق الفرنسي" مقارنة بمظاهر الصفاء والزهد التي أبداها لوكوربوزييه في جناحه، "الروح الجديدة"، الـذي اتّسـم بالبساطة والراديكالية.

حقّـق تصميـم "قصر جامـع التحف الثري" نجاحا باهـرا. ومنـذ ذلك الحين اشتدّ الطلـب على هـذه الأعمـال سـواء مـن المؤسّسـات العامـة مثل قـصر الإليزيه، والاتحـاد المركـزي للفنون الزخرفية، ومتحف المتروبوليتـان في نيويـورك، أو مـن الأفـراد الخـواص مثل الصناعيين الأثرياء وهواة اقتناء الأعمال الفنية على غرار اللورد روثرمير صاحب صحيفتي "دايـلي ميل" و"دايـلي ميـر" الـذي كان يرغـب في تأثيث وتزويق شـقّته الكائنة في جادة شان إليزيه.

وبوصفه مزخرفا ومهندس ديكور، جعل رولمان مـن غرفة الجلوس/غرفة الطعام المجتمعتين عملا متكاملا وشاملا يجسّد الأناقة والحداثة الخاصّتين بـه، إذ يأخذ كل تفصيل زخرفي - سواء تعلّق بالنجارة أو النحت أو الحدادة أو الإضاءة أو الأثاث - قيمته في هـذا العمل الفنّي. فالتلاعب بالإضاءة المنبعثة مـن النوافذ ومن المشربية ومن أجهزة الإضاءة تثمّن خشب الـورد الهندي الداكن اللون، وتبرز عرق الخشب ومجموعة النقوش الغائرة العشرة الموجودة على الإفريز العلوي الـذي نحته لويس بيير ريغال. وتسهم جميع الأشياء الموجودة في الغرفة - مـن مقابـض الأبـواب إلى المفصلات المخفية المصنوعة مـن البرونز، ومـن أخاديـد الأفاريـز إلى الأفاريز الموجـودة على ألـواح الأبـواب- في إضفاء التناغم الفخم على الغرفة.

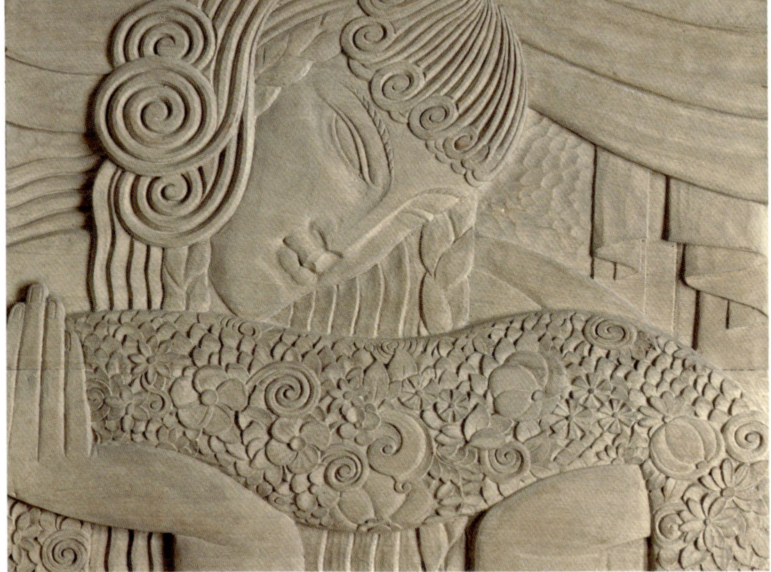

يرتبط النحت ارتباطا وثيقا بالهندسة المعمارية في "فن التزويق". تزيّن مجموعة من عشرة نقوش غائرة الجزء العلوي من غرفة جلوس اللورد روثرمير على طريقة الأعمدة الإغريقية. اتبع مبدع هذه النقوش النحّات لويس بيير ريغال (1959-1888) أسلوبا قديما في نحته، فنجد الوحدات الزخرفية التالية- الزهور والحلقات والستائر والمياه المموجة - كلها متسقة ومنمّقة. وقد ساهمت العودة إلى استخدام النقش المباشر للخشب في حداثة فنّ النحت في أعوام 1920.

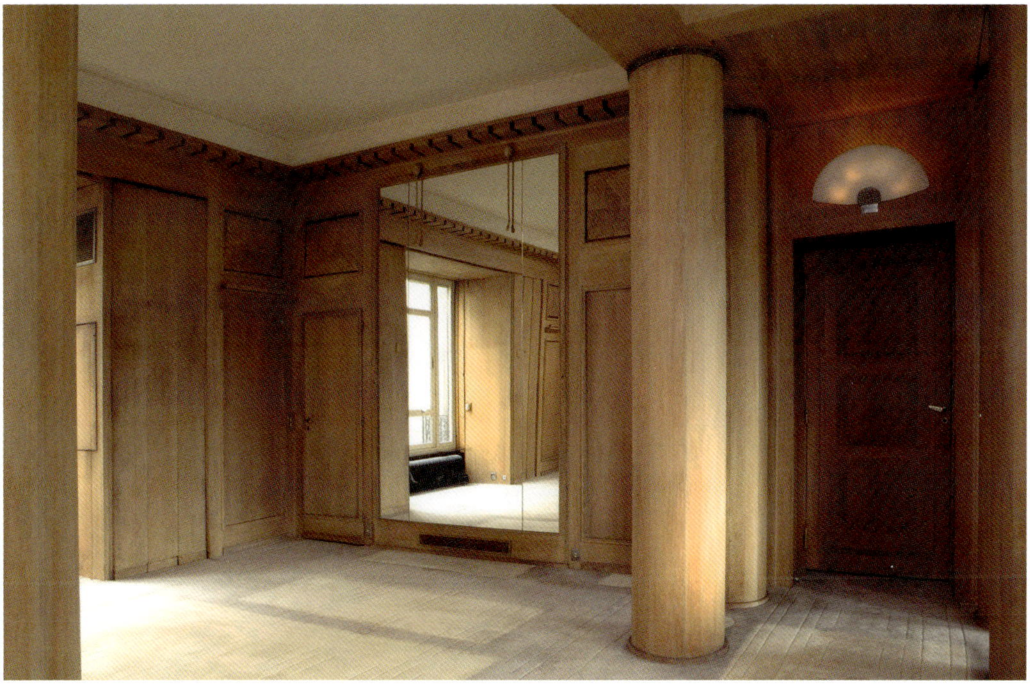

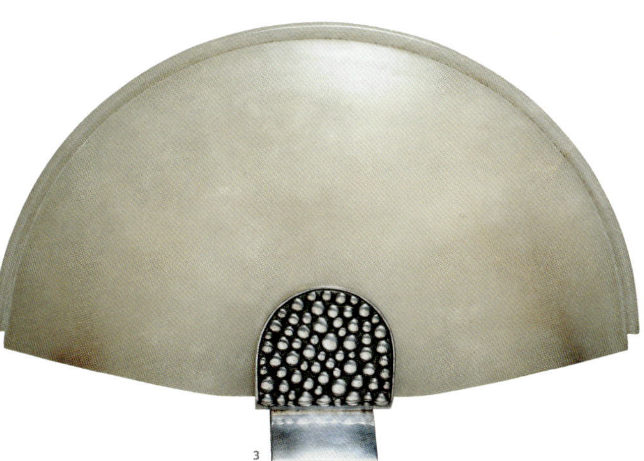

2

تقع حجرة الطعام بالقرب من النافذة المقوّسة في حين تقع غرفة الجلوس في الجانب الآخر. ويمثّل صفّ الأعمدة الأسطوانية البسيطة الحاملة للقيسونات (الصناديق) المحدّدة للمدخل والشبيهة بمجازات المعابد القديمة، العنصر المحوري الذي يفصل بين أجزاء هذه الغرفة المزدوجة. وقد زخرفت الجدران والأعمدة بخشب الورد الهندي، وهو وإن كان من جوهر الخشب الرقيق إلاّ أنّه معروف بحساسيته للضوء. بيد أن أعمال الترميم قد مكّنته من استعادة روعته الأصلية.

.1
نقش بارز
لويس بيير ريغال
فرنسا، باريس
1925
خشب منحوت
اللوفر أبوظبي

.2
غرفة الطعام وغرفة المعيشة الخاصة باللورد روثرمير
جاك إميل روهلمان
فرنسا، باريس
1925
إ. 308 سم، مساحة 70 م2 ؛ خشب، مرايا، تجهيزات
اللوفر أبوظبي

.3
مصباح حائط على شكل مروحة
جاك إميل روهلمان
فرنسا، باريس
1925-1924
إ. 33 سم؛ مرمر، برونز
اللوفر أبوظبي

3

أولى روهلمان أهمية بالغة للإضاءة بهدف تعزيز الزخارف الداخلية عن طريق توزيع الضوء بعناية، وهو ما يمثّل عنصرا زخرفيا مستقل بذاته. يسمح هذا المصباح الجداري المكوّن من صفيحة من المرمر بتوزيع الإضاءة بصورة معتدلة، ويمنح تباينا جميلا مع قاعدته البرونزية المرصّعة بالحصوات الصغيرة التي أصبحت إحدى السمات الزخرفية المميزة لأعمال روهلمان في أعوام 1910.

انفتحت آفاق جديدة في اكتشاف الشكل واللون في الغرب في مطلع القرن العشرين مع ظهور المدرسة الوحشية على يدي هنري ماتيس وأندريه ديران من ناحية، والمدرسة التكعيبية على يدي بيكاسو وجورج براك من ناحية أخرى. وقد ساهمت هذه الحركات ذات الروح الجديدة التي تجاوزت حقل الفنون الصارم في تأسيس الفنّ الحديث وإدخال فنون غير غربية عليه على قدم المساواة مع نظيرتها الغربية.

الشكل واللون، تحديات القرن العشرين

مرّ التساؤل حول الألوان الذي بدأ به الفنانون الانطباعيون وأعضاء جماعة "نابي" وغيرهم من الرواد مثل فينسنت فان غوخ ووليام تيرنر بمرحلة حاسمة عام 1905 مع الفضيحة التي دوّت في "معرض الخريف". فقد صدمت رسوم هنري ماتيس وأندريه ديران وموريس دي فلامنك وكذلك ألبير ماركيه بما اتسمت به من "بقع الألوان الفجّة المتقابلة عشوائيًا" الجمهور إلى الحدّ الذي وصفت فيه القاعة السادسة التي عرضت فيها هذه الأعمال بـ "قفص الوحوش".

لا يقوم جوهر العمل الفنّي عند أصحاب التيار الوحشي على المادّة المصوّرة بقدر ما يقوم على الكيفية التي يتمّ بها التصوير. إذ يمّحي في هذا العصر، عصر التصوير الفوتوغرافي كما وصفه أندريه ديران، الاهتمام بالواقعية في الرسم أمام التركيز على التعبير الفني. عزز اللون من استقلاليته ليصبح الأساس في بناء اللوحة. ولقد غذّت رحلات هنري ماتيس وبول كلي إلى شمال أفريقيا عام 1910 واكتشاف الفنّ الإسلامي أو ما يسمى "الفن المحمدي" وأيضا المنمنمات الفارسية في المعرض الذي أُقيم في مدينة ميونخ عام 1910، سبل اكتشاف اللون والإحساس في القرن العشرين.

وقد قاوم عدد من الرسّامين بعد موت سيزان هذه النزعة. فسعوا إلى إعادة التركيز على العمل الواعي والعقلاني المنصبّ على الشكل. وأثارت الفنون "البدائية" اهتمام العديد من الفنّانين في ذلك الحين وخاصة منهم بيكاسو. تأثر بيكاسو بعمل غوغان تمثال "أوفيري" الذي عُرض عام 1906 في "معرض الخريف"، كما تأثّر بتماثيل الفترة ما قبل الأيبيرية الموجودة في متحف اللوفر وبالتماثيل الأفريقية التقليدية. فشرع في بناء فنّ منفصل عن الرسم المنظوري للواقع والموروث عن عصر النهضة، وذلك من خلال عمله "آنسات أفنيون 1907" وعدد من المنحوتات المستوحاة من الفنّ الأفريقي بين عامي 1908 و1909. وقاده هذا المنحى إلى ابتكار المدرسة التكعيبية التحليلية (1909-1911) بالتعاون مع جورج براك، التي ينجز فيها الموضوع وفق زوايا متعدّدة ومتزامنة. ومنذ عام 1912، بدأت التكعيبية التركيبية في تجريب الوسائل الأولى الخاصّة بلصق الأشياء الموجودة وتجميعها. ولقد مهدت الوحشية والتكعيبية بوصفهما إحدى ركائز الفنّ الحديث السبيل أمام فنون القرن العشرين بكل تعدّدها.

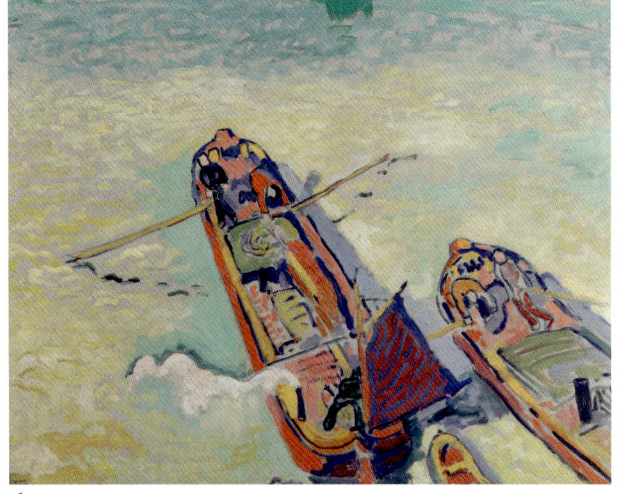

الألوان كأنها خراطيش ديناميت

سافر أندريه ديران (1880-1954) إلى لندن متّبعا خطى كلود مونيه، وأعطى من خلال هذه اللوحة صورة ذاتية وجديدة لنهر التايمز. وانطلاقا من متابعته البحث في التصوير الذي بدأه عام 1905 مع ماتيس بمنطقة كوليور، استخدم الألوان في "تفريغ الضوء". وقد رسم أندريه ديران القاربين مستخدما بقعا لونية كبيرة على نحو بدت فيه الألوان مستجيبة لمبدأ "التنافر المقصود". وربما تكون تركيبة اللوحة المشكّلة عبر الألوان مستوحاة من الفيلم السينمائي "وصول قطار إلى محطة سيوتات" للإخوة لومير. إذ نجد أحد القاربين قد رُسم مائلاً وكأنه خارج الإطار. وقد ساهم غياب خط الأفق والمنظر المطلّ اللذين يذكّران ببعض أعمال غوغان أو بالمطبوعات اليابانية، في تغييب كلّ التضاريس ومحو كلّ بعد واقعي عن هذا المشهد المبتكر.

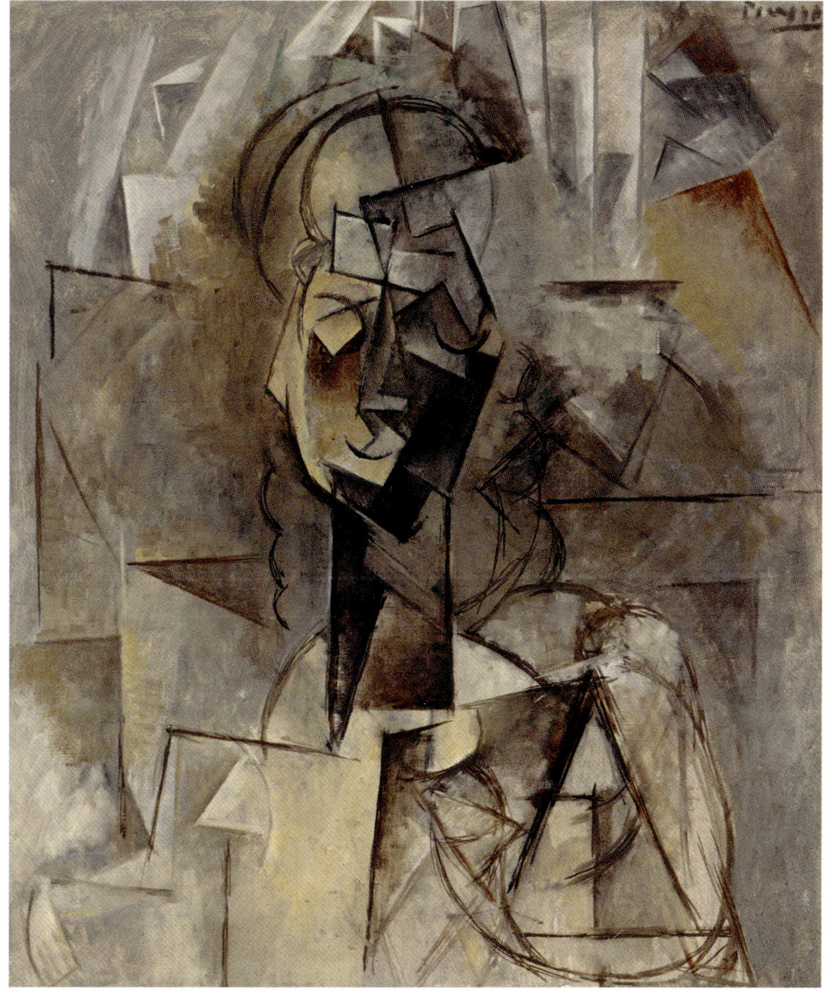

2

بعد استفادته من فنّ النحت الأفريقي وأعمال بول سيزان، تناول بابلو بيكاسو (1881-1973) مع جورج براك نحو سنة 1910 المرحلة الثانية من التكعيبية المعروفة بالتكعيبية التحليلية. يقوم بيكاسو بتفكيك الوجه في الفضاء، ثم يعيد تركيب التمثال النصفي بطريقة نمطية كما نرى في هذا التمثال النصفي لصديقته فرناند أوليفيه، مواصلا عمله الذي بدأه في صيف 1909 في هورتا دي إيبرو في كاتالونيا بإسبانيا، مع "رأس المرأة" (فرناند)، أوّل منحوتة تكعيبية له. يتشكّل العمل انطلاقا من خطوط ومنحنيات وأشكال، في حين اقتصرت الألوان على الرمادي والبنّي الفاتح والأزرق. لقد تعدّى موضوع العمل كونه مجرّد رسم صورة شخصية، ليتحوّل إلى بناء لغة شكلية جديدة. يرجع هذا العمل إلى تاجر الأعمال الفنية الشهير، دانييل هنري كاهنوايلر، الذي كان من أكبر المساندين للتكعيبيين.

قام فنّانون ثوريون في مراكز الفنّ الكبرى الثلاثة، باريس وموسكو وميونخ في بداية القرن العشرين،
بشقّ طريق الفنّ غير التصويري أو "التجريدي"، وذلك بالمضي قدما في محاولة "تحرير اللون من
الشكل" التي بدأها من قبل أتباع الحركة "الانطباعية" ثم "الوحشية". نادى هؤلاء الفنّانون باتباع نهج
"التصاحب الحسي" الذي تمتزج فيه الحوّاس مع الفنون ولاسيما فنّي الموسيقى والرسم.

السعي نحو عمل فني متكامل

كان كلّ من الروسي فاسيلي كاندينسكي، والتشيكي فرانتيشيك كوبكا، والألماني السويسري بول كليه يتقن الألمانية. وانطلاقا من تأثّرهم بنظرية الألوان الخاصّة بجوته، فقد اهتموا بالعلوم والفنون المحلّية، وكذلك بفنون شمال أفريقيا التي زارها بول كليه وكاندينسكي. وقد كان معرض "الفنون المحمّدية" الذي أُقيم في ميونخ عام 1910 مصدر إلهام أيضا لهذا الأخير. ونظرا لكونهم من عشّاق الموسيقى بل من الموسيقيين، فقد طمحوا إلى الوصول إلى روح الجمهور، وإلى التوصل من خلال الرسم إلى لغة كونية تضاهي الموسيقى. وبعد أن أسَّس كاندينسكي الحركة التعبيرية لجماعة دار بلو رايتر "الفارس الأزرق" في ميونخ، سعى في أعوام 1910 لبلوغ "فنّ تصويري خالص" (أي غير تشخيصي). وقد عبّر كاندينسكي عن ذلك في كتابه "الروحانية في الفن" (1911). فهو يرى أن العمل الفني "إبداع يعتريه الغموض والإبهام والروحانية" وهو يتخلل الروح فيتكاملان فيما بينهما.

يعدّ فرانتيشيك كوبكا الذي كان يعيش في بلدة بوتو بالقرب من باريس رائدا آخر من رواد الفنّ التجريدي. وقد عبّر عن تصوّره

الخاصّ في كتابه "الإبداع في الفنون المرئية" (1910-1913) قائلاً: "يجب أن يتألف العمل الفنّي بوصفه حقيقة مجرّدة من عناصر مبتكرة، إذ تتجسّد دلالته في الجمع بين الأنماط المورفولوجية والوضعيات الهندسية البنائية الخاصّة ببنيته الذاتية". أما بالنسبة إلى بول كليه الذي عمل مدرّسا بمدرسة الباوهاوس مثل كاندينسكي، فإنّه يرى أنّ "الأطفال والمجانين والبشر البدائيين قد وجدوا أ واحتفظوا بـقدرتهم على الرؤية" (رسالة إلى لوثار شرايبر 1923). ابتكر كليه عالما إبداعيا يخفي تحت مظهره البسيط فكرًا كونيًا عميقًا تنعقد فيه العلاقة الأصلية بين قوى العالم الدورية.

فرّ كاندينسكي من روسيا البلشفية، ثم من ألمانيا النازية عام 1933، واستقرّ أخيرا في فرنسا التي كانت ملاذه الأخير. أما كليه فقد عزل نفسه في سويسرا بعد إغلاق مدرسة الباوهاوس. وكانت أعماله موضع سخرية في معرض "الفنّ المنحطّ" الذي نظمه باول جوزف غوبلز عام 1937. أما كوبكا الذي حارب مع فرنسا في الحرب العالمية الأولى، فقد اختبأ في مدينة صغيرة في إقليم لواريت من سنة 1939 إلى سنة 1945.

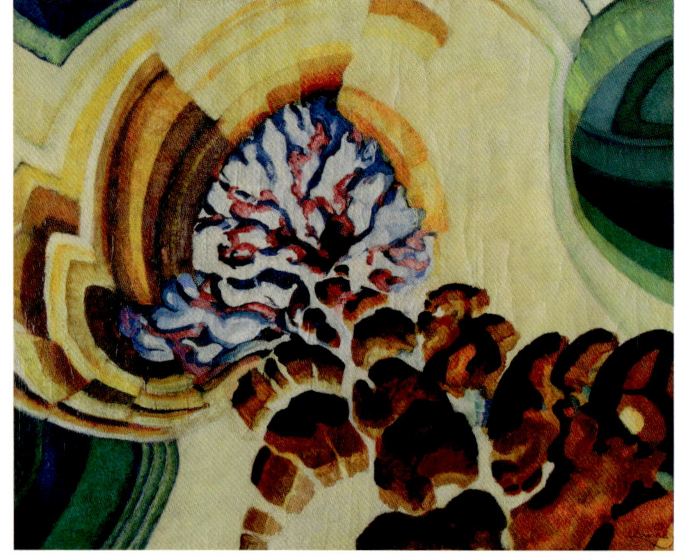

طبيعة مجردة

يرى الرسّام والناقد بيير أنطوان جالين-الذي أُهديت إليه هذه اللوحة عام 1921 -"أن فرانتيشيك كوبكا (1871-1957) هو من فتح الطريق أمام نظرية الفن للفن". وترجع هذه اللوحة إلى مجموعة من الأعمال الفنّية التي خُصّصت لبيان عمق التعبير في الطبيعة وتجرّده. وقد صمّم هذا العمل كأنه "تركيبة متكاملة وكيان يتوفّر على خصائصه المميّزة في الوجود ويعيش حياته الخاصّة لحسابه الخاصّ". ويواصل هذا العمل مسار الحركة الحيوية في تشكيل البلّور، لا بحسب منهج المحاكاة وإنّما وفقا للقواعد الداخلية للمادة.

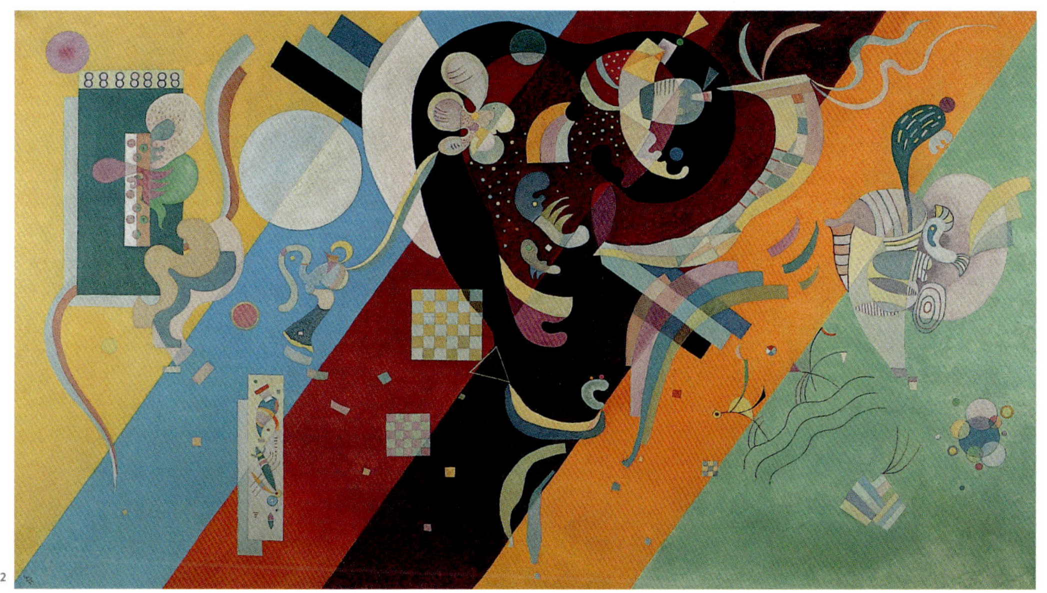

2

عن الروحاني في الفن

دعا فاسيلي كاندينسكي (1866-1944) إلى فنّ ذي بعد روحي ينبع جماله من "الحاجة الباطنية". وعلى غرار الموسيقى ذات الطبيعة المجرّدة، سعت رسومه إلى التأثير في روح المشاهد، إذ كان لكلّ شكل أو لون أثره المحدّد في المتلقي. وعلى عكس أعماله بعنوان "الارتجال" التي تتسم بحرية أكبر، فإن أعماله بعنوان "تشكيلات" قد كانت نتيجة عملية تكوّن بطيء. فالخطوط المائلة الملوّنة غير المعتادة في لوحة "تشكيلات 9" مثلا تتضارب بشدة مع الأشكال التي تبدو في حالة من التعطيل.

.1
كريستال
فرانتيشيك كوبكا
فرنسا، بوتو
1919-1920
إ. 73، ع. 86 سم؛ ألوان
زيتية على قماش
اللوفر أبوظبي

.2
تشكيلات IX
فاسيلي كاندينسكي
فرنسا
1936
إ. 113.5، ع. 195 سم؛
ألوان زيتية
على قماش
مركز بومبيدو - المتحف
الوطني للفن الحديث

.3
نعيم الشرق
بول كليه
سويسرا، برن
1938
إ. 50، ع. 66 سم؛
ألوان على ورق
ملصق على قماش
اللوفر أبوظبي

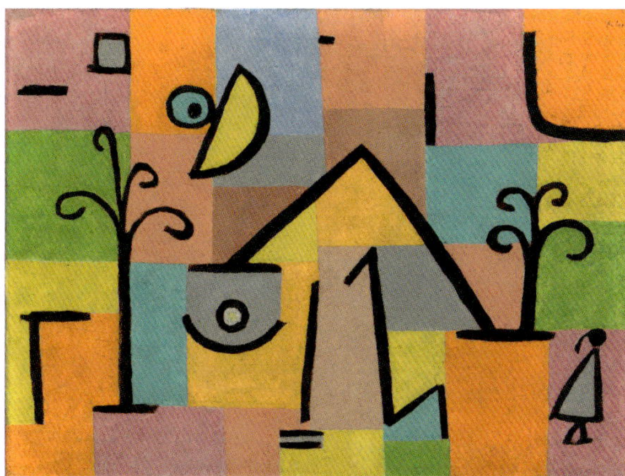

3

"تأسرني الألوان"

عاش بول كليه (1879-1940) تجربة "وحي الألوان" في تونس عام 1914. ففي عام 1938 وفي أثناء مروره بفترة كئيبة سوداوية بسبب مرضه ومنفاه في سويسرا، طفت ذكرياته المشرقة من هذه الرحلة على سطح لوحته "نعيم الشرق" التي تأثر فيها بأعمال هنري ماتيس وروبرت ديلوناي وفاسيلي كاندينسكي، وأيضا برحلته إلى مصر. تذكّر شبكة المربعات الملونة الخالية من المنظور بشكل سجادة أو فسيفساء أو مدينة، وتتباين مع العناصر التصويرية، بما في ذلك شكل إنسان وبعض أشجار النخيل، وربما أيضا "تميمة النظر"، أي تميمة العين الزرقاء التونسية التي توفر الحماية من عيون الحاسدين الشريرة. وعلى غرار نوتات الموسيقى أو الحروف المستوحاة من خطّ النسخ العربي، تفتح هذه العناصر المجال أمام لغة جديدة كليا وشاعرية.

323

ظهرت الحركة السريالية للوجود في باريس في عشرينيات القرن العشرين. تأثرت هذه الحركة بمظاهر الدهشة واللاوعي، وأخذت المشعل عن الدادائية، متحديةً العقلانية بـ "التلقائية النفسية" و"الحب المجنون". وقد قوّضت هذه الحركة الفنون والأفكار من خلال سعيها إلى تحرير القوة الإبداعية من القيود الأخلاقية والأكاديمية.

السريالية: الحلم والحياة

تأسست الحركة الدادائية عام 1916 في زيورخ أثناء الحرب العالمية الأولى، وقامت على شحذ قوة الفرد ضدّ الحضارة التي كانت السبب وراء كل ما حدث. وفي الوقت الذي نادى فيه بعض أتباع تلك الحركة أمثال هوغو بال وتريستان تزارا وريشارد هيلسينبك بمحو الماضي برمّته، التحق بعض الدادائين الآخرين أمثال ماكس إرنست وهانز آرب وصوفي تايوبير بصفوف السرياليين الذين لم يعد هدفهم تحطيم عالم الماضي، وإنما ابتكار فنّ جديد يلتقي فيه الحلم والواقع.

يرى منظّر الحركة أندريه بريتون الذي نشر البيان الأول للحركة عام 1924، والثاني عام 1929 أن "السريالية تقوم على الإيمان بوجود واقع متفوق على بعض أشكال التوارد الفكري غير المعروفة حتى لديه، وعلى شدّة سلطة الأحلام، وعلى لعبة الفكر الخالية من المصالح". تهدف الحركة إلى "تحرير الفكر"، وقد احتفت بفنون أخرى غير الفنّ الإغريقي والروماني من قبيل الفنّ السلتي والهوبي أو الإفريقي التي كان بريتون يقوم بجمع أعمالها، إلى جانب "فنّ المجانين".

تتكوّن أنشطة السرياليين من جلسات التنويم المغناطيسي ولعبة الجيفة الرائعة (وهي عمل جماعي يشارك فيه كل واحد منهم برسم شيء دون أن يرى ما يرسمه الآخرون) والكتابة الآلية. وقد أفضت هذه الأنشطة إلى إبداع "القطع ذات الوظيفة الرمزية" (دالي) وإلى التحقق من الصدف ذات الصلة بـ "الفرصة الموضوعية" (بريتون). اكتشف زوار "المعرض العالمي للسريالية" في باريس عام 1938، منحوتة "التاكسي الممطر" لدالي في مدخل المعرض، التي تجسّد عارضتي أزياء جالستين تحت المطر داخل سيارة تاكسي.

أخذ بريتون على نفسه في الغالب مسؤولية إقصاء من خرجوا في نظره عن خطّ الحركة السريالية، ليفتح بذلك باب الانشقاق. وحينما غادر فرنسا عام 1941، انتقلت معه الحركة إلى الولايات المتحدة الأمريكية، حيث كان لها أثرها الواضح في مدرسة نيويورك. كما انتشرت الحركة في الكثير من البلدان حول العالم بظهور جماعات سريالية في بلدان مثل تشيكوسلوفاكيا، وبلجيكا، وإسكندنافيا، وإسبانيا، وبولندا، وروسيا، واليابان، وبوليفيا، والمكسيك، وكذلك في مصر مع ظهور حركة الفنّ والحرية.

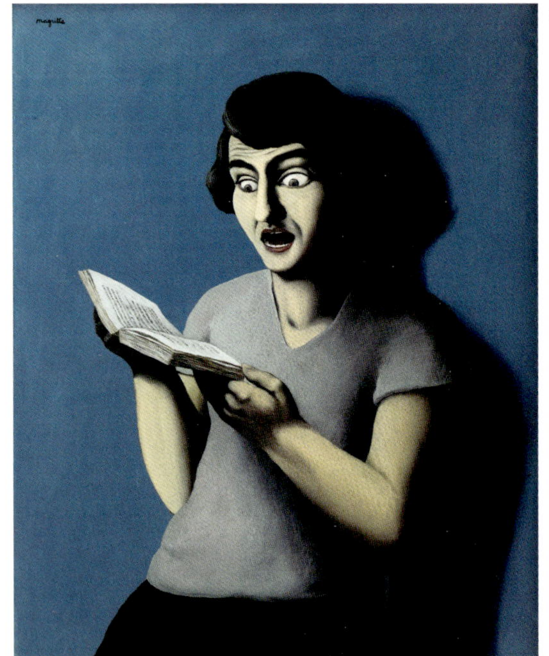

1

الصور المحظورة

لعب الرسّام البلجيكي رينيه ماغريت (1891-1967) المغرم بشيريكو على إبراز أثر المفاجأة عند الجمع بين العناصر المتناقضة في الصور الواقعية ظاهريا. تظهر المرأة في هذه اللوحة منهمكة في نشاط بسيط هو القراءة، إلا أنها تبدو مندهشة بل مرعوبة من كتابها، الذي يجهل الناظر مضمونه. وإذا كان من المعلوم عند الفنان أنّ المكتوب يفضح الصورة، فإنه ما من شيء في هذه اللوحة يعكس "الإذعان" المذكور في عنوانها.

فن ميتافيزيقي

يسري التوتّر بين النزعة الأبولونية والنزعة الديونيزيسية كما عرّفه نيتشه، في أعمال جورجيو دي شيريكو (1978-1888) في تلك الفترة. ويبدو أنّ جورجيو دي شيريكو، الرسّام الإيطالي الذي ولد في اليونان، يطبّق في هذا العمل طريقة لوتريامون الأثيرة عند السرياليين. إذ يجمع في هذه اللوحة بصورة عرضية بين ماكينة خياطة ومظلة على طاولة تشريح، إلى جانب خرشوفتين مع مدخنة عمودية وقطار تخرج منه بعض ألسنة الدخان الأبيض. فينشأ عن هذه التوليفة توتّر غامض مصبوغ بالإثارة والكآبة.

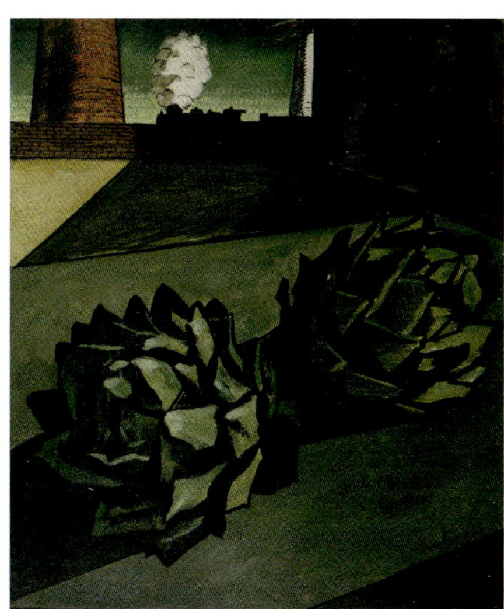

2

عالم يرتجف

خلافا لأوروزكو وريفرا وسيكيروس، لم يكن المكسيكي روفينو تامايو (1991-1899) رسّاما ثوريا. فقد تشبّع هذا الفنّان الهندي ذو الأصول الزابوتيكية بفن ما قبل الكولومبي من خلال المتحف الوطني للآثار بالمكسيك قبل استيعاب أعمال الرسامين الأوربيين في نيويورك. ويذكّرنا عمله "الرجل الذي يغنّي" بقيثارات بيكاسو إلى جانب تجسيد "الروح الحمراء" لجبال السيارّا التي وصفها أنطونين أرتو بعد عودته من المكسيك عام 1937. ويرى بريتون أنّ تامايو يذكّر أنّ الرسم لغة كونية وسبيل للتواصل بين القارات.

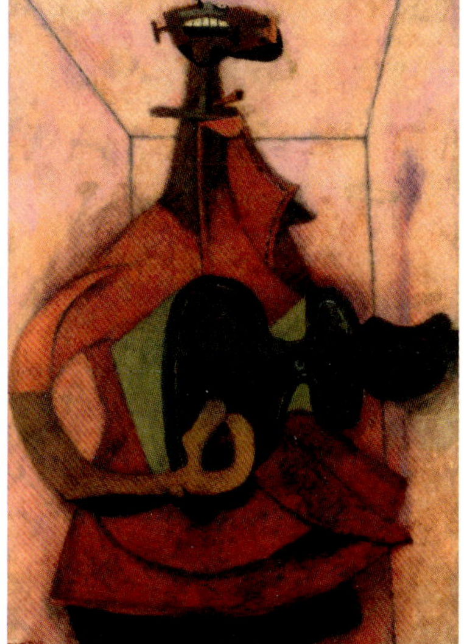

3

دقة الرامي

بعد اللون الأزرق اللازوردي الذي استخدمه خوان ميرو (1983-1893) في "رسوم الحلم" عام 1925، وهو العام الذي انضم فيه إلى السريالية -استخدم الكتالوني ميرو اللون الأزرق الكثيف في خلفية أشكال حمراء وصفراء وخضراء. ويوحي اللون الأبيض في هذا العمل المنجز في الفترة التي يطلق عليها اسم "الإخوة الشباب" أو "خيول السيرك" بلون الحصان الذي يجري في الحلبة على الخطّ المحدّد له. لقد أراد ميرو جريا على طريقة الرسّام الياباني هوكوساي أن يلتحق بأولئك الذين "يضعون دماءهم وأرواحهم على الخط الأشدّ دقة أو في النقطة الأشد ضيقا".

4

325

اتخذ الفنّ التجريدي الهندسي المتفرّع عن المدرسة التكعيبية التحليلية في الأعوام 1910 موقفًا معارضالـ "هيمنة الفرد" (دي ستايل مانيفستو). وقد سعت الحركتان التفوّقية والبنائية الروسية وكذلك حركة "دي ستايل" الهولندية إلى إقامة نظام عالمي جديد تقوم فيه سعادة الإنسان في المستقبل حسب موندريان على أسس جماعية. ولمّا كان الفنّ التجريدي الهندسي يسعى في الأساس إلى تأسيس مبادئ جمالية عامة، فقد تجاوز حدود الرسم ليشمل جميع الفنون من التصميم إلى فن العمارة، وكذلك التخطيط العمراني والمجتمع ككل.

التطلّعات العالمية للفنّ التجريدي

بينما كانت الحرب العالمية الأولى في ذروتها، نادت حركة "دي ستايل" الهولندية عام 1917 بإنشاء فنّ يقوم على السلام والوئام. وعلى نقيض الفنّ الذاتي الذي يعكس مشاعر الأنانية في شخصيتنا الصغرى، سعى كلّ من تيو فان دوسبورخ وبيت موندريان نحو نهج "فني خالص" تحكمه قواعد صارمة، ويستبعد كل عنصر رمزي يوحي بالعالم الطبيعي الفوضوي، وكذلك كل الخطوط المنحنية واللون الأخضر. ولمّا كان موندريان يعتقد أنّه نبيّ، فإنه كان يرى أن أعماله تبشّر بعالم جديد مفعم بالسعادة الكونية.

زار الرسّام الأمريكي ألكسندر كالدر عام 1930 المرسم الخاصّ بموندريان في مونبارناس. ولعنايته الشديدة بالنظافة، شعر كالدر بصدمة حقيقية عندما رأى ذلك الكمّ الهائل من الأوراق الملوّنة معلّقة في كل مكان على الجدران البيضاء. ففكّر أنّه بإمكانه أن يحرّك هذه الأشكال الملوّنة ضمن "تشكيلات من الحركات". وبالفعل أدخل الحركة على بعض الأعمال وعرضها في العام التالي في أوّل معرض من نوعه للفنّ الحركي برعاية ماري كيتولي. وقد أطلق مارسيل دوشان على هذه الأعمال اسم "المتحرّكات". وقد اعتبر كالدر الحركة، التي تعدّ المادة الأساسية في أعماله، مظهرًا من مظاهر حياة العالم.

التقى خواكين توريس غارسيا المولود في أوروجواي بموندريان وتيو فان دوسبورخ عام 1928. ثم أنشأ بالتعاون مع ميشيل سوفور في باريس مجلّة "دائرة ومربع" (1929-1930) وشاركهما في ذلك كل من كانديسكي وموندريان. وقد عمل على تقويض الشبكة المتعامدة للمدرسة "التشكيلية الجديدة" من أجل بناء نزعة "كونية بنائية" عن طريق إدماج قاعدة الشبكة مع الصور التوضيحية المختلفة والقطع العادية والعلامات المجرّدة، ومن ثم ابتكار "لغة موازية للواقع"، تظهر فيها ذكريات فنون العصر ما قبل الكولومبي والفنون الأفريقية والمصرية. وحينما عاد إلى أوروغواي واستقر في العاصمة مونتفيدو في عام 1934، أنشأ مدرسة تحمل اسم "ورشة توريس غارسيا"، أي "مدرسة الجنوب" لتدريب جيل جديد من الفنانين القادمين من أوروغواي والبرازيل والأرجنتين ومن الشيلي أيضا. أمّا موندريان فقد هاجر إلى القارة الأمريكية حيث مهدته مدرسته "التشكيلية الجديدة" لظهور "الفنّ التبسيطي".

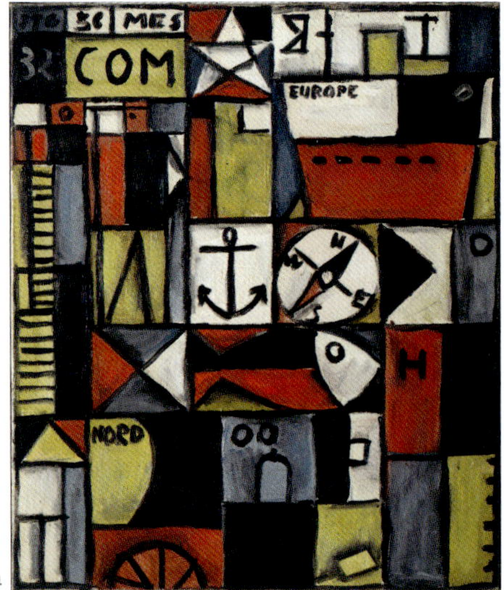

1

"شمالنا هو الجنوب"

سعى خواكين توريس جارسيا (1874-1949) إلى ابتكار فنّ كوني تدركه الحواسّ على الفور. لا تتّسم الشبكة المتعامدة عنده بنفس الدقّة التي نجدها عند موندريان. فالخطوط المرسومة باليد ليست بنفس الوضوح، والألوان - الأزرق والأصفر والأخضر - لا تبدو بنفس الإشراق، والمستطيلات ليست بنفس الانتظام. أما "المربعات" فهي مثل قطع أحجية الصور المفرّقة أو الخلايا المسطّحة التي تعشّش بها علامات مختلفة منها قطع أو رسوم توضيحية لم تُجرّد بعد من بعدها الطبيعي تماما، بما في ذلك مرساة بحرية وسمكة ونجمة وحروف أو كلمات مثل كلمة "أوروبا" على السفينة. أما البوصلة التي هي عنوان هذا العمل فتتجه صوب الجنوب في إشارة إلى انقلاب فني وجدلي. تعكس البوصلة ظهور فنّ طليعي في أمريكا اللاتينية يتّسم بالكونية ويرمي بجذوره في عمق الأرض في آن واحد.

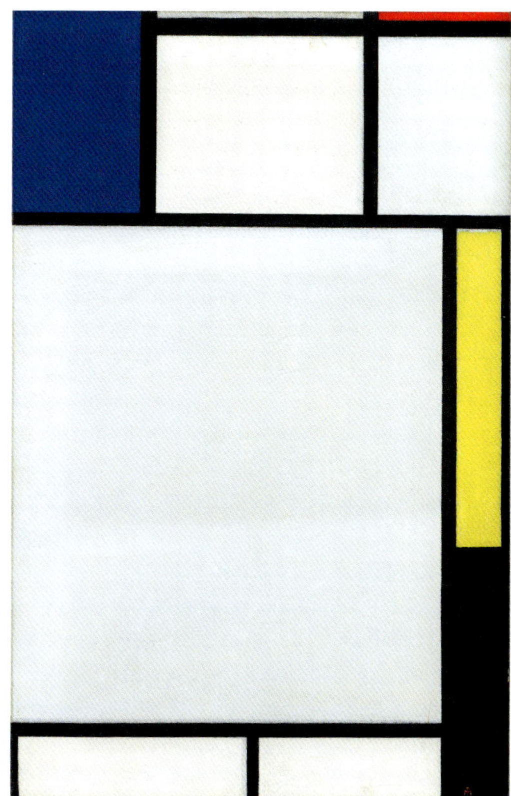

1.
تشكيل بِنيوي
مع بوصلة
**خواكين توريس
غارسيا**
فرنسا، باريس
1932
إ. 65، ع. 54.4 سم؛
ألوان زيتية
على قماش
مركز بومبيدو - المتحف
الوطني للفن الحديث

2.
تشكيل من
الأزرق والأحمر
والأصفر والأسود
بييت موندريان
فرنسا، باريس
1922
إ. 79.8، ع. 50 سم؛
ألوان زيتية
على قماش
اللوفر أبوظبي

3.
متحرك - بدون عنوان
ألكسندر كالدر
الولايات المتحدة،
نيويورك
نحو 1934
إ. 62.9 سم؛ أسلاك
معدنية، خشب ملون
اللوفر أبوظبي

حين تكون اللوحة
جزءا من لوحة أكبر

بدءا من عام 1934، لم يعد موندريان
(1944-1872) يستخدم غير الألوان الأساسية:
الأحمر والأصفر والأزرق والألوان الحيادية
وهي الرمادي والأبيض والأسود. وقد اعتمد على
الزوايا القائمة ومبدأ "النسبة الثابتة" في بناء
تركيباته، وذلك لبناء شبكات غير متماثلة من
الخطوط العمودية والأفقية التي تأخذ إيقاعها
عبر سطوح مستطيلة من مختلف الأشكال
والأبعاد. وإذ تُدفع سطوح الألوان نحو حوافّ
العمل، فإنها تبدو وكأنّها تشدّ الأنظار إلى فضاء
يتجاوز اللوحة الفنية ذاتها. ورغم ذلك، فإن
التشكيل المحكم يبرز مدى تسطّح العمل ويؤكد
حقيقته الخاصة: "العلاقات الخالصة بين العناصر
التكوينية الخالصة هي وحدها التي تستطيع أن
تقود إلى الجمال الخالص".

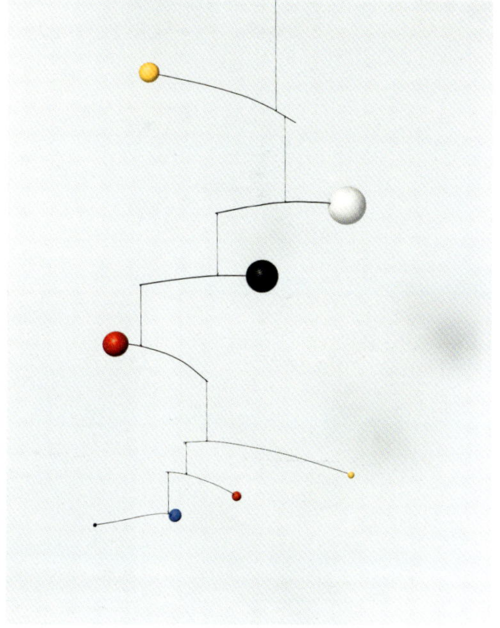

العمل الفني بوصفه
كيانًا متحرّكًا

يعدّ هذا العمل الفنّي من أول الأعمال الفنية
المتحرّكة المعلّقة للفنّان ألكسندر كالدر
(1976-1898). وتذكّر الخطوط الرفيعة التي
تتعلق بها الكرات ذات الألوان الأساسية - الأحمر
والأصفر والأزرق - والألوان الحيادية بالأسلاك
في أعماله الأولى "رسوم في الفضاء". ولئن كانت
الألوان والتركيبة تذكرنا بحركة "التشكيلية
الجديدة" عند موندريان، فإنّ المظهر اللعوب
للعناصر في التشكيل المكوّن من كرات خشبية
يذكّرنا بأعمال الفنّان ميرو. يوحي هذا العمل
المتحرّك الذي يماثل في خفّته نسمة هواء،
والمتأرجح بين التوازن واللاتوازن بالبعد الكوني
والشاعري للفنّ.

شهدت خمسينيات القرن العشرين"تفوّق الفنّ الأمريكي" الذي جمع بين التأثيرات التجريدية والسريالية القادمة من أوروبا، نتيجة هجرة عدد كبير من الفنانين والمثقفين وأيضا المعماريين والسينمائيين والموسيقيين من أوروبا إلى الولايات المتحدة الأمريكية بسبب الحروب والتقلبات السياسية خلال تلك الفترة.

التجريدية، لغة بلا حدود

يجسّد الفنّان جوزيف ألبرز هذا الانتقال للحداثة الفنّية من أوروبا القديمة إلى الأمريكيتين. التحق هذا الفنان والمنظِّر والأستاذ بمدرسة باوهاوس بالولايات المتّحدة عام 1933. وقد أثّرت دروسه ونظرياتُه حول اللون في الفنّ التجريدي الأمريكيّ بعد الحرب.

هاجر ماركوس روثكو فيتش مع أسرته إلى الولايات المتحدة عام 1913، ولم يُغيّر اسمه إلى روثكو إلا عام 1940 بعد حصوله على الجنسية الأمريكية بعامين. لقيت أبحاثه في أمريكا الشمالية خلال الفترة من 1950 إلى 1960 صدى كبيرا في الفنّ الحركي والبصري. وقد ضمّت الحركة الفنّية الأمريكية فنّانين من مناطق جغرافية جدّ متنوعة. وفي نفس الفترة وبعد انتهاء الحرب، تعدّدت الحركات الفنّية المتنقّلة وتوسّع مجالها. وقد ظهر ذلك في أعمال الفنان الهندي سيّد حيدر رضا الذي تغذّى من الفنّ الغربي الحديث ومن تراث ثقافته الأصلية في آن واحد.

واصل جوزيف ألبرز أبحاثه في الولايات المتحدة الأمريكية حول عدم استقرار "سطح اللوحة" و"اهتزاز الألوان". واستطاع بوصفه منظّرا ورسّاما أن يولّد تأثيرات بصرية دقيقة تبرز الطريقة التي يقدّم بها اللون سطح اللوحة أو يؤخّرها، والتي يدفع من خلالها العمل إلى الاهتزاز والتنفّس. وقد وجدت أبحاثه امتدادا طبيعيا في الألعاب البصرية لجوزي رافائيل سوتو الذي اكتشف في سنوات 1950 تحت التأثير المشترك لكلّ من موندريان وماليفيتش مشاكل الإحساس بالأشكال والألوان.

تولى روثكو أيضا البحث عن نوع انغماسي من الرسم الذي يتسم ببعد أخلاقي وميتافيزيقي. صنّف روثكو في البداية على أنه تعبيري تجريدي، لكنه رفض هذا التصنيف وابتكر أسلوبا خاصّا به أطلق عليه "لون الأرض" يجمع بين التفكير في ثنائية الجلاء والعتمة وعدم دقّة الأشكال والتحولات غير المحسوسة للألوان. ويمكن للمشاهد النفاذ إلى حقل الألوان في العمل الفني بعد الوقوف حسب الفنان على بعد قرابة 50 سم من لوحاته الكبيرة الحجم، وذلك عن طريق الاهتزاز اللوني الذي يعزّز عدم دقّة السطح، ويؤكّد الفوارق القائمة في الألوان الداكنة. وبذلك تسهم القوة الانغماسية للحقل اللوني للرسم في تحويل السطح ثنائي الأبعاد للعمل إلى بيئة كاملة من خلال نوع من "الامتداد الفيزيائي للون".

أمّا عمل الفنّان الهندي سيد حيدر رضا فهو يتخطّى الحدود التي قد تفصل بين التقاليد الفنية المختلفة، ليجسّد بذلك القيم الروحية للثقافة الهندية من خلال تشكيلات فنّية تعالج المسائل الفنية ذات الطبيعة الأكثر شكلية.

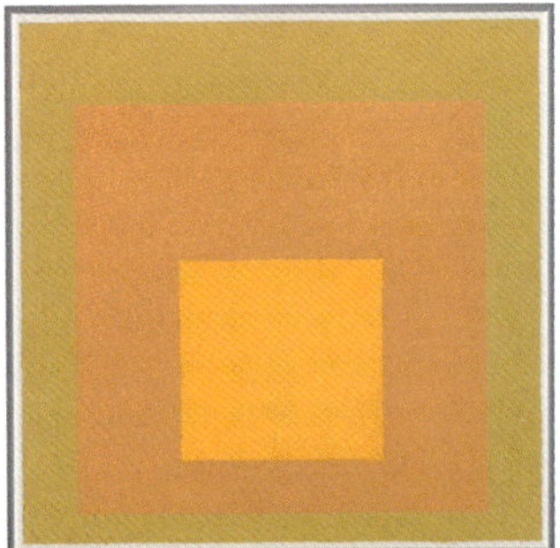

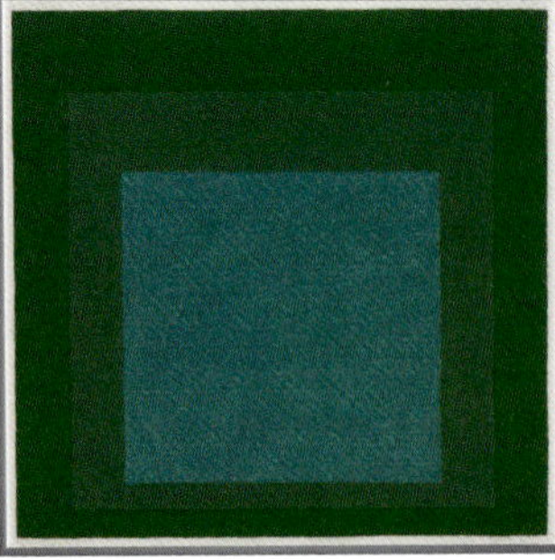

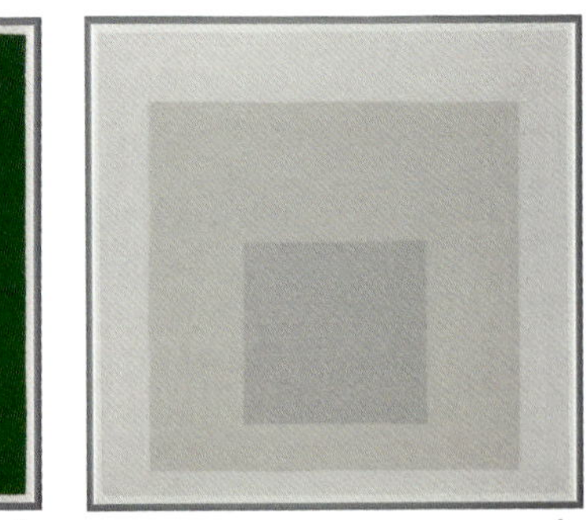

الانغماس الميتافيزيقي في العمل الفنيّ

تفوّقت النزعة التعبيرية التجريدية، التي تهدف إلى تحرير العالم الداخلي للفنّان، في الولايات المتّحدة في الفترة ما بين 1945 و1950. وفي عام 1958، ضمّ معرض بينالي بالبندقية قاعة الفنان روثكو التي تحتوي على تصميمات كبيرة ذات تدرّج لوني داكن وأشكال مبسطة، مبشرةً بذلك معبد روثكو في "مؤسسة مانيل" بمدينة هوستن في ولاية تكساس. وتعدّ لوحات مارك روثكو (1903-1970) بمثابة كائنات حيّة ذات عمق لا يمكن تحديده تبعث بضوء باطني يمثّل نسخًا حيًّا لأحاسيس الفنان ومشاعره على اللوحة.

4

تجريدية الـ "بيندو"

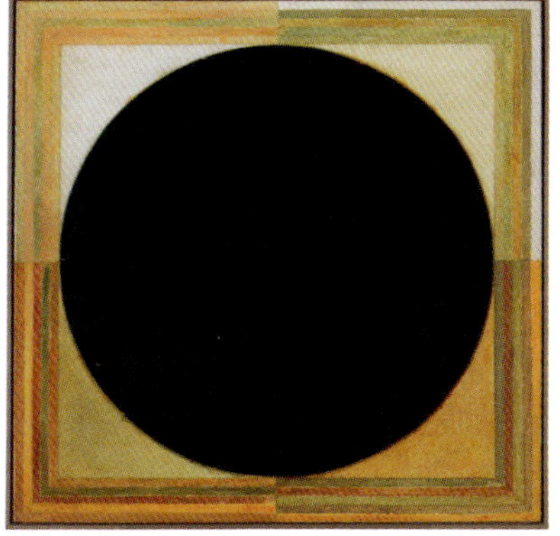

5

درس الرسام الهندي سيّد حيدر رضا (1922-2016) في الهند أولاً قبل أن يحصل على منحة دراسية من مدرسة الفنون الجميلة بباريس، وذلك في بداية عام 1950. وقد استقرّ في فرنسا عام 1962 ولكنه كان يزور الهند كل عام. تتميز أعماله بهذا الموروث المزدوج الذي لم يتخذ شكله الرسمي إلّا في أواخر عام 1970. ترمز النقطة السوداء في عمله أو ما يعرف بمصطلح "بيندو" إلى الروحانية الهندوسية وإلى الفنّ الهندي والزراعة وعلم الجمال وضمير الحياة أيضا. وهي تمثّل كذلك، شكلا مرئيا يحتوي على كلّ مقتضيات الخطّ ودرجة اللون واللون والبنية والفضاء. فهي بالنسبة إلى رضا التجسيد الأمثل لثقافته المزدوجة، الهندية والشكلية، أو الشكلانية بالفعل.

الألوان تتحرّك

يقول جوزيف ألبير (1888-1976) أنه لا يحتاج إلى الحركة الحقيقية ليجعل اللوحة تتحرك. تجسّد هذه الأعمال الثلاثة الأعمال التي قام بها الفنان بدءا من سنة 1949 إلى حين وفاته. وقد رسمت الأعمال تقديرًا للون باستخدام السكّين بشكل مباشر على لوح أبيض مجهز. أمّا الاستخدام المنتظم للمربع فلم يكن إلا وسيلة للتخلّص من مشكلة الشكل والتركيز بشكل كامل على الآثار البصرية الناتجة عن العلاقات بين الألوان. وتعطي هذه التقنية العمل ملمسا رقيقا وأنيقا. ولئن كانت الأعمال الثلاثة مستقلّة عن بعضها البعض، فإنّها تقوم على نفس المبادئ في التركيب وبناء التباينات الضوئية. فتتقدّم سطوحا تتقدّم وتتراجع وتفتح المساحة أو تغلقها ببراعة مطلقة.

تحفة فنية:
طبيعة صامتة في "زهرة الماغنوليا"

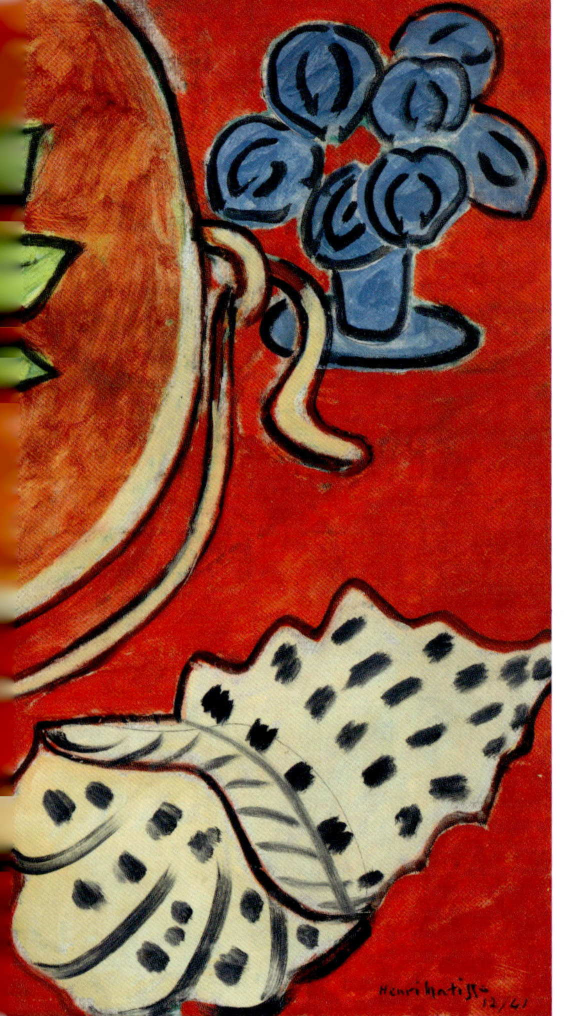

كان هنري ماتيس (1954-1869) إلى جانب بابلو بيكاسو أحد رواد الفنّ الحديث في القرن العشرين. وقد أسهم هذان الرسّامان اللذان تربط بينهما "أخوة فنّية" يغذّيها التنافس في فتح سبل جديدة في اكتشاف اللون والشكل، وساعدا في إدخال الفنون غير الغربية في حقل الفنّ الحديث على قدم المساواة مع غيرها من الفنون.

أحدث ماتيس ثورة في الألوان في أعقاب بول سيزان وبول غوغان. وقد أعلنت لوحته "المرأة ذات القبّعة" - التي عُرضت في "معرض الخريف" بباريس عام 1905 بجانب أعمال أندريه ديران وموريس فلامنك وكيس فان دونجن - عن ميلاد المدرسة الوحشية. كان لرحلاته إلى شمال أفريقيا عام 1906 لا سيما إلى طنجة (المغرب) عام 1911 وعام 1912 تأثير جمالي حاسم في أعماله. وبعد رحيله، واصل الرسّامون من موندريان إلى إيف كلاينطوال القرن العشرين أبحاثه حول الألوان. وقد امتدّ تأثيره إلى الرسم الأمريكي بعد الحرب العالمية الثانية، وذلك من خلال أعمال مارك روثكو وروي ليشتنستين وآنديوارهول الذي قال في عام 1956 "أودُّ أن أكون ماتيس".

تجسّد "زهرة الماغنوليا" التي صرّح ماتيس عام 1945 أنّها لوحته المفضلة بحثه عن "فنّ يتّسم بالتوازن والصفاء والهدوء وخال من الموضوعات المثيرة للقلق أو الكآبة" (ملاحظات رسّام، 1908). كما تعكس اللوحة اهتمامه باستكشاف اللون والضوء من خلال تبسيط الأشكال. تمثل هذه اللوحة الغنية بالألوان، التي صرّح الفنّان أنّه نحتها ورسمها، الانفعالات البصرية التي عاشها ماتيس عند اكتشافه البحر المتوسّط وشمال أفريقيا. فقد استطاع الفنّان ببراعة فائقة إنجاز تركيبة معقّدة للغاية على الرغم من بساطتها الظاهرة.

سُبقت "زهرة الماغنوليا" قبل الشروع فيها بـ 68 دراسة تحضيرية، وبعدد من الصور الفتوغرافية. وتظهر زهرة الماغنوليا في النسخة النهائية في وسط اللوحة منفوشة الأوراق مكللة بمرجل مقلوب. فتلفت النظر على نحو يذكّر برأس قنديل البحر (إيفآلان بوا) أو برأس المسيح المكلّل والمحاط بأربعة من الحواريين (بيرتراندورفيال)، في حين تبدو المزهرية وإبريق القهوة والمحارة وباقة الزهور البنفسجية اللون وكأنها تطفو حولها في صمت.

تنتمي العناصر الموجودة في هذه اللوحة إلى ما سماه الشاعر الفرنسي لويس أراغون "طاقم الأدوات" التي استخدمها ماتيس طوال حياته تقريبًا، مثل الأشياء المألوفة التي ظهرت بانتظام في أفلام مشاعر الرسّام. إذ نتعرّف بالفعل على المزهرية اليابانية الموجودة في أعلى اللوحة ناحية اليسار، وعلى إبريق القهوة الصغير الموجود في أسفل اللوحة إلى جانب المحارة. وتتماثل هذه القطع وتتخالف من عمل فنّي إلى آخر، بحسب ما يقتضيه تركيب العمل الفنّي.

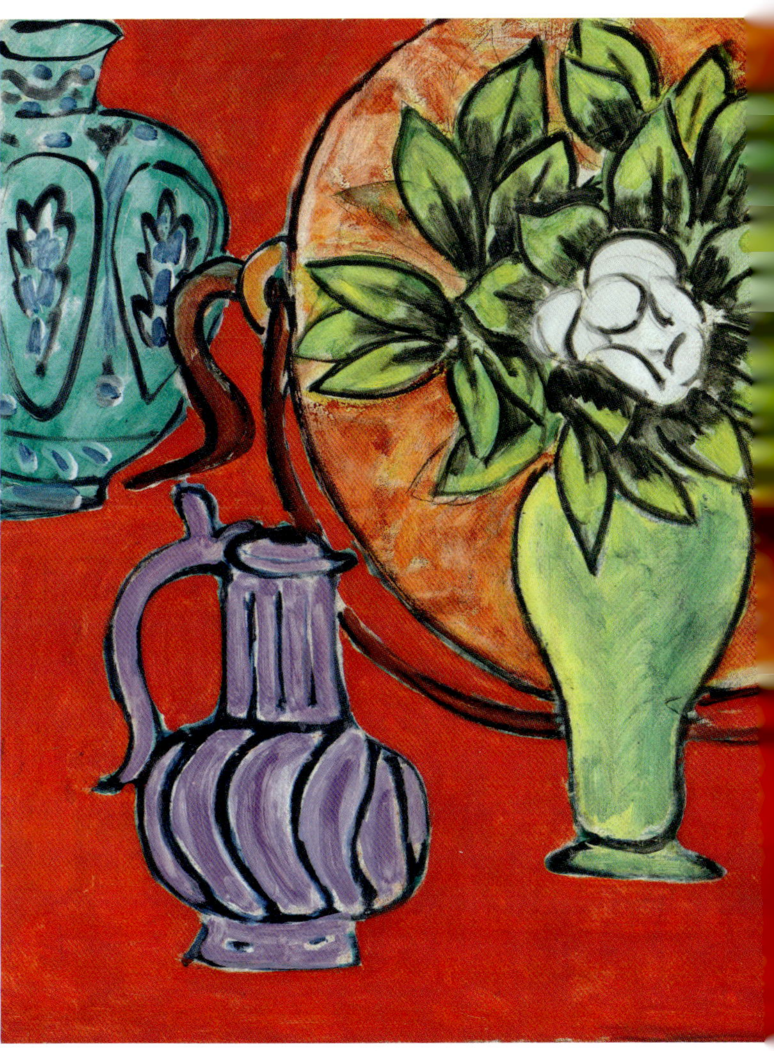

طبيعة صامتة في
زهرة الماغنوليا
هنري ماتيس
فرنسا، نيس
1941
إ. 74، ع. 101 سم؛
ألوان زيتية
على قماش

مركز بومبيدو - المتحف
الوطني للفن الحديث

لا تكتسب القطع الفنّية المصنّفة ضمن الفنون غير الغربية أو القبلية أو "الفنون الأوّلية" كما عبّر عنها أندريه مالرو وظيفة لها دلالة إلاّ لدى المجتمعات التي تنتمي إليها. وقد تخطى الفنانون الأوروبيون سوء الفهم الذي يحيط بهذه الأعمال عن طريق النظر إليها في المقام الأوّل من الناحية الجمالية. لذا قدّمت المدرسة البدائية للفنّ الغربي الحديث في القرن العشرين مادّة للتجدّد. وقد تفوّق هذا الانتقال من الحقل الإثنوغرافي إلى المجال الجمالي تدريجيا في المجموعات الفنّية والمتاحف. وانتهى مع بداية زوال الاستعمار إلى حثّ الفنانين من غير الأوروبيين على استمداد مصادر حداثتهم الذاتية من جذورهم المحلّية.

البدائية والرجوع إلى الأصول العرقية

أدى انتشار القطع الفنية القادمة من جميع أنحاء العالم ومن المستعمرات تحديدا التي جُمعت في أوروبا منذ عصر النهضة في حجرات العجائب، ثم في أقسام الأعراق البشرية التابعة لمؤسسات مثل المتحف البريطاني بلندن، إلى إنشاء متاحف خاصة بعلم الأعراق البشرية في القرن التاسع عشر، مثل متحف فو فاكاكوندن بمدينة دريسدن عام 1875 أو المتحف الخاص بعلم الأعراق البشرية بتروكاديرو عام 1882 الذي يهدف إلى تقديم "تاريخ أنماط العيش وعادات الشعوب على مرّ العصور". وجريا على خطى الرسّام الفرنسي بول غوغان الذي سافر إلى تايتي سنة 1891 ثم إلى جزر الماركيز، استوحى الفنانون والكتّاب مثل مجموعة دي بروك (مجموعة الجسر: مجموعة من الفنانين الألمانين) بمدينة دريسدن أفكارهم من مصادر إلهام جديدة، ضاربين عرض الحائط بقيم الطبقة المتوسّطة في المجتمع الصناعي.

قام الفنانون وأصحاب المعارض الفنية والمنظّرون في بداية القرن العشرين بضمّ أعمال فنّية حديثة وقطع فنّية قادمة من أفريقيا وأمريكا وجزر أوقيانوسيا وألاسكا إلى مجموعاتهم الفنية. وقد كان لهذا التحوّل في الرؤية تأثير عميق في تاريخ الفنّ، إذ مهّد السبيل أمام تجديد قواعد التصوير الفني والعودة إلى المنابع الأصلية للفنّ المتحرّر من معايير الجمال الأكاديمي. ويعدّ متحف الفنّ

الحديث بنيويورك أول متحف فني على الجانب الآخر من المحيط الأطلسي يفتح أبوابه أمام الفنّ الأفريقي من خلال معرض "الفنّ الأفريقي الزنجي" عام 1935. وقد جاء هذا المعرض بعد معرضي "الفنّ الزنجي والفنّ الأوقيانوسي" عام 1919 بمتحف الفنون الزخرفية في باريس، ومعرض "فن السكان الأصليين في المستعمرات الفرنسية" الذي أُقيم في جناح مارسان بمتحف اللوفر عام 1923.

تولى فنانو الدول غير الاوروبية مهمة هذا التحول الجدلي من القطعة الاثنوغرافية إلى العمل الفني وأسسوا بدورهم أشكالا جديدة من الحداثة. فقام أوزوالد أندراد في بيانه الأنثروبولوجي عام 1928 بالتنظير للحداثة البرازيلية التي تغذّت على غرار التوبية الأمازونية- من الثقافة الاستعمارية مجدّدة بذلك نفسها. وأسّس إيمي سيزير "الحركة الزنجية" في جزر المارتينيك، وكان له تأثيره في الفنان الكوبي ويفريدولام الذي وُلد من أب صيني وأم إسبانية كونغولية. وقد ابتكر هذا الفنّان المتأثّر بكتابات ليوبولد سيدار سنغور أسلوبا خاصّا به في تصوير "مأساة بلاده، وقضية السود" وفي "المناداة بالحرية".

1

الإنسان الحيوان والحيوان الإنسان

استُخدم هذا القناع المصنوع من الخشب الطافي بإشراف أحد الشامانين أثناء الأعياد الدينية من أجل طلب المغفرة من أرواح الحيوانات التي وقع قنصها وذبحها. يكشف القناع الطبيعة المزدوجة للإنسان الذي يرتديه. فكلّ إنسان بداخله روح حيوان (أنوقاك) وكذا الحال بالنسبة للحيوانات فكل حيوان بداخله روح إنسان (إنيا). ويمكن لكلّ منهما أن يحلّ محلّ الآخر (تناسخ الأرواح). ولقد فُتن السرياليون بأقنعة "يوئيك" التي صنعت على شكل ألغاز رمزية مشحونة بالطاقة الشامانية.

ألعاب الأقنعة

تنتمي هـذه الصورة التي التقطها مان راي (1890-1976) إلى سلسلة من الصور نعرف من بينها جيّدا صورة أخرى ذائعة الصيت لنفس الوجه، وجه الممثلة أليس برين المعروفة بكيكي مونبارناس التي كانت نموذج الرسّام مان راي وملهمته، حيث تظهر مغمضة العينين، واضعة رأسها أفقياعلى طريقة تمثال "ربّة الفنّ النائمة" للفنان برانكوزي، مُمسِكة بنفس القناع الأفريقي بشكل عمودي. تتباين هنا ظلال الوجه مع ظلال القناع الواضحة والمحدّدة. إلّا أن الشكلين البيضاويين المتناظرين، وتباينَ اللونين الأبيض والأسود، وكذا زينة الوجه المنمقة للنموذج، قد ولّد تماثلا بين الشكل الإنساني وقناع الإبنوس. تعكس هذه الهندسة روحَ القناع وروح الوجه الـذي تحوّل إلى قناع. ويبدو العمل الفني مجسّدا لـ "السريالية" التي يرى بروتون أنّها "تعتمد على رغبتنا في التغريب التام لكل شيء".

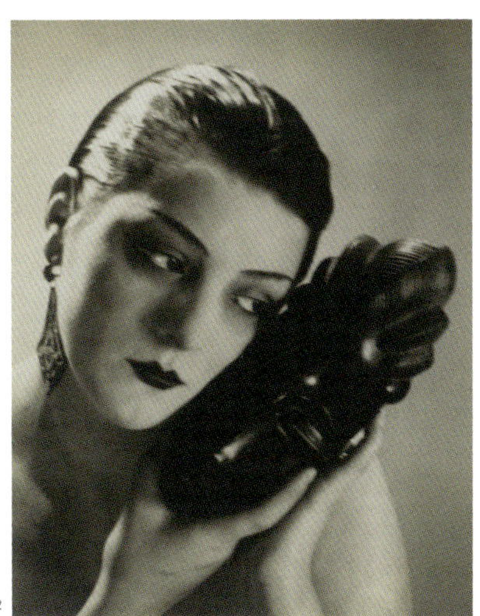

2

من علم الإنسان إلى الفنّ

بناء على طلب ألفريد بار، مدير متحف الفنّ الحديث في نيويورك، قام ولكر إيفانز (1903-1975) بتصوير الأعمال الفنية المعروضة في معرض "الفنّ الأفريقي الزنجي" الذي نظّم عام 1935. وبعد أن قام إيفانز بالتقاط صوره ليلا على مدار عام تقريبا، انتهى في شهر أبريل 1936 إلى تكوين 17 حافظة، تحتوي كل منها على 477 صورة معدّة للجامعات. ووفاءً لأسلوبه الوثائقي، أضفى إيفانز على تلك القطع صبغة معتدلة وضخمة في الوقت ذاته. إذ لم يعد الأمر يتعلق بمجرد قطع أنثروبولوجية، وإنّما بأعمال فنية ذات حضور قويّ.

3

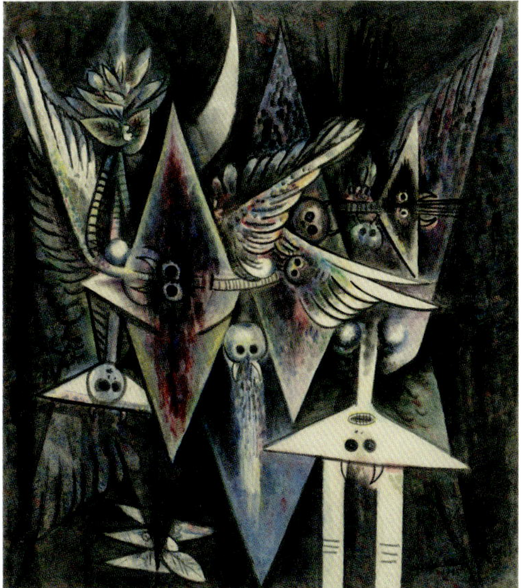

الرؤية الاستوائية

اكتشف الفنان الكوبي ويلفردو لام (1902-1982) الذي كان قريبا من بيكاسو ومن السرياليين في باريس جزر المارتينيك وطبيعتها الاستوائية سنة 1941. وعند عودته إلى كوبا، بدأ في توجيه لوحاته نحو الطابع الأفريقي، مثل لوحة "الأدغال" التي رسمها عام 1942. وسعيًا منه لإحياء الثقافة الكونغولية التي ينتمي إليها من ناحية الأمّ، قام ويفريدو بإبراز وجوه مذهلة قادرة على إثارة الدهشة وعلى إزعاج أحلام المستغلّين.

4

اعتبر الفن الحديث في القرن العشرين القطعة إلى جانب غيرها من الأشياء أساس العمل الفني أو جزءا منه على الأقل. وفي حين دشّن براك وبيكاسو تقنية الورق الملصّق، وابتكرت المدرستان الدادائية والبنائية هذه التقنية في الغرب، كانت هذه التقنية من الممارسات المألوفة في فنون أفريقيا وجزر أوقيانوسيا تحديدا. وقد اتبع مارسيل دوشامب نهجًا أكثر تطرّفا في "الفنّ الجاهز"، حيث يعمد الفنان إلى أخذ قطعة من الحياة اليومية كما هي، ويضع عليها توقيعه، ثمّ يعرضها كعمل فنّي قائم بذاته. وقد اتخذ هذا التناول للأشياء المألوفة أشكالا مختلفة في فترات مختلفة. إذ يفضّل السرياليون الأشياء غير المألوفة وأثر الدهشة الذي يلقيه العمل في النفوس. في حين يستخدم فنّانو البوب والواقعيون الجدد هذه الأشياء لانتقاد المجتمع الاستهلاكي أو الاحتفاء به خلال الفترة الواقعة بين 1950 و1960. أمّا الفنّانون التصوّريون من أمثال جوزيف كوسوث، فإنّهم يستخدمونها وسائل لطرح تساؤلاتهم ومشاغلهم.

زعزعة القواعد الثابتة

نـزع مارسـيـل دوشـامب وهـو أحـد الوجـوه الأسـاسـية التـي شـكّكت في القيـم الثابتـة (مثـل الجـمال والتناغـم ومكانـة العمـل الفنـي) صفـة القداسـة عـن تدخّـل الفنـأن اليـدوي في العمـل الإبداعـي. وفتـح الطريـق أمـام ابتكـار لغـات تشكيلية جديـدة تقلب الإبـداع عـلى نحـو مستمـرّ، وتطـرح التسـاؤلات حـول مهـامّ الفنّان والمؤسّسـات وسـوق الفنّ. وبغـض النظـر عـن حركـة "الفنّ الجاهـز" في وجوهـها المتعـدّدة، قـام دوشـامب بإنتـاج أشـكال فنّيـة أخـرى مثـل "الأحـداث الجاريـة" والفنّ البصـري والفنّ الحركـي والفنّ الجسـدي. أمّـا صديقـه المصـوّر والرسّـام مـان راي، فقـد عمـل عـلى إزالـة الحـدود بـين المفاهيـم والأجنـاس والتقنيـات والتأثيـرات. ولقـد أدّت المسـافة التـي وضعهـا دوشـامب بـين الفنّان والعمـل الفنّـي إلى إنكـار تفـرّد الإبداع والتشكيك في مفاهيـم "المؤلّـف" و"القيمـة التسـويقية". إلّا أنّ دوشـامب ومـان راي أظهـرا حرصهـما عـلى حفـظ أعمالهـما ونشرهـا، معتبريـن إيّاهـا مفاهيـم وتصـوّرات أكـثر منهـا مجـرّد تحـف فنّيـة. وهكـذا تتالـت طبعـات هـذه الأعمـال وتعـدّدت نسـخها التـي تحمـل توقيـع الفنّانـين بعـد إشرافهـم عـلى صنعهـا. أثـار عـرض القطـع المألوفـة، سـواء المعـدّلة منهـا أو غير المعـدّلة، المسـتمّدة مـن الحيـاة اليوميـة أو غيرهـا مـن المجـالات (التصويـر عنـد مـان راي) تسـاؤلات لـدى الفنّانـين والمتخصّصـين في الفنّ وعامـة الناس ودفعتهـم لإعـادة النظر في مفهـوم العمـل الفنّي، الـذي أسـند إليـه دور حسّـاس للغايـة. ويقـوم التجـاور المتواتـر بـين القطـع المألوفـة مـن جهةوالأعمال الأفريقيـة وأعمـال جـزر أوقيانوسيا أو أعمال الأمريكيتـين مـن جهـة ثانيةفي المعـارض الفنّيـة وفي المنشـورات وفي الأعمـال السـرياليـة، عـلى تقنيـة محبّبـة لـدى السرياليـين، وهـي تقنيـة التماثـل. إذ يـرى أندريـه بريتـون أنّـه لا بـدّمـن الوصـول إلى نقطـة ينقطـع فيهـا مظهـر التناقـض بينهـما عـلى نحـو تبـدو فيـه الأعمـال الفنّيـة والقطـع أشـبه بآثـار زمـن تعايـش فيـه الحـدس الفنّـي والمعرفـة العقليـة معا. لقـد تحـوّل عمـل مرسـال دوشـان الفنّي "حامـل القواريـر" إلى أحـد أبـرز أعمـال "الفنّ الجاهـز" وإلى نمـوذج حقيقـي للفنّ الحديـث. فرغـم بسـاطة الشـكل في أحـد جوانبـه فقـد لفـت هـذا العمـل الأنظـار وأثـار العديـد مـن التأويـلات التخيليـة. فكـلّ مسـمار أو سـنّ في مثـل هـذا النـوع مـن النماذج يوافـق أمنيـة أو تعويـذة.

طبيعة "الفنّ الجاهز" المتطرفة

"حامل القواريـر" قطعـة مصنعة اشتراها مرسال دوشامب من سوق دار البلدية في باريس عام 1914 وعرضها دون أي تعديل بتوقيعه، لتصبح من أوّل أعمال"الفنّ الجاهز" بعد "عجلة الدراجة الهوائية" في السنة السابقة. ويرى دوشامب (1887-1968) أن "اختيار [القطع الجاهزة] يمثل ردّةَ فعل على اللامبالاة البصرية الموافقة للغياب الكامل للذوق في وجهيه الجيّد والسيّئ. ولا تنفصل القطعة المعروضة عن تعليق الفنّان في أعمال "الفن الجاهز" مثلما هو الشأن في بقية أعمال دوشان. إذ يشترك التصوّر والتمشّي العملي في تفسير العمل وتبريره. ولقد صنع دوشامب النسخة الأولى المطابقة للأصل من "حامل القواريـر" إلى أخته عام 1921، بعد أن فُقدت القطعة الأصلية التي تعود لعام 1914.

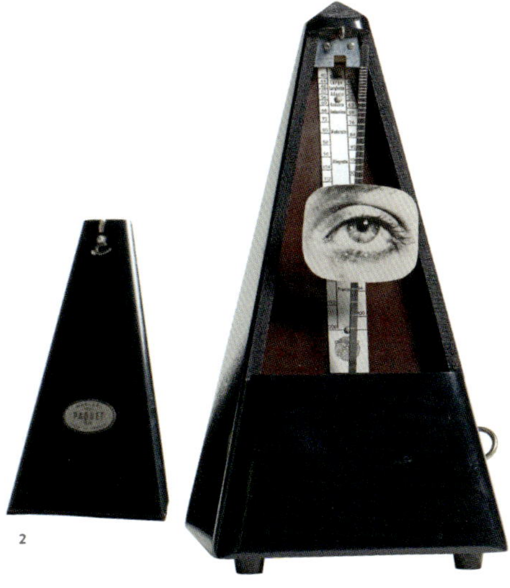

حلم الشيء المتحوّل

يعكس التركيب البصري والبعد الخيالي في هذا العمل المشاغل الداخلية للفنّان. ينتمي هذا البندول للفنّان مان راي (1890-1976) وقد كان يستخدمه في تنظيم وقت عمله بالورشة. وتحيل العين على "شاهد صامت". حطّم الفنّان نسخة أولى من هذا العمل التي أطلق عليه اسم "قطعة للتحطيم". ثمّ أعاد صنعه مرة ثانية عام 1933، وتظهر في النسخة الجديدة عين محبوبته المصورة الفوتوغرافية لي ميلر التي تركته قبلها بعام. إلّا أنّ هذه النسخة ضاعت أثناء الحرب فصنع نسخة ثالثة عام 1945، وأطلق عليها اسم "القطعة المفقودة" أو "القطعة الأخيرة"، التي تحطّمت بدورها عام 1957. فجدّدها مرة أخرى عام 1958. وأطلق عليها اسم "قطعة غير قابلة للإتلاف". وفي عام 1965 قام كلّ من مان راي ودانيال سبوري بتصميم نسخة جديدة من مائة مثال بعنوان "حركة أبدية". وقد استبدلت عين المصوّرة لي ميلر بعين أخرى ترفّ وفقا لحركة البندول. يؤكّد هذا التنوع غلبة الفكرة على تفرّد القطعة.

1.
حامل قارورات
مارسيل دوشامب
إيطاليا، ميلانو
1964 (نسخة طبق الأصل لتلك المفقودة عام 1914)
إ. 64 سم؛ حديد مطلي بالزنك
مركز بومبيدو - المتحف الوطني للفن الحديث

2.
عمل غير قابل للإتلاف
مان راي
فرنسا
1959
إ. 22.2 سم؛ ميترونوم، صورة فوتوغرافية مطبوعة
مركز بومبيدو - المتحف الوطني للفن الحديث

3.
نكيسي، تمثال سحري
الغابون
إ. 73.5 سم؛ خشب، معدن، ريش، صبغ، مادة عضوية
متحف رصيف برانلي - جاك شيراك

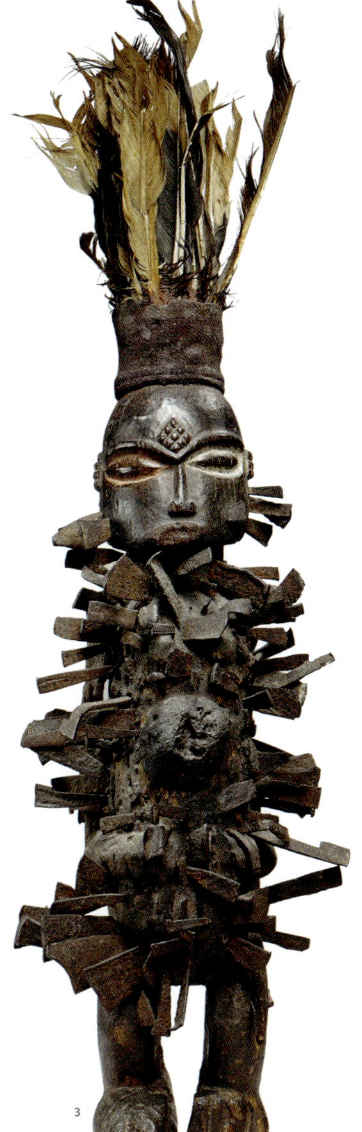

سحر التمثيل

تعدّ قطعة "نكيسي" من القطع المستخدمة في العرافة، حيث تلعب دور الوسيط بين البشر والأرواح لحماية المجتمع من الفوضى. وإذا كان مظهرها الخارجي يتخذ عموما صورة إنسانية، فإنّ شكلها في تحوّل مستمرّ وفقا للطقوس الدينية وللمواد التي تُضاف إليها لتعزيز قوتها أثناء ممارسة الطقوس. ولا يحقّ استخدام هذه التمائم سوى لبعض العارفين الذين يمتلكون القدرة على التحكّم في قوتها. ولكونها تعدّ وعاءً للقوى فوق الإنسانية أو مجسّدة لها، تغطّى التميمة بقطع معدنية مطابقة لمطالب البشر في تجديد الصحة أو غيرها من النعم.

تضاعفت العلاقات الفنية المثمرة من قارّة إلى أخرى خلال سنوات الحرب العالمية الثانية وما بعدها. فقد عبرت "التلقائية النفسية" لأندريه بروتون وأندريه ماسون المحيط الأطلسي، واندمجت في تيارات أخرى مثل نظريات فرويد وفنون الهنود الأمريكيين مرورا بروحانيات الشرق الأقصى، لتترك أثرها في ممارسات بعض شباب المدرسة التعبيرية التجريدية بالولايات المتّحدة. وقد تشابكت العلاقات بين فنّانين من أفاق مختلفة لتربط السريالي المنشقّ ماسون بحركة التصوير الانفعالي لجاكسون بولوك. ولئن كان التعبير عن الفنّ الحركي يتمّ على نحو مماثل للتلقائية النفسية، فإنّه تطوّر بطريقة مختلفة في أعمال جوان ميتشل وزاو ووكي.

من التلقائية النفسية إلى التصوير الانفعالي

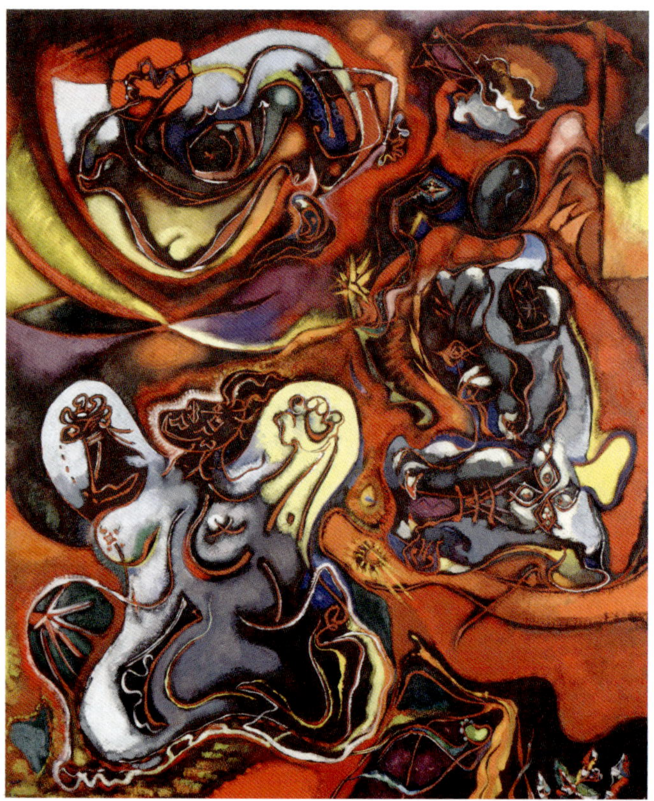

النشوة الديونيسية

انضمّ أندريه ماسون (1896-1987) - صديق كلّ من خوان ميرو وخيوان غريس وماكس جاكوب وأنطونين أرتو وجورج باطاي - إلى الحركة السريالية في الفترة ما بين 1924 إلى 1929. وانطلاقا من حرصه على إضفاء البعد الفلسفي على اللوحة، سعى الرسّام إلى تجاوز الوحدة الزخرفية، ووضع العمل تحت مظلّة الفكر النيتشوي، أي تحت أفكار الرغبة والوحدة الغنائية والعنف الطقسي. وتلبيةً لرغبة بريتون في إنشاء فنّ "التلقائية النفسية" (بيان السريالية، 1924)، قام ماسون بممارسة "الرسم التلقائي"، القائم على إظهار الإرادة في التعبير الفوري والسريع. وهو ما سيظهر تأثيره لاحقا على جاكسون بولوك، الذي قدّم بداءً من خريف 1926 مرادفًا تصويريا لهذا الاتجاه من خلال لوحاته الرملية. وتعكس لوحة "بيثيا" التي ترجع إلى فترة إقامة ماسون في الولايات المتّحدة، بتعبيريتها الديونيسية وألوانها الملتهبة، شغفه بالأساطير القديمة التي يربطها بصورة طبيعية بالعنف المقدّس والرعب والموت.

التلقائية واللاوعي

ذاع صيت "الفنّ الحركي" للفنّان جاكسون بولوك (1912-1956) من خلال الصور الفوتوغرافية وفيلم هانز ناموث الذي أخرجه عام 1951. يعدّ عمله هذا امتدادا للأبحاث السريالية عن "التلقائية". وتعبّر هذه اللوحة التي تندرج ضمن تيّار "التصوير الانفعالي" عن إرادة الرسام في فسح مجال التعبير أمام جسده ولاشعوره. فالتقنيات التي استخدمها الرسّام في تلك اللوحة مثل تقنية التقطير(ترك الطلاء يقطر فوق اللوحة)، وتقنية السكب (سكب الطلاء)التي طبّقها على حامل قد وضع بشكل مسطّح على الأرض (من القماش أو الورق كما هو الحال في هذه اللوحة) تعكس الطاقة الحيوية في حركة الرسام وإشارته. وتؤكّد المساحة المفتوحة البعد الماذي في الرسم وثنائية الأبعاد فيه، وتحيلنا في الآن ذاته إلى ما وراء الرسم. إذ تغطّي آثار حركة واحدة أحيانا العناصر الكامنة والتي لا يمكن الآن تمييزها.

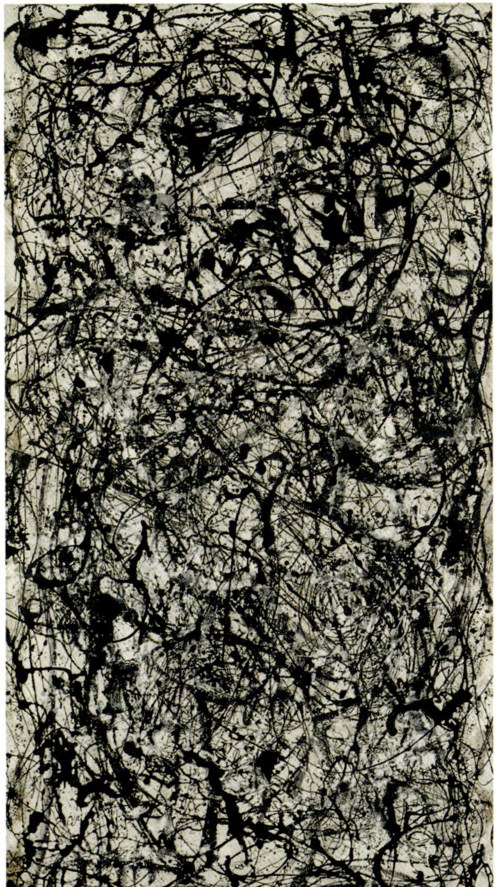

2

3

كتابة الريح

ولد الرسام والنحّات الصيني زاو ووكي (1920-2013) في بكين لأسرة ميسورة الحال وحصل على الجنسية الفرنسية عام 1964. وبعد الانتهاء من تدريبه الأكاديمي، الذي كان يوفّق بين ممارسة الرسم الصيني التقليدي وفنّ الخطّ من جهة ودراسة المنظور والنسخ القديم من جهة ثانية، وبعد بداياته الواعدة في الصين، استقرّ في باريس عام 1948، حيث ارتبط بكلّ من خوان ميرو وهنري ميشو وجون بول ريوبل ونيكولا دي ستايل وسام فرانسيس وبيير سولاج وهانز هارتنج. وقد تأثّر بفنّ بول كليه الذي لقي فيه ضربا من الاستبطان القريب ممّا نجده عند رسامي الشرق الأقصى. فتوجّه منذ عام 1950 إلى المدرسة التجريدية، ثم إلى المدرسة التجريدية الغنائية، وإلى النهج الحركي ذي البعد الاستبطاني المكثّف. ويسعى زاو ووكي في هذه اللوحة التي أمامنا إلى تأويل الظواهر الطبيعية. إذ يتحوّل خطّه إلى علامة لا يمكن قراءتها بعد حين. وهو ما نبّه عليه الفنّان عام 1976 إذ قال: "أتطلّع إلى كتابة خيالية لا يمكن فكّ شفرتها".

337

كان الفنّ في فترة السّتينيات امتدادًا للتصويرالانفعالي لبولوك الذي يسهم فيه جسم الفنّان بأكمله في صنع العمل الفنّي،
إذ اتّسم هذا الفنّ بالتعبير عن الوقائع والإنجازات والأحداث. وقدأنشأ كلَّ من الفرنسي إيف كلاين - وهو أحد الوجوه
الأساسية في حركة الواقعية الجديدة والياباني كازو شيراغا، عضو حركة غوتاي، أعمالا فنية من خلال التواصل المباشر بين
المادّة وجسم الفنان أو نماذجه. أمّا السويسري جان تينغلي، فقد اخترع بدلا من ذلك أجهزة تعمل بمحرّكات مصنوعة من
القطع المستخدمة في الحياة اليومية -تذكرنا بأعمال مارسيل دوشامب- لديها القدرةَ على الرسم، وعلى تأكيد وجودها
أيضا من خلال الصوت، كما أن لديها القدرة على تدمير نفسها آليا كما في عمله "تكريمًا لنيويورك" عام 1960.

من التصوير الانفعالي
إلى الأداء الفني

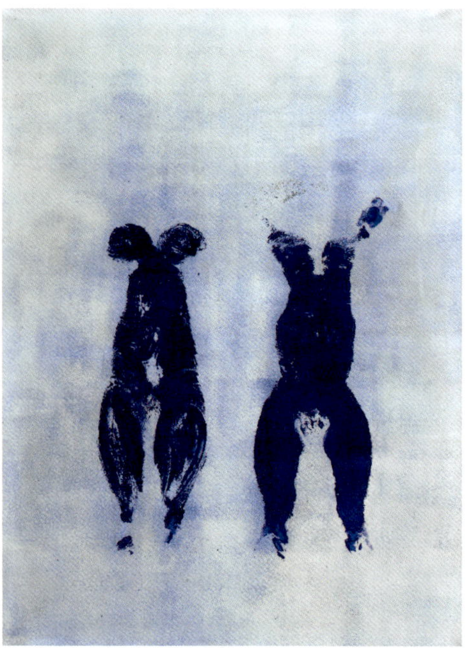

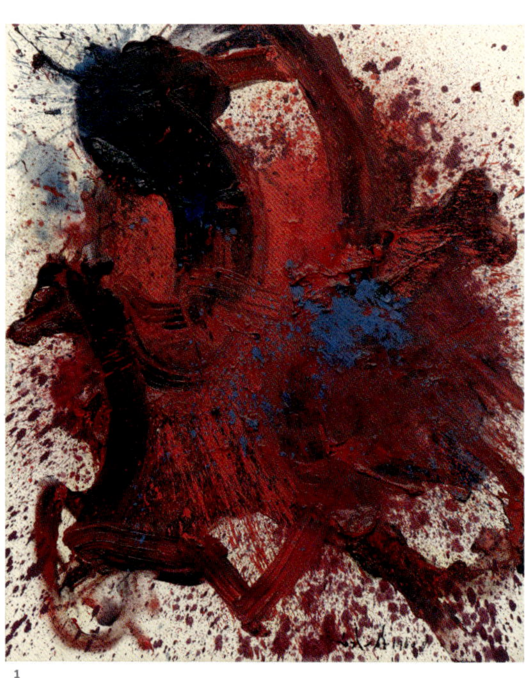

أحد رواد الأداء

يرى كازو شيراغا (1924-2008) الإبداع كما لو كان قتالا ومواجهة جسدية مع اللون
أو المادة. لذا فإنّ الحركة والطاقة هي من مكوّنات أعماله الفنّية. ففي هذا العمل
رُسمت اللوحة باستخدام الأقدام على قماش موضوع على الأرض ومغطًّى بالأصباغ.
وتمثّل الحركات المطبوعة على القماش إعادة نسخ للطاقة الروحية للفنان.

الجسد "فرشاة حية"

تعرض هذه اللوحة التي جاءت بعنوان "أشكال مجسّمة ثابتة في الفترة
الزرقاء" لإيف كلاين (1928-1962) آثار جسد الفنان وزوجته روترو. تعدّ
اللوحة نوعا من أنواع الصورة الشخصية الذاتية "البدائية" للزوجين، تذكرنا
بأوّل رجل وامرأة في تاريخ البشرية. ولا نجد في أعمال كلاين الكثير من
آثار الجسد المماثلة التي تجمع بين جسدي الذكر والأنثى.

338

أقام إيف كلاين المولع باليابان من سنة 1952 إلى سنة 1954، حيث حصل على الحزام الأسود الرابع في لعبة الجودو وتعرّف على أعمال حركة غوثاي، الفنّ "الملموس"، التي أسّسها جيرو يوشيهارا في عام 1956، وساهم فيها كازو شيراغا.

سعى كلاين لتصوير "مناطق ذات حساسية غير مادية"، فقد أراد أن يرسم فضاء ألوان لانهائي احتفاءً بـ "الفراغ". ولا يكتسب الأزرق بالنسبة إليه أيّ بعد. لذا عمد إلى استخدام "أزرق كلاين الدولي" (صبغة غير لامعة وثابتة وضعها الفنّان مع أحد الكيميائيين عام 1956) في أول أعماله الأحادية اللون وفي أعماله المجسّمة المسماة أنثروبومتريا التي أنجزها عام 1960. وإلى جانب استخدامه اللون الذهبي والوردي أيضا، أو رسمه بالهواء والنار، استخدم كلاين "أزرق كلاين الدولي"، علامته التجارية المميزة، في طلاء أجسام نماذجه البشرية التي باتت بمثابة "فرشاة حية" كان يوجهها دون اتصال مباشر خلال الفعاليات العامّة ذات الطبيعة الشعائرية. ويمكن الحصول على آثار هذه الأجسام سواء بمجرّد اتصال الجسم بالقماش ("آثار ثابتة") أو عن طريق حركة الجسم فوق اللوحة ("آثار متحركة").

ولئن كان الجسم المتحرّك جزءا لا يتجزأ من فنّ الرسم عند كازوشيراغا، فإنّه هنا استخدم جسده الذاتي، فرسم بجسده في الطين أو رسم وهو معلّق من قدميه إلى السقف. لقد نشأت عن الطاقة البدنية والعقلية وعن عنف الحركة المتقنة والمواجهة الجسدية مع اللون أعمال تناغمت مع ممارسات تيار "الواقعية الجديدة" في فرنسا، وبشّرت بحركة الوقائع التي روّج لها الأمريكي ألان كابرو منذ عام 1966.

قام جون تينغويلي، الذي كان أحد الشخصيات البارزة في تيار "الواقعية الجديدة" بابتكار شكل آخر من أشكال الأداء من خلال مزج القطع الموجودة بالحركة، وهو ما يذكر بالقطع الجاهزة لمارسيل دوشامب، وأيضا بعمله "روتوريليف" (1935). وقد جاءت قطعه المجمّعة متعارضة كليا مع القطع الجديدة ذات الاستخدام اليومي التي ترمز إلى تفوّق الحداثة. إذ تشرك هذه القطع المجمّعة كلّ الحوّاس، بما في ذلك حاستي الشمّ والسمع. تمتع هذه القطع، المضاءة بواسطة مصابيح موضعية لتعزيز بعدها المسرحي، بحياتها الذاتية وببعدها الرمزي.

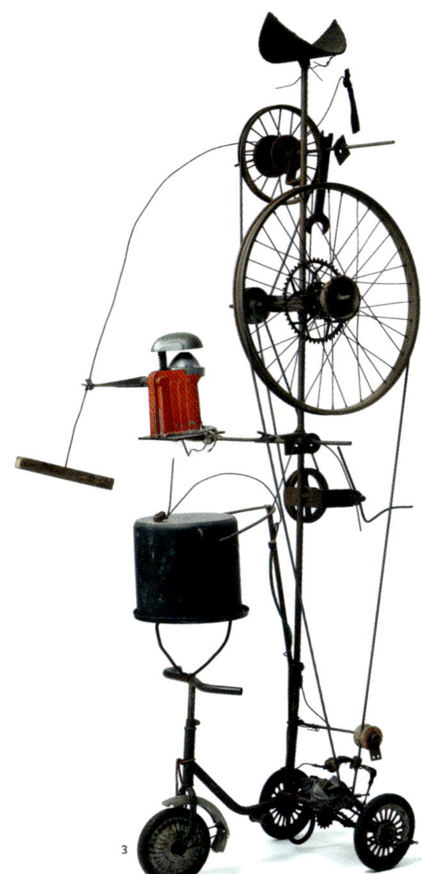

الميكانيكية الشعرية

يطرح هذا العمل الذي يجمع بين سمات القطعة السريالية والقطعة الجاهزة المطوّرة مسألة منزلة الآلة والقطعة في فن النحت في القرن العشرين. وقد اختصّ جون تينغويلي (1925-1991) بجمع قطع من خردة المجتمع الاستهلاكي وتحويلها إلى أجهزة ميكانيكية تستدعي جميع الحواسّ. فينفخ بذلك حياة جديدة في قطع عادية تافهة متحديًا ضمنيًا تركيز العصر على النفعية.

.1
كريسي كيوبيكي
كازو شيراغا
اليابان
1960
إ. 160، ع. 130 سم؛
ألوان زيتية
على قماش
اللوفر أبوظبي

.2
مجسّمات بشرية -
أنثروبومتريا بدون
عنوان (ANT 110)
إيف كلاين
فرنسا، باريس
1960
إ. 212.9، ع. 157.9 سم؛
ألوان على ورق
مثبت على قماش
اللوفر أبوظبي

.3
عصّارة برتقال "أ+ب"
جون تنجولي
فرنسا
1960
إ. 120 سم؛ معدن،
دراجة ثلاثية، عجلات،
عصّارة برتقال، دلو،
خشب، محرك،
قماش، سلك
اللوفر أبوظبي

نشأ فنّ البوب في بريطانيا العظمى في منتصف خمسينيات القرن الماضي بفضل حماس كلّ من الفنّان ريتشارد هاملتون والفنّان إدواردو باولوزي. وقد ازدهر هذا الفنّ بعد سنوات قليلة في الولايات المتّحدة مع كلّ من روي ليشتنستين وروبرت روزنبرج، آندي وارهول، وجاسبر جونز، وجيمس روزينكيست. وبالتزامن مع ذلك، تشكّلت في فرنسا حركة "الواقعية الجديدة" حول الناقد بيار ريستاني في بداية الستينيات، وضمّت الحركة فنانين مثل سيزر وراِيموند هاينز، وجاك فيليجل، وإيف كلاين، ونيكي دي سان فال، وسبوري، وتانجلي، وأرمان، ومارسيال رايس. تشترك هذه الحركات الفنية، التي نزعت عن العمل الفني قداسته، في خاصّية الاستلهام من المجتمع الاستهلاكي والإنتاج الصناعي للسلع بكميات ضخمة. وبوصفها انعكاسًا لروح العصر، استخدمت هذه الحركات القطع والصور من الصحافة والرسوم الهزلية، بوصفها رموزًا للمجتمع الاستهلاكي والثقافة الشعبية، واعتمدت تقنيات إعادة الإنتاج الصناعية.

فنّ البوب، نزع القداسة عن العمل الفنّي

في بريطانيا، قدّمت "الجماعة المستقّلة"، التي كانت تجتمع منذ عام 1952 في معهد الفنّ المعاصر في لندن، أعمال ريتشارد هاملت وادواردو وباولوزي، المتأثّر بالسريالية، يعيد استخدام صور من الثقافة الشعبية الأمريكية في أعماله الفنية التلصيقية. أمّا هاملتون، فقد انخرط مبكّرا في حوار جدّي ومثمر مع أعمال مارسيل دوشامب.

شارك هذان الفنّانان في عام 1956 في معرض بعنوان "هذا هو الغد" في قاعة عرض وايت تشابل في لندن. وأبدع هاملتون في هذا المعرض عمل التلصيق الذائع الصيت "ما الذي يجعل المنازل اليوم مختلفة جدًّا وجذّابة جدًّا؟" وقد أصبح هذا العمل على الفور بمثابة بيان رسمي لحركة فنّ البوب في بريطانيا. وهي الحركة الفنّية التي انضم إليها لاحقا فنّانون من أمثال ديفيد هوكني ورونالد بروك كيتاج وبيتر بلاك.

وفي الولايات المتّحدة، حيث انتشر فنّ البوب في بضع سنوات، قام روي ليشتنستين بإعادة استخدام صور الرسوم الساخرة التي حافظ بدقّة على إطار طباعتها، في حين استخدم آندي وارهول عام 1962 تقنية الطباعة الحريرية، وذلك لإعادة إنتاج رموز من الثقافة الأمريكية، بما في ذلك قطع من الحياة اليومية مثل علب حساء كامبل وزجاجات كوكا كولا، وكاتشاب هاينز، وإسفنجات بريللو...) واستخدم كذلك صورا فوتوغرافية لشخصيات معروفة مثل مارلين

مونرو، وإليزابيث تايلور، وألفيس بريسلي، وجاكي كينيدي وغيرهم... وفي ذات الوقت، تناول وارهول أيضا موضوع الموت من خلال سلسلة "الموت والكوارث" التي ارتبطت بها سلسلة "الكرسي الكهربائي". ثم انصرف لاحقا بصورة أساسية للسينما التجريبية والموسيقى وإلى العديد من أنشطة ورشته "فاكتوري"، حيث كان هذا المحلّ الواقع في الشارع السابع والأربعين من نيويورك في نفس الوقت مرسمه وستوديو السينما وقاعة تسجيل. ولم يتخلَّ كذلك عن إنجاز الصور الشخصية (للعديد من الشخصيات بما في ذلك المخنّثين والمشاهير والمثقفين والفنانين...) والصور الشخصية الذاتية.

وفي الوقت ذاته، عمل الواقعيون الجدد في فرنسا على عناصر من الحياة اليومية (بقايا ملصقات هانزوفيلجيه)، وعلى تجميع القطع والخردة (أرمان، سابوري)، وعلى إنشاء ماكينات متهالكة ولكنّها ذات بعد شعري وبعيدة الاحتمال (تنغلي). أمّا مرسيال رايس، الذي شهدت مسيرته انقلابا جماليا جذريا منذ عام 1972، فقد كان يدافع عن "الرؤية النظيفة" التي ربطها بـ "عالم جديد طاهر نقي" وهو ما يقتضي استخدام موادّ تعبّر عن الحداثة مثل البلاستيك والنيون والبلاستيك الشفاف والمرآة، إلى جانب العمليات الصناعية الخاصة بنقل الصور على اللوحة الفنّية ولصق الألياف والتجميع والتضخيم الآلي. وعلى غرار وارهول، يرى مرسيال رايس أنّ المتاجر والمحلات التجارية الكبرى هي بمثابة متاحف الفنّ الحديث.

الجمالية النقدية في إضفاء الطابع السلعي

تحيل هذه الصورة الشخصية الفرنسية لزوجة مرسيال رايس (المولود عام 1936) إلى الصور النمطية للجمال الأنثوي كما كانت تعرضه مجلات ذلك الوقت. وترتكز اللوحة على المواجهة بين اللونين الخافت واللامع، فاللون الأسود الخافت يرسم بايجاز ملامح النموذج التي تمثل على خلفية معدنية لامعة. أمّا سطح القماش غير المستوي، فيبرز انعكاسات الوجه والتواءاته. وهو ما يحوّل اللوحة إلى مجرّد قطعة، ويؤدّي بذلك إلى تجاهل الصورة.

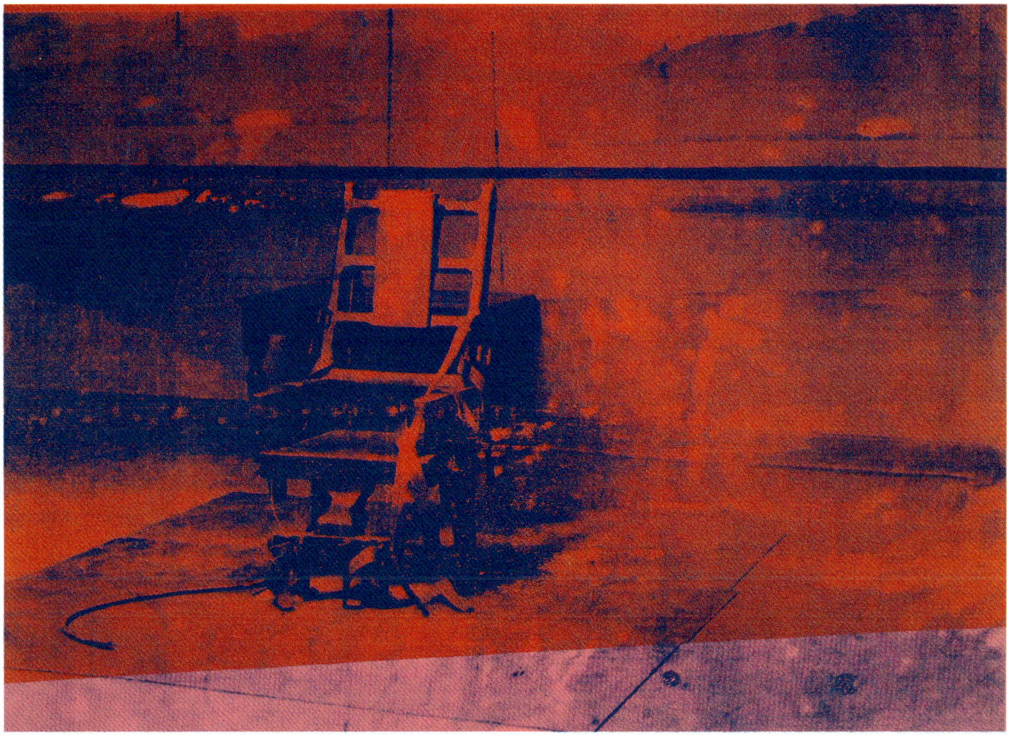

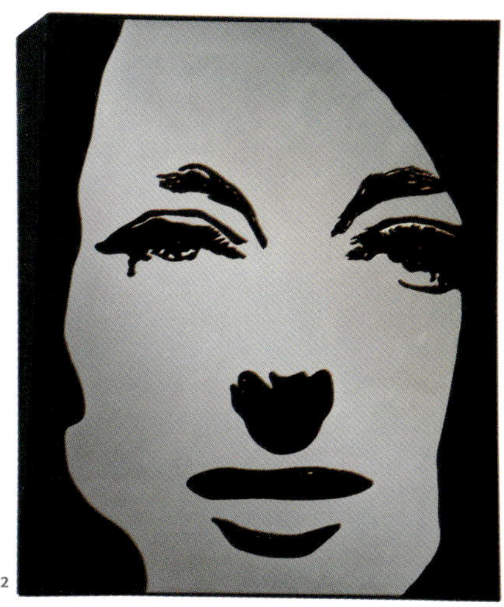

العمل الفني في عصر "إعادة الإنتاج التقني"

تتألّف سلسلة "الكرسي الكهربائي" لأندي وارهول (1928-1987)، التي بدأت سنة 1964 من مطبوعات حريرية بألوان مختلفة جدا، بعضها ملوّنة بالأكريليك. فالصورة ذاتها اقتبست من صورة صحفية التقطت عام 1953 أثناء الحرب الباردة من سجن سينغ سينغ بنيويورك، حيث أُعدم في تلك السنة يوليوس وأيتيل رونبرغ بتهمة نقل معلومات عن القنبلة الذرية الأميركية إلى روسيا السوفياتية خلال الحرب العالمية الثانية. وقد كان وارهول مفتونا دائما بالموت. ففي هذه اللوحة، يعمّق الإطار وكذلك صمت الصورة إضافة إلى برودة عملية الإعادة الآلية للإنتاج الشعور بالقهر والغياب.

أدّى ظهور دول جديدة لها تاريخها الثقافي الخاصّ في أعقاب تحررها من الاستعمار إلى بروز مراكز جديدة للحداثة. فلم يعد الفنّ محصورًا في مركز رئيسي واحد مثل باريس في بدايات القرن العشرين أو الولايات المتحدة بعد الحرب العالمية الثانية، بل أصبحت له مراكز متعددة. ولئن ظلّت العواصم الثقافية الغربية تغذّي المشهد الفنّي، فإنّ تعدّد مراكز هذا المشهد قد قلب قواعد تاريخ الفنّ العالمي وغيّر خارطته.

مشهد فنّي متعدّد المراكز

كان السودان الذي تأسّس عام 1956 والمملكة المغربية التي حصلت على استقلالها في العام ذاته موطنا للفنّانين الذين تدرّبوا في الغرب ثم عادوا إلى بلدانهم لإنشاء حداثة جديدة وفق مصادر ثقافية محلية. التقى إبراهيم الصلاحي الذي درس في لندن بفنّاني "مباري" وبفنّاني نادي "ويذراز" في نيجريا. ثم التقى في نيويورك بجماعة "سبيرال" التي تضمّ مجموعة من الفنانين الأمريكيين الأفارقة، قبل أن يلتقي مع دييغو ريفيرا وروفينو تامايو في المكسيك. وعند عودته إلى السودان، مزج الصلاحي بين التأثيرات الغربية والموضوعات السودانية الأصيلة مستكشفا بذلك ثقافته الخاصة ومحيطه الطبيعي.

سعى المغربي فريد بالكاهية، الذي درس في باريس وتشيكوسلوفاكيا، إلى إنتاج فنّ ينفرد بسماته عن الموروث الفنّي الغربي. فانتدب في "مدرسة الفنون الجميلة" التي كان يديرها في الدار البيضاء الفنّان محمّد مليحي، الذي تلقّى بدوره تدريبه في الولايات المتحدة.

يجمع محمد مليحي في فنّه بين العناصر الثقافية العربية والأمريكية، كما يجسّد بذلك نمط الموجة الذي استوحاه من التليفزيون وعلم الاتصال والتحكم الآلي من جهة، ومن فن الخطّ العربي وأمواج الشواطئ المغربية من جهة أخرى.

اعتمد فنّانون آخرون نهجًا أبعد من الناحية التصوّرية. فاللبنانية سلوى شقير والإماراتي حسن شريف يعملان في الآن ذاته على المفاهيم الرياضية وعلى مفهوم القطعة. فأبدعت شقير منحوتات مكوّنة من نماذج كانت تختبر فيها الشكل والمادّة في كلّ مرّة على نطاق مصغّر. أما حسن شريف، الذي تلقّى تعليمه في بريطانيا، فقد ابتكر "شبه نظم فنّية" أدخل عليها عنصرا تشويشيا ليحوّل قطع الحياة اليومية إلى أعمال فنّية منتقدًا فيها المجتمع الاستهلاكي. ويعدّ حسن شريف واحدا من مجموعة "الخمسة"، أي الفنانين الخمسة الذين أسّسوا في ثمانينيات القرن الماضي الفن الإماراتي الحديث، والذين ينشطون في "البيت الطائر" في دبي.

الواحد والمتعدّد

اكتشفت سلوى شقير (1916-2017) قبل أن تعود إلى لبنان سنة 1955 الهندسة المعمارية القائمة على أساس "النموذج" لدى كل من فرناند ليجي ولوكوربوزييه في فرنسا. وعلى الرغم من مظهره اللعوب والعفوي، فإن عملها الذي يحمل هنا اسم "قصيدة"، قد خُطّط بطريقة علمية بحيث أن "لا شيء فيه قد تُرك للصدفة". يتكوّن العمل من أحجار قابلة للنقل متراكبة فوق بعضها البعض بإحكام. وتقتضي معالجة هذه الأحجار البعد الحركي، في حين أن هيئتها توحي بقصيدة تضم مجموعة من العناصر التي تتسم بتوازنها الثابت والعارض في الوقت ذاته.

1

ارتجاف

يعدّ محمد مليحي (المولود عام 1936) أحد المؤسسين للرسم التجريدي المغربي. رسم لوحة "نبض" في نيويورك بين سنتي 1961 و1964، وهي الفترة التي كان فيها المليحي يعاشر فنانين من أمثال فرانك ستيلا، وجيم دين وكلايس أولدنبيرغ. ويحمل هذا العمل ذو المستويات المقسّمة والأشكال الواضحة السمات المميزة لأسلوب "الحاشية الصلبة". وتوحي الموجة من خلال تكرّر أنماطها الزخرفية بالموسيقى والحركة والتواصل، لتمثّل بذلك "الاستمرارية والسماء والمرأة والإثارة والماء وإيقاع النبضات".

2

بين الأرض والسماء

استخدم السوداني إبراهيم الصلاحي (المولود عام 1930) لأول مرة في هذه اللوحة تقنية الرسم بالزيت المرشوش على القماش. إذتذكرنا الأهلّة المضيئة والزخارف العربية "الأرابيسك" بالخطّ العربي وتتفاعل مع الأقنعة والشخصيات الأفريقية. أمّا شجرة الأكاسيا التي تنمو أوراقها في موسم الجفاف، والموجودة في وسط اللوحة، فترمز إلى المثابرة والفردانية. فالهوية المركّبة للسودان الحديث تتأرجح بين العالم الأرضي وعالم ما فوق الطبيعة.

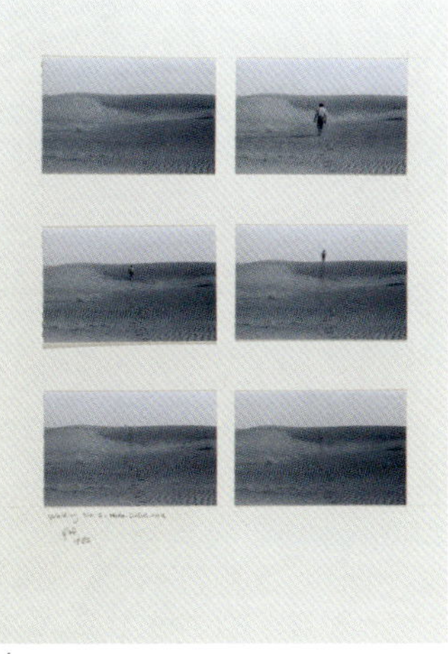
3

المشي في الصحراء

ينتمي العمل الفنّي "المشي" الوارد تحت عدد 1/2 لسنة 1982 إلى مجموعة حسن شريف الموسومة بـ "إنجازات" وهي المجموعة الفنية التي أنجزها بين سنتي 1984-1981 في فضاء خاصّ. وتمسك هذه السلسلة من 6 صور بالفعل البشري لدى رجل ينأى نحو اللانهاية. إذ يظهر ظلّ الفنان ويغيب بين الكثبان الجامدة التي تشكّل مشهدا ثابتا. يعدّ فعل المشي لدى حسن الشريف (2016-1951) على بساطته ا أمرا ضروريا في وجودنا: "المشي غاية في الأهمّية فهو أوّل ما نصنع حين نفيق. وفي بساطة شديدة، أن أوجد فذلك يعني أن أكون هناك وألاّ أكون في ذات الوقت. وإنه لمن الخطير أن تكون هناك وألا تكون إذ يكشف ذلك عن الوجه الذي ندرك به الزمن. وغاية ما نستطيع فعله حينها أن نتخيّل ما إذا كنّا هناك أم لم نكن. وهي حركة ذهنية جوهرية للوجود."

4

343

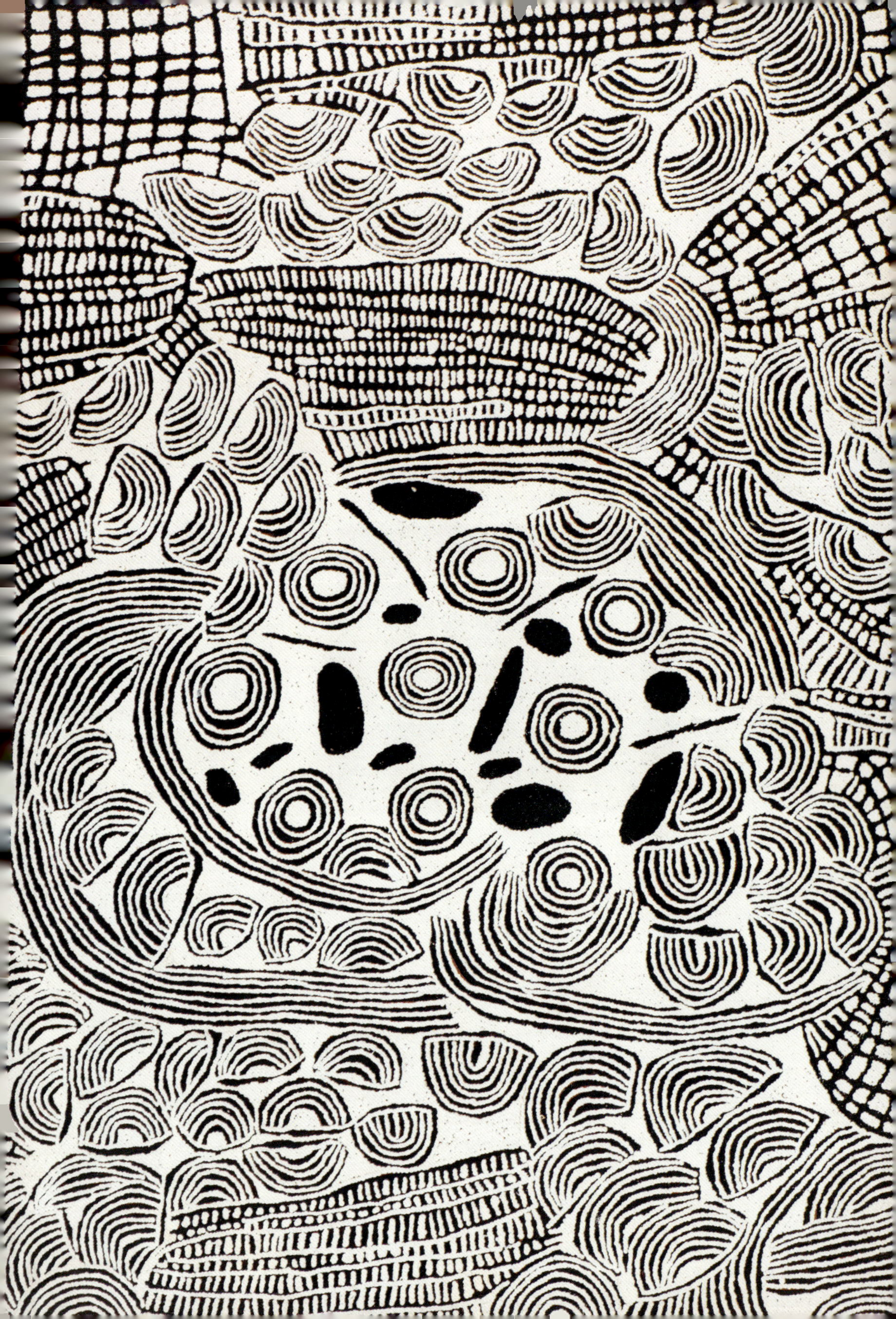

قاعة العرض 12

منبر عالمي

يبدو أنّ كثافة علاقات التواصل بين الشعوب في بداية القرن الحادي والعشرين قد حوّلت الكوكب إلى قرية عالمية. فقد كان سقوط جدار برلين عام 1989 إعلانا عن نهاية حقبة تاريخية شغل فيها الغرب على مدى خمسة قرون صدارة المشهد العالمي. وقد دفع العالم متعدّد الأقطاب والثقافات الذي ظهر بسقوط الشيوعية الفنّانين إلى إعادة كتابة قصّة عالم بات اليوم يتسم بالتعدّد. وقد أدّى تعدّد معارض الفنّ المعاصر انطلاقا من سنة 1990، إلى بروز جهات ثقافية جديدة وطموحة على الساحة التي تحوّلت إلى منبر عالمي، وهي الصين والهند وأمريكا الجنوبية وأفريقيا والشرق الأوسط. ولئن أثارت المعرفة الفورية والعالمية بالأحداث التاريخية القلقَ، فإنّها نبّهت في الوقت ذاته الوعي الجماعي وطرحت للنقاش قضية أساسية من قضايا العالم المعاصر هي قضية الهوية. فكلما ازداد انفتاح العالم على بعضه اشتدّ ظهور هذه القضية على السطح لتوفير الحماية وبثّ الطمأنينة وإثارة التساؤلات حول الأمور المشتركة والانتماءات، وإعطاء معنى للوجود. ونظرا لأن الإبداع الفنّي يمثل مرآة مجتمعاتنا، فلا يمتنع عن طرح هذا التساؤل. فقد بات الفنان ملتزمًا وخبيرا بعلم الأعراق البشرية وبعلم الاجتماع، وسعى نحو الاستعراض وإثارة الصدمات، كما سعى لكسب التغطية الإعلامية. وساهمت الممارسات الأكثر راديكالية والفنّ التصوّري وفنّ التبسيط وفنّ الأداء وفنّ التعبير الجسدي، في تغيير معنى العمل الفني وطريقة إدراكه للأبد. فقد منح العمل الفني الزائل أحيانا الأولوية للأسلوب الشخصي والمكونات الفردية والاجتماعية بل والدينية. وهو يطرح بذلك بصورة مشروعة التساؤل حول مدى قدرة الفنّان على إصلاح ما فسد من برج بابل وعلى تمكين البشرية من العثور على لغة مشتركة. يمثّل استكشاف الطبيعة الإنسانية والبحث عن تاريخ مشترك أمثل السبل الواعدة لتحقيق ذلك. وأيا كان الأمر، فإن الحاجة المتزايدة إلى الإبداع الفنّي التي ما انفكت تتأكّد كل يوم في المجتمعات التي دخلت تحت لواء العولمة، إنّما هي دون شكّ دليل على أن القضايا الأساسية الإنسانية التي طالما شغلت الإنسانية منذ الأبد تظل قضايا راهنة ومهمة. وربّما تُطرح هذه القضايا بإلحاح أشدّ في عالم منفتح تطغى عليه النزعة الفردية، وحيث لم يسبق للإنسان بلا شك أن وجد نفسه في مواجهة ذاته بمثل هذا القدر.

في عالم يتغيّر بسرعة فائقة، يشهد الفنان كغيره من سكّان هذا الكوكب تأثير الإنسان المدمّر على الأرض، الذي ما انفكّ يتعاظم. وهو يشارك العلماء في التساؤلات التي يطرحونها عن تغيّر المناخ والصحة، ويتساءل بصورة عامة عن "الأنثروبوسين"، العصر الجيولوجي الجديد الذي يهيمن عليه الإنسان. وإذ يسعى الفنان في المقام الأوّل إلى الحصول على إجابات جمالية، فإنّه يخوض في مسائل العالم الراهن وفي الصراعات التي تخترقه وفي التحدّيات السياسية والبيئية التي تواجهه في المستقبل.

الكوكب، نظام وفوضى

وفقا للكيميائي وخبير الأرصاد الجوية الهولندي بول جوزيف كروتزن، ولعالِم الأحياء الأمريكي أوجين ستويرمر، فإنّنا قد نكون بإزاء عصر جيولوجي جديد يسمى "الأنثروبوسين" أو "عصر الإنسان". ويتميّز هذا العصر بتأثير النشاط البشري على النظام البيئي، وخاصّة منذ الثورة الصناعية في أواخر القرن الثامن عشر وفي القرن التاسع عشر. إذ تؤدّي التغيّرات المناخية الناجمة عن الزيادة الهائلة في جزيئات الكربون في الغلاف الجوي أو تغيّر الطبيعة الناتج عن الإنسان إلى حدوث كوارث طبيعية يقف الإنسان عاجزا أمامها مثل الفيضانات والزلازل والبراكين. يعكس الاحتفال بـ "يوم الأرض" لأوّل مرّة عام 1970 مدى الوعي بالقضايا المتّصلة بالبيئة. كما يعكس العمل الفنّي "دوامة جيتي" للفنان روبرت سميثسون الذي أنجزه في نفس السنة في مدينة سولت ليك في ولاية يوتا (الولايات المتحدة الأمريكية) انشغاله بتدهور المناظر الطبيعية. وقد عمل هذا الفنان على النفايات الصناعية في موقع يسمى نقطة روزيل، حيث أغراه اللون الأحمر. فقام بنقل أكثر من 6700 طن من البازلت الأسود، ليقوم بإنجاز هذا الشريط الضخم من الأرض الذي يبلغ طوله 457 مترا وعرضه 4.5 أمتار، والذي يحيل شكله في آن واحد على الزوبعة والإعصار، وعلى تشكّل بلورات الملح على الصخر. وبذلك تستعيد الطبيعة وفقا لرغبته حقوقها في هذا العمل الموصول بفنّ الأرض. إلاّ أنّ هذا العمل الذي يغمره

الماء أحيانا، يتعرّض دون هوادة لتأثير العناصر الطبيعية وللتآكل بفعل الزمن.

يسجّل الفنان الزيمبابوي دنكان ويلي في أعماله القوى الفوضوية في العالم. إذ يبرز في رسمه مقاطع من صور معروفة مأخوذة من الإنترنت ومن الصور الفوتوغرافية ومن وسائل الإعلام معتمدا على انعكاسات المرآة والشفافية. يثير عمله الفنّي "حقائق متعدّدة" (آفاق متعدّدة) قضية العالم المتغيّر باستمرار، حيث تغلب السيول والتدفقات وتضعف الاعتدالات والتوازنات. وتعدّ قضية المياه في زيمبابوي قضية مصيرية، إذ يهدّد الجفاف أكثر من سبعة ملايين شخص. وتطرح الضفاف أيضا مسألة المنفى والمباني المدمّرة التي تتصل بالمجال الحيوي. ويوحي هذا العمل المفعم بحيوية قوية كذلك ملكات الصمود وإعادة البناء لدى الإنسان.

تأثر الفنان السنغالي، عمر با بالاستعارات الشخصية المستمدّة من تراث الأجداد. وتدور أعماله المرسومة على الورق المقوّى الممّوج في ظلال اللون البرتقالي والأحمر والأزرق الجليدي حول شخصيات هجينة تجسّد السلطة. يتناول هذا الفنان بوصفه فيلسوفا أخلاقيا حقيقيا موضوع استيلاء الطغاة على السلطة وكذلك مسألة النهب البيئي لأفريقيا. إنّه يسرد قصّة عصرنا بكل ما يتّسم به من العنف والوحشية، كما يتناول الجمال الحيّ والخصب للعالم.

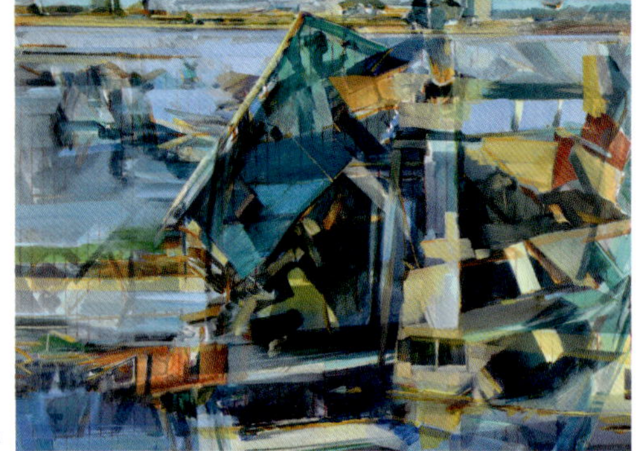

من الفوضى

انطلق دانكن ويلي (المولود عام 1975) في إنجاز هذا العمل من صورة لواجهة عمارة في غزة دمّرتها قنبلة من الداخل. وبعد أن قلب القماش رسم عليه منزلا من طابق واحد مقسوم إلى شطرين ومشهدا صُوّر في اليابان بعد إعصار تسونامي عام 2011. قوّض الماء في هذه الصورة أسس مأوى عرضي قام بدوره بقلب جدار من الأعلى مشكّلا بذلك حاجزا من الجانب الأيمن. ولئن تحوّل هذا الرسم للأنقاض إلى فضاء في حد ذاته للحدث التصويري، فإنّه يعكس في الآن ذاته حقيقة العالم.

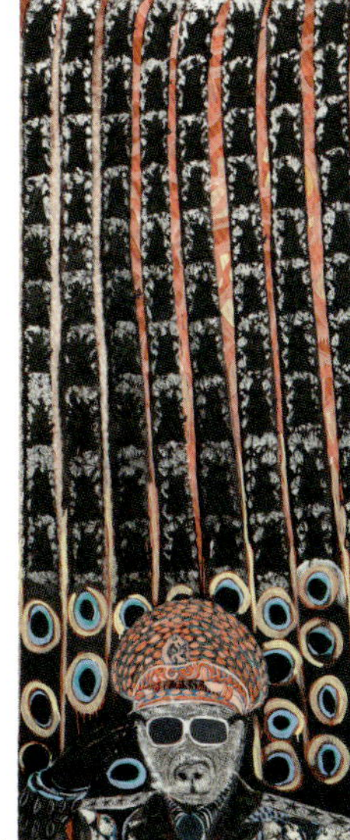

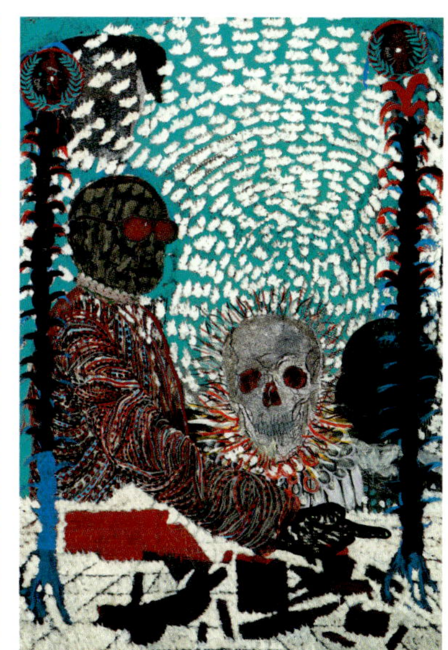

النهب السرّي

يستخدم عمر با (المولود عام 1977) الفرشاة وكذلك أصابعه لإبداع نسيج فريد لأعماله، التي تجمع بين دقّة التفاصيل وآثار الارتجاف. نرى في لوحة "مشهد 1 - وكر" رجلا ذا مقام رفيع يعلوه كلب يحمل شعار الأمم المتحدة التي يفترض أن تحفظ النظام العالمي. أمّا الأشجار المحيطة وكذلك الشخص المسلّح فيجسّدان القوة والفوضى. ويرمز جدار الطوب إلى الحدود. ويوحي حطام القارب بالهجرة غير الشرعية. ويرمز اللون الأزرق إلى الماء والحياة. أما لوحة "منصة الثقة"، فإنّ ظلال أشجار البوحباب المدمجة فيما يبدو وكأنه نسيج إفريقي، توحي بالنهب والاعتداء الواقع على الغابات في القارة السوداء والتي تشهد عليه العيون التي لا حول لها ولا قوة.

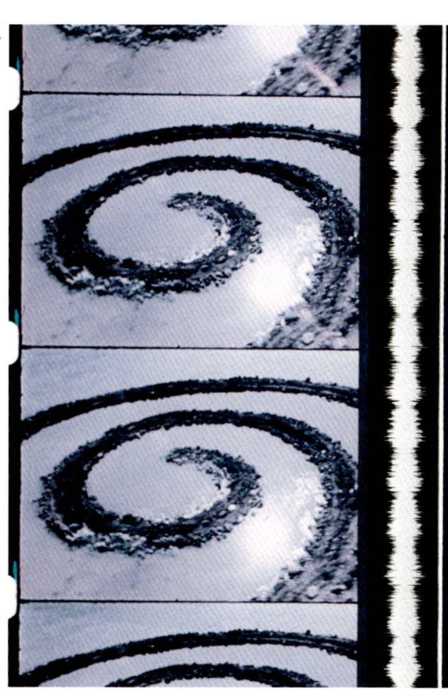

عصر ما قبل التاريخ الحديث

يتيح لنا روبرت سميثسون (1938-1973) اكتشاف رصيفه من خلال فيلم له منطقه الخاصّ. يتألّف العمل من مناظر ملتقطة لا علاقة بينها، مثل "لمحات عن عالم لم يجتمع بعد، وأرض غير مكتملة، وفترة من الزمن لم تنتهِ، وحالة نسيان غير مؤكدة". إلاّ أنّ كلّ هذه الصور المجزّأة تظفر في نهاية المطاف بالاتساق ضمن سيل يحيل على دوّامة ليماثل في شكله صورة الرّصيف وصورة بكرة الفيلم بسعة 16 ملم المستخدمة في آن واحد. ويغوص بنا هذا الفيلم في حالة من "الدوار الواضح" تماثل حالة من وقع تنويمه.

1.
حقائق متعددة
دانكن ويلي
جنوب أفريقيا،
جوهانسبرغ والمملكة
المتحدة، لندن
2016
إ. 230، ع. 300 سم؛
ألوان زيتية
على قماش
اللوفر أبوظبي

2.
مشهد 1 - وكر
عمر با
السنغال، داكار
وسويسرا، جنيف
2016
إ. 201.5، ع. 130 سم؛
ألوان زيتية، ألوان
شمع، حبر صيني،
غواش على ورق
مقوى مموج
اللوفر أبوظبي

3.
منصة الثقة - نهب
الثروة السري 1
عمر با
السنغال، داكار
وسويسرا، جنيف
2016
إ. 203.5، ع. 84 سم؛
ألوان زيتية، ألوان
شمع، حبر صيني،
غواش على ورق
مقوى مموج
اللوفر أبوظبي

4.
مرفأ في دوامة
روبرت سميثسون
الولايات المتحدة، يوتا،
البحيرة المالحة الكبرى
1970
فيلم 16 مم ملون
ومزود بصوت
مدته 32 دقيقة
مركز بومبيدو - المتحف
الوطني للفن الحديث

تؤثر العولمة اليوم في كل مجال من مجالات الوجود في القرن الحادي والعشرين بما في ذلك مجالات الاقتصاد والبيئة والثقافة والسياسة. ويساهم الفنّانون في هذه الحركة المتواصلة القائمة على التبادل وعلى محو الحدود الأرضية من خلال رحلاتهم، واتصالاتهم، وما يعيشونه من حالات الاغتراب أو التناقل الثقافي. فالفنّانون بصفتهم شهودا وفاعلين في آن، يتيحون لنا رؤية الجوانب المختلفة لهذا العالم المترابط داخليا، الذي تنتشر فيه المعلومات بصورة فورية تقريبا.

تدفقات، شبكات، جذور

أنشئت بعد الحرب العالمية الثانية منظّمات غير حكومية مثل البنك الدولي، وصندوق النقد الدولي، والجات "الاتفاقية العامة للتعريفات الجمركية والتجارة" لتشجيع التبادل الحرّ بوصفه قوة موجّهة للاستقرار والازدهار. وقد ألغيت الحدود التجارية، واتّسعت السوق الحرّة بعد سقوط جدار برلين عام 1989 لتمتد في جميع أنحاء العالم. ويشير المصطلح الإنجليزي "الشمولية" إلى هذه الظاهرة التي تتعلّق سواء بتبادل السلع ورؤوس الأموال أو بالرحلات والهجرات البشرية. وقد شهد انتشار المعلومات كذلك تسارعا لم يسبق له مثيل. فأصبح العالم "قرية عالمية" أو قرية كونية -على حد تعبير مارشال مألوهان -حتى قبل أن تمكّن الشبكة العنكبوتية أو الشبكة العالمية الواسعة التي أنشأها تيم بيرنز ليرسميا عام 1991 البشرمن التواصل عبر الإنترنت في الزمن الحقيقي ومن أي موضع كان.

لا يستطيع الفنّانون اليوم مثلهم مثل معاصريهم الإفلات من هذه الحركة، كما تشهد على ذلك سيرهم. وتحمل أعمالهم آثار هذه التنقلات الجسدية أو الفكرية في آن. ساهم تشانغ هوان الذي ترجع أصوله إلى مقاطعة هنان في الصين في ظهور "قرية بكين الشرقية" وهي جماعة فنّية ترجع إلى "القرية الشرقية" في مانهاتن في بكين السنوات

التسعين. وقد اضطرّ تشانغ هوان صاحب الإنجازات والمصوّر والفنّان التشكيلي، إلى النفي إلى الولايات المتحدة عام 1998، لكنه عاد إلى شنغهاي عام 2005. وهو يعمل الآن بين الصين والولايات المتحدة. أما منير فاطمي، فقد غادر المغرب ليستقرّ في فرنسا في بداية التسعينيات، وكان متأثّرا بالثقافة التقليدية لأسرته وتأثّر كذلك بمجموعة "جيل بيت" التي كانت طنجة أحد أهمّ مراكزها. وإذ ينحدر فاطمي من هذه المدينة التي مثّلت نقطة التقاء وتجريب استثنائية، فقد كان جزءا أساسيا من هذا العالم الجديد المتسم بالكونية، الذي سعى لاكتشافه من خلال خليط من الأشكال المستمدّة من عوالم مختلفة تجمع بين الذاكرة الجماعية والفردية في آن.

أثار الفنّان الفرنسي فيليب راميت بصورة أوسع مسألة الانتقال في وجهيه المادي والشعري. إذ ابتكر "جهاز رؤية الطريق التي نقطعها". وهو ما يسمح لنا بالنظر إلى الخلف في الوقت الذي نتقدّم فيه إلى الأمام، أي يقدّم "نزهة لا معقولة" يقف فيها بشكل عمودي على جذع نخلة. وانطلاقا من الصور الفوتوغرافية لهذه التجارب التي تولى خوضها بنفسه غيّر راميت علاقتنا بالعالم من خلال تقديم أنماط جديدة في الإدراك.

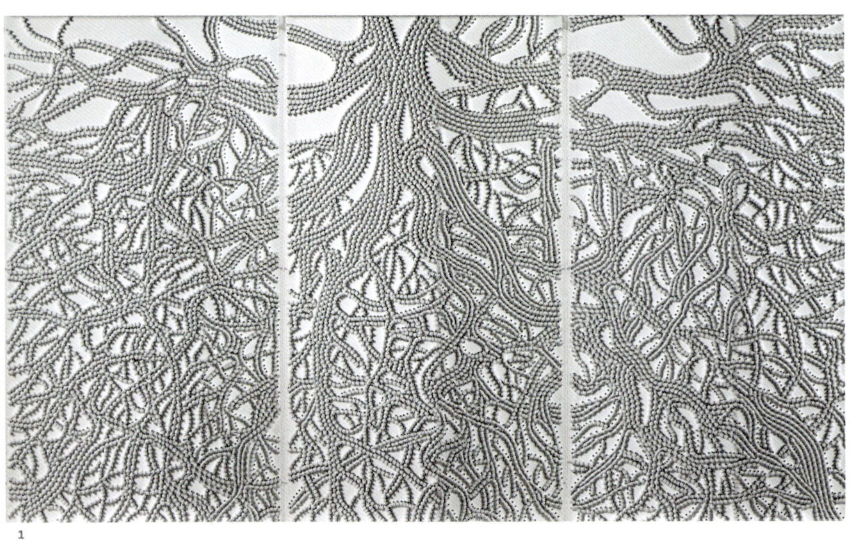
1

كتابة تاريخك الخاصّ

طلب الفنّان تشانغ هوان (المولود سنة1965) من ثلاثة خطّاطين أن يتناوبوا يوما كاملا على كتابة ما يمليه عليهم على وجهه. كتب الأوّل على جبهته "يوغونغ إي شان"، "ذو قلب شجاع، لا شيء مستحيل" إشارة إلى يوغونغ، وهو رجل عجوز أسطوري يستطيع تحريك الجبال بفضل قوته العقلية. وخُطّت على وجهه تواريخ وأسماء أخرى كذلك. ومع غروب الشمس، أصبح وجهه أسود من الحبر. ولم يعد يمكن التعرّف عليه. يطرح هذا العمل الذي يجمع بين الفنّ الجسدي وفنّ الخطّ والتصوير الفوتوغرافي، وحمل عنوان "شجرة العائلة"، مسألة تأثير القصص الجماعية والأسرية في الفرد. كما يطرح مدى هامش الحرّية الشخصية الذي يتمتّع به الفرد، وكذلك مسألة جذوره وهويته: "فمن المستحيل أن ينكر شخص دمه وشخصيته".

.1
جذور
منير فاطمي
فرنسا، باريس ومدينة ليل
2016-2015
إ. 120، ع. 195 سم؛ سلك نحاسي محوري ودبابيس
اللوفر أبوظبي

.2
شجرة العائلة
تشانغ هوان
الولايات المتحدة
2000
إ. 127، ع. 102 سم (كل صورة)؛ لوحة متعددة الطبقات، مطبوعات مولدة لللون
مركز بومبيدو - المتحف الوطني للفن الحديث

.3
الشرفة II
فيليب راميت
الصين، هونغ كونغ
2001
إ. 155.5، ع. 126 سم؛ مطبوعة مولدة للون ملصقة على ألومنيوم
مركز بومبيدو - المتحف الوطني للفن الحديث

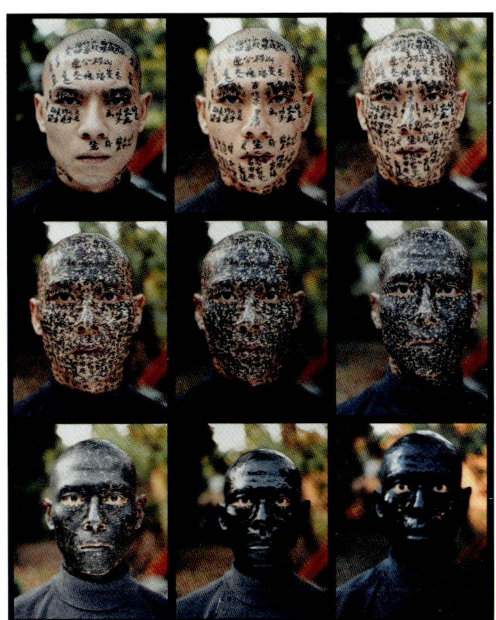

2

مسح الكون

يتأمّل فيليب راميت (المولود عام 1961) خليج هونغ كونغ من شرفة منزله متحدّيا قوانين الجاذبية. ولئن كان يخرج صوره الفوتوغرافية دون تعديلات، فإنّه كان يستخدم بدائل منحوتات خاصة تسمح له بتصوير نفسه في أوضاع شاعرية وغير محتملة. وهو إذ يرتدي بدلة داكنة، فإنّه يذكرنا بالعمل الرومانسي "مسافر فوق بحر من السحب" لكل من باستركيتون وكاسبار دافيد فريدريش. يقلب هذا الأوروبي الذي يقف متأمّلا ناطحات السحاب الآسيوية زوايا الرؤية، ويبدو للحظة من الزمن أنه يتأرجح بين عالمين.

3

تدفق الذاكرة والنقل

يقوم منير فاطمي (المولود عام 1970) منذ عام 1998، بإنجاز أعمال في النحت الغائر باستخدام أسلاك هوائي التليفزيون. توحي هذه الزخرفة التشجيرية التي تتخذ هنا شكل الجذور بوظيفة هذه الأسلاك باعتبارها وسائل لنقل المعلومات، والتي تجاوزها الزمن اليوم وأصبحت جزءًا من سجلات الذاكرة الفردية والجماعية. ويتناول منير فاطمي مسألة الحدود والهجرة من خلال الرجوع إلى كلّ من فنّ الزخرفة الإسلامي وطريقة جاكسون بولوك في صبّ الألوان على جميع أجزاء العمل. يدفع منير فاطمي كلّ واحد منّا إلى مساءلة هويته الخاصّة وتاريخه. "لا أحتاج إلى الجذور. وإنّما أحتاج إلى ذاكرة".

تشهد كل الأراضي في عالم تطغى عليه التغيّرات والتدفقات المستمرّة تحوّلات على قدم وساق. وتُحدث هذه التغيّرات السريعة خللا في المجتمعات المهدّدة بتفكّك الروابط الاجتماعية وفقدان النقاط المرجعية المألوفة لديها. أما الفنانون فإنهم يتشبّثون بأرضهم الأصلية التي تتسم بالتاريخ الواقعي أو الأسطوري لأسلافهم، ويتحدثون عن الهوية والروحانية والإرث الثقافي والتراث اللامادي، إلى ما يتداوله البشر من جيل إلى جيل ليوحّد فيما بينهم، بعيدا عن الاضطرابات الناجمة عن موجة الحداثة. فيقومون بذلك بتجديد قوانين الإبداع.

أراض غير مستقرة

حسـب الفيلسوف وعالِم الاجتماع زيغمونت بومان، فإن المجتمـع الحالي بات "سائلاً". كما إنه يـرى أن كلّ شيء في سياق العولمة يتحوّل إلى العرضيـة مثله في ذلك مثل السـلع الاستهلاكية. فكل شيء معرّض للشراء والتخلـص منه، بما في ذلك المعايير والمشاعر. لقد تحوّل العالـم الخاضع إلى سطوة حرية الفرد إلى عالم متقلّب غير إنساني. ومقابـل هـذا المجتمع المسمّى بـ"السائل" كان سكّان أستراليا الأصليون الذين يعيش معظمهم في المناطق الصحراوية يدافعون عـن نمط حياة جماعي يقوم على أسـاس الأرض التي يقيمون فيها منذ أكثر من خمسين ألف عام. في عام 1976، سُمح لبعضهم بالعـودة للعيش في أرض أجدادهم، وقد أُعترف لهم بالملكية العقارية لأرض الأجداد بموجب حُكم مابو عام 1992، ورُفضت مقولة الأرض المباحة - أرض دون مالك أو ساكن - من قبل المحكمة العليا الأسترالية. ترجم سكان أستراليا الأصليون رؤيتهم للمناظر الطبيعية التي تمثّل هويتهم عـن طريق رسومهم التي استخدموا فيها منـذ ثمانينيات القرن الماضي بعـضَ الوسائل الحديثة. إذ حلّت ألوان الأكريليك محلّ الصبغات الطبيعية، واستُخدمت اللوحات حوامل لرسومات الرمال القديمة. ولئن مثلّت هـذه الأراضي مواطنَهم الأصلية وأماكن تجمّع أسرهم، فإنّها كانت

أيضا فضاء "الحلم" وزمن الحلم حينما خُلقت الأرض ومَن عليها. انتبهت الفنّانـة مها ملوح في أرض أخرى صحراوية، هي المملكة العربية السعودية، إلى التغيرات السريعة جدا التي أحدثها اكتشاف النفط في السبعينيات. وقد وظفت تحت شعار عام "غذاء للفكر" بعض عناصر الماضي للتعبير عـن هـذا التغيير ولمقابلة الحداثة بـالإرث الثقافي. وبهذه الطريقـة تحيـي الفنانة المولودة في منطقة نجد ذكرى نمط الحياة البدوية عند البدو الذين كانـوا يمتلكون ذهبَ عصرهـم، أي الكلام والشعر، قبل أن يجلب الذهب الأسود معـه نمط الحياة الاستهلاكية. شهدت دولة الإمارات العربية المتّحـدة كذلك تغيرات سريعة جدًّا منذ اكتشاف النفط وتأسيس الدولة عام 1971. وقد كان عبد الله السعدي أحد فنّاني الاتجاه التصوّري الخمسـة الذين يشكّلون مجموعة "الخمسـة" وهـم رواد الفـنّ الإماراتي الحديث. وُلد الفنـان في منطقة خورفكان حيث يعيش ويعمل، ويستوحي أفكاره مـن مشهد الجبال الصحراوية، ومن الدرنات التي تنمو في الأرض بعيدا عـن ناطحات السحاب في دبي الصاخبة التي تقع على بعد بضع ساعات بالسيارة. ويتناول في أعماله الخصائص الماديّة لهذا المشهد الصخري، وكذلك الشعر الملازم للمشي في الصحراء والداعي إلى التأمّل.

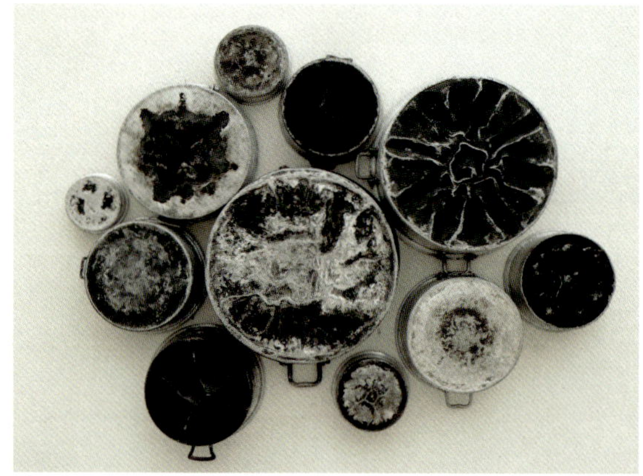

الذهب اللامادي

أعادت مها الملوح (1959) في هذا العمل المثبت استخدام أواني الألومنيوم التي استخدمتها النساء لإعداد حساء الجدي التقليدي. وحوّلتها إلى قصيدة بصرية. احتفظت هذه الأواني التي اسودّ لونها بفعل نار الطبخ المتكرر بطابعها التاريخي. وهي إلى ذلك تثبت الحكايات التي كان الشعب البدوي يرويها أثناء الطعام، لا سيما أنّ طريقة تداول الأخبار والقصص كانت تمّر حتما عبر المشافهة. يشير العنوان الفرعي لهذا العمل "المعلّقات" إلى الأواني المعلقة على الجدار، إلاّ أنه يحيل كذلك على القصائد السبع الطوال في فترة ما قبل الإسلام التي تُسمّى بالجاهلية والتي تمثّل مصدر الشعر العربي الكلاسيكي. إذ كان أفضل الشعراء ممن يدور بينهم سجال لفظي في سوق عكاظ أشهر أسواق مكة المكرمة يحظون بشرف تعليق قصائدهم، وقد نقشت بحروف من ذهب على الكعبة المشرّفة.

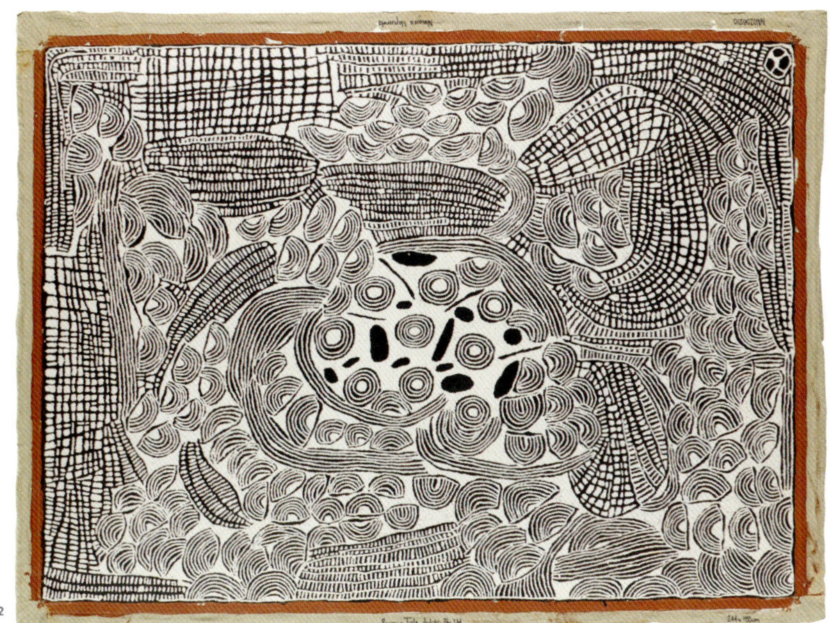

1.
غذاءٌ للفكر -
المعلقات
مها الملوح
المملكة العربية
السعودية، الرياض
2013
إ. 190، ع. 240 سم؛
أحد عشر إناءً للطهي
اللوفر أبوظبي

2.
بابونغا، موقع صخري
غرب كينتور
نينغورا نابورولا
أستراليا، بينتوبي
2002
إ. 202، ع. 262 سم؛
ألوان أكريليك
على قماش
متحف رصيف برانلي جاك شيراك

3.
"الفندال العاري"
عبد الله السعدي
الإمارات العربية
المتحدة
2000-2010
4 صخور منقوشة
ومقطع فيديو (8
دقائق و49 ثانية)
غوغنهايم أبوظبي

أرض الحلم

تعدّ نينغورا نابورولا (1938-2013) واحدة من فنّاني منطقة بابونيا التي حدث فيها تجديد الفنّ الخاصّ بسكان أستراليا الأصليين عام 1970. قامت نينغورا نابورولا من خلال نقل رسوم طقسية مرسومة على الأرض بإنجاز لوحات ضخمة مستخدمة فيها ألوان الأكريليك. وقد أكسبها هذا الأسلوب شهرة عالمية. وهي تصف في هذا الرسم موقعا طبوغرافيا -من منظور جوّي- تعرف ممراته السرية وتعرف طاقاته واهتزازاته. ويوجد في منتصف الرسم مأوى صخري أُنشئ في العصور الأسطورية "زمن الحلم". ولئن عدّ هذا العمل الفنّي من الجغرافيا الحالمة، فإنه يحيل على مكان بعينه يقع في منطقة كينتور في قلب صحراء أستراليا الوسطى. إذ تروي اللوحة قصة خلق العالم ومغامرة إحدى المجموعات البشرية.

الصحراء وعلم النبات

ابتكر عبد الله السعدي (المولود عام 1967) عام 2000 أبجدية شخصية انطلاقا من نبتة البطاطا الحلوة [الفندال] التي تنمو في الأراضي الإماراتية. وقد استوحى الفكرة من رموز الكتابة اليابانية المكتشفة في طوكيو. إذ كان يرسم على الأرض ظلال واحدة من البطاطا. فتتحوّل إلى حرف من حروف أبجديته. يشير عنوان العمل "الفندال العاري" إلى تجرّد البطاطا الناعمة وهشاشتها بعد خروجها من الأرض واقتلاعها. أبدع عبد الله السعدي من خلال تجواله في محيط النبتة، والآثار العارضة التي يتركها على الأرض، عملا فنّيًا استطاع أن يجمع بين قوة الإنجاز والتعبير عن فنّ الأرض.

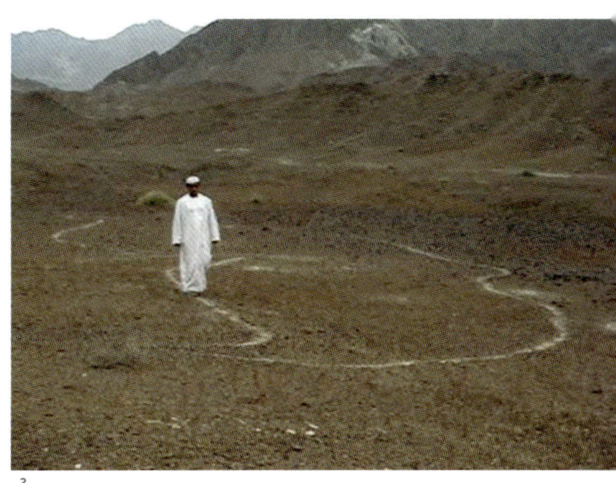

3

تطرح العولمة بقوة التساؤل حول التنوّع الثقافي والقومي والديني واللغوي للعالم. ففي عالم مترابط داخليا تصبح الحاجة إلى إعادة النظر في تاريخ الاختلاف والتشابه والفردية والجماعية ضرورة مُلحة في الوقت الراهن. في عمله الفنّي "تقدم العمل" (نافورة الضوء) يتناول الفنان آيويوي موضوع برج بابل الذي كان مصدر إلهام للهولنديين في بداية بروز ظاهرة العولمة في القرنين السادس عشر والسابع عشر، لتسليط الضوء على مدى ارتباط فكرة الكونية بعصرنا الحاضر.

بوابات العالم

ينتمي هذا العمل لسلسلة "الشمعدانات" للفنّان الصيني آيويوي التي بدأها عام 2002. أُنجزت النسخة الأولى من هذا العمل سنة 2007 لمعرض تيت في ليفربول الذي أقيم بعنوان "الشيء الحقيقي: فنّ معاصر من الصين". وقد طفت هذه النسخة الأولى التي يبلغ ارتفاعها 7 أمتار فوق مياه ألبيرت دوك.

ولد أي ويوي في الصين. ويعيش ويعمل ما بين برلين حيث يوجد مرسمه، وبكين حيث ينتج أعماله. وينتقل في جميع أنحاء العالم. تعد مدوناته وصوره على إنستغرام جزءًا لا يتجزأ من فنّه الذي يتناول كذلك قضايا هجرة السكان بسبب الأحداث السياسية وظروف نزوحهم. وهو يرى أنّ كل إنسان يمكن أن يكون لاجئا".

وقد اعتاد هذا الفنان لفرط إعجابه بمارسيل دوشامب وآندي وارهول استخدام قطع من الحياة اليومية في أعماله مثل الطاولات أو الكراسي من عهد سلالة مينغ وتشينغ، وكذلك الأبواب والنوافذ التي استنقذت من تحت أنقاض المعابد المدمرة، وغيرها من القطع الجاهزة.

سأل الفنان أي ويوي مقولة اليوتوبيات الوهمية داخل السياق العالمي في القرن الحادي والعشرين من خلال نقله لبرج الروسي فلاديمير تاتلين الذي كان يجب أن يرمز لحركة التحرّر الإنساني عن طريق الشيوعية. وقد أنجز هذا العمل معتمدا الثريّات الضوئية المصنوعة في الصين، أكبر مصدر للثريات على مستوى العالم. ويحيلنا الفنان كذلك من خلال الشكل اللولبي الذي اتّخذته نافورة

الضوء على الرسوم التصويرية لبرج بابل. وقد وضعت في اللوحات الفلمنكية في القرن السادس عشر وتحديدا في لوحات بيتر بروغل الأكبر. ولا خلاف في أنّ هذه التمثيلات، إنّما ترتبط بعملية الجمع المتأخر بين برج بابل الدائري، المستوحى من معابد الزقورا، والمئذنة الحلزونية "الملوية" للجامع الكبير في سامراء بالقرب من بغداد، والتي يعود تاريخها إلى القرن التاسع. ويعدّ برج "الملوية" الذي يدور حوله سلّم حلزوني يؤدّي إلى الجناح العلوي جوهرة الفن العبّاسي، وقد ظل هذا المسجد لفترة طويلة أكبر مسجد في العالم الإسلامي.

تتناغم رمزية برج بابل مع المدن المدهشة ذات الهندسة المعمارية الرأسية التي ظهرت مؤخرا في الصين أو في الإمارات العربية المتّحدة كذلك مع برج خليفة في دبي، الذي يعدّ أعلى برج في العالم اليوم بارتفاع 800 متر. انطلاقا من الصورة التي غدا عليها العالم قرية كونية تختلط فيها جميع اللغات، تحوّلت المدن الكبرى مثل دبي، وأبوظبي، وهونغ كونغ، وسنغافورة وساو باولو إلى موطن للسكان من جميع أنحاء العالم.

يمكن اعتبار العمل الفني "تقدّم العمل الفني (نافورة الحياة)" مرآة تجسّد متحف اللوفر أبو ظبي نفسه. يحاكي هذا العمل "برج بابل" (1591) للفنان أبيل غريمير المعروض في القاعة الأولى، ليجسّد من خلال عرضه في القاعة الأخيرة للمتحف الإيمان القوي والوهمي لدى الإنسان بمستقبله، وجهودنا المتواصلة لبنائه.

نافورة الضوء
أي ويوي
ألمانيا، برلين
والصين، بكين
2016
إ. 420 سم؛ حديد،
بلورات زجاجية
اللوفر أبوظبي

بناة الغد

تطلّب بناء عمل الفنان أي ويوي (المولود 1957) المصنوع من الفولاذ والزجاج والكريستال عشرات الشمعدانات (الثريّات). ويجسّد هذا العمل الذي أنجزه في بكين فنّان صيني ومدوّن عنيد يقيم في برلين لكنّه دائم التجوال عولمة الفنّ. تحيل هذه الثريّات ذات الجمال المبتذل نسبيا والأضواء الساطعة في آن واحد على كلّ من الفوانيس الصينية القديمة والقطع الجاهزة لمارسيل دوشامب أوّل من سخّر القطع الاستهلاكية في إبداع العمل الفني. وبقدر ما تقوم هذه الثريّات بوظيفة الإضاءة، فإنّها تسلط الضوء على القواسم المشتركة بين البشرية من خلال ما تطرحه من أسئلة على الزوار في نهاية المجموعة الفنية الدائمة لمتحف اللوفر أبوظبي.

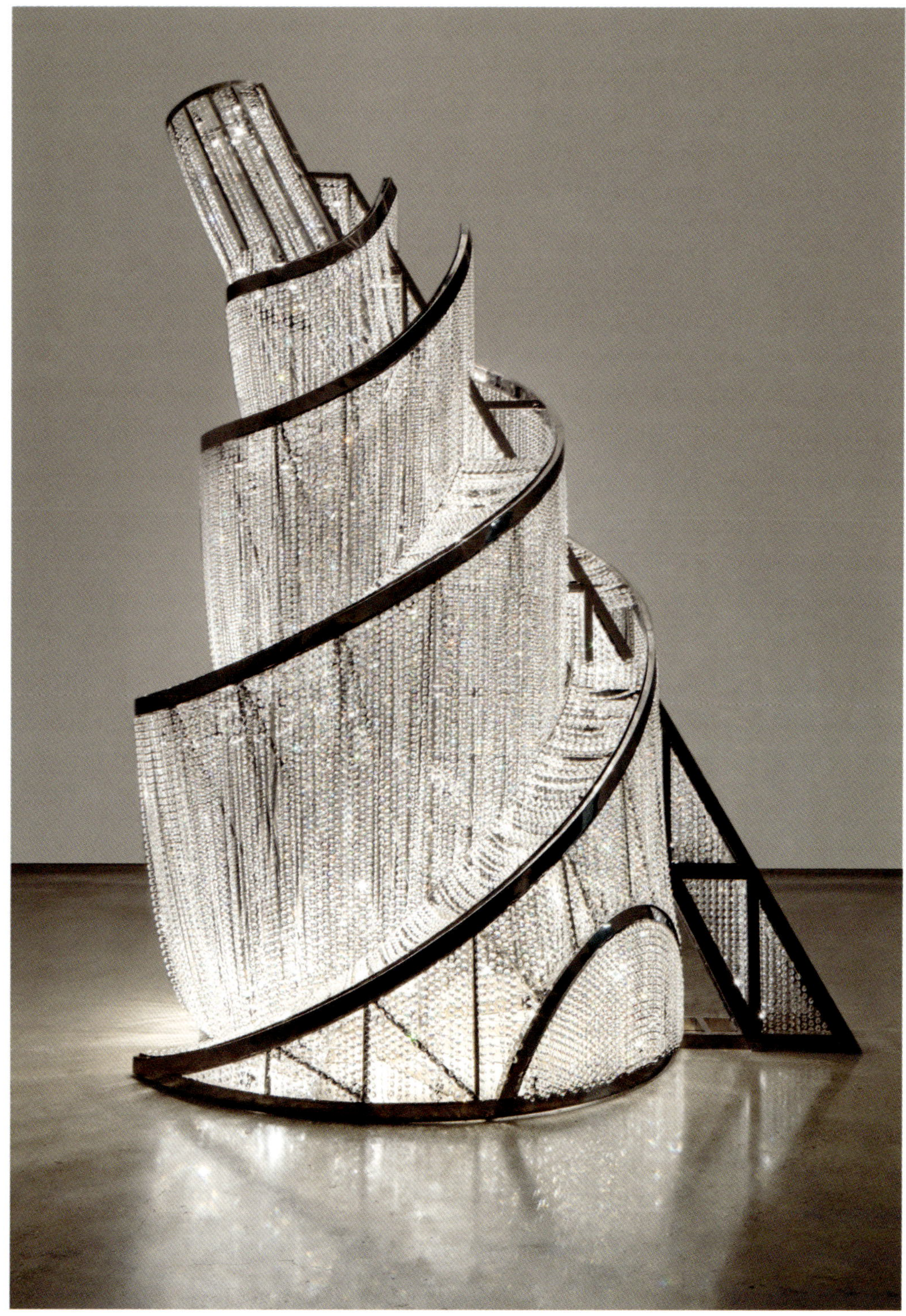

تحفة فنية:
بدون عنوان I-IX، تشكيل خطّي من الضوء

يـرى الفيلسـوف رولان بـارت: "أنّ الرسـم والكتابـة قـد بـدآ في إطار مجـال واحد للممارسـة الجسـدية بنفس الحركة المجرّدة مـن البعديـن التصويـري والـدلالي، التي كانت مجـرّد إيقـاع لا غـير". وفعـلا يجسّـد العمـل الفنّـي "بـدون عنـوان I-IX" الـذي أنجـزه الفنّان سي تومبلي (1928-2011) إيقاعـا عاطفيـا. ويعـدّ هـذا العمـل الـذي سـمّاه الفنّان ذاتـه "الكتابـة الكنائيـة "، أول عمـل يسـتقبل زوار متحـف اللوفر أبوظبي عنـد دخولهـم المتحـف. وهـو رسـم خطّي انفعـالي، وإحسـاس خالص ممـزوج بالمعيـش الفنّـي في مواجهـة امتـداد البحـر. إذ تقـوم هـذه الخطـوط بتهيئة الزائـر لدخـول عالم العمارة البحرية والتشكيل الخطّي المضيء للمتحـف. وتدعـوه إلى تسـليم نفسـه إلى الرغبـة في اكتشـاف الحضارات تحـت هـذا الضـوء النابـض بالحيـاة. ولا تغيـب الموسـيقى مـن خـلال الإيقاعـات والترانيـم والارتجاجـات عـن هـذه السلسلة التي تنشـر إيقاعهـا البصري في عتبـة المتحف. فـإذا المتحف أشـبه ما يكون بتشـكيل خطّي للذاكـرة، أو فضاء تنطـق فيه موسـيقى الحضارات.

يتخـذ عمـل "بـدون عنـوان I-IX" شـكل مجموعـة تتكـوّن مـن تسـع لوحـات ضخمة يمكن قراءتها في كلّيتها، ويمكـن تأمّلها كذلك بصورة فرديـة، سـواء مـن حيـث تماثلهـا أو مـن حيـث تفرّدهـا. تحيـل هـذه السلسـلة مـن البيـاض والزرقـة عـلى العالم الـذي يسـتمتع فيه الفنّان بالإبـداع، وهـو في منزلـه في مدينـة جيتـا عـلى حافـة البحـر تحـت سـماء إيطاليـا الزرقـاء. وتجمع هـذه اللوحـات بين إسـهامات الطليعيـة الأمريكيـة والتعبيريـة التجريديـة لجاكسـون بولـوك مـن جهـة وعلاقـة الفنـأن الذاتيـة بفنّ الرسـم بوصفـه تصويـرًا خطيًـا وكتابـة مـن جهـة

أخـرى. يقـول الفنّـان عـن الخـطّ "الخـطّ لا يصـوّر، بـل هـو شـعور بتحقّقـه الـذاتي". فالخطـوط الرفيعـة تضفي الإيقـاع على المسـاحة من خـلال تحـوّلات المقيـاس، واختـلاف سرعتها في الإنجاز، ومـن خـلال كثافة الخطـوط أو تتابـع الأشـكال الدائريـة والأشـكال القائمـة الزوايـا. يبـدأ الفنّـان العمـل منطلقـا مـن اليسـار إلى اليمـين بخطـوط شـبه مسـتقيمة، قبـل أن يتوقف. وكلّـما اتجه نحـو أسـفل اللوحة امتـدّت حركتـه. ويضغـط عـلى الفرشـاة أحيانـا فتعـود عـلى نفسـها. وتتشـابك الخطـوط وتتراكـب في كثافة. وتتباعـد حركـات الفرشـاة أحيانـا أخرى فيقـل عـدد الخطـوط وتصبح الخلفيـة الزرقـاء أشـدّ حضـورا. وتختلف كثافة اللـون الأزرق أيضـا مـن لوحـة إلى أخـرى، إذينتقـل مـن لون الحبر الداكـن إلى لـون أكـثر إشراقـا. وتمتـزج في بعض الأحيـان الكتابة البيضـاء مـع الخلفيـة الزرقـاء، إذ تطمـس قطـرات الصبغـة ولطخـات الحبـر الحـدود الفاصلـة بينهـما.

تنـدرج هـذه اللوحـات ضمـن السلسـلة التـي أطلـق عليهـا الفنّان "ملاحظـات مـن صلالة" نسـبة إلى المنطقة الجنوبية مـن سـلطنة عمان في شـبه الجزيـرة العربيـة، التي كانـت تسـمّى سـابقا ظفـار، وتعـرف بإنتاجهـا للبخـور. وهي تبـدو كواحة بفضل الأمطـار الموسمية القادمة مـن المحيـط الهنـدي. وعـلى الرغـم مـن أن سي تومبـلي لم يذهب أبـدا إلى هـذه المنطقـة، فـإنّ هـذا الاسـم وكذلك أسـطورة الواحة الرائعة التـي تزخر بالمطـر والأضـواء التي تجوب فيهـا قد كانت مصـدر إلهام لهـذا الفنّـان الـذي أطلـق في مسـاء العمـر العنـانَ لخيالـه نحـو ابتـكارات جديـدة.

بدون عنوان IX-I
سي تومبلي
2008
ألوان أكريليك
على قماش
اللوفر أبوظبي

1.
بدون عنوان I
إ. 274، ع. 146 سم؛

2.
بدون عنوان II
إ. 272، ع. 145 سم؛

3.
بدون عنوان III
إ. 265، ع. 144.5 سم؛

4.
بدون عنوان IV
إ. 272، ع. 145 سم؛

5.
بدون عنوان V
إ. 261.5، ع. 144.5 سم؛

6.
بدون عنوان VI
إ. 266.2، ع. 145 سم؛

7.
بدون عنوان VII
إ. 270، ع. 145 سم؛

8.
بدون عنوان VIII
إ. 267، ع. 145 سم؛

9.
بدون عنوان IX
إ. 265.4، ع. 144.8 سم

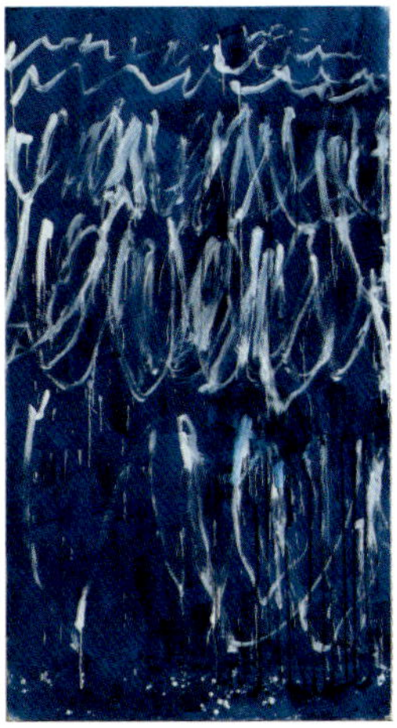

1 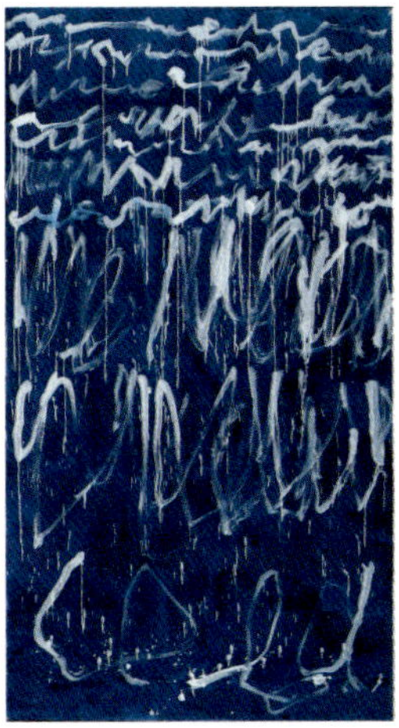   2 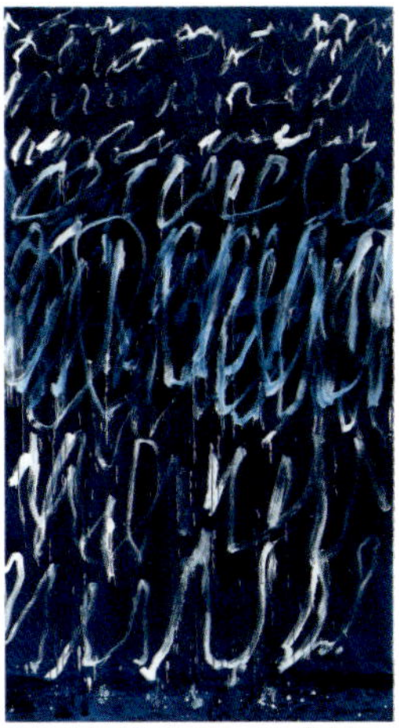   3 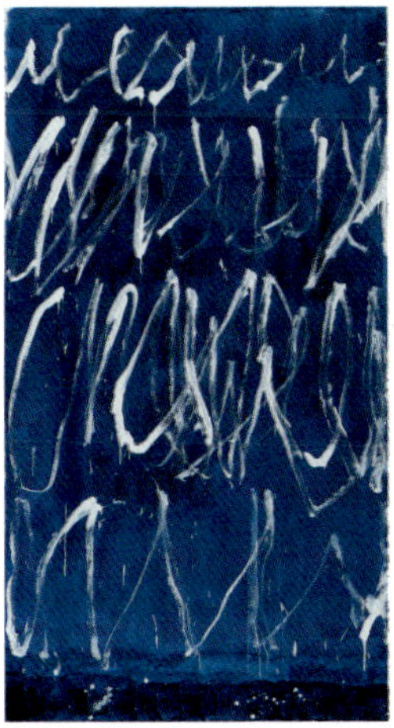   4 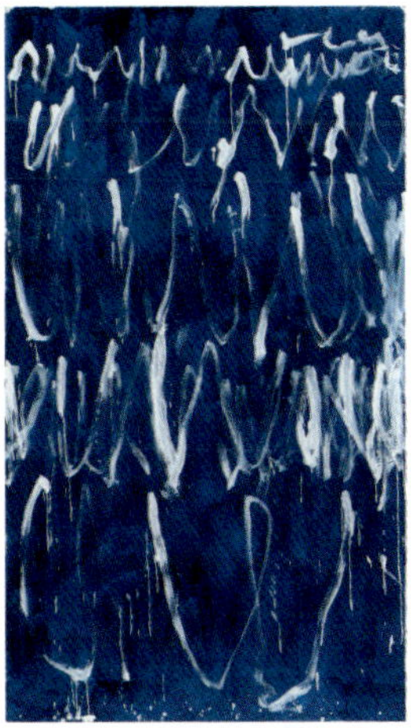   5 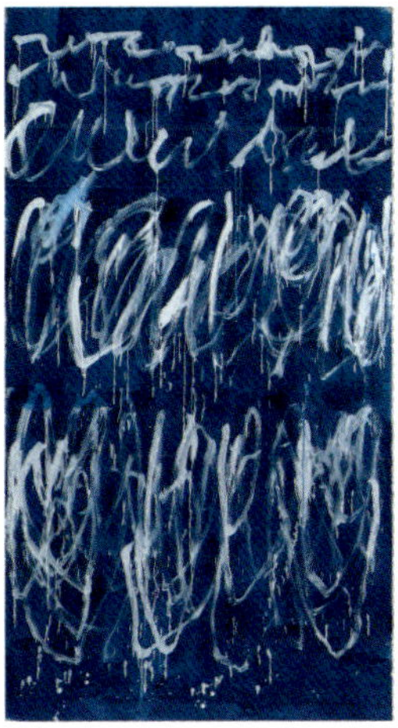   6 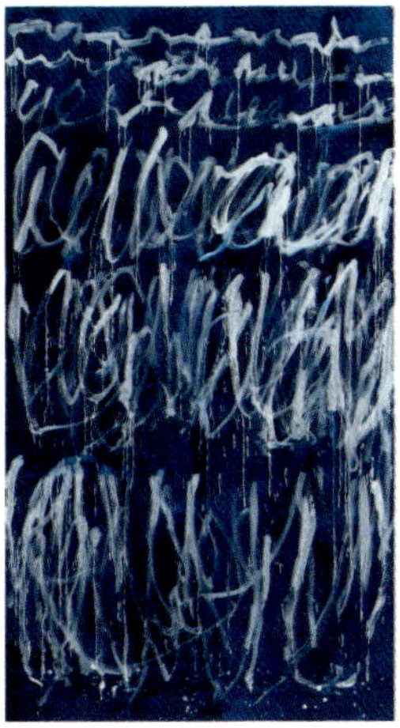   7 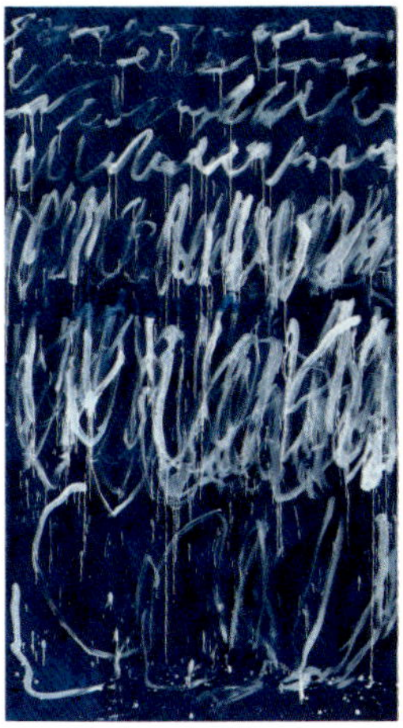   8 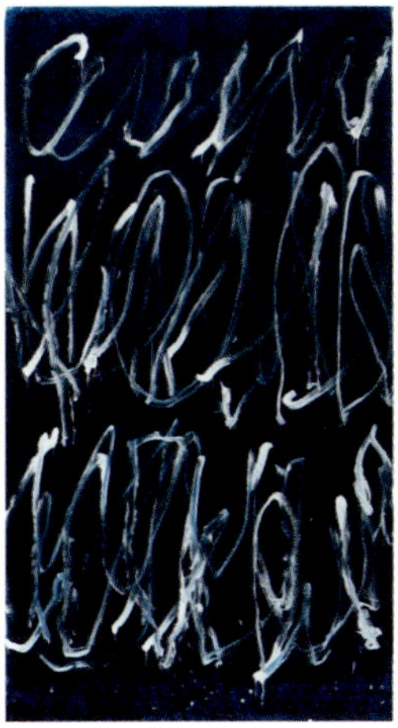   9

تعمل الفنّانة التصوّرية جيني هولزر التي ولدت في الولايات المتحدة عام 1950 منذ ما يقرب الأربعين سنة على مفهوم الكتابة واللغة. وتثري هولزر تركيباتها الفنّية ومنحوتاتها بمضامين تتّصل غالبا بالموت والحرب أو كذلك بالعنف ضدّ المرأة. وقد قامت في عملها "من أجل اللوفر أبو ظبي" باعتماد التقنيات المتقدمة لتكبير ثلاثة نصوص قديمة على لوحات كبيرة من الحجر مدمجة في الجدران. فأحيت بهذه الطريقة انطلاقا من شغفها بفضاء الشارع هذه الجدران التي تماثل عندها جدران "القرية العتيقة المثالية" الموجودة تحت القبة المثيرة للخيال لجون نوفيل. وانطلاقا من حرصها على الجمع بين الجانبين الجمالي والمضموني في هذه النصوص، قامت بمعية الفريق العلمي المصاحب لها باختيار نصوص مكتوبة بلغات وأبجديات مختلفة. إذ استخرجت من إحدى لوحات بلاد ما بين النهرين نصّا مكتوبا بالكتابة المسمارية، وهي من أقدم اللغات المعروفة، ممّا أحدث تناغما مع بقية الأعمال المعروضة في بداية مسار المتحف. أمّا النصّان الآخران بالعربية واللاتينية فيعكسان اللغات المستخدمة في متحف اللوفر أبوظبي. وقد أقامت الفنّانة حوارا بين هذه النصوص بعد أن أكسبتها بعدا فضائيا هائلا ممّا مكّنها من إبراز جمالها الشكلي وامتدادها العالمي. فأثارت بذلك تساؤلات أساسية وكونية منها: ما هي الحوامل المادّية القادرة على استيعاب الخيال؟ وما هي الآثار التي تركها البشر لأحزانهم وطموحاتهم ومخاوفهم ومشاعرهم عبر آلاف السنين وعلى امتداد العالم؟

جيني هولزر: لمتحف اللوفر أبوظبي

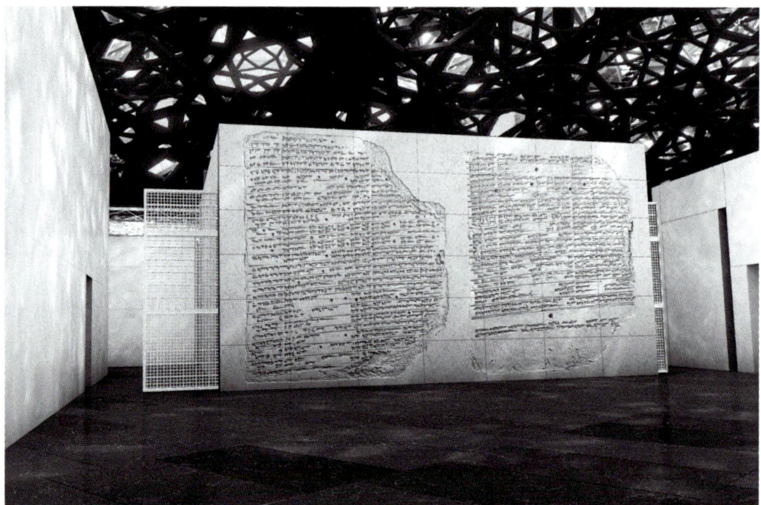

1

ميلاد الكتابة

يسرد هذا النصّ، بطريقة شعرية، أسطورة خلق الإنسان كما تصوّرها بعض سكّان بلاد الرافدين منذ أكثر من 2800 سنة. فبعد خلق السماء والأرض وأنهارها شكّلت الآلهة أوائل البشر ـ أولياغارا ووزلغارا ـ وهي أسماء تحمل علامة إلهية سابقة، اذ تحيل على مزج دم إله قاصر تمّت التضحية به بالطين. اقتُبس هذا النصّ من لوحة صلصال أشورية عثر عليها في بلاد الرافدين القديمة. وهي محفوظة الآن في المتحف القديم في برلين (ألمانيا). وقد طُبعت الرموز المسمارية - التي تنتمي إلى إحدى أقدم أشكال الكتابة المعروفة - باستخدام القصب المشطوف المسمّى قلما. ويرد النصّ الذي على اليسار باللغة السومرية، أمّا النصّ الذي على اليمين فهو ترجمته باللغة الأكادية. وقد طرحت قضايا النسخ والترجمة منذ نشأة الكتابة في بلاد ما بين النهرين. ونشأت معها قضايا النقل والحوار بين الثقافات.

كتاب العبر

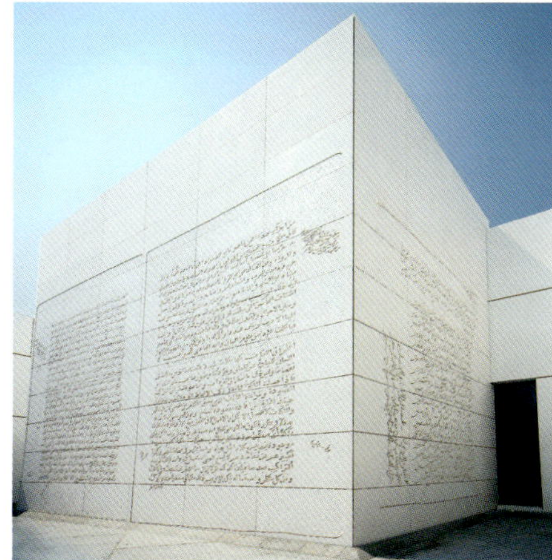

اقتطفت هذه النصوص من كتاب المقدمة (1375) لابن خلدون (1406-1332) الذي يُعدّ مؤسّس التاريخ الحديث. ويمثّل هذا العمل الجزء الأول من كتابه العِبَر، الذي وضع فيه أُسس التاريخ كعلم من العلوم وتناول فيه الفلسفة والعلوم الإسلامية والعلوم الطبيعية والكيمياء والخيمياء. وقد أعيد نسخ هذه الصفحات المكتوبة بخطّ النسخ عن نسخة أصلية موقّعة بيد المؤلّف وهي محفوظة في مكتبة عاطف أفندي بإسطنبول. يطرح ابن خلدون في نصّ الجدار الأيسر مسألة الروح التي تسعى باستمرار انطلاقا من النشاط الدماغي إلى إبداع الفكر. ويتناول في الصفحة الوسطى مسألة الشعر التي لا تنفصل عن الإنشاد. أمّا الصفحة التي على الجدار الأيمن فيعرض فيها قصيدة لابن البوّاب في فنّ الخطّ العربي. وقد رأى ابن خلدون أنّها منتهى الغاية في هذا الفنّ.

2

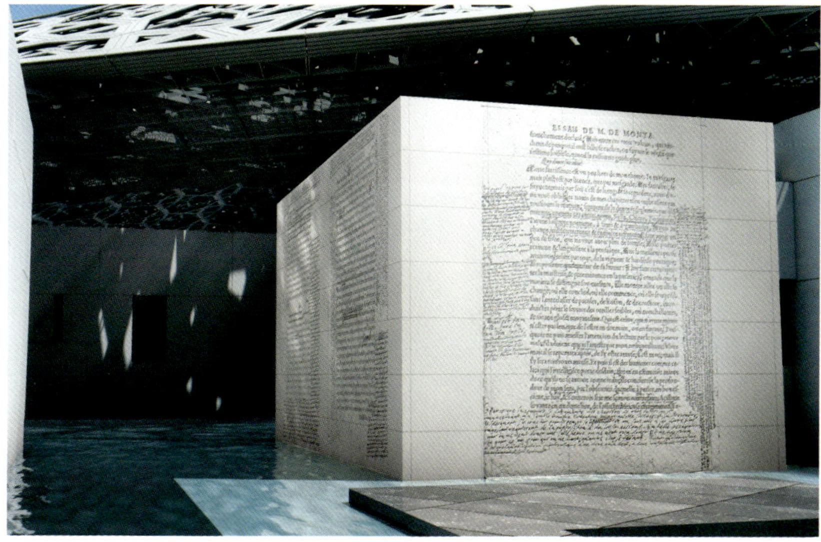

2

3

ماذا أعرف؟

دعا الفرنسي ميشيل دي مونتين (1592-1533) ذو النزعة الإنسانية إلى التسامح، في زمن حطّمت فيه الحروب الدينية فرنسا. بدأ مونتيان الكتابة في سن السابعة والثلاثين منطلقا من تجربته الخاصة، ومعتبرا أنّ "كلّ إنسان يحمل داخله الصورة الكاملة للحالة الإنسانية". وقد نُشرت النسخة الأولى من مقالاته عام 1588. ثمّ أعاد قراءتها بعد أربع سنوات. وقام بتصحيحها. اقتطفت هذه الصفحات المنسوخة من نسخته الشخصية الأصلية المحفوظة في مكتبة بوردو (فرنسا). وتُظهر لنا الهوامشُ التي كان مونتاين يضيفها إلى حين وفاته نشاطه الذهني. فعلى الصفحة اليسرى وضع مونتين فكرة مفادها أنّ "كلّ حركة نقوم بها نكتشف من خلالها أنفسنا"، بل إنّ أبسط الأعمال التي ننهض بها إنّما تعكس روحنا وشخصيتنا. وأمّا على الصفحة اليمنى فيشير إلى صعوبة الخروج عن قناعاتنا للانفتاح على الحوار والتفاعل مع هذا السؤال: "ماذا أعرف؟"

1.
لمتحف اللوفر أبوظبي، 2017
جيني هولزر
حائط رخامي منقوش بالخط المسماري الذي يعد أحد أقدم أنواع الكتابة. يروي النص، المقتبس من لوح طيني من بلاد الرافدين يعود تاريخه إلى نحو 1250 ق.م.، أسطورة الخلق باللغتين السومرية والأكادية
إ. 7.5، ع. 13.5 م
بتكليف من اللوفر أبوظبي

2.
لمتحف اللوفر أبوظبي، 2017
جيني هولزر
حائط كلسي نُقشت عليه ثلاث صفحات باللغة العربية مقتبسة من كتاب المقدمة لابن خلدون، والذي يعد أطروحة متكاملة حول تدوين التاريخ يعود تاريخها إلى القرن الرابع عشر
إ. 11، ع. 11.5 م و إ. 11، ع. 6.50 م
بتكليف من اللوفر أبوظبي

3.
لمتحف اللوفر أبوظبي، 2017
جيني هولزر
حائط كلسي نُقشت عليه ثلاث صفحات باللغة الفرنسية مقتبسة من نسخة بوردو لكتاب المقالات للكاتب ميشيل دي مونتيين يبحث فيه موضوعات عن الطبيعة البشرية والكتابة: حول ديموقريطس وهرقليطس (1:50)، وحول فن الحوار (3:8)، وحول الغرور (3:9)، 1588
إ. 7.50، ع. 14 م و إ. 7.50، ع. 9 م
بتكليف من اللوفر أبوظبي

357

جاء عمل الفنّان الإيطالي جوسيبي بينون "نمو بذرة" في أربعة أعمال تحاور الهندسة المعمارية للمتحف بقدر تحاورها مع مجموعاته الفنية. يكتشف الفنان في هذا العمل الروابط بين الإنسان والفنّ والطبيعة. فالبصمة التي تتركها يد الإنسان هي نقطة الانطلاق في هذه "الإنباتات"، وتأتي هذه البصمة على شكل شجرة، ومزهرية مجسمة، وحفنات من التراب، أو خطّ انتشار مفتوح على اللانهائي. ويرافق هذا العمل الذي يرمز إلى الحركة الحيوية للنشوء نموّ متحف اللوفر أبوظبي.

نمو بذرة

انضمّ جيوسيبي بينون المولود عام 1947 في نهاية السّتّينيات إلى حركة "الفنّ الفقير". وقد دعا مع كل من جانيس كونليس وجيوفاني أنسيلم و ومايكل أنجلو بيستوليتو إلى العودة إلى المواد البسيطة في مواجهة النزعة الاستهلاكية. وعلى الرغم من ثراء ثقافته اليونانية الرومانية، فإنّه اعتمد أيضا على مصادر الفكر السلتي والشرقي. فتناول العلاقة بين العالم النباتي والعالم الحيواني منطلقا من جسده حتى يتمكّن من فهم الطبيعة على المستوى الإنساني. وانطلاقا ممّا أقامه من المماثلات بين الإنسان والطبيعة، انتهى بينون إلى الوقوف على الأسرار الخفية في حياة العمل الفنّي، وعلى أسراره في مرحلته الجنينية. وهو يسعى تحديدا في عمله "نمو بذرة" إلى اكتشاف هذه الحركة الحيوية والإبداعية.

تحتلّ الشجرة الضخمة مكانة أساسية، فبارتفاع قمّتها نحو القبّة تبدو من خلال شكلها العمودي وكأنّها المحور المركزي للمتحف، إلى جانب إبرازها الهندسة المعمارية المحيطة بها. يقول بينون

"تظهر الشجرة حين تُنسى وتستنفد كلّ الدلالات العاطفية والشكلية والثقافية عنصرا حيويا في التوسّع والانتشار والنمو المستمرّ" (بينون، تنفس الظل، 2008).

وتحمل حفنة التراب المنقولة والمضخّمة من البرونز آثار يد الفنّان، ممثّلة بذلك حركة ترجع إلى زمن الأسلاف وتوجد في العمل الفنّي "أرض العالم"، إذ تحمل حفنة التراب مزهرية من البورسلان مطلية بالمينا. وفي "أرض العالم -حفنات الطين" رُكّب ظل المزهرية الممدود من كتل الطين القادم من جميع أنحاء العالم.

يمثّل العمل الفنّي "انتشار" التجذّر المحلّي حيث تشعّ موجات الخيوط الخارجة من المركز انطلاقا من بصمة إبهام الشيخ زايد بن سلطان آل نهيان، مؤسس دولة الإمارات العربية المتحدة. وبقدر ما تعدّ هذه البصمة كونية بوصفها إحدى السمات المميّزة للجنس البشري، فإنّها كذلك حتما فردية انطلاقا من أنّ كلّ فرد يحمل بصمته الخاصّة.

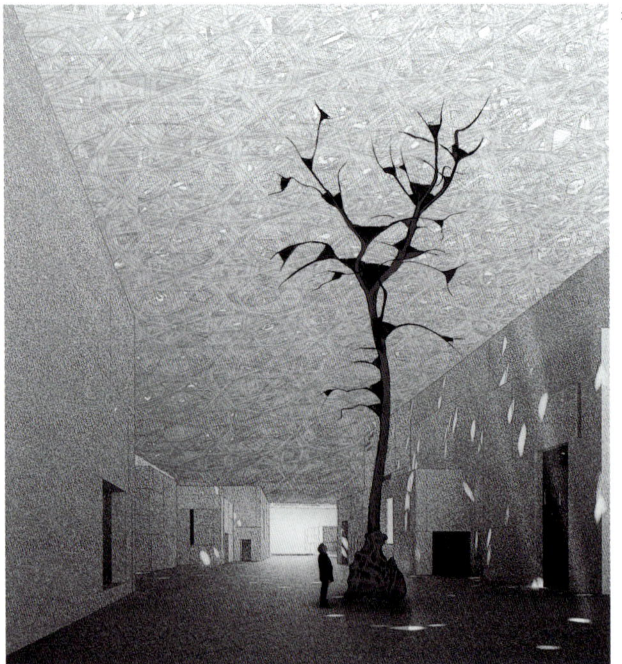

أوراق من الضوء

تنتصب انطلاقا من بصمة مضخّمة ليدي الفنان المطبوعتين على المادة شجرة هائلة من البرونز في قلب المتحف. وتعكس أوراقها المصنوعة من المرايا الفولاذية والواقعة عند تقاطع الفروع ضوء الشمس. وعلى هذا النحو يتناغم العمل الفنّي مع المبنى الذي صمّمه جون نوفيل، ومع الضوء الذي ينهمر من خلال قبّته. ويماثل نموّ حفنة التراب هنا تطوّر الحياة الذي يمكن أن يكون عفويا أو بفعل عمل الإنسان. وتعدّ الشجرة عند بينون "رمز الحياة المشترك عالميا بين جميع الثقافات".

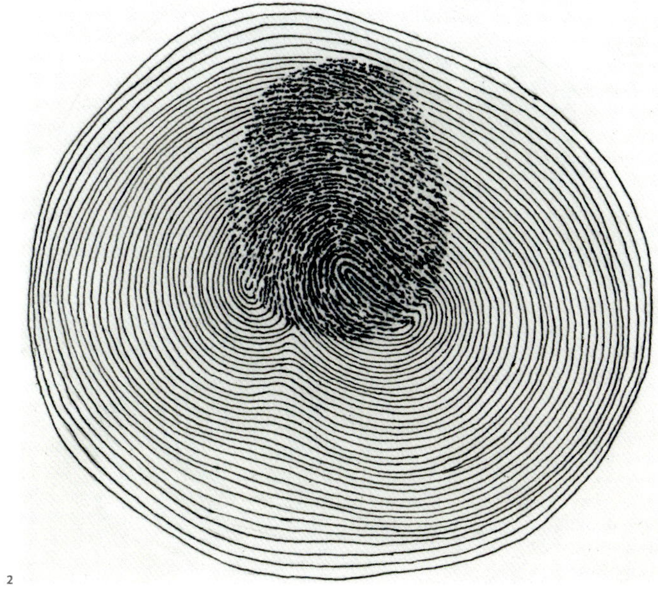

2

انتشار

تمثّل البصمة المنقولة وفق حجمها الحقيقي والموضوعة على حائط من البورسلان نقطة البداية للخطوط التي تنتشر في شكل موجات متفرّقة من المركز. إذ يتناسب الجلد الذي تبدو نتوءاته وثناياه ظاهرةً مع هذه الخطوط الدائرية المرسومة بخطّ الأيدي، والتي تحيلنا على الدوائر السنوية لشجرة مقطوعة. وتمثّل هذه البصمة بصمة إبهام الشيخ زايد، مؤسّس دولة الإمارات العربية المتحدة وقائدها منذ نشأتها في 2 ديسمبر 1971 وحتى وفاته عام 2004. ويُظهر نمو الخطّ الذي يتحوّل إلى موجة واسعة كيفية إنشاء فضاء لانهائي من مجرّد عمل بسيط.

نمو بذرة 2016
جيوزيبي بينون
مجموعة من
أربعة أعمال

.1
شجرة أوراق النور
إيطاليا، تورينو
إ. 19 م؛ برونز، فولاذ
مقاوم للصدأ
بتكليف من اللوفر أبوظبي

.2
انتشار (رسم نهائي)
فرنسا
إ. 3.6، ع. 4.2 م؛ رسم
على البورسلين،
صُنع في المتحف
الوطني للخزف -
سيفر وليموج
بتكليف من اللوفر أبوظبي

.3
أرض العالم - حفنات
من الطين
فرنسا
إ. 6 م؛ طين نضيج،
صُنع في المتحف
الوطني للخزف -
سيفر وليموج
بتكليف من اللوفر أبوظبي

3

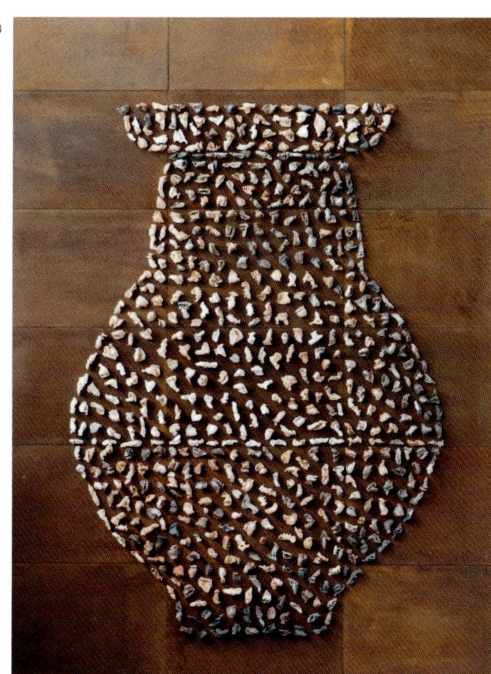

أرض العالم

تتخذ هذه الفسيفساء المكوّنة من حفنات من الطين التي شكّلتها يد الفنان شكل ظلّ المزهرية الموجودة أمامها بمقياس أكبر. وتحتوي كل حفنة من الطين على الذاكرة المعدنية والنباتية والحيوانية للأرض التي أخذت منها. وانطلاقا من بساطة هذه الحركة التي ترجع إليها هذه البصمات يتجلّى انتماء كل فرد إلى مصير كوني وجماعي مشترك.

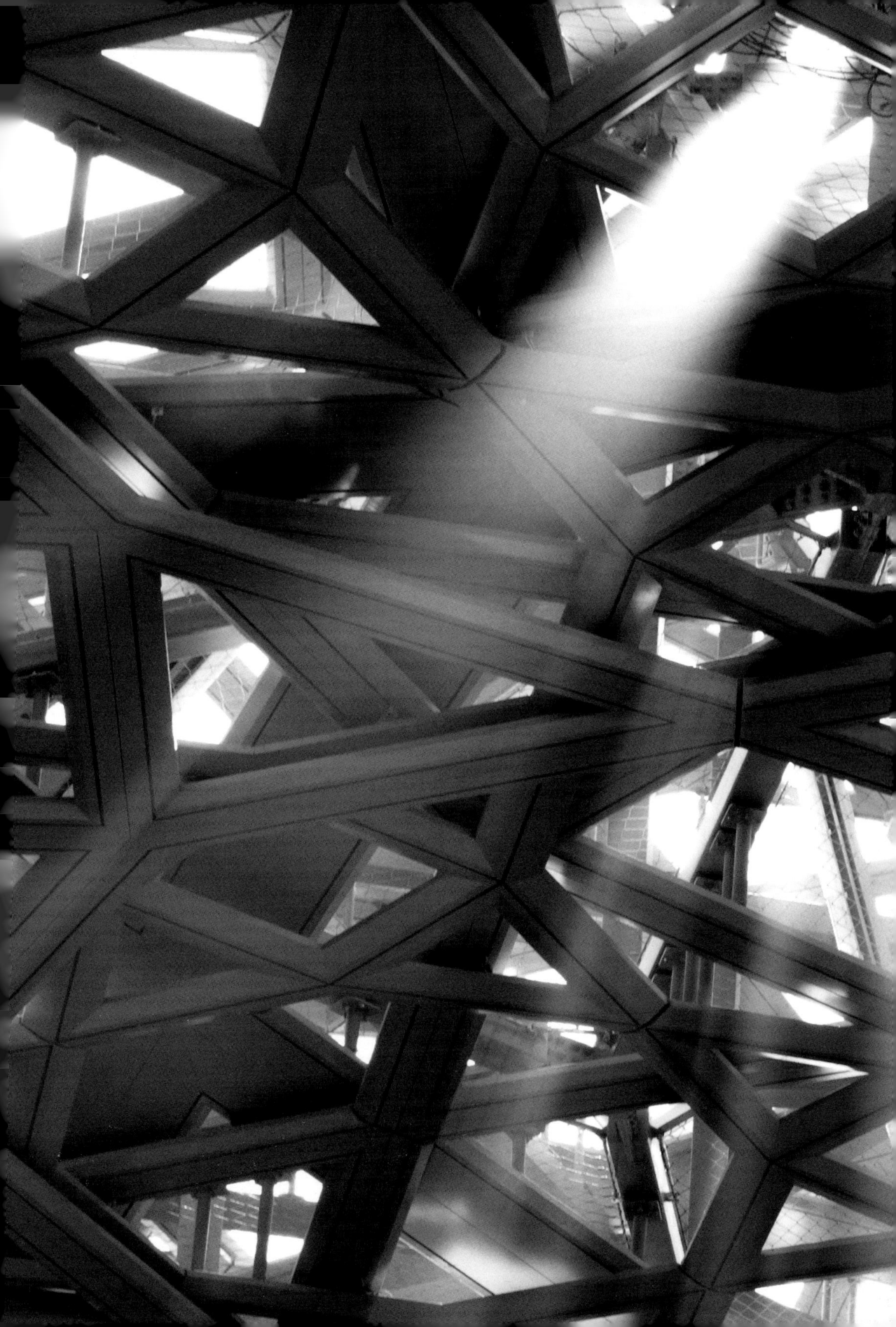

اللوفر أبوظبي

ولادة متحف

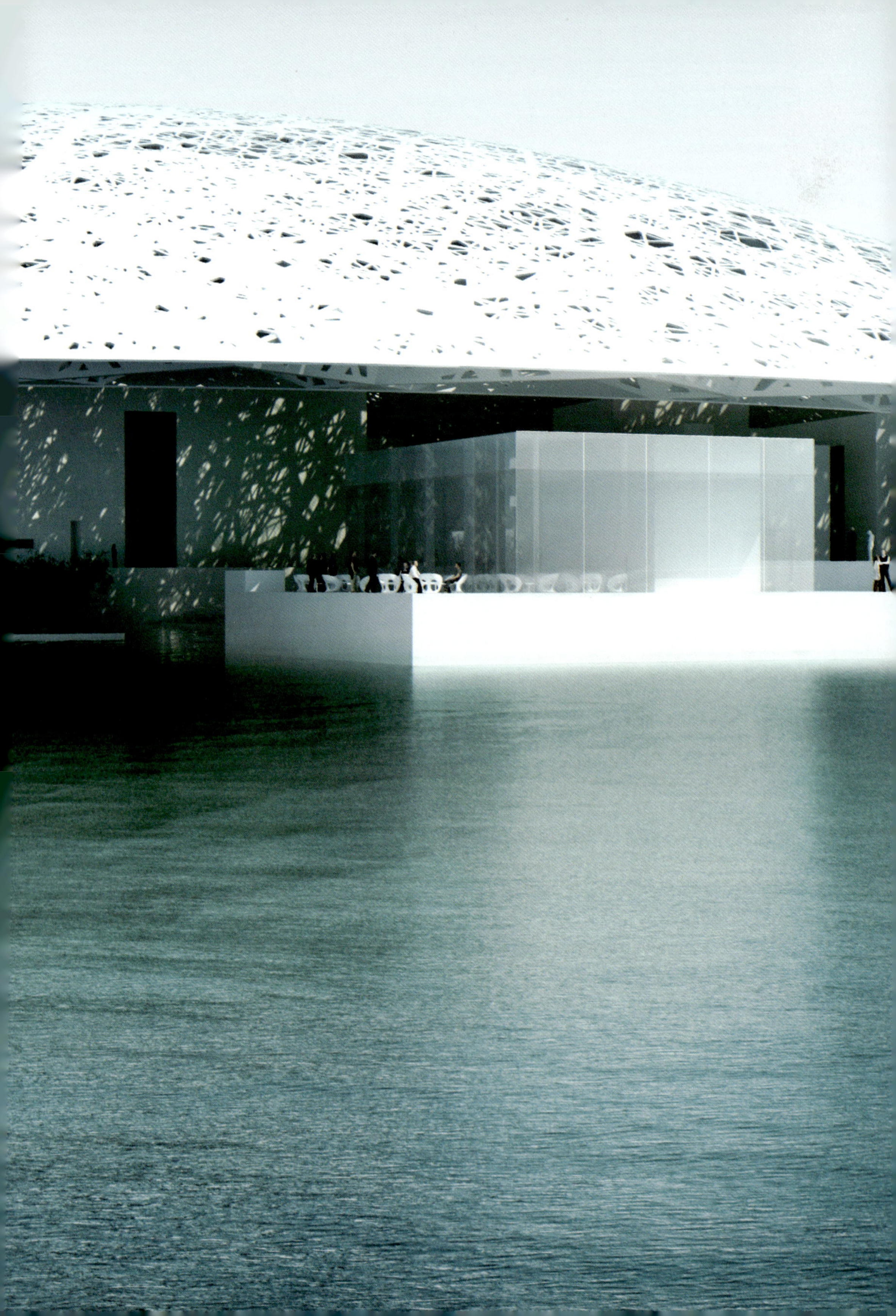

ولادة تحفة معماريّة

وقـع الاختيـار عـلى المهنـدس المعـماريّ جـون نوفيـل لتصميـم متحـف اللوفـر أبوظبـي عـلى جزيـرة السـعديات حتـى قبـل الاتفـاق المُبـرم عـام 2007 بـين حكومتـي الإمـارات العربيّـة المتّحـدة وفرنسـا. فجـون نوفيـل هـو مـن أشـهر المهندسـين الفرنسيين ويحظـى بسـمعة طيّبـة في منطقـة الخليـج نظـرًا لمعرفتـه الواسعـة بالعالـم العربـي، وحصولـه عـام 1987 عـلى جائـزة الآغـا خـان عـن تصميـم "معهد العالـم العربـيّ" في باريـس. كـما كانـت لهـذا المهنـدس عـدّة إنجـازات في مدينتـي الربـاط وطنجـة بالمغـرب وفي دولـة قطـر.

وبفضـل درايتـه بالمنطقـة، أدرك جـو ن نوفيـل عـلى الفـور أن التحـدّي الأساسـيّ يكمـن في المنـاخ الاستوائيّ الصحـراويّ الـذي تقـارب فيـه درجـة الحـرارة 50 درجـة مئويـة في فصـل الصّيـف. ففـي نظـره: "النـاس لا يتحمّلـون الصدمـات الحراريّـة، والأعـمال الفنيّـةُ كذلك". وقـد دفعتـه تلـك "الاستنتاجـات الأوليّـة" إلى تصميـم وسيلـة مباشـرة للتخفيـف مـن شـدّة الحـرارة ولهيـب الشـمس الحارقـة، وهـي مِظلّـة كبيـرة تغطّـي مبـاني وفضـاءات المتحـف. فقـرر التلاعـب بالضـوء، مادّتـه المفضّلـة، الـذي يَغْمُـرُ مجمـل العمـارة العربيّـة. وهكـذا تحوّلـت المظلّـة إلى مشربيّـة دائريّـة ضخمـة ومحدّبـة، تمتـدُّ أفقيًـا لتسمـح بتسلّـل أشعـة الضـوء إلى المبنـى في منظـر شبيـه بتسـاقط قطـرات المطـر.

ثمّـة عامـل آخـر سيسـاعد عـلى التخفيـف مـن شـدة حـرارة المكـان المفرطـة وهـو موقـع متحـف اللوفـر

أبوظبـي عـلى ضِفّـة هـذا الشريـط مـن الخليـج العربيّ. فقـد صمّـم جـون نوفيـل مبـاني المتحـف عـلى منصة بحريـة تقـع عـلى مقربـة مـن السـاحل ليبـدو المتحـف مثـل شـبه جزيـرة تطفـو عـلى سـطح البحـر عنـد ارتفـاع مسـتوى المـدّ (الـذي يرتفـع إلى حـوالي متـرٍ واحـدٍ تقريبًـا في الخليـج).

إن المتحـف في نظـر جـون نوفيـل ليـس مجـرّد مبنـًى منغلقًـا عـلى نفسـه، بـل هـو حـيٌّ مـن أحيـاء المدينـة وجـزء لا يتجـزّأ منهـا. فهـو الـذي يحتضـن بـين جدرانـه ذاكـرة الحضـارة ويزيـد مـن هيبـة المدينـة وتألقهـا مـن خـلال مشـاركتها حياتهـا اليوميّـة وحركتهـا الحضريّـة. لذلـك ينبغـي أن يكـون الوصـول إليـه سـهلاً ويسـمح بتوافـد الـزوّار عليـه باسـتمرار. مـن هنـا، يجـب القبـول بازدواجيـة طبيعتـه المتناقضـة "كقصـرٍ شعبـيّ" يجمـع بـين السُـمُوِّ والبسـاطة في الوقـت ذاتـه. قـام جـون نوفيـل بتقسيـم مسـاحة اللوفـر أبوظبـي المبنيّـة والبالغـة 97000 متـرًا مربّعًـا إلى وحـدات عمليّـة عـلى شـكل "مقصـورات" أو "منـازل" تُشـبه المدينـة العربيّـة العريقـة التـي تقبـع تحـت القُبّـة، وتبـدو هـذه الوحـدات متناثـرة عشوائيًـا كـما لـو أنهـا زهـور نـردٍ ألقاهـا عمـلاق جَبّـار بحركـة رشـيقة عـلى سـطح الأرض. وترتبـط قاعـات العـرض المسـتقلة ببعضهـا البعـض مـن خـلال ممـرات زجاجيّـة في مشـهد أشـبه بالشـوارع والطـرق المسـدودة والسـاحات الصغيـرة المحاطـة مـن كل جانـب بالمـاء المتلألـئ بفعـل الانعكاسـات الضوئيـة "للقُبّـة السـماويّة".

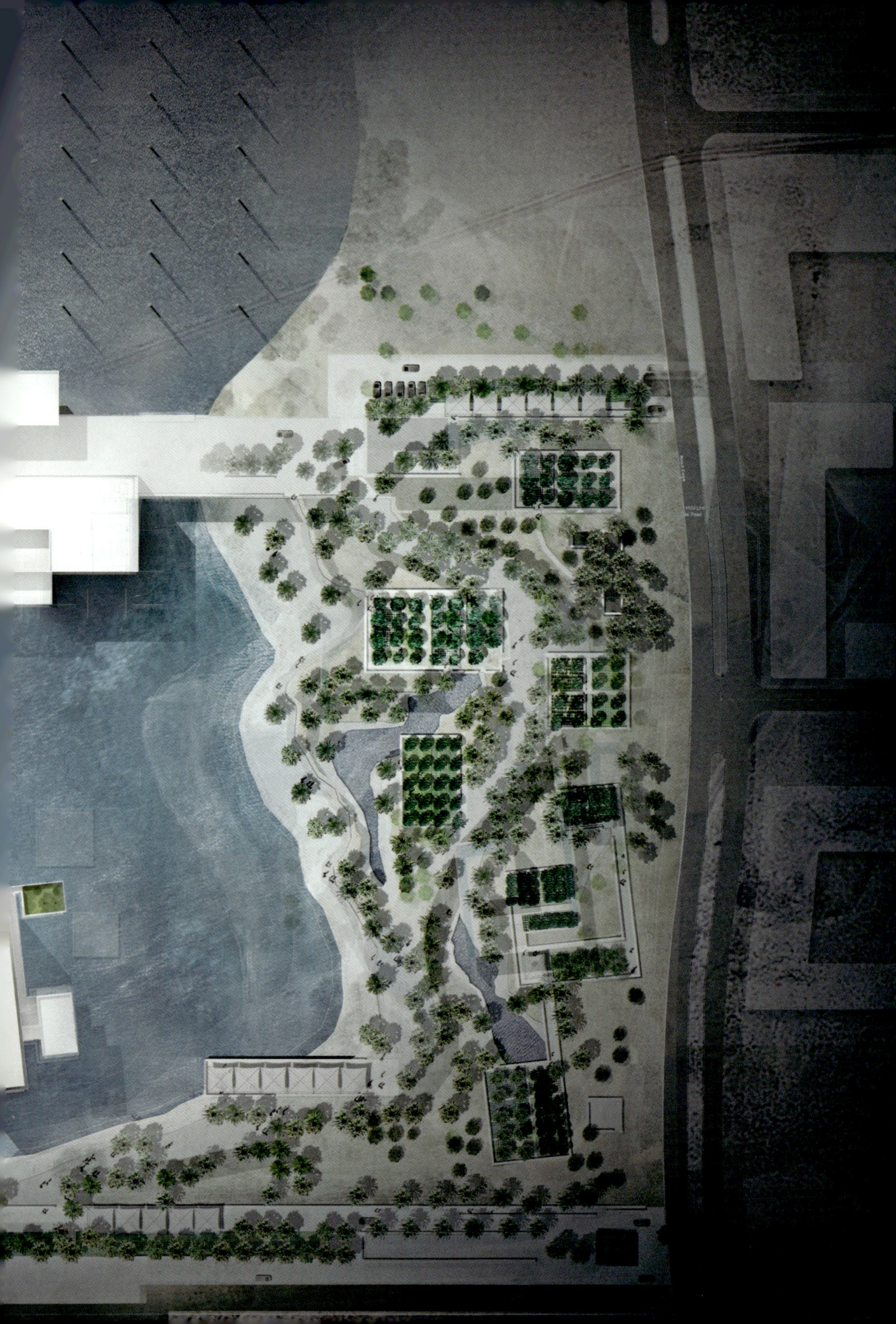

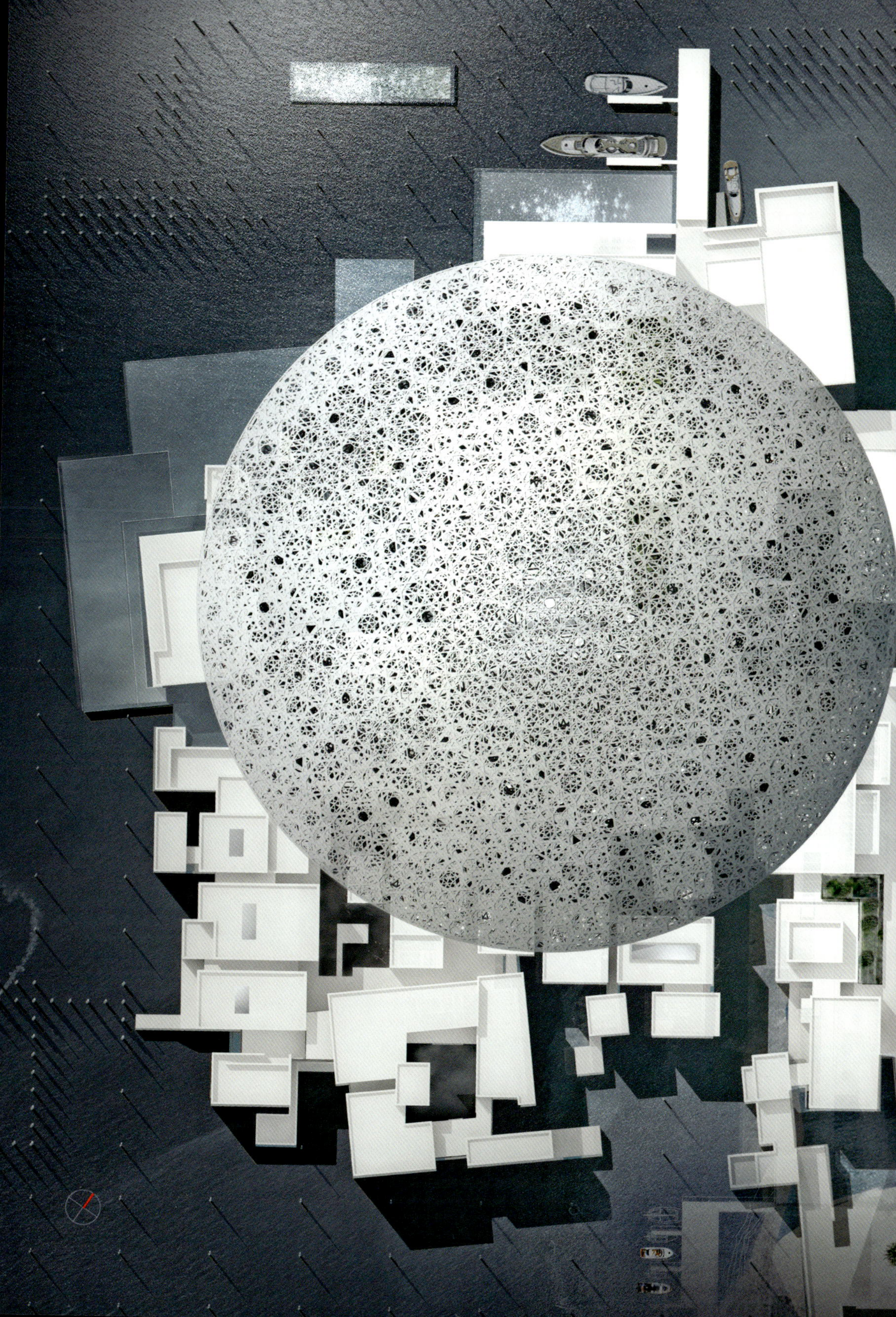

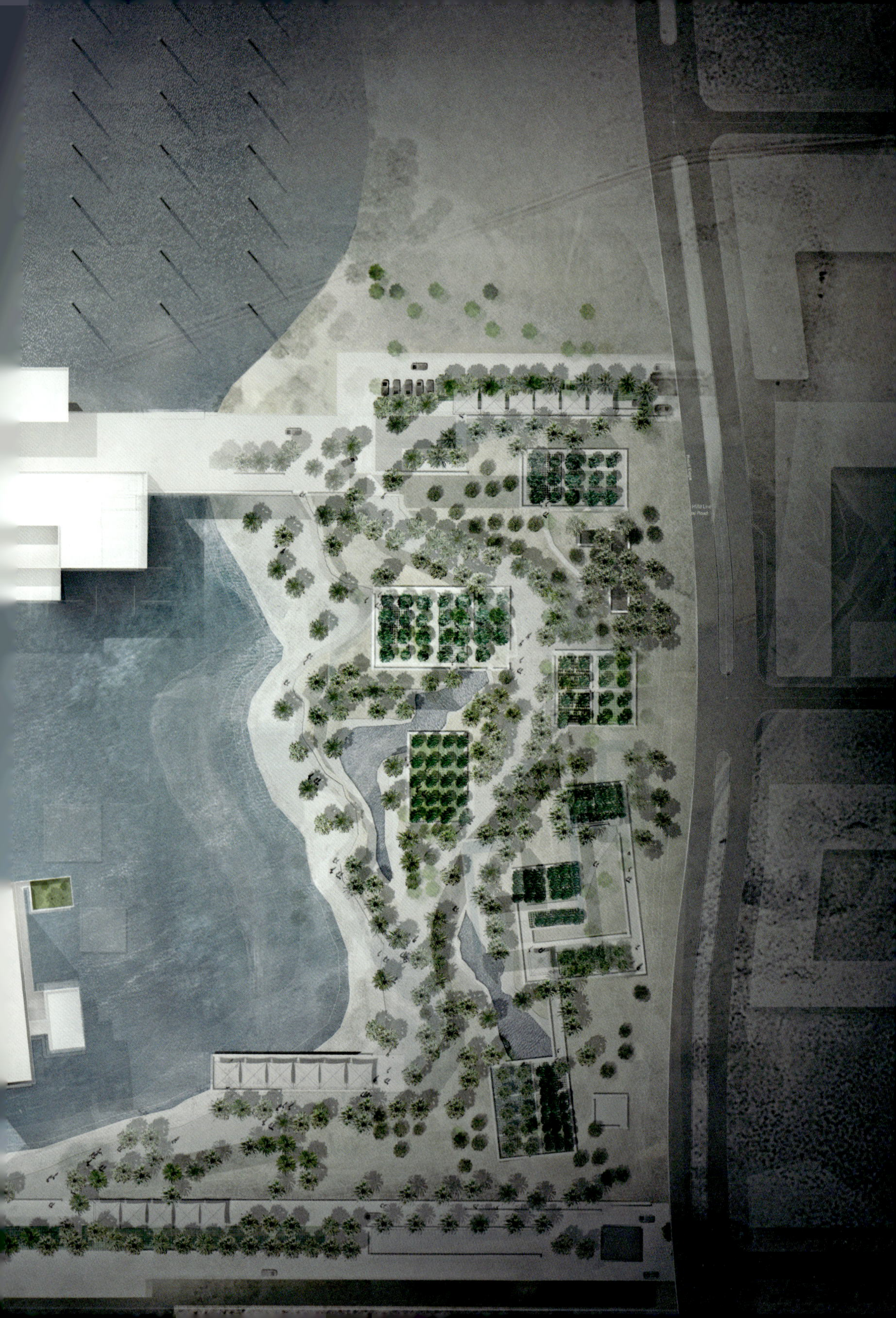

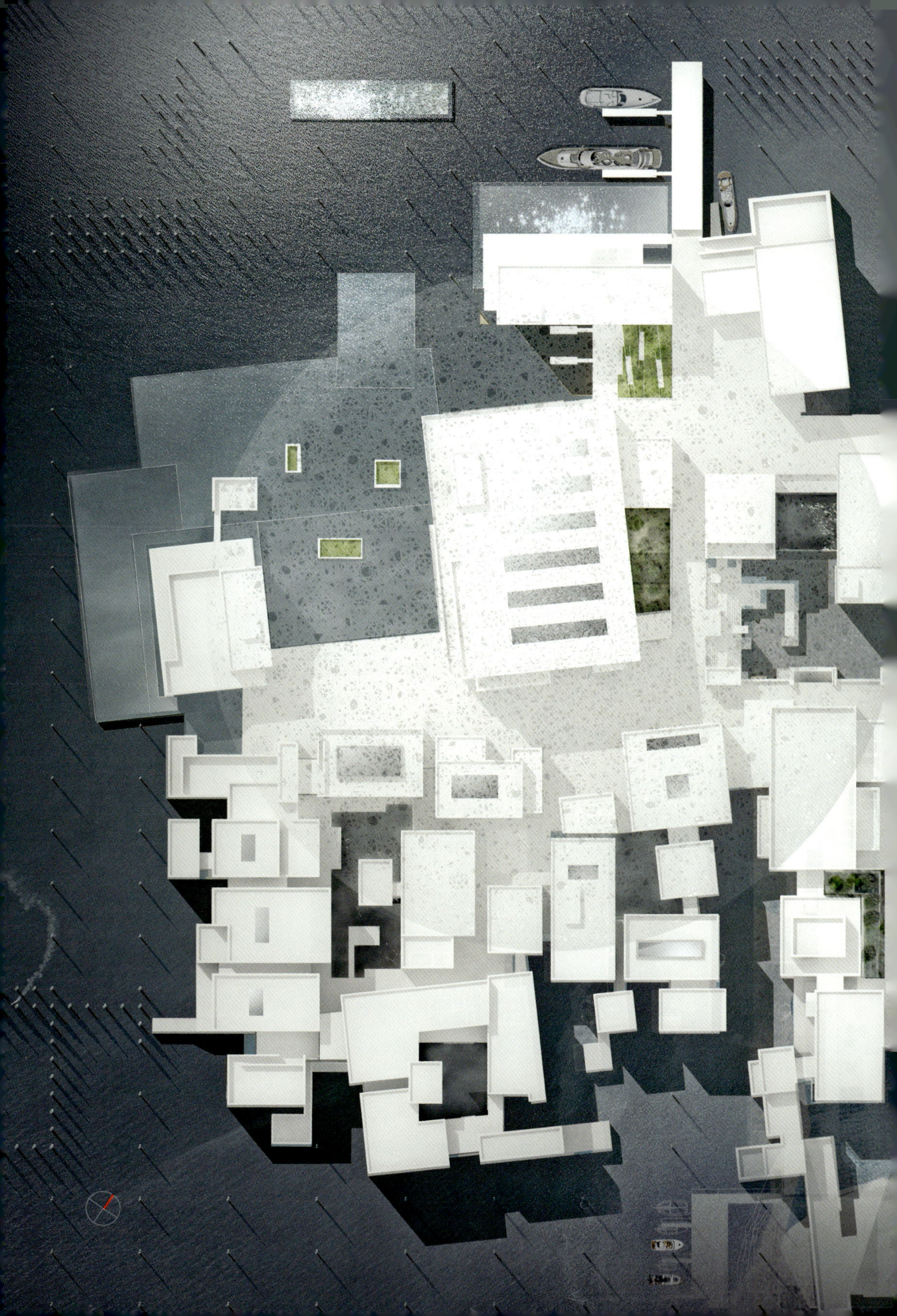

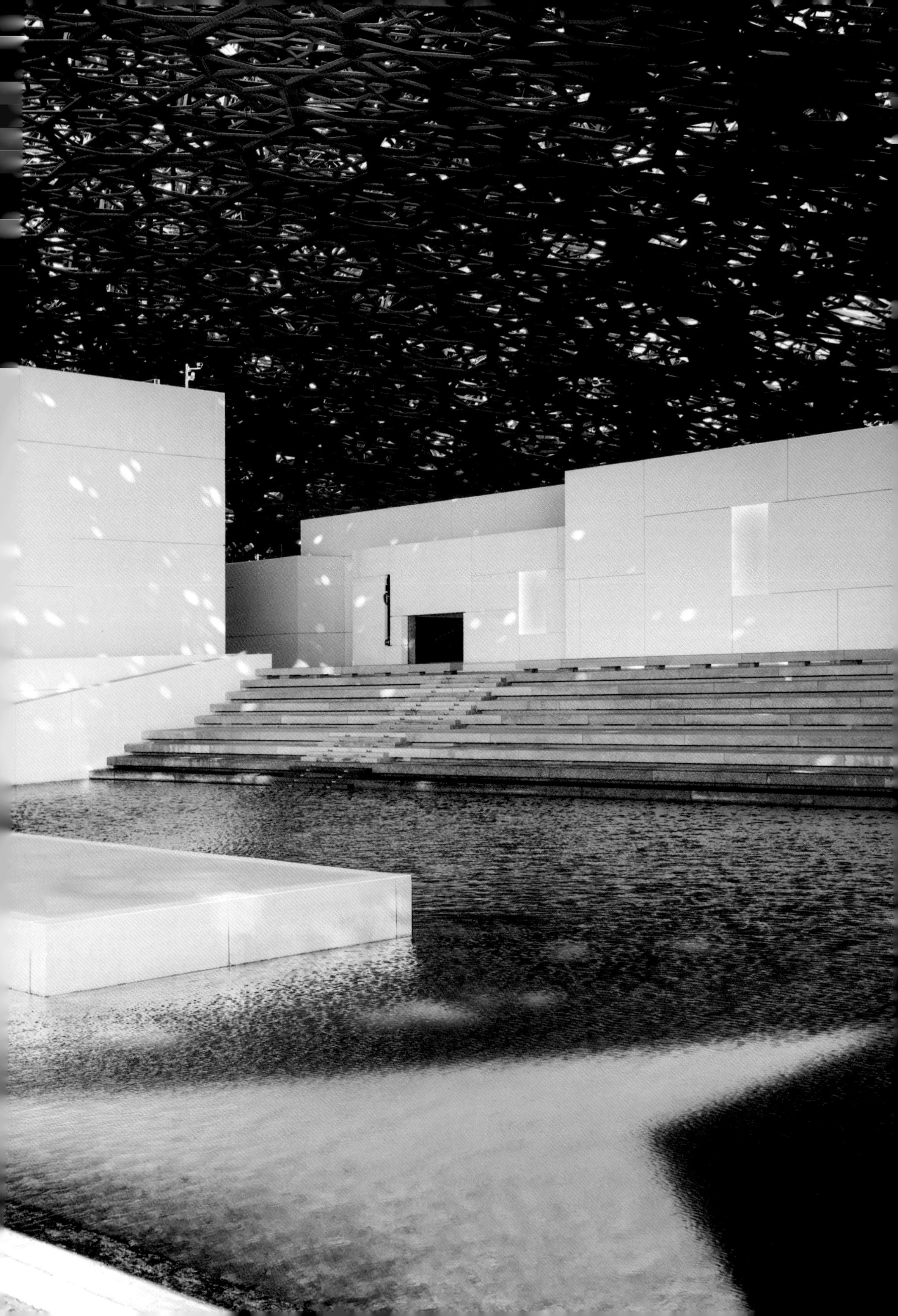

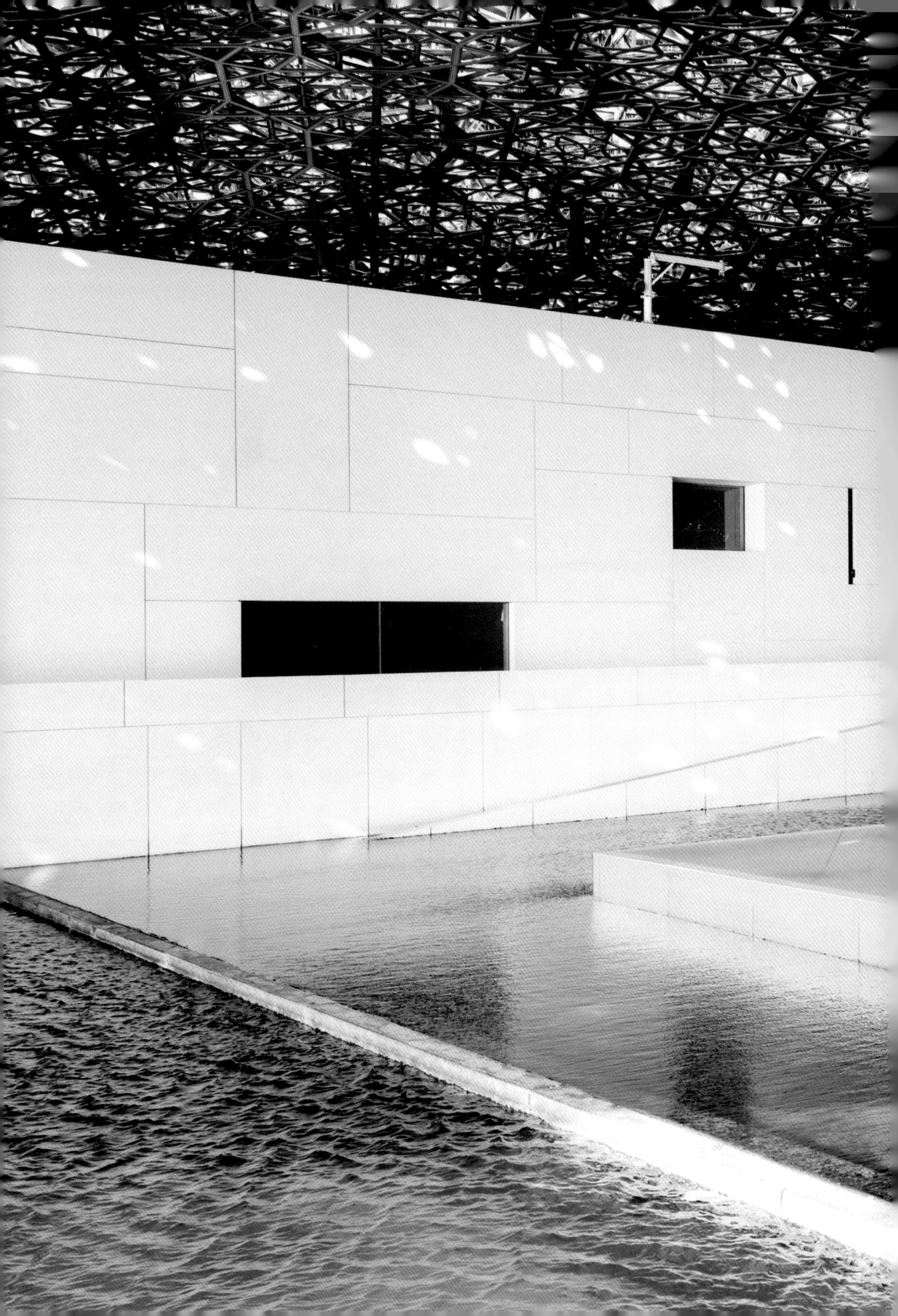

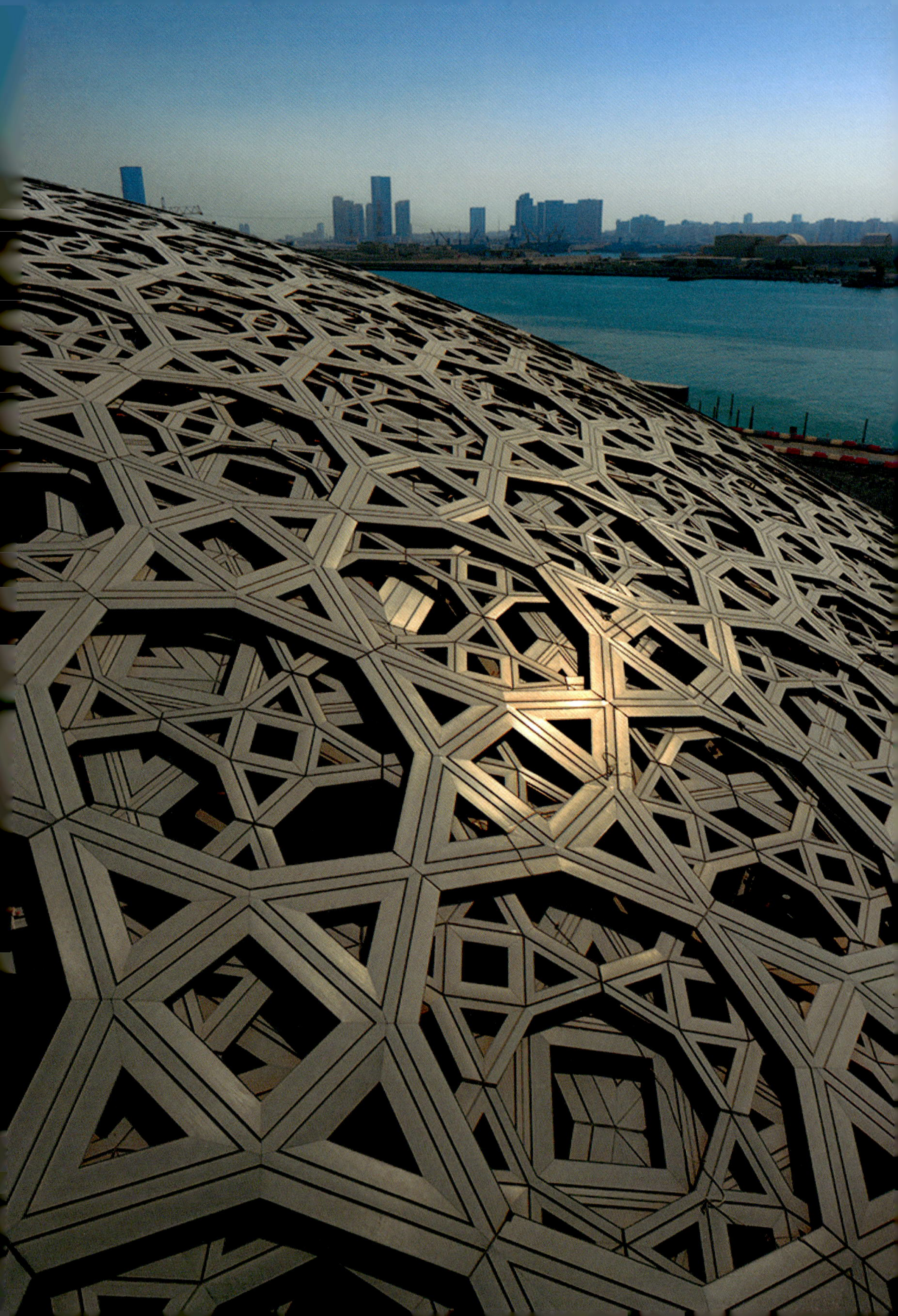

قُبّة اللوفر أبوظبي، إنجاز معماريّ فريد من نوعه

اعتمد جون نوفيل فكرة وشكل القُبّة، التي هي من أهمّ النماذج المعماريّة العربيّة، لتغطية متحف اللوفر أبوظبي وحمايته، مقدّمًا لنا هذا الشكل المحدّب الضارب في القدم الذي يؤكد بانحناءته المتلألئة في الأفق حضوره البارز والخفي في الوقت ذاته.

تتكوّن القُبّة، التي يبلغ قطرها 180 مترًا ويصل ارتفاعها عن المستوى الأرضيّ إلى 29 مترًا، من ثماني طبقات معدنيّة رقيقة مصنوعة من الفولاذ المقاوم للصدأ في الطبقة الخارجية، ومن الألومنيوم في الطبقة الداخلية. ويفصل بين الطبقتين هيكل فولاذي ثلاثي الأبعاد سمكه 5 أمتار صُمّم على شكل أنابيب مربّعة تتّخذ شكل طبقة أخرى في التصميم. وقد صُممت هذه الطبقات المختلفة من شرائط معدنية لتكوّن أنماطًا زخرفية على شكل نجوم تتكوّن بالتقاء أضلاع أربعة مثلّثات على غِرار أنماط "الجيرة" في العمارة العربيّة. ويعمل هذا التصميم على تنظيم الفراغات المتباينة بسبب اختلاف عرض الشرائط المعدنيّة، إذ يسمح هذا الاختلاف بزيادة كثافة التصميم في الأماكن التي لا تحتاج إلا لضوء باهت يتسرّب إليها عبر القُبّة كما في الأماكن الخارجيّة العامّة، أو التقليل من كثافته في الأماكن التي تحتاج إلى كمية أوفر من الضوء الطبيعيّ كما هو الحال في جدران قاعات العرض ونوافذها الواقعة في السقف. وهكذا تحجب الطبقات المُركّبة بمهارة فوق بعضها البعض أشعّة الشمس التي لا يتسلّل منها عبر تقاطع الشرائط والأنابيب المعدنيّة إلّا القليل. كما يؤدّي الالتقاء بين

هذه الأسطح المُشبّكة والطريقة المتّبعة في تركيبها إلى تسلُّلِ أشعّة الشمس إلى الممرّات الداخليّة وإنارتها، ومن ثَمَّ تنعكس على مختلف الأسطح الصغيرة والخطوط والزوايا التي تتكوّن منها القُبّة لخلق حركة خاطفة متلألئة تظهر وتختفي بصورة ساحرة على أرضيّة وجدران المدينة.

وسعيًا لضمان إنجاز مشروع بهذا التعقيد على أرض الواقع، أُجريت دراسات وعمليات محاكاة واختبارات على نماذج مصغّرة على مدى عدّة سنوات قبل الشروع في بناء القُبّة. ثم صُنعت بعد ذلك الأجزاء التي تتكوّن منها القُبّة في إمارة دبي المجاورة بالاعتماد على البيانات المعلوماتيّة التي قدّمها المهندسون المعماريون والمدنيون، لتأتي بعدها مرحلة التركيب بعد عملية معقّدة استغرقت وقتًا طويلًا. ففي شهر إبريل 2013 صُبّت خرسانة أوّل دعامة للمشروع، وفي يوليو 2014 رُكِّبَ أوّل جزء من الهيكل. ثم حان وقت اللحظة الحاسمة على الإطلاق، رُفعت القُبّة ووضعت في مكانها في ديسمبر 2014. وفي سبتمبر 2015، رُكِّبت آخر نجمة في الطبقة الخارجيّة الأخيرة، وفي فبراير 2016 أُزيلت آخر السقّالات، وبذلك تطلّب بناء هذه الأعجوبة المعماريّة البالغ وزنها 7500 طن ثلاث سنوات فحسب. وأخيرًا نجحت القُبّة في تحقيق النتائج المرجوّة منها وتلطيف درجة الحرارة بنسبة 42 بالمئة فيما يتعلق بالتعرض لأشعة الشمس المباشرة. كما سمحت بتحقيق توفير في الطاقة المستخدمة في تكييف الهواء بالمباني يصل إلى 27.2 بالمئة.

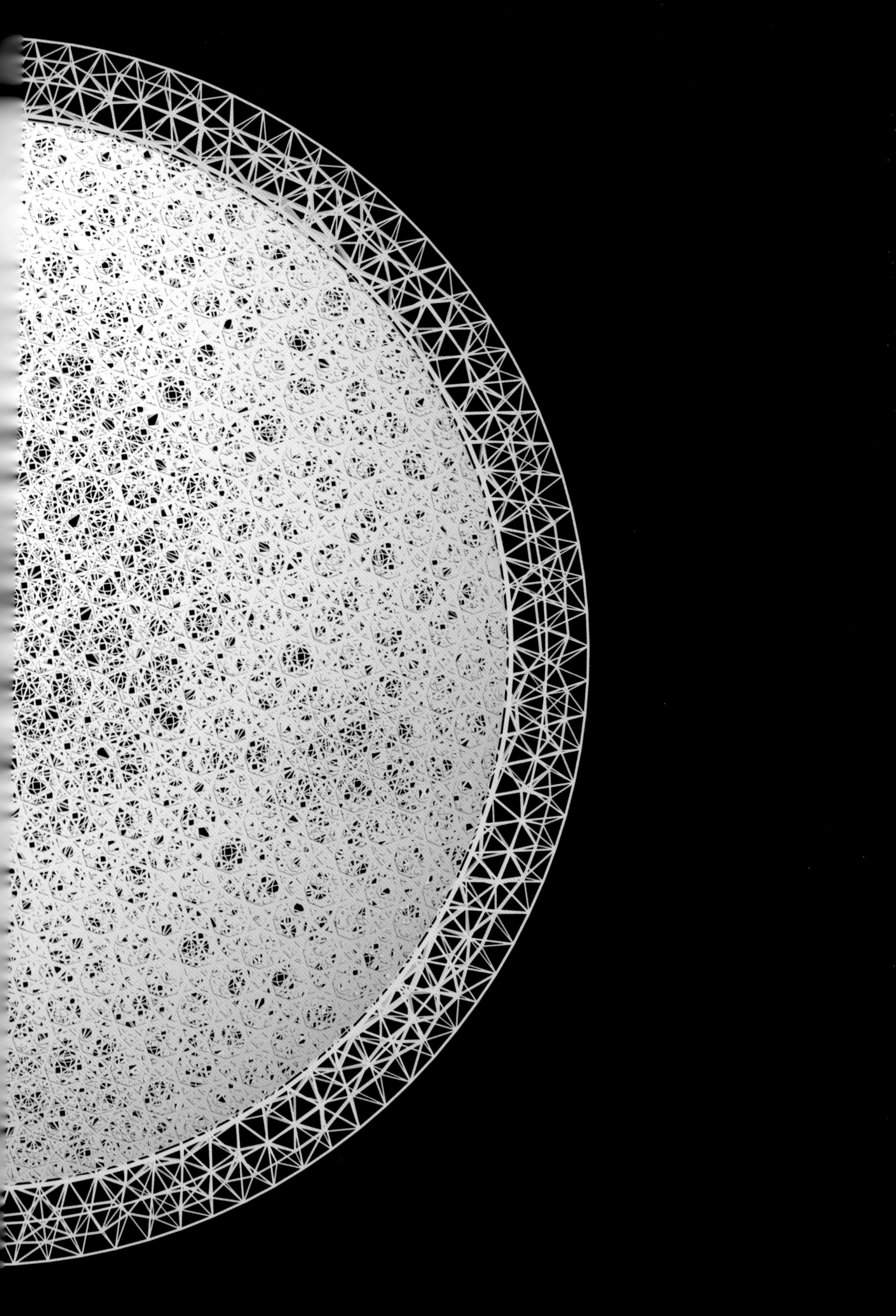

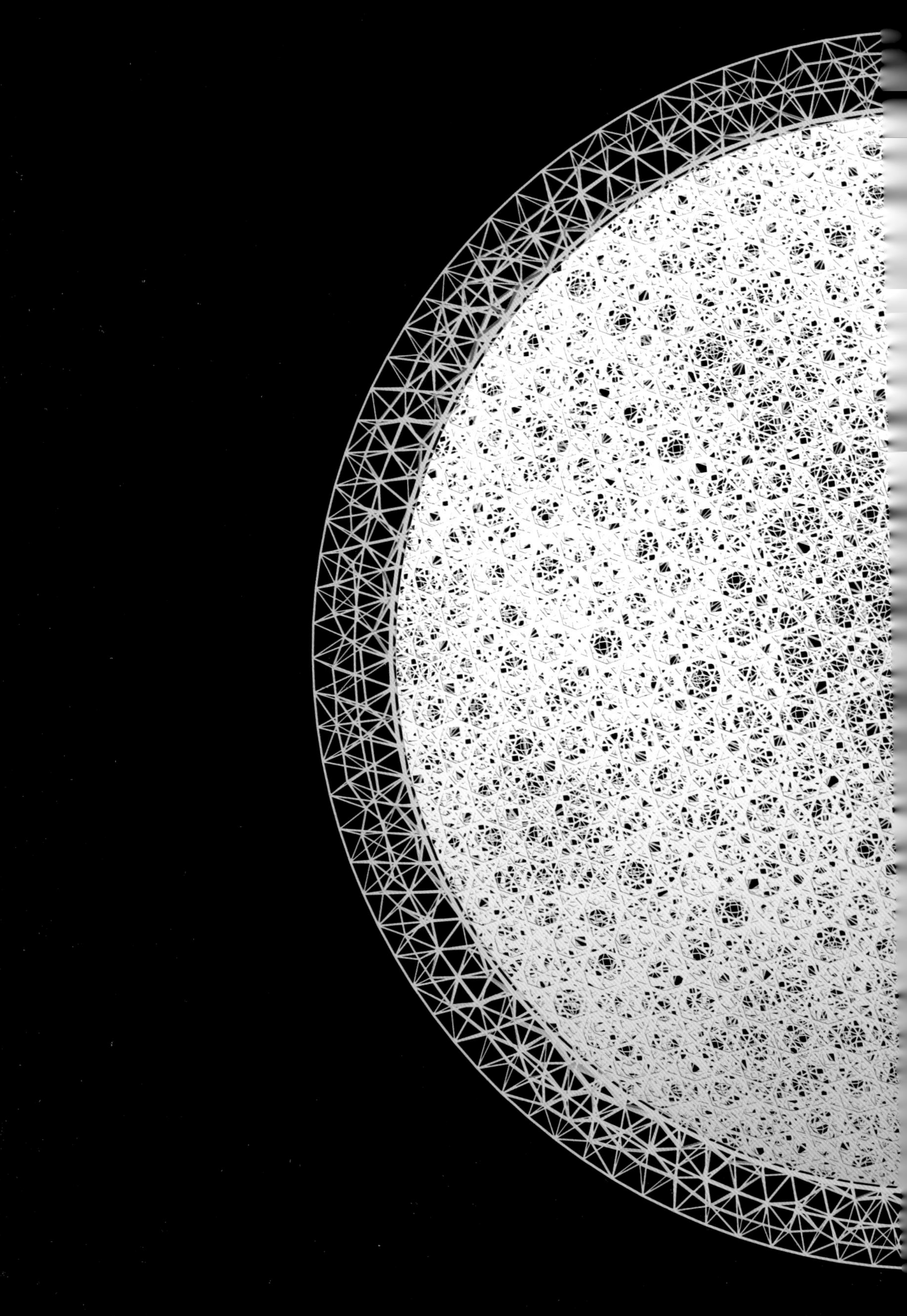

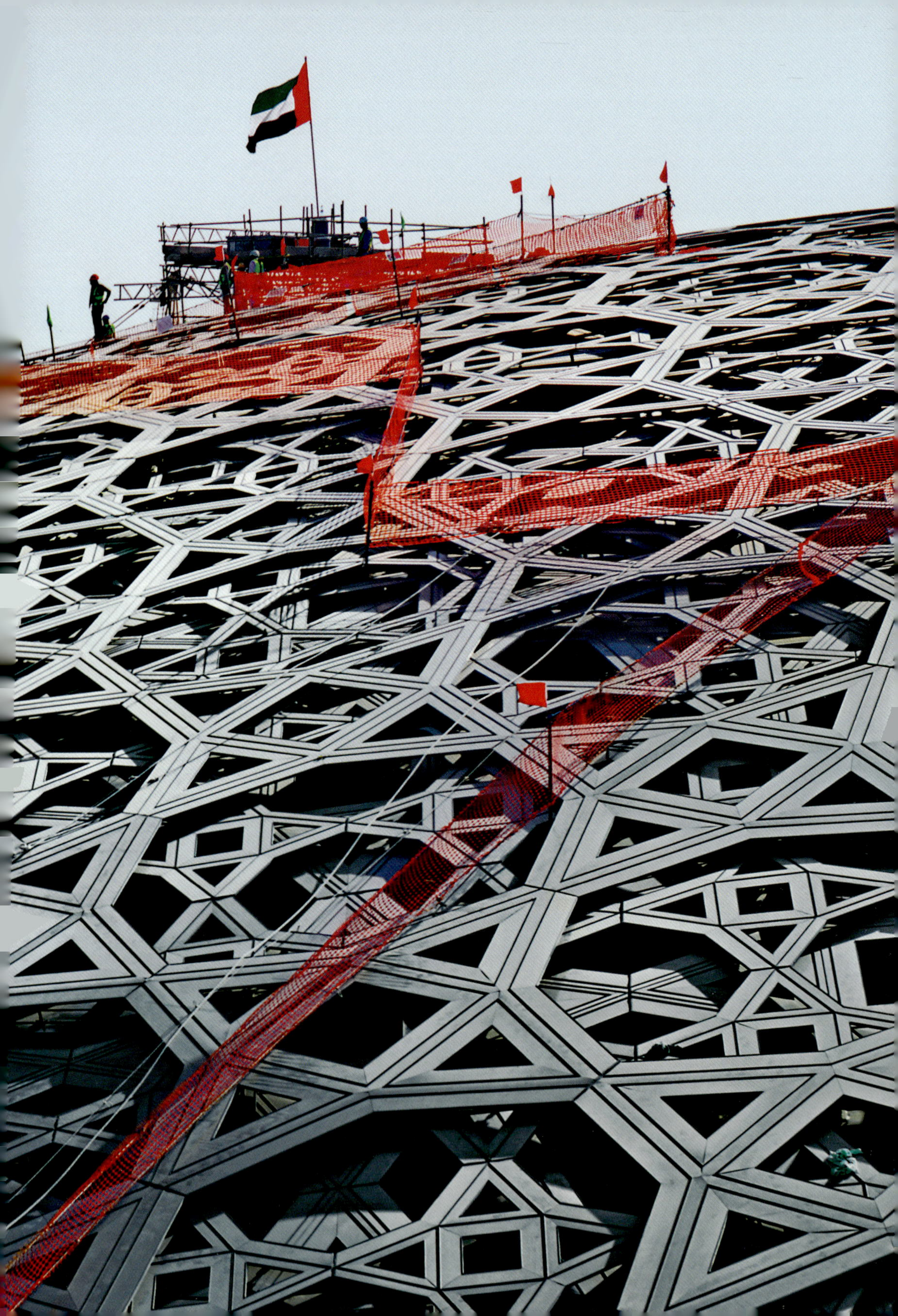

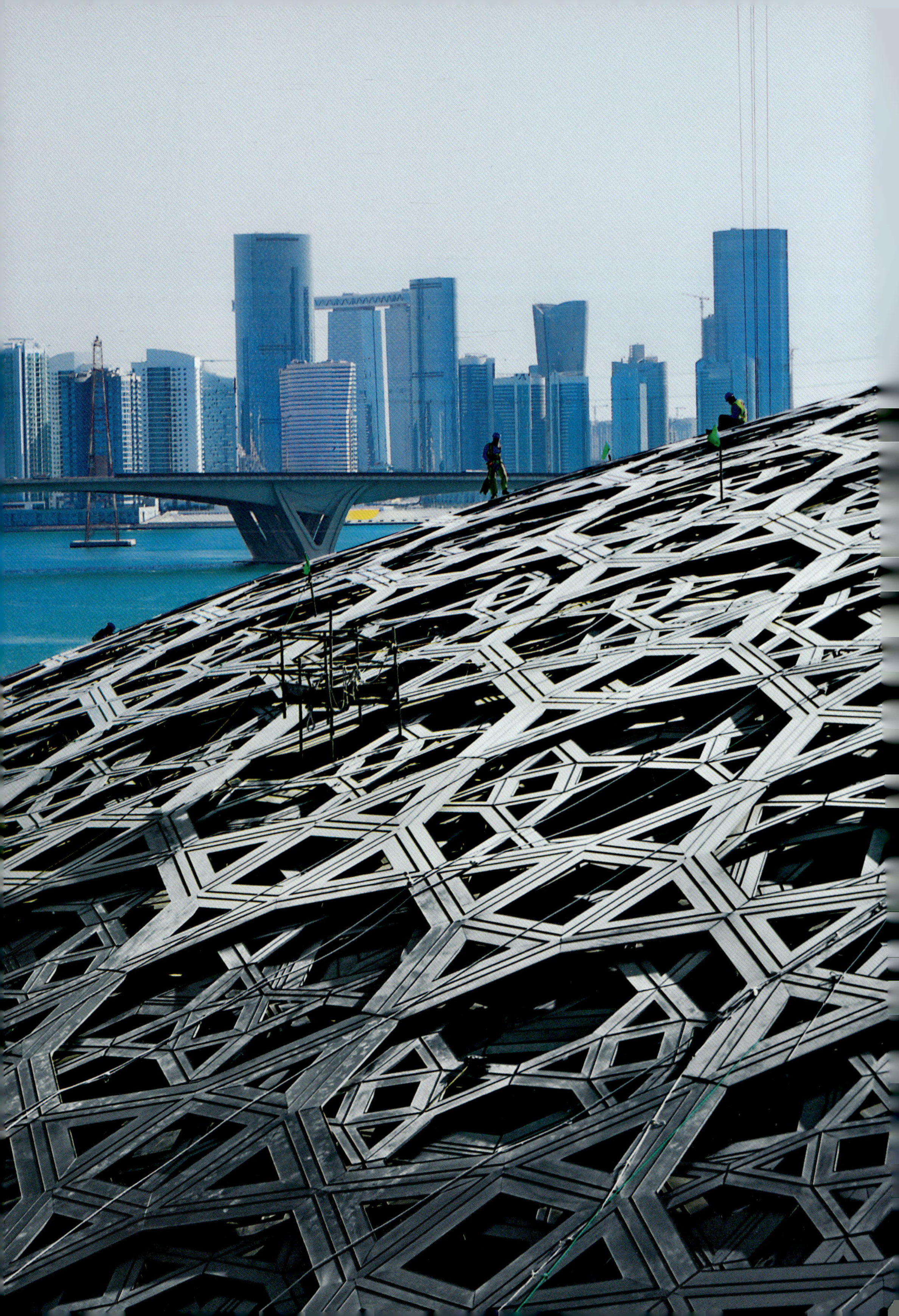

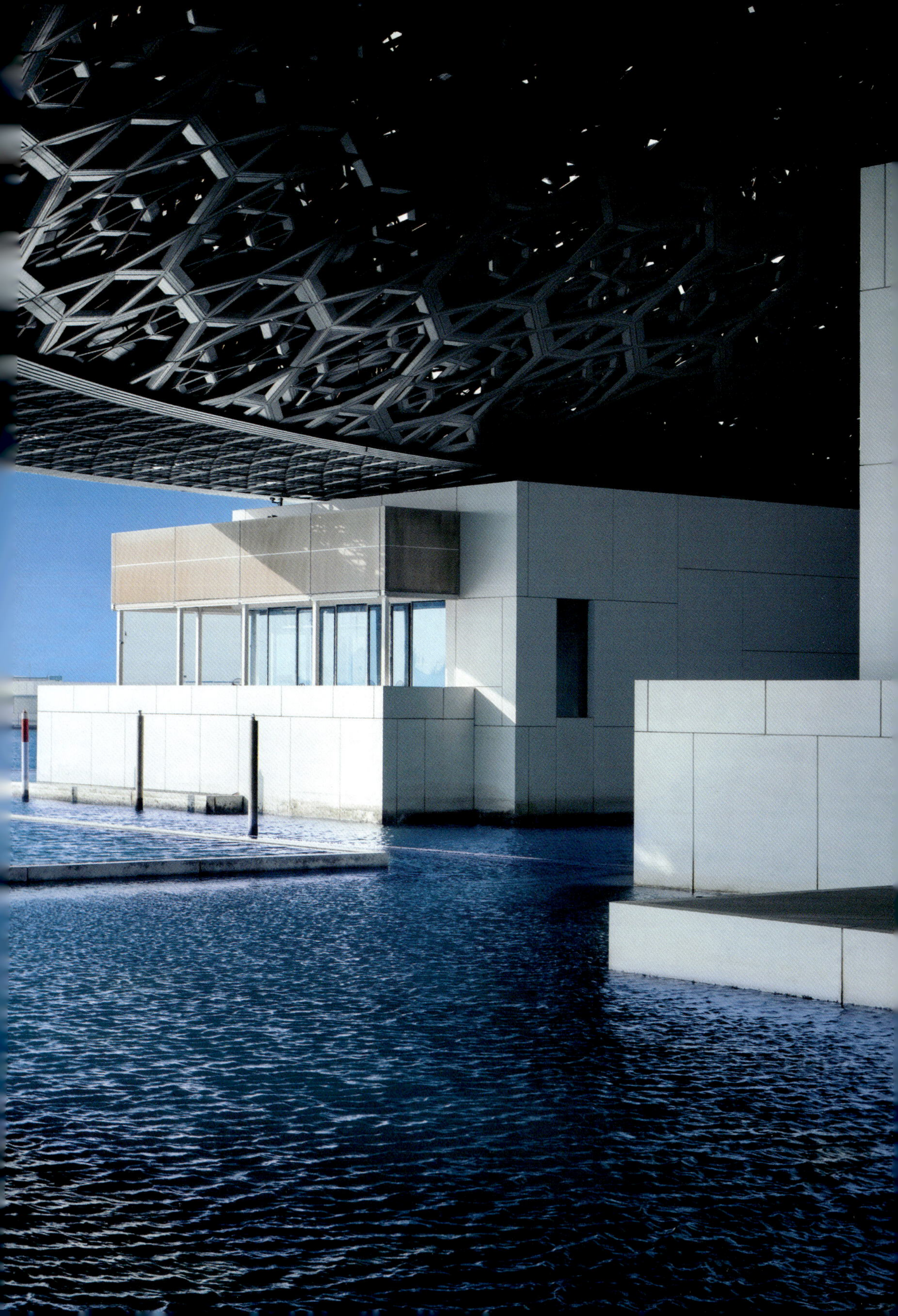

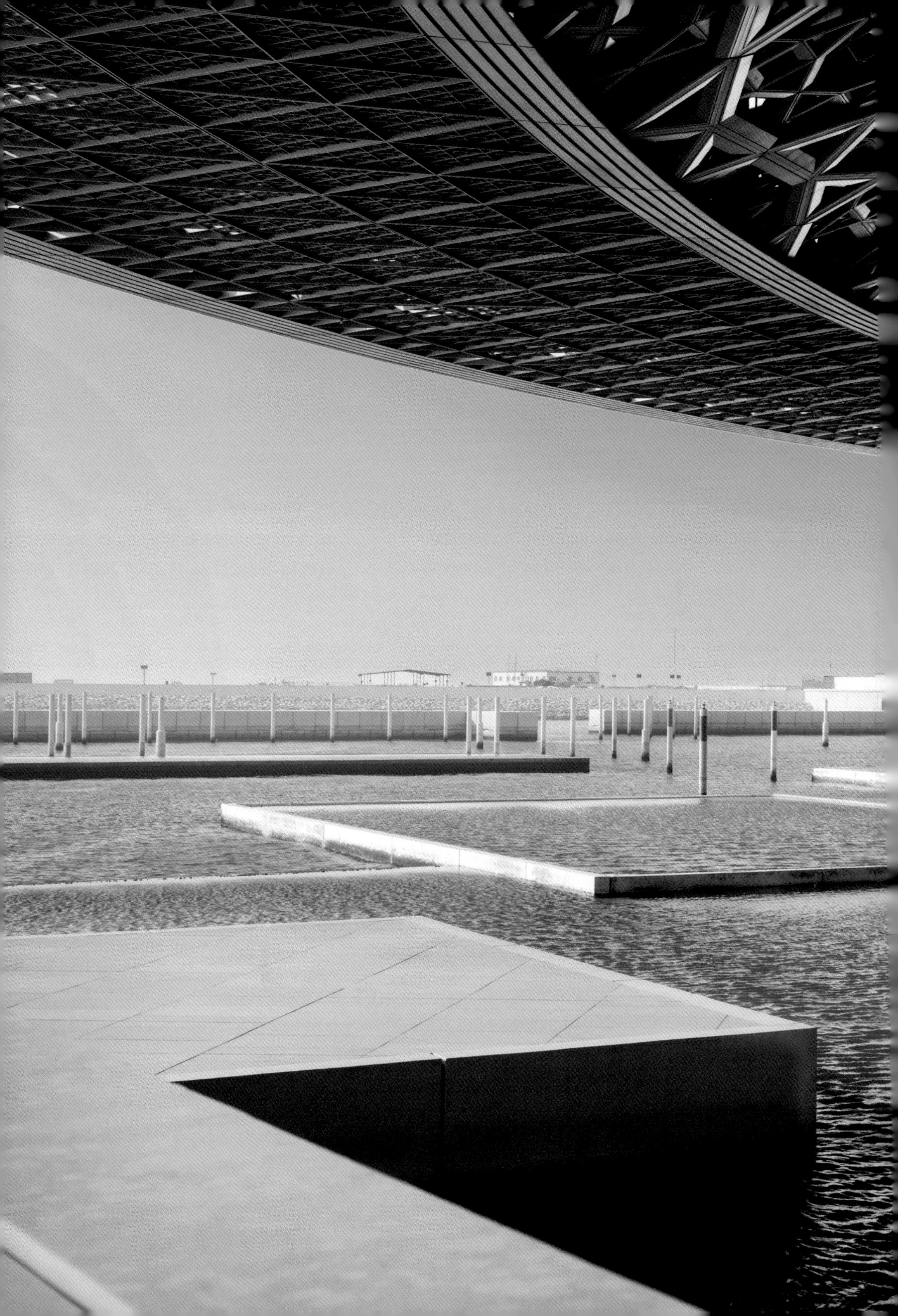

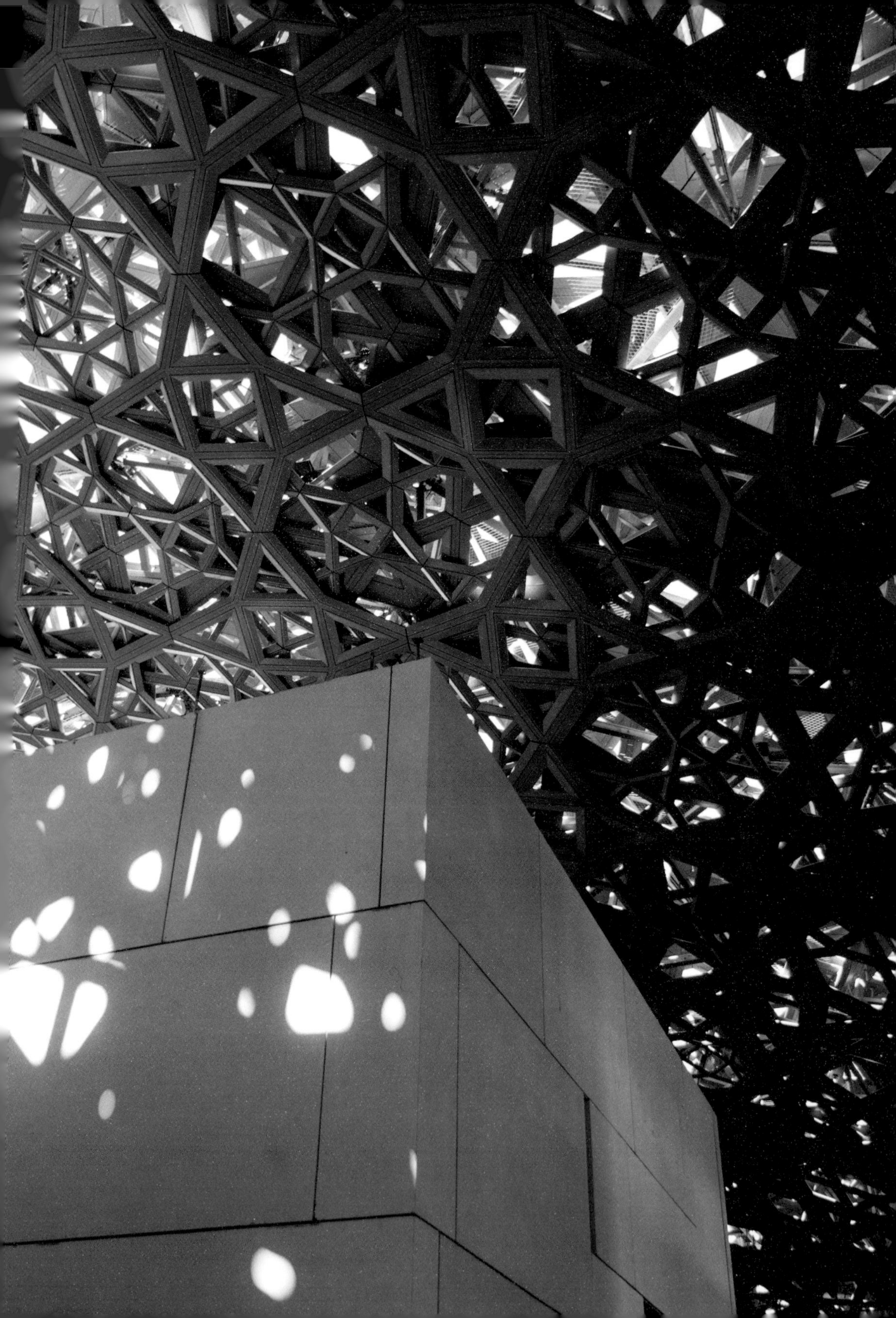

اللوفر أبوظبي،
متحف للجميع

يُعتَبَرُ اللوفر أبوظبي مجمّعًا ضخمًا يزخر بجميع المقوّمات والتجهيزات الضرورية لأيّ مؤسسة متحفية حديثة. ويكمن وراء الفوضى الظاهريّة لهذه المدينة المتحفيـة تصميـم يحاكـي الشـكل الرمـزي للمدينة العربيّـة. ترسم الممـرّات المفتوحة والأزقّـة والباحـات مسـارًا يربـط بيـن مختلـف المبانـي كقاعـات العـرض الدائمـة في الناحية الجنوبيّة التي تمثّل قلب المدينة بمجموعـة كبيـرة مـن المبانـي لا تتخلّلهـا أيّـة ممـرّات، والقاعـة الكبرى الخاصّة بالمعارض المؤقّتة، وهي عبارة عـن مبنـى هائـل متـوازي الأسـطح بجانبـه متحـف للأطفـال يبـدو وكأنّـه نسـخة مصغّـرة عنـه، والمقهى في طـرف السـاحة الـذي يُطِـلُّ بشرفته على البحر وعلى ميناء زايد. وفي الناحية الشمالية على مسافة أبعد، يوجد المسرح والمطعم اللذان يحيطان بساحة صغيرة يحدّها مرسى المتحف. وأخيرًا نجد مركز حفظ القطع الأثريّة والفنيّة الـذي يربط الرصيف بالبحر والـذي يمكـن الوصول إليـه عبـر نفـق اسـتلام الأعمال الفنيّة.

المعارض المؤقّتة

بالإضافة إلى قاعات العرض الدائمة البالغة مساحتها 6400 متـر مربّـع التـي تمثّـل قلـب مشـروع متحـف اللوفـر أبوظبـي، خُصّصت مسـاحةٌ أخرى طولها 67 متـرًا وعرضها 47 متـرًا وارتفاعها 13 متـرًا للمعارض المؤقّتـة التي ينظّمُهـا متحف اللوفر والمتاحف الوطنيّة الفرنسيّة لحفز النشـاط الثقافيّ للمتحف وتوطيد علاقـات التعـاون الدوليّ علـى أعلـى مسـتوى. صُمّمـت هـذه المسـاحة التي تتسـع لإقامة معرضين في آنٍ واحدٍ، بشـكل يسـمح بتقسـيمها إلى مسـاحات تتغيَّر حسـب الحاجـة وفقًـا لأهميّـة الفعاليـات المقامـة داخلها. وقد تنـاول المعـرض المؤقّـت الأول للمتحف، "مـن لوفر إلى آخـر، إنشـاء متحفٍ للجميـع، البيئـة الفنّيّـة والثقافيّـة التـي ظهـر فيهـا متحـف اللوفر للوجـود في القـرن الثامـن عشر.

متحف الأطفال

لـئن دأبـت جميع المتاحف الكبرى اليوم على تخصيص مسـاحات للأطفـال، فـإن هـذه الفضـاءات لا تعـدو أن تكـون مجـرد أماكـن تتيح للآبـاء التخلـص مـن عـبء أطفالهم. لكن الأمـر مختلف تمامًا في اللوفر أبوظبي، فمتحـف الأطفـال هـو متحـف حقيقـي علـى نطـاق مُصَغَّـر، يضم تشـكيلةً مـن التحـف الفنيـة التـي تهدف لتعريف الأطفـال بعالم الفن وقواعـد السـلوك في المتاحف وتسـهم في شحذ قدراتهم الإبداعية. وقد صُمم برنامج فعالياتـه وفق أنشـطة المتحف وكذلك بالاعتماد على الموضوعات المطروحة في قاعات العرض الدائمـة وعلـى الفعاليـات المقامـة في المبانـي الكبرى المجاورة. ومن المُتوقع أن يستضيف متحف الأطفال معرضيـن مؤقتيـن سـنويًا، وسـتتناول المعـارض الأولى موضوعـات عامـة مثـل الأشـكال والألـوان، والمناظـر الطبيعيـة مـن هنا وهنـاك، والحيوانـات بيـن الواقـع والخيـال، والصـورة الشخصية، وغيرهـا.

المسرح

يضم متحف اللوفر أبوظبي مسرحًا مخصصًا لاحتضان النـدوات واللقـاءات حـول الموضوعـات التاريخيـة وتاريـخ الفن وتسـليط الضـوء علـى علاقتهـا بالفنـون الاستعراضية مثل الموسيقى والرقص والسينما. ويرتبط برنامج فعاليـات المسـرح مباشرة بنشـاط المتحف، وذلـك مـن خلال تنظيم نـدوات وعروض فنية مرتبطة سـواءٌ بالموضوعات المطروحة في قاعات العرض الدائمة أو تلـك التي تسـتضيفها المعـارض المؤقتة. وقد جُهّزت قاعـة المسـرح السـوداء اللـون البالغـة مساحتها 420 متـرًا مربعًـا بمقاعـد جلدية يبلغ عددها 268 مقعـدًا مُوزعـة علـى 12 صفًـا صممها جون نوفيل خصيصا لمتحف اللوفر أبوظبي.

المطعم

يتَّسع مطعم المتحف لمائة وعشرين شخصًا وله مدخـل مميّـز عـن طريـق ميـاه الخليـج. فالراحـة والرفاهية هـما عنوانـا هـذا المكان المميّـز. وتنقسم القاعـة الرئيسـية إلى أجنحـة وقاعـات تفصلها حواجـز متحركـة يمكـن إخفاؤهـا تمامًـا في أقـواس السـقف لتوفير المزيد مـن المسـاحات لعـدد أكبر مـن الضيوف. فالأجنحـة الخمسـة المتجـاورة يمكـن تحويلهـا إلى قاعـة مـآدب واحـدة كبـيرة. كـما يتميـز المطعـم بالإضـاءة المدهشـة التـي توفرهـا ثرياتـه السـت التـي صممهـا المهنـدس خصيصًـا لهـذا المكان والتـي صُنّعت في باريس في ورشـات "الأثـاث الوطنـي" (Mobilier National).

المقهى

يعتـبر المقهى مكانًـا لا غنى عنـه عند زيـارة المتحـف حيـث يصبح المـكان المفضل للالتقـاء أو لأخـذ قسطٍ مـن الراحـة قبـل أو أثنـاء التجـول بـين أروقـة المتحـف أو بعد الانتهـاء مـن الزيارة. وعـلاوة عـلى ذلـك، يوفِّر مقهى اللوفـر أبوظبـي منظـرًا مدهشًـا لا سـيما أثنـاء غـروب الشـمس الرائـع في خـور لفـان في الضفـة المقابلة، ومشـهد ميـناء زايـد المُزدحـم بحركـة سـفن الشـحن السـوداء والحمـراء، وكذلـك ناطحات السـحاب الشـامخة التـي تلـوح مـن بعيـد وسـط المدينـة. لكـن المقهى لا يخلـو مـن الفرجـة والمتعـة في الداخـل مـن خـلال قطـع الأثـاث المُزيّنـة بمناظـر المدينة المتلألئـة باللـونين الوردي والأزرق والتـي تعطـي الانطبـاع بالتواجـد في مكان مثير للدهشة. غالبـا مـا يرتبـط منظـر الصحـراء في الخيـال الشـعبي بالكثبـان الرمليـة والبـئر والواحـة، وهـو منظـر يصـوره السـراب عـلى شـكل تهيـؤات شـبيهة بالأحـلام. ويتَّسـع المقهى إلى 350 شخصًـا، 250 منهـم جالسـين و100 آخريـن واقفـين. وقـد صُممـت أرضيـة المقهى عـلى ثلاثـة مستويات تجعلـه يبـدو شـبيها بالمسـرح.

مركز صون الأعمال الفنية

يُعتـبر مركـز صـون الأعـمال الفنيـة التابع لمتحـف اللوفر أبوظبـي مركـزًا نموذجيًـا مـزوّدًا بأفضـل نظم الحمايـة والأمـان للأعـمال الفنية، ويـؤدي عدة وظائـف في الوقت نفسـه. فهو مركـزٌ لصـون الأعـمال الفنية وورشـة لإعداد هـذه الأعـمال ومركـز أبحـاث مجهّـز بجميـع وسـائل التحليـل المتطـورة. ويُعنى هـذا المركـز الـذي تبلـغ مسـاحته 6000 مـتر مربـع بصـون أعـمال المجموعـة الفنيـة ودراسـتها وتحليلها.

مركز التوثيق

يقـع المركـز في الطابـق السـفلي ولكـن يطل عـلى فنـاء واسـع مضـيء، ويتيـح لجميـع الـزوار، سـواء الذين يأتون بدافـع الفضـول أو المتخصصـين منهـم، زيـارته بناءً عـلى موعـد سـابق والاطـلاع عـلى الوثائـق المتعلقـة بأعـمال المتحـف الفنيـة. يضم المركـز مجموعـة واسـعة مـن الدوريـات العلميـة والأعـمال المتخصصة في شـتى المواضيـع، التـي يتيحهـا لأمنـاء المتاحـف والموثقـين وكذلـك الـزوار.

أماكن اللقاءات

يسـتمد مجلس كبـار الشـخصيات، المستطيل الشـكل والمجـاور لقاعـة المعـارض المؤقتـة، شـكله مـن تقاليـد المجتمعـات الصغـيرة في العـالم العربي ومـن تقليـد النوادي الأنجلوسكسـونية. وهنا يمكن لأفراد المجتمع المحلـي والـدولي العاملـين في مجـالات السـياسة والمال والتجـارة والثقافـة والإعـلام الالتقـاء في جـوّ الراحـة والرفاهيـة الـذي توفـره المقاعـد والأرائك الفخمـة والوثـيرة التي صمّمهـا جـون نوفيل خصيصًـا للمتحف.

المتجر

يسـتقبل المتجـر في اللوفر أبوظبـي الزائـرَ قبل دخولـه الردهـة الكـبرى المؤديـة إلى قاعـات العـرض ليعطيـه فكـرة أوليـة عـن معروضـات المتحف حتـى يعـود إليـه عند انتهـاء زيارتـه لاقتناء الهدايا التذكارية مثل إصدارات المتحف والكتيبات والمؤلفـات عـن الفـن والحضـارات المعروضـة في متجـر الكتـب والنـماذج المصغـرة مـن الأعـمال الفنيـة والبطاقـات البريديـة والملصقـات والأدوات والقمصان المعروضة في المتجر العـام.

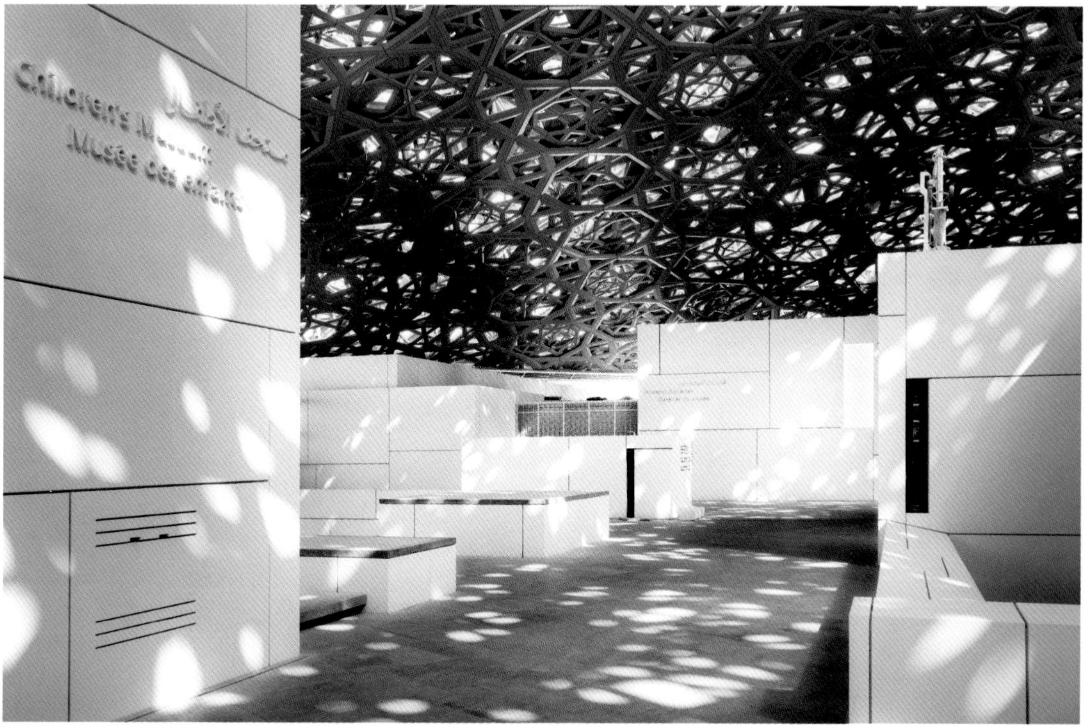

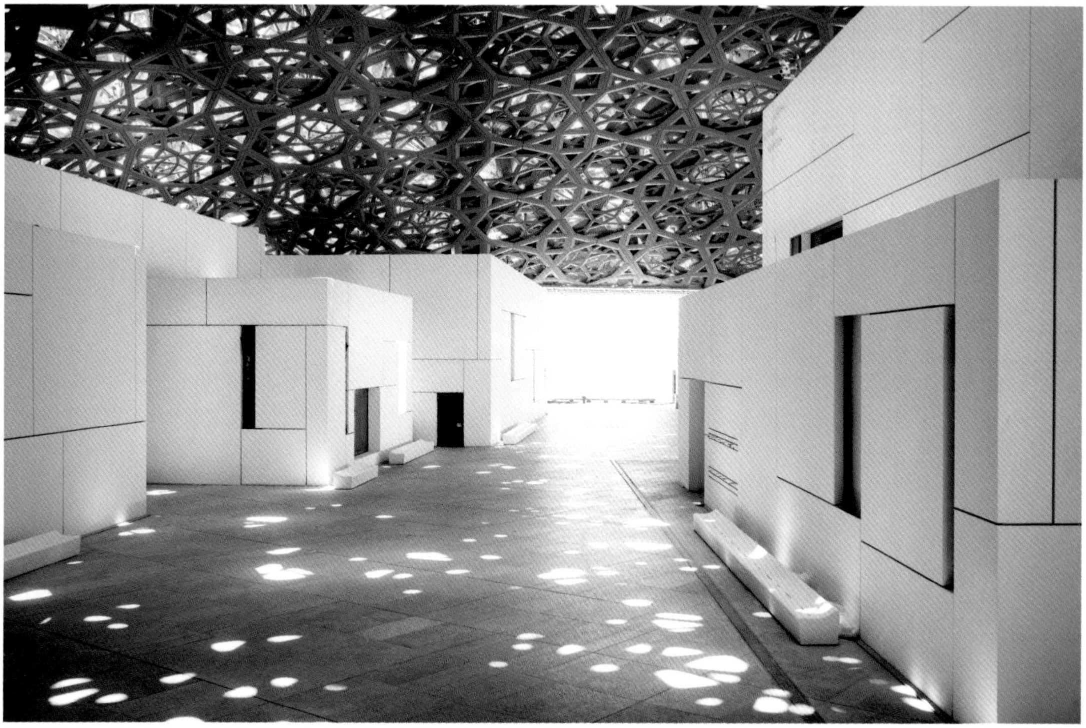

متحف الأطفال
Children's Museum
Musée des enfants

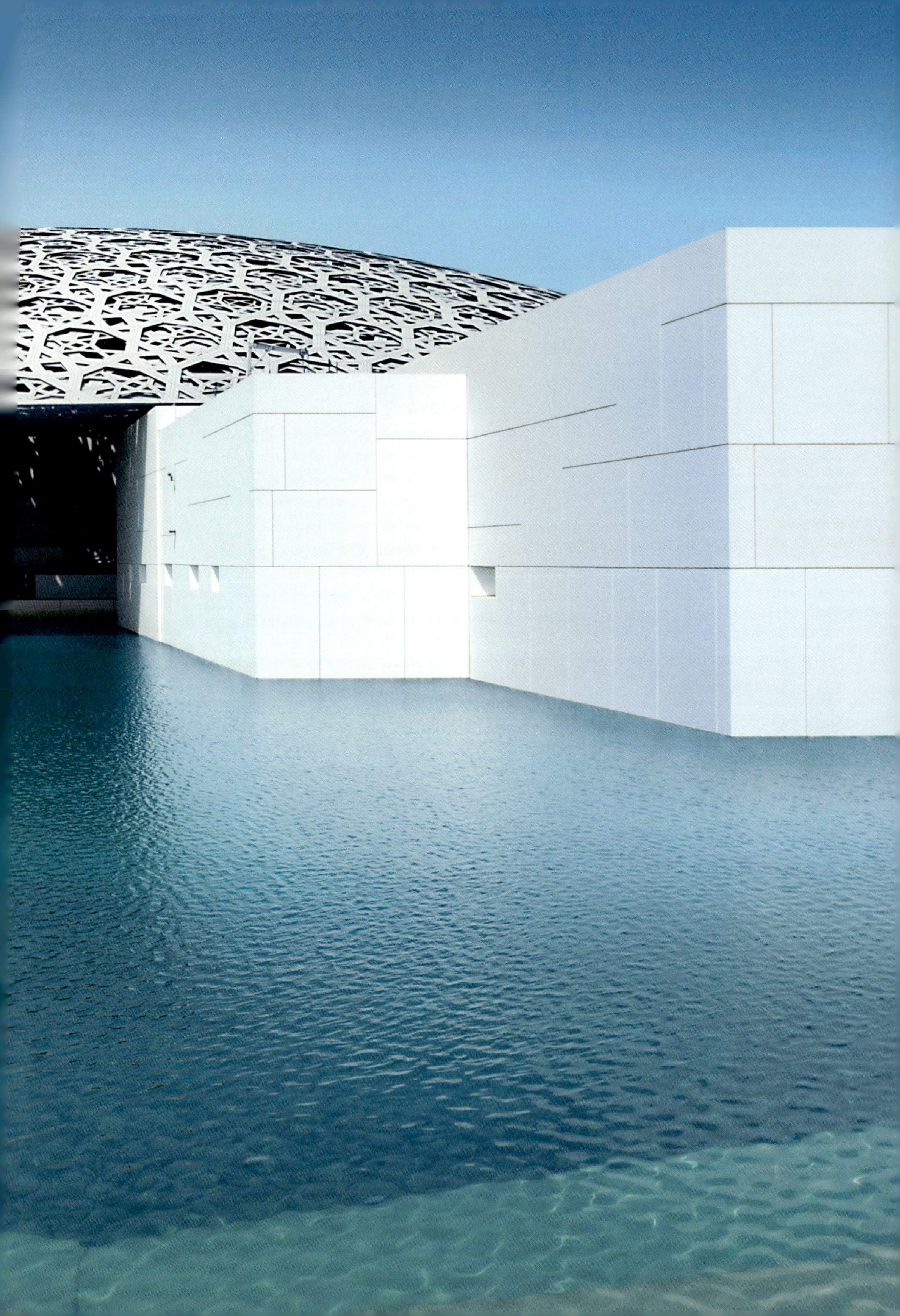

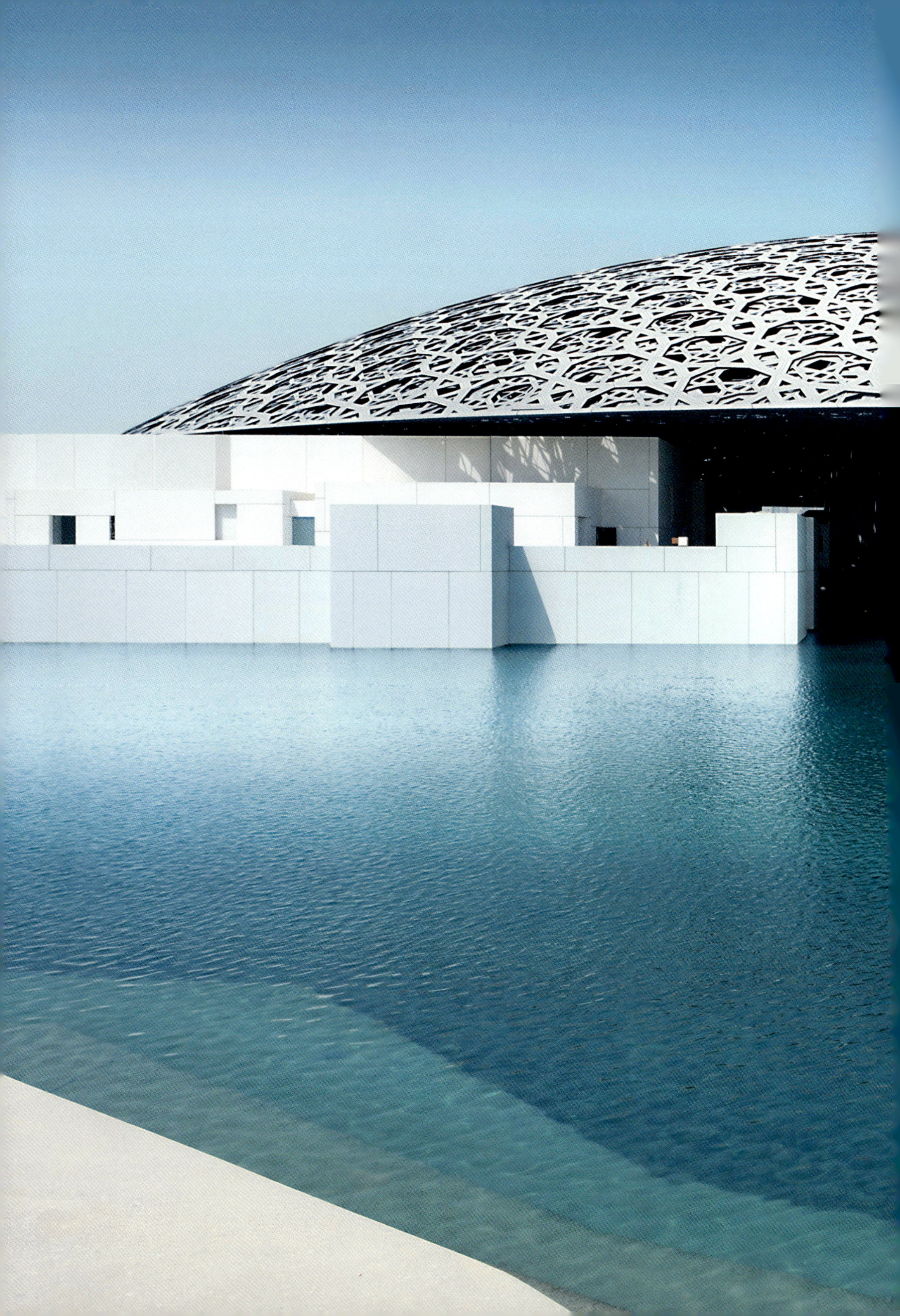

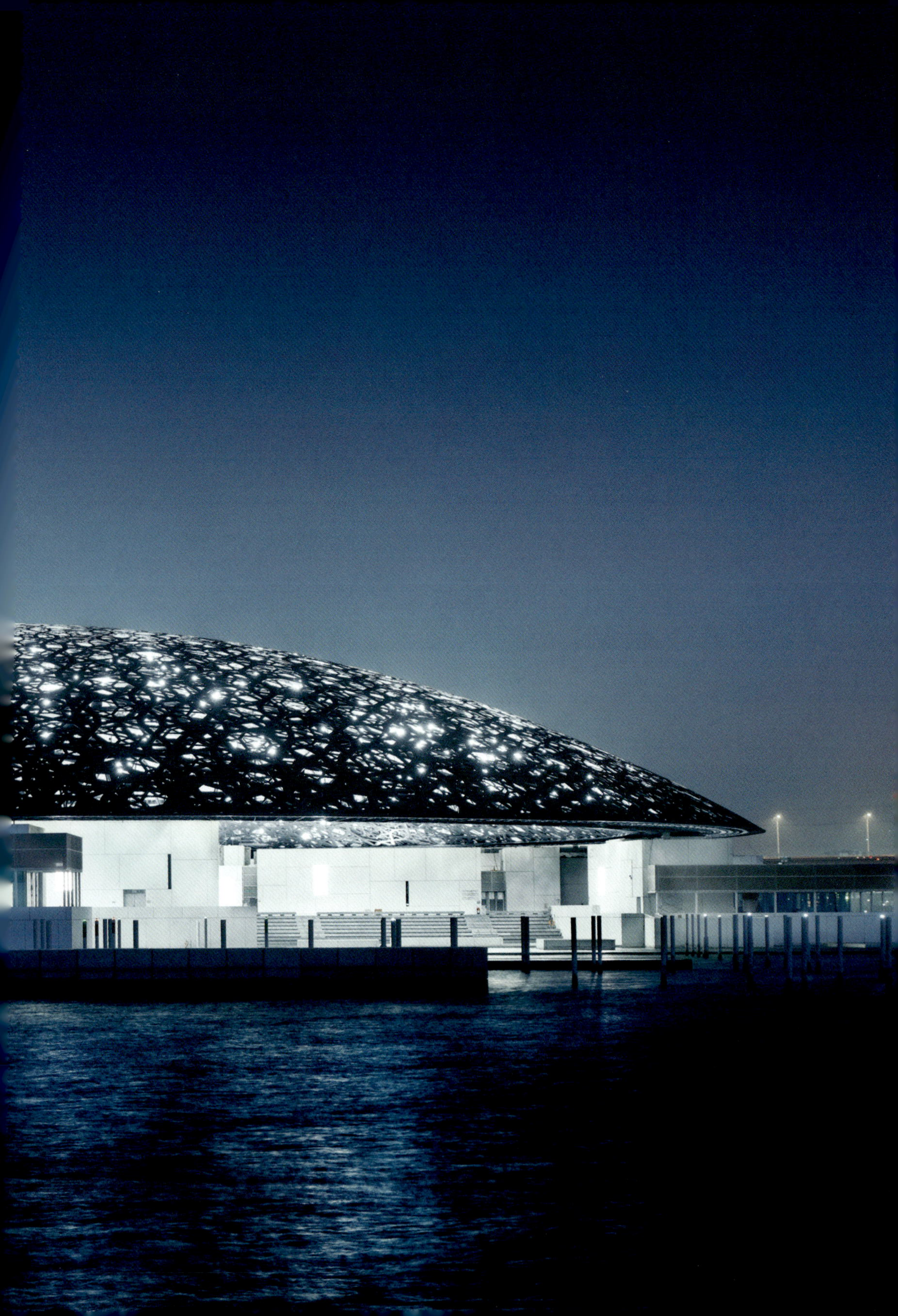

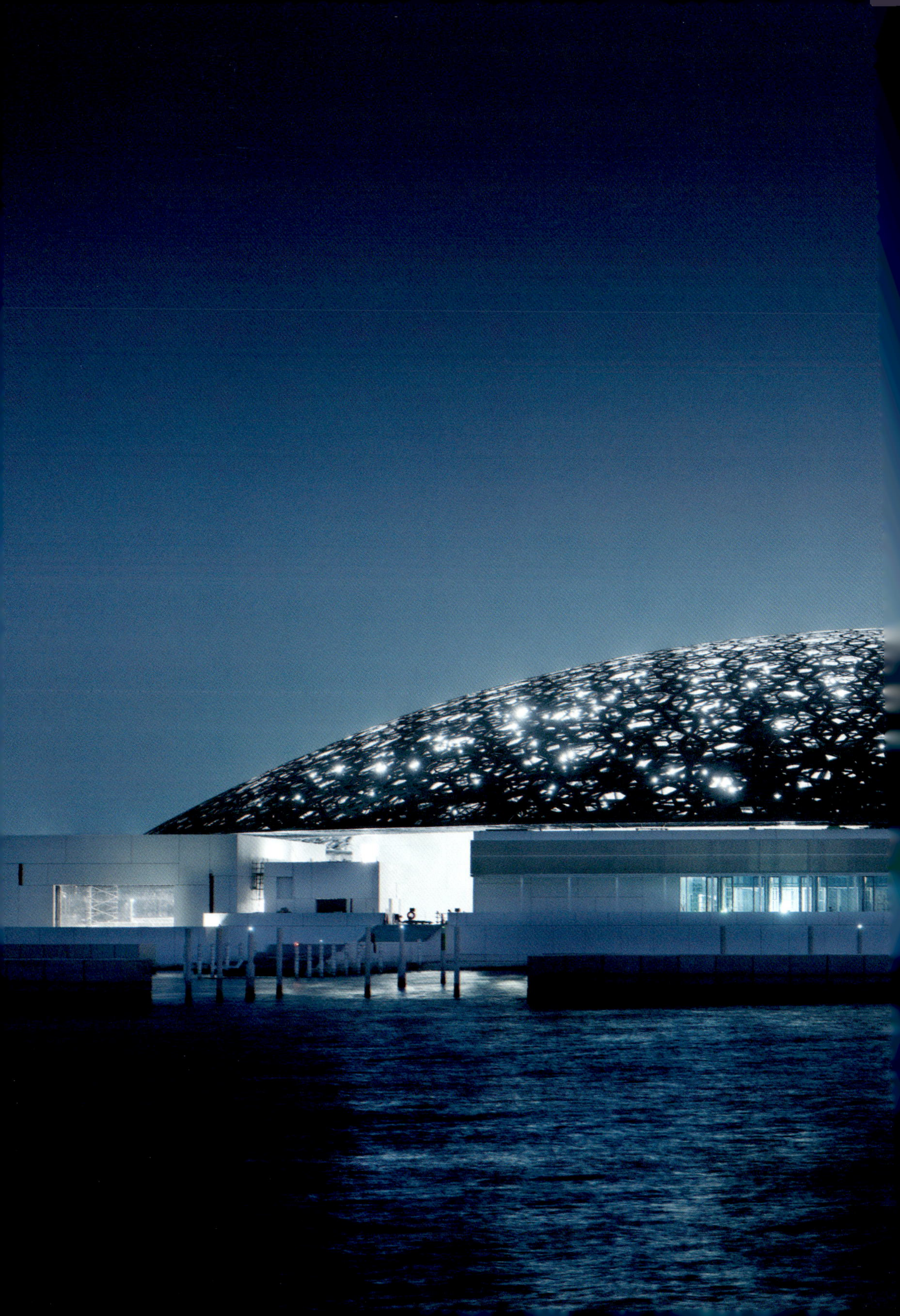

يتقدم متحف اللوفر أبوظبي بخالص الشكر لجميع الأشخاص والمؤسسات التي ساهمت في افتتاحه:

إدارة وموظفو دائرة الثقافة والسياحة

معالي محمد خليفة المبارك، الرئيس

سعادة سيف سعيد غباش، المدير العام

محمد الفريحات، المستشار القانوني العام

نوال الحساني، مديرة إدارة تقنية المعلومات

ريتا عون-عبده، المديرة التنفيذية لقطاع الثقافة

سعود الحوسني، المدير التنفيذي بالنيابة لقطاع دعم المؤسسات

ستيف كوبستايك، المدير التنفيذي بالنيابة لقطاع التسويق والاتصال

سلطان حمد الظاهري، المدير التنفيذي بالنيابة لقطاع السياحة

عبد العزيز محمد الحمادي، المدير التنفيذي بالنيابة السابق لقطاع دعم المؤسسات

عبد الله ماجد علي، عبد العزيز الخالدي، أحمد محمد الحوسني، علي أبو عامر، آمنة صخر سيف، أندري خالق، أنيتا، أوكونور روبرتس، أستريد روش، عائشة صالح الغايثي، سيلين بويات، دانا سيف المزروعي، دانيال سواريز، ديفيد بايليس، د. فواز هزاع أبو ستة، عيسى أحمد الشامسي، فيصل عبد الله الظاهري، فاطمة محمد الشامسي، فاطمة عباس ضيف، فاطمة عمر، فراس بردان، غيث محمد مفتاح، جورج كاليامفاكوس، غرانت دايسون، حمد حسين المرزوقي، حمد حسين سليمان المرزوقي، هاشم ناصر الكعبي، إبراهيم جعفر طوقان، إيمان السيد، إيروم صديقي، جاكلين سيت، جيمس ماثيوز، جاسم محمد الحبسي، جيتا سجيت، خالد الهاشمي، كيندا سليمان، لوسي فيندلي مها جاسم المنصوري، مريم عادل الزرعوني، مريم إسماعيل البلوشي، مريم خميس محمد سلطان، مريم موسى شافي ماري نوكوم، محمد أحمد الزعابي، محمد جمال، محمد جاسم الحوسني، مونيت ماري سعادة، مبارك الشامسي، نعمة عباس، نصرة البوعينين، نايف البوفلاسا، نسمة صابر محمود، نوره حارب المنصوري، أسامة الجمال، بيتر ماجي، رانيا كميل ناصر، ريم على النيادي، ريان نوربرت، رولا إسماعيل، سلمى المهيري، سعود عبد العزيز الحوسني، سعود الحارثي، شون جافاني، شمسه غانم السويدي، شريفة بن حريز، سوزانا ماركوس، وعد سيف الجابري، وليد سعيد السعيدي، وليد الحلاني، يسرا الحسن.

إدارة وموظفو متحف اللوفر أبوظبي

مانويل راباتي، مدير المتحف

حصة علي الظاهري، نائبة مدير المتحف

كاترين مونلوي فيليسيتيه، مديرة إدارة برامج إدارة التعليم والتواصل الثقافي

دوغلاس ماسوكو، مدير إدارة العمليات التقنية

جنيفر فرانسيس، مديرة إدارة التسويق والاتصال وخدمات الزوار

مروة ربيعي المنهالي، مديرة المالية والمشتريات

شيماء على السويدي، مديرة الموارد البشرية بالنيابة

أحمد الهاشمي، أحمد حسن البلوشي، إدوارد غنسن، أسامة عيد، أسماء بشرى أنور، آمنة الحمادي، آمنة عبيد الزعابي، آمنة راشد الزعابي، إيما كانتويل، أيمن السعدي، جميلة سالم التميمي، جنيفر كاسترو، جود محمد المرر، حمدان عامر الكثيري، خالد عبد الخالق عبد الله، رانا محمد الحمادي، رنا راشد الرميثي، سارة العقروبي، سارة محمد الجنيبي، سارة نون، سالم عبيد الغفلي، سالم أحمد المنهالي، سلمى ناصر، طارق بالي، عبد الله الهاشمي، عماد بطران، علياء زعل لوتاه، فاطمة توفيق الكرموستجي، فيرجينيا فينغا، فيصل بني مالك، كريستين ريغوروسو، لطيفة منذر الأزدي، لمياء النعيمي، ماجد أحمد الهشلي، مارال بيدويان، محمد بن عثمان زقر، محمد عمر البحري، محمد عبد الله المنصوري، مريم صالح الظاهري، مريم سالم الشاعر، منير محمد، موزة محمد البلوشي، ميترا بيرجاني، ميثاء أحمد آل نهيان، ميثاء سالم البوسعيدي، نجلاء عبيد بوسيت، نور غانم السويدي، نورة محمد المريخي، هناء الموسوي، هيرمالي سوتومايور.

وكالة متاحف فرنسا

مجلس الإدارة
مارك لادريت دو لاشريار، الرئيس
لورانس دي كار، رئيسة متحفا أورسيه والأورونجري
لورانس إنجل، رئيسة المكتبة الوطنية الفرنسية
كريستيان جياكوموتو، رئيس غيمار المالية
جون غيغينو، سفير فرنسا
سيلفي هوباك، رئيسة المؤسسة العامة لرابطة المتاحف الوطنية والقصر الكبير
سيرج لافينيو، رئيس مركز بومبيدو
صوفي مكاريو، رئيس المتحف الوطني للفنون الأسوية-غيميه
ستيفان مارتان، رئيس متحف رصيف برانلي-جاك شيراك
جون لوك مارتينيز، رئيس ومدير متحف اللوفر
كريم مطلب، مدير عام متحف اللوفر
ألبيرتو فيال، مستشار دبلوماسي، متحف اللوفر

المجلس العلمي
جون لوك مارتينيز، رئيس ومدير متحف اللوفر، ورئيس المجلس العلمي
لورانس دي كار، رئيسة متاحف أورسيه والأورونجري
كاترين شوفيو، مديرة متحف رودان
لورانس إنجل، رئيس المكتبة الوطنية الفرنسية
سيرج لافينيو، رئيس مركز بومبيدو
يانيك لينتز، مديرة قسم الفن الإسلامي، متحف اللوفر
صوفي مكاريو، رئيسة المتحف الوطني للفنون الأسيوية-غيميه
ستيفان مارتان، رئيس متحف رصيف برانلي-جاك شيراك
كاترين بيغار، رئيسة قصر فرساي
مريال بيك، مديرة قسم آثار الشرق الأدنى، متحف اللوفر
إليزابيت تابوري دولاهاي، مديرة متحف كلوني -
المتحف الوطني للعصور الوسطى

ممثلون عن وزارة الثقافة ووزارة الشؤون الخارجية ووزارة الاقتصاد
ماري كريستين لابورديت، مديرة المتاحف الفرنسية، وزارة الثقافة
لورانس أوير، مديرة التعاون الثقافي والجامعات
والبحوث، وزارة الشؤون الخارجية
مونيك شوارتز أوتيسي، مدققة حسابات المالية والاقتصاد، وزارة الاقتصاد
إيليز لونغيه، سكرتيرة المجلس
إيريك لوفافر، مدقق الحسابات

إدارة وموظفو وكالة متاحف فرنسا
آن ماني هورن، الرئيسة التنفيذية
ماري آن جينو، نائبة الرئيسة التنفيذية
جون فرانسوا شارنييه، المدير العلمي
جون فالير أريفون، مدير الشؤون الهندسية والتقنية
غيلهيم أندريه، أدريان برتيلو، جوفري بيرتي، أوغو برتوني، خديجة بالصّغير،
دافني بلوي، دافني بواسوني، مارين بوتون، أوليفيا بورا، جون-ميشيل

كاريه، كاتيا كارتاشيف، أليكس كاتوار، جون-فرانسوا شارنير، آن كورون،
ناومي دوسي، أوليفيا ديفيدسون، لويز ديليستر، مي دريس، سونيا إيمري،
أشلي غاو، سيلين جنين، ماري جينو، إستل غيفيل، آن هوغيل، إيناس
جبران، لور جاردري، أمين خرشاش، ماري نيدلر، أنابيل لاكور، سارة
لاموت، فيليب لي، سارة ليسيرارد، نيكولا لوسير، جون-غابرييل ليتورك،
ميلا ماكاتانغاي، فلور مالونغا، إليزابيث ماراتي، آن مارينج، بيرانجير
ميلات، بول موراني، ثريا نجيم، كاترين أوريول، إمانويل أوري، سيبال
باناجيوتو، أنايس بول، لويك برات، أدريان راها، أليس ريفولي، تهذيب
ساندو، نيكول شميد، جولييت سينجير، ماتيو ثينوز، أورور تيسيراند.

إدارة وموظفو شركة التطوير والاستثمار السياحي
سفيان حسن المرزوقي، الرئيس التنفيذي
سكوت ماكينس، مدير إدارة التسليم
غسان مايو، مدير إدارة الشؤون التجارية
جاسم الحمادي، مدير إدارة البنية الأساسية
لي كاندالافت، نائب المدير
فاطمة بالفقيه، مديرة إدارة المشتريات بالنيابة
أحمد المرزوقي، جورج جون، جاستين ميك، خلود العلي،
ستيفن كنيدي، تيزا سوليدوم، وفاء قريشي

الهندسة المعمارية وتنظيم المتاحف
مكاتب جون نوفيل
جون نوفيل، مهندس معماري
هالا ورده، مهندسة شريكة
مدراء المشروع
جون فرانسوا بورديت، أثينا فاروت، دامين فاروت،
فريديريك إمبارت، صابرينا ليتورنور، أنا أوغوليني
المستشارون
تنظيم المتاحف: رينو بيرارد
تصميم اللافتات والرسوم: فيليب أبيلوغ
الإضاءة: 18' 8' " - جورج بيرن
تصميم المشاهد: داكس سينو - ميشال كوفا

حقوق الصور: © استوديو أي ويوي: ص. 353 ◊ © وكالة التصوير التابعة لمتحف رودان - جيروم مانوكيان: الصورة رقم 3 ص. 309 ◊ © اللوفر أبوظبي - APF - ص. 29 (أعلى)، 78 (تفاصيل)، 102، 103، 150، 151، 204 (تفاصيل)، 246 (تفاصيل)، 286، 287، 355، الصورة رقم 1 ص. 98، الصورة رقم 1 ص. 130، الصورة رقم 3 ص. 131، الصورة رقم 4، 5 ص. 132، الصورة رقم 6، 7 ص. 133، الصورة رقم 4 ص. 137، الصورة رقم 1 ص. 154، الصورة رقم 5 ص. 181، الصورة رقم 1 ص. 182، الصورة رقم 5 ص. 192، الصورة رقم 1 ص. 194، الصورة رقم 2 ص. 206، الصورة رقم 4، 5 ص. 207، الصورة رقم 2 ص. 217، الصورة رقم 3، 4، 5 ص. 221، الصورة رقم 2 ص. 225، الصورة رقم 1 ص. 226، الصورة رقم 1 ص. 230، الصورة رقم 4 ص. 231، الصورة رقم 1 ص. 232، الصورة رقم 3 ص. 234، الصورة رقم 5 ص. 235، ص. 1 ص. 249، الصورة رقم 4 ص. 250، الصورة رقم 6 ص. 255، الصورة رقم 1 ص. 258، الصورة رقم 3 ص. 259، الصورة رقم 4 ص. 260، الصورة رقم 5، 6 ص. 261، الصورة رقم 1 ص. 270، الصورة رقم 1 ص. 276، الصورة رقم 2 ص. 277، الصورة رقم 1 ص. 278، الصورة رقم 2، 3، 4 ص. 279، الصورة رقم 1 ص. 280، الصورة رقم 2 ص. 281، الصورة رقم 4 ص. 291، الصورة رقم 2، 4 ص. 293، الصورة رقم 1، 2 ص. 294، الصورة رقم 3، 4 ص. 295، الصورة رقم 1 ص. 296، الصورة رقم 2، 3، 4 ص. 297، الصورة رقم 1 ص. 298، الصورة رقم 2 ص. 299، الصورة رقم 4 ص. 301، الصورة رقم 6، 7، 8 ص. 303، الصورة رقم 1 ص. 316، الصورة رقم 2، 3، 4 ص. 317، الصورة رقم 1 ص. 318، الصورة رقم 3 ص. 323، الصورة رقم 1، 2 ص. 324، الصورة رقم 3 ص. 327، الصورة رقم 3 ص. 333، الصورة رقم 1، 2 ص. 338 ◊ © متحف اللوفر أبوظبي - هيرفيه ليفادوفسكي: ص. 19، 160-161، 172، 173، الصورة رقم 1، 2 ص. 180، الصورة رقم 6، 7 ص. 193، الصورة رقم 2 ص. 249، الصورة رقم 2، 3 ص. 265، الصورة رقم 1، 2، 3 ص. 328، الصورة رقم 5 ص. 329، الصورة رقم 4 ص. 333، الصورة رقم 2، 3 ص. 347، الصورة رقم 1 ص. 348 ◊ © متحف اللوفر أبوظبي - جون لويس بيلورجيت: الصورة رقم 1 ص. 346 ◊ © متحف اللوفر أبوظبي - ثييري أوليفيير: الغلاف، ص. 24 (أسفل على الجانب الأيسر)، 25 (على الجانب الأيمن) 28 (أعلى على الجانب الأيسر والجهة اليمنى)، 30، 31 (أعلى في الوسط)، 32، 36 (تفاصيل)، 40، 41، 46 (تفاصيل)، 62، 63، 72، 73، 82، 83، 106، 107، 128، 129، 134 (تفاصيل)، 166، 167، 188 (تفاصيل)، 200، 201، 238، 239، 244، 245، 256، 257، الصورة رقم 2 ص. 38، الصورة رقم 4، 5 ص. 39، الصورة رقم 1 ص. 42، الصورة رقم 5 ص. 43، الصورة رقم 2 ص. 45، الصورة رقم 3، 4 ص. 51، الصورة رقم 1 ص. 56، الصورة رقم 2 ص. 57، الصورة رقم 1 ص. 58، الصورة رقم 3 ص. 59، الصورة رقم 4، 5 ص. 60، الصورة رقم 2، 3 ص. 65، الصورة رقم 2 ص. 67، الصورة رقم 1 ص. 80، الصورة رقم 3، 4 ص. 81، الصورة رقم 3 ص. 87، الصورة رقم 2 ص. 91، الصورة رقم 1 ص. 92، الصورة رقم 3 ص. 93، الصورة رقم 3 ص. 99، الصورة رقم 3 ص. 113، الصورة رقم 2 ص. 119، الصورة رقم 1 ص. 120، الصورة رقم 3 ص. 123، الصورة رقم 5 ص. 124، الصورة رقم 6 ص. 125، الصورة رقم 2، 3، 4 ص. 127، الصورة رقم 2 ص. 131، الصورة رقم 1 ص. 136، الصورة رقم 2 ص. 138، الصورة رقم 3 ص. 139، الصورة رقم 1 ص. 140، الصورة رقم 4 ص. 141، الصورة رقم 7 ص. 145، الصورة رقم 2 ص. 146، الصورة رقم 4 ص. 147، الصورة رقم 3 ص. 149، الصورة رقم 2 ص. 152، الصورة رقم 3، 4، 5 ص. 153، الصورة رقم 4 ص. 155، الصورة رقم 2 ص. 169، الصورة رقم 1 ص. 176، الصورة رقم 5 ص. 178، الصورة رقم 7 ص. 179، الصورة رقم 2 ص. 183، الصورة رقم 3 ص. 191، الصورة رقم 4 ص. 196، الصورة رقم 2 ص. 198، الصورة رقم 5 ص. 199، الصورة رقم 1 ص. 210، الصورة رقم 3 ص. 211، الصورة رقم 1 ص. 216، الصورة رقم 2 ص. 227، الصورة رقم 1 ص. 228، الصورة رقم 4 ص. 229، الصورة رقم 2، 3 ص. 231، الصورة رقم 4 ص. 234، الصورة رقم 6 ص. 235، الصورة رقم 3 ص. 237، الصورة رقم 3 ص. 241، الصورة رقم 1 ص. 242، الصورة رقم 3، 4، 5، 6، 7، ص. 243، الصورة رقم 4 ص. 254، الصورة رقم 2، 3، 4 ص. 259، الصورة رقم 5 ص. 263، الصورة رقم 5، 6 ص. 269، الصورة رقم 3 ص. 289، الصورة رقم 2، 3 ص. 291، الصورة رقم 2 ص. 302، الصورة رقم 4، 5 ص. 303، الصورة رقم 3 ص. 305، الصورة رقم 1 ص. 306، الصورة رقم 3 ص. 319، الصورة رقم 2 ص. 327، الصورة رقم 1 ص. 332، الصورة رقم 3 ص. 339 ◊ © شركة نوميسماتيكا جينيفينسيس اس.ئي: الصورة رقم 6 ص. 76، الصورة رقم 11 ص. 77 ◊ © مع الموافقة الكريمة من لوكسومبورغ آند دايان: الصورة رقم 1 ص. 322، ◊ © مع الموافقة الكريمة من شركة برودنس كامينغ آسوشيتيس ليمتد، لندن: الصورة رقم 2 ص. 241 ◊ © مع الموافقة الكريمة للفنان، الصورة رقم 1 ص. 350 ◊ © الصور الفوتوغرافية ل "فيو & سي": الصورة رقم 2 ص. 319 ◊ © الحقوق محفوظة: ص. 26 (أسفل)، 88، 89 ◊ © كوجنهايم أبوظبي: الصورة رقم 3، 4 ص. 343، الصورة رقم 3 ص. 351 ◊ © إدارة الآثار الأردنية: الصورة رقم 1 ص. 38 ◊ © مجموعة صور دائرة الثقافة والسياحة - أبوظبي: الصورة رقم 4 ص. 45، الصورة رقم 4 ص. 121 ◊ © متحف العين الصورة رقم 3، 4، 55، الصورة رقم 9 ص. 77 ◊ © متحف رأس الخيمة الوطني: الصورة رقم 3 ص. 71 ◊ © متحف زايد الوطني: الصورة رقم 2 ص. 262 ◊ © 2011 لوبستر فيلمز/ فونداسيون جروباما جان بور لو سينما / فونداسيون تيكنيكولور بور لو باتريموان دي سينما: الصورة رقم 4 ص. 315 ◊ © لوبستر فيلمز: الصورة رقم 2 ص. 314، الصورة رقم 5 ص. 315 ◊ © المكتبة الوطنية الفرنسية في باريس: الصورة رقم 1 ص. 70، الصورة رقم 1 ص. 74، الصورة رقم 2، 3، 4، 5 ص. 75، الصورة رقم 7، 8، 10 ص. 77، الصورة رقم 1 ص. 96، الصورة رقم 2 ص. 112، الصورة رقم 9 ص. 133، الصورة رقم 2 ص. 149، الصورة رقم 1 ص. 164، الصورة رقم 5 ص. 165، الصورة رقم 1 ص. 170، الصورة رقم 1 ص. 181، الصورة رقم 1 ص. 190، الصورة رقم 2 ص. 191، الصورة رقم 2 ص. 192، الصورة رقم 2 ص. 195، الصورة رقم 5، 6 ص. 197، الصورة رقم 4 ص. 209، الصورة رقم 1 ص. 264، الصورة رقم 1 ص. 266، الصورة رقم 3، 4 ص. 267 ◊ © المكتبة الوطنية الفرنسية، توزيع. رابطة المتاحف الوطنية -القصر الكبير/ صورة المكتبة الوطنية الفرنسية: الصورة رقم 2 ص. 266، الصورة رقم 3 ص. 277 ◊ © معهد لوميير: الصورة رقم 1 ص. 314، الصورة رقم 3 ص. 315 ◊ © باريس، متحف الفنون الزخرفية، - جون بول لوكليرك: الصورة رقم 5 ص. 255 ◊ © باريس، متحف الفنون الزخرفية، - جون ثولانص: الصورة رقم 3 ص. 147، الصورة رقم 3 ص. 253 ◊ © مركز جورج بومبيدو، المتحف الوطني للفن المعاصر-سي.آي، توزيع رابطة المتاحف الوطنية - القصر الكبير - بيرتراند بريفوست: الصورة رقم 1 ص. 342 ◊ © مركز جورج بومبيدو، المتحف الوطني للفن المعاصر-سي.آي، توزيع رابطة المتاحف الوطنية - القصر الكبير / الحقوق محفوظة: الصورة رقم 2 ص. 321، الصورة رقم 2 ص. 323، الصورة رقم 3 ص. 325، الصورة رقم 4 ص. 329، الصورة رقم 2 ص. 335، الصورة رقم 1 ص. 341 ◊ © مركز جورج بومبيدو، المتحف الوطني للفن المعاصر-سي.آي، توزيع رابطة المتاحف الوطنية - القصر الكبير - صورة مركز بومبيدو المتحف الوطني للفن المعاصر-سي.آي، الصورة رقم 1 ص. 334، الصورة رقم 4 ص. 347 ◊ © مركز جورج بومبيدو، المتحف الوطني للفن المعاصر - القصر الكبير - فيليب ميجيت: الصورة رقم 2 ص. 313 ◊ © مركز جورج بومبيدو، المتحف الوطني للفن المعاصر-سي.آي، توزيع رابطة المتاحف الوطنية - القصر الكبير - فيليب ميجيت: الصورة رقم 1 ص. 320، الصورة رقم 4 ص. 325، الصورة رقم 1 ص. 326، ص. 330-331، الصورة رقم 3 ص. 337، الصورة رقم 2 ص. 341 ◊ © مركز جورج بومبيدو، المتحف الوطني للفن المعاصر-سي.آي، توزيع رابطة المتاحف الوطنية - القصر الكبير - جورج ميغيرديتشيان: ص. 310 (تفاصيل)، الصورة رقم 2 ص. 333، الصورة رقم 2، 3 ص. 349 ◊ © مركز جورج بومبيدو، المتحف الوطني للفن المعاصر-سي.آي، توزيع رابطة المتاحف الوطنية - القصر الكبير - جون كلود بلونشي: الصورة رقم 2 ص. 325 ◊ © المتحف الوطني للفن المعاصر-سي.آي، توزيع رابطة المتاحف الوطنية - القصر الكبير - أدم رزيكا: الصورة رقم 1 ص. 336، الصورة رقم 2 ص. 313 ◊ © متحف أورساي، توزيع رابطة المتاحف الوطنية - القصر الكبير - باتريس شميدت: الصورة رقم 2 ص. 283، الصورة رقم 1 ص. 288، الصورة رقم 1 ص. 292 ◊ © متحف اللوفر توزيع رابطة المتاحف الوطنية - القصر الكبير: الصورة رقم 1 ص. 48، الصورة رقم 3 ص. 217 ◊ © متحف اللوفر توزيع رابطة المتاحف الوطنية - القصر الكبير - هاري بريجيت: ص. 29 (أسفل على الجانب الأيمن) ◊ © متحف اللوفر توزيع رابطة المتاحف الوطنية - القصر

الكبير - مارتين بيك - كوبولا: الصورة رقم 3 ص. 199 ◊ ◎ متحف اللوفر توزيع رابطة المتاحف الوطنية - القصر الكبير - كريستيان ديكامب: ص. 33 (الجهة اليمنى)، الصورة رقم 6 ص 43، الصورة رقم 2 ص. 51، الصورة رقم 6 ص. 53 ◊ ◎ متحف اللوفر توزيع رابطة المتاحف الوطنية - القصر الكبير - هيوز ديبوا: الصورة رقم 1 ص. 174 ◊ ◎ متحف اللوفر توزيع رابطة المتاحف الوطنية - القصر الكبير - دانيال لوبي، كارين ديامبروسيس: ص. 28 (أسفل)، الصورة رقم 2 ص. 85 ◊ ◎ متحف اللوفر توزيع رابطة المتاحف الوطنية - القصر الكبير - هيرفيه ليفاندوفسكي: ص. 27 (الوسط)، ص. 116 (تفاصيل)، الصورة رقم 3 ص. 119، الصورة رقم 5 ص. 121، الصورة رقم 2 ص. 211 ◊ ◎ متحف اللوفر توزيع رابطة المتاحف الوطنية - القصر الكبير - الإخوة شوزفيل: الصورة رقم 1 ص. 84 ◊ ◎ متحف اللوفر توزيع رابطة المتاحف الوطنية - القصر الكبير - ثيري أوليفيير: ص. 27 (أعلى على الجانب الأيمن)، الصورة رقم 6 ص. 39، الصورة رقم 2 ص. 80، الصورة رقم 2 ص. 98، الصورة رقم 5 ص. 100-101 ◊ ◎ متحف اللوفر توزيع رابطة المتاحف الوطنية - القصر الكبير - بيير فيليبيرت: الصورة رقم 6 ص. 212-213 ◊ ◎ متحف اللوفر توزيع رابطة المتاحف الوطنية - القصر الكبير - جورج بونسي: الصورة رقم 2، ص. 49، الصورة رقم 2 ص. 59 ◊ ◎ متحف اللوفر توزيع رابطة المتاحف الوطنية - القصر الكبير - كلير تباغ، مجموعات صور رقمية: ص. 33 (على الجانب الأيسر) ◊ ◎ متحف اللوفر توزيع رابطة المتاحف الوطنية - القصر الكبير - بنيامين سوليني، رفائيل شيبولت: الصورة رقم 3 ص. 155، الصورة رقم 1 ص. 206 ◊ ◎ متحف برانلي، توزيع رابطة المتاحف الوطنية - القصر الكبير/ صورة متحف برانلي - جاك شيرام: الصورة رقم 5 ص. 187 ◊ ◎ متحف برانلي، توزيع رابطة المتاحف الوطنية - القصر الكبير/ صورة متحف برانلي - جاك شيراك: الصورة رقم 2، ص. 109، الصورة رقم 2، 3، 4 ص. 185 ◊ ◎ متحف برانلي، توزيع رابطة المتاحف الوطنية - القصر الكبير - ليو ديلافونتين: الصورة رقم 2 ص. 305 ◊ ◎ متحف برانلي، توزيع رابطة المتاحف الوطنية - القصر الكبير - باتريك جريز، برونو ديكوني: الصورة رقم 1 ص. 312 ◊ ◎ متحف برانلي، توزيع رابطة المتاحف الوطنية - القصر الكبير - باتريك جري، برونو ديكون: الصورة رقم 1 ص. 108، الصورة رقم 2 ص. 307 ◊ ◎ متحف برانلي، توزيع رابطة المتاحف الوطنية - القصر الكبير - كلود جيرمان: الصورة رقم 5 ص. 185، الصورة رقم 2 ص. 186، الصورة رقم 3، 4 ص. 187، الصورة رقم 4 ص. 199، الصورة رقم 3 ص. 229، الصورة رقم 4 ص. 305، الصورة رقم 3 ص. 307، الصورة رقم 3 ص. 335 ◊ ◎ متحف برانلي، توزيع رابطة المتاحف الوطنية - القصر الكبير - باتريك جري: الصورة رقم 1 ص. 186 ◊ ◎ متحف برانلي، توزيع رابطة المتاحف الوطنية - القصر الكبير - دانييل بونسارد: الصورة رقم 2 ص. 120، الصورة رقم 1، 2 ص. 122، الصورة رقم 1 ص. 184 ◊ ◎ متحف برانلي، توزيع رابطة المتاحف الوطنية - القصر الكبير - باتريك جري، فاليري توري: الصورة رقم 3 ص. 39، الصورة رقم 1 ص. 304 ◊ ◎ متحف برانلي، توزيع رابطة المتاحف الوطنية - القصر الكبير - ميشيل اورتادو، ثيري أوليفيير: ص. 344 (تفاصيل)، الصورة رقم 1 ص. 351 ◊ ◎ متحف برانلي، توزيع رابطة المتاحف الوطنية - القصر الكبير - ميشيل اورتادو، ثيري أوليفيير: ص. 25 (أسفل)، الصورة رقم 2 ص. 95، الصورة رقم 6 ص. 121، الصورة رقم 1 ص. 198، ص. 222 (تفاصيل)، الصورة رقم 2 ص. 229 ◊ ◎ متحف غيميه، باريس، توزيع رابطة المتاحف الوطنية - القصر الكبير - صورة متحف غيميه: الصورة رقم 1 ص. 110، الصورة رقم 1 ص. 302 ◊ ◎ متحف غيميه، باريس، توزيع رابطة المتاحف الوطنية - القصر الكبير - صورة متحف غيميه: الصورة رقم 1 ص. 44، الصورة رقم 5 ص. 111، الصورة رقم 1 ص. 156، الصورة رقم 3 ص. 157، الصورة رقم 4 ص. 158، الصورة رقم 1 ص. 252، الصورة رقم 3 ص. 293 ◊ ◎ متحف غيميه، باريس، توزيع رابطة المتاحف الوطنية - القصر الكبير - جون ميشيل روثييه: الصورة رقم 1 ص. 68، الصورة رقم 2، 3، 4 ص. 69 ◊ ◎ متحف غيميه، باريس، توزيع رابطة المتاحف الوطنية - القصر الكبير - جيسلين فانيست: الصورة رقم 1 ص. 236 ◊ ◎ رابطة المتاحف الوطنية - القصر الكبير (قصر فيرساي) - جيرارد بلوت: الصورة رقم 3 ص. 225 ◊ ◎ قصر فيرساي، توزيع رابطة المتاحف الوطنية - القصر الكبير - كريستوف فوان: الصورة رقم 4 ص. 225 ◊ ◎ قصر فيرساي، توزيع رابطة المتاحف الوطنية - القصر الكبير - كريستوف فوان: الصورة رقم 3 ص. 227 ◊ ◎

رابطة المتاحف الوطنية - القصر الكبير (قصر فيرساي) - فرانك رو: الصورة رقم 6 ص. 251 ◎ ثوماس جارنيي ي.بي.ڤي: الصورة رقم 2 ص. 271 ◊ ◎ رابطة المتاحف الوطنية - القصر الكبير (قصر فونتينبلو(- أدريان ديديرجون: ص. 214، 215 ◊ ◎ رابطة المتاحف الوطنية - القصر الكبير (ليموج، مدينة الخزف) - جون - جيل بيريزي: الصورة رقم 1 ص. 220 ◊ ◎ رابطة المتاحف الوطنية - القصر الكبير (المتحف الوطني للآثار) - جون جيل بيريزي: الصورة رقم 2 ص. 43 ◊ ◎ رابطة المتاحف الوطنية - القصر الكبير (المتحف الوطني للآثار) - فالوري غو: الصورة رقم 4 ص. 43، الصورة رقم 5 ص. 65 ◊ ◎ رابطة المتاحف الوطني - القصر الكبير (المتحف الوطني للآثار) - فرانك رو: ص. 24 (أعلى)، الصورة رقم 1 ص. 64، الصورة رقم 4 ص. 65، الصورة رقم 2 ص. 71 ◊ ◎ رابطة المتاحف الوطنية - القصر الكبير (متحف أورساي) - الحقوق محفوظة: الصورة رقم 2 ص. 301 ◊ ◎ رابطة المتاحف الوطنية - القصر الكبير (متحف أورساي) - كريستيان جون: ص. 274 (تفاصيل)، الصورة رقم 3 ص. 283 ◊ ◎ رابطة المتاحف الوطنية - القصر الكبير متحف أورساي) - هيرفيه ليفاندوفسكي: الصورة رقم 1 ص. 282، الصورة رقم 1 ص. 284، الصورة رقم 2، 3، 4 ص. 285، الصورة رقم 2 ص. 289، الصورة رقم 1 ص. 300، الصورة رقم 3 ص. 301، الصورة رقم 3 ص. 302 ◊ ◎ رابطة المتاحف الوطنية - القصر الكبير (متحف دي لا اورانجيريه) - جون ديل بيريزي: الصورة رقم 3 ص. 281 ◊ ◎ رابطة المتاحف الوطنية - القصر الكبير (متحف أورساي)- جون - بيير ليجيفسكي: الصورة رقم 1 ص. 290 ◊ ◎ رابطة المتاحف الوطنية - القصر الكبير (متحف أورساي)- جون شورمانز: الصورة رقم 4 ص. 289 ◊ ◎ رابطة المتاحف الوطنية - القصر الكبير - المتحف الوطني للعصور الوسطى) - جون جيل بيريزي: الصورة رقم 6 ص. 158، الصورة رقم 4 ص. 171 ◊ ◎ رابطة المتاحف الوطنية - القصر الكبير (متحف كلاني - المتحف الوطني للعصور الوسطى) - جرارد بلوت، كريستيان جون: الصورة رقم 7 ص. 159، الصورة رقم 2 ص. 177 ◊ ◎ رابطة المتاحف الوطنية - القصر الكبير (متحف كلاني - المتحف الوطني للعصور الوسطى) - جون لوك مايبت: ص. 31 (أسفل على الجانب الأيمن)، الصورة رقم 3 ص. 171، الصورة رقم 6 ص. 179 ◊ ◎ رابطة المتاحف الوطنية - القصر الكبير (متحف كلاني - المتحف الوطني للعصور الوسطى) - ثييري أوليفيير: الصورة رقم 1 ص. 126 ◊ ◎ رابطة المتاحف الوطنية - القصر الكبير (متحف كلاني - المتحف الوطني للعصور الوسطى) - فرانك رو: الصورة رقم 2 ص. 154، الصورة رقم 8 ص. 159، الصورة رقم 8 ص. 179 ◊ ◎ رابطة المتاحف الوطنية - القصر الكبير (متحف كلوني-المتحف الوطني للعصور الوسطى) - ميشال أرتادو: الصورة رقم 3 ص. 121، الصورة رقم 3 ص. 175 ◊ ◎ رابطة المتاحف الوطنية - القصر الكبير (متحف برانلي -جاك شيراك) - دانيال أرنودي: الصورة رقم 3 ص. 95 ◊ ◎ رابطة المتاحف الوطنية - القصر الكبير (متحف اللوفر) - دانيال أرنودي: الصورة رقم 4 ص. 175، الصورة رقم 1 ص. 224 ◊ ◎ رابطة المتاحف الوطنية - القصر الكبير (متحف اللوفر) - جون-جيل باريزي: الصورة رقم 1 ص. 142، الصورة رقم 6 ص. 155، الصورة رقم 4 ص. 178، الصورة رقم 3 ص. 183، الصورة رقم 4 ص. 237، الصورة رقم 3 ص. 250، الصورة رقم 7 ص. 251 ◊ ◎ رابطة المتاحف الوطنية - القصر الكبير (متحف اللوفر) - جيرار بلوط: الصورة رقم 3 ص. 177، الصورة رقم 4 ص. 217 ◊ ◎ رابطة المتاحف الوطنية - القصر الكبير (متحف اللوفر) - مارتين بيك-كوبولا: الصورة رقم 1 ص. 104، الصورة رقم 1 ص. 105 (على الجانب الأيمن) ◊ ◎ رابطة المتاحف الوطنية - القصر الكبير (متحف اللوفر) - أدريان ديديرجون: الصورة رقم 1 ص. 148، الصور من رقم 1 إلى رقم 4 ص. 268 ◊ ◎ رابطة المتاحف الوطنية - القصر الكبير (متحف اللوفر) - جيروم غالار: الصورة رقم 1 ص. 54 ◊ ◎ رابطة المتاحف الوطنية - القصر الكبير (متحف اللوفر) - دانيال ليبي: الصورة رقم 5 ص. 52 ◊ ◎ رابطة المتاحف الوطنية - القصر الكبير (متحف اللوفر) - هرفيه ليفاندوفسكي: ص. 26 أعلى الجانب الأيسر، الصورة رقم 6 ص. 61، الصورة رقم 3 ص. 85، الصورة رقم 2 ص. 90، الصورة رقم 2 ص. 93، الصورة رقم 1 ص. 94، الصورة رقم 2 ص. 97، الصورة رقم 4 ص. 100-101، الصورة رقم 5 ص. 143، ص. 162 (تفاصيل)، الصورة رقم 1 ص. 168، الصورة رقم 5 ص. 212-213 ◊ ◎ رابطة المتاحف الوطنية - القصر الكبير (متحف اللوفر) - ستيفان ماريشال: الصورة رقم 1 ص. 105 الجانب الأيسر، الصورة رقم

3 ص. 209، الصورة 2 ص. 233، الصورة رقم 1 ص. 240 ◊ © رابطة المتاحف الوطنية - القصر الكبير (متحف اللوفر) - رينيه-غابريال أوجيدة: الصورة رقم 4 ص. 124، الصورة رقم 3 ص. 195 ◊ © رابطة المتاحف الوطنية - القصر الكبير (متحف اللوفر) - فرانك رو، رينيه-غابريال أوجيدة: الصورة رقم 6 ص. 269 ◊ © رابطة المتاحف الوطنية - القصر الكبير (متحف اللوفر) - ثيري أوليفيير: الصورة رقم 1 ص. 268 ◊ © رابطة المتاحف الوطنية - القصر الكبير (متحف اللوفر) - ماتيو رابو: الصورة رقم 3 ص. 45، الصورة رقم 1 ص. 50، الصورة رقم 3 ص. 67، الصورة رقم 1 ص. 86 ◊ © رابطة المتاحف الوطنية - القصر الكبير (متحف اللوفر) - فرانك رو: ص. 25 أعلى الجانب الأيسر، ص. 26 على الجانب الأيمن، ص. 27 أعلى، الصورة رقم 2 ص. 55، الصورة رقم 7 ص. 61، الصورة رقم 1 ص. 66، الصورة رقم 1 ص. 112، الصورة رقم 3، 4 ص. 165، الصورة رقم 2 ص. 209 ◊ © رابطة المتاحف الوطنية - القصر الكبير (متحف غيميه بباريس) - ماتيو رافو: الصورة رقم 8 ص. 133 ◊ © رابطة المتاحف الوطنية - القصر الكبير (متحف اللوفر) - كريستيان جون: الصورة رقم 2 ص. 164 ◊ © رابطة المتاحف الوطنية - القصر الكبير (متحف اللوفر) - دجين شورمان: الصورة رقم 1 ص. 118 ◊ © رابطة المتاحف الوطنية - القصر الكبير (متحف اللوفر) - طوني كيراك: الصورة رقم 3 ص. 207، الصورة رقم 5 ص. 250 ◊ © رابطة المتاحف الوطنية - القصر الكبير (متحف اللوفر) - ميشال أورتادو: ص. 218، الصورة رقم 2 ص. 219 ◊ © رابطة المتاحف الوطنية - القصر الكبير (متحف اللوفر) - كريستيان جون، دجين شورمان: الصورة رقم 2، 3 ص. 105 ◊ © رابطة المتاحف الوطنية - القصر الكبير (متحف غيميه بباريس) - دانيال آرنودي: الصورة رقم 3 ص. 143، الصورة رقم 1 ص. 262 ◊ © رابطة المتاحف الوطنية - القصر الكبير (متحف غيميه بباريس) - جون-جيل باريزي: الصورة رقم 2 ص. 253 ◊ © رابطة المتاحف الوطنية - القصر الكبير (متحف غيميه بباريس) - ريشارد لامبيرت: الصورة رقم 3 ص. 43، الصورة رقم 4 ص. 49، الصورة رقم 4 ص. 111، الصورة رقم 5 ص. 143، الصورة رقم 1 ص. 146، الصورة رقم 5 ص. 155 ◊ © رابطة المتاحف الوطنية - القصر الكبير (متحف غيميه بباريس) - ثيري أوليفيير: ص. 27 أسفل، الصورة رقم 2 ص. 87، الصورة رقم 3 ص. 111، الصورة رقم 7 ص. 125، الصورة رقم 2 ص. 137، الصورة رقم 1 ص. 138، الصورة رقم 4، 5 ص. 139، الصورة رقم 2، 3 ص. 141، الصورة رقم 6 ص. 144، الصورة رقم 5 ص. 147، الصورة رقم 5 ص. 158، الصورة رقم 4 ص. 211، الصورة رقم 2 ص. 237 ◊ © رابطة المتاحف الوطنية - القصر الكبير (متحف غيميه بباريس) - ماتيو رابو: الصورة رقم 4 ص. 71، الصورة رقم 2 ص. 110، الصورة رقم 3 ص. 137 ◊ © رابطة المتاحف الوطنية - القصر الكبير (متحف غيميه بباريس) - ميشال أورتادو: الصورة رقم 2 ص. 156 ◊ © رابطة المتاحف الوطنية - القصر الكبير (سيفار، مدينة الخزف) - مارتين بيك-كوبولا: الصورة رقم 1 ص. 142، الصورة رقم 2 ص. 152، الصورة رقم 2 ص. 171، الصورة رقم 2 ص. 175، الصورة رقم 2 ص. 242 ◊ © رابطة المتاحف الوطنية - القصر الكبير (سيفار، مدينة الخزف) - ثيري أوليفيير: الصورة رقم 7 ص. 295 ◊ © متحف رودان بباريس-كريستيان باراجا: آدم رزيكا: الصورة رقم 2 ص. 308 ◊ © متحف رودان بباريس-آنجيل داكيي: الصورة رقم 1 ص. 308، الصورة رقم 5 ص. 309 ◊ © متحف رودان بباريس-آدم رزيكا: الصورة رقم 4 ص. 309 ◊ © الهيئة العامة للسياحة والتراث الوطني: ص. 24 أسفل الجانب الأيمن ◊ © مكتبة إي تي آتش زوريخ، ألتي آند سالتان دروك: الصورة رقم 1 ص. 208 ◊ © هيئة أبوظبي للسياحة والثقافة-فاطمة الشامسي، مهندس معماري: جون نوفيل: الغلاف، ص. 360، 370، 375-374، 378 ◊ © أرشيف بينون: الصورة رقم 2، 3 ص. 359 ◊ © فاكتوم آرت: الصورة رقم 1 ص. 356، الصورة رقم 3 ص. 357 ◊ © متحف اللوفر أبوظبي: الصورة رقم 1 ص. 357 ◊ © متحف اللوفر أبوظبي - ماجد الحشلي - محمد صمجي: ص. 368-369، 376-377، 381، 382-383، 384-385 ◊ © غيساب بينون، مهندس معماري: جون نوفيل: الصورة رقم 1 ص. 358 ◊ © شركة التطوير والاستثمار السياحي (TDIC)، مهندس معماري: جون نوفيل: ص. 362، 365-364، 367-366، 373-372

حقوق الطبع © جوزيف آلبار، الجمعية الإيطالية للمؤلفين والناشرين 2018: الصورة رقم 1، 2، 3 ص. 328 ◊ © المهندس المعماري: جون نوفيل: خلفية الغلاف ص. 22-33، 20، 34-35، 114-115، 202-203، 272-273، الصورة رقم 3 ص. 356، الصورة رقم 1 ص. 357، الصورة رقم 1 ص. 358، ص. 360، 365-364، 367-366، 370، 368-369، 373-372، 375-374، 377-376، 378، 381، 382-383، 384-385 ◊ © تركة برانكوزي-جميع الحقوق محفوظة للجمعية الإيطالية للمؤلفين والناشرين 2018: الصورة رقم 2 ص. 313 ◊ © مؤسسة كالدير بنيويورك، الجمعية الإيطالية للمؤلفين والناشرين 2018: الصورة رقم 3 ص. 327 ◊ © جورجيو دي شيريكو، الجمعية الإيطالية للمؤلفين والناشرين 2018: الصورة رقم 2 ص. 325 ◊ © سلوى روضة شوكير: الصورة رقم 1 ص. 342 ◊ © آندريه ديران الجمعية الإيطالية للمؤلفين والناشرين 2018: الصورة رقم 1 ص. 320 ◊ © جمعية مارسال دي شان الجمعية الإيطالية للمؤلفين والناشرين 2018: الصورة رقم 3 ص. 333 ◊ © والكير إيفانز أرشيف متحف المتروبول للفنون: الصورة رقم 1 ص. 334 ◊ © منير فاطمي الجمعية الإيطالية للمؤلفين والناشرين 2018: الصورة رقم 1 ص. 348 ◊ © تركة آلبارتو جياكوماتي الجمعية الإيطالية للمؤلفين والناشرين بإيطاليا 2018: الصورة رقم 3 ص. 313 ◊ © جوزيف هوفمان: الصورة رقم 1 ص. 356، الصورة رقم 2، 3 ص. 257 ◊ © دجاني هولتزر الجمعية الإيطالية للمؤلفين والناشرين 2018: الصورة رقم 2 ص. 349 ◊ © أستوديو زهان هوان: الصورة رقم 2 ص. 338 ◊ © فرانتيشك كوبكا الجمعية الإيطالية للمؤلفين والناشرين 2018: الصورة رقم 2 ص. 322 ◊ © ويفريدو لام الجمعية الإيطالية للمؤلفين والناشرين 2018: الصورة رقم 4 ص. 333 ◊ © لويس لوميير: الصورة رقم 1 ص. 314 ◊ © رينيه ماغريت الجمعية الإيطالية للمؤلفين والناشرين 2018: الصورة رقم 1 ص. 324 ◊ © مها الملوح: الصورة رقم 1 ص. 350 ◊ © آنذريه ماصون الجمعية الإيطالية للمؤلفين والناشرين 2018: ص. 331-330 ◊ © محمد ملاحي الجمعية الإيطالية للمؤلفين والناشرين 2018: الصورة رقم 1 ص. 336 ◊ © تركة هنري ماتيس الجمعية الإيطالية للمؤلفين والناشرين 2018: الصورة رقم 2 ص. 343 ◊ © غيساب بينون الجمعية الإيطالية للمؤلفين والناشرين 2018: الصورة رقم 4 ص. 325 ◊ © تركة بيكاسو الجمعية الإيطالية للمؤلفين والناشرين 2018: الصورة رقم 2 ص. 358 ◊ © مؤسسة بولوك-كراسنير/جمعية حقوق الفنانين، نيويورك الجمعية الإيطالية للمؤلفين والناشرين 2018: الصورة رقم 2 ص. 321 ◊ © فيليب رامات الجمعية الإيطالية للمؤلفين والناشرين 2018: الصورة رقم 2 ص. 337 ◊ © صندوق أمانات مان راي الجمعية الإيطالية للمؤلفين والناشرين 2018: الصورة رقم 3 ص. 349 ◊ © مارسيال ريسي الجمعية الإيطالية للمؤلفين والناشرين 2018: الصورة رقم 2 ص. 335 ◊ © سيد حيدر رضا الجمعية الإيطالية للمؤلفين والناشرين 2018: الصورة رقم 2 ص. 342 ◊ © لويس بيار ريغال: الصورة رقم 1 ص. 329 ◊ © 1998 كيث روثكو وكريستوفر بريزال وكريستوفر روثكو/آي آر آس، نيويورك، الجمعية الإيطالية للمؤلفين والناشرين 2018: الصورة رقم 3 ص. 333 ◊ © عبد الله السعدي: الصورة رقم 3 ص. 329 ◊ © إبراهيم صلاحي: الصورة رقم 3 ص. 343 ◊ © حسان شريف: الصورة رقم 4 ص. 343 ◊ © كازو شيراغا: الصورة رقم 1 ص. 351 ◊ © روبيرت سميثسون الجمعية الإيطالية للمؤلفين والناشرين 2018: الصورة رقم 1 ص. 338 ◊ © روفينو تاميو الجمعية الإيطالية للمؤلفين والناشرين 2018: الصورة رقم 4 ص. 347 ◊ © مؤسسة سي واي طويمبلي: ص. 339 ◊ © جون تينغالي الجمعية الإيطالية للمؤلفين والناشرين 2018: الصورة رقم 3 ص. 325 ◊ © مؤسسة آندي وارهول للفنون التصويرية الجمعية الإيطالية للمؤلفين والناشرين 2018: الصورة رقم 1 ص. 316 ◊ © هنري فان دي فالد الجمعية الإيطالية للمؤلفين والناشرين 2018: الصورة رقم 1 ص. 341 ◊ © آي ويوي: ص. 353 ◊ © زاو وو-كي: الصورة رقم 3 ص. 337 ◊ © دانكين وايلي: الصورة رقم 1 ص. 346

إديسيون سكيرا باريس
14 رو سيربنت
باريس 75006
www.skira.net

رئيسة التحرير
ناتالي برات-كواداو

المدير الفني
مارسيلو فرانكون

تنسيق التحرير
ماريا لورا ريبادينيرا
فرانشيسكا بوفيتي
إيما كافازيني
سيرينا باريني

مساعد التحرير
لويس موازون

البحث في مجال الرموز
باولا لامانا

الترجمة
الأبجدية للترجمة

التدقيق والمراجعة اللغوية
محمد زقّـــر

المراجعة والتصحيح
محمد أمين العباسي
فاكر يوسف

التصميم والإخراج
أورور جانين ولوران بينون
من شركة بروتوتيب بباريس

© 2018 دائرة السياحة والثقافة، أبوظبي
© 2018 إديسيون سكيرا باريس
ISBN 978-2-37074-073-1

لا يجوز نسخ أي جزء من هذا الكتاب أو نشره بأي شكل من الأشكال
وبأي وسيلة كانت سواءً كان ذلك إلكترونيا أو آليا أو غير ذلك من الوسائل
الأخرى دون إذن خطي من أصحاب الحقوق ومن الناشر.

قام بالتوزيع في الولايات المتحدة الأمريكية وكندا وفي وسط وجنوب أمريكا
د.آ.ب. - ديستربيوتيد آرت بابليشيرس، 75 برود ستريت سويت 630،
نيويورك، ني 10004، الولايات المتحدة الأمريكية.
وتولى توزيعه في باقي أنحاء العالم ثيمس وهندسون لتد.، 181A
هاي هولبورن، لندن، WC1V 7QX المملكة المتحدة.

طُبع في إيطاليا: أكتوبر 2018
الطبعة الأولى